中国医疗器械科技创新与产业竞争力国际比较

中国生物技术发展中心/组织编写

科学出版社

北京

内 容 简 介

《中国医疗器械科技创新与产业竞争力国际比较》由科技部中国生物技术发展中心组织国内有关专家共同编写。重点介绍中国医疗器械研制重点、创新能力、医疗器械研究与开发投入和效益、医疗器械产业、医疗器械销售流通、监管、研究与开发战略以及政策等方面国际比较的研究结果,介绍了世界主要国家医疗器械发展的状况,分析了中国医疗器械科技和产业在全球的地位和水平,提出了一系列建议和对策,可供广大科研工作者、企业界人士、科技管理人员等参考阅读。

图书在版编目(CIP)数据

中国医疗器械科技创新与产业竞争力国际比较 / 中国生物技术发展中心编写. —北京:科学出版社,2010
ISBN 978-7-03-029735-8

Ⅰ. 中… Ⅱ. 中… Ⅲ. ①医疗器械-制造工业-技术革新-对比研究-中国、外国 ②医疗器械-制造工业-市场竞争-对比研究-中国、外国 Ⅳ. F426.7

中国版本图书馆 CIP 数据核字(2010)第 242761 号

责任编辑:邹梦娜 李国红 / 责任校对:陈玉凤
责任印制:刘士平 / 封面设计:黄华斌

科学出版社 出版
北京东黄城根北街 16 号
邮政编码:100717
http://www.sciencep.com

北京佳信达欣艺术印刷有限公司 印刷
科学出版社发行 各地新华书店经销

*

2010 年 12 月第 一 版 开本:787×1092 1/16
2010 年 12 月第一次印刷 印张:28 1/4
印数:1—3 000 字数:680 000

定价:148.00 元
(如有印装质量问题,我社负责调换)

编 委 会

编 写 分 工

第一篇 综合篇

    执 笔 欧阳昭连 梁晓婷 孙晓北

    审 核 池 慧 卜绮成 杨国忠

第二篇 研究开发篇

    执 笔 俞梦孙 陶祖莱 李路明 许 军 段会龙 樊瑜波

             骆清铭 邹慧玲 陈思平 顾忠伟 周智峰 沈建雷

             唐玉国 于红林 顾忠泽

    审 核 俞梦孙 陶祖莱

第三篇 产业篇

    执 笔 王晓庆 秦永清 李 莹

    审 核 姜 峰 李 莹 戚康男

第四篇 监管篇

    执 笔 奚廷斐 王兰明 张志军 常永亨 王卫东

    审 核 奚廷斐 王卫东

第五篇 战略篇

    执 笔 池 慧 欧阳昭连

    审 核 杨国忠 卜绮成

序

　　21 世纪,医疗诊治技术的发展给人民健康和生活带来的影响日益深远,其中,医疗器械研制关键技术取得诸多突破,产品与生产不断创新,医疗器械和医药并驾齐驱,共同成为现代诊疗过程中不可或缺的关键要素。继医药产业的飞速发展,医疗器械产业将成为全球新的技术和经济生长点。

　　在中国科学院第十五次院士大会、中国工程院第十次院士大会上,胡锦涛总书记明确指示"大力发展健康科学技术","构建以创新药物研发和先进医疗设备制造为龙头的规模化医药研发产业链,提高生物医药产业水平,为基本公共卫生保健普惠化、个性化发展提供先进可靠并可共同分享的技术支持,提高疾病预防、早期诊断、治疗康复能力,提高健康科学和健康服务水平。"《2020 中国科学技术中长期发展战略》明确提出了以"战略前移,重心下移"为发展我国医疗卫生事业的总方针。我国医疗器械产业发展的战略就是优先为我国医疗卫生事业"战略前移,重心下移"提供医疗诊治工作必须的技术支撑和技术装备。

　　科技部中国生物技术发展中心提出并组织专家共同编写的《中国医疗器械科技创新与产业竞争力国际比较》一书,从浩若瀚海的医疗器械科技的文献和信息资料之中,立足走中国特色自主创新之路的战略考虑,系统、全面、科学地分析了中国医疗器械科技和产业与发达国家的差距与优势,结合中国医疗器械科技与产业的发展趋势和中国社会发展需求,提出了许多建设性建议和意见。尤为不易的是本书从医疗器械技术研发、创新能力、产业规模、政府监管和发展战略等方面,将中国与美国、欧盟、日本、韩国、印度等国家进行了系统客观的比较研究,观点新颖,结论科学有据,建议切实可行,是一本集科学性、系统性、创新性、实用性为一体,在国内不多见的战略性专业论著。

　　本书提出在近中期我国医疗器械科技与产业发展战略中,重点实现"五个重大转变":一是从多关注疾病诊治转向多关注健康状态;二是从多关注大城市需求转向多关注基层医疗卫生需求;三是从关注最终产品前移到关键技术和核心部件研发及生产工艺创新改进;四是从高端产品绝大多数依赖进口转向实现部分自主供应;五是从加工制造转向研发与生产系统发展。我认为这是为实现"加速医疗器械国产化、现代化"的目标,遏制检查治疗费用过高,努力解决"看病贵"的难题而提出的十分有意义的发展战略,必将有力促进中国医疗器械科技与产业的发展。

　　作为"重大新药创制"科技重大专项的技术总师,我十分赞同本书作者对中国医疗器械科技与产业发展做出的创造性工作,深感本书的出版必将对中国医疗器械研究、开发、生产、流通、监管乃至医药事业的发展都会起到重要的作用。因此,本人欣然地向从事医疗器械及其相关行业的广大科技工作者、企业家和管理工作者热诚推荐此书。

全国人大常委会副委员长
中国工程院院士

2010 年 10 月 25 日

目　　录

中国医疗器械科技创新与产业竞争力国际比较

中国医疗器械科技创新与产业竞争力国际比较

概　　述

　　21世纪,医疗技术的发展给人民健康和生活带来的影响日益深远,医疗器械研制关键技术取得诸多突破,产品生产不断创新,医疗器械和医药并驾齐驱,共同成为现代诊疗过程中不可或缺的关键要素。继医药产业的发展之后,医疗器械产业已经成为全球新的技术和经济生长点,或将在一些国家和地区成为支柱产业。国际社会日益关注,发达国家纷纷采取重大举措,加速促进医疗器械产业的发展。

　　目前,医疗器械生产和消费主要集中在美国、欧洲、日本等少数国家和地区,这些传统技术强国纷纷采取措施、加大投入以保持竞争优势。发展中国家市场规模逐步扩大,努力建设国家医疗技术创新体系和制度,加大投入,科技力量迅速兴起,不仅致力于满足国内需求,同时追求走向国际,以期在未来世界医疗器械产业格局中占据一席之地。

　　现代医学的发展越来越依赖于医疗器械技术的创新和应用。医疗器械涉及的技术领域跨度大,包含产品门类多,产品特征差别大。医疗器械产业是高新技术产业,具有高度的创新性、集成性,其发展代表着一个国家高新技术的综合实力,对多个领域的技术发展有着较强的牵引和推动作用。

　　医疗器械产业健康发展是提高人口健康水平和社会医疗水平的基本保障,是保证人民健康、保障社会生产力发展的重要技术支撑,关系到社会稳定和国家可持续发展。医疗器械产品的创新直接关系到医疗服务水平和产业的经济价值。无论从人民的健康保障角度,还是从经济价值方面考虑,诊断、治疗、监护和康复等医疗器械的创新研究、技术发展与产品开发,都具有重要的现实意义。

　　新时期,政府高度重视民生,积极推进医药卫生体制改革,未来十余年城乡社区基本医疗服务机构的建立和完善,各级卫生机构医疗器械的更新换代,在随着大众健康要求提高、人口老龄化的进程加快、疾病谱变化带来医疗模式转变等因素的作用下,国内对医疗器械产品的需求将进一步扩大,我国医疗器械产业必须也有能力进入快速发展的时期。

　　编写《中国医疗器械科技创新能力国际比较》一书的主要目的在于,通过对中国医疗器械科技创新能力的国际比较,全面了解世界主要国家医疗器械技术研发和产品生产、产业创新力和发展情况及政府监管和法规标准等情况,分析中国医疗器械研发和生产在全球的实际水平,结合医疗器械技术发展趋势和中国社会发展需求,明确中国医疗器械科技发展方向,为寻求保障医疗服务、促进人民健康而发展中国医疗器械的有效路径提供决策支持。

　　全书共分五篇。通过对美国、欧洲、日本等国家和地区的医疗器械人才队伍、创新平台建设、研发经费投入综合情况、产品研发、产业发展以及监管等情况进行比较分析,初步揭示中国医疗器械发展的整体状况,以期为中国医疗器械科技发展战略制定提供科学依据。

　　中国医疗器械创新体系建设尚未起步,从发展需求和弥补"欠账"来说,政府和企业的研发投入仍严重不足,创新体系的建立和完善仍需要相当大的投入。美国模式投入大、成果显著,欧盟通过框架计划加大投入,日本重视"官产学研"结合。创新平台与政企研发投

入方面,美国通过国家基金会(NSF)、美国国立卫生研究院(NIH)和国家标准与技术研究所(NIST)等都为医疗器械创新提供有效的资助渠道。美国在 20 世纪 50 年代医疗器械起步时,政府给予了极大的投入,至今已有较长的发展周期和较好的发展基础,多数产品研发转由企业投入。但为促进医疗器械技术交叉,保持在该领域的领先地位,2000 年,时任美国总统克林顿正式签署法案,在美国国立研究院(National Institutes of Health,NIH)下成立美国国家生物医学成像和生物工程研究所(National Institute of Biomedical Imaging and Bio-engineering,NIBIB),直接负责创新性医疗器械项目资助和管理,2008 年的经费约为 3 亿美元;欧盟大多数国家的政府 R&D 经费来源于"框架计划",在医疗器械产品创新中,各国尚处于"单打独斗"的状态,2007 年开始,欧盟开展了第七框架计划(2007~2013 年),投入经费约 502 亿欧元;日本研发体系的特点是政府通过政策调整为官产学研相结合创造良好的环境与条件,充分开发和利用能够尽快使经济得到增长的技术,日本政府的财政支持使得企业在改进医疗技术和研究新产品时节省了部分 R&D 费用;中国自"九五"以来逐步加大研发投入,但距离这一高技术产业发展的需求差距很大。

中国医疗器械从业人员数量约为美国的 1/2,欧洲的 1/3,是日本的 1.5 倍多;从业人员人均创造产值约为美国的 17%,欧洲的 1/3 强,不到日本的 16%。医疗器械生产企业从业人员中,2006 年美国从业人员数超过 31 万人,人均创造年产值 27.07 万美元;2007 年欧洲从业人员数合计 43.5 万人,人均创造年产值 13.62 万美元;2006 年日本从业人员数约 9 万人,人均创造年产值 29.17 万美元;中国仅统计销售额 500 万元以上的企业,2006 年从业人员数约 15 万人,人均创造年产值约 4.66 万美元。

中国生物医学工程论文发表数量排名靠前,增长快速,但论文质量排名相对靠后,被引用次数不高。支撑医疗器械产业发展的学科是生物医学工程,分析 1999—2008 年 SCI 期刊引证报告(Journal Citation Reports,JCR)收录的生物医学工程领域 44 本期刊发文情况显示,美国发表文献最多,总文献量达到 13064 篇,远高于其他国家,英国、德国、日本、意大利、加拿大文献量均在 2000~4000 篇范围内,中国发表文献 1811 篇,位居世界第七位;从论文数量增长趋势看,总体而言亚洲国家和地区增长趋势明显,美国和欧洲各国增长趋势相对趋缓,中国发表文献十年复合增长率高达 40.5%,为世界平均水平的 4 倍,远高于排在第二位的韩国的 21.8%;从论文发表机构类型看,各国发文机构类型主要为学术机构,所占比例分布在 80%~98% 的范围内,中国发文机构分布中学术机构所占比例最高,达到 97.7%;从排名前 20 的第一作者发文机构国别分布看,美国有 14 所大学,占绝对优势,中国尚未有院校进入前 20 名。各国发表文献总被引次数,美国约 15 万次,居第一位,篇均被引 11.45 次,位居第三;英国 3.3 万次,位居第二,篇均被引 10.34 次位居第四;日本和德国分别为 2.6 万次和 2.5 万次,中国总被引次数位居第八,为 1.3 万次,瑞士和荷兰分别位篇均被引次数第一、二位。

中国电子医疗器械专利申请总量不少,增长快速,但专利创新性相对较差。分析 2003—2007 年 Derwent 专利数据库中电子医疗设备专利申请情况,美国和日本医疗器械专利申请量远远领先其他国家,两国申请专利占全球申请专利总量的 70% 以上,在医疗器械领域技术研发活跃,具备强劲的技术实力;从专利平均被引次数来看,美国、欧洲及澳大利亚申请专利的基础性或重要性更高,英国专利数量不多但基础性或创新性强,中国申请专利总量不少但基础性/创新性相对较差;诊断用器械的研发仍是关注的要点,其中测量和记录系统以及放射诊断领域的创新活跃,治疗器械中放射治疗器械研发活跃;在机构分布中,全球医疗器械研发创新活动集中在日本、美国、德国的少数几家跨国大公司,6家日本公司在医疗器械专利申请方面表现较强,在本国医疗器械研发活动中占据1/3以上份额;德国西门子公司在德国医疗器械创新中扮演重要角色;美国、日本和欧洲是医疗器械专利技术输出的重点区域。中国作为经济发展快速的新兴经济体,医疗器械潜在市场巨大,但专利有效性有待提高。

中国医疗器械标准制定和实施由政府组织,程序及法规有待完善;美国政府采用强制性法规,企业负责提交技术文件;欧洲采用新方法指令和协调标准,通过CE认证保障标准严格实施;日本标准制定由政府完成,实施和监督由第三方机构负责。美国所采取的主要方式为强制性技术法规、企业质量体系认证和自愿性标准的符合性申明,如果企业不能提交这些技术文件,会影响产品注册;欧洲采用《新方法指令》和协调标准规定了医疗器械所必须达到的安全指标,并且以CE认证保障这些标准的严格执行,利用技术法规、标准和合格评定程序共同确保欧洲医疗器械产品安全和有效;日本医疗器械标准由政府制定或者委托专业团体制定,并在医疗器械上市前注册时采用第三方认证和独立行政法人药品、医疗器械综合机构审查的方式对标准的实施进行监督;中国医疗器械标准由政府组织制定,并在上市前注册时根据标准进行产品检测。相比之下,中国的技术法规制度还有待于进一步的加强和完善。

中国中高端医疗器械产品基本依赖进口或外资企业生产,全球高技术医疗器械生产地区和消费市场主要集中在美国、欧洲及日本等少数发达国家/地区。美国、欧洲和日本在全球医疗器械产业市场中所占据的强势地位,源自其强劲的研发投入力度,而基于庞大的医疗需求,中国现已成为世界医疗器械进口贸易最大的国家之一;各国/地区医疗器械生产品种,美国、欧洲生产医疗器械种类多,基本涵盖所有品种,日本影像诊断器械和内镜器械生产能力突出,中国医疗机构医疗器械配置,尤其中高端医疗器械基本为进口产品或外资企业生产产品。美国、英国、日本不同级别及功能医疗机构医疗器械配置差异明显,总体高技术医疗器械拥有率高,而中国医疗机构高技术医疗器械拥有量分布极不平衡,医院拥有医疗器械约95%价值在5万元以下,高技术医疗器械拥有率低,且多集中于三级医院。

中国医疗器械整体上创新能力不足,关键技术对外依存度高,技术储备不足,但近年来研发能力不断增强,国产化成效显著。美国创新能力强,技术全面领先,研发高投入,保证了技术引领地位;欧洲传统医疗器械产业技术先进,优势明显;日本是家庭保健类器械的研发方面有突出的优势,形成了在家用医疗、保健器械的权威、垄断地位。中国整体上关键技术对外依存度高,技术储备不足,尚缺乏核心竞争力,但近年来医疗器械创新能力不断增强,国产化成效显著。突破了一批关键技术并在新产品得到实际应用。立体定位超声聚焦治疗系统、体部旋转伽玛刀、彩色超声诊断仪、低场强开放式永磁MRI、高场强超导MRI、16层螺旋扫描CT装置、全自动生化分析系统、多参数监护系统、线阵扫描直接数字式X射线系统、微创手术内窥镜、血管支架、封堵器、心脏手术导管、手术动力装置等进入产业化阶段。同时注重了直接影响医疗器械产品性能质量及更新换代的核心部件开发。

世界医疗器械产业主要由美国、欧洲和日本等国家占导,约占世界近90%的医疗器械生产或消费份额,中国医疗器械产业规模小,占市场份额少,对世界产业格局影响度较低。世界医疗器械产业规模高速增长,产业人均年产出高,进出口贸易增幅大,产业集中度高,市场高速发展,发达国家业已形成良好的医疗器械产业发展环境并占据主导地位。中国整体上差距较大,缺乏专业人才,缺少系统化体系,集中度低,研发和产品注册上市周期长,产业化能力仍不能满足需求。但近年来,产业规模在扩大,贸易活跃,人均产出和利润持续增长。随着中国社会发展需求剧增,医疗器械政策环境好转,监管力度加大,医疗器械市场普遍受到重视,不少企业将医疗器械的研发、生产加工基地移往中国。

美国最早立法管理医疗器械,其法规和模式在国际上有很大的影响力,欧盟致力于统一协调管理,医疗器械监管管理灵活,法规适用性强,上市前评估程序多数实施分权管理,日本医疗器械法规整合进药品法规,厚生省有关药政管理条令都通过地方药政部门去贯彻执行。美国食品药品管理局(以下简称 FDA)从 1862 年美国农业部的一个化学办公室发展成为世界上首屈一指的食品、药品、医疗器械监管机构。由于美国最早立法管理医疗器械,其创立的分类管理办法已被普遍接受,因此美国管理医疗器械的法规和模式在国际上有很大的影响力;欧盟医疗器械监管的主管当局是国家的权力机关,由各成员国任命,负责处理不良事件的报告、产品召回、市场监督及临床研究的审查等;日本医疗器械药品法规主要有以下几种形式:药事法(Pharmaceutical Affairs Law)、药事法施行令、药事法施行规则、告示、通知,药事法由日本议会批准通过称法律,药事法施行令由日本政府内阁批准通过称政令或法令,药事法施行规则及告示由厚生省大臣批准通过,称省令或告示;1992 年由美国、欧盟、日本、加拿大和澳大利亚五个成员(国)发起并成立了一个非官方性的国际组织即全球医疗器械协调工作组(Global Harmonization Task Force,GHTF),该协调组致力于交流各国医疗器械监督管理状况,研讨相关法律法规和技术标准,以便达成各国都能接受的基本协议,减少医疗器械贸易中不必要的障碍,推动医疗器械产业及医疗水平的发展和提高。

国际上的成功实践表明,医疗器械监督管理的措施主要由上市前审查、上市后监测和质量体系监管三部分组成,我国医疗器械监管措施有待完善。美国研发管理体系的特点是企业为主,军民结合;欧盟研发管理体系在于严谨开放;日本研发管理体系以政府主导,大企业为主;中国研发管理体系仍处于探索发展阶段。值得一提的是知识产权保护是研发管理中的重要内容,美、欧、日等发达国家一直都是医疗器械知识产权强国,我国知识产权保护有待加强。

综合比较分析结果,我们认为新时期应大力发展中国医疗器械科技与产业。发展指导思想是,结合当前中国国情,以满足深化医药卫生体制改革、保障人民健康需求为目标,以解决国家医疗器械科技与产业中的具体问题为发展依据,以自主创新为突破口,夯实发展基础,强化技术储备,以人才队伍和基地建设为核心,强化学科和技术交叉融合,强化研发与制造能力;以区域规划为依托,引导企业做强做大,发展优势产业集群,全面推进医疗器械创新体系建设。

中国医疗器械科技与产业发展目标是,结合《国家中长期科学和技术发展规划纲要(2006—2020 年)》,满足国家人口健康保障需求,研发投入大幅度提高,有一批做实事的创新人才与团队,自主创新医疗器械的研发和生产能力得到提高,获得一批防诊治的适宜技术和产品,产业竞争力得到提升,使我国医疗器械科技研究的整体水平和创新能力在 2020年达到中等发达国家当时水平。

在近中期我国医疗器械科技与产业发展战略中,重点体现"五个重大转变":从多关注疾病诊治转向多关注健康状态,在健康状态监测和疾病早期干预等医疗器械方面寻求创新发展;从多关注大城市需求转向多关注基层医疗卫生需求,研发重点放在低成本、高性能、易操作的,适合在乡镇及社区基层环境使用的医疗设备;从关注最终产品的生产拓展到重视核心部件研发,从根本上解决医疗器械创新瓶颈,注重生产工艺的创新和改进,发展精密加工业;从追踪国外先进技术延伸到发展自主创新技术,不盲目跟从国外技术研发思路和发展方向,重视自主创新技术的发展,在改变高端产品依赖进口局面的同时实现高有效性和安全性的国产产品的自主供应;从加工制造、来件组装转向研发与生产系统发展,吸引世界人才为我国所用。

实施的战略对策一是实施创新发展战略,形成我国独立自主的研发能力,提高我国的技术创新水平。主要任务是:设立国家"医疗器械创新"重大专项;建立创新人才基地;建立创新研发体系和研发中心;建立以企业为主体的技术创新体系。二是实施整合战略,进行研究开发系统整合,形成中国医疗器械"医产学研"大联合;专用技术与民用技术整合;技术与产品广度整合,应用现代信息技术等将仪器功能联合的解决方案;产业区域整合,发展特色产业集群。产品流通整合,建立医疗器械物流信息平台和配送平台。四是实施标准战略,建立适合我国国情的标准化体制,完善标准化法律法规及政策环境,制定并发布医疗器械标准战略。

战略重点一是开发一批先进实用的医疗器械,优先发展适宜技术,着重提高常规设备的可靠性和稳定性,提供配得下去、用得起来的医疗器械产品;二是突破一批关键技术及开发核心零部件;三是部署和推进一批医疗器械制造工艺技术创新和升级改造;四是建立国家医疗器械技术创新体系和监管体系;五是培育一批国家医疗器械旗舰企业,增强其国际竞争力;六是形成一批具有自主创新能力的产业集群区域。

第一篇 综 合 篇

第一章

医疗器械定义与特点

医疗器械技术领域跨度大,包含产品门类多、差别大,医疗器械产业是高新技术产业,具有高度的创新性、集成性,其发展水平代表着一个国家高新技术的综合实力。与药品相比,医疗器械在作用机制、配置和使用等方面具有特殊性。

第一节 定义与分类

一、定 义

中国医疗器械定义在《中国医疗器械监督管理条例》中有具体阐述,2007 年中国食品药品监督管理局发布了《中国医疗器械监督管理条例(修订草案)》(征求意见稿),依据全球协调工作小组(Global Harmonization Task Force,GHTF)在 GHTF/SG1/N29R16:2005 中对医疗器械的定义进行了更新,但由于医疗器械监督管理条例的修改尚需经过国务院常务会议的讨论和批准,因此中国现行的《中国医疗器械监督管理条例》仍为 2000 年发布的版本,该版本中医疗器械定义的主要依据是欧盟医疗器械指令(Medical Device Directive 93/42EEC)中的医疗器械定义。

现行定义,医疗器械,是指单独或者组合使用于人体的仪器、设备、器具、材料或者其他物品,包括所需要的软件;其用于人体体表及体内的作用不是用药理学、免疫学或者代谢的手段获得,但是可能有这些手段参与并起一定的辅助作用;其使用旨在达到下列预期目的:

(1) 对疾病的预防、诊断、治疗、监护、缓解。

(2) 对损伤或者残疾的诊断、治疗、监护、缓解、补偿。

(3) 对解剖或者生理过程的研究、替代、调节。

(4) 妊娠控制。

2007 年的新版定义比 2000 年的旧版修改在于措辞更加确切,且在使用目的中加入了消毒灭菌器械和离体人体样本检查,具体见下文。

医疗器械,是指单独或者组合使用于人体的仪器、设备、器具、机械、用具、植入物、离体试剂或校准物、软件、材料或者其他物品;其使用旨在达到下列一项或者多项预期目的:

(1) 对疾病的诊断、预防、监护、治疗或缓解。

(2) 对损伤或者残疾的诊断、监护、治疗、缓解或补偿。

(3) 对解剖或者生理过程的研究、替代、调节或支持。

(4) 生命的支持或维持。

(5) 妊娠控制。

(6) 医疗器械的消毒或灭菌。

(7) 通过对来自人体的样本进行离体检查,为医学或诊断目的提供信息。

二、分　　类

欧洲委员会在英国成立国际医疗器械命名机构(The Global Medical Device Nomenclature,GMDN),组织世界各地来自制造商、医疗机构和监管部门的专家基于医疗器械相关标准,编制医疗器械产品分类,GMDN 医疗器械分类受到世界各国广泛认可和采纳。根据GMDN,目前全球医疗器械产品可分为 16 个大类、1 万多个通用小类,包含约 50 万种不同产品,具体产品分类和举例说明见表 1-1。

表 1-1　世界医疗器械产品种类(按 16 大类分)

	器械种类	举　　例
1	有源植入器械	心脏起搏器,神经刺激器等
2	麻醉和呼吸器械	氧气罩,麻醉呼吸回路,输气管
3	牙科器械	牙科工具,合金,树脂等
4	机电医疗器械	X 线线机,扫描仪,激光技术
5	医院硬件	病床、病人转移设备等
6	体外检测器械	血糖检测仪、尿液分析仪、体外诊断检测试剂盒
7	无源植入器械	人工髋、膝关节,心脏支架
8	眼科和光学器械	眼镜,隐形眼镜,眼底镜
9	可重复使用的器械	各种手术器械
10	一次性使用器械	注射器,针头,手套等
11	残疾人辅助器械	轮椅,步行辅助工具,助听器,电子床
12	放射诊断和治疗器械	放射设备
13	辅助治疗器械	针灸针/针灸设备,电子针灸器,吸杯
14	生物衍生器械	心脏瓣膜,用于组织再生和移植的生物制品等
15	医疗保健设施	电源插座,人员协助预警系统,家用保健设备
16	实验室器械	分析仪,显微镜,离心机等

资料来源:The Global Medical Device Nomenclature

中国实行的医疗器械分类方法采用分类规则指导下的目录分类制,使用风险是制定产品分类目录的基础。根据《医疗器械监督管理条例》第五条的规定及《医疗器械分类规则》,国家食品药品监督管理局组织制定了《医疗器械分类目录》。

表 1-2　中国医疗器械分类目录

编号	名称	编号	名称
6801	基础外科手术器械	6827	中医器械
6802	显微外科手术器械	6830	医用 X 射线设备
6803	神经外科手术器械	6831	医用 X 射线附属设备及部件
6804	眼科手术器械	6832	医用高能射线设备
6805	耳鼻喉科手术器械	6833	医用核素设备
6806	口腔科手术器械	6834	医用射线防护用品、装置
6807	胸腔心血管手术器械	6840	临床检验分析仪器
6808	腹部手术器械	6841	医用化验和基础设备器具
6809	泌尿肛肠手术器械	6845	体外循环及血液处理设备
6810	矫形外科(骨科)手术器械	6846	植入材料与人工器官
6812	妇产科用手术器械	6854	手术室、急救室、诊疗室设备及器具
6813	计划生育手术器械	6855	口腔科设备及器具
6815	注射(整形)手术器械	6856	病房护理设备及器具
6816	烧伤整形科手术器械	6857	消毒和灭菌设备及器具
6820	普通诊察器械	6858	医用冷疗、低温、冷藏设备及器具
6821	医用电子仪器设备	6863	口腔科材料
6822	医用光学器具、仪器及内窥镜设备	6864	医用卫生材料及敷料
6823	医用超声仪器及有关设备	6865	医用缝合材料及黏合剂
6824	医用激光仪器设备	6866	医用高分子材料及制品
6825	医用高频仪器设备	6870	软件
6826	物理治疗及康复设备	6877	介入器件

资料来源:国家食品药品监督管理局《中国医疗器械产品分类目录(2005 版)》

第二节　特　　点

医疗器械产业是国际上公认的高新技术产业,表现出高度的创新性、集成性和较高的风险性。医疗器械作为现代医疗服务过程中不可缺的诊疗辅助工具,其产品开发和生产具有重要的现实意义,有赖于基础工业的发展、基础学科的进步以及产业化程度的提高。

医疗器械技术及产业发展体现了多个学科、多种技术的交叉与综合;体现了基础研究、应用研究、产品开发和产业化的融合;涉及人才竞争、科技竞争、信息竞争、市场竞争等多个方面;体现了科技链与产业链的衔接。高新技术医疗器械的发展代表着一个国家高新技术的综合实力,对国家的多个学科高新技术领域的技术发展有着较强的牵引和推动作用。

医疗器械产业发展依赖于其支撑学科——生物医学工程的研究进展,生物医学工程学的发展与医疗器械产业发展关系密切。从技术角度看,医疗器械产品研制是将物理、化学、技术科学等学科的发现、原理以及方法通过工程技术转化而应用于临床医学的过程。其核心是医工的有机结合,这也是生物医学工程学科的发展定位。医疗器械产业发展的需求是生物医学工程学兴起的一个动因。生物医学工程学科的建立和发展带动了电子学、材料学、工程力学、信息科学和电子计算机等多种学科的进步并广泛应用于医学和生物学领域,推动了医疗器械技术和产业发展。当前,生物医学工程已成为医疗器械产业技术创新的主要来源,其他领域的技术和工艺则作为支撑技术而融入其中。

(一) 医疗器械产业特点主要体现在以下几方面

（1）多学科技术交叉。产业发展为相关领域提供了新的发展方向,使得其他领域技术在医疗领域应用成为可能。

（2）技术主导行业发展。在健康需求的巨大拉动下,行业对新技术高度敏感,反之也促进了相关技术深度开发。

（3）可靠性、安全性要求高。需要精密制造等基础工业的支持。

（4）从研究、开发到实现产业化链条长。受基础学科生物医学工程学发展的影响,研发投入资金回收周期长。

（5）行业持续高速发展。年增长速度平均高于GDP的一倍。

（6）行业利润普遍高于一般性行业。由于行业门槛高、技术含量高等因素,行业利润高。

（7）产品价格需求弹性小。对健康的需求随价格变动而变动的程度小。

（8）新市场不断开拓,产品种类多。新技术不断涌现,新型医疗器械在市场中占有相当比例,家庭医疗器械市场正在形成和发展之中。

(二) 与药品相比,医疗器械产品在作用机制、配置和使用等方面具有特殊性

（1）医疗器械作用机制是主要通过化学、物理、电子、机械和其他学科技术产生作用的,而药品起效是通过药理学、免疫学或代谢的手段来实现,当然含药医疗器械同时涉及这两种产品,产生作用的机制是双方面的。

（2）医疗器械,尤其技术含量高的医疗器械属于医院固定资产,从一个方面反映了医院的硬件水平,在不同地区不同级别的医院中,医疗器械配置存在明显差异,对医院诊疗水平有所影响,而药品流通已建立成熟流通渠道,地区和不同级别医院间差异不大。

（3）由于需要人工进行操作,除质量风险外,医疗器械在使用过程中还存在一定的操作风险,而药品的使用存在的风险一般与药品质量有关,操作问题相对风险低。

（4）医疗器械管理基于使用风险程度的高低,国家对于医疗机构高风险医疗器械的配置规定了一些限制条件,而对于一般药品采购并无特殊限制。

（5）非一次性医疗器械在寿命周期内被多次反复使用,因此存在维护和质量检测问题,药品一般仅涉及保存和运输。

（6）医疗器械产品使用于家庭,需要全新的功能及使用设计,需要投入开发,而药品的研发和生产不存在针对医院和家用的区别。

参 考 文 献

医疗器械产品分类目录(2005版). 中国食品药品监督管理局［EB/OL］http://www.sda.gov.cn/gyx02302/flml.htm
Categories，the Global Medical Device Nomenclature［EB/OL］http://www.gmdnagency.com/? id=pubcat

第二章

中国医疗器械科技支持及产业发展历程

中国医疗器械是从跟踪发达国家的技术和产品而发展起来的,依靠科学技术的进步,中国由只能生产简易诊疗工具起步,发展到目前已可制造各类大型医疗器械。回顾中国医疗器械科技和产业的发展,对于总结经验,理清未来发展思路具有重要的现实意义。

在医疗器械科技发展方面,中国政府制定的科技发展规划中,关于医药卫生领域中涉及医疗器械的内容越来越具体化,涉及范围越来越广泛,规划产品科技含量有所提高,技术所属领域更加前沿;历年政府对医疗器械的科技投入不断加大,取得了系列重要进展;在产业发展方面,经历了仿制阶段、以市场换技术阶段和自主创新阶段。

第一节　科技支持回顾

一、科技发展规划重点

科技规划是政府直接参与、实现国家科技和经济发展主要目标的有力手段,是政府通过政策调控,组织和协调各类科研机构的研究活动,部署研究重点和资金投入,解决对国家发展有重大意义的科技问题的重要措施,新中国成立以来,中国共编制了八次科技发展规划,梳理医药卫生领域的重点中医疗器械相关内容,具体见下表。

表 2-1　中国历史上科技发展中规划医疗器械重点领域

时间	规划	医疗器械重点领域
1956—1967	《1956—1967 年科学技术发展规划纲要》	掌握生产现有和研究新的医学器材
1963—1972	《1963—1972 年十年科学技术规划》	在医疗器械研究工作方面要为提高质量和扩大新品种提出科学依据,使医疗器械基本上做到自给自足
1978—1985	《1978—1985 年全国科学技术发展规划》	新型医疗器械和医用新型材料的研制(国家医药管理总局、卫生部、化工部、冶金部、四机部)
1986—2000	《1986—2000 年科学技术发展规划》	着重现有节育技术的改进和新型节育药具的开发;加强新型医疗器械的研究
1991—2000	《1991—2000 年科学技术发展十年规划和"八五"计划纲要》	加强新型医疗器械研究
1996—2000	《全国科技发展"九五"计划和到 2010 年长期规划》	无。注:1998 年经国家科教领导小组讨论后该规划未对外正式发布
2001—2005	《国民经济和社会发展第十个五年计划科技教育发展专项规划(科技发展规划)》	将计划生育药具及技术、生物医学工程、生物技术新型疫苗、生物反应器、人工组织器官工程等作为重点任务和重大项目;将胚胎干细胞和组织工程列入重大科学问题
2006—2020	《国家中长期科学技术发展规划纲要(2006—2020 年)》	关键医疗器械研制取得突破,具备产业发展的技术能力

资料来源:整理自科技部网站资料

从上表可看出，随着时间推进而制定的八个规划中，医药卫生领域中涉及医疗器械的内容呈现具体化趋势，涉及范围越来越广泛，规划产品科技含量有所提高，技术所属领域更加前沿。

国家科技投入使得我们得以在数字化 X 线机、CT、MRI、超声诊断、临床检验分析、生物芯片、生物医用材料以及组织工程技术等方面建立了技术特色，开发了自主知识产权产品，积累了较好的研发基础，取得了可喜成果。攻关成果"低剂量直接数字化 X 线机"以及自主研制的全数字 B 型超声诊断系统，达到国际先进水平，成为数字医学影像市场的中坚力量；自主研制的 CT、MRI 等高技术医疗器械进入市场，已迫使进口同类产品不得不降低价格，并实现出口创汇。这些核心技术的形成和大量品牌产品的推出为中国医疗器械行业实现跨越式发展奠定了基础。

二、国家科技发展投入

随着国家经济实力的增强，中国在医疗器械产业科技攻关项目上的资金投入逐年加大。国家通过"863"、"973"、国家重点专项和自然科学基金等多种类型的研究基金，也提高了对医疗器械的支持力度。国家设立的各类基金也开始加大对医疗器械领域的支持。自 1999 年设立国家中小企业创新基金后，医疗器械领域一直作为重点支持的领域。

从"七五"至"九五"期间，中国在医疗器械产业科技攻关项目上持续投入。"七五"开始对医疗器械领域的开发投入资金，其中新型药物及医疗器械开发被列入国家科技攻关计划；"八五"期间共有 2 项被列入国家科技攻关计划，分别是"新型医疗器械开发研究"和"工业和医用电子加速器及图像处理技术"；"九五"期间，"医疗器械重点品种及关键技术的研究"和"介入性治疗技术及相关器械的应用研究"2 个项目被列入国家科技攻关计划。其中医疗器械高强度聚焦超声治疗系统完成了临床样机的研制，超声外科手术器械完成了正式样机的研制，其关键部件在性能上优于国外同类产品；超声显像诊断仪电子线阵探头和电子凸阵探头都研制成功，填补了国内空白。

"十五"期间，科技部"国家科技攻关计划"等开始注重支持医疗器械领域的研究开发，对医疗器械研发投入较前几个五年计划有所增加。通过"十五"阶段的研发，特别是在国家"十五科技攻关计划"的"医疗器械关键技术研究及重大产品开发"项目以及其他科技创新计划的支持下，中国开展了医疗器械关键技术研究，包括宽频带超声换能器技术、数字化波束形成器技术、无创人体逐拍动脉血压测量技术、基于脑电信号的脑机接口技术、无创人体血糖浓度检测技术等，重大产品开发包括数字化彩色成像系统、开放式永磁磁共振成像系统、多层螺旋 CT、低剂量直接数字化医用 X 射线机、高能医用电子直线加速器、气动左心辅助循环装置、血管内介入导管、心脏介入治疗器械、新一代呼吸机、电子内镜及生物医用材料等。可以说，国家科技投入对促进中国医疗器械产业发展，提高国产品的技术创新能力、市场竞争力和占有率，提高人民的生活质量和健康水平起到了重要作用。

"十一五"期间，科技部加大重视，将"重大数字化医疗设备关键技术及产品开发"设为"国家科技支撑计划"中"人口与健康"领域 4 个重大项目之一，第一批立项课题总数 19 个，占第一批全部课题总数的 9.27%，共批准经费 6370 万元，占第一批全部经费总数的

9.29%。主要开展数字化影像设备、治疗设备、分析仪器、医学信息传递处理技术装置的开发,包括:低成本高性能数字化 X 射线机、高强度超声肿瘤治疗技术装置、无创血糖检测装置、多层螺旋 CT、全数字彩色超声诊断系统、新型无创呼吸机、微创介入激光治疗成套设备、高效智能化微创白内障治疗系统、高性价比全自动生化分析仪、影像引导消融治疗肿瘤技术装置、射频消融导管、新型血管内支架、电阻抗成像技术装置、放射治疗及与影像定位一体化技术、图像引导下外科手术导航系统研究、脑—机接口信号处理技术装置、帕金森病脑起搏器、人体状态参数监测分析技术装置、病区信号实时分析处理技术装置研究等。

第二节　产业发展回顾

中国医疗器械产业是在对发达国家的生物医学工程技术发展跟踪和产品仿制的基础上发展起来的,产业发展历程大致可分为三个阶段:

(一)第一阶段,20 世纪 80 年代前的仿制发展阶段

80 年代前,中国医疗器械新产品开发长期沿用仿制模式,即组织技术力量对购进的样机或样品进行测绘,再参照样机技术参数确定拟开发品种的性能指标,设计、制造试制品,经过测试和临床试验后,注册成为上市产品投放市场。这种模式在资金和技术力量上投入少、风险小、周期短、见效快,对中国医疗器械制造产业的起步和发展曾起到一定的积极作用。这一时期中国绝大多数医疗器械制造是在这种模式下发展起来的,同时培养了一批善于测绘样机和仿制设计的工程技术人员。但是在这阶段始终是国外有什么我们再做什么,而且因购进的仪器设备不是最新技术产品,再经过模仿试制完成上市已经远远落后于国际先进技术了。在这一阶段,我们不掌握关键技术,又缺少再创新,更缺乏技术发展的主动权和持续发展的后劲。

20 世纪 80 年代初期,机械、电子、航天、航空、船舶、轻工、化工、核工业等行业和国防科工委及中科院等部委在国家统一领导下,陆续涉足医疗器械领域,医疗器械行业规模迅速扩大,原本狭隘的医疗器械行业观念被打破。

1987 年全国医疗器械工业企业数猛增,超过 2500 家,这些企业既有生产劳动密集型产品的乡镇企业、生产产品档次较高的军工企业,也有从事高科技产品研制的由科研单位和高等院校分离出来的科技人员组建的企业,还有自 1986 年在中国出现的中外合资企业。中国医疗器械行业开始以广泛应用现代科学技术、发展新门类产品、填补国内空白、缩短与世界先进水平的差距为目标。

20 世纪 80 年代末,中国医疗器械产业组织结构开始由原来的单一隶属系统的国有经济加集体经济的标准结构模式演变为开放的多种经济所有制聚合结构,并在区域结构上逐渐形成了珠江三角洲、长江三角洲及环渤海湾三大产业聚集区。

(二)第二阶段,20 世纪 80 年代至 90 年代中期是以市场换技术寻求产业发展的阶段

中国医疗器械产业技术与国际水平有很大差距,无法满足改革开放后国内市场日益增长的临床需求。为尽快掌握国外先进技术,在这一阶段开始了以国内市场换取国外技术为

主导的中外合作模式。但最终的结果是,我们仅仅成为国外厂商廉价的来件组装工厂,不但没有获得产品关键技术和关键制造工艺,未达到引进先进技术、开发具有自主知识产权产品的目的,还将国内市场让给了国外厂商。

即使合资带来了一系列的问题,然而对于发展来说也是历史的必然。当时的体制、技术环境、基础工业都存在问题,合资在当时是一种出路,有利于提高产品质量。此外,合资促进了竞争,在一定程度上也给本土企业带来了一些启示,在技术的发展方向上能够紧跟国外,跨国公司的进驻促进了中国基础工业水平的提升,对上游配套厂商的生产规范培训,也能使国内同类企业受益。

第二阶段的市场换技术战略最后得出技术换技术可能才是可行的发展道路的结论,20世纪90年代末期中国医疗器械产业发展走上自主设计和探索自主创新的新阶段。

(三) 第三阶段,20 世纪 90 年代末期以自主设计为主和探索自主创新的发展阶段

自主设计虽较引进仿制进了一步,但是仍缺乏自主创新,特别是在关键技术、核心部件上的自主创新,还只是一种向自主创新过渡的形态,基本上还不能跳出跟随国外技术的被动局面。值得欣喜的是,在这一阶段,医疗仪器设备创新的环境条件不断变化成熟,开始呈现具有中国特色的原始性创新、引进消化吸收后再创新和集成创新案例,使生物医学工程产业发展呈现生机。自主设计只是通过对国内外产品消化吸收,应用公知技术整体设计但不具有技术创新元素的开发方式。集成技术创新与自主设计的区别则在于前者拥有专利技术,有创新点。引进消化吸收后再创新是对已有产品进行更大更新。原始性创新是指国外尚未完全掌握的技术和尚未上市的产品,它本身可能就是一项新技术,也可能是应用现有技术按一种全新的思路,开发全新产品。

从 1997 年开始经过十年努力,中国医疗器械产业的产品技术结构发生较大变化,新技术、新产品不断涌现。

在治疗设备方面:有准分子激光人眼像差矫正系统、立体定位超声聚焦治疗系统、体部旋转伽玛刀、中能直线加速器、模拟定位机。在医用诊断仪方面:有中档黑白或彩色超声诊断仪、低场强开放式永磁 MRI 和高场强超导 MRI、睡眠监护系统、数字式 X 射线系统、螺旋扫描 CT 装置。其他在手术及急救仪器设备方面有多种规格呼吸机和麻醉系统;在专用零部件方面有高频高压发生器等等。其中立体定位超声聚焦治疗系统、准分子激光人眼像差矫正系统,体部旋转伽玛刀、睡眠监护系统等具有完全的自主知识产权。在十年间的几千个医疗器械新产品中,病人监护产品、医学影像仪器设备、临床实验室仪器设备和微创介入治疗产品的发展变化尤为引人注目。

通过这些年的发展,中国目前已基本形成多学科交叉的医疗器械研究开发体系,医疗器械产业随着经济和科学技术的发展而得到快速发展。一些大学、院所和企业已建立了不同技术方向的近百所研究机构,国内已有多所高等院校设置了与医疗器械相关的院系和专业。相当数量的出国深造后回国创业者,用其在国内国外学习或访问所得科学技术知识及实践经验,投身于医疗器械事业,并在高端医疗器械领域创立了自己的品牌。

近 10 年,中国医疗器械产业产值的增长尤为迅速,占世界市场份额的比例也有所提升。市场需求不断增加,容量也快速扩大,对外贸易额逐年提高,在高端产品的一些关键部件技

术领域有所突破。在 CT、MRI、数字 X 线机、数字超声等医疗器械上研发生产了中国产品，逐步扩大了国内市场占有率，不仅迫使同类进口产品降低了价格，而且有些产品还在出口方面取得了零的突破，开始向国际市场进军。

参 考 文 献

当代中国丛书编委会 . 1988. 当代中国的医药事业——第三篇医疗器械工业 . 北京 : 中国社会科学出版社

科技部 . 历史上的科技发展规划 [EB/OL] http://www.most.gov.cn/kjgh/lskjgh/

王威琪，卜绮成等 . 中国工程院"医疗设备制造业自主创新战略研究"咨询报告（内部资料）

中国医疗器械科技创新与产业竞争力国际比较

第三章

中国医疗器械在健康事业
及经济发展中的作用

医疗器械在保障医疗服务和人民健康中发挥着重大作用,现代生物医学的发展将会在越来越大的程度上依赖于生物医学工程学科的发展和医疗器械产品的创新,现代医疗过程离不开医疗器械的应用;随着中国医疗器械规模的加大,医疗器械产业在医药产业中所占比重随之增加,医疗器械研制对国家来说具有巨大的经济效益,表现在直接经济效益和间接经济效益两方面。

第一节　医疗器械在健康事业中的作用

发展具有核心自主知识产权的国产器械是中国保障基本医疗,成功实现医疗卫生改革、构建和谐社会与实现可持续发展的迫切需求。中国庞大人口的医疗保健服务不能依赖进口器械解决,占世界人口四分之一的国家解决人民健康问题不能没有自己的医疗器械产业技术支持。中国拥有人口 13 亿,约 3.5 亿户家庭,随着大众对了解自身健康状态、改善生活质量需求的日益增长,形成了对器械的巨大需求。

医疗器械尤其高新技术医疗器械在医疗中的应用在促进医学进步、提高人类健康的同时,也带来了一定的负面效应,对降低高涨的医疗费用不利。分析其原因,主要在于目前中国临床绝大部分的高端医疗器械和高值医用耗材都依赖进口,国内三级医院的大中型器械80%来自进口,即使是二级医院,也有近 50%的大中型器械是进口产品,高昂的进口医疗器械已成为医疗费用过度增长的重要原因之一。

从综合医院门诊病人人均医疗费用构成看,与医疗器械的临床应用密切相关的检查治疗费用在医疗费用中所占比例呈现快速增长趋势,从 1995 年的 22.8%增加到 2007 年的31.2%,相比之下,药费所占比例呈下降趋势。

表 3-1　1995—2007 年中国综合医院门诊病人人均医疗费用

年份	人均医疗费用(元)	药费	检查治疗费	占医疗费用(%)	
				药费	检查治疗费
1995	39.9	25.6	9.1	64.2	22.8
2000	85.8	50.3	16.8	58.6	19.6
2005	126.9	66.0	37.8	52.0	29.8
2006	128.7	65.0	39.9	50.5	31.0
2007	136.1	68.0	42.4	50.0	31.2

数据来源:卫生部统计信息中心

医疗器械的自主创新并实现国产化配套生产，将为促进中国医疗卫生体制改革、切实解决"看病难、看病贵"问题提供强大的技术支撑，是贯彻落实医疗卫生"战略前移、重心下移"战略措施的重要组成。

通过让国产高技术医疗器械参与市场竞争，转变市场格局，扭转大中型医疗器械长期依赖进口导致医疗费用过度膨胀的局面，降低由于进口产品垄断而产生的虚高的医疗器械市场价格，大幅度降低器械购置成本，节约宝贵的医疗资金，促进医疗卫生事业的发展，保障人民健康。

第二节　医疗器械在经济发展中的作用

随着科学技术和医疗卫生经济的发展，人民健康需求不断扩大，尽管目前医疗器械产业的产值规模总体不大，但基于上述发展民族医疗器械产业在保障人民健康需求方面的重要作用的考虑，发展中国医疗器械产业势在必行已经成为一种共识。

医疗器械研制对国家来说具有巨大的经济效益，表现在直接经济效益和间接经济效益上。直接经济效益表现在医疗器械产品本身，产品产业化可获得显著的经济效益，增加产值和利润，并已经实现出口创汇，间接经济效益表现在降低医疗费用方面，由于国产品的价格一般远低于进口产品，为其 1/2 至 1/5，国产医疗器械产品的出现有利于拉低同类进口产品价格，同时，在安全有效、临床可用的原则下，医疗机构选用国产品也将大大降低医疗费用，减轻医疗负担。

从产业的发展周期来看，医疗器械产业处于新兴发展阶段，医疗器械工业 GDP 在中国 GDP 中的比重呈增长趋势，医疗器械行业的增长速度远高于国民经济和医药行业平均增长水平。尽管从产值上看，医疗器械行业是一个小行业，其总增长量占 GDP 的比重很有限，但基于医疗器械行业将逐步成为最活跃、发展最迅速的领域的事实，医疗器械行业广阔的发展前景，对资金的吸引力和市场对其价值的认定决定了医疗器械行业有望成为国民经济的新增长点。

同时，随着中国医疗器械产业的快速发展，医疗器械工业增加值在 GDP 中所占比重及医疗器械制造业在医药制造业中所占比重逐渐加大。

表 3-2　2004—2006 年中国医疗器械产业工业增加值占 GDP 比重　　　（单位：亿元）

	2004 年	2005 年	2006 年
全国 GDP	159 878	182 321	209 407
医疗器械工业增加值	429	414	572
医疗器械工业 GDP 占全国比	0.27%	0.23%	0.27%

数据来源：中国医疗器械行业协会测算

近几年，中国医疗产业的发展带动了医疗器械市场的腾飞，医疗器械制造业在医药制造业工业总产值中所占比例逐渐增加，2004 年已达到 7.12%，2005 年，医疗器械产品销售收入更是占到了医药产品销售收入的 8.09%（具体数据见图 3-1）。

随着中国医疗器械规模的加大，医疗器械在医药产业中所占比重随之增加，对经济发展的贡献也将有所加大。2006 年中国医疗器械行业销售收入增长率为 29%，远高于医药行业的平均水平，虽然医疗器械销售收入相对少，与药品的销售收入比值为 1：3.47，但是医

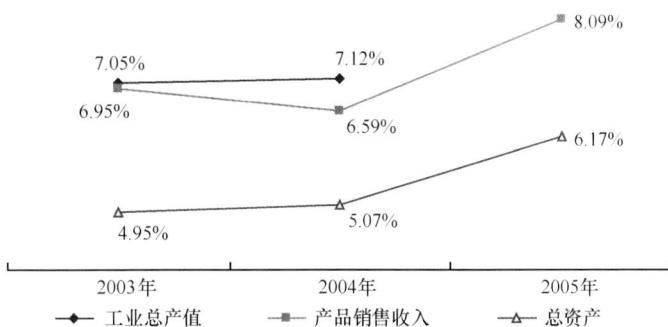

图 3-1 中国医疗器械制造业规模占医药制造业比重
数据来源:国家发展和改革委员会

疗器械行业增长速度快,增长率与药品的比值为 1∶0.62。

表 3-3   2006 年中国医疗器械行业与药品销售收入的比较

	医疗器械行业	医药行业	医疗器械与药品比值
销售收入	1625 亿元	5636 亿元	1∶3.47
年增长率	29%	18%	1∶0.62

数据来源:中国医疗器械行业协会测算

第四章

医疗器械人才队伍国际比较

截至 2007 年底,中国有 100 余所大学设置了与医疗器械相关的专业,教育部授权生物医学工程一级学科硕士点院校数为 78 个,博士点 30 个。

中国医疗器械从业人员数量不少,约为美国的 1/2,不到欧洲的 1/3,是日本的 1.5 倍多;但从业人员人均创造产值低,约为美国的 17%,欧洲的 1/3,不到日本的 16%。

第一节　高校人才储备

一、全球排名靠前院校

对论文统计前 20 院校生物医学工程招生情况进行收集和整理,收集各院校网络官方网站的公开信息中专业设置及招生情况介绍,20 所院校中 14 所美国院校有公开信息,其他 6 所院校官网上尚无公开招生信息,则对专业设置情况进行了简单介绍。

排名前 20 的美国大学共 14 所,根据学校主页公布信息,其中 10 所生物医学工程系或相关专业招生人数,合计每年招生(包括本科生、研究生)超过 1500 人。排名第一的德克萨斯大学每年招收学士 100 人,研究生 110 人,主要来自生物、化学、生理及各类工程学科;密歇根大学每年招收学士和研究生各约 200 人;匹兹堡大学每年招收学士和研究生各约 150;威斯康星大学每年学士共约 200(包括预科生),研究生约 90 人;华盛顿大学生物工程系以生物医学工程领域研究为主,每年学士约 150 人,硕士 30 人;犹他州大学 2008 年计划招学士 50 人,在读研究生共约 140 人;凯斯西储大学每年招收学士约 300 人,研究生约 140 人。

美国大学中 4 所大学及排名前 20 的其他国家院校招生人数在学校主页上未公布。4 所美国大学包括杜克大学、哈佛大学、斯坦福大学、麻省理工学院。其中,哈佛大学生物工程系中有再生医学的生物材料工程和细胞和组织工程等,但招生人数不详;斯坦福大学医学院的生物工程专业研究领域包括生物医学设备、生物医学成像、分子和细胞工程、组织工程和再生医学及生物医学计算机等,招生人数不详;麻省理工学院设有生物医学工程研究中心,招生人数不详。

其他国家大学具体情况,韩国汉城大学没有生物医学工程专业,只有一个生物材料中心;日本京都大学没设生物医学工程专业;英国伦敦大学设有生物医学材料、组织和细胞工程、医学成像等专业,招生情况不详;加拿大多伦多大学生物医学工程系招生情况不详;新加坡国民大学和南洋科技大学生物医学工程专业招生数据不详。

表 4-1　国际上部分生物医学工程院校招生情况　　　　　　（单位：人/年）

排名	机构名称 英文	机构名称 中文	国别	本科生	研究生
1	Univ Texas	德克萨斯大学	美国	100	110
2	Univ Michigan	密歇根大学	美国	200	200
3	Univ Pittsburgh	匹兹堡大学	美国	150	150
4	Univ Toronto	多伦多大学	加拿大	—	—
5	Seoul Natl Univ	汉城大学	韩国	—	—
6	Univ Wisconsin	威斯康星大学	美国	200	90
7	Univ Washington	华盛顿大学	美国	150	30
8	Kyoto Univ	京都大学	日本		
9	UCL	伦敦大学学院	英国		
10	Natl Univ Singapore	新加坡国民大学	新加坡		
11	Duke Univ	杜克大学	美国		
12	Nanyang Technol Univ	南洋科技大学	新加坡		
13	Harvard Univ	哈佛大学	美国		
14	Univ Penn	宾夕法尼亚大学	美国		
15	Stanford Univ	斯坦福大学	美国		
16	Univ Utah	犹他州大学	美国	50	140
17	MIT	麻省理工学院	美国	—	—
18	Georgia Inst Technol	乔治亚理工学院	美国		
19	Univ Illinois	伊利诺伊大学	美国		
20	Case Western Reserve Univ	凯斯西储大学	美国	300	140

二、中国本科及研究生院校

截至 2007 年底，中国有 100 余所大学设置了与医疗器械相关的专业，教育部授权生物医学工程一级学科硕士点 78 个，博士点 30 个。

中国生物医学工程学作为专门学科起步于 20 世纪 70 年代，国内起步较早的单位，如复旦大学生物医学工程研究始于 1972 年，中国协和医科大学于 1977 年创建生物医学工程专业。生物医学工程专业 1979 年正式招收本科生，中国生物医学工程学会于 1980 年成立。

目前，全国已有 104 所学校招收和培养生物医学工程专业学生。据中国医疗器械行业协会统计，2007 年全国生物医学工程本科招收学生 3200 名以上（表 4-2）。

表 4-2　开设生物医学工程本科专业院校地区分布及招生数

地区	个数	招生数	地区	个数	招生数
江苏	8	174	广东	4	246
北京	5	186	河北	4	187
上海	5	149	陕西	4	130

地区	个数	招生数	地区	个数	招生数
四川	4	235	吉林	2	120
浙江	4	237	江西	2	140
辽宁	4	236	山西	2	60
河南	3	235	广西	1	20
黑龙江	3	77	安徽	1	43
山东	3	146	贵州	1	20
重庆	3	149	湖南	1	40
天津	2	147	云南	1	30
湖北	2	225	合计	69	3232

数据来源:行业协会根据选取的 69 所样本院校数据测算

　　中国生物医学工程学科硕士点的建立与本科教学同步,目前教育部授权生物医学工程一级学科硕士点院校 78 家,具体见表 4-3。

表 4-3　教育部授权生物医学工程一级学科硕士点院校名单

序号	院校名称	序号	院校名称
1	安徽理工大学	23	河北科技大学
2	北京大学	24	湖南大学
3	北京工业大学	25	湖南工业大学
4	北京航空航天大学	26	华东理工大学
5	北京交通大学	27	华东师范大学
6	北京理工大学	28	华南理工大学
7	北京邮电大学	29	华中科技大学
8	长春理工大学	30	吉林大学
9	大连理工大学	31	暨南大学
10	第二军医大学	32	江苏大学
11	第三军医大学	33	军事医学科学院
12	第四军医大学	34	军医进修学院
13	电子科技大学	35	兰州大学
14	东北大学	36	南昌航空工业学院
15	东南大学	37	南方医科大学
16	复旦大学	38	南京大学
17	广西医科大学	39	南京航空航天大学
18	国防科学技术大学	40	南京理工大学
19	哈尔滨工程大学	41	南京医科大学
20	哈尔滨工业大学	42	南开大学
21	哈尔滨医科大学	43	清华大学
22	河北工业大学	44	山东大学

序号	院校名称	序号	院校名称
45	山东中医药大学	62	西安电子科技大学
46	陕西师范大学	63	西安交通大学
47	上海大学	64	西北工业大学
48	上海交通大学	65	西南交通大学
49	上海理工大学	66	厦门大学
50	深圳大学	67	燕山大学
51	沈阳工业大学	68	云南大学
52	首都医科大学	69	浙江大学
53	四川大学	70	中北大学
54	苏州大学	71	中国科学技术大学
55	太原理工大学	72	中国民用航空学院
56	天津大学	73	中南大学
57	天津工业大学	74	中南民族大学
58	天津医科大学	75	中山大学
59	同济大学	76	重庆大学
60	武汉大学	77	重庆工学院
61	武汉理工大学	78	重庆医科大学

数据来源:教育部

中国生物医学工程学科博士点的建立始于 20 世纪 80 年代中期,现有教育部授权博士点 30 个,具体见表 4-4。

表 4-4　教育部授权生物医学工程一级学科博士点院校名单

序号	学校名称	序号	学校名称
1	北京工业大学	16	山东大学
2	北京航空航天大学	17	上海交通大学
3	大连理工大学	18	首都医科大学
4	第三军医大学	19	四川大学
5	第四军医大学	20	太原理工大学
6	电子科技大学	21	天津大学
7	东北大学	22	天津医科大学
8	东南大学	23	同济大学
9	复旦大学	24	西安交通大学
10	华南理工大学	25	浙江大学
11	华中科技大学	26	中国科学技术大学
12	暨南大学	27	中南大学
13	军事医学科学院	28	中山大学
14	南方医科大学	29	重庆大学
15	清华大学	30	重庆医科大学

数据来源:教育部

第二节　企业从业人员

医疗器械生产企业从业人员中,2006 年美国从业人员数超过 31 万人,人均创造年产值 27.07 万美元;2007 年欧洲从业人员数合计 43.5 万人,人均创造年产值 13.62 万美元;2006 年日本从业人员数约 9 万人,人均创造年产值 29.17 万美元;中国仅统计销售额 500 万元以上的国有企业,2006 年从业人员数约 15 万人,人均创造年产值约 4.66 万美元。

一、美　　国

根据美国人口局(Census Bureau)商业统计(Statistics of U. S. Businesses,SUBS)数据,2007 年美国医疗器械(Medical equipment & supplies)生产企业员工数约 31.4 万人,全年薪酬合计 161 亿美元(表 4-5)。

表 4-5　2006 年美国医疗器械生产企业员工数及薪酬

企业规模(以员工数目 E 计)	员工数(人)	年工资支出(千美元)
0<E<4	12 116	423 373
5<E<9	13 494	461 422
10<E<19	15 706	612 859
20<E<99	47 500	2 050 920
100<E<499	58 013	2 959 836
500<E<749	12 351	703 405
750<E<999	10 815	692 781
1000<E<1499	16 961	882 024
1500<E<2499	18 914	918 992
2500<E<+∞	108 145	6 429 784
合计	314 015	16 135 396

数据来源:Statistics of U. S. Businesses

据 2007 年中国医疗器械行业统计年鉴,2006 年美国医疗器械产业产值为 850 亿美元,按 2006 年生产企业员工数为 314 015 人计,人均创造年产值 27.07 万美元。

根据美国先进医疗技术协会(Advanced Medical Technology Association,AdvaMed)整理美国人口局统计数据,美国医疗器械从业人员中,外科用品及用具和手术用医疗器械从业人员所占比例最高,分别为 28.3% 和 28.0%,治疗用电子医疗器械从业人员所占比例 14.3%,排名第三,其余主要从业领域为体外诊断、实验室器械、牙科器械、放射装置及眼科器械。

二、欧　　洲

据欧洲医疗技术产业协会(European Medical Technology Industry Association,EU-COMED),统计相关成员国会员公司,2007 年欧洲国家医疗器械企业雇员总数约 43.5 万

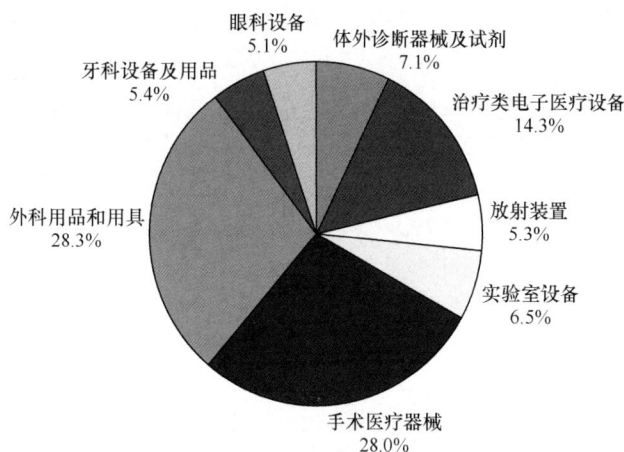

图 4-1　2006 年美国器械从业人员数构成

数据来源：Advanced medical technology association

人,德国雇员数最多,德国、英国、瑞士和法国四个国家的医疗器械企业雇员数占欧洲总数的一半多。

具体来看,德国企业雇员数约 11 万人,占统计范围内欧洲数国总数的 1/4 强;英国企业雇员数约 6 万人,占欧洲总数的 13.8%;瑞士和法国的医疗器械企业雇员数均为 4 万人左右,各占约 9%(9.2%)(表 4-6)。

表 4-6　2007 年部分欧洲国家医疗器械企业雇员数量

国别	员工数(人)	所占比例
欧洲合计	434 560	100.0%
德国	110 000	25.3%
英国	60 000	13.8%
瑞士	40 000	9.2%
法国	40 000	9.2%
意大利	29 815	6.9%
西班牙	25 400	5.8%
瑞典	15 000	3.5%
丹麦	14 000	3.2%
奥地利	6000	1.4%

数据来源：EUCOMED统计相关成员国会员公司

据 2007 年中国医疗器械行业统计年鉴,2006 年欧洲医疗器械产业产值约为 592 亿美元,以 2007 年生产企业员工数为 434 560 人计,人均创造年产值约 13.62 万美元。

三、日　本

据日本厚生省 2008 年卫生统计数据,2006 年医疗器械从业人员数约 9 万人(90 832 人,统计 538 家企业),其中研发人员部门人员数约 1.2 万人,占全部从业人员比例的

13.2%,生产部门人员数占约 1/3(26.9%),销售人员总数所占比例最高,达 42.5%(表 4-7)。

表 4-7　2006 年日本医疗器械企业从业人数(按销售额)　　　　(单位:人)

部门	从业人数	构成比(%)
管理部门	13 969	15.4
生产部门	26 226	28.9
研发部门	11 989	13.2
销售部门	38 648	42.5
合计	90 832	100.0

数据来源:日本厚生省 2008 统计数据

据 2007 年中国医疗器械行业统计年鉴,2006 年日本医疗器械产业产值约为 265 亿美元,以 2006 年生产企业从业人员数 90 832 人计,人均创造年产值约 29.17 万美元。

四、中　国

据国家统计局 2008 年统计数据,2006 年中国国有年销售收入在 500 万元以上的医疗器械制造企业从业人数约为 15 万人,其中工程技术人员数超过 6000 人,研发人员仅 2354 人(表 4-8)。

表 4-8　2000—2006 年医疗器械制造业企业从业人员情况　　　　(单位:人)

年度	从业人数	工程技术人员	R&D 人员数
2000	117 130	4579	898
2002	133 339	4257	994
2003	85 487	3608	840
2004	131 354	3748	1421
2005	129 701	4711	1262
2006	150 114	6216	2354

数据来源:国家统计局,数据统计口径为全部国有及年销售收入在 500 万元以上的非国有工业企业

据 2007 年中国医疗器械行业统计年鉴,2006 年中国医疗器械产业产值约为 70 亿美元,以 2006 年制造业从业人员数 150 114 人计,人均创造年产值约 4.66 万美元。

第五章

医疗器械创新平台与政企研究投入国际比较

美国所采取的主要方式为强制性技术法规、企业质量体系认证和自愿性标准的符合性申明,如果企业不能提交这些技术文件,会影响产品注册;欧洲采用《新方法指令》和协调标准规定了医疗器械所必须达到的安全指标,并且以 CE 认证保障这些标准的严格执行,利用技术法规、标准和合格评定程序共同确保欧洲医疗器械产品安全和有效;日本医疗器械标准由政府制定或者委托专业团体制定,并在医疗器械上市前注册时采用第三方认证和独立行政法人药品、医疗器械综合机构审查的方式对标准的实施进行监督;中国医疗器械标准由政府组织制定,并在上市前注册时根据标准进行产品检测。相比之下,中国的技术法规制度还有待于进一步的加强和完善。

第一节 创新平台体系组织方式

一、美 国

美国的研发体系建设有力保障了其医疗器械行业的创新能力居于世界前列。在美国,大学在医疗器械研发体系中发挥着重要的作用,主要涉及基础研究以及应用基础研究,医疗机构则承担着实践者和检验者的角色,企业主要解决工程实现问题,系统性较强的研发体系奠定了美国医疗器械行业发达的基础。

(一)政府主要支持基础创新研究

美国联邦政府对研发的支持是医疗器械创新的重要组成部分,政府的职责主要集中在建设国家创新法制环境、加强大学与企业的合作、制定专利和知识产权保护政策、增加劳动力的教育和培训等,从而为企业创新提供服务、引导和保护。

美国政府在促进医疗器械创新的基础研究和新领域研究方面起了非常重要的作用。政府支持技术研究有很强的选择性,大致有三种类型:第一类是基础研究项目;第二类是政府需要的项目;第三类是能提高特定产业和企业群市场竞争力的项目。国家基金会(NSF)、美国国立卫生研究院(NIH)和国家标准与技术研究所(NIST)等都为医疗器械创新提供了有效的资助渠道。另外,美国政府通过采取专利法、建立现代企业制度、加强科技人才的培养与管理、完善科研管理制度等有效措施实施了"以企业为中心,促进官产学一体化"的政策,从而确保企业在产业科技发展和产值增长中的主导地位。

（二）高等院校和科研院所是基础研究的主体

美国有世界上最著名的大学和科研院所，主要由政府资助、从事基础性研究和应用基础性研究以及知识传播，约60％的基础性研究由研究机构完成。美国强大的经济与政府支持不仅为美国培养了大量的优秀人才，而且还吸引了全世界的优秀人才，为美国的技术创新做出了杰出贡献。

（三）产业界投资应用研究

企业是美国科技创新的名副其实的主体。美国大约有四分之三的科技研究开发者工作是在企业完成的，四分之三的科技研究人员分布在企业科研单位，企业 R&D 经费投入占全国 R&D 经费总投入的60％以上。

大型企业是医疗器械创新的主要投资者，其研发投入旨在获得市场效益和更多的利润。目前大型企业越来越依赖组织企业外部的研发资源，通过与美国大学或联邦政府实验室合作，及与其他美国本土或国外企业建立策略性技术联盟等形式进行研发有利于将基础研究的成果应用于实践中，从而为病人提供先进的医疗器械。

虽然当前大型企业是医疗器械技术进步的主要推动力，中小型企业在创新活动中也起到了很大的作用。由于中小型企业数量多，研发能力相对不足，美国政府对中小型企业给予了很大的创新支持，措施包括设立中小企业管理局具体负责制订中小企业创新研究计划、技术转换计划、研究和发展目标计划；税收优惠；特别科技税收优惠、企业科研经费增长额税收抵免，推行加速折旧等。

（四）行政监管部门（FDA）对医疗器械产品创新支持：创新行动计划

设立"医疗器械创新行动计划"的目的，在于使病人能够更快地获得新的医疗器械。该计划旨在促进 FDA 和产业界之间的早期互动，以充分缩短审评时间、鼓励创新，器械和放射卫生中心（Center for Device and Radiological Health，CDRH）将医疗器械研究的重点放在尖端科技，促进对创新医疗器械的审评现代化，尽量减少临床试验负担。

FDA 通过以下几个方面来促进创新、提高效率：制定优先指南保证管理清晰度，如优先审批药物涂层支架、用于软骨修复的组合器械/生物制品等；投资关键领域，如开发高精确度的解剖、生理成人和儿童虚拟循环系统，以量化血管支架最大负荷和应力；以行业研讨会等形式加强 FDA、工业界、病人和临床医生等利益相关者的沟通交流；进行实验室研究以支持医疗器械开发过程的改进；执行质量审评项目以缩短审评时间，确保新诊断和治疗器械的高科技质量；使用信息技术解决方案；通过医疗器械基金项目（Medical Device Fellowship Program，MDFP）增加临床和科学方面的专家。

（五）风险投资成为医疗器械创新体系中不可缺少的重要部分

风险投资对美国中小医疗器械企业的创新起到了重要的促进作用，每年15～20亿美元的风险投资对中小企业的技术创新和产品创新起到了催化剂作用，推动了新产品上市，形成了中小企业以创新为主，大企业以规模化商业化为主的研发投资体系。

二、欧 洲

欧洲各国的研发体系与美国明显不同,政府在产品研发方面扮演着重要角色,但政府投资力度远不如美国,更缺少航空航天等军事背景的支持。产品研发的资金更多来源于企业本身的销售收入,风险投资也远不如美国活跃。欧洲各国医疗器械平均研发支出约占销售收入的6%,低于美国的平均10%,除了德国、瑞典研发支出占销售额的比例为10%和9%之外,其余欧洲国家医疗器械产业总体创新投入远低于美国。

(一)欧盟大多数国家的政府 R&D 经费来源于"框架计划"

欧盟大多数国家的政府R&D经费来源于"框架计划",而在医疗器械产品创新中,各国仍处于"单打独斗"的状态:各成员国之间的创新政策协调不足,研究力量比较分散,研究内容重复。因此,欧洲医疗技术产业协会(Eucomed)提出十大建议,以振兴欧盟医疗科技创新:在各成员国成立自主的"医疗科技创新中心";为创新创造环境和条件,特别是在监督管理方面;制订一致的卫生保健科技评估计划,使病人可以得到最新医疗科技信息;使欧洲成为世界顶尖研究人员和创新人员的工作和生活的地点;政府在制定政策时,重视医疗科技的需要;支助医疗器械中小型企业;将医疗技术创新纳入欧洲欧盟框架计划;加强知识产权保护,规划欧盟共同专利计划;规划教育储备;设立融资系统和渠道,为医疗技术创新提供资金。

欧洲企业创新研究也得到了欧盟第七个框架计划的资助,且支持力度大。以飞利浦SonoDrugs项目为例,2009年2月飞利浦宣布正在领导一项重要的欧洲科研项目——SonoDrugs,该项目利用聚焦超声波脉冲激活经血管输送到患病位置的药物,以最大限度地提高癌症和心血管疾病药物治疗的效率并减少副作用。项目总预算为1590万欧元,其中1090万欧元由欧盟第七个框架计划资助。

(二)欧洲行业协会构建创新体系方面扮演了特殊的角色

欧洲跨国性、区域性、地方性专业学会、协会在促进技术转移和技术扩散,促进企业、学术、研究机构合作方面发挥了重要作用。

欧洲的产品研发以众多的中小企业为主体,以企业一两代,甚至几代人的传统技术为基础,具有较强实践性。欧洲企业研发重视关键部件内部研发制造,关键工序内部控制。特别是德国、英国、法国和瑞士,在研发深度和严谨性方面表现突出。

此外,欧洲创新体系中、中小企业之间、中小企业与大学和科研机构之间,中小企业与专业咨询机构之间已建立起长期紧密合作关系,跨国式网络化产品开发较为普遍,使得欧洲较强的研究实力得以有效发挥。众多的中小企业既是研发创新的主体,又是产业化主体。

三、日 本

日本独特的地理位置、战后的产品仿制经历、政府政策倾向和研究基础,使得日本的研发体系既不同于美国,也不同于欧洲。

（一）政府通过政策调整为官产学研相结合创造良好的环境与条件

日本研发体系的特点是政府通过政策调整为官产学研相结合创造良好的环境与条件，充分开发和利用能够尽快使经济得到增长的科学技术，为政府主导，企业参与的模式。因此，日本医疗器械技术创新中政府起主导作用。日本的通产省不仅通过各种政策鼓励引进先进技术、聘用外国的技术人员，加强全民教育，而且还制定和执行产业与科技政策，其选择的科学技术发展战略为"先模仿后独创、先技术后科学、先民用后军用、先小科技后大科技、先低科技后高科技"。

另外，日本政府积极调动国立科研机关和国立大学在医药产业技术创新上的作用，在加强投入、鼓励科研的基础上，积极促进国立研究机构、大学与企业间的联合研发、促进科研成果转让，并实施科研成果产出率考核，将竞争机制导入国立科研机关和大学科研活动，以促进科研成果产出和技术进步。

（二）技术创新体系中政府起重要作用

在日本的技术创新体系中，政府起到重要的作用，但技术引进、消化和创新的主体是企业。日本为了鼓励产品开发，制定了税收优惠政策，规定私营企业销售收入中 8%～10% 用于研发投入部分可免税。日本政府通常以项目方式资助，搭建一个公共的技术平台，促成产业技术相互关系密切甚至相互竞争的企业进行联合攻关，突破关键技术和关键部件。日本企业积极利用政府产业政策引导及技术创新的有利环境，进行创新与发展。

（三）日本创新体系突出市场需求导向

日本偏重应用及工艺技术研究，形成了独特的仿制、引进、改良、吸收、自主开发模式，以市场需求为导向，在制造低成本产品和批量生产方面具有明显的优势。日本创新体系中风险投资介入较少，研发中介咨询机构薄弱，研发活动相对封闭，日本作为一个人口规模不大，资源稀缺的岛国，对于医疗器械发展具有一定的选择性，重点发展影像器械、内窥镜、血液透析器械等少数医疗器械产品。

四、中　国

（一）政府医疗器械研发体系尚需建立健全，研发投入逐年增加

中国医疗器械研发体系是从改革开放开始逐步建立的，走过了近 30 年的仿制研发路程。近年来，中国政府加大了对医疗器械创新的重视程度，出台了一系列政策，并首次将医疗器械产业的发展写入国家科技部中长期规划，加大了对医疗器械创新的投入力度，为建立医疗器械创新体系提供了机遇。

从"七五"至"九五"期间，中国在医疗器械产业科技攻关项目上持续投入资金。"十五"以来，科技部"国家科技攻关计划"等开始注重支持医疗器械领域的研究开发，对医疗器械研发投入较前几个五年计划有所增加，投入总量增多。"十一五"期间，科技部还将继续增加用于医疗器械产业的科技攻关项目的资金。

（二）医疗器械企业产业群初现，研发投入力量不足

中国医疗器械行业已形成了以上海为中心的长江三角洲产业区；以深圳为中心的珠江三角洲产业区；以北京为中心的京津环渤海湾产业区，这三大区域产业群是中国高科技领域颇具发展前景的生力军。

另外，国家科技部门在广州、成都、北京、沈阳、深圳先后建立了五个国家级专业医疗器械领域的工程技术研究中心（医疗保健器具、生物医学材料、医用加速器、数字化医学影像器械、医学诊断仪器）。

然而医疗器械区域产业群的创新能力有待提高，很大一部分原因在于研发资金投入不足，一方面企业由于资金规模限制研发投入力度小，另一方面国家资助资金有限。

五、比较与启示

美国模式通过国家基金会（NSF）、美国国立卫生研究院（NIH）和国家标准与技术研究所（NIST）等都为医疗器械创新提供了有效的资助渠道，美国国家生物医学成像和生物工程研究所是 NIH 下属的直接负责医疗器械项目的机构，其 2008 年的经费为约 3 亿美元的。

欧盟大多数国家的政府 R&D 经费来源于"框架计划"，而在医疗器械产品创新中，各国仍处于"单打独斗"的状态，2007 年开始，欧盟开展了第七框架计划（2007—2013），投入经费约 502 亿欧元。

日本研发体系的特点是政府通过政策调整为官产学研相结合创造良好的环境与条件，充分开发和利用能够尽快使经济得到增长的科学技术，日本政府的财政支持使得企业在改进医疗技术和研究新产品时节省部分 R&D 费用。

与发达国家相比，中国医疗器械创新体系的建立和完善还需要一个过程，政府研发资金投入相对不足，整个国家用于医疗器械的研发投入仅与美国一家大公司投入相当。医疗器械创新体系的建立和完善还需要走过相当长的路程，除了增加研发资金投入之外，更重要的是建立一个较完善的医疗器械创新体系。

第二节　创新平台体系资金及企业投入

一、美　　国

在美国，对医疗器械创新投入的两大机构分别为：国立卫生研究院（National Institutes of Health，NIH）和美国航空航天局（National Aeronautics and Space Administration，NASA）。近几年来，NIH 通过其"生物工程项目"对医疗器械企业的基础研究和应用研究进行了支持，其中包括 NIH 内部的研究项目，也包括 NIH 外部的由大学、科研院所和机构进行的研究项目。美国心脏除颤器、磁共振设备、核医学设备等大型医疗设备技术研发均得益于 NIH 的资助。近几年 NIH 资助生物医学的研究经费比较平稳，每年在 13 亿美元左右。由前总统克林顿任上于 2000 年签署建立的美国国家生物医学成像和生物工程研究所（National Institute of Biomedical Imaging and Bioengineering，NIBIB），是 NIH 下属的直接负责医疗器械项目的机构（图 5-1）。

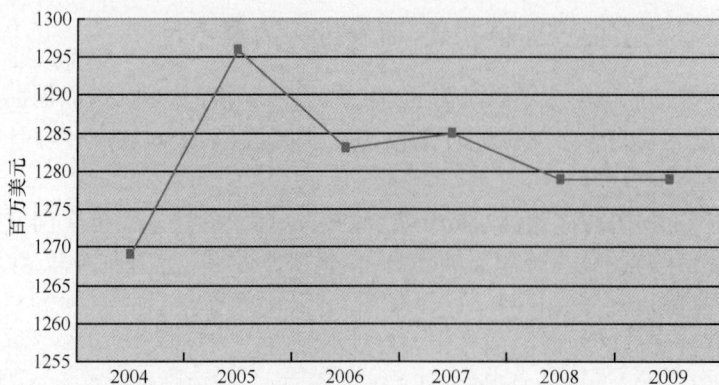

图 5-1　2004—2007 生物医学研究实际资助资金,2008—2009 年研究资金预算
数据来源:NIBIB 网站 2009 年机构年报

NIBIB 的使命是统筹和协调将工程学和成像科学应用于生物学过程、疾病诊疗领域的基础研究。NIBIB 与其他机构的生物医学成像和生物工程专业进行合作,支持有潜在医疗应用价值的图像和工程学研究,促进技术向医学领域的转化。

NIBIB2008 年的经费为 3.005 亿美元的,较 2007 年增加了 214.9 万美元。近几年具体预算情况见图 5-2。

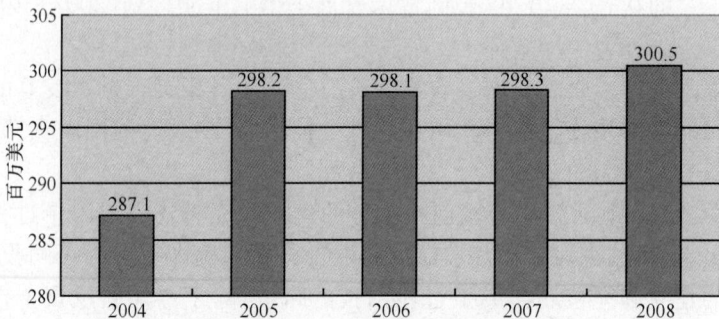

图 5-2　2004—2008 年 NIBIB 的资金额
数据来源:NIBIB 网站 2009 年机构年报

NIBIB 支持项目主要分布在生物材料、生物信息学、药物和基因传递系统及器械等 24 个领域,具体见表 5-1。

表 5-1　NIBIB 支持的医疗器械相关项目

序号	项目类型	序号	项目类型
1	生物材料	8	数学建模、模拟与分析
2	生物信息学	9	医疗器械和植入科学
3	药物和基因传递系统及器械	10	微生物力学
4	影像引导下的干预措施	11	微系统和纳米系统平台技术
5	图像处理、视觉感知和显示	12	分子影像学
6	磁性、生物磁性和生物电学器械	13	纳米技术
7	磁共振成像与光谱	14	核医学

序号	项目类型	序号	项目类型
15	光学成像技术及光谱学	20	远程医学
16	康复工程	21	组织工程
17	传感器	22	超声:诊断和介入
18	结构生物学	23	X射线、电子和离子束
19	外科手术仪器、技术及系统	24	跨学科发展和职业培训

与NIH其他研究所一样,NIBIB的研究项目也包括院外(Extramural)和院内(Intramural)两大部分,2008年,NIBIB研究经费中72%用于研究计划项目,9%用于研究中心,另有5%用于R&D合同,仅有3%用于院内研究(图5-3)。

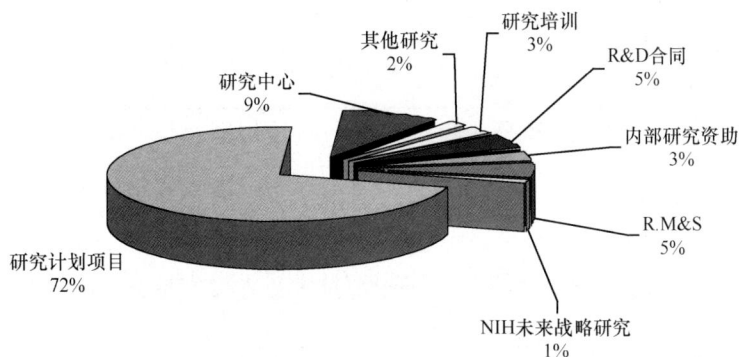

图5-3 NIBIB2008年资金分配情况

院外研究与院内研究密切结合,是NIH资助机制最主要的特色。这种结合首先表现在院外基金的评议方式方面。同行评议是组织院外项目的主要方式,NIH科学评议中心负责申请项目的受理及组织同行评议,与生物医学工程相关的研究项目经过同行评议后分送到NIBIB,NIBIB设有专门负责院外项目管理的人员,负责组织对申请项目的二级评审及项目后期管理,院外基金项目的批准由NIBIB国家顾问理事会的评议结果及NIBIB预算情况决定。

美国医疗器械的创新资金另一重要来源为NASA。对于Spacelabs、Hewlett-Packard和Marquette Electronic等公司来说,NASA项目开发的基础技术对其发展病人监护技术起到了关键性的作用。如遥感和无线技术,首先是应用于对宇航员医疗和生理监控,最终转移应用于民用医疗器械,再如心脏影像、心脏泵等,磁共振、核成像装置也正是在NASA项目支持下研发出来的。

美国医疗器械公司研发投入占销售收入的比例很高,据中国医疗器械行业协会《2007年中国医疗器械行业年鉴》,2006年世界医疗器械销售额排名前10的公司中,美国公司占8家,强生医疗、GE医疗及美顿力在内的跨国医疗器械公司分别排名前三,排名前十的跨国公司研发投入占销售收入的比率分布在5%～14%不等,美国公司强生医疗、波士顿科学和美顿力公司的研发投入超过10%(表5-2)。

表 5-2　2006 年世界医疗器械市场销售排名前 10 公司

序号	公司名称	销售收入(亿美元)	销售利润(亿美元)	研发投入/收入(%)
1	强生医疗	203	42	13.1
2	GE 医疗	152	27	6.0
3	美敦力	123	28	10.1
4	美国百特医疗	104	14	5.9
5	西门子医疗	100	12	5.2
6	美国泰科	96	22	2.74
7	飞利浦医疗	85	10	6.2
8	美国波士顿科学	78	56	12.1
9	美国史赛克	50	8	6.0
10	美国卡地纳健康集团	45	485	—
	合计	1036	704	—

数据来源:2007 年中国医疗器械行业年鉴

　　另外值得一提的是风险投资对美国医疗器械产业发展和技术研发起到了重要的促进作用。2006 年、2005 年风险资金投资医疗器械产业研究分别达到 19 亿和 21 亿美元,之前几年每年资金额度约在 17 亿美元左右。多渠道资金投入极大地促进了美国医疗器械技术不断创新和新产品上市。

　　美国在相关工业方面掌握着先进的具有竞争能力的先进技术,如医疗器械产业所依赖的微电子、通讯、仪器仪表、生物技术、软件开发等产业,为医疗器械产品创新提供了良好的环境。美国的高技术医疗器械产品如心脏节律产品(起搏器和除颤器)、心脏干预产品(心血管导管和支架)、影像诊断器械(CT、MRI、核器械)和外科整形装置(臀、膝、脊椎植入装置),在世界市场上占有主要地位。

　　综上分析,美国医疗器械产品创新有多渠道资金来源,形成一个分工明确的上、中、下游互相衔接的完整的创新体系。

二、欧　　洲

　　欧盟大多数国家的政府 R&D 经费来源于"框架计划",欧盟框架计划(framework program,FP)已经成为当今世界上最大的官方科技计划之一,具有研究水平高、涉及领域广、投资力度大、参与国家多等特点。第一框架计划为 1984—1987 年,第二框架计划为 1987—1991 年,第三框架计划为 1991—1994 年,第四框架计划为 1994—1998 年,第五框架计划为 1998—2002 年,第六框架计划为 2002—2006 年。欧盟框架计划以研究国际前沿和竞争性科技难点为主要内容。从 2007 年开始,欧盟开展了第七框架计划(2007—2013),投入经费预计在 501.82 亿欧元。该计划提供不同类别的 R&D 经费,支持包括与医疗器械相关的健康、纳米科学等领域。

　　在第七框架计划中,欧盟重点资助以下几个方面:国家合作 322 亿欧元;科学思路创新 74 亿欧元;人才 45 亿欧元;能力建设 41 亿欧元;合作研究中心 18 亿欧元;欧洲原子研究 41 亿欧元。项目的申请要求至少有 3 名合作者(独立法人机构)来自于至少 3 个不同国家,合作者之间要有互补性(大学、研究机构、企业、其他相关部门或联合机构)。

据 OECD 统计,欧洲平均研发投入约占卫生支出的 6.8%,略高于美国的 6.5%,值得注意的是,德国公司研发支出在欧洲国家中最高,占卫生支出的 8.5%,英国和西班牙研发投入占卫生支出的比例约为 8%(表 5-3)。

表 5-3　2004 年欧洲医疗器械研发经费投入

国别	医疗器械研发投入 (十亿欧元)	人均医疗器械研发投入 (欧元)	研发投入占卫生 支出的比例(%)
欧洲	**72.57**	**144.69**	**6.80%**
德国	20.2	244.95	8.50%
英国	11.75	195.1	8.00%
法国	10.06	165.26	5.30%
意大利	6.2	106.65	4.70%
西班牙	6	138.26	8.10%
奥地利	1.76	213.77	7.00%
瑞士	1.68	223.97	4.90%
瑞典	1.38	152.82	5.30%
丹麦	1.3	240.03	6.90%

数据来源:OECD, Eucomed Member Associations, Medistat, and Eucomed Calculations

三、日　　本

日本为了鼓励创新产品开发,调整相关政策,私营企业销售收入中 8%～10%用于研发投入部分可免税,同时日本政府的财政支持使得企业在改进医疗技术和研究新产品时节省部分的 R&D 费用。

据日本厚生省 2008 年统计数据(调查范围包括 456 家日本本国企业、77 家外资企业),2006 年日本本国医疗器械企业研发投入约占销售额的 8.2%,平均每家公司年研发投入约 423 百万日元,按 2006 年欧元:日元汇率 130 计,折合欧元 325 万欧元(表 5-4)。

表 5-4　2006 年日本医疗器械企业研发投入(按资金规模分)　　(单位:百万日元)

项目 资金规模	研发经费		研发费用占销售收入的比例		平均每家公司的研发费用	
	内资	外资	内资	外资	内资	外资
不到 1 千万日元	10	0	1.5%	0.0%	0.9	0.0
1 千万～5 千万日元	4056	11	0.7%	0.1%	21.5	0.6
5 千万～1 亿日元	3884	54	2.2%	0.1%	49.8	5.4
1 亿～3 亿日元	5595	13	4.1%	0.0%	130.1	1.0
3 亿到 10 亿日元	21 300	1224	5.2%	0.7%	463.0	72.0
10 亿～50 亿日元	27 460	6813	15.1%	1.6%	946.9	454.2
50 亿～100 亿日元	31 054	0	7.3%	0.0%	1411.5	0.0
100 亿～200 亿日元	35 026	500	9.1%	2.7%	2918.8	166.7
200 亿以上日元	64 456	0	8.2%	0.0%	2479.1	0.0
合计	192 841	8615	6.3%	1.1%	422.9	111.9

数据来源:日本厚生省 2008 年统计数据

四、中 国

中国通过"863"、"973"、国家科技支撑计划和自然科学基金等多种类型的研究基金，提高医疗器械政府资助，国家设立的中小企业创新基金也将医疗器械作为重点支持的领域。政府的支持促进了一批医疗器械产品的开发和推向市场，起到明显有效的作用，对于缩短国产品与进口产品的差距起重要作用。

据中国统计局统计大中型医疗器械生产企业，中国医疗器械制造业的研发投入从2000年的7494万元，增加到2006年的52 409万元，接近5亿元，研发投入总额不高，但总体呈现明显增长趋势（表5-5）。

表5-5　2000—2006医疗器械制造业 R&D 经费内部支出 　　　　　　　　（单位：万元）

年份	2000	2002	2003	2004	2005	2006
医疗器械及设备制造	7494	12 211	10 884	19 482	34 481	52 409

数据来源：国家统计局；数据口径为大中型工业企业

五、比较与启示

医疗器械行业涉及医药、机械、电子、材料等多个领域，是一个多学科交叉、知识与资金密集的高新技术产业，生产工艺复杂，进入门槛高，行业发展的总趋势是高投入、高收益。高技术产业竞争力的关键因素之一在于关键技术的掌握和核心部件的研发生产能力，而这很大程度上依赖于研发投入力度。美、欧、日3个国家和地区在医疗器械产业的强势地位，很重要的原因之一就在于这些国家/地区强劲的研发资金投入力度。

据经合组织（Organization for Economic Cooperation and Development，OECD）统计数据，2004年美国医疗器械研发投入约980亿欧元，占卫生支出的6.5%。2004年欧洲各国在医疗器械研发方面的总投入约730亿欧元，占卫生支出的比例为6.8%（表5-6）。

表5-6　2004年欧洲和美国医疗器械研发经费投入

国别	医疗器械研发投入（十亿欧元）	人均医疗器械研发投入（欧元）	研发投入占卫生支出的比例（%）
欧洲	72.57	144.69	6.8%
美国	97.96	330.49	6.5%

数据来源：OECD，Eucomed Member Associations，Medistat，and Eucomed Calculations

与发达国家相比，中国整体研发投入不足，风险资本进入医疗器械产品研发少，以目前有限资金投入，再加上生产工艺水平和产业化生产能力等限制，很难大规模开发具有高技术水平的产品。

第三节　医疗器械创新平台体系制度

一、创新体系战略管理

美国研发战略的重要特点是重视基础研究、应用研究和临床研究的结合，很多企业都在医院建立临床研究、临床应用和临床示范基地,以临床研究成果推动技术创新和产品研发,特别在外科器械和介入治疗等临床作用较大的产品领域,美国的技术水平始终处于国际领先。

欧洲国家医疗器械研发战略与市场需求联系紧密,务实性强,跨国网络化合作活跃,大学和研究机构参与程度较高。研发战略的重要特点是重视基础研究、应用研究和关键部件开发,重视传统技术与新技术的融合,普遍采用关键部件内部制造、关键工艺内部控制的研发模式。

日本医疗器械研发重视市场需求与应用研究的密切结合,重视供应商资源的利用和早期开发参与,但基础研究工作不足,缺少长远基础技术储备。

中国国家医疗器械研发重在推动研发工作从仿制为主向自主创新转变,促进产学研相结合,集中攻关突破国内急需的关键技术和关键部件。然而我国企业研发产品仿制观念仍然占主导地位,基础研究工作投入少,多年来基础技术储备不足在短时间内很难得到填补,导致自主创新能力不足,这已成为限制中国医疗器械产业发展的重要"瓶颈"之一。

二、法规体系和注册制度

20世纪90年代初开始,ISO 9000和ISO 13485质量体系认证首先在发达国家领先的医疗器械企业实施,流程管理贯穿到产品研发和技术创新之中。针对医疗器械的安全性和有效性要求,各个发达国家都相应制定了本国或本地区的注册法规,实施产品注册制度。美国FDA认证、欧盟CE认证、日本药事法认证都是根据产品用途和风险等级的不同,将医疗器械进行分为类管理,对如何保证医疗器械产品的安全性和有效性提出了严格要求,促使企业在创新的各个阶段必须考虑和验证产品的安全性和有效性。产品注册制度有利推进生产企业开展技术创新,推动产业产品开发与临床需求的紧密结合。

中国食品药品监督管理局从1995年开始在医疗器械行业推行ISO 9000和ISO 13485质量体系认证。经过多年的实践,质量体系认证的推广使得过程控制理念贯彻到产品研发管理之中,整个医疗器械行业已经认识到了质量体系的重要性,对于全面提高国产医疗器械产品安全性、有效性及稳定性起到了重要作用。

伴随着中国加入WTO,中国开始强制性实施产品注册,企业为了获得注册证开始重视技术开发和产品升级,推动了产品质量的快速提高,产品出口呈现良好势头。从2007年开始,中国医疗器械的产品标准全面升级,与国际标准基本接轨。新注册标准的实施正在推动中国医疗器械产业进入新一轮产品研发,其基本特征是技术创新、关键部件攻关和获得知识产权。

参 考 文 献

飞利浦领导欧洲"SonoDrugs"项目开发由影像引导的局部药物输送技术[EB/OL], 2009.02.04. http://www.philips.com.cn/about/news/press/20090204.page

关健,刘立.2008.欧盟框架计划的优先研究领域及其演变初探.中国科技论坛

http://cordis.europa.eu/fp7/home_en.html

http://www.stat.go.jp/index.htm

NIBIB 2009Budget, NIBIB [EB/OL] March,5 2008 http://www.nibib.nih.gov/nibib/file/AboutNIBIB/BudgetandLegislation/FY2009/NIBIBFY2009CJ.pdf

State Impacts of the Medical Technology Industry, AdvaMed,2007

第六章

医疗器械标准管理国际比较

标准是保证医疗器械产品安全、有效的基本手段之一,世界各国对医疗器械标准的管理高度重视。各国为保证医疗器械的安全、有效,利用相关标准对医疗器械进行检测,美国所采取的主要方式为强制性技术法规、企业质量体系认证和自愿性标准的符合性申明,如果企业不能提交这些技术文件,会影响产品注册;欧洲采用《新方法指令》和协调标准规定了医疗器械所必须达到的安全指标,并且以 CE 认证保障这些标准的严格执行,利用技术法规、标准和合格评定程序共同确保欧洲医疗器械产品安全和有效;日本医疗器械标准由政府制定或者委托专业团体制定,并在医疗器械上市前注册时采用第三方认证和独立行政法人药品、医疗器械综合机构审查的方式对标准的实施进行监督;中国医疗器械标准由政府组织制定,并在上市前注册时根据标准进行产品检测。相比之下,中国的技术法规制度还有待于进一步的加强和完善。

第一节　医疗器械标准及重要性

一、医疗器械标准特点

标准是"为了在一定的范围内获得最佳秩序,经协商一致制定并由公认机构批准,共同使用的和重复使用的一种规范性文件"。对于医疗器械行业来说,标准是保证医疗器械产品安全、有效的规范性文件。

医疗器械是一个综合性很强的工业行业,是医学和工程学结合的产物,许多新技术,如微电子技术、计算机技术、自动化技术、图像技术、光纤技术、遥测技术以及生化技术等均在医疗器械产品中得到了广泛的应用。医疗器械的每一件产品都与其相关的工业水平密不可分。尤其是国家的基础工业,如材料、电子、机械、能源等等,更是直接影响其发展的重要因素。所以医疗器械产品在其基本技术标准要求方面,可能与上述基础工业产品的标准有其相同或相近之处。因此,医疗器械标准不可能脱离一般工业品标准而单独存在。但因其直接作用于人体,必须要确保其在使用过程中的安全性和有效性,要求比一般的工业制品更高,从而使医疗器械产品标准具有特殊性。

二、医疗器械标准重要作用

(一) 医疗器械标准是生产企业进行产品生产的重要依据

随着核技术、微波技术、激光技术等的应用、直接接触人体、进入人体的材料和器械的广泛应用,人们在生产或使用医疗器械时,生产过程或器械本身的缺陷,或器械使用不当所造成的人身危害以及对人类生存环境所带来的危害风险增加了。技术标准是根据长期积累的经验,对某类医疗器械产品进行安全性方面的风险分析、风险评估后提出的控制风险、降低风险的要求。企业只有严格按照"技术标准"进行医疗器械的生产,才能最大限度地降低对人体和环境的危害。

(二)医疗器械标准是医疗器械行政管理部门行使监督管理职权的重要依据和活动准则

在中国,医疗器械的主要监督管理方式是产品注册审查和生产企业的资格考核以及进行产品抽查测试。中国实行的产品注册制度是一种强制性的产品安全审查制度,其前期以产品本身为重点,审查产品说明书、产品标准、产品检测报告、产品临床试用报告,称之为试产注册;后期转入生产企业的质量体系考核,称之为准产注册。试产注册和准产注册构成了对医疗器械产品的安全性和有效性以及稳定可靠性审查。而行政管理部门所进行的医疗器械审查监督,所依据的准则便是标准。

(三)医疗器械标准是中国医疗器械产品开拓国际市场先决条件

目前,中国医疗器械在保持中小型器械出口的比较优势和竞争能力的同时,一些高科技医疗器械产品和高附加值产品出口在稳步增长,中国医疗器械在国际市场上的竞争力正逐步增强。因此,随着医疗器械行业的迅速发展和对外贸易的不断增长,技术贸易壁垒已成为中国外贸出口的最大障碍,带来的成本和风险损失呈逐年递增之势。这对中国医疗器械行业的发展造成一定的不利影响。标准是技术贸易壁垒的重要组成部分,加强中国医疗器械标准管理工作对于应对国际市场的挑战具有重要意义。

第二节 各国医疗器械标准

一、美 国

(一)自愿性标准体制

美国的标准化发展的较早,早在19世纪,标准就在民间机构发挥了作用,美国国家标准局也于1901年成立。随后一些在世界上颇具影响的标准化机构和专业标准化团体逐渐形成,如美国汽车工程协会、美国试验与材料协会、美国机械工程师协会等等。第二次世界大战后,美国经济实力的加强巩固了其标准化管理体制,同时标准化体制的强化又促进了产品的竞争力,促使美国产品在国际市场竞争中取得了成功。由于这些在市场竞争中发展起来的分散的标准化体制满足了市场的需要,而且促进生产商开发在技术及安全上被社会接受的产品,所以美联邦政府认为分散的、结构上多元化的标准化管理体制更加有利于美国经济的发展。

现行美国的标准体系实际上由3个子体系组成,即以 ANSI(American National Standards Institute,美国国家标准学会)为协调中心的国家标准体系;联邦政府机构的标准体系和非政府机构体系。美国采用自愿性标准体制,即自愿参加编写、自愿采用。美国的标准团体非常多,约有400多个,其中绝大多数都是行业协会和专业学会。美国大约有超过50%的标准由民间组织制定,行业学会和专业学会在标准化活动中发挥主导作用,是美国标准化的一大特点。除此之外,各级政府部门也在分别制定其各自领域的标准以及政府的采购标准。如国防部、农业部、环保局、食品与药品管理局、消费品安全委员会等。

因此,美国标准分为四种:①国家标准:经各方面协商一致的标准;②政府各部门标准:由政府各部门发布的标准,特别是在卫生、安全和环境方面,以及政府为采购而制订的标准;③专业标准(或行业标准):由各专业学会或行业协会规定,适合于本行业(专业)的标准;④公司标准:用于公司内部设计、制造、采购和质量控制的标准。

(二)医疗器械标准管理

FDA(Food and Drug Administration,美国食品与药品监督安全管理局)是美国卫生与公众服务部下属的一个局,这一联邦机构的主要职责是帮助安全有效的产品(包括食品和药物)尽快进入市场,并在产品上市后继续跟踪其安全性,以提高和保护公众健康。目前分为五个主要的项目中心:生物制剂评估调查中心,药品评估调查中心,CDRH(Center for Device and Radiological Health,器械和放射性健康中心)、食品安全和应用营养中心、兽药中心。

CDRH是负责医疗器械监管的主要部门。其监管依据是:

(1)检测要求:要求产品必须符合FDA规定的安全性和有效性。

(2)注册要求:FDA要求所有的医疗器械生产商或一级分销商进行机构注册和产品登记;机构年度注册;器械列名。

(3)510(k)上市前通告或销售前批准申请(PMA):Ⅰ级、Ⅱ级和部分Ⅲ级器械的生产商,需要在销售器材前90天向FDA递交上市前通告。在收到申请90天内,FDA决定该产品是否与对比产品实质等效;申请方在得到FDA答复该产品与对比产品等同后才可销售。如果FDA答复不等同,申请方则需以新数据再次提交510(k)申请器械重新分类或提交PMA。

那么标准在美国医疗器械监管体系中起到什么样的作用呢?美国FDA借助标准这一工具,将生产商提供的产品与对比产品进行比较,以确定是否与对比产品的实质有效。

美国食品、药品管理修改法案在其联邦食品、药品和化妆品法案的基础上,规定FDA可以"以官方发布的形式,认可由国家或国际公认的标准机构所制定的适宜标准的全部或部分内容。企业或个人可以在上市前申请中递交其产品适用标准的符合性声明"。同时在法案中明确了制造商应对其递交的上市前申请的符合性声明保证其真实性,递交伪造的符合性声明意味着违反了相关法律法规。

依据该修改法案,美国将标准作为上市前控制的技术指标,由于充分意识到标准体系的重要性,政府十分关注标准体系的建设,并与国际化标准组织保持密切合作,以获得最新的标准知识和信息。目前FDA认可的国际和国家标准制定机构有美国材料试验协会(ASTM)、国际电工委员会(IEC)、国际标准化组织(ISO)、美国国家药典(USP)、美国医疗器械促进协会(AAMI)、美国国家标准协会(ANSI)等标准制定机构,具体见表6-1。

表 6-1　FDA 认可的医疗器械标准制定机构

缩写	全称	中文名称
ISO	International Organization for Standardization	国际标准化组织
IEC	International Electrotechnical Commission	国际电工委员会
CEN	European Committee for Standardization	欧洲标准化委员会
ANSI	American National Standards Institute	美国国家标准学会
AAMI	Association for the Advancement of Medical Instrumentation	美国医疗器械促进协会
ADA	American Dental Association	美国牙医协会
AIUM	American Institute of Ultrasound in Medicine	美国医用超声研究所
AOAC	AOAC International	国际 AOAC
AS	Standards Australia	澳大利亚标准
ASA	Acoustical Society of America	美国声学协会
ASME	American Society of Mechanical Engineers	美国机械工程师学会
ASQ	American Society for Quality	美国质量学会
ASTM	ASTM International	美国材料试验协会
CGA	Compressed Gas Associated，Incorporated	压缩气体协会
CLSI(NCCLS)	Clinical Laboratory Standards Institute	临床实验室标准研究所
ESD	Electrostatic Discharge Association	美国防静电协会
IEEE	Institute of Electrical and Electronic Engineers	电气电子工程师协会
IESNA	Illuminating Engineering Society of North America	北美照明工程协会
NEMA	National Electrical Manufacturers Association	美国电气制造商协会
NFPA	National Fire Protection Association	美国国家消防协会
RESNA	Rehabilitation Engineering and Assistive Technology Society of North America	北美复健工程与辅残科技协会
UL	Underwriters Laboratories，INC.	美国安全检测实验室公司
USP	United States Pharmacopeial Convention，INC.	美国药典委

　　FDA 在 CDRH 设立了专门机构,负责对医疗器械标准的认可,以确保标准在中心工作项目中的有效使用。这些机构包括:标准工作组、项目组、标准项目协调部门、CDRH 部门、CDRH 管理层、科学与技术办公室、项目执行部门等。

　　根据 CDRH 网站上发布的标准认可目录统计达 783 项,涵盖总则、麻醉和呼吸系统、生物相容性、心血管/神经、牙科/耳鼻喉科、光学、外科植入、物理治疗、放射、软件、消毒、组织工程等相关标准。

　　另外,FDA《食品药品化妆品法案》第 514 部分授权 FDA 制定Ⅱ类医疗器械强制性能标准,这些标准可由 FDA 制定,也可以委托其他组织制定,或是对现有标准进行认可确认为强制性标准,如果某一器械存在 FDA 强制性能标准,该器械在产品上市前,必须符合其规定。目前已经制定了下列 9 类产品的性能标准—电视接收器、冷阴极气体放电管、X 射线诊断器械及其主要部件、X 射线器械机箱、微波炉、激光产品、太阳灯及太阳灯产品中使用的紫外线灯、高强度汞蒸汽放电灯、超声治疗产品。

二、欧　洲

（一）半自愿性标准体制

欧洲是传统强国辈出的地区。在近代史上，葡萄牙、西班牙、英国、法国、德国等都先后成为过具有全球影响力的国家。欧洲也是工业化发展最早的地区。但是，经过两次世界大战，欧洲国家失去了辉煌。第二次世界大战后，欧洲的经济发展水平被美国远远抛在后边。到了 20 世纪 80 年代之后，日本实现了跨越式发展，在很多科技工业领域超过了欧洲。

因此，欧洲国家认识到，欧洲任何一个国家都无法单独同美国和日本竞争，而且欧洲各国各自为政，市场小，难以形成合力。为了增加自己的竞争实力，欧洲国家采纳了区域整合的战略方向，通过成立欧盟，打破欧洲国家之间的藩篱，形成政治和经济上的一个整体，成为一个共同市场，从而具备同美日竞争的社会基础。欧盟担负的角色，对外制定统一的贸易政策，对内打破欧洲国家之间的贸易壁垒，形成欧洲的统一市场。这些任务都是通过制定欧盟法令实现的，许多重要法令都具有强制性效力，欧盟成员必须遵守。

制定欧盟标准就是欧盟用来统一欧洲市场，促进区域贸易，提高欧洲竞争力的一个重要政策措施。在这样的背景下，欧盟标准具有集中性特征，即由政府机构主导标准的制定，标准是政府法规的一部分，大部分的欧盟标准具有强制性，欧盟成员国的标准法规必须符合欧盟强制性标准法规。欧盟同时规定，在达到欧盟标准所定的指标的基础上，企业可以采用不同的标准来满足法规要求。所以，欧盟标准体制被定义为"半自愿性标准"体制。

（二）医疗器械标准管理

欧盟标准、欧洲合格评定方法以及欧洲新方法指令一起构成了欧洲医疗器械统一大市场的三大支柱，其中，欧洲新方法指令相当于技术法规，欧盟标准和合格评定方法在欧盟标准化中扮演着重要的角色。

1. 技术法规　依据《新方法决议》制定的指令称为新方法指令。在医疗器械方面，欧共体制定了三项指令，分别是：

普通医疗器械指令（MDD，93/42/EEC）：适用范围很广，包括除有源植入性和离体诊断器械之外的几乎所有的医疗器械，如无源性医疗器械（敷料、一次性使用产品、接触镜、血袋、导管等）；以及有源性医疗器械，如核磁共振仪、超声诊断和治疗仪、输液泵等。该指令已于 1995 年 1 月 1 日生效，过渡截止日期为 1998 年 6 月 13 日，从 1998 年 6 月 14 日起强制执行。

有源植入式医疗器械（AIMD，90/385/EEC）：适用于心脏起搏器，可植入的胰岛素泵等有源植入性医疗器械。1993 年 1 月 1 日生效。过渡截止期为 1994 年 12 月 31 日，从 1995 年 1 月 1 日强制实施。

离体诊断医疗器械（IVD，98/79/EC）：适用于血细胞计数器，妊娠检测装置等活体外诊断用医疗器械。

2. 欧洲标准　医疗器械新方法指令中规定了相应的协调标准，是对产品安全的最基本要求。产品在进行 CE 认证的时候必须提供证据（如由公告机构或其他检测机构依据协调标准进行的检测等）来证明产品符合基本要求。依据欧盟《关于提供技术标准和技术法规领域的信息程序的指令》(83/189/EEC)指令的正式认可,欧洲统一标准的制定工作主要由 CEN、CENELEC、ETSI(European Telecommunications Standards Institute,欧洲电信标准学会)三个标准化组织负责完成。与医疗器械相关的欧洲标准化管理机构主要是 CEN 和 CENELEC,他们非常重视医疗器械的标准化工作,不仅大量等同采用 ISO 和 IEC 标准,而且还出台了不少欧洲医疗器械标准,欧洲医疗器械标准也得到了很多国家的认可并转化为本国标准进行使用。

3. CE 认证　CE 是欧洲市场主要的合格评定程序。"CE"(CONFORMITE EUROP-EENNE)代表欧洲统一,是欧盟法定的产品合格标志,具有强制性要求,任何产品不论是欧盟内部生产的产品,还是其他国家生产的产品,只要投放欧盟市场销售,必须加贴"CE"标志,否则不允许在欧盟各成员国内销售。所以 CE 标志被视为是进入欧盟市场的"特别通行证"。

"CE"标志的基本内容规定了保护公共利益所必须达到的基本要素,特别强调保护消费者的卫生和安全,有时也涉及保护财产和环境。如某一医疗器械已带有 CE 标志,则表明:该器械已满足欧盟相关指令的基本要求;该器械在欧盟内可合法地投放市场;该器械已进行了一个合格评定程序。

三、日　　本

(一)集中性标准管理体制

第二次世界大战以后,日本政府把快速发展经济作为自己的首要任务。政府通过政策推动市场,使其按照预先设想的理想方向发展。按照日本的模式,政府官员并不直接介入经济运营活动。他们只是制定政策、设立项目和颁布法规。政府只是制造一个适合市场经济发展的气氛和环境。日本在战后短短的几十年中,能一跃成为世界第二大经济实体、国际贸易大国和技术大国,固然有着诸多因素在起作用,但其不断完善的标准化制度功不可没。目前,日本采用"集中性标准管理体制"。标准制定基本上是政府职能,由政府主导,民间组织起着协助作用。而且,政府对标准的工作越来越多地依赖民间组织的力量。标准是政府法令的一部分,具有强制性效力。标准是日本政府用来协助调控日本经济秩序的一个手段。

(二)医疗器械标准管理

日本医疗器械标准主要按照以下的分类进行:医用电气机械、一般医用器械、齿科器械和材料、医用器械、体内植入器械和材料、卫生用品、医用放射线器械及放射诊断器械、其他。日本国内有对应的标准化审议机构,如电子情报技术产业协会、日本医疗器材工业会、日本齿科材料器械研究协议会等。日本医疗器械标准按其性质进行分类,可以分为基本标准、方法标准和产品标准三类。各种类型的标准已经形成一定的体系,保障了医疗器械的安全。

根据日本现行行政管理体制,经济产业省负责全面的产业标准化法规制定、修改、颁布及有关的行政管理工作,具体工作由 JISC 执行,其他各个行政管理省厅负责本行业技术标准的制定。医疗器械标准的制定主要由厚生劳动大臣负责。根据日本《工业标准化施行规则》第 1 条规定,各主管大臣根据日本《工业标准化法》行使规定的权限,涉及其他大臣权限范围或与其他大臣职责交叉重合时,主管大臣必须与这些大臣进行协商。

2005 年,日本新《药事法》进入全面实施阶段。新版的药事法将医疗器械按照风险程度分为四类,参考全球医疗器械协调工作组(Global Harmonization Task Force,GHTF)的分类:一类医疗器械称为一般医疗器械,需获得地方政府的入市销售许可,这类器械不需要获得厚生省的入市批准,厚生省对它们的入市也不作管理规定。二类医疗器械称为控制类医疗器械,需由第三方进行认证。三类和四类医疗器械称为严格控制类医疗器械,这两类医疗器械将受到严格的管理,并需获得厚生省的入市销售批准。

表 6-2　基于风险分类的日本医疗器械管理

器械分级	风险等级	医疗器械销售	医疗器械制造业许可证	上市许可
一般治疗器械	非常低	是	是	否
管制治疗器械	低	是	是(可由第三方认证)	是(可由第三方认证)
高度管制	中	是	是	是
医疗器械	高	是	是	是

日本医疗器械标准由日本厚生省医疗器械评价部负责组织制定和批准,以采用国际标准化组织制定的标准为主,其发布的医疗器械标准作为独立行政法人药品、医疗器械综合机构(负责审查中、高风险医疗器械产品)以及授权的第三方评价机构(负责审查低风险的医疗器械产品)在产品审查时的技术依据。

所谓第三方认证,即申请"管制类医疗器械"执照的企业,现在只要向已注册的第三方认证机构申请取得产品的符合性认证,而不用向厚生劳动省提出申请。

"管制类医疗器械"符合性评估的主要有以下两个步骤:

首先,"第二类医疗器械"必须符合《药事法》第 41 条第 3 项所列的"基本原则"的规定,申请人必须送交一份由第三方认证机构证明其符合"基本原则"的技术文件。

其次,"第二类医疗器械"必须符合第 23 条第 2 项规定的"适用产品标准"要求,相关产品标准是与 IEC 标准完全符合的日本 JIS 标准。此外,某些产品必须进行额外的评估以符合相关零件的标准;例如,医用 X 光计算机断层扫描仪的认证工作,应依照"基本原则"和包括" JISZ4751-2-44"等相关产品的标准审核;另外,评估牙科升降椅,则需遵循"基本原则"和包括"JST4701"等相关产品标准,以及其他相关零件的标准;至于 X 光诊断器械的认证标准,则包括"基本原则"、"JIST4701"的产品标准及其他相关零件的标准。

完成符合性评估后,还需要进行制造商的品质管理系统的审核。审核工作主要包括文件评审和现场评估,审核标准主要是遵循日本新的 GMP 标准,该标准与 ISO13485 医疗器械制造质量管理体系标准相当。因此,通过 ISO13485 认证的制造商,可缩减审核流程。

完成认证以后,第三方认证机构会定期审查使用质量控制标准的制造商。

对于第三方认证机构是由厚生劳动省根据 ISO/IECGuide65(产品认证机构标准)和 ISO/IECGuide62(质量体系认证机构标准)进行批准的。厚生劳动省对第三方认证机构进行指导工作,并进行一年一次的定期审查。

四、中　　国

(一)"统一领导、分级管理、分工负责"的标准管理体制

根据《中华人民共和国标准化法》的规定,中国标准化工作实行"统一领导、分级管理、

分工负责"的管理体制,即:

按照国务院授权,在国家质量监督检验检疫总局管理下,国家标准化管理委员会统一管理全国标准化工作。

国务院有关行政主管部门和国务院授权的有关行业协会分工管理本部门、本行业的标准化工作。

省、自治区、直辖市标准化行政主管部门统一管理本行政区域的标准化工作。省、自治区、直辖市政府有关行政主管部门分工管理本行政区域内本部门、本行业的标准化工作。

市、县标准化行政主管部门和有关行政部门主管,按照省、自治区、直辖市政府规定的各自的职责,管理本行政区域内的标准化工作。

(二)医疗器械标准管理

中国医疗器械国家标准由国家标准化管理委员会统一编制计划、协调项目分工,组织制、修订,统一审批和编号。国家标准的制、修订工作由全国专业标准化技术委员会或专业标准化技术归口单位负责组织实施。国家标准送审稿的审查,由技术委员会或由项目主管部门或其委托的技术归口单位组织进行。

医疗器械行业标准由国务院药品监督管理部门—卫生部所属 SFDA(State Food and Drug Administration,国家食品药品监督管理局)统一管理。行业标准的审批、编号、发布由行业标准归口部门负责,并报国家标准化委员会备案。

医疗器械标准是中国医疗器械注册审查的重要指标。《医疗器械注册管理办法》第一章第七条规定:申请注册的医疗器械,应当有适用的产品标准,可以采用国家标准、行业标准或者制定注册产品标准,但是注册产品标准不得低于国家标准或者行业标准。注册产品标准应当依据国家食品药品监督管理局规定的医疗器械标准管理要求编制。第二章第九条规定:第二类、第三类医疗器械由国家食品药品监督管理局会同国家质量监督检验检疫总局认可的医疗器械检测机构进行注册检测,经检测符合适用的产品标准后,方可用于临床试验或者申请注册。第二章第十条规定:医疗器械检测机构应当在国家食品药品监督管理局和国家质量监督检验检疫总局认可的检测范围内,依据生产企业申报适用的产品标准(包括适用的国家标准、行业标准或者生产企业制定的注册产品标准)对申报产品进行注册检测,并出具检测报告。尚未列入各医疗器械检测机构授检范围的医疗器械,由相应的注册审批部门指定有承检能力的检测单位进行检测。

五、比较与启示

(一)医疗器械标准体制

由于各国国情不尽相同,采用的标准体制也各有差异。欧洲采用政府主导的"半自愿性标准管理体制",在政府主导层面保证了产品的安全、有效,又鼓励企业在达到指标的基础上自由采用标准;美国采用"自愿性标准管理体制",依靠专业团体的力量,将企业作为标准化的真正主体,政府仅仅起辅助的作用;日本采用以政府为主,企业界为辅助的"集中性标准管理体制",日本政府在标准化过程中起主导作用,为企业建立良好的标准化环境,引导企业的科学发展;中国采用"统一领导、分级管理、分工负责"的标准管理体制,充分强调政府在标准化管理中的主导地位,企业在其中发挥的作用有待进一步加强和完善。

标准体制方面,分析各种标准化管理体制,很难说哪一种标准体系更加完善,关键在于标准化体系的发展要适合国情,并有利于产业的发展。

(二)医疗器械标准管理

在医疗器械标准制修订方面,各国均有统一的机构负责标准的制修订工作,欧洲为CEN 和 CENELEC、日本为 JISC,美国为 ANSI;中国医疗器械标准管理涉及国家标准化委员会与 SFDA 两个部门。各国在制定医疗器械标准的过程中,充分发挥相关利益方的作用,在标准制定程序方面,充分发挥公平、公正、透明、协商一致、可上诉的标准制定程序,并由技术管理部门对标准制定机构进行定期评估和监督。

各国为了保证医疗器械的安全、有效,利用相关标准对医疗器械进行检测,所采用的方法不尽相同,欧洲采用《新方法指令》和协调标准规定了医疗器械所必须达到的安全指标,并且以 CE 认证保障这些标准的严格执行,即技术法规、标准和合格评定程序共同确保欧洲医疗器械产品安全和有效;美国医疗器械标准的实施和监督所采取的主要方式为强制性技术法规、企业质量体系认证和自愿性标准的符合性申明,如果企业不能提交这些技术文件,则会影响产品的注册;日本医疗器械标准主要是政府行为,政府自行制定标准或者委托专业团体制定,并在医疗器械上市前注册时采用第三方认证和独立行政法人药品、医疗器械综合机构审查的方式对标准的实施进行监督;中国医疗器械标准的制定主要为政府行为,政府组织标准的制定,并在上市前注册时对标准进行检测。对第二类、第三类医疗器械由国家食品药品监督管理局会同国家质量监督检验检疫总局认可的医疗器械检测机构进行注册检测,经检测符合适用的产品标准后,方可用于临床试验或者申请注册。相比之下,中国的技术法规制度还有待于进一步加强和完善。

第三节 医疗器械国际标准实质性参与

一、国际标准和标准化战略

国际标准是 ISO、IEC 和 ITU 所制定的标准以及 ISO 确认并公布的其他国际组织制定的标准。随着国际经济一体化的发展和贸易的自由化趋势,在关税税率不断下降和传统非关税壁垒不断被消除和规范的情况下,技术性贸易壁垒已成为逐步替代关税和一般非关税壁垒的重要贸易壁垒,成为发达国家实行贸易保护主义的主要手段和高级形式。其中,标准、技术法规和合格评定程序是技术性贸易壁垒的三大重要组成部分。因此,作为负责管理世界经济和贸易秩序全球性组织——WTO(World Trade Organization,世界贸易组织)认识到,国际标准在保证商品质量和提高市场信任度、维护公平竞争以及加速商品流通、推动全球大市场发展方面具有不可替代的作用,并对国际标准进行了认可。

1995 年《WTO/TBT 协定》(Agreement of Technical Barriers to Trade of the World Trade Organization,世界贸易组织贸易技术壁垒协议)规定:"当国际标准存在或即将完成时,除非它们或其有关部分由于保护级别不够,或基本气候、地理因素或基本技术的等原因而无效或不适用,各标准化机构须以它们或其有关部分作为自己制定标准的基础。""各国技术法规、标准和合格评定程序不得对国际贸易形成壁垒。"

2000 年 11 月,WTO/TBT 委员会做出规定,国际标准化机构在制定国际标准过程中,要保证制定过程的透明度(文件公开)、开放性(参加自由)、公平性和协商一致(尊重多种意见),要确保国际标准对全球市场的有效性和适应性。

其中,ISO 和 IEC 在医疗器械标准工作中做出了杰出的贡献,他们制定的很多医疗器械标准已经被转换为各成员国的标准。目前,许多国家意识到标准是进行市场竞争的有力武器,开发标准同开发产品一样具有战略意义。一项标准如果被国际标准采用,可以带来极大的经济效益,可以决定一个行业的兴衰,甚至于决定一个国家的经济利益。因此,各国发布了一系列的政策以"实质性"地控制国际标准:

CEN(European Committees for Standardization,欧洲标准化委员会)和 CENELEC (European Committee for Electrotechnical Standardization,欧洲电工标准化委员会)于 1998 年发布了各自的标准化战略,随后欧盟于 1999 年发布标准化战略,并加强了国际标准化组织的沟通和联系,承担了许多国际标准化组织的秘书处工作。欧盟的战略新举措引起了美国和日本的广泛关注,因此,时隔一年之后,美国于 2000 年 8 月通过了其 NSS(National Standards Strategy for the United States,美国国家标准战略),开展了国际标准的控制和争夺,并且于 2004 年进行了修订,并将名称改为 USSS(United States Standards Strategy,美国标准战略);日本于 2001 年 9 月完成了其标准化战略的制定,其中包括医疗器械标准战略。随后,为了加强国际标准化工作,日本于 2006 年发布了日本国际标准综合战略。另外,各国对标准化战略的实施都相当重视,均开展了标准化战略的评估工作。在标准化战略方面,中国仅进行了一些前期研究,标准化战略尚未发布。

此外,日本 2001 年发布的标准化战略还就 27 个专业提出了相应的专业标准化战略,其中包括医疗器械,是日本医疗器械标准管理的指导思想,也为中国制定医疗器械标准战略提供了借鉴和参考。日本医疗器械标准战略由日本工业标准调查会的医疗器械技术专门委员会起草。其主要内容分为两部分,总战略和各分专业战略,总战略内容主要为:

(一) JIS 标准的发展应当与技术进步相适应

随着医疗技术的高度发展,医疗器械的技术革新也在不断加快,这也使医疗器械的质量、安全性和技术发展的加速标准化成为必要。医疗器械的 JIS 标准及《药事法》应当追踪并反映这些先进技术的发展。

先进技术的发展是日本国际地位的保证,因此应当积极提出医疗器械国际标准提案,以确保日本的先进技术的国际地位。同样,必须提高国内医疗器械的标准化的迅速改进和发展,首先要保证与医疗器械技术进步相关的安全性及安全程度的验证机制,标准化相关的基础验证和文献的追踪及运用。先进医疗技术相关政策应当与先进技术进步的方向确保一致,把握先进技术的发展动向才能迅速应对医疗器械的高速发展。为此,应当主要采用如下策略:

(1) 应当按照医疗器械的技术成熟度和对人体的风险的大小确定标准化的重点。

(2) 医疗器械行政管理方面应当把握标准化的方向,并且应当协调各省区的相关单位紧急制定中长期标准化的研讨。个别医疗器械的标准化、横断面的标准(如安全性、EMC)、术语、符号、机械及材料用试验方法,应当优先制定。

(3) 个别医疗器械产品的标准化,主要是电气的、机械的安全性、有效性等基本要求的标准化、提高使用、操作便利性的改善、技术进步的追踪等方面应当由各方面协商一致,主要是 JIS、各团体标准化组织的研讨,以反应使用者、生产者、中立者的意见。

(4)工业标准提案的审议、国际标准形成过程中应该具体考虑以下事项:

确立 ISO/IEC 提案形成阶段对应的基本方针、国际标准提案形成阶段的审议参与等体制,应当积极反映日本的意见。

国际标准提案形成过程中,日本应当积极翻译相关文件,使国内标准化工作有所准备,国际标准发行以后,应当在日本国内尽快制定与其对应的国家标准。

ISO/IEC 标准形成阶段日本的意见如果受到重视,国内应该组织各方尽快形成协调意见。

(5)先进技术对应的工业标准的制定及修订应当迅速、及时地实施。民间团体在制定标准提案时,应当由经验丰富者、使用者、专家及行政人员参与。日本工业标准调查会医疗用具技术专门委员会下设专门的机构,对使用者、生产者的意见进行反映、提案制定团体的审议状况等进行公开。

(6)积极采用国际标准,并制定与国际标准一致的 JIS 标准。如 JIS/IEC 60601-1。

(7)制定统一的国内外标准相关标志,应当统一基本的操作种类、物理量的种类、"禁止"等基本的标志,这将有利于标准化的发展。

(8)与落后技术相关的标准,应当尽快废止并制定与先进技术相关的标准。新技术标准(术语、方法、标准)应当进行必要的调查。

(9)提高公民的安全意识,在标准化中积极反应消费者的观点,尤其是在安全性方面。

安全性等性能内容应当是具有适应性的,并且要反映生产企业、相关学会等的意向。

性能规定的审查应当根据基本的安全要求、与技术进步相关的新材料、新技术等的特性保持一致。

虽然电气的、机械的安全性对患者来说是最重要的,但是对于使用者更加重要。因此,如何保障这些使用者的安全是应当被考虑。如医生、护士的针扎事故,每日使用手术袋的医生的接触性皮炎等问题应当考虑。

1. 药事法的改进 按照《药事法》的规定,有一部分产品不需要强制性的认证。对于这部分产品,安全规则相关的手续的简单化会促进标准的灵活应用。

加速低风险医疗器械标准的制定和修订。

工业标准的《药事法》的承认许可应当按照需求,考虑医药学方面的安全性、有效性的性能评价,并征求专家意见。

2. 加强独立行政法人等公立研究所的作用 随着先进医疗器械的开发,他们的性能评价方法等的开发也非常重要。专业的大学等公立研究所的作用应当被加强,国际标准制定、标准研究、标准化项目的研究及标准化相关项目等,大学等公立研究所都担负着这些项目的推进作用。

3. 国际整合化 目前,国际标准化工作通常是以欧洲为中心,国际标准的制定通常以欧洲为主,欧洲标准化的各参与国家通过互相协调,在国际标准中反应欧洲的利益。因此,日本要与美国、加拿大以及太平洋地区的国家进行联系。为了应对这种状况,日本在提出标准提案时要加强与各国的合作,具体的对策有以下几点:培养与其他国家进行沟通的标准化人才;国家为企业志愿者提供政策性资金投入;加强企业对标准重要性的认识;标准制定组织的撰写标准人员的待遇;加强标准化宣传。

今后,医疗器械国际标准相互承认、交流将进一步加深,工业标准化制度的应用研究是非常必要的。对于日本来说,主要考虑以下几点:工业标准、原则等应随着国际的标准调整;国际标准、工业标准等的制定,都应当以产业界为主体,积极提出国际标准的提案,参加国际标准化活动;日本标准化发展要紧随国际标准的发展;跟踪国际标准提案的动态,及时废止落后标准;国内标准的编号应当与国际标准相一致;迅速将制/修订的国际标准翻译转化为 JIS 标准;为企业参加国际标准化活动、国际标准专家的培养等提供经费支持;在国际会议中鼓励政府机关的参与,以反应日本的意见;ISO/IEC 的国内审议团和工业标准审议团一致,使得工业标准和国际标准的整合变得容易,推动国内审议体制的进步;医疗器械市场的全球化,合格评定结果的相互承认等制度也在不断发展,因此也应当加强这方面的研究。

二、国际标准参与程度

目前各国国际标准化战略已经初见成效,主要表现在以下两个方面:

(一) 承担国际标准组织秘书处

在 ISO 和 IEC 与医疗器械相关的 48 个技术委员会和分技术委员会中,欧盟所承担的技术委员会秘书处数量占总数的 50%,美国承担 35.4%,而中国尚未承担任何国际标准组织中与医疗器械相关的秘书处。可以看出,在医疗器械国际标准的制修订中,欧洲和美国已经占领了制高点位置,掌握了话语权(表 6-3)。

表 6-3　各国/地区承担医疗器械相关 ISO 和 IEC 的 TC 和 SC 秘书处情况

	承担秘书处数量
欧盟	24
德国	11
英国	4
美国	17
日本	2
其他	5
合计	48

(二) 承担国际标准组织主席和 TC 主席

欧盟、美国在争取承担 ISO、IEC 领导职务方面卓有成效。截至 2008 年 7 月 28 日,ISO、IEC 主席职务大多由欧美和日本担任;欧盟和美国共承担了 39 个秘书处的主席职务,占技术委员会总数的 81.25%。这些均表明了主要发达国家在制定国际标准中掌握着大部分主动权(表 6-4)。

表 6-4　各国承担医疗器械相关 ISO 和 IEC 的 TC 和 SC 秘书处主席情况

	承担秘书处主席数量
欧盟	23
德国	9
英国	8
美国	16
日本	1
其他	8
合计	48

近年来,欧盟、美国、日本主要发达国家在管理和运行机制改革、标准化教育和人才培养、重点国际项目经费保障和建立战略合作联盟等方面也取得了较大的成效,为国际标准化战略提供了重要保障作用。

从上述统计可以看出,在医疗器械国际标准化工作中,欧盟和美国已占领了绝对优势,日本、加拿大等正在加速国际标准化的进程,而中国在医疗器械国际标准化工作中比较落后。因此,必须加强标准化的发展,为中国医疗器械产品开拓国际市场提供有力保障。

参考文献

卜绮成.1997.建立医疗器械标准体系 认真贯彻医疗器械标准[J].中国医疗器械信息,3(5):4～6

郭德华.2001.欧共体医疗器械新方法指令及协调标准[J].中国标准化,(8):19～20

韩可卫.2006.欧盟、美国、日本标准化战略对中国的启示[J].中国石油和化工标准与质量,26(11):39～42

胡玮,顾汉卿.2007.美国医疗器械标准简介[J].中国修复重建外科杂志,21(11):1263～1267

李海波.2003.欧洲市场准入条件研究[J].中国标准化,(1):75～76,78

梁晓婷,池慧,杨国忠.2008.欧洲、美国、日本医疗器械标准管理及对我国的启示[J].中国医疗器械信息.14(8):37～64

徐京悦.2001.美国标准化体制评介[J].中国标准化,(4):48

徐京悦.2001.欧洲标准化体制评介[J].中国标准化,(5):56,60

徐星岗.2006.国内医疗器械如何获得欧盟 CE 认证[J].30(6):453～456

杨国忠.1997.医疗器械及其发展要素的宏观分析[J].中国医疗器械信息,(5):12～16

赵静.2005.日本新医疗器械管理体系[J].中国医疗器械杂志,29(1):43～45

周华伟,龚德敬,尚长浩.2004.医疗器械市场中的有关安全认证体系[J].医疗器械信息,19(1):46～48

庄菲.2005.重视企业与临床需求,推进安全、快速的医疗器械审查制度改革[J].中国医疗器械杂志,29(6):46

FDA.FDA 简介[EB/OL].:http://www.fda.gov

FDA.FDA 医疗器械上市前管理[EB/OL].:http://www.accessdata.fda.gov/scripts/cdrh/cfdocs/cfcfr/CFRSearch.cfm? CFRPartFrom＝1000&CFRPartTo＝1050,2008-5-7

GB/T 200001996.1～2002.标准化工作指南.第 1 部分:标准化和相关活动的用词汇.[S].北京:中国标准出版社

ISO/IEC 第 2 号指南.标准化与相关活动的基本术语及其定义.[S].(1991 年第 6 版).

中国医疗器械科技创新与产业竞争力国际比较

第七章

生物医学工程科学论文产出国际比较

作为医疗器械产业发展的重要支撑学科——生物医学工程科技,其科技论文可反映出医疗器械的研究基础。国际上通常使用发表论文的数量和质量来反映一个国家/地区/机构/个人的科研水平和学术水平。

选用科学引文索引数据库(SCI-Expanded,简称 SCIE),该数据库涵盖数、理、化、农、林、医、生命科学及工程技术等自然科学领域的 172 个学科,收录学术期刊 7454 种。2007 年 SCI 期刊引证报告(Journal Citation Reports,JCR)收录的按学科分类划分在生物医学工程学科(ENGINEERING,BIOMEDICAL)领域下的期刊共 44 种,平均影响因子约为 2.48。

这 44 本期刊为 JCR 中划分在生物医学工程领域下的期刊(表 7-1),作为分析用具有一定代表性,但并不涵盖全部 SCI 收录的生物医学工程子领域期刊。实际上,由于领域的广泛交叉,部分生物医学工程方面的尤其是基础性的研究成果的发表不一定是在本学科领域内的期刊上。

表 7-1　2007 年 SCI 收录生物医学工程领域期刊及其影响因子(按期刊名称排序)

排名	jor(期刊名称)	imp(影响因子)
1	ANN BIOMED ENG	2.346
2	ANNU REV BIOMED ENG	11.567
3	ARTIF CELL BLOOD SUB	0.857
4	ARTIF INTELL MED	1.825
5	ARTIF ORGANS	1.835
6	ASAIO J	1.45
7	AUSTRALAS PHYS ENG S	0.306
8	BIO-MED MATER ENG	0.617
9	BIOMATERIALS	6.262
10	BIOMECH MODEL MECHAN	2.604
11	BIOMED MICRODEVICES	3.073
12	BIOMED TECH	0.593
13	BIORHEOLOGY	1.488
14	CLIN BIOMECH	1.642
15	CLIN ORAL IMPLAN RES	2.148
16	COMPUT BIOL MED	1.17
17	COMPUT METH PROG BIO	0.887
18	COMPUT METHOD BIOMEC	0.779

排名	jor(期刊名称)	imp(影响因子)
19	DIALYSIS TRANSPLANT	0.161
20	EXPERT REV MED DEVIC	1.519
21	IEEE ENG MED BIOL	1.066
22	IEEE T BIO-MED ENG	1.622
23	IEEE T MED IMAGING	3.275
24	IEEE T NEUR SYS REH	2.489
25	INT J ARTIF ORGANS	1.277
26	ISOKINET EXERC SCI	0.162
27	J APPL BIOMECH	1.123
28	J BIOMAT SCI-POLYM E	1.862
29	J BIOMATER APPL	1.651
30	J BIOMECH	2.897
31	J BIOMECH ENG-T ASME	1.591
32	J BIOMED MATER RES A	2.612
33	J BIOMED MATER RES B	1.933
34	J MATER SCI-MATER M	1.581
35	LASER MED SCI	0.827
36	MED BIOL ENG COMPUT	0.943
37	MED ENG PHYS	1.471
38	MED IMAGE ANAL	3.505
39	P I MECH ENG H	0.789
40	PACE	1.561
41	PHYS MED BIOL	2.528
42	PHYSIOL MEAS	1.412
43	REGEN MED	1.183
44	ULTRASONIC IMAGING	1.062

在数据库中检索 1999—2008 年期间 44 种期刊发表文献,返回结果 45 724 篇。选用分析指标包括:年发文量,指某国家、地区、机构或个人在一年内发表的文献量;1st 文献量,指第一作者发表的文献量(如无特殊说明,本章的"文献量"均指"第一作者文献量");年复合增长率(CAGR),指(末年发表文献量/首年发表文献量)^(1/年数)—1;篇均引用次数,指平均每篇文献被引用的次数;H 指数,为一个科学家(机构、地区、国家)发表的 N 篇论文中有 h 篇论文获得了不小于 h 次的引用,是科学家(机构、地区、国家)论文产出数量和论文影响力相结合的指标。

第一节　论文数量及增长趋势

1999—2008 年期间 44 本期刊共收录文献 45724 篇,论文作者来自不同的 113 个国家和地区,其中作为第一作者的有 90 个国家。美国发表第一作者文献量,占全部第一作者文献总量的近 1/3(占 28.7%)。第一作者发表文献量最多的前 15 个国家/地区共发表文献

中国医疗器械科技创新与产业竞争力国际比较

36181 篇,占全部文献(45724 篇)的 80%(占 79.1%)(表 7-2)。

表 7-2　1999—2008 年 SCI 收录世界生物医学工程国际论文第一作者发文量国家/地区排序前 15 名

排名	国家和地区	文献量(篇)	1st文献量(篇)	1st文献量占本国和地区发表文献量的比例(%)	1st文献量占世界发表总文献量的比例(%)
1	美国	14 920	13 064	87.6	28.6
2	英国	3972	3231	81.3	7.1
3	德国	3600	2922	81.2	6.4
4	日本	3342	2902	86.8	6.3
5	意大利	2667	2301	86.3	5.0
6	加拿大	2446	2030	83.0	4.4
7	**中国**	**2197**	**1811**	**82.4**	**4.0**
8	荷兰	1756	1442	82.1	3.2
9	法国	1765	1377	78.0	3.0
10	韩国	1158	980	84.6	2.1
11	中国台湾	1029	960	93.3	2.1
12	澳大利亚	1079	866	80.3	1.9
13	西班牙	1023	810	79.2	1.8
14	瑞士	1170	786	67.2	1.7
15	瑞典	939	699	74.4	1.5

一、各国文献量及增长趋势

1999—2008 年,本次统计 44 本期刊收录的世界各国/地区第一作者文献量排名中,前十五依次为美国、英国、德国、日本、意大利、加拿大、中国、荷兰、法国、瑞士、韩国、澳大利亚、西班牙、中国台湾、瑞典。其中,美国第一作者文献最多,发表文献量达到 13 064 篇,远高于其他国家,英国、德国、日本、意大利、加拿大文献量分布在 2000～4000 篇范围内,其余国家文献量低于 2000 篇,中国发表第一作者文献 1811 篇,位居世界第七位。

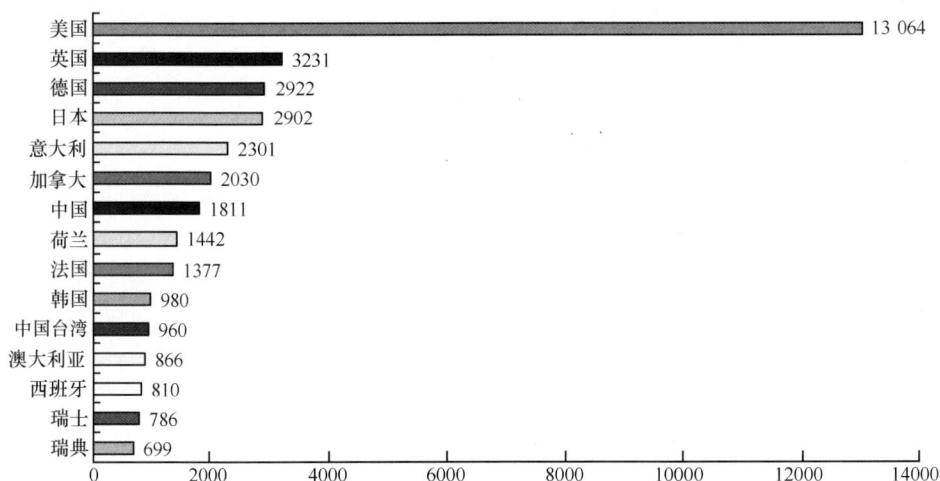

图 7-1　1999—2008 年 SCI 收录的世界生物医学工程国际论文第一作者发表文献量国家/地区排序前 15 名

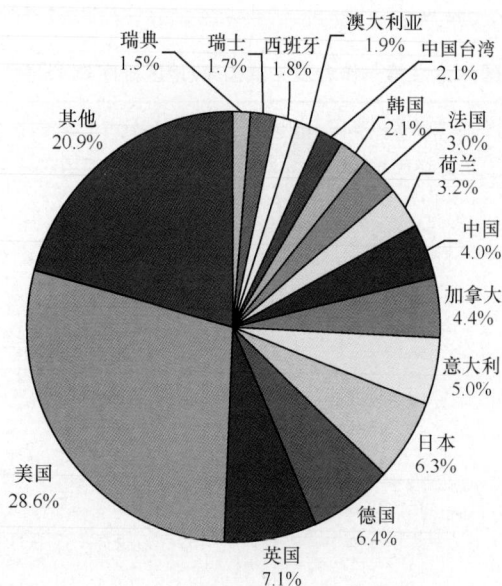

图 7-2　1999—2008 年 SCI 收录的世界生物医学工程国际论文第一作者发文量国家/地区分布

二、各国文献量占总文献量比例

发表第一作者文献量最多的前 15 个国家/地区共发表文献 36181 篇,占全部文献(45724 篇)约 80%(占 79.1%)。美国发表文献量占总文献量约 1/3,达到 28.6%,远远超过位居第二的英国的 7.1%;德国、日本、意大利和加拿大分别位居第三位、第四位、第五位和第六位,发表文献量与英国接近;中国发表第一作者文献量占全部第一作者文献量的 4.0%,居第七位(图 7-2)。

三、各国文献量占本国文献总量比例

发表第一作者文献量排名靠前的 15 个国家和地区中,第一作者文献量占本国发表文献量的比例均较高,除瑞士为 67.2%外,其他国家和地区均超过 70%;中国台湾发表的第一作者文献量占本地区发表文献量的比例最高,达到 90%以上(占 93.3%);文献总量位居世界第一的美国,发表第一作者文献量占总文献量的比例也接近 90%(占 87.6%);中国大陆发表文献量中,第一作者文献量超过 80%(占 82.4%)(图 7-3)。

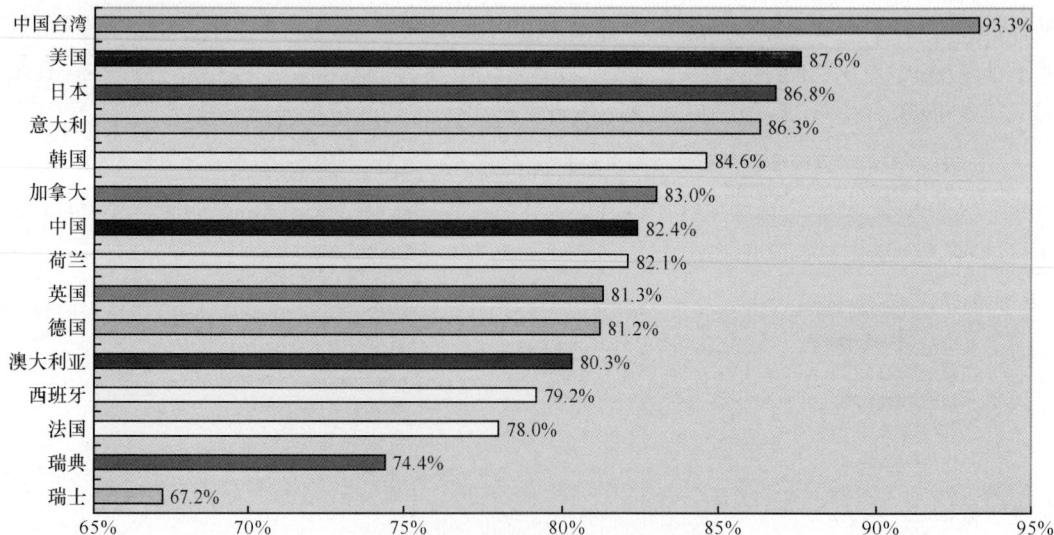

图 7-3　1999—2008 年 SCI 收录的世界生物医学工程国际论文第一作者发文量占本国/地区发文量比例对比(排名前 15 的国家)

四、各国文献量增长趋势

统计范围内,1999—2008年世界生物医学工程领域文献量呈现明显增长趋势,十年复合增长率达到10%(图7-4)。

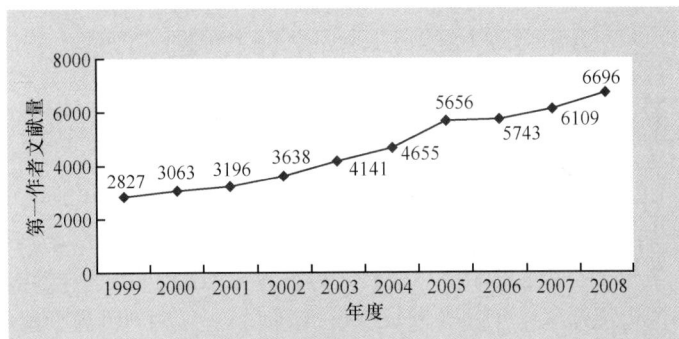

图7-4　1999—2008年世界第一作者文献量时间分布及增长趋势

统计范围内,1999—2008年发表文献量排在前15的亚洲国家和地区中,发表文献量均呈现增长趋势,总体而言,亚洲国家和地区增长趋势明显,美国和欧洲各国增长趋势相对趋缓(图7-5)。

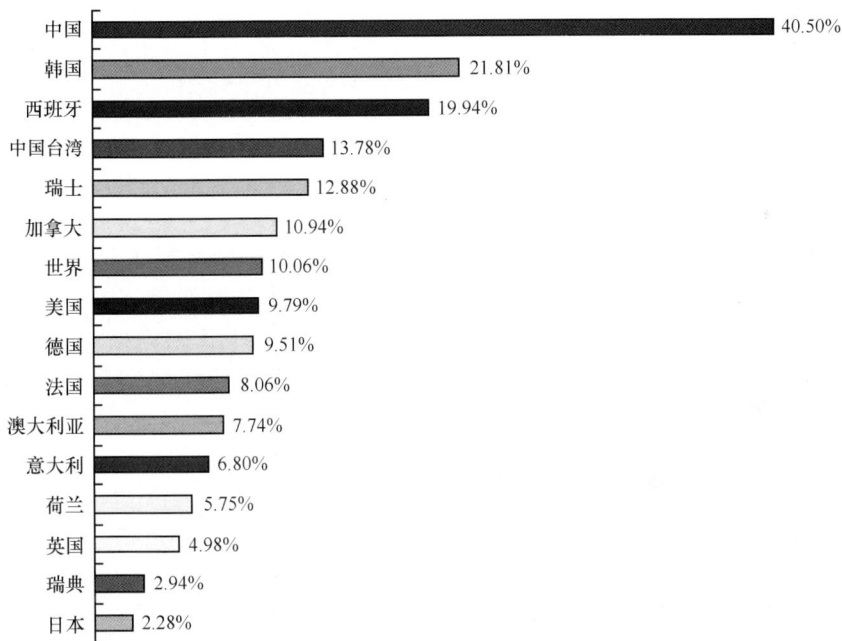

图7-5　1999—2008各国和地区第一作者文献量十年复合增长率

统计范围内,1999—2008年美国医疗器械领域文献量呈现明显增长趋势,十年复合增长率达到10%,与世界平均水平相当(图7-6)。

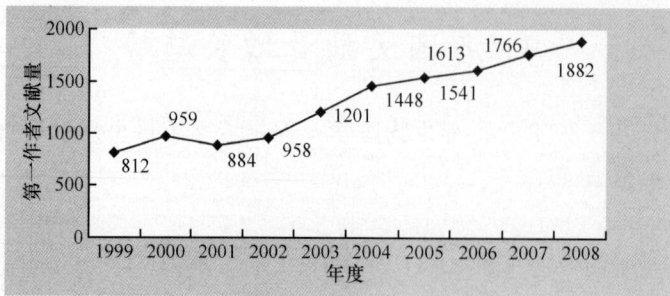

图 7-6　1999—2008 年美国第一作者文献量时间分布及增长趋势

统计范围内,1999—2008 年发表文献量排在前 15 的亚洲国家和地区中,除日本十年复合增长率为 2.3% 远低于世界平均水平外,韩国、中国年复合增长率远远高于世界平均水平,中国发表论文十年复合增长率高达 40.5%,为世界平均水平的 4 倍,远高于排在第二位的韩国的 21.8%,中国台湾地区十年复合增长率也达到 13.8%,高于世界平均水平(图 7-7)。

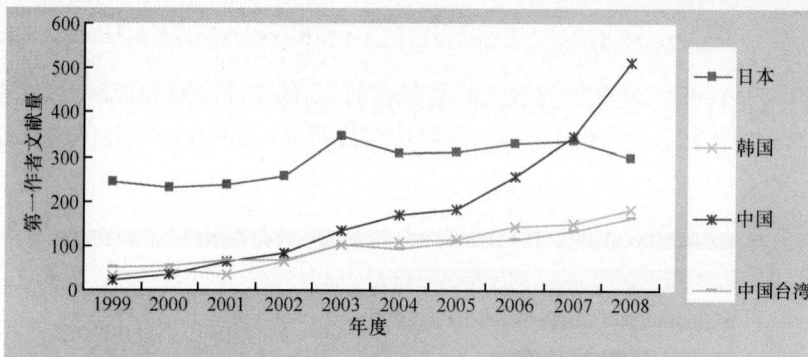

图 7-7　1999—2008 年亚洲部分国家/地区第一作者文献量时间分布及增长趋势

统计范围内,1999—2008 年发表文献量排在前 15 的欧洲国家和地区中,除瑞士十年复合增长率为 12.9%,略高于世界平均水平外,其他欧洲国家包括英国、法国、瑞典、意大利、荷兰、西班牙十年复合增长率均低于世界平均水平,文献量增长趋势相对较缓,尤其是德国、荷兰等传统医疗器械强国十年复合增长率都较低,可能与强国的产业发展及研发处于相对稳定状态有关(图 7-8)。

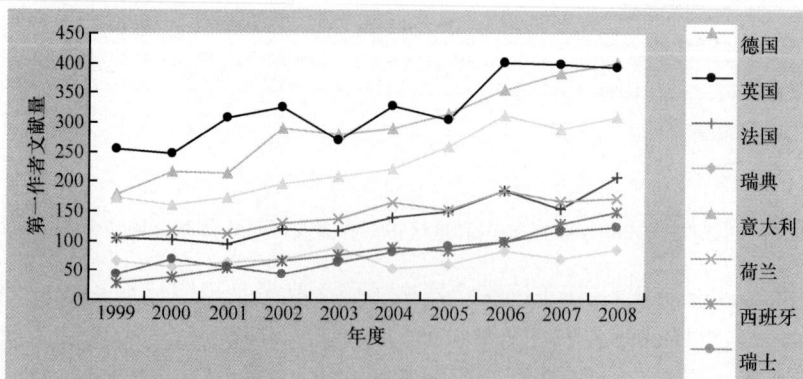

图 7-8　1999—2008 年欧洲部分国家第一作者文献量时间分布及增长趋势

加拿大发表文献量呈现增长趋势,十年复合增长率略高于世界平均水平一个百分点,澳大利亚文献增长趋势相对缓慢,约为7.7%(图7-9)。

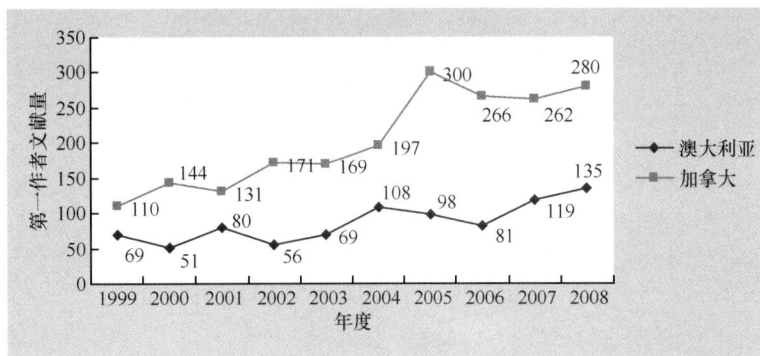

图7-9   1999—2008年部分其他国家第一作者文献量时间分布及增长趋势

第二节   发文机构分布

本次统计发文机构主要为学术机构,各国发文机构文献分布中学术机构所占比例,分布在80%～98%的范围内。中国发文机构分布中学术机构所占比例最高,占到97.7%,接近百分之百。

一、各国文献机构类型分布

全部45 724篇文章中可确定机构类型的有30 468篇,其中发文机构分布以学术机构占绝大多数,为87.3%,接近90%。各国发文机构文献分布也基本以学术机构为主,分布在80%～98%的范围内。

全部文献发文机构类型分布中,学术机构占87.3%,其次为医院占7.6%,政府部门占2.6%,企业仅占到2.5%(表7-3)。

表7-3   1999—2008年世界生物医学工程国际论文第一作者发文量机构类型分布

机构类型	1st文献量	所占比例(%)
学术机构	26 604	87.32
医院	2317	7.60
政府部门	783	2.57
企业	764	2.51
合计	30 468	100.0

各国发文机构文献分布也基本以学术机构为主,分布在80%～98%的范围内,美国发文机构分布中学术机构接近90%,为89.0%,中国发文机构分布中学术机构所占比例最高,占到97.7%,接近百分之百(图7-10)。

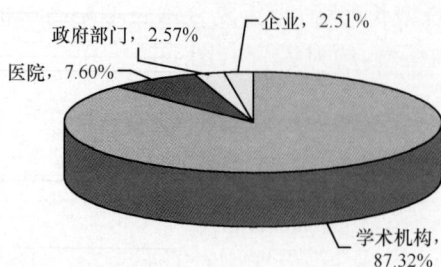

图 7-10　1999—2008 年世界生物医学工程国际论文机构类型分布

二、排名前 20 发文机构国别

排名前 20 发文机构均为大学院校（表 7-4），在国别分布中，14 所大学为美国大学，2 所大学为新加坡学校，加拿大、韩国、日本、英国各有 1 所院校。排名前 20 院校发表文献篇均被引次数中，新加坡国民大学篇均被引次数最高约为 26 次，美国的哈佛大学、麻省理工大学和密歇根大学篇均被引次数分别约为 25 次、24 次和 23 次，位居第二、第三和第四位，除新加坡国民大学和美国的这三个大学外，其余学校篇均被引次数均低于 20 次。

表 7-4　1999—2008 年世界生物医学工程国际论文发表 Top20 机构

排名	机构名称		国别	论文数	总被引次数	篇均被引次数
	英文	中文				
1	Univ Texas	德克萨斯大学	美国	288	3937	13.67
2	Univ Michigan	密歇根大学	美国	252	5819	23.09
3	Univ Pittsburgh	匹兹堡大学	美国	247	2684	10.87
4	Univ Toronto	多伦多大学	加拿大	227	3369	14.84
5	Seoul Natl Univ	汉城大学	韩国	220	2483	11.29
6	Univ Wisconsin	威斯康星大学	美国	213	2945	13.83
7	Univ Washington	华盛顿大学	美国	211	3246	15.38
8	Kyoto Univ	京都大学	日本	201	3568	17.75
9	UCL	伦敦大学学院	英国	198	3015	15.23
10	Natl Univ Singapore	新加坡国民大学	新加坡	191	4930	25.81
11	Duke Univ	杜克大学	美国	190	2449	12.89
12	Nanyang Technol Univ	南洋科技大学	新加坡	190	1958	10.31
13	Harvard Univ	哈佛大学	美国	180	4411	24.51
14	Univ Penn	宾夕法尼亚大学	美国	179	3125	17.46
15	Stanford Univ	斯坦福大学	美国	170	2845	16.74
16	Univ Utah	犹他州大学	美国	170	2087	12.28
17	MIT	麻省理工学院	美国	166	3998	24.08
18	Georgia Inst Technol	乔治亚理工学院	美国	163	3247	19.92
19	Univ Illinois	伊利诺伊大学	美国	162	2072	12.79
20	Case Western Reserve Univ	凯斯西储大学	美国	157	1720	10.96

第三节 论文学科领域分布

由于生物医学工程学科交叉广泛,一篇文献可能同时属于两个或两个以上领域,45 724篇文献交叉分布于 24 个学科领域,不去重总文献量合计 57 117,生物材料、移植、医学成像和生物物理学领域所占比例率排名前四,分别达 22.3%、11.4%、10.5%及 9.1%。

在发表文献量排名前十五的国家中,选择本次国际比较研究设定的十个国家与中国进行领域分布的深入对比。

一、世界文献学科领域

发表文献的学科领域分布中,材料科学/生物材料领域文献量最多,占到 22.3%,移植位居第二,占到 11.4%,放射医学、核医学和医学影像领域文献量位居第三,占到 10.5%,生物物理学位居第四,占到 9.1%,四个领域合计占到总文献量的一半以上(53.2%),其后依次为计算机科学/交叉应用、医学信息技术等领域(表 7-5,图 7-11)。

表 7-5 1999—2008 年 SCI 收录世界生物医学工程国际论文学科领域分布(24 个学科)

排名	学科领域	文献量	所占比例(%)
1	材料科学,生物材料	12 732	22.3
2	移植	6510	11.4
3	放射医学、核医学和医学影像	5970	10.5
4	生物物理学	5198	9.1
5	计算机科学/交叉应用	4554	8.0
6	医学信息技术	4390	7.7
7	运动科学	1992	3.5
8	数学和计算生物学	1846	3.2
9	骨科	1645	2.9
10	工程、电机与电子	1421	2.5
11	成像和光学技术	1421	2.5
12	泌尿外科及肾脏病	1143	2.0
13	生理学	1072	1.9
14	血液学	1040	1.8
15	牙科、口腔外科和口腔内科	1004	1.8
16	高分子科学	985	1.7
17	计算机科学、人工智能	959	1.7
18	计算机科学、理论和方法	901	1.6
19	生物学	684	1.2
20	康复学	478	0.8
21	外科学	414	0.7
22	纳米科学与纳米技术	397	0.7
23	生物技术和应用微生物	200	0.4
24	声学	161	0.3
	合计	57 117	100.0

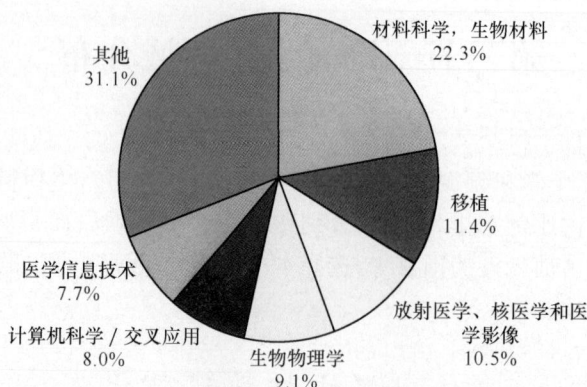

图 7-11　1999—2008 年世界生物医学工程国际论文学科领域分布

二、各国文献学科领域

美国发表文献中,材料科学、生物材料领域文献量所占比例最高,达到 20.4%,放射医学、核医学和医学影像领域文献量所占比例达到 13.9%,生物物理学领域文献量所占比例为 10.6%,材料、放射及生物物理三个领域文献量占总文献量一半以上。其余所占比例比较高的领域还包括移植、计算机科学/交叉应用、医学信息技术、工程,电机和电子、成像和光学技术、运动医学等,除以上九个领域外,其余十五个领域包括康复学、高分子科学、纳米科学与纳米技术、生理学、计算机科学,人工智能、血液学、声学、牙科口腔外科和口腔内科、外科学等的文献占总文献的 18.7%(图 7-12)。

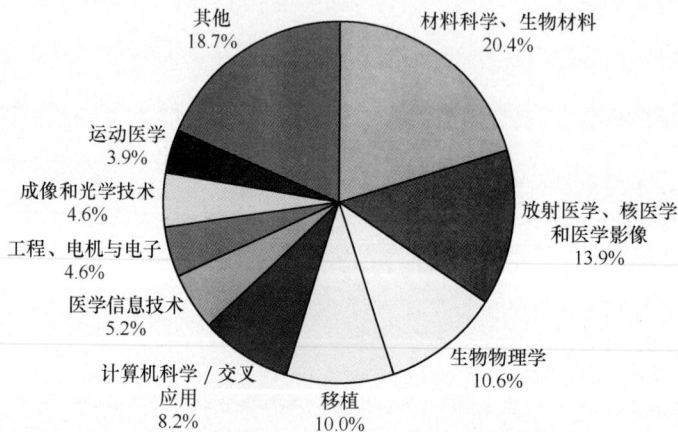

图 7-12　1999—2008 年美国生物医学工程国际论文学科领域分布

英国发表文献中,材料科学、生物材料领域文献量所占比例最高,达到 21.8%,放射医学、核医学和医学影像领域文献量所占比例约为 16.3%,生物物理所占比例达 14.3%,三个领域合计所占比例超过总文献量的一半。其余所占比例比较高的领域还包括生物物理学、计算机科学/交叉应用、生理学、医学信息技术、运动医学、骨科、移植、数学和计算生物学等,除以上领域外,其余十个领域包括的文献占总文献的 15.1%(图 7-13)。

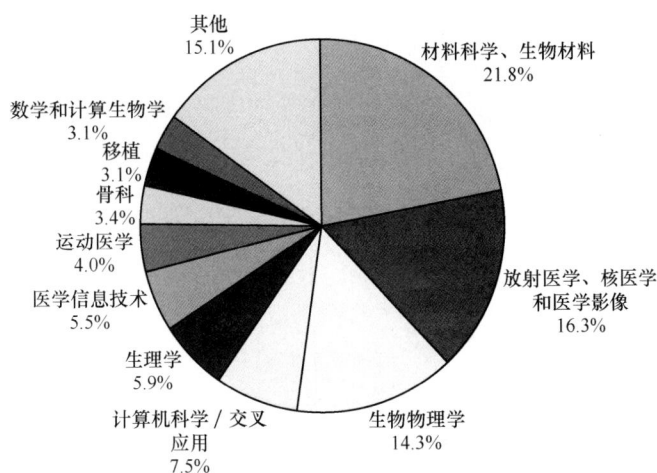

图 7-13　1999—2008 年英国生物医学工程国际论文学科领域分布

日本发表文献中,材料科学、生物材料方面文献所占比例最高,达到 37.3%,移植领域文献量所占比例为 22.2%,材料及移植两个领域文献量合计超过总文献量的 60%。其余所占比例比较高的领域还包括放射医学、核医学和医学影像、生物物理学、计算机科学/交叉应用、医学信息技术、高分子科学等,除以上七个领域外,其余领域包括牙科,口腔外科和口腔内科、康复学、纳米科学与纳米技术等的文献占总文献的 16.3%(图 7-14)。

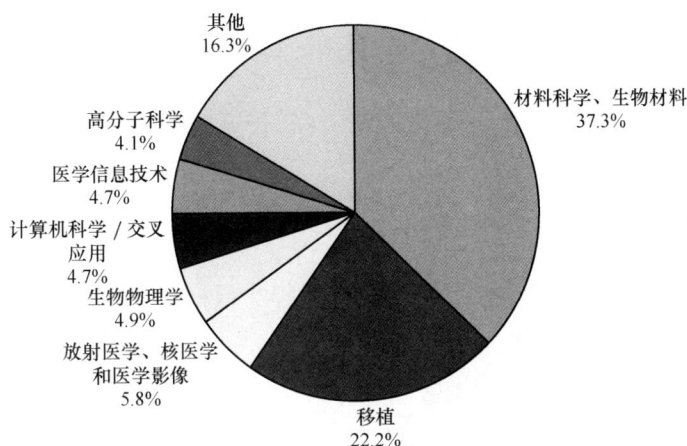

图 7-14　1999—2008 年日本生物医学工程国际论文学科领域分布

德国发表文献中,材料科学、生物材料领域文献所占比例最高,达到 18.5%,医学信息技术所占比例为 18.3%,移植方面文献所占比例为 13.3%,材料、医学信息技术及移植三个领域文献量合计约占总文献量的一半。放射医学、核医学和医学影像方面文献量所占比例约为 11.2%,其余所占比例比较高的领域还包括牙科、计算机科学/交叉应用、生物物理学、口腔外科和口腔内科、运动科学和骨科等,除以上九个领域外,其余领域包括康复学、高分子科学、纳米科学与纳米技术等的文献占总文献仅为 15.7%(图 7-15)。

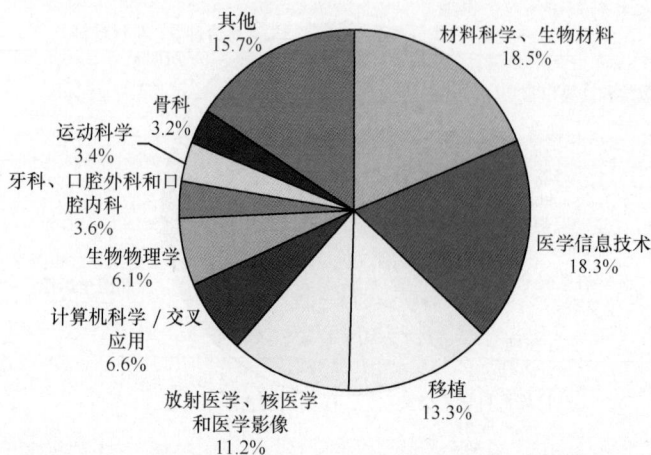

图 7-15　1999—2008 年德国生物医学工程国际论文学科领域分布

　　加拿大发表文献中,材料科学、生物材料领域文献量所占比例最高,达到 19.5%,放射医学、核医学和医学影像方面文献所占比例约为 16.8%,其余所占比例比较高的领域还包括生物物理学、计算机科学/交叉应用、运动科学、骨科、移植、医学信息技术等,除以上八个领域外,其余领域包括高分子科学、纳米科学与纳米技术等的文献占总文献约 20.5%(图 7-16)。

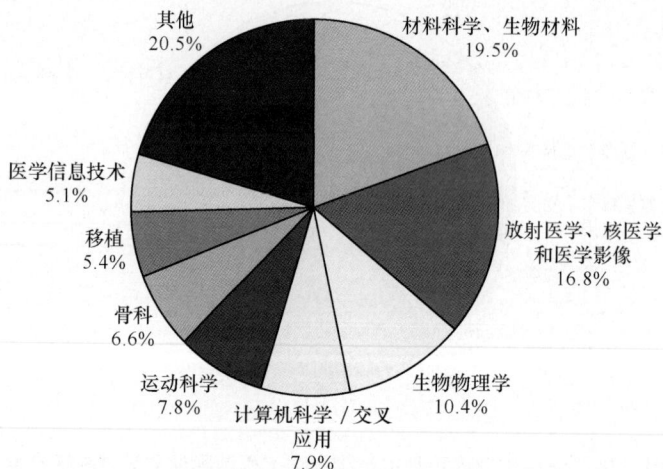

图 7-16　1999—2008 年加拿大生物医学工程国际论文学科领域分布

　　意大利发表文献中,移植领域文献量所占比例最高,达到 23.4%,材料科学、生物材料领域文献所占比例为 21.4%,其余所占比例比较高的领域还包括医学信息技术,计算机科学/交叉应用、生物物理学、放射医学,核医学和医学影像、数学和计算生物学等,除以上七个领域外,其余领域包括康复学、纳米科学与纳米技术等的文献占总文献的 20.2%(图 7-17)。

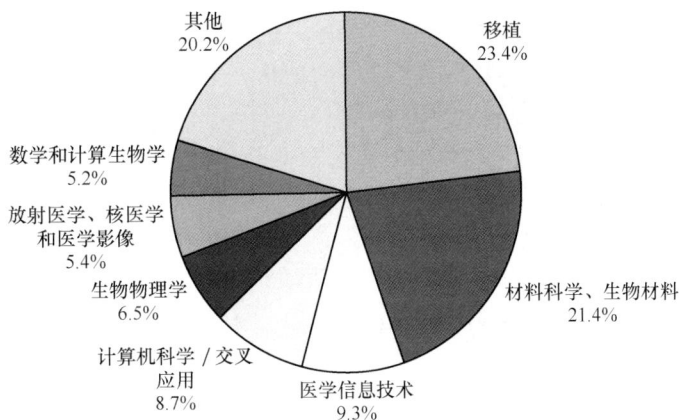

图 7-17　1999—2008 年意大利生物医学工程国际论文学科领域分布

荷兰发表文献中,材料科学、生物材料领域文献所占比例最高,达到 20.7%,生物物理学领域文献量所占比例为 13.8%,放射医学、核医学和医学影像方面文献量所占比例为 13.6%,其余所占比例比较高的领域还包括计算机科学/交叉应用、医学信息技术、移植等,除以上六个领域外,其余领域包括工程,电机和电子、成像和光学技术、牙科,口腔外科和口腔内科、生理学、康复学、高分子科学、纳米科学与纳米技术等的文献占总文献约 32.5%(图 7-18)。

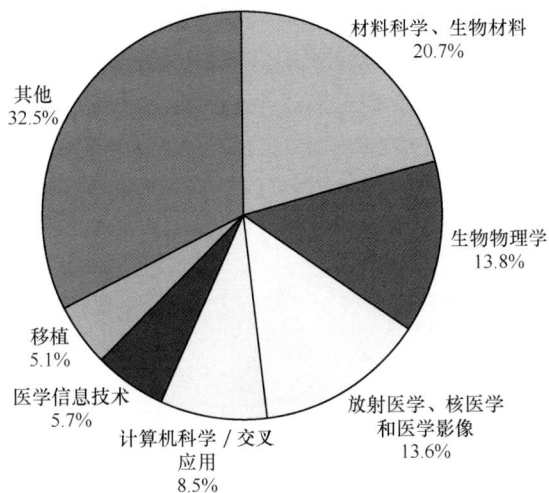

图 7-18　1999—2008 年荷兰生物医学工程国际论文学科领域分布

法国发表文献中,材料科学、生物材料领域文献量所占比例最高,达到 21.1%,放射医学、核医学和医学影像方面文献所占比例约为 12.8%,其余所占比例比较高的领域还包括计算机科学/交叉应用、工程,电和电子、生物物理学、医学信息技术、运动医学等,除以上六个领域外,其余领域包括成像和光学技术、康复学、移植、高分子科学、纳米科学与纳米技术等的文献占总文献的 33.6%(图 7-19)。

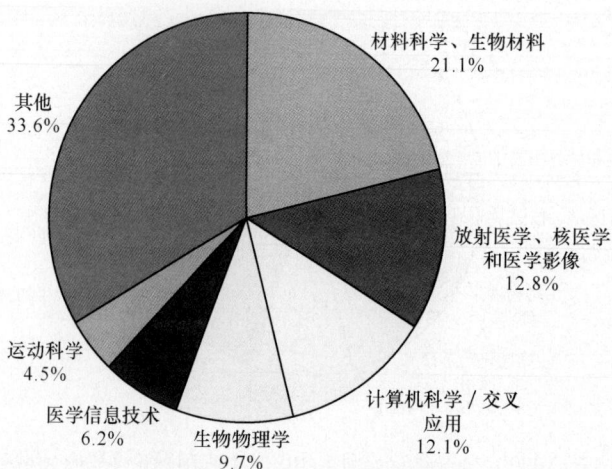

图 7-19　1999—2008 年法国生物医学工程国际论文学科领域分布

韩国发表文献中,材料科学、生物材料领域文献量所占比例最高,高达 42.8％,这在世界各国论文领域分布中较为特殊,移植方面文献量所占比例为 11.7％,计算机科学/交叉应用方面文献量所占比例 7.8％,医学信息技术文献量所占比例 5.5％,高分子科学方面文献量所占比例为 5.2％,其余所占比例比较高的领域还包括数学和计算生物学、放射医学、核医学和医学影像等,除以上七个领域外,其余领域包括移植、生物物理学、生理学康复学、纳米科学与纳米技术等的文献占总文献约 17.6％(图 7-20)。

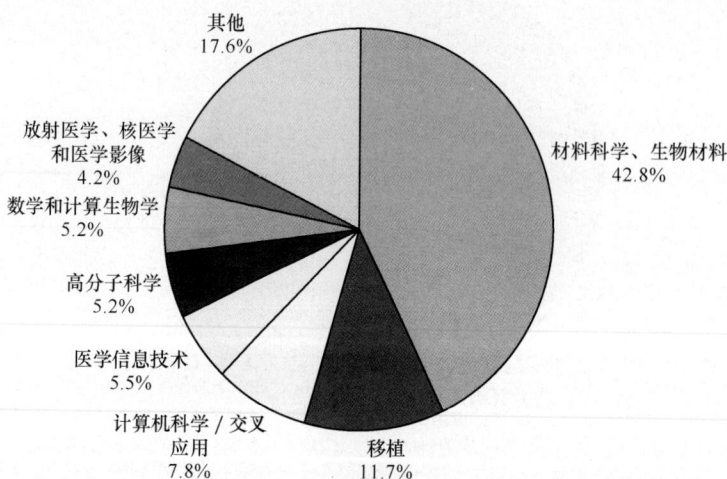

图 7-20　1999—2008 年韩国生物医学工程国际论文学科领域分布

澳大利亚发表文献中,材料科学、生物材料领域文献量所占比例最高,达到18.5％,放射医学、核医学和医学影像方面所占比例约为 16.0％,其余所占比例比较高的领域还包括生物物理学、运动医学、移植、骨科、医学信息技术等,除以上七个领域外,其余领域包括康复学、高分子科学、纳米科学与纳米技术等的文献占总文献约23.9％(图 7-21)。

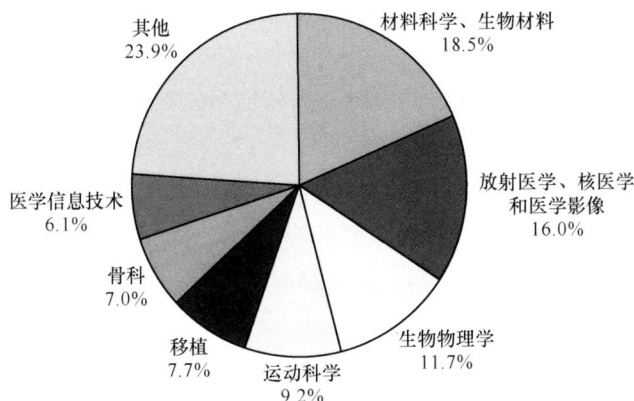

图 7-21 1999—2008 年澳大利亚生物医学工程国际论文学科领域分布

中国发表文献中,与同属亚洲的韩国类似,材料科学、生物材料领域文献量所占比例最高,高达 44.8%,计算机科学/交叉应用方面的文献所占比例为 6.5%,生物物理学文献量所占比例为 6.2%,放射医学、核医学和医学影像方面文献所占比例为 6.2%,其余所占比例比较高的领域还包括医学信息技术、移植等,除以上六个领域外,其余领域包括、纳米科学与纳米技术、工程,电和电子、成像和光学技术、康复学、高分子科学等的文献占总文献约 26.9%(图 7-22)。

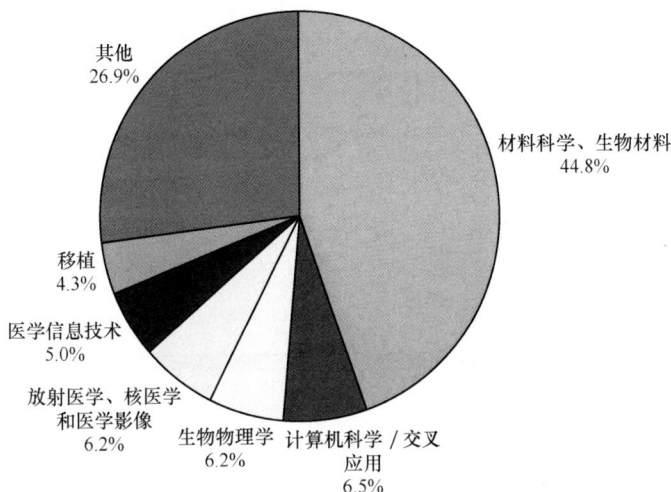

图 7-22 1999—2008 年中国生物医学工程国际论文学科领域分布

第四节 论文被引分析

各国和地区发表文献量总被引次数,美国总被引约 15 万次,居第一位,篇均被引 11.45 次位居第三位;英国总被引 3.3 万次位居第二位,篇均被引 10.34 次位居第四位;日本总被引次数为 2.6 万次;德国总被引次数为 2.5 万次,中国位居第八位,总被引次数约为 1.3 万次。

各国和地区发表文献量篇均被引次数,瑞士篇均被引 12.25 次,居第一位,荷兰篇均被引 12.00 次,居第二位。其后依次为美国、英国、韩国、瑞典,这四个国家篇均被引次数均超过 10 次。中国篇均被引 7.28 次,在这十五个国家中排名倒数第三。

各国和地区发表文献 H 指数，美国最高为 109，远高于其后英国的 58；德国排名第三，H 指数为 56；荷兰和日本 H 指数均为 51，排在第四和第五位；中国第一作者文献 H 指数为 49，与荷兰和日本的 H 指数接近，居第六位；其后依次分别为韩国、法国、加拿大、瑞士、意大利、瑞典、澳大利亚、中国台湾和西班牙（表 7-6）。

表 7-6 1999—2008 年世界生物医学工程领域 1st 文献被引情况

	1st 文献量（篇）		总被引（次）		篇均被引（次）		H 指数	
	排名	文献量	排名	次数	排名	次数	排名	值
美国	1	13 064	1	149 620	3	11.45	1	109
英国	2	3231	2	33 403	4	10.34	2	58
德国	3	2922	4	25 175	10	8.62	3	56
日本	4	2902	3	25 923	9	8.93	4	51
意大利	5	2301	7	16 762	12	7.28	11	41
加拿大	6	2030	5	18 716	8	9.22	8	46
中国	**7**	**1811**	**8**	**13 184**	**13**	**7.28**	**6**	**49**
荷兰	8	1442	6	17 310	2	12.00	5	51
法国	9	1377	9	12 976	7	9.42	9	46
韩国	10	980	10	10 105	5	10.31	7	47
中国台湾	11	960	14	6845	14	7.13	14	32
澳大利亚	12	866	12	7311	11	8.44	13	35
西班牙	13	810	15	5676	15	7.01	15	30
瑞士	14	786	11	9631	1	12.25	10	43
瑞典	15	699	13	7145	6	10.22	12	37

一、各国和地区文献总被引次数

各国和地区发表文献量总被引次数，美国总被引约 15 万次，稳居第一，远超过第二位英国的 3.3 万次，日本和德国总被引次数分别为 2.6 万次和 2.5 万次，中国位居第八，总被引次数约为 1.3 万次（图 7-23）。

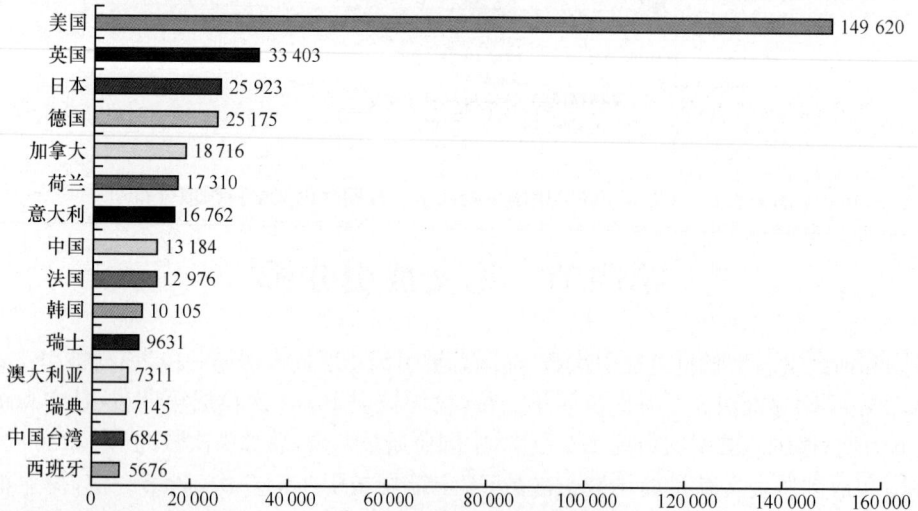

图 7-23 1999—2008 年各国和地区生物医学工程领域 1st 文献总被引比较

二、各国和地区文献篇均被引次数

各国和地区发表文献量篇均被引次数,瑞士篇均被引 12.25 次,居第一位,荷兰篇均被引 12.00 次,居第二位。其后依次为美国、英国、韩国、瑞典,这四个国家篇均被引次数均超过 10 次。中国发表文献篇均被引 7.28 次,在这十五个国家中排名倒数第三(图 7-24)。

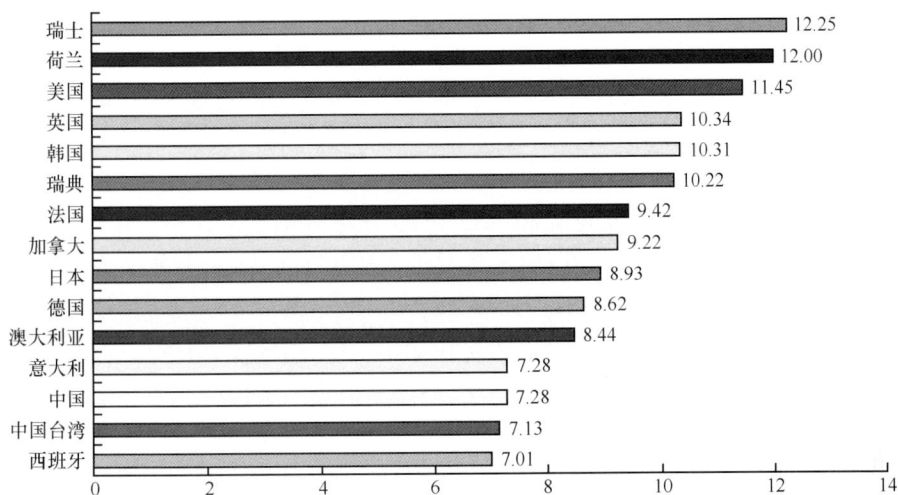

图 7-24　1999—2008 年各国和地区生物医学工程领域 1st 文献篇均被引情况

三、各国和地区文献 H 指数

各国和地区发表文献 H 指数,美国最高为 109,远高于其后英国的 58,德国排名第三,H 指数为 56,荷兰和日本 H 指数均为 51,排在第四和第五位,中国第一作者文献 H 指数为 49,与荷兰和日本的 H 指数接近,居第六位,其后依次分别为韩国、法国、加拿大、瑞士、意大利、瑞典、澳大利亚、中国台湾和西班牙(图 7-25)。

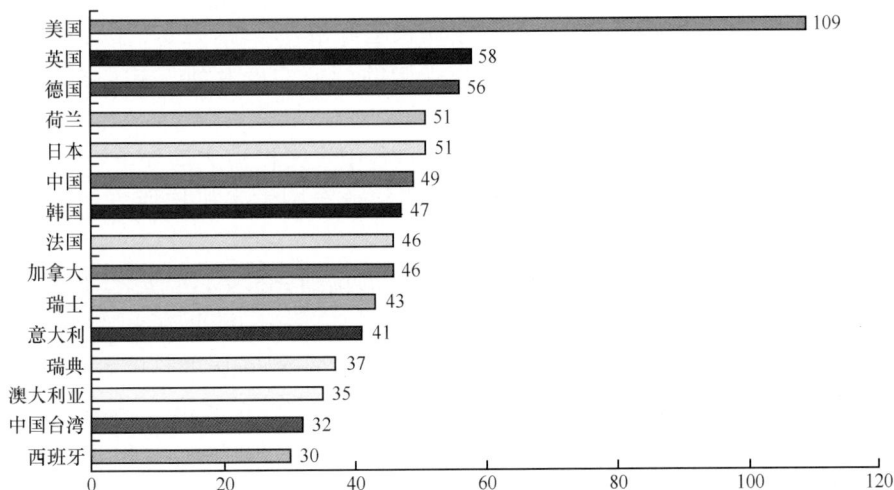

图 7-25　1999—2008 年各国和地区生物医学工程领域 1st 文献 H 指数情况

第五节　主要结果及结论

1999—2008 年期间 44 本期刊共收录文献 45 724 篇,文献作者来自 113 个国家和地区,其中第一作者来自 90 个国家。美国发表文献量,占全部文献总量的近 1/3(占 28.7%)。发表文献量最多的前 15 个国家/地区共发表文献 36 181 篇,占全部文献(45 724 篇)约 80%(占 79.1%)。

1999—2008 年,本次研究统计 44 本期刊收录的世界各国/地区文献量排名中,前十五依次为美国、英国、德国、日本、意大利、加拿大、中国、荷兰、法国、瑞士、韩国、澳大利亚、西班牙、中国台湾、瑞典。其中,美国文献最多,总文献量达到 13 064 篇,远高于其他国家和地区,英国、德国、日本、意大利、加拿大文献量均分布在 2000~4000 篇范围内,其余国家和地区文献量均低于 2000 篇,中国发表文献 1811 篇,位居世界第七位。

发表文献量最多的前 15 个国家/地区共发表文献 36181 篇,占全部文献(45 724 篇)约 80%(占 79.1%)。美国发表文献量占总文献量约 1/3,达到 28.6%,远超过位居第二的英国的 7.1%;德国、日本、意大利和加拿大分别位居第三位、第四位、第五位和第六位,与英国差距不大;中国发表文献量占总文献量的 4.0%,位居世界第七位。

发表文献量排名靠前的 15 个国家和地区中,第一作者文献量占本国发表文献量的比例均较高,除瑞士为 67.2% 外,其他国家和地区均超过 70% 以上;中国台湾第一作者文献量占本地区发表文献量的比例最高,达到 90% 以上(占 93.3%),文献总量位居世界第一的美国,第一作者文献量占总文献量的比例也接近 90%(占 87.6%);中国发表文献中,第一作者文献量超过 80%(占 82.4%)。

统计范围内,1999—2008 年世界生物医学工程领域文献量呈现明显增长趋势,十年复合增长率达到 10%。排在前 15 的亚洲国家和地区中,发表文献量均呈现增长趋势,总体而言,亚洲国家和地区增长趋势明显,美国和欧洲各国增长趋势相对趋缓。中国发表论文十年复合增长率高达 40.5%,为世界平均水平的 4 倍,远高于排在第二位的韩国的 21.8%,中国台湾地区十年复合增长率也达到 13.8%,高于世界平均水平。除瑞士十年复合增长率为 12.9% 略高于世界平均水平外,其他欧洲国家包括英国、法国、瑞典、意大利、荷兰、西班牙十年复合增长率均低于世界平均水平,文献量增长趋势相对较缓,尤其德国、荷兰等传统医疗器械强国十年复合增长率都较低,可能与强国的产业发展及研发相对处于稳定状态有关。

统计范围内,发文机构类型主要为学术机构,各国发文机构文献分布中学术机构所占比例,分布在 80%~98% 的范围内。中国发文机构分布中学术机构所占比例最高,占到 97.7%,接近百分之百。

排名前 20 的第一作者发文机构均为大学院校,在国别分布中,14 所大学为美国大学,2 所大学为新加坡大学,加拿大、韩国、日本、英国各有 1 所院校。排名前 20 院校发表文献篇均被引次数中,新加坡国民大学篇均被引次数最高约 26 次,美国的哈佛大学、麻省理工大学和密歇根大学篇均被引次数分别约为 25 次、24 次和 23 次,位居第二、第三和第四位,除新加坡国民大学和美国的这三个大学外,其余学校篇均被引次数均低于 20 次。

在文献学科领域分布方面,各国和地区发表文献中,材料科学、生物材料领域文献所占比例最高,分布在 18%~50% 之间,多数所占比例约在 20% 左右,美国为 20.4%,英国为

21.8％,中国、韩国和日本发表文献领域分布中,材料科学、生物材料领域文献量所占比例突出,分别高达44.8％、42.8％和37.3％;美国发表文献中,除材料科学、生物材料领域文献所占比例最高,达到20.4％外,放射医学、核医学和医学影像领域文献量所占比例约13.9％,生物物理学领域文献量所占比例约10.6％,材料、放射及生物物理三个领域文献量占总文献量一半以上。英国发表文献中,除材料科学、生物材料领域文献所占比例最高,达到21.8％外,放射医学、核医学和医学影像领域文献量所占比例约为16.3％,生物物理所占比例达14.3％,三个领域合计所占比例超过总文献量的一半。日本发表文献中,除材料科学、生物材料方面文献所占比例最高,达到37.3％外,移植领域文献量所占比例为22.2％,材料及移植两个领域文献量合计超过总文献量的60％。中国与韩国发表文献领域分布中,材料科学、生物材料领域文献量所占比例均最高,分别高达44.8％和42.8％,这在世界各国论文领域分布中较为特殊。

各国和地区发表文献量总被引次数,美国总被引约15万次,稳居第一,篇均被引11.45次位居第三;英国总被引3.3万次位居第二,篇均被引10.34次位居第三;日本总被引次数为2.6万次;德国总被引次数为2.5万次,中国位居第八,总被引次数约为1.3万次。各国发表文献量篇均被引次数,瑞士篇均被引12.25次,居第一位,荷兰篇均被引12.00次,居第二位。其后依次为美国、英国、韩国、瑞典,这四个国家篇均被引次数均超过10次。中国篇均被引7.28次,在这十五个国家中排名倒数第三。各国发表文献H指数,美国最高为109,远高于其后英国的58,德国排名第三,H指数为56,荷兰和日本H指数均为51,排在第四和第五位,中国第一作者文献H指数为49,与荷兰和日本的H指数接近,居第六位,其后依次分别为韩国、法国、加拿大、瑞士、意大利、瑞典、澳大利亚、中国台湾和西班牙。

第八章

电子医疗器械专利申请国际比较

专利文献作为科学知识的一种记录,反映了一个国家科研技术研发领域中应用性、创新性较强的一级成果和思路。通过对专利文献的检索、统计和分析,可发掘发明创造的轨迹,揭示技术发展趋势,展现国家竞争态势,深入分析可以发现不同国家重要的战略和创新性信息。

从年度、国别、技术领域等不同角度对发明专利进行统计分析,有助于了解国际医疗器械各国研究概况及研发重点、趋势,可为研究中国医疗器械领域发展方向和创新起点,分析竞争者技术动向提供依据。

医疗器械产品涵盖范围广泛,涉及技术类别多,专利分类体系多从产品或技术角度进行归类,由于全面的医疗器械专利文献信息收集难度大,本章内容局限于"电子医疗器械"专利,并未包含医疗器械中的材料、组织工程产品及技术等。本章内容通过对电子医疗器械领域国际专利文献进行定量对比分析,从专利角度了解各国在电子医疗器械领域的技术发展水平和创新能力等方面的情况。

专利文献来源选用 Derwent Innovations Index(DII)专利数据库。DII 是一个综合性的数据库,将"世界专利索引(WPI)"和"专利引文索引(PCI)"的内容整合在一起,包括了可申请专利的所有技术领域,收录 1963 年至今来源于 40 多个专利机构,100 多个国家的超过 1 千万条发明专利,2 千多万条专利文献,每周增加约 15 000 件新记录。

检索时间为 2008 年 7 月 20 日,检索 2003—2007 年期间 Derwent 专利数据库中电子医疗器械相关专利。返回结果 105 972 条数据,**选取基本专利年(Basic patent year)为 2003—2007 的数据共 100 095 条**,以后者为分析对象。

所选分析指标具体如下。

专利数量:专利数量代表产出结果,可评估国家从事技术活动的程度,专利申请的数量按照国别或时间分布的聚集程度反映一个国家研发活动的规模和变化趋势,可以用来了解一个国家的专利活动历史和趋势。

专利技术领域:德温特手工分类码将专利按不同技术领域进行分类,可研究国家专利活动强势领域的分布,有助于帮助辨别各国的研发和创新方向以及技术发展的总体趋势。

专利成长率:是国家专利数量成长随时间变化的百分率,可体现各国技术创新随时间的变化是增加还是减少。

专利优先权国:专利保护具有地域性,通常情况会在专利的产生国首先申请基本专利并以此为优先权,称为专利优先权国。专利优先权国是帮助判断各国技术实力的重要指标。**无特别声明情况下,本章中的"国别"均指专利优先权国。**

专利被引次数:多数发明是以先前专利为基础,进一步进行创新、改进而成为新专利,专利的被引用次数是衡量专利基础性和专利质量的重要指标。

第一节　专利申请量

2003—2007 年世界电子医疗器械专利数量呈现明显增长趋势。**2003—2007 年专利数量排名前 15 的优先权国家和地区专利件数共 99 204 件,排名前五位的国家分别为美国、日本、德国、韩国、中国。**

一、专利申请量分布及增长情况

2003—2007 年,世界电子医疗器械专利数量件数呈现明显增长趋势。五年合计 100 095 件专利,从 2003 年的 17 705 件,增长到 2006 年的 22 609 件,呈递增趋势。2007 年专利尽管受到专利申请 18 个月公布周期及数据库收录时间滞后的限制,数量也达到了 19 786 件(表 8-1,图 8-1)。

表 8-1　2003—2007 年世界电子医疗器械专利年度数据统计

基本专利年	专利条数	基本专利年	专利条数
2003	17 705	2006	22 609
2004	19 463	2007	19 786
2005	20 532	合计	100 095

注:受专利申请 18 个月的公布周期及数据库收录时间滞后的限制 2007 年数据尚收录不全

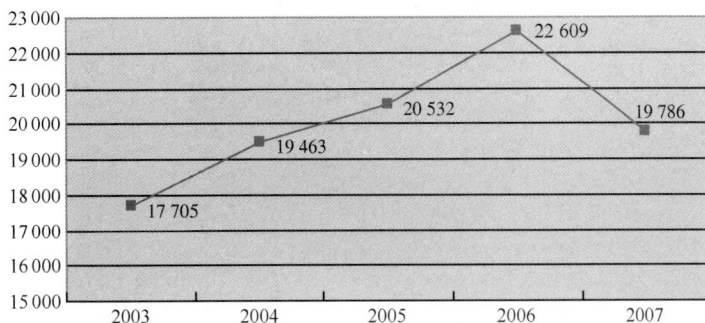

图 8-1　2003—2007 年世界电子医疗器械专利年度数据统计
注:受专利申请 18 个月的公布周期及数据库收录时间滞后的限制 2007 年数据尚收录不全

2003—2006 年世界电子医疗器械专利申请四年复合增长率高达 8.5%,专利申请数量的持续和快速增长反映出电子医疗器械作为一个朝阳产业,处于高速发展时期,发明和创新颇为活跃。

二、各专利优先权国专利申请量

2003—2007 年专利申请数量排名前 15 的优先权国家和地区专利件数共 99 204 件,排名前五位的国家和地区分别为美国、日本、德国、韩国、中国。排名第一位的美国专利件数为 42 228 件,日本专利排名第二位约 31 127 件,德国排第三位约 6858 件,韩国排第四位,专利数量 3485 件,中国居第五位,专利件数 3431 件,其后依次为俄罗斯、欧洲专利局、英国、法国、澳大利亚、中国台湾地区等(图 8-2)。

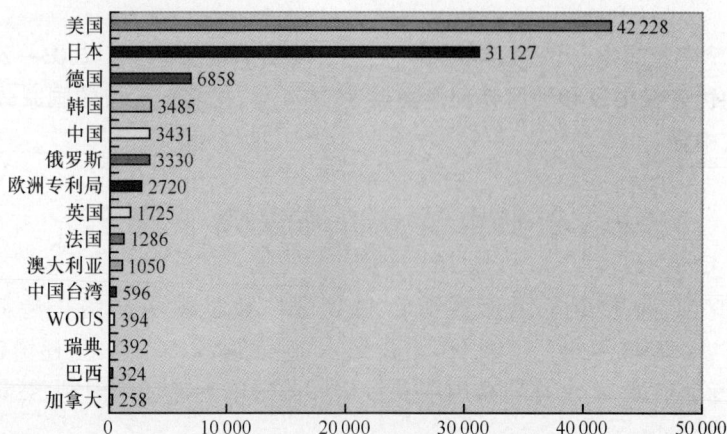

图 8-2　2003—2007 年世界电子医疗器械专利优先权国排名前 15 国家和地区

　　排名前 15 的优先权国家/地区专利总件数(99 204 件)占全部专利件数(100 095 件)的 **99.2%**。排名第一的美国专利占全部专利的 42.2%,排名第二的日本占约 31.1%,排名第三的德国专利占 6.9%,其余国家均不足 5%,中国排第五位,占约 3.4%(图 8-3)。

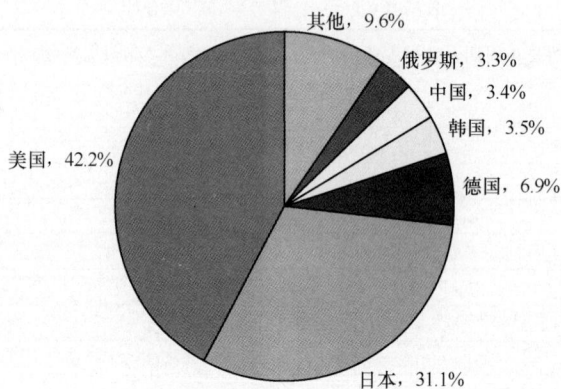

图 8-3　2003—2007 年世界电子医疗器械专利优先权国排名前 15 国家和地区专利分布

　　美国和日本在电子医疗器械专利申请量方面远远领先其他国家,两国申请专利占全球申请专利总量的 70% 以上(72.7%),足见两国在电子医疗器械领域技术研发的活跃和强劲的技术实力。中国虽排名第五,却低于美国专利数量的 1/10,略高于日本专利的 1/10,低于德国的 1/2,差距甚远。

三、各专利优先权国/地区专利成长率

　　2003—2006 年十五个国家/地区专利数量四年复合增长率排名中,中国排名第一,增长率高达 36% 以上,其后依次为中国台湾地区、巴西,增长率均超过 30%。韩国电子医疗器械专利数量四年复合增长率为 14%,高于日本和美国的 7.4% 和 7.3%,法国和德国四年复合增长率达 4.4% 和 2.3%,英国四年复合增长率仅 0.5%,俄罗斯、加拿大和澳大利亚专利数量呈现负增长(图 8-4)。

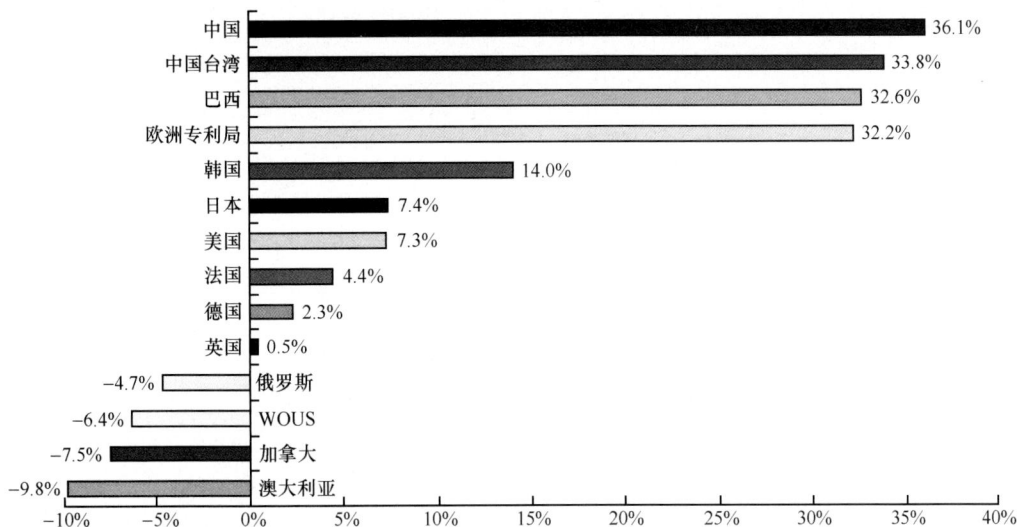

图 8-4　2003—2006 年世界各国电子医疗器械专利优先权前 15 国家和地区四年复合增长率对比

第二节　专利领域分布

　　根据不同领域世界各国的统计排名,以及所占比例,从一个侧面反应各国的优势发展领域以及具体某个领域中领先国家排序。

一、世界专利申请领域分布

　　2003—2007 年世界电子医疗器械专利领域分布,诊断器械申请专利件数最多为 58 473 件,是排在第 2 位的治疗器械申请专利的 2 倍多,消毒医院器械申请专利与外科器械申请专利数量均超过 1 万件,其余器械申请专利少于 5000 件(表 8-2,图 8-5)。

表 8-2　2003—2007 年世界电子医疗器械专利数量及构成比例

排名	分类	专利数量(件)	所占比例(%)
1	诊断器械	58 473	45.2
2	治疗器械	23 024	17.8
3	消毒、医院器械	15 439	11.9
4	外科器械	11 011	8.5
5	生化成分分析仪器	4966	3.8
6	医疗器械附件	3508	2.7
7	电子药物储存和计量	2274	1.8
8	牙科器械	2247	1.7
9	混杂的电子医疗器械	2169	1.7
10	残疾辅助器械	1909	1.5

排名	分类	专利数量（件）	所占比例（%）
11	灌注器械	1581	1.2
12	义肢	1230	1.0
13	透析、泵	837	0.6
14	医学仿真系统	501	0.4
15	麻醉器械	188	0.1
	电子医疗器械合计	129 357	100.0

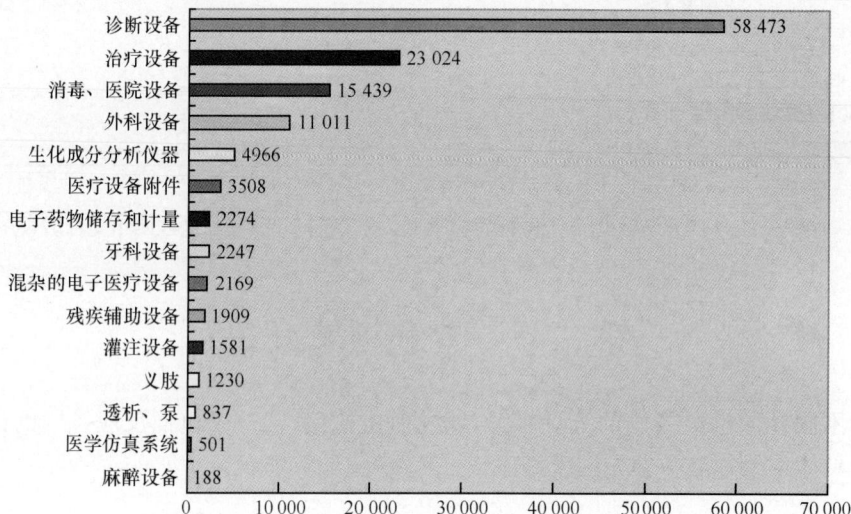

图 8-5　2003—2007 年世界电子医疗器械专利数量分类

从不同类型医疗器械申请专利所占比例看,2003—2007 年世界电子医疗器械专利领域分布中,诊断器械申请专利占 45.2%,接近所有申请专利的一半;治疗器械申请专利占 17.8%,接近 1/5;消毒、医院器械申请专利占 11.9%;其余器械所占比例均少于 10%(图 8-6)。

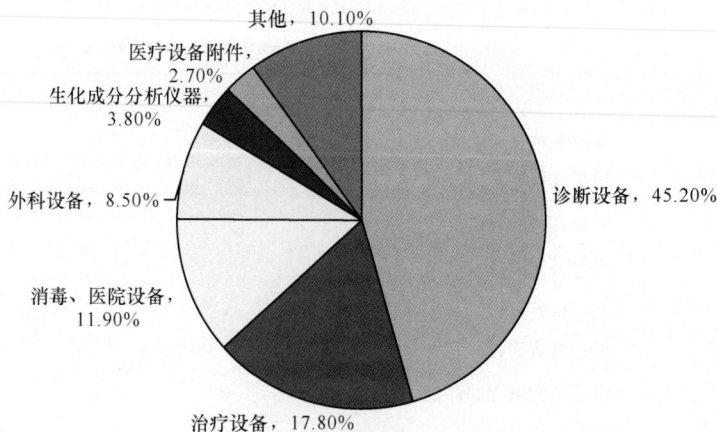

图 8-6　2003—2007 年世界电子医疗器械专利构成比例

分析排名前五的电子医疗器械诊断器械、治疗器械、消毒器械、外科器械、生化成分分析仪器进行具体内部分类分析。

　　诊断器械申请专利数量在电子医疗申请专利中排名第一,其中测量和记录系统及放射诊断系统类器械申请专利件数最多,均超过 2 万件,占诊断器械专利总数的比例均超过35％,分别为 36.4％和 35.2％;超声诊断器械申请专利件数接近 6000 条,所占比例超过10％,其余器械申请专利件数都在 5000 件以下,各所占比例不超过 7％(表 8-3)。

表 8-3　2003—2007 年世界诊断医疗器械专利数量及构成比例

排名	分类	专利数量(件)	所占比例(%)
1	测量和记录系统	21 281	36.4
2	放射诊断	20 558	35.2
3	超声诊断	5931	10.1
4	内镜诊断	3899	6.7
5	诊断处理(影像和数据)	1907	3.3
6	眼检查、诊断	1705	2.9
7	诊断信息系统	1491	2.5
8	诊断显示和监测	1248	2.1
9	其他	453	0.7
	合计	58 473	100.0

　　治疗器械申请专利在电子医疗器械申请专利中排名第二,其中放射治疗器械(包括磁)器械的申请专利件数最多,超过 8000 件,占治疗器械专利总数的 35％;心脏起搏器和除颤器申请专利件数接近 4000 条,所占比例为 17.2％;其余器械申请专利件数及所占比例具体见表 8-4。

表 8-4　2003—2007 年世界治疗医疗器械专利数量及构成比例

排名	分类	专利数量(件)	所占比例(%)
1	放射治疗(包括磁)	8067	35.0
2	心脏起搏器和除颤器	3956	17.2
3	物理疗法、按摩、针灸	3502	15.2
4	交流电	3286	14.3
5	电极	2659	11.5
6	其他	1402	6.1
7	眼肌锻炼、加强保护	116	0.5
9	病人治疗定位	36	0.2
	合计	23 024	100.0

　　医院器械申请专利总件数约为 1.4 万件,其中医疗计算机系统申请专利数量最多,超过8000 件,所占比例接近 60％;消毒器械申请专利件数为 1000 件,所占比例 6.5％,具体其他医院、消毒器械申请专利件数及所占比例见表 8-5。

表 8-5　2003—2007 年世界消毒、医院医疗器械专利数量及构成比例

分类	专利数量(件)	所占比例(%)
医院器械,其中:	14 424	93.4
医疗计算机系统	8212	
床、护理器械	2934	
呼吸辅助用气器械	787	
病人运输器械,如轮椅	660	
手术器械	391	
护理呼叫系统	309	
组织和液体提取器械	113	
消毒器械	1000	6.5
其他	1033	7.2
合计	15 439	100.0

外科器械申请专利总件数中,外科用电机、电子器械申请专利超过 3000 件,所占比例约 30%;外科内镜申请专利超过 2000 件,所占比例接近 20%;手术监视器申请专利数量为 1670 件,所占比例超过 15%;具体其他外科医疗器械申请专利件数及所占比例见表 8-6。

表 8-6　2003—2007 年世界外科医疗器械专利数量及构成比例

排名	分类	专利数量(件)	所占比例(%)
1	血液分析仪	1717	34.6
2	其他	1655	33.4
3	生化分析仪	873	17.6
4	生物组织分析仪	510	10.3
5	药物检测分析仪	211	4.2
	合计	4966	100.0

生物成分分析仪器申请专利总件数中,血液分析仪申请专利接近 2000 件,所占比例接近 35%;生化成分分析仪器申请专利接近 1000 件,所占比例约为 20%;生化分析仪申请专利件数接近 900 件,所占比例近 18%;具体其他生物成分分析仪器申请专利件数及所占比例见表 8-7。

表 8-7　2003—2007 年世界生物成分分析仪器专利数量及构成比例

排名	分类	专利数量(件)	所占比例(%)
1	血液分析仪	1717	34.60
2	生化成分分析仪器(大类)	982	19.80
3	生化分析仪	873	17.60
4	其他	673	13.60
5	生物组织分析仪	510	10.30
6	药物检测分析仪	211	4.20
	合计	4966	100.00

申请专利技术领域分布中,诊断和治疗器械两类器械申请专利件数占到总件数的70%以上。诊断器械申请专利最多,占到45%以上,说明诊断器械研发受到广泛关注,其中测量和记录系统以及放射诊断领域的器械申请专利最多,占到诊断类器械专利总数的70%以上;治疗器械申请专利数量排名第二,占17.8%,申请专利件数超过诊断器械的1/3,其中,放射治疗器械申请专利在治疗类中所占比例最高达到35%,心脏起搏器和除颤器类及物理疗法、按摩、针灸类所占比例均超过15%,三类器械申请专利件数合计超过治疗器械申请专利的70%。

二、各国专利申请领域分布

美国电子医疗器械专利主要分布在诊断器械领域,占全部专利总数超过1/3,治疗器械领域专利数量占约1/5,外科和消毒器械领域专利数量所占比例均超过10%(表8-8,图8-7)。

表8-8　2003—2007年美国电子医疗器械专利数量及构成比例

排名	分类	专利数量(件)	所占比例(%)
1	诊断器械	20 931	36.3
2	治疗器械	11 204	19.4
3	外科器械	7203	12.5
4	消毒器械	6512	11.3
5	医疗器械附件	2346	4.1
6	生物材料医学分析仪器	2304	4.0
7	电子药物储存和计量	1342	2.3
8	医学仿真系统	1342	2.3
9	混杂的电子医疗器械	992	1.7
10	灌注器械	936	1.6
11	牙科器械	907	1.6
12	义肢	722	1.3
13	残疾辅助器械	490	0.8
14	透析、泵	359	0.6
15	麻醉器械	97	0.2
	合计	57 687	100.0

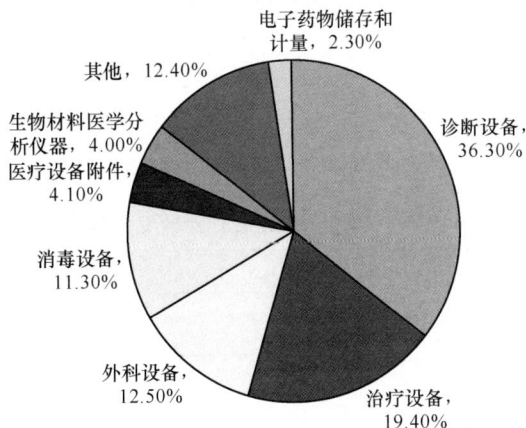

图8-7　2003—2007年美国电子医疗器械专利构成比例

日本电子医疗器械专利中诊断器械所占比例非常高,占到全部专利总数将近 60% 的比例,消毒器械和治疗器械所占比例均超过 10%(表 8-9,图 8-8)。

表 8-9   2003—2007 年日本电子医疗器械专利数量及构成比例

排名	分类	专利数量(件)	所占比例(%)
1	诊断器械	22 835	58.5
2	消毒器械	5408	13.8
3	治疗器械	3976	10.2
4	外科器械	1657	4.2
5	生物材料医学分析仪器	1463	3.7
6	残疾辅助器械	780	2.0
7	医疗器械附件	630	1.6
8	牙科器械	561	1.4
9	混杂的电子医疗器械	545	1.4
10	电子药物储存和计量	419	1.1
11	灌注器械	273	0.7
12	透析、泵	251	0.6
13	义肢	149	0.4
14	医学仿真系统	84	0.2
15	麻醉器械	27	0.1
	合计	39 058	100.0

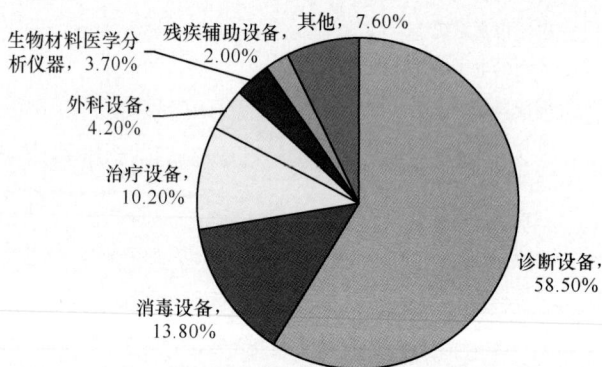

图 8-8   2003—2007 年日本电子医疗器械专利构成比例

德国电子医疗器械专利中诊断器械专利数量所占比例接近 1/2,治疗器械领域专利数量所占比例超过 15%,消毒器械领域专利数量所占比例超过 10%(表 8-10,图 8-9)。

表 8-10   2003—2007 年德国电子医疗器械专利数量及构成比例

排名	分类	专利数量(件)	所占比例(%)
1	诊断器械	4278	48.1
2	治疗器械	1431	16.1
3	消毒器械	920	10.3
4	外科器械	775	8.7
5	牙科器械	292	3.3

排名	分类	专利数量(件)	所占比例(%)
6	生物材料医学分析仪器	271	3.0
7	混杂的电子医疗器械	196	2.2
8	医疗器械附件	191	2.1
9	残疾辅助器械	132	1.5
10	电子药物储存和计量	130	1.5
11	义肢	92	1.0
12	灌注器械	91	1.0
13	透析、泵	66	0.7
14	麻醉器械	25	0.3
	合计	8890	100.0

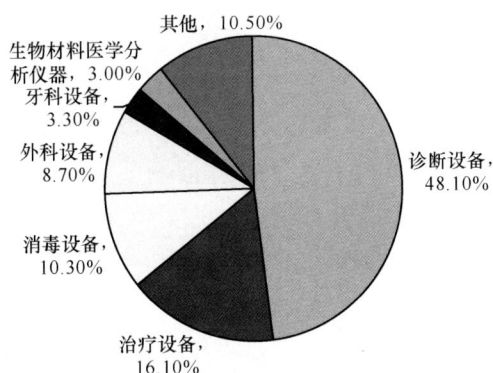

图 8-9 2003—2007 年德国电子医疗器械专利构成比例

韩国电子医疗器械专利超过 40% 分布在诊断器械领域,治疗器械领域专利数量所占比例超过 1/4,消毒器械领域专利数量所占比例超过 10%(表 8-11,图 8-10)。

表 8-11 2003—2007 年韩国电子医疗器械专利数量及构成比例

排名	分类	专利数量(件)	所占比例(%)
1	诊断器械	1913	43.6
2	治疗器械	1185	27.0
3	消毒器械	608	13.8
4	残疾辅助器械	130	3.0
5	生物材料医学分析仪器	118	2.7
6	牙科器械	99	2.3
7	外科器械	87	2.0
8	混杂的电子医疗器械	81	1.8
9	电子药物储存和计量	48	1.1
10	灌注器械	41	0.9
11	医疗器械附件	34	0.8
12	义肢	24	0.5

排名	分类	专利数量(件)	所占比例(%)
13	医学仿真系统	17	0.4
14	透析、泵	5	0.1
15	麻醉器械	1	0.0
	合计	4391	100.0

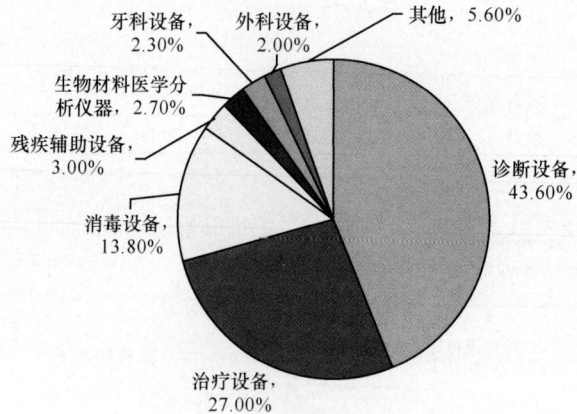

8-10　2003—2007年韩国电子医疗器械专利构成比例

值得注意的是,与其他国家不同,俄罗斯电子医疗器械专利主要分布在治疗器械领域,占全部专利总数超过40%,诊断器械领域专利数量所占比例约38%,外科器械领域专利数量所占比例约9%,不足10%(表8-12,图8-11)。

表8-12　2003—2007年俄罗斯电子医疗器械专利数量及构成比例

排名	分类	专利数量(件)	所占比例(%)
1	治疗器械	1712	42.4
2	诊断器械	1540	38.2
3	外科器械	365	9.1
4	生物材料医学分析仪器	133	3.3
5	消毒器械	86	2.1
6	牙科器械	50	1.2
7	混杂的电子医疗器械	42	1.0
8	透析、泵	25	0.6
9	灌注器械	24	0.6
10	义肢	15	0.4
11	残疾辅助器械	15	0.4
12	麻醉器械	7	0.2
13	电子药物储存和计量	7	0.2
14	医疗器械附件	7	0.2
15	医学仿真系统	5	0.1
	合计	4033	100.0

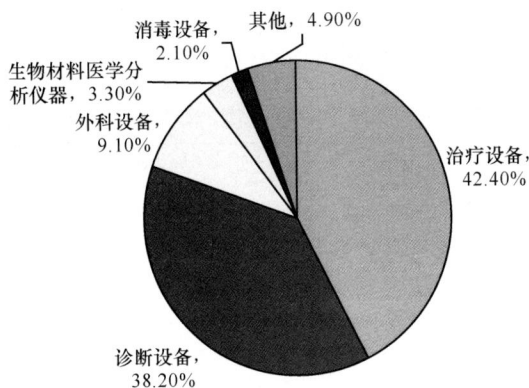

图 8-11　2003—2007 年俄罗斯电子医疗器械专利构成比例

英国电子医疗器械专利超过 40％分布在诊断器械领域,治疗器械领域专利数量所占比例超过 15％,消毒器械领域专利数量所占比例超过 10％(表 8-13,图 8-12)。

表 8-13　2003—2007 年英国电子医疗器械专利数量及构成比例

排名	分类	专利数量(件)	所占比例(%)
1	诊断器械	917	43.1
2	治疗器械	323	15.2
3	消毒器械	247	11.6
4	外科器械	180	8.5
5	生物材料医学分析仪器	141	6.6
6	电子药物储存和计量	82	3.9
7	残疾辅助器械	57	2.7
8	混杂的电子医疗器械	38	1.8
9	医疗器械附件	38	1.8
10	牙科器械	32	1.5
11	灌注器械	27	1.3
12	义肢	22	1.0
13	医学仿真系统	15	0.7
14	透析、泵	7	0.3
15	麻醉器械	3	0.1
	合计	2129	100.0

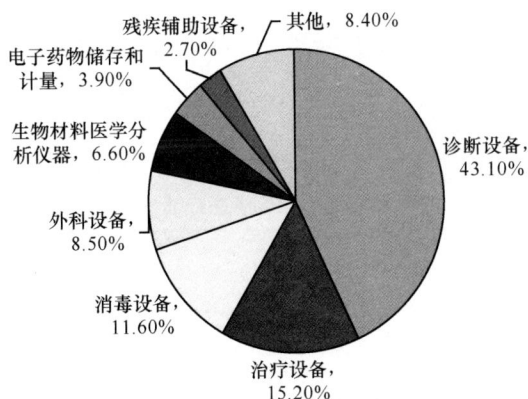

图 8-12　2003—2007 年英国电子医疗器械专利构成比例

法国电子医疗器械专利主要分布在诊断器械领域,占全部专利总数接近1/2,治疗器械领域专利数量所占比例超过15%,消毒器械领域专利数量所占比例超过10%(表8-14,图1-13)。

表8-14 2003—2007年法国电子医疗器械专利数量及构成比例

排名	分类	专利数量(件)	所占比例(%)
1	诊断器械	778	49.1
2	治疗器械	257	16.2
3	消毒器械	195	12.3
4	外科器械	77	4.9
5	残疾辅助器械	55	3.5
6	生物材料医学分析仪器	47	3.0
7	混杂的电子医疗器械	40	2.5
8	牙科器械	38	2.4
9	电子药物储存和计量	22	1.4
10	医疗器械附件	22	1.4
11	灌注器械	21	1.3
12	医学仿真系统	13	0.8
13	义肢	10	0.6
14	透析、泵	9	0.6
	合计	1584	100.0

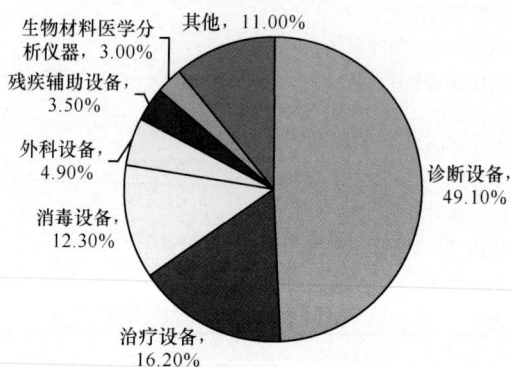

图8-13 2003—2007年法国电子医疗器械专利构成比例

澳大利亚电子医疗器械专利接近40%分布在诊断器械领域,治疗器械领域专利数量占约1/5,消毒器械领域专利数量所占比例超过10%(表8-15,图8-14)。

表8-15 2003—2007年澳大利亚电子医疗器械专利数量及构成比例

排名	分类	专利数量(件)	所占比例(%)
1	诊断器械	500	37.7
2	治疗器械	254	19.2
3	消毒器械	182	13.7

排名	分类	专利数量（件）	所占比例（%）
4	外科器械	93	7.0
5	义肢	83	6.3
6	生物材料医学分析仪器	50	3.8
7	电子药物储存和计量	33	2.5
8	混杂的电子医疗器械	32	2.4
9	医疗器械附件	28	2.1
10	灌注器械	19	1.4
11	残疾辅助器械	19	1.4
12	牙科器械	15	1.1
13	医学仿真系统	10	0.8
14	透析、泵	7	0.5
15	麻醉器械	1	0.1
	合计	1326	100.0

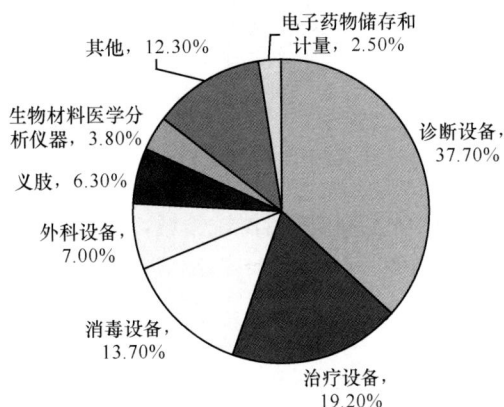

图 8-14 2003—2007 年澳大利亚电子医疗器械专利构成比例

中国台湾地区电子医疗器械专利接近 1/2 分布在诊断器械领域，治疗器械领域专利数量所占比例超过 15%，消毒器械领域专利数量所占比例超过 10%（表 8-16，图 8-15）。

表 8-16 2003—2007 年中国台湾电子医疗器械专利数量及构成比例

排名	分类	专利数量（件）	所占比例（%）
1	诊断器械	364	49.5
2	治疗器械	130	17.7
3	消毒器械	93	12.7
4	生物材料医学分析仪器	45	6.1
5	残疾辅助器械	24	3.3
6	医疗器械附件	19	2.6
7	电子药物储存和计量	14	1.9
8	牙科器械	13	1.8

排名	分类	专利数量(件)	所占比例(%)
9	灌注器械	12	1.6
10	外科器械	9	1.2
11	混杂的电子医疗器械	9	1.2
12	医学仿真系统	2	0.3
13	透析、泵	1	0.1
	合计	735	100.0

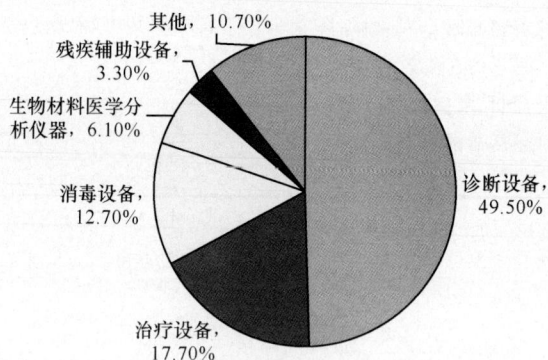

图 8-15　2003—2007 年中国台湾电子医疗器械专利构成比例

瑞典电子医疗器械专利 40％分布在诊断器械领域,治疗器械领域专利数量占约 1/5,消毒器械领域专利数量所占比例接近 10％(表 8-17,图 8-16)。

表 8-17　2003—2007 年瑞典电子医疗器械专利数量及构成比例

排名	分类	专利数量(件)	所占比例(%)
1	诊断器械	200	40.0
2	治疗器械	110	22.0
3	消毒器械	47	9.4
4	外科器械	28	5.6
5	生物材料医学分析仪器	26	5.2
6	混杂的电子医疗器械	14	2.8
7	透析、泵	12	2.4
8	电子药物储存和计量	12	2.4
9	牙科器械	11	2.2
10	医学仿真系统	10	2.0
11	残疾辅助器械	9	1.8
12	医疗器械附件	8	1.6
13	义肢	5	1.0
14	麻醉器械	5	1.0
15	灌注器械	3	0.6
	合计	500	100.0

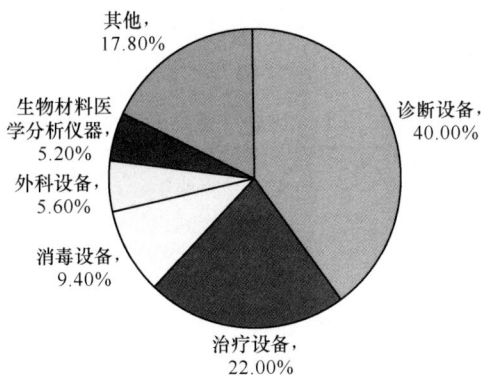

图 8-16　2003—2007 年瑞典电子医疗器械专利构成比例

　　巴西电子医疗器械专利在诊断和治疗器械领域分布的比例较为接近,分别占全部专利总数的 28％和 26％,消毒器械领域专利数量所占比例超过 10％,没有麻醉器械专利(表 8-18,图 8-17)。

表 8-18　2003—2007 年巴西电子医疗器械专利数量及构成比例

排名	分类	专利数量(件)	所占比例(%)
1	诊断器械	99	28.0
2	治疗器械	93	26.3
3	消毒器械	44	12.5
4	牙科器械	31	8.8
5	混杂的电子医疗器械	20	5.7
6	外科器械	18	5.1
7	残疾辅助器械	12	3.4
8	电子药物储存和计量	11	3.1
9	生物材料医学分析仪器	9	2.5
10	灌注器械	6	1.7
11	透析、泵	4	1.1
12	义肢	3	0.8
13	医疗器械附件	2	0.6
14	医学仿真系统	1	0.3
	合计	353	100.0

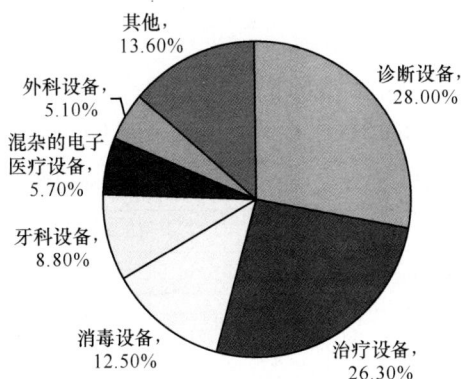

图 8-17　2003—2007 年巴西电子医疗器械专利构成比例

加拿大电子医疗器械专利约 37% 分布在诊断器械领域,消毒器械专利数量所占比例超过 1/5,比治疗器械专利数量多,治疗器械领域专利数量所占比例 18%(表 8-19,图 8-18)。

表 8-19　2003—2007 年加拿大电子医疗器械专利数量及构成比例

排名	分类	专利数量(件)	所占比例(%)
1	诊断器械	122	37.2
2	消毒器械	68	20.7
3	治疗器械	59	18.0
4	电子药物储存和计量	14	4.3
5	生物材料医学分析仪器	12	3.7
6	外科器械	11	3.4
7	牙科器械	11	3.4
8	残疾辅助器械	8	2.4
9	混杂的电子医疗器械	6	1.8
10	透析、泵	5	1.5
11	医疗器械附件	5	1.5
12	灌注器械	3	0.9
13	医学仿真系统	2	0.6
14	义肢	1	0.3
15	麻醉器械	1	0.3
	合计	328	100.0

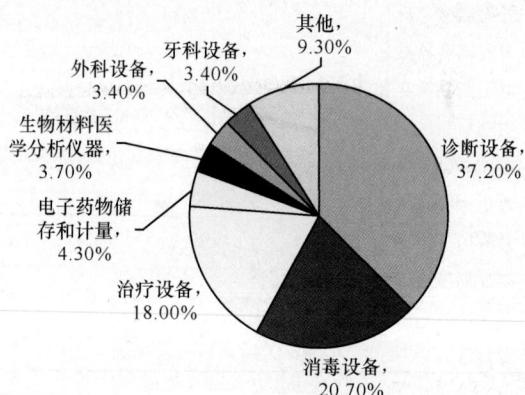

图 8-18　2003—2007 年加拿大电子医疗器械专利构成比例

　　中国电子医疗器械专利接近 40% 分布在诊断器械领域,治疗器械领域专利数量所占比例接近 35%,消毒器械领域专利数量所占比例超过 10%(表 8-20,图 8-19)。

表 8-20　2003—2007 年中国电子医疗器械专利数量及构成比例

排名	分类	专利数量(件)	所占比例(%)
1	诊断器械	1677	39.1
2	治疗器械	1484	34.6
3	消毒器械	438	10.2
4	外科器械	171	4.0

中国医疗器械科技创新与产业竞争力国际比较

排名	分类	专利数量(件)	所占比例(%)
5	生物材料医学分析仪器	123	2.9
6	医疗器械附件	73	1.7
7	残疾辅助器械	54	1.3
8	混杂的电子医疗器械	48	1.1
9	灌注器械	47	1.1
10	牙科器械	44	1.0
11	义肢	40	0.9
12	透析、泵	34	0.8
13	电子药物储存和计量	29	0.7
14	医学仿真系统	19	0.4
15	麻醉器械	10	0.2
	合计	4291	100.0

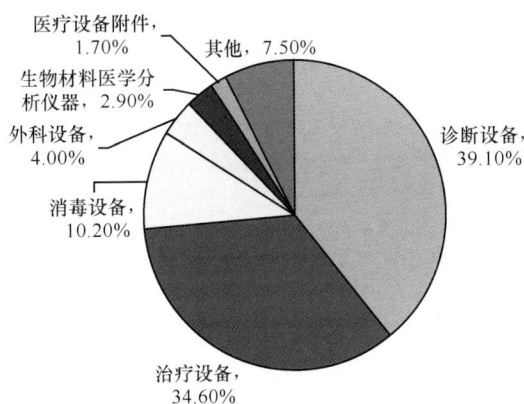

图 8-19　2003—2007 年中国电子医疗器械专利构成比例

第三节　专利被引情况分析

通常认为,一份专利多次被后续专利引用,表明该专利技术在该领域的质量较高或者属于基础性较强的研究成果,即专利质量高。

2003—2007 年世界全部电子医疗器械专利中,总被引次数为 39 794,总被引次数最高的前 5 个国家/地区分别为美国、日本、德国、欧洲专利局、英国专利。美国专利总被引次数为 21 997 次,是排在第 2 位的日本专利的 3 倍多。中国专利排名第 11 位,总被引次数仅 243 次(表 8-21,图 8-20)。

表 8-21　2003—2007 年世界电子医疗器械专利优先权前 15 个国家/地区的专利平均被引情况

排名	优先权国家/地区	专利数量(件)	总被引次数	平均被引次数
	世界合计	100 095	39 794	0.40
1	英国	1725	1515	0.88
2	欧洲专利局	2720	2306	0.85

排名	优先权国家/地区	专利数量(件)	总被引次数	平均被引次数
3	WOUS	394	296	0.75
4	瑞典	392	293	0.75
5	法国	1286	942	0.73
6	澳大利亚	1050	751	0.72
7	德国	6858	4497	0.66
8	美国	42 228	21 997	0.52
9	加拿大	258	90	0.35
10	日本	31 127	6164	0.20
11	韩国	3485	533	0.15
12	中国台湾	596	84	0.14
13	巴西	324	34	0.10
14	中国	3431	243	0.07
15	俄罗斯	3330	78	0.02

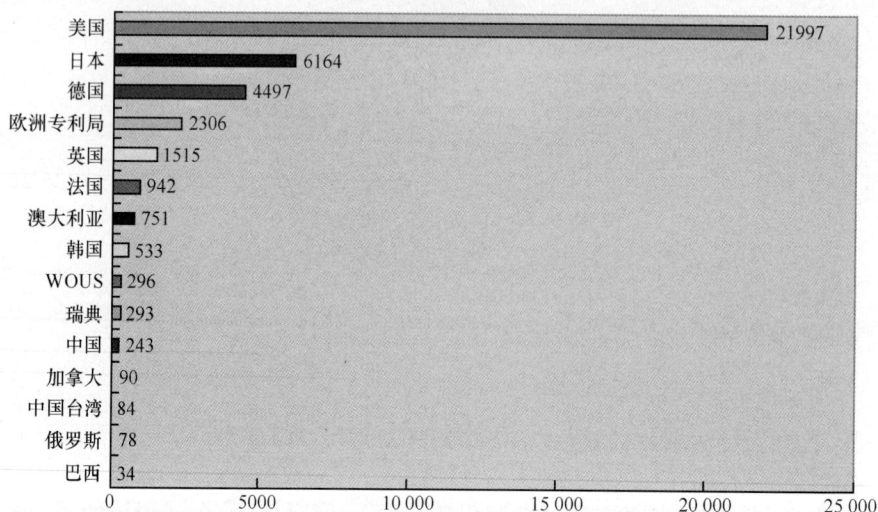

图 8-20 2003—2007 年世界电子医疗器械专利优先权前 15 个国家和地区的专利总被引情况

2003—2007 年世界全部电子医疗器械专利中,平均被引次数为 0.40,英国专利平均被引 0.88 次,排名第 1 位,其后分别为欧洲专利局、WOUS、瑞典专利及法国专利。总被引次数排名第一的美国专利,平均被引次数为 0.52 次,排名第 8 位。中国申请专利总量排名第五位,但平均被引次数仅 0.07 次。

排名前十五位的优先权国家/地区中,英国专利平均被引次数排名第一,联系英国申请专利件数不多、相对排名靠后的事实,说明英国在电子医疗器械领域的基础性或创新性研究可能相对较多。美国、欧洲各国(英国、瑞典、法国、德国,除俄罗斯外)和澳大利亚平均被引次数均高于世界平均水平,而亚洲国家(日本、韩国、中国)、加拿大以及俄罗斯申请专利平均被引次数均低于世界平均水平。这可能说明,相比之下,美国、欧洲及澳大利亚申请专利的基础性或重要性更高。值得注意的是中国申请专利件数虽排名较靠前,总被引次数及平均被引次数均低,说明申请专利数量不少,但基础性及创新性仍稍差(图 8-21)。

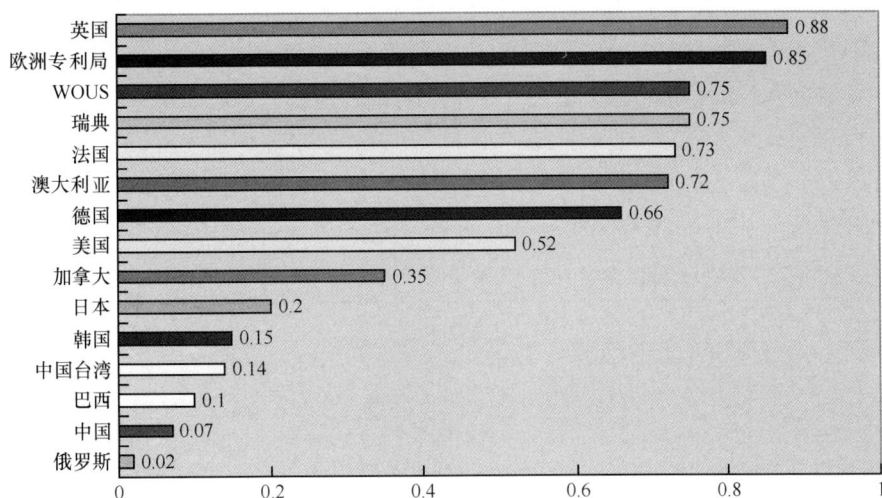

图 8-21　2003—2007 年世界电子医疗器械专利优先权前 15 个国家和地区的专利平均被引情况

第四节　专利技术输出重点国家和地区

2003—2007 年电子医疗设备专利申请机构排名中,东芝、GE、西门子、奥林巴斯及美敦力依次排名前五,申请专利数量范围约在 2500—3000 件。排在第 6～10 位的公司为日立、飞利浦、松下、富士、柯尼卡美能达集团。具体排名前十公司的申请专利件数见图 8-22。

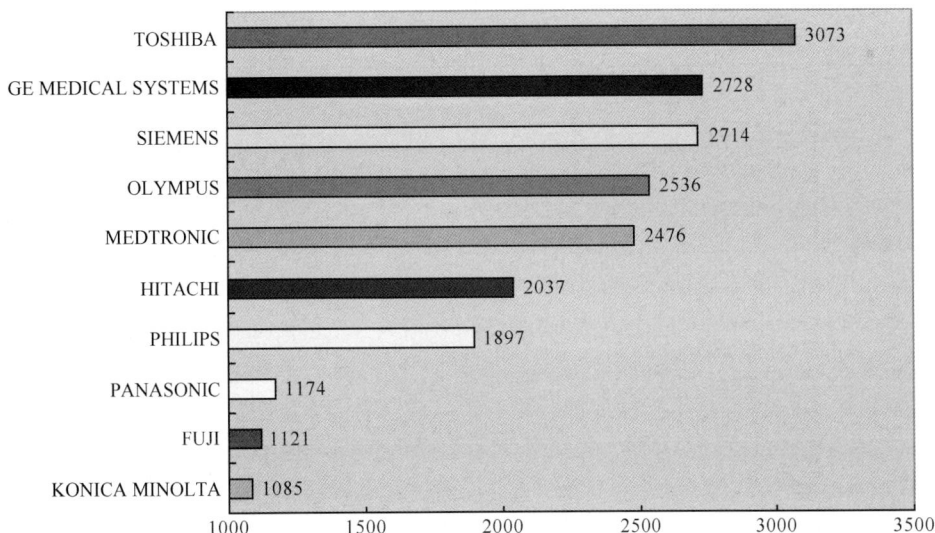

图 8-22　2003—2007 年电子医疗设备专利申请排名前 15 机构

　　排名前 20 位的公司中,日本公司有 6 家,其中 TOSHIBA 排名第 1 位,从一个侧面体现出了日本技术创新非常活跃。美国公司 GE 和 MEDITRONIC 分别排名第 2 和第 5 位。德国公司 SIEMENS 排名第 3 位,荷兰公司 PHILIPS 排名第 7 位。

第五节　专利技术输出重点国家和地区

根据同族专利的国家分布情况,可以看到世界电子医疗器械市场中,各国企业对于其他国家市场的重视程度,和专利技术输出的重点国家和地区。

从同族专利数量来看,统计范围内,美国同族专利数最多,超过5万件,日本排名第二同族专利数接近4万件,欧洲专利局同族专利数也接近2万件,中国排在欧洲专利局之后,同族专利件数超过1万件(表8-22,图8-23)。

表8-22　2003—2007年世界前15电子医疗器械专利同族专利国别/地区分布

排名	同族专利国别/地区	专利数量(件)
1	美国	51 434
2	日本	39 376
3	世界专利局	26 940
4	欧洲专利局	19 959
5	中国	10 266
6	澳大利亚	9589
7	德国	9371
8	韩国	5837
9	俄罗斯	3391
10	意大利	1795
11	加拿大	1597
12	法国	1518
13	英国	1389
14	巴西	1170
15	中国台湾	779

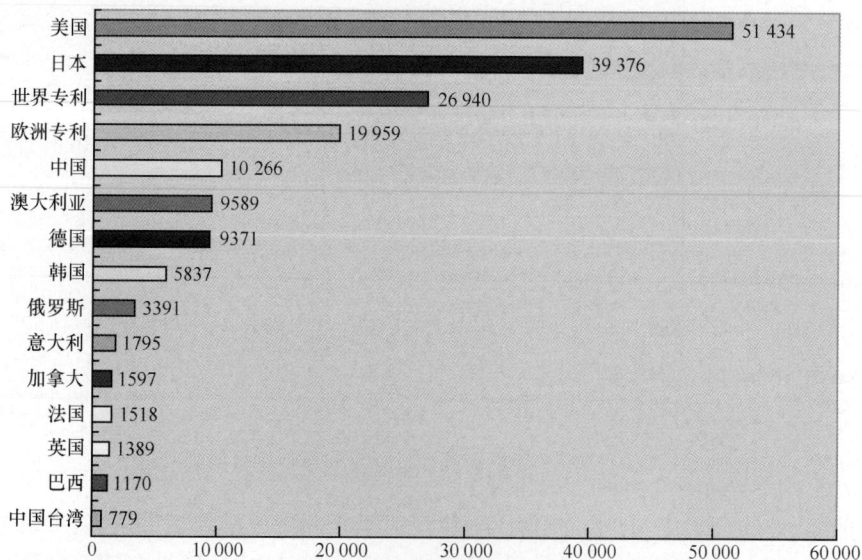

图8-23　2003—2007年世界电子医疗器械专利同族专利前十五国家/地区分布

同族专利数排名提示美国、日本及欧洲仍为主要的世界电子医疗器械专利技术输出的重点国家/地区,中国作为新型经济体,发展快速,电子医疗器械市场已经引起全球企业的重视,是未来各国企业的重要竞争地。

第六节　主要结果及结论

全球电子医疗器械专利申请数量从 2003 年的 17 705 件,增长到 2006 年的 22 609 件,四年复合增长率高达 8.5%;排名前 15 位的优先权国家/地区专利总件数共 99 204 件,占全部专利件数的 99.2%,排名第一的美国申请专利件数为 42 228 件,占全部专利的 42.2%,日本申请专利件数为 31 127 件,占约 31.1%,远高于其他国家,其后依次为德国、韩国、中国等;美国专利总被引次数为 21 997 次,是排在第 2 位的日本专利的 3 倍多,英国专利平均被引 0.88 次,排名第 1 位,中国申请专利总被引次数 243 次,平均被引次数 0.07 次;诊断器械申请专利件数最多,为 58 473 件,占全球申请专利总数的 45.2%,其中测量和记录系统及放射诊断系统类器械申请专利件数最多,均超过 2 万件,排在第 2 位的治疗器械申请专利件数超过诊断器械的 1/3,其中放射治疗器械申请专利在治疗类中所占比例最高达到 35%;申请机构前 10 位申请的专利数量 20 841 件,占世界电子医疗器械专利数量的 20.8%,东芝、GE、西门子、奥林巴斯及美敦力依次排名前五,申请专利数量范围约在 2500~3000 件;同族专利数量国别排名中,美国同族专利件数最多,超过 5 万件,日本专利排名第二,不到 4 万件,其后依次为欧洲专利局、中国、澳大利亚。

全球电子医疗器械专利申请件数呈现增长趋势,反映出电子医疗器械产业的确是朝阳式产业,且仍处于高速发展时期,发明和创新十分活跃;美国和日本电子医疗器械专利申请量远远超过其他国家,两国申请专利占全球申请专利总量的 70% 以上,在电子医疗器械领域技术研发活跃,具备强劲的技术实力;从专利平均被引次数来看,美国、欧洲及澳大利亚申请专利的基础性或重要性更高,英国专利数量不多但基础性或创新性强,中国申请专利总量不少但基础性/创新性相对较差;诊断器械的研发仍是世界各国关注的要点,其中测量和记录系统以及放射诊断领域的创新活跃,治疗器械中放射治疗器械研发活跃,值得注意的是,与其他国家不同,俄罗斯电子医疗器械专利主要分布在治疗器械领域,占全部专利总数超过 40%;在机构分布中,全球电子医疗器械研发创新活动集中在日本、美国、德国的少数几家跨国大公司,6 家日本公司在电子医疗器械专利申请方面表现出了强劲的优势,在本国电子医疗器械研发活动中占据 1/3 以上份额,德国西门子公司在德国电子医疗器械创新中扮演重要角色;美国、日本和欧洲是电子医疗器械专利技术输出的重点区域,中国作为经济发展快速的新兴经济体,电子医疗器械潜在市场巨大。

第九章

医疗器械产品国际比较

医疗器械,尤其高技术医疗器械生产地区和消费市场目前主要集中在美国、欧洲及日本等少数发达国家/地区,这些国家/地区在全球医疗器械产业市场中所占据的强势地位,源自其强劲的研发投入力度,而基于庞大的医疗需求,中国成为世界医疗器械进口贸易最大的国家之一。

各国/地区医疗器械生产品种中,美国、欧洲生产医疗器械种类多,基本涵盖所有品种;日本影像诊断器械和内镜器械生产优势地位突出;中国医疗器械,尤其中高端医疗器械基本为进口产品或外资企业生产产品。

医疗机构器械配置方面,美国不同等级医疗机构功能不同,器械配置也相应具有较大差异;英国提供影像诊断的机构超过 1000 家,多数归属英国国民卫生保健系统(National Health Service,NHS);日本大型医院的医疗器械拥有率居国际领先水平,但诊疗所的器械拥有率和器械水平较低;中国医院拥有医疗器械约 95% 价值在 5 万元以下,高技术医疗器械拥有率低。

第一节 医疗器械产品生产情况

一、美 国

根据美国人口局的商业统计数据,2006 年美国医疗器械生产企业共约 1.1 万家,工厂 1.2 万个,其中 500 人以上的公司 192 家,工厂 766 家(表 9-1)。

表 9-1 2006 年美国医疗器械生产企业数情况

企业规模(以员工数目 E 计)	企业数(家)	工厂数(家)
0<E<4	6407	6407
5<E<9	2078	2082
10<E<19	1174	1182
20<E<99	1207	1275
100<E<499	356	511
500<E<749	36	169
750<E<999	28	77
1000<E<1499	29	84
1500<E<2499	29	127
2500<E<+∞	70	309
合计	11 414	12 223

数据来源:Statistics of U. S. Businesses

90

从年度变化看,1998—2006 年美国医疗器械生产企业数量变化不大,维持在 1.1 万家左右,这可能跟美国医疗器械产业发展相对成熟,企业市场份额及市场格局分布相对稳定有关(表 9-2)。

表 9-2　1998—2006 年美国医疗器械生产企业情况

年份	企业数	年份	企业数
2006	11 414	2001	11 500
2005	11 408	2000	11 516
2004	11 407	1999	11 662
2003	11 180	1998	11 840
2002	10 879		

数据来源:Statistics of U. S. Businesses

从医疗器械种类来看,美国医疗器械行业主要产品是手术器械、外科器械和治疗类电子医疗器械等(图 9-1)。

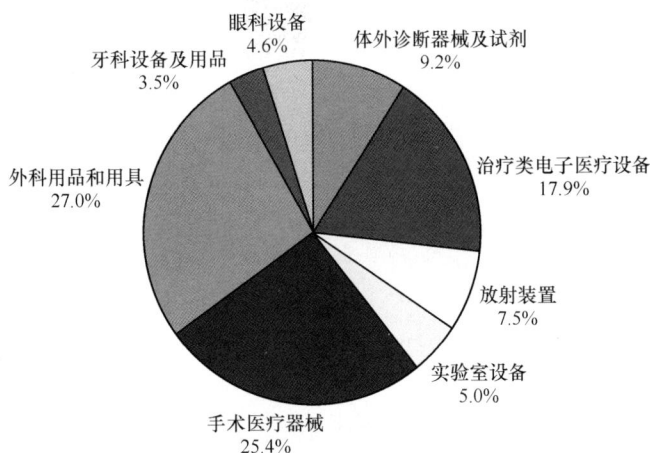

图 9-1　2006 年美国医疗器械产品销售收入构成

数据来源:Advanced medical technology association

二、英　　国

英国 2007 年医疗器械销售额约 60 亿英镑,国内年产值为 45 亿英镑,年出口额为 30 亿英镑。英国医疗器械企业有 1800 多家,多为员工数在 200 人以下的中小企业,这些中小企业具有很强的创新和开拓新兴市场能力,同时如 SIMTH、NEPHEW 等跨国企业则以高效率的生产、市场和流通体系获得在成熟市场中的竞争优势。

三、日　　本

据日本厚生省 2008 年卫生统计数据,2006 年日本医疗器械生产企业数为 807,统计其中 650 家企业按资金规模进行分类,资金规模在 1 千万～5 千万日元的企业数量最多,为

254 家,所占比例超过 1/3(39.1％),资金规模在 100 亿日元以上的企业有 50 家,可见,日本的医疗器械厂商以中小企业为主。

从年度变化看,2000—2005 年日本医疗器械企业数基本稳定,2006 年日本医疗器械企业数量突然大量减少,总数 650 家,相比 2005 年的 1543 家,不到一半,这可能与 2005 年日本企业广泛兼并和收购有关,有数据显示,当年日本兼并收购案例比前年增长了 24％。

从不同规模企业数量变化看,2006 年减少的日本医疗器械企业主要为资产规模在 1 亿日元以下的企业,尤其是资产规模在 1 千万～5 千万日元的企业数量减少超过 500 家;从 2005—2006 年,资产规模在 200 亿日元以上的企业数量反而增加了 5 家,100 亿日元以上的企业数量也增加 1 家,这也从另一个角度证实了兼并收购之说(表 9-3)。

表 9-3　2002—2006 年日本医疗器械企业数(按资金规模分)

年度	2002	2003	2004	2005	2006
不到 1 千万日元	150	155	171	145	16
1 千万～5 千万日元	756	672	845	764	254
5 千万～1 亿日元	178	160	206	193	104
1 亿～3 亿日元	105	93	115	95	71
3 亿～10 亿日元	120	114	131	118	76
10 亿～50 亿日元	71	80	85	67	54
50 亿～100 亿日元	26	25	25	33	25
100 亿～200 亿日元	25	20	24	20	19
200 亿以上日元	29	26	26	26	31
个人	114	94	96	82	—
合计	1574	1439	1724	1543	650

数据来源:日本厚生省 2008 年卫生统计数据

日本医疗器械产业,是从 20 世纪 60 年代开始快速发展的,到 70 年代初产值已达上千亿日元,20 世纪 70 年代是日本医疗器械产业高速增长的时期,经过 30 年的发展,到 21 世纪初,日本医疗器械产业在世界上已经处于领先地位,产值仅次于美国,成为全球第二大医疗器械生产国。

日本医疗器械产业规模大,与美国和欧洲相比,日本生产医疗器械产品种类以影像诊断器械如 X 光机、CT、MRI 等为主,内窥镜生产也较为突出。

四、中　国

众所周知,中国医疗器械行业发展起步较晚,基础薄弱,在国际同行业中竞争力十分有限,但随着中国改革开放、经济的飞速发展,国内医疗器械企业积极与国外大公司合作,引进先进技术、产品,使中国医疗器械产业在近十几年来得以快速发展。

随着中国产业结构的调整以及相关政策的引导、支持,近些年来,在中国北京及周边、上海及江苏地区、西南的重庆、成都、广东沿海地区等已形成多个医疗器械产业群,并已初具规模。

统计截至 2007 年 10 月,中国医疗器械企业数量已达到 13 530 家,其中非公有制经济类型占91%。从企业性质来看,外资企业在中国医疗器械行业中整体所占比例较大。2006年销售额1亿元以上企业120余家,外资、合资企业占到半数以上。

而这一现象在北京、江苏、天津和上海的医疗器械行业中表现更为明显,这四个地区医疗器械行业的利润绝大部分都由外资企业贡献。在中国医疗器械行业销售前五名的地区中,只有山东的外资医疗器械企业比例贡献率在10%左右,其余地区外资的比例均在50%以上,有些甚至接近80%。但是,与江苏、广东、上海和北京的产业结构不同,山东的医疗器械产品以低附加值的低端消耗品为主。因此可以说,中国高端医疗器械市场基本为外资企业占领,民族企业生存压力大。

其次中国医疗器械行业两极分化情况严重,大企业居垄断地位,中小企业发展潜力不足,从盈利层面观察,医疗器械销售的大部分利润都被大型企业所垄断,中小企业盈利能力有限,此种态势在北京尤为明显,这可能与中小企业正处于发展期,所需市场和研发投入相对较大有关。

截至2007年10月份,全国实有医疗器械生产企业12 530家,据中国医疗器械行业协会测算,生产企业从业人数约为44万人。全国持有《医疗器械经营企业许可证》的企业共有144 977家。2006年全年全国共批准医疗器械注册11 274件。

从企业规模看,总体上中国医疗器械企业规模小,据行业协会测算,中国全部医疗器械企业平均销售额仅为1300万元;从近三年企业平均状况看,资产规模、销售收入及利润均实现连续增长。根据国家统计局901家样本企业计算,2006年医疗器械行业企业平均总资产为5715.72万元,平均固定资产为1556.28万元,年平均销售收入为6108.19万元,年平均利润总额为536.66万元。

中国医疗器械企业的行业分布中,卫生材料及医药用品制造业企业数量最多,占39%;其次是医疗诊断、监护及治疗器械制造业,占31%;其余各自行业企业数量合计占30%(图9-2)。

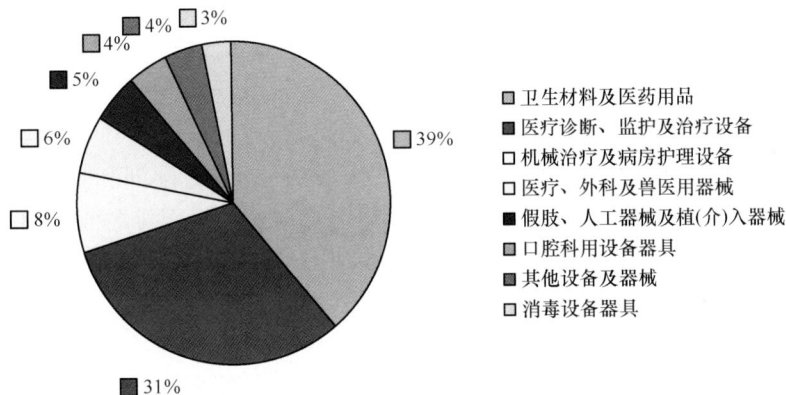

图9-2 2006年中国医疗器械生产企业各子行业企业分布

数据来源:2006年国家统计局901家样本企业统计

2006年全年全国共批准医疗器械注册11274件,其中Ⅰ类3170件,Ⅱ类5239件,Ⅲ类1231件,进口器械2045件,港澳台器械39件。

中国医疗器械企业研发投入占销售收入的比例偏低,据行业协会测算,2005年为2.14%,2006年仅1.65%(表9-4)。

表9-4 2005、2006年医疗器械企业研发投入占销售收入比例

年度	2005	2006
研发投入占销售收入比例(%)	2.14	1.65

数据来源:2006年国家统计局901家样本企业统计

不同子行业的研发投入比例不同,2006年"监护及治疗器械制造业"的研发投入占销售收入比例最高,达到2.76%,其次为医疗、外科及兽医用器械制造业,为2.11%,消毒器械器具制造业研发投入占销售收入比例最低,仅为0.52%(表9-5)。

表9-5 2005—2006年医疗器械行业分行业企业研发投入比例

分类企业研发投入占销售收入比例(%)	2005年	2006年
医疗器械、监护及治疗器械制造业	1.38	2.76
口腔科用器械器具制造业	3.88	1.45
消毒器械器具制造业	0.48	0.52
医疗、外科及兽医用器械制造业	1.41	2.11
机械治疗及病房护理器械制造业	0.16	0.16
假肢、人工器官及植(介)入器械制造业	2.96	1.77
其他器械及器械制造业	0.96	1.91
卫生材料及医药用品制造	0.52	0.7

数据来源:2006年国家统计局901家样本企业统计

五、比较与启示

高技术医疗器械生产和消费市场主要集中在美国、欧洲及日本等少数发达国家和地区,其医疗器械产业强势地位,源自这些国家/地区强劲的研发投入。基于国内庞大的医疗需求,中国成为世界医疗器械进口贸易最大的国家之一,尤其中高端医疗器械基本为进口产品或外资企业生产产品。

世界医疗器械市场上具有竞争力的企业主要集中在美国、欧洲和日本十个国家和地区。据中国医疗器械行业协会统计,2006年世界医疗器械销售额排名前十的公司中,美国公司占8家,强生医疗、GE医疗及美敦力在内的跨国医疗器械公司分别排名前三,德国西门子公司排名第五,荷兰飞利浦医疗公司排名第七。排名前十的跨国公司研发投入占销售收入的比率均较高,分布在5%~14%不等。

在世界医疗器械市场竞争中,美国医疗器械产业综合竞争力强,占世界医疗器械市场份额的41%,生产的产品范围广泛,产品种类齐全,主要优势领域集中在数字影像、心血管、齿科器械、电子医疗、去纤除颤器、外科手术器械、监护仪等;欧洲在世界医疗器械市场份额中占到29%,同样能生产各种种类的医疗器械,优势领域集中在电子医疗、影像器械、康复、外科手术器械、监护仪等;世界医疗器械市场份额中,日本占到13%,生产产品种类相对局限,优势领域集中在电子医疗、护理、眼科器械等(表9-6)。

表 9-6　2006 年各国/地区医疗器械产业产值及占世界医疗器械总产值比例

国家	医疗器械总产值 (亿美元)	占世界医疗器械 比重(%)	优势领域
美国	850	41	数字影像、心血管、齿科器械、电子医疗、去纤除颤器、外科手术器械、监护仪
欧盟	591.89	29	电子医疗、影像器械、康复、外科手术器械、监护仪
日本	265.41	13	电子医疗、护理、眼科器械
中国	70.23	3.43	按摩器、心电监护、外科手术器械、卫生材料

数据来源:2007 年中国医疗器械行业统计年鉴

在医疗器械产业飞速发展的今天,很多国家都认识到,中小型医疗器械企业发展相对滞后很大程度上影响了医疗器械行业整体的前进速度,因此 21 世纪初,欧盟就已把"支援医疗科技中小企业"列入了促进医疗科技创新的十大措施之中,中国也应充分考虑和重视中小型医疗器械企业对整体医疗器械产业发展的作用和贡献,在政策上扶持中小型企业的发展,借鉴美国等发达国家中小型企业发展的模式,引导中国本土企业实现大企业做大做强、中小企业做专做精的目标,形成中国医疗器械研发设计、生产、配件、售后服务的完整产业链,增强中国医疗器械产业在国际同行业竞争中的实力。当然,在中国无论是大型医疗器械企业还是中小型企业,都需要不断提升实力,研发具有自主知识产权的产品,尤其是在高技术医疗器械的研发中找准突破,早立足、快成长,从而应对国外高端医疗器械产品的冲击,求得生存和发展。

第二节　医疗机构高技术医疗器械拥有情况

医疗器械是医院发展的重要保障,高技术医疗器械尤其是促进疾病诊疗水平的提高和医疗技术创新的重要条件,已成为医院发展不可缺少的硬件条件。美国不同等级医疗机构功能不同,器械配置也相应具有较大差异;英国提供影像诊断的机构超过 1000 家,多数归属 NHS;日本大型医院的医疗器械拥有率居国际领先水平,但诊疗所的器械拥有率和器械水平较低;中国医院拥有医疗器械约 95% 价值在 5 万元以下,高技术医疗器械拥有率低。

一、美　　国

在美国,不同等级医疗机构功能不同,器械配置也相应具有较大差异,美国医院分成 4 个等级,首先是教学级的特大型医疗中心,如杜肯中心,该医院拥有 8 台螺旋 CT、7 台磁共振;第二是中级医院,相当于中国地市级医院;第三是美国医疗诊断中心,这类机构在美国有上万家,他们主要的功能是借助诊断器械进行医疗诊断。

二、英　　国

影像器械在医院医疗器械中发挥了重要作用。在英国,提供影像诊断的医疗机构合计约 1030 家,其中除 5 家放射影像诊断为私人机构外,其余机构均属于 NHS。提供影像诊断医疗机构包括放射科、核医学科、医学物理科及其他成像或放射诊断机构四种类型(表9-7)。

表 9-7　英国提供影像诊断的医疗机构情况　(单位:个)

机构	数量	英国 NHS 下属机构数	为 NHS 服务的私人机构数
放射科	619	614	5
核医学科	154	154	0
医学物理学科	72	72	0
其他成像或放射诊断的机构	185	185	0
合计	1030	1025	5

数据来源:英国卫生部网站数据表 KH12. 统计截至 2008 年 9 月

　　手术用医疗器械与一般医疗器械相比,具有高价值和高技术的特点,据英国卫生部统计,2008 年英国手术室数量共 2933 个,其中专用手术室数量 571 个(数据来源:英国卫生部表 QMCO,统计截止日期至 2008 年 3 月 31 日)。

三、日　　本

　　日本大型医院的医疗器械拥有率居国际领先水平,但诊疗所的器械拥有率和器械水平较低。在日本的医院中,有 6875 家医院共拥有 21 100 台以上消化道纤维内窥镜,占医院总数的 72.4%;拥有全身 CT 装置的医院有 6310 家,占 66.5%;拥有大肠纤维内窥镜装置的医院有 5620 家,占 59.2%;拥有气管纤维内窥镜装置的医院有 3830 家,占 40.4%;拥有连续血管摄影装置的医院有 2590 家,占 27.3%;拥有 MRI 的医院有 2175 家,占 22.9%;拥有人工肾脏透析装置的医院有 2156 家,占 22.7%。

　　相比大型医院,日本诊疗所的医疗器械拥有率和器械水平就要相形见绌了,如拥有全身 CT 的诊疗所只有 2100 家,占总数的 2.4%;人工肾脏透析装置和头颈 CT 的拥有率更低,仅为 1.4% 和 0.4%;拥有率高的是单纯 X 射线摄影装置,共有 54 454 家诊疗所拥有 58 700 台,拥有率为 61.9%。其次是诊断用的超声波装置,共有 34 236 家拥有 39 120 台,拥有率为 38.9%。设立有 ICU(危重病人监护)的普通医院有 1456 家,占总数的 17.3%;设有 CCU(冠状动脉疾病监护)的有 470 家,占总数的 5.6%;设有 NICU(新生儿监护)的有 324 家,占总数的 3.8%;设有无菌治疗室的有 306 家,占总数的 3.6%;设有放射线治疗室的有 155 家,占总数的 1.8%。

四、中　　国

　　目前,中国医院拥有医疗器械约 95% 价值在 5 万元以下,高技术医疗器械拥有率低。与此同时,中国医疗器械产品市场结构特点明显,高端医疗器械基本依赖进口厂商或其在国内的合资企业生产,中低端医疗器械市场主要由国产厂商占据。

　　据 2008 年中国卫生统计年鉴,2007 年中国卫生机构万元以上器械台数接近 200 万台(199 万台),万元以上器械总值为 2936 亿元。绝大多数器械价值在 50 万元以下,约占全部器械总量的 95%(94.9%),百万元以上的器械数量占全部器械总数不到 2%(1.78%)(表9-8)。

表 9-8　2007 年中国卫生机构万元以上器械台数

卫生机构分类	万元以上器械总价值(万元)	万元以上器械台数(台)			
		合计	50 万元以下	50～99 万元	100 万元及以上
合计	29 461 655	1 985 893	1 884 741	65 726	35 426

数据来源:《2008 中国卫生统计年鉴》

此外,中国医院主要医疗器械的拥有率还比较低,尤其是高端器械数量上严重不足,很大程度上限制了中国临床诊断和治疗整体水平的发挥和提高。

中国医院的临床医疗器械不仅仅是数量上的不足,在器械质量和技术水平方面也与国外医院存在很大差距。

五、比较与启示

医疗器械是诊疗过程中不可缺少的硬件保障,也是医院发展不可忽视的硬性条件,临床医疗器械技术水平的高低直接影响着临床诊疗能力和水平的发挥。

通过多年的研发投入、技术储备和产业发展,发达国家掌握着多数医疗器械关键技术,具有核心部件研发和生产能力,中国医疗器械技术研发能力、产品生产能力总体水平与发达国家存在着较大的差距,只相当于发达国家 15 年前的水平,民族企业的技术水平、企业规模、品牌竞争力都相对较弱,尤其中高端医疗器械基本为进口产品或外资企业生产产品,而基于庞大的医疗需求,中国已成为世界医疗器械进口贸易最大的国家之一。

第二篇 研究开发篇

第十章

国内外研发重点和方向比较

第一节 导　　言

医疗器械(Medical Device)是指不借助于药理作用、免疫作用和代谢作用而实现医疗目的(诊断、治疗)的技术装置。显然,这是以便于实施产品、产业(企业)管理为目的的行业分类,而非学术、技术界定。历史地看,大抵在20世纪60年代之前,医疗器械的发展主要是将物理、化学、生物等领域的发现、原理和方法,通过工程技术转化而为可应用于临床的装备。随着工程科学(Engineering Sciences)的崛起和各个领域技术的迅速发展,仅仅将工程技术应用于医学临床不仅不能满足医学进步的需求,也难以适应医疗器械产业发展的要求,故由"术"(技术)而"学"(工程科学)的升华就成为必然之势。作为一门多学科交叉的新兴学科,生物医学工程(Biomedical Engineering,BME)就应运而生。其内涵是工程科学的原理和方法与生命科学的原理和方法相结合,认识生命运动的规律(定量),以维持和促进人的健康。随着生物医学工程的兴起和发展,医疗器械产业(行业)本身也发生了深刻的变化,从产业技术进步而言,N. Beneken曾作以下归纳:

1960—1970:生产效率(这和一般制造业无质的不同)

1970—1980:以(人-机系统)可靠性为核心的质量控制

1980—1990:柔性化生产

1990—:创新能力(Innovation Power)

显然,生物医学工程是21世纪医疗器械产业(行业)技术创新的主源,故亦称为生物医学工程产业。

应该指出,对于21世纪医疗器械产业的发展,尤其是发展战略研究来说,弄清医疗器械和生物医学工程的关系,至关重要。因为,企业行为是以市场为导向的,医疗器械的市场需求不等于医学进步的需求,更不等于维持和促进人的健康的需求,而只有维持和促进健康才是人类的真正的永恒的追求。而这正是生物医学工程兴起和发展的动因。因此,只有从"学"的高度探讨发展方向和战略,才谈得上医疗器械产业的发展战略。

不仅如此,在科学技术高度发展的今天,多学科、多种技术领域的交叉日益纷繁,而且大多数科学技术发展的生长点均在不同学科领域的交叉点上。处于生物医学工程前沿的技术装备产品诸如功能生物材料 & 器件、人体体域网技术 & 装置、药物输运技术 & 装置、组织工程(再生医学)技术 & 产品等，均已突破了医疗器械的传统界限，但仍纳入医疗器械行业管理。

故从生物医学及其与医疗器械的内在联系出发，研究我国医疗器械的发展战略是本章的基本思路。

显然，生物医学工程的发展又必然以医学的发展为龙头。而当前，医学正面临着根本性的变革，主要是：①医学模式的转变。半个世纪来，以征服诸如心脑血管疾病、癌症等非传染性慢性病(NCD)为目标的第二次卫生革命的流产，宣告了医学模式转变的必然，即从生物医学转变为生理、心理、社会、环境四者相结合的医学，亦即从生物医学转向人的医学。后者的基础远远超越了现代生命科学。②医疗费用恶性膨胀引发的全球医疗危机必然导致医学的目的(GOM)的根本性调整，即把医学发展的战略优先从以治愈疾病为目的的高科技追求，转向"预防疾病和损伤，维持和促进健康"。其实，20 世纪 80 年代末，当时法国总理密特朗曾以"21 世纪的挑战"为主题，邀集 75 位诺贝尔奖得主聚会巴黎，会后发布的《巴黎宣言》明确指出："医学不仅是关于疾病的科学，更应当是关于健康的科学"。"好的医生是使人不生病的医生，而不是能治好病的医生。"这正是中国传统医学的最高理念"上工治未病"的现代、全球普及版。只有"治未病"的医学才是"供得起的，因而经济上可持续的医学"，才有可能是"公正的和公平的医学"(《国际 GOM 研究小组总报告》，1996.11)。正因为如此，《2020 中国科学技术中长期发展战略》明确提出以"战略前移，重心下移"为发展我国医疗卫生事业的总方针。

不言而喻，从以疾病诊治为中心的生物医学工程转向以人为中心的健康工程，或"治未病"医学工程，是 21 世纪的时代必然；而我国生物医学工程发展的战略目标则是为"战略前移，重心下移"开路，与之相应我国医疗器械产业发展的战略优先就是为我国医疗卫生事业"战略前移，重心下移"提供技术支持和技术装备。

必须强调指出，对于"治未病"医学工程来说，其战略前沿是以(个体)人身整体功能状态辨识和调理为核心的工程科学问题和相应的方法、技术以及技术装备。而在这方面，发达国家和我们处于同一起跑线上，这是我国医疗器械产业自主振兴的良机。因此，它也是发展我国医疗器械的战略优先。

还需指出，按中国传统医学理念"治未病"包含五个层次，即"治其未生，治其未成，治其未发，治其未传，瘥后防复。"其中，"治其未传"概括了"及时"(第一时间)救治，预防并发症，预防医源性和药源性疾病等多重内涵。也可以说"治未病"医学工程涵盖了生物医学工程的全部内容。

基于"治未病"的医学理念，本篇将从技术的角度出发，讨论当前医疗器械行业研究现状、发展趋势以及我国需要重点研发的产品和关键技术、共性技术等。第一章将首先分类介绍医疗器械内涵、国内外研发现状和发展趋势。在此基础上，讨论当前医疗器械的发展方向和国内外医疗器械行业水平现状，以及我国需要采取的策略。根据医疗器械与人体的作用方式，本章将分为预防类医疗器械、诊断类医疗器械、治疗医疗器械、康复类医疗器械、医疗器械计量与标准化设备、综合类医疗器械六大类别分别予以介绍。

第二节 产品分类简介

一、疾病预防、健康保障类医疗器械

当前医学的发展战略正在从"以治愈疾病为目的的高技术追求",转向"预防疾病和损伤,维持和促进健康"。疾病预防、健康保障类医疗器械正是顺应这一发展潮流的产物。

从我国的实际情况来看,整体的医疗器械水平落后于西方发达国家,这又主要根源于整体工业基础的落后。而整体工业基础要达到先进国家的水平则需要很长一段时间。这直接制约了医疗器械行业的发展。在医疗器械行业,治疗类医疗器械对工业基础的依赖最强,因此很难在短时间内赶上。但是,疾病预防、健康保障类的医疗器械对于工业基础的依赖相对较弱,当前我国和西方发达国家基本处在同一起跑线上。我国传统医学的基本理念就是"上工治未病",以预防和保健为主,在这方面我国有着悠久的历史和丰富的实践经验,因此在此类医疗器械的研发方面尚具有一定的优势。在这方面追赶西方发达国家,能起到事半功倍的效果。

疾病预防、健康保障类医疗器械是"治未病"的重要手段,也是医疗器械发展的重要方向,本段将从家庭和社区两方面介绍"治未病"相关技术装备和医疗器械。

(一)家用健康技术装备和医疗器械

便于生理参数与健康状态自动检测、记录和经网络发送的装置:包括血压、心电、呼吸、体重、体温、血糖等参数;目前着重考虑适用于老龄人、慢性病患、重点健康监护人群等。包括:

(1)家用健康技术与装备。

(2)生理参数与健康状态自测仪器:血压、体重、体温、血糖。

(二)社区健康技术装备和医疗器械

(1)代谢功能状态辨识装备。

(2)运动协调功能状态辨识装备。

(3)心、肺系统功能状态辨识装备。

(4)肝肾功能辨识设备。

(5)睡眠状态辨识仪器装备。

(6)自主神经功能状态辨识装备。

(7)脑功能状态辨识仪器。

(8)精神与心理辨识仪器。

(9)经络与气血状态辨识装备。

(10)生物反馈训练系统:呼吸训练。

(11)对抗骨质丢失装备。

(12)穴位治疗装备。

(13)社区健身器械。

二、诊断类医疗技术和装备

诊断类医疗技术和装备在当前医疗器械中占有较大的比重,这中间有人们耳熟能详的四大成像技术:超声、CT、核磁、X 光。诊断类医疗技术和装备也是近十几年来发展最为迅速的领域,是我国和主要发达国家在技术上差距最大的技术领域,迄今绝大部分诊断装备依赖进口。近年来,大型成像类设备在努力提高成像分辨率的同时,将诊断成像和治疗结合在一起是一个大的发展趋势;而参数检测和生化分析设备则更倾向于人性化、床旁化、无创(微创)、芯片化发展。

(一) 医学影像技术和装备

医学影像系统是指通过各种手段获取人体某部位的生理或病理影像的系统,主要用来作为疾病的检测、判断手段。1895 年德国物理学家伦琴发现了 X 射线,不久即被用于人体的疾病检查,并由此形成了放射影像诊断学。近 30 年来,CT、MRI、超声和核素显像设备在不断地改进核完善,检查技术和方法也在不断地创新,医学影像影像诊断已从单一依靠形态变化进行诊断发展成为集形态、功能、代谢改变为一体的综合诊断体系。与此同时,一些新的技术如心脏和脑的磁源成像和新的学科分支如分子影像学在不断涌现,影像诊断学的范畴仍在不断发展和扩大之中。

医学影像产品在整个医疗器械产业中占有约 50% 的产值,其也是技术集成度非常高的一类医疗器械。当前医学影像产品的一个重要发展趋势是采用尖端科技,性能越来越高,同时与治疗相结合。当前西方几个大型跨国公司基本垄断了全球的高端影像产品市场、专利技术和标准。这使得我国要在该领域追赶较为困难。我国在医学影像领域的重点发展技术与产品,应瞄准以下几个方面:

(1) 成像技术发展薄弱地带;

(2) 我国具有原创性的技术和装备,例如电阻抗成像;

(3) 吸收再创新产品,例如数字 X 光成像产品;

(4) 在成熟的产品上,重点研究软技术,例如图像处理技术。

下面将简要介绍当前几种常见成像技术。

1. X 线摄影成像　X 线摄影成像技术是最先发明并广泛应用的医学影像技术,目前已由传统的透视成像、模拟方式的胶片成像发展到数字化 X 线摄影成像技术。由于其可进行影像的数字化传送、存储和再处理,使用剂量低、运行费用节省、低污染等特点正在被迅速地推广应用。数字化 X 线摄影技术包括 CR 系统、线扫描 DR 系统、面阵成像 DR 系统、光学 CCD 成像 DR 系统等多种技术实现方式。

2. CT(计算机 X 线断层摄影)　CT 是"计算机 X 线断层摄影机"或"计算机 X 线断层摄影术"的英文简称,CT 的发明与应用是自 1895 年伦琴发现 X 线以来在 X 线诊断方面的最大突破。CT 应用到医学临床已有 30 多年的历史。这期间 CT 的软硬件技术经历了几次大的革命性进步:一次是 1989 年 CT 在传统旋转扫描的基础上,采用了滑环技术和连续进床扫描,滑环技术使扫描装置可顺一个方向作连续旋转,配以连续进床,扫描轨迹呈螺旋状,因而得名螺旋 CT(helical 或 spiral CT);另一次是 1998 年多层螺旋 CT 的问世,使得机架球管围绕人体旋转一圈能同时获得多幅断面图像,开创了容积数据成像的新时代。这两次革命性的进步成为 CT 发展史的重要里程碑。

3. 磁共振成像（Magnetic Resonance Imaging，MRI）　磁共振成像（Magnetic Resonance Imaging，MRI）是一种基于生物磁自旋的断层成像技术，它利用磁共振现象从人体获取电磁信号，并重建出人体信息。自 1980 年第一台可用于临床的全身 MRI 由 Fonar 公司研制成功以来，MRI 即确立了其在医学影像诊断界的重要地位。迄今为止，MRI 已经可以普遍应用于人体各系统的成像诊断，其效果最佳的为颅脑、脊髓、心脏、关节骨骼、软组织及盆腔等。在脑脊髓病变诊断中，MRI 可同时提供冠状、矢状及横断面影像图。在心血管疾病的诊断中，MRI 不但可以观察各腔室、大血管及瓣膜的解剖变化，更可以进行心室的定性和半定量分析。

4. 正电子发射断层成像　正电子发射断层成像（Positron Emission Tomography，以下简称 PET）是一种非侵入性的造影方法，能无创、定量、动态地评估人体内各种器官的代谢水平、生化反应、功能活动和灌注。作为当今核医学诊断和研究的尖端技术，PET 是一种对生化反应非常敏感的造影技术。

5. 超声成像设备　超声成像设备是各种影像设备中使用最为广泛，对人体无辐射损伤的成像设备。由于其比其他医学影像设备安全性高、应用范围广、造价低、使用方便，发展前景十分广阔，已经成为各级医院、计划生育服务机构、疾病预防控制机构最常规、最重要的基础医学影像设备之一。超声成像设备大致可分为：A 型超声诊断仪器，主要用于眼科测厚诊断等；B 型超声诊断仪器，其工作方式包括 B 型扫描，M 型扫描和彩色多普勒血流模式等。B 超诊断系统主要是通过声束顺序扫查脏器时，超声回波形成反射光点群按次序分布成一切面图的二维灰阶图像，对人体的各实体脏器、组织进行断层影像诊断，故此方法可显示脏器的二维灰阶图像。80 年代出现的彩色血流显像（Color Flow Imaging，CFI）则是在实时 B 型超声图像中，利用运动物体超声回波的多普勒频移特性调制图像的亮度，并用颜色区分物体的运动方向，用以取得血流运动信息，具备这种功能的 B 超一般被称为彩超，彩超的出现，大大拓宽了超声影像诊断的范围和功能。还有一些多普勒超声诊断设备，主要指单一多普勒频谱分析的仪器，例如多普勒胎心仪和颈颅多普勒诊断仪等。

6. 生物医学光学成像　医用光学仪器是利用光学成像原理对人体进行检查、诊断和治疗的仪器（包括相应的附件）。它大致分为医用内窥镜、医用显微镜、医用激光仪器及眼科医疗器械及其他临床检验仪器等。自 20 世纪 50 年代后期纤维光学应用于临床医学以来，随着电子技术的发展特别是近十年 IT 技术的飞速发展，新概念的光源、导光设备（光纤）、新型成像探测器及现代计算机信息处理技术等使得医用光学影像技术与装备得到了长足的发展。医学内窥成像已广泛应用于多种疾病的检查与诊断，从普通内窥成像，到内窥光谱成像、内窥共聚焦成像诊断，疾病诊断水平与能力不断提高。整合了治疗系统，医用内窥镜诊治系统，则同时具备进入人体内进行治疗功能，现已广泛应用在普外科、妇产科、泌尿外科、消化道科、整形外科、肛肠科、神经外科及耳鼻喉科等学科。目前国外有 $60\%\sim90\%$ 的外科手术由内窥镜电视系统进行。医用光学仪器是既有生命力又有广阔市场的产品。

7. 生物电阻抗成像　电阻抗断层成像技术（EIT）是在生物电阻抗测量技术基础上发展起来的新型医学成像技术，它根据人体内不同组织在不同的生理、病理状态下具有不同的电阻（导）率，通过各种方法给人体施加弱的、对人体安全的激励电流（电压），测量体表响应电压（电流）信号来重建反映体内的电阻率分布或其变化的图像。该技术不仅具有快速、简捷、成本低廉等特点，还是一种无创的成像技术。同时，生物电阻抗成像技术提取的是与组织和器官的功能变化相联系的电特性信息,对血液、气体、体液和不同组织成分及其变化等具有独特的鉴别力,对那些影响组织与器官电特性的因素,如血液的流动与分布,体液变化与移动等非常敏感。因此形成的图像是功能性图像,由于疾病发生时,组织与器官的功能性变化往往要先于器质性病变和其他临床症状。在经过一定的功能代偿期或潜伏期后,发展成器质性病变,出现组织与器官结构性变化或其他临床症状,如能结构性变化出现之前,及时检测和确认该组织与器官的功能性变化,对于相关疾病的早期诊断与治疗,普查预防将是非常有利的。

在早期监测神经内外科危重疾病方面 EIT 检测可能比头颅 CT 更敏感。当发生细胞内危重疾病时,由于细胞肿胀,细胞外间隙缩小,电导率差;同时由于细胞膜的阻抗高,电流难以穿透,仅通过细胞外液,从而可出现 EIT 的升高。因此,EIT 检测不仅可反映血管源性神经外科危重疾病的变化,亦可以反映细胞肿胀或细胞毒性神经外科危重疾病的程度,因而可以在疾病早期即出现测定值的升高。MRI 对早期神经外科危重疾病的敏感性高,特别是 DWI 成像,最快可在病后数分钟即显示细胞内水肿的存在,但进行 MRI-DWI 检查费时,且价格昂贵,而 EIT 检测既简单方便又价格便宜。前期结果表明梗死灶体积愈大,水肿愈重,EIT 图像显示病灶区的电阻抗升高愈明显。因而 EIT 检测可反映 CI 患者神经外科危重疾病的严重程度。

8. 分子影像技术 分子影像技术是在前述影像技术的基础上,融合生物技术发展起来的。分子影像技术以特定分子(分子探针)为成像对比度源,利用现代影像技术(如 PET、fMRI 和光学成像等)对活体状态下的生物过程进行细胞和分子水平的定性和定量研究。它将遗传基因信息、生物化学与新的分子探针进行综合,用精密的成像技术来检测,再通过一系列的图像后处理技术,达到显示活体组织在分子和细胞水平上的生物学过程的目的。过去五年间,分子影像这一新的研究领域得到快速发展。利用 PET、MRI 和光学成像技术已可以在动物模型中发现转基因的表达、胚胎的发育、追踪单个细胞的运动,以及发现微小的肿瘤等。目前近红外荧光分子成像技术的研究,通过检测肿瘤组织中蛋白酶表达水平,判断肿瘤的恶性程度和预后,进而实现了从分子水平来预测肿瘤侵袭性的高低的设想。以绿色荧光蛋白、荧光素酶为标志基因的基因表达显像研究也是重要的光学成像方式,可以用于微小肿瘤病灶的发现以及新药的筛选等。

分子影像技术的优势在于:①可将基因表达、生物信号传递等复杂的过程变成直观的图像,使人们能更好地在分子水平上理解疾病的发生机制及特征;②能够发现疾病早期的分子变异及病理改变过程;③可在活体上早期、连续观察药物或基因治疗的机理和效果。

(二)参数监测技术与装备

参数监测设备是指各种监视、测量人体参数的医疗器械,例如测试体温、血压、心电、脑电等参数的设备。主要指为面向临床应用和家庭保健开发的,测量和监测各种生理参数的应用电子产品。按照其测量的生理参数的多寡,又可分为单参数监护(测量)类和多参数监护(测量)类。单参数类包括心电图机,电子体温计、电子血压计、血氧饱和度计、血糖计、微循环血流量计与组织细胞线粒体代谢功能监测仪等,多参数类则根据具体应用的需要,以单参数模块为基础构成多参数监护系统,如危重病人监护系统、手术室监护系统、胎儿或新生儿监护系统、睡眠监护系统和麻醉深度监护系统等。随着科技的进步和市场的推动,医用电子技术的发展趋势呈现出以下几个显著特征:

（1）新型换能器和新测量方法的研究。

（2）电子技术的发展推动医用电子仪器向数字化、集成化、小型化、网络化方向发展。

（3）动态监测技术在疾病诊断中发挥更大作用。

（4）监测部位与参数能更早更准确地反映机体基本功能代谢状况，为"治未病"提供早期预警信息。例如，以色列的 Critisense 公司已经推出一种多参数实时监测组织水平功能代谢状况的危重病人监护装置，正处于临床实验阶段。在机体失血等应激状况下，机体会在保证心、脑和肾脏等重要脏器优先血流与营养代谢供应前提下，代偿性地减少皮肤、肠管与尿道等次重要器官的血流和能量供应。该装置将光学探头放置于皮肤或整合到导尿管或肠镜中，可以更早地监测到机体循环代谢状况的失衡。

（5）多参数监护仪向着参数多，功能强，专业化，插件式、网络化方向发展。

（6）家庭和远程监护仪器成为新的热点。

（7）长期植入式监测技术及产品的发展，如植入式心电监测、血糖监测等。

（三）分析检验技术与装备

自 20 世纪 80 年代开始至今的 20 余年间，临床检验专业飞速发展，学科建设空前活跃，检验学科已经从医学检验向检验医学方向发展，成为一门独立的学科，对疾病的诊断、治疗、预防及发病机理的探讨等诸方面发挥了重大的作用，医院检验科的建设已成为衡量医院水平的重要指标之一。随着学科的发展，检验医学已经建立了众多亚专业，包括临床生物化学、临床免疫学、临床血液学、临床微生物学和分子生物学等。相应的临床检验分析仪有：临床化学分析仪、临床电解质分析仪、血气分析仪、酶联免疫分析仪、化学发光免疫分析仪、血细胞分析仪、临床微生物分析仪、PCR 扩增仪等。

分析检验技术与装备当前的发展方向是床旁化、无创（微创）化、高通量化和芯片化。床旁检验将可以提高检验的效率，给患者带来便利。生物芯片在基因表达水平的检测、基因诊断、药物筛选、个体化医疗、测序、生物信息学研究等方面有广泛的应用前景，是分析检验技术的重要发展方向。无创（微创）技术一直都是医疗器械的发展方向，也是分析检验技术的重要发展方向。

高通量微检测与生物芯片技术是近十年来国际上正在迅速崛起的多学科交叉的前沿技术，它涉及生命科学、信息科学、光电子学、微机械加工、分析化学、材料科学、纳米技术等多种工程技术和学科；包括生物芯片技术、微流体技术、微纳米生物技术、原位即时检测技术等。高通量微检测与生物芯片技术的特点在于微型化、集成化、自动化和平行化，检测的对象在于微量化。该技术的功能具有高灵敏度、高速度、高信息量等优势，同时需要多学科交叉、多技术应用、新原理和新设计的探索、科研和产业化的衔接等。高通量微检测与生物芯片技术将开辟新的技术领域和产业，推动基因组学、蛋白质组学、药物组学等各组学的进一步发展，特别是为疾病的个体化治疗提供其他技术所无法胜任的技术和手段。

三、治疗类医疗器械

治疗类医疗器械是指采取某种介质和手段，直接作用于人体，通过能量或生理信号，改变人体某器官或某部位的特征，以期达到治疗、康复目标的器械。治疗是医学的重要目的之一，在人体出现损伤的情况下，治疗疾病是医学的关键，所有的诊断手段都应为治疗服务。从现代医学的发展过程来看,治疗类医疗器械的发展落后于诊断类医疗器械,这根源于人体自身的运作机理极为复杂,人类现在对自身的认识还处于初级阶段,对于复杂机体的治疗、修复方法,目前的了解相对较少。

当前治疗类医疗器械的发展方向有:

(1) 治疗与诊断相结合。在图像导引下的手术治疗,可以提高手术的准确度,降低给患者带来的损伤,已成为当前治疗的重要发展方向。

(2) 现代医学已进入以个体化医疗为中心的新时期,药物和手术治疗都向预先个体规划和设计方向发展。

(3) 微创和无创。部分手术治疗会给人体带来极大创伤,市场对这类手术和器械向无创类发展有迫切的需求。例如放射治疗会给患者带来严重的副作用,而超声聚焦治疗肿瘤是一种相对损伤较小的治疗方式。心脏搭桥手术也逐渐被心血管支架代替,后者的手术治疗创伤相对小得多。

治疗类医疗器械总类较多,根据其用途,本节分为应急救援医疗装备、无创类医疗器械、有创类医疗器械、植入式医疗器械、肿瘤治疗设备、手术与急救(规划/辅助/导航)、药械结合新技术七大类,本节将分别予以介绍。

(一) 应急救援医疗技术和装备

应急救援设备是指应用于各种突发情况下的设备,例如大面积突发疫情、地震、海上救援等。该类装备面向各种应急、特殊情况。当灾害发生时,伤员大量产生,医疗设备遭到破坏,医疗救治所必需的水、电、气、液等基本供给中断。所以应急救援设备在设计时,必须考虑进各种可能的不利因素,要求自成系统,不需要依赖外部环境。例如应急移动式陆地医院,其自身配备电源、多种诊断设备、外科手术器械、消毒设备等。这类医疗设备包括手术车、诊断车、集成应急式火车、应急移动式陆地医院、应急移动式海上医院、应急救援器材等。

在"5·12大地震"中使用的医疗救援装备中,除了解放军的系列野战技术车辆、方舱医院外,还有一些外国政府和国际组织派来的自我保障、随时开展救援工作的帐篷医院,而我国各级政府和医疗机构却无同类装备。这对今后我国政府在国内、国际开展医疗救援工作十分不利。

(二) 无创类治疗器械

无创医疗器械指各种手术时不会给患者带来体表(或内腔壁)创伤的医疗器械,但该类器械可能是有损的,即其可能会导致患者身体损伤。例如针对癌症的放疗器械,其治疗时不会给患者带来体表创伤,但治疗过程中会杀伤患者大量健康细胞,即该设备是无创类设备,但属于有损设备。该类设备可以进一步分为无源类无创医疗器械和有源类无创医疗器械。无源类无创医疗器械包括各种手术床、拉伸牵引装置等。有源类无创医疗器械有微波康复仪、红外康复仪等,婴儿培养箱、无创呼吸机也属于该类别。

(三) 有创类治疗器械

有创类医疗器械是指各种手术时将给患者带来体表(或内腔壁)创伤的医疗器械,这类设备在医疗器械中占有较大的比例,各种常见的外科手术器械均属于该类,例如各种外科手术刀。还有多种特种手术设备,例如电刀、超声刀、电凝器等也属于该类设备。

有创类医疗器械当前主要向小型化、精密化、微创化方向发展。

(四) 植入式医疗器械

植入式医疗器械是指长期植入人体内部,修复、替代人体某组织或器官功能(或部分功能)的设备。其可以进一步分为无源植入医疗器械和有源植入医疗器械。无源植入医疗器械是指长期植入人体内部,其自身不携带能量装置,且与人体不发生能量交换的医疗器械。包括各种常见的骨钉、钢板、导管、心脑血管支架等。有源植入医疗器械是指长期植入人体内部,并包含各种能量装置(或能量接收装置)的器械,包括各种人工器官,例如人工肝、心脏起搏器、神经刺激器等。

对于当前心脑血管疾病等慢性疾病没有有效药物治疗的情况下,人工器官具有极为庞大的市场,例如人工血管、心脏起搏器、支架等。而植入式神经刺激器在治疗各种神经系统相关疾病方面表现出的巨大潜力,例如帕金森病、运动障碍、强迫症、癫痫、抑郁症等,引起了世人的广泛关注。

(五) 肿瘤治疗设备

恶性肿瘤临床上常用的治疗方法有:手术切除、化学治疗、放射治疗、稀物治疗、中医治疗、热疗、冷冻治疗、激光光动力治疗、内分泌治疗、基因治疗等。与医疗器械相关的有手术切除、放射治疗、热消融治疗、冷冻治疗四类。手术切除相关医疗器械归为有创类医疗器械。放射治疗基本原理为采用足够剂量的射线,破坏癌细胞内部结构或直接杀死癌细胞,从而达到治愈目的,其包括 X 射线放射治疗、伽马射线放射治疗、质子放射治疗、快中子治疗等。热消融治疗基本原理是在人体癌细胞区域产生瞬间高温,从而杀死癌细胞达到治愈目的,包括高强度超声聚焦治疗、射频热疗、微波热疗等。激光光动力治疗的基本原理是将光敏剂注入人体后,在一段时间里会在肿瘤组织中形成相对高浓度的积聚,用特定波长激光照射肿瘤组织,激活光敏剂分子,生成活性很强的单态氧,进而和生物大分子发生氧化反应,产生细胞毒直接杀死肿瘤细胞。

目前已有的肿瘤治疗手段都对人体有较大的毒副作用,会大量杀伤健康细胞。肿瘤治疗设备的一个重要发展趋势是无创化、靶点微小化、定位精确化,以最低限度的损伤健康细胞。2009 年 3 月美国 NIH 发布的《NIH Challenge Grants in Health and Science Research (RC1)》中明确指出"非侵入性高强度聚集超声(HIFU)技术具有不用侵入性手术就可以摧毁肿瘤的潜力",而在这方面我国具有原创性技术优势。

(六) 手术与急救(规划/辅助/导航)

作为数字化医疗器械领域的一个新兴交叉学科研究方向,辅助外科手术与机器人系统的发展受到了广泛重视。它能够充分利用医学和工程的各自优势,最大化人机协作能力,成长非常迅速,目前已成为该领域的前沿研究和应用热点之一。国际上先后出现了计算机辅助外科、计算机集成外科、医用机器人与数字化手术室等多种手术辅助的新概念。以图像引导的手术导航与医用机器人系统,在骨外科、神经外科、泌尿外科、心血外科以及腹腔外科等多个外科领域取得了很大进展,并获得了一定的临床应用。辅助外科手术与机器人系统的发展是外科治疗手段的一种具有里程碑意义的进步,是数字化医疗器械领域的未来重点发展方向之一。此外,术中成像设备正在从过去主要用于形态学诊断走向与临床治疗相结合的道路。术中 MRI、术中超声、术中 X 射线血管造影、术中 X-CT、术中光学内窥镜、术中荧光成像等设备开始在国际上的一流医院进行应用;术中超声、术中 X 射线成像设备在部分国内的优秀医院也开始得到应用,在精确微创外科手术过程中扮演着越来越重要的角色。以术中实时动态成像设备为基础,结合实时图像处理与辅助机器人系统构建的实时动态外科手术导航系统,能有效地解决基于手术图像进行手术导航时遇到的术中组织变形移位带来的困难,从而大幅提高病灶定位精度,减少手术损伤,提高手术成功率。

当前治疗类医疗器械的一个重要发展趋势是检测与治疗相结合,以及人性化,针对不同患者制订不同的手术方案,规划/辅助/导航类医疗器械则是这个趋势的产物。

(七) 药物靶向导引缓释控释技术和装备

2006 年 9 月国家食品药品监督管理局公布《关于药械结合类产品管理有关问题的通知》,明确了药品和医疗器械相结合产品区分标准。规定由医疗器械起主要作用、药品起辅助作用的(如含药支架、带抗菌涂层的导管、含药避孕套、含药节育环等),按医疗器械进行注册管理。

目前已经开发成功的含药医疗器械大致可分为:

1. 抗凝血类 如肝素涂层导管。

2. 镇痛类 如含利多卡因填充剂等。

3. 消炎类 如含有庆大霉素的骨水泥。

4. 杀菌、防腐类 各类润眼液、护理液、苯扎氯铵涂层等。

5. 除蛋白、抗组织增生类 护理液、含药支架等。

6. 其他 造影剂、纳米粒子等。

缓/控释制剂具有如下特点:减少给药次数,提高病人的依从性;保持平稳而有效的血药浓度,提高了药物的安全性和有效性;降低药物对胃肠道的不良反应;口服液体缓释、控释给药系统适合将大剂量药物制成液体制剂,可根据个体对剂量的不同需求进行分剂量。

四、康复技术和装备

康复是指通过综合、协调地应用各种措施,消除或减轻病、伤、残者的身心、社会功能障碍,达到和保持生理、感官、智力精神和社会功能的最佳水平,使其可以借助某种手段,增强自立能力,从而可以重返社会,提高生活质量。

与临床治疗以治愈疾病为目标不同,康复是以提高局部和整体功能水平为主线,以整体的人为对象,以使受治疗者提高生活质量并融入社会为目标。也就是说,受治疗者可能局部与系统功能无法完全恢复,但是通过康复的手段,仍可以带着这些功能障碍过着有意义、有尊严、有成效的生活。

2006 年 12 月我国公布的第二次全国残疾人抽样调查的结果表明,截至 2006 年 4 月 1 日,全国各类残疾人总数为 8296 万人,残疾人占全国总人口的比例为 6.34%。我国各类残疾人的人数与占残疾人总数的比例分别为:视力残疾 1233 万人,占 14.86%;听力残疾 2004 万人,占 24.16%;言语残疾 127 万人,占 1.53%;肢体残疾 2412 万人,占 29.07%;智力残疾 554 万人,占 6.68%;精神残疾 614 万人,占 7.40%;多重残疾 1352 万人,占 16.30%。另一方面,我国现有老年人 1.5 亿,我国老年人口以每年 3.2% 的速度增加,80 岁以上的高龄老人则以每年 5% 的速度增长。我国老年人中,长期卧床、生活不能自理的有 2700 万,半身不遂的 70 万人,82 万老年性痴呆病人中有 24 万人长期卧床。我国 3.74 亿个家庭中,有长期卧床病人的家庭占全国家庭总户数的约 8%。

康复事业的发展作为一项社会文明进步的重要标志,历来受到党和政府的高度重视。2006 年 3 月 5 日温家宝总理在第十届全国人民代表大会第四次会议上所作的政府工作报告中明确提出"积极发展社会福利事业和慈善事业,开展多种形式的捐助和帮扶活动。要使失去父母的儿童、没有生活来源的老年人和残疾人,得到更多的关爱和帮助,让他们感受到社会主义大家庭的温暖"。同时,由于康复往往是一个长期的过程,不仅仅会给个人、家庭带来沉重负担,也是国民经济健康支出中负担很重的一部分。因此,研究和开发适用的康复技术和设备开是关系到我国社会和谐发展的重要民生问题。

(一)生活辅助技术与设备

生活辅助技术与设备主要是帮助残疾人和老年人增强自理能力和社会活动参与能力的辅助用具的设计开发。通过设计开发各种环境控制装置,使患者利用身体上现存的某些能力来操纵这些装置以达到或者接近健全人控制环境的能力,如喝水进食、翻书阅读、开关家用电器、打电话、看电视、开关门、升降病床、拉窗帘、操作计算机和轮椅、紧急呼叫等。包括轮椅、假肢、助听器、人工喉、盲文翻译器、室内移动、个人卫生护理等相关的技术和设备;最新的进展包括服务机器人等项目的开发。

(二)功能康复技术与设备

功能康复技术与设备,主要是通过特定的设备和方法,使受治疗者损伤的部分功能可以一定程度地得到恢复,或者防止其进一步恶化。其内容包括各种物理疗法、作业疗法所需要的技术和设备、各种矫形器、功能康复训练器械与辅助康复机器人等。目前最新的进展包括基于虚拟现实技术的训练方法与设备等。

运动是各种功能康复的基础,功能康复训练器械是辅助有功能障碍者进行康复运动的装置,种类很多。按运动类型可分为上肢功能训练器,下肢功能训练器,减重步态训练器,作业训练器,全身康复训练和适合儿童康复训练用的各种装置。国内钱璟康复器材有限公司等均有系列产品生产或代销国外产品。步态训练器对于截瘫患者的康复训练有重要意义,美国的 Woodway 公司已生产了全自动步态训练系统,可以帮助截瘫患者在无须护理人员帮助的情况下,实现步态训练。

机器人辅助神经-肌肉康复系统是近十年发展的新领域。美国麻省理工 1995 年研究了 MIT-MANUS 脑神经康复辅助机器人,可以通过阻抗控制实现训练的安全性和平稳性。斯坦福大学研究的实现镜像运动的上肢康复机器人(mirror - image enable MIME)可实现上臂的单侧或双侧运动。研究表明,对于偏瘫患者双侧对称运动具有较好的疗效。以英国为首的几个欧共体国家合作研究了 GENTLE/S 的上肢康复训练机器人,也已进入临床实验。目前这些机器人尚未商品化,但是可以预料,不久的将来它们会成为康复训练中的一种重要手段。

（三）功能评价技术与设备

功能评价技术与设备是制定康复程序、预测和检验康复效果的主要保证。其内容包括关节活动度、肌肉力、平衡功能、步态、协调性、语言等各种能力的评价技术和相应的设备。

关节活动度和肌肉力是保证运动功能最基本的元素。目前相关的产品比较成熟，如各种关节角度量器、肌电图仪、拉力、握力计，以及各种等速测量设备。

（四）辅具设计、加工技术与设备

由于康复用的各种辅具都需要根据个体的实际情况进行定制。因此基于个体化信息进行辅具优化设计、加工的技术和设备的研制是在康复领域中有着重要的地位。这类产品基本是被国外垄断，但我国一些研究机构已经在包括假肢接受腔 CAD/CAM 系统、足底矫形器 CAD/CAM 系统等方面开展了相关的工作。

（五）国内外研发重点比较

由于对象的个体差异、康复过程、康复评价、康复手段与方法需要在了解人体众多特性之后才能真正做到，所以对人体本身例如协调规律、生理参数表现、行为动作特点等深入的人体研究需要加强，而这些研究世界范围内还没有更多的突破；其次残疾人与器械之间存在是否协调的人机关系，要使康复或福利器械真正成为康复对象身体的一部分或协调行动，目前的人机工程研究还不足以达到理想目标；再次，由于残疾人所处的环境、文化背景、生活习惯等的不同，在适应残疾人和老年人的个体差异之用具用品的设计理论、评价方法和生产工艺等都需要研究及探索。所以要真正使康复工程实用于老年人和残疾人，涉及医学、人体研究、心理学、工程学等学科技术的交叉和综合是非常必需的，而这种多学科的大跨度交叉又是形成新知识、新思想，产生新技术的必备条件。所有这些都是国内外康复治疗技术和设备发展的重点。

分析国外近代新产品，其主要特点是：①传统产品与计算机技术相结合，形成机电一体化或人工智能化产品；②将生物材料技术用于人体康复，形成"人机一体化"产品；③根据人体功能的可塑性，设计一些装置，促进功能的恢复和再生。

应该说国内已具有这些基本技术和研究实力，根据我国的产业基础和研发技术力量，开发出比较先进的，技术含量高又适合我国国情的产品是有基础的。

我国是一个有 13 亿人口的大国，根据 95 年抽样调查结果，有各种功能障碍者为 6000 万，其中肢体运动障碍者 1000 多万（含多种残疾者）。以截肢者的情况为例，截肢者约为 90 万，其中至少有 67 万人（2/3 强）需要安装假肢，而全国假肢的年产量仅 3 万余件，按使用寿命 3 年计，相当于有 9 万件假肢在使用，因此最多只能满足 36% 截肢者的需要。又如矫形器的需要情况，约 1/3 的肢残者需要矫形器，总数约 218 万件，而我国目前每年仅能生产 3 万件。此外，随着人口老龄化问题的出现，脑血管意外发病率增高，虽然医学的进步使得死亡率大大降低，但是如果不能做及时的康复治疗，致残甚至严重致残的问题依然严重。因此对用于临床的神经-肌肉康复系统、康复训练和神经假体的需求将与日俱增。

如前所述，康复技术与设备产品种类很多，我国缺口又比较大，总起来看，应开展以下这几个方面的研究与开发：

（1）以第三次全国残疾人康复工作会议上六部委提出的 2015 年全国康复工作的目标

为指导,研发相应的产品。这是一个"系统工程",应满足个人、社区、康复医院等的需求。目前中残联正在进行的《长江普及型假肢服务项目》,前三年的实践中,已使全国1.5万名缺肢者装配上小腿假肢。但离总目标相差甚远,大腿假肢、矫形器、助行器,康复护理所需转运设备、生活自理用品等,都需要开发适合我国国情的产品。

(2)神经-肌肉康复训练装置,例如有生物反馈和计算机控制的康复治疗仪、针对截瘫患者的自动步态训练器、康复训练机器人等。

(3)植入式微型神经-肌肉康复系统装置,包括神经信息的检测,分析,以神经信号为信息源的控制系统,与功能电刺激的组合等。

(4)植入式骨整合假肢系统,这种系统可实现人工植入体与截肢者残端骨部分的整合(即生长在一起),没有原来接受腔安装带来的受力不合理,透气性不好,制作复杂等缺点。

(5)普及型人体运动功能检测与评定系统。在目前计算机技术普及的情况下,开发以普通摄像技术为基础的步态分析系统,可以作为科学的检测手段,广泛用于各医院的康复科和其他与康复相关的单位。

(6)多功能轮椅。

(7)有压力反馈调节的褥疮、压疮防治系统。

(8)建立远程康复系统,实现患者、社区和康复医师、专家之间的联网、沟通。

五、医学信息技术和装备

医学信息技术和装备是未来医学改革的技术支撑,是建立以个人、社区、家庭为基础,以中心、移动为辅助的医疗系统的技术前提。结合当前3G技术的发展,医学信息技术和装备具有极大的发展空间与应用前景。遥医学是医学信息技术的一个典型应用成果,其是把医疗技术与计算机网络技术、卫星通信技术、遥测遥控技术相结合,实现远距离诊断、治疗的一门新兴的医疗科学,在军事和民用医疗领域都将有广阔的应用前景。在我国农村地区交通不便,医疗设施落后的状况下,遥医学是为我国农民提供高治疗医疗服务的重要手段。即将全面推广的3G技术,为遥医学的发展提供了重要契机。

从技术角度来看,当前医学信息技术和装备发展的技术问题已基本解决。医疗信息技术和装备的推广关键在于标准的统一和规范,而这涉及不同利益集团的利益分配问题,技术和学术手段无法解决该问题,自由市场也难以解决该问题。需要政府自上而下进行统一规范和制定标准。同时军事医学工程信息化还将涉及国家安全,必须由政府进行顶层设计。

本段将详细介绍各类医学信息技术和装备,其具体包括:健康档案和电子病历、网络体系、环境生物安全信息技术与装备、医学信息辅助诊断四类。

(一)健康档案和电子病历

20世纪中后期是人类社会科技和经济快速发展的阶段,各种先进的医疗设备为诊断、治疗以及预后提供了新的技术支持。不断征服各种疾病,人类平均寿命不断提高,疾病谱由急性、传染性疾病向慢性疾病、老年病转变;医学领域分化加快,各种医疗过程变得越来越复杂和专业;临床数据爆炸式增长,医疗知识不断更新,而原有的医疗卫生服务模式由于信息化程度不高暴露出许多问题:医疗事故不断,许多研究报告给出了惊人的数字,美国每年有 4.4 万～9.8 万人死于医疗过失,这个数字在英国为 4 万、意大利为 5 万,更多的人由于不恰当或不及时地医疗处置受到伤害甚至终生残疾;医疗卫生支出成为社会的沉重负担,虽然每年投入医疗卫生的巨额资金不断以高于经济增长的速度攀升,但是医疗领域的问题依然不可避免,加上全球老龄化的压力和对于生活质量不断提高的需求。

医疗卫生服务面临了前所未有的挑战。信息革命改变了世界的面貌,影响了人们生活的方方面面,人们逐渐认识到信息技术同样可以改变医疗卫生的服务方式。将信息技术应用于医疗卫生领域成为解决以上问题的有效手段。健康档案和电子病历即是信息技术在医疗卫生领域的典型应用。

电子病历(EPR)是以电子化方式管理的有关个人终生健康状态和医疗保健行为的信息,可在医疗中作为主要的信息源取代纸张病历,提供超越纸张病历的服务,满足所有的医疗,法律和管理需求。

健康档案(EHR)是用来记录一个人一生的生命体征的变化以及自身所从事过的与健康相关的一切行为与事件。具体的内容主要包括每个人的生活习惯、既往病史、诊断治疗情况、家族病史、历次体检结果等。它是一个动态连续且全面的记录过程,通过其中详细完整的健康记录,为每个人提供全方位的健康服务,因此它是提供一切服务的依据。与电子病历不同的是,电子健康档案强调针对病人全部健康记录的处理,以及基于区域或者整个国家的 EHR 共享。

(二) 网络体系

网络化是医疗信息化发展的基础技术,只有在实现网络化的前提下,医学信息化才有实际意义。当前计算机网络技术较为发达,但目前的医疗信息网络尚存在标准化和统一的问题。另外当前无线网络的实时图像传递尚不成熟,网络设施建设也不完备,当前 3G 技术的发展给医疗信息化和网络体系带来了契机。

(三) 环境生物安全信息技术与装备

生物安全有狭义和广义之分。狭义生物安全是指防范由现代生物技术(主要指转基因技术)的开发和应用所产生的负面影响,即对生物多样性、生态环境及人体健康可能构成的威胁或潜在风险。广义生物安全则不仅针对现代生物技术的开发和应用,还包括了更广泛的内容,大致分为 3 个方面:一是指人类的健康安全;二是指人类赖以生存的农业生物安全;三是指与人类生存有关的环境生物安全。

单核苷酸多态性(SNPs)的发现和人类基因组单体型图谱(Hap Maps)的研究,将从基因层面上揭示不同人群对药物、疾病、环境因素敏感的原因。这固然有利于疾病的防控,但也可用以发展针对特定人群、族群、种群的大规模杀伤性生物武器,危及人群、族群、种群的生存。在利益集团冲突,文明冲突,民族、部族冲突彼伏此起,恐怖活动猖獗的今天,SNPs计划的 30% 落到中国未必是福音;而正在被爆炒的以基因组学和生物技术为主题,以"人类按自己的需要创造生物新品种"为旗号的"生物经济",很可能在不长的时间内给人类带来巨大的灾难。

对环境生物安全性相关的技术和设备,是关系到国家安全的重要装备,我国政府应在该方向尽早投入研究力量。

（四）医学信息辅助诊断

医学是一门严谨的科学，是人类长期积累的结果，随着计算机技术、软件技术的发展，通过医工结合，可以把诊断医学、健康医学、中医等内容用软件实现，辅助医生诊断，由初级到高级发展，最后实现全部自动诊断。如果辅助诊断软件系统得以实现和应用，将会极大地提高我国基层医院医生的技术水平，方便病人就诊。

由于计算机技术的飞跃发展，促进了医用放射影像设备的数字化，为计算机辅助诊断技术（Compute Aided Diagnose，CAD）的出现提供了基础，计算机的处理技术和图像的数字化即满足了CAD对高信噪比、高分辨率图像和图像动态范围大的要求，又满足了CAD对处理海量图像能力的要求。数年前由R2公司率先提出并着手开发的CAD系统如今面对激增的图像数据量已变得极为实际和有用，目前很多厂家和公司在积极开发。

CAD系统是在收集大量同病种、同部位的影像学信息的基础上，基于概率，对新的病例作出诊断导向，以及一些自动处理，如自动分段处理、自动大小测量、时间减影等。目前比较成熟的是乳腺疾病的诊断系统，正在积极开发的还有肺部疾病的诊断系统，其他系统疾病的诊断系统也均在开发之中。

六、医疗器械计量与标准化设备

（1）教学演示使用培训。
（2）医疗器械计量设备。
（3）医疗器械标准化设备。
（4）医疗器械安全质控设备。
（5）国内外研发重点比较。

第三节　生物医学工程和医疗器械行业发展方向

一、以治疗疾病为中心转向以人的健康为中心

现代医学的快速发展和进步，使得人类征服了困扰自身几千年的恶性传染病，例如曾给人类带来巨大灾难的鼠疫、天花、霍乱等，大大提高了人类的平均寿命，为人类科技进步和社会发展做出了重要的贡献。但另一方面，现代医学在治愈慢性、非传染性疾病方面却收效颇微。20世纪90年代，以征服诸如心脑血管病、癌症等非传染性慢病（NCD）为目标的第二次卫生革命的失败，使得人们开始对生物医学模式展开反思。美国进行的一项针对死亡率居前10位的疾病的致病因素的大样本流行病学调查显示，对于NCD的发生而言，人的生活方式和行为的作用远大于生物学因素。以死亡率居前三位的心脏病、癌症、脑血管病为例，包括遗传在内的生物学因素分别占25%、29%、21%；环境因素占9%、24%、22%；而生活方式和行为因素则占54%、25%、50%。20世纪90年代WHO的全球调查更表明，对于人的健康和寿命来说，生活方式和行为起主导作用（60%），环境因素次之（17%），遗传因素占15%，医疗服务条件占8%。

同时，医学和医疗器械水平的提高，也给社会带来了沉重的医疗负担，医疗费用恶性膨

胀。现在许多国家已经走到了可供性的边缘。1980—1990 年,美国医疗费用从占 GDP 的 1.2％上升至 11.5％,2006 年美国医疗费用已占 GDP16.8％。按这一趋势,到 2028 年美国的医保体系将无钱可用。

以上两个现象引发了全球的医疗危机,WHO 支持下的医学目的(the goals of medicine,GOM)国际研究小组的总报告(1996.11)明确指出,以治愈疾病为目的医疗体系必然会导致医学知识和技术的误用,医学的首要目的是"预防疾病和损伤,维持和提高健康",敦促医学界将"治病医学"(Cure medicine)转向"保健医学"(Care medicine)。要解决这场全球性的医疗危机,必须对医学的目的做根本性的调整,把医学发展的战略优先从"以治愈疾病为目的的高技术追求",转向"预防疾病和损伤,维持和促进健康"。只有以"预防疾病,促进健康"为首要目的的医学,"才是供得起,因而可持续的医学"。医疗器械作为健康产业的一个重要组成部分,必将经历这场深刻的革命。

二、重视慢性病的预防和治疗

人类历史上曾发生过 3 次鼠疫世界大流行:第一次,公元 6 世纪,持续了 60 年左右,使得欧洲有超过 1 亿人死亡;第二次,公元 14 世纪 20 年代,一直持续到公元 1800 年左右,死亡人数无以准确统计。第三次,19 世纪 90 年代到 20 世纪 30 年代,死亡数千万人。给人类带来类似灾难的还有天花、霍乱等。由于这些急性传染病的快速传染性和致命性,以及其曾给人类带来的巨大灾难,使得人类对这类疾病有极强的恐惧心理。而进入 20 世纪下半叶以来,现代医学快速发展,人类基本征服了这类急性快速传播疾病。

现代医学对于慢性疾病的治疗却收效颇微。多种慢性病由于不具有快速致命性,常为人们所忽视,但其持久性成为影响人类生活质量的重要因素,其缓慢致命性也显著的降低了人类的平均寿命。这类慢性疾病目前以成为危害人类健康的头号杀手,据世界心脏联盟分析预计,2020 年全球心血管病死亡率将增加 50％,心肌梗死和脑卒中将从目前死因排行榜的第 5 位和第 6 位上升至第 1 位和第 4 位。预计到 2020 年,全球心血管病死亡人数将高达 2500 万人,其中 1900 万发生在发展中国家。我国是心脑血管疾病的高发区,心脑血管疾病引起的死亡占到总因病死亡人数的 41％。卫生部 2006 年的统计公报显示,在中国,脑血管疾病的死亡率为 105.5/10 万,居全国死亡原因的第二位。每年有大约 260 万人死于心脑血管疾病,平均每天死亡 7000 人,每 12 秒死亡 1 人。相比而言,2003 年曾给中国和全世界带来极大恐慌的非典型性肺炎(SARS),全球共导致 919 人死亡(世界卫生组织 2003 年 8 月 15 日公布数据)。

如前所述,心脏病、癌症、脑血管病等慢性疾病的发生,生活方式和环境因素占有较大的比重。20 世纪 90 年代,以征服非传染性慢病(诸如心脑血管病、癌症、糖尿病等)为目的的第二次卫生革命失败,目前人类尚无有效手段完全征服这类疾病。且这类慢性疾病已成为全球卫生保健和卫生资源的沉重负担,成为当前全球医疗费用恶性膨胀的主要推动原因。

研究有效、经济的医疗器械预防、治疗这类慢性疾病,是当前医学和医疗器械研究的一个重要方向。

三、多学科交叉多种技术的融合

整体而言,当前科学技术的发展趋势中,多学科和多种技术领域的交叉、结合正迅速地向深度和广度发展。而生命科学和技术则居于交叉、结合的重心位置。向纵深发展,体现于不同学科由交叉→结合→融合。一些分支学科名称的变化反映了这一点。以生命科学为重心的一些交叉学科,近年来纷纷从 Bio-X→X-Biology(如生物数学→数学生物学、生物力学→力学生物学、生物化学→化学生物学等等),体现了这一趋势。而交叉、结合的广度则反映在学科跨度和门类增多,以生物力学为例,力-化学耦合、力-电耦合等的研究日见深入。不仅如此,当前的一个重要趋势是学科的交叉超越自然科学和技术的领域,而和人文学科交叉、结合、融合。这一趋势势必引起现代科学方法论基础的改变,从而导致革命性的变革。

现代医疗器械是典型的多学科交叉的产物。21 世纪以来,信息技术、材料技术等的飞速发展,给医疗器械的发展带来了强劲的推动和极大的飞跃。未来医疗器械的发展方向,仍然是积极采用各学科的先进技术、理念,以提高医疗器械水平,改善人类生活质量。当前对医疗器械产生重大影响的主要有材料技术、纳米技术、微电子技术、信息技术等。而医学转向以"预防疾病和损伤,维持和促进健康"为中心,将使得医疗器械超越自然科学和技术领域的融合,而和人文学科交叉、结合、融合。

第四节　国内外总体研发现状

本节在上述医疗器械介绍的基础上,总体比较我国和西方发达国家在医疗器械行业的研发、生产方面的差距与不足,同时分析我国落后原因。

一、国内研究现状

我国是一个医疗器械的市场大国,但在技术方面却相对落后,主要体现在:

(一)关键技术依赖进口,缺乏核心竞争力

我国是世界医疗设备市场的大国,但就整体而言,我国医疗器械产业由于研究基础薄弱、技术储备不足,创新能力低,产品大多缺乏自主知识产权。据 2001 年的统计数据,以精密医疗仪器为主的医疗器械进口额约为国内医疗器械产业总销售额的 40%～50%。如在 CT、高档彩色 B 超、心脏起搏器等几种精密医疗仪器中进口产品占 90%左右。磁共振成像、动态心电图和直线加速器等也占 50%以上。造成这种状况的原因是医疗器械产品一般技术含量都比较高,市场准入严格,但最根本的原因在于我国在医疗器械领域缺少自主知识产权的产品。迄今为止,不少关键技术仍被发达国家大公司所垄断。我国除少数技术具有自主知识产权外,医疗器械的总体技术水平和国外存在较大差距。

(二)研发投入严重不足,制约企业持续发展

现代医疗设备领域是典型的高科技领域,具有高投入、高风险、高收益的特点,但在我

国研发投入严重不足。国家"九五"期间用于医疗器械的投入只有 900 万。"十五"以来,国家科技攻关计划等开始注重支持医疗器械领域的研究开发,对医疗器械研发投入较前几个五年有所增加,投入总量为 4200 万。目前"十一五"用于医疗设备研发投入将增至 1.2 亿左右,但不得已的撒芝麻式资助方式,对于长期缺乏投入的产业来说仍远远不足。医疗器械 2006 年产值约为 600 亿,国家"九五"、"十五"、"十一五"研发投入一共约为 1.8 亿,占 2006 年产值的比例仅为 0.3%。这和美国 10% 的投入相比,差距太大。

(三) 产学研医衔接不畅,导致创新体系脱节

我国目前企业尚未完全成为技术创新的主体,需要通过产学研的模式来实现。医疗器械行业与其他技术行业一样,存在创新体系链条脱节问题。目前我国产学研结合方面存在一些问题:一是促进产学研结合的政策环境有待完善;二是产学研结合的组织形式比较松散;三是国家计划资源的配置方式还不适应推进产学研结合组织方式探索的需要;四是推进产学研结合工作未形成合力。

二、美 国

作为世界上最大的医疗器械生产国和消费国,美国在医疗器械的研发方面,一直处于龙头地位。主要特点是:

(一) 创新能力强,技术全面领先

对于近三十年来,医疗器械领域日新月异的发展,美国依靠其技术综合实力,一直处于全面领先的龙头地位,这主要体现在其极强的创新能力。回顾 B 超、CT 装置、心脏起搏器、核磁共振装置、医用直线加速器、超声定位体外震波碎石机、神经电位诊断系统、正电子断层扫描机、数字 X 射线相机、神经刺激器等一批尖端医疗仪器设备,全部诞生在美国,也为美国的经济做出了巨大贡献。

技术创新和进步,特别是核心技术的不断创新使企业的技术优势更加明显,产品专业化程度更高,市场竞争能力更强,获利也更高。以 2005 年全球医疗器械排名第三的 (Medtronic)美敦力为例,该公司拥有 3300 项专利,在 1997 年,公司的销售额仅为 20 亿美元,而 2005 年就超过了 110 亿美元,年增长速度超过了 23%。

(二) 研发高投入,保证了技术引领地位

两个数字可以反映这一点:

美国政府对医疗器械研究高投入:以 2006 年为例,美国国会给 NASA(美国航天航空局)的拨款为 169 亿美元,对资助美国主要自然科学领域研究工作的美国自然科学基金委 NSF 的拨款 162 亿美金,但对美国国立卫生院(NIH)的拨款超过 320 亿美元,其中 NIH 资助的一个主要研究领域就是支撑医疗器械的基础研究。

企业研发高投入:近十年来,几个医疗器械工业发达国家医疗器械的研发投入都在销售额的 6% 以上。美国对医疗器械研发投入占销售额的比率排医药之后,居各行业的第二位,一直在 10% 左右,企业研发费用的高投入也换来了产品更新换代的高速度保证了美国在技术方面的绝对领先。

三、欧　洲

　　欧洲紧随美国之后,居于全球医疗器械的领先地位,这一点从耳熟能详的企业就可以看出,西门子、飞利浦、拜耳等。传统医疗器械产业技术先进,优势明显。

　　和美国相比,欧洲的突出特色是保持了欧洲一贯的在机电方面的技术优势,如德国的手术器械、灯具等。

四、日　本

　　作为器械大国,其医疗器械产业规模和市场规模位居全球第二,2004 年日本医疗器械市场规模 200 亿美元。

　　除了和美国、欧洲有竞争实力外,日本在家庭保健类器械的研发、产业方面有突出的优势,如在国内普遍使用的欧姆龙的血压计、计步器等,形成了在家用医疗、保健器械的权威、垄断地位。

五、我国落后原因分析

　　我国与西方发达国家在医疗器械领域存在的差距,原因是多方面的。

(一)我国整体工业水平落后

　　我国整体工业水平的落后,导致医疗器械的整体水平远低于西方发达国家;医疗器械是一高技术集成度,多学科交叉的产品,需要一个国家或地区整体工业基础的支撑。我国在精密制造、材料等方面的缺陷大大限制了医疗器械产品的水平。

(二)研发投入偏少,技术创新能力偏低

　　研发投入的偏少,导致医疗器械研发水平低于西方发达国家。和其他行业相比,医疗器械产业还有一个显著特点就是高投入。当前医疗器械的研发经费在全球所有行业中排第二位,美国医疗器械研发经费占所有产品研发经费的 10%,其他发达国家的比例稍低一点。长期以来,我国的医疗器械产业都以劳动密集型、低附加值作为主要特征和核心竞争力,主要由于我国廉价的劳动力。这使得我国医疗器械的水平落后,且发展后劲不足。

(三)政府政策引导不力

　　所有的产业最终都将在一定的体制中存在,体制的偏向问题也将会对产业的发展起到重要的影响。在医疗领域,我国政府历来重视药物的研发,而轻视医疗器械。例如在 2009 年医改方案中,1.3 万字的方案中,仅有两处提到医疗器械,其他内容都是针对药物。政府的政策导向也对我国医疗器械的发展起到了不利影响。同时,我国政府没有给国产医疗器械以国民待遇,我国的医疗器械市场政策(从物价开始)是向洋货和外资倾斜,政府采购往往是鼓励奴性,培养懒汉。

　　上述 3 点内容中,第一点可以归为客观条件的限制,而第二条和第三条则是观念的落后。

第五节 我国发展策略

在当前形式下,我国医疗器械的发展应当遵循的整体战略原则是"战略前移、重心下移",具体可以分为以下几点:

(一) 瞄准前点

瞄准当前医学和医疗器械的改革,将我国医学和医疗器械的布局迅速从"以治愈疾病为目的的高技术追求",转向"预防疾病和损伤,维持和促进健康"为目标。同时在产业布局方面,瞄准高技术集成度,多学科交叉方向,摆脱当前劳动密集型、技术附加值低的现状。

(二) 及时布局

在当前我国医疗器械整体水平落后于西方发达国家的情况下,如何根据自身特点,抓住机遇,发展自己的技术与发达国家抗衡。布局包括机制的创新、资源的配置、人才培养和科技队伍建设等。

(三) 开发自身独有资源、创新

中医是我国劳动人民 5000 年智慧的结晶,是我国传统文化的瑰宝和民族的重要象征。中医已被证明对多种疾病具有独特的疗效,在新时代中医也有发展和推广,例如电针灸。在当前医学的发展进入"白色谜题"怪圈,医学从"以治愈疾病为目的的高技术追求",转向"预防疾病和损伤,维持和促进健康"为目标,"上医治未病"思想开始被人们重视的条件下,中医具有广阔的发展前景,我国政府不应错失良机。

(四) 重心下移

三十年的改革开放一方面使得我国经济高速发展,人均收入迅速提高,但也在另一方面带来了严重的贫富分化现象。2006 年我国基尼系数已达到 0.496(社科院数据),逼近国际警戒线。城乡的二元分割制度又造就了一个巨大的、收入低下的农民群体。当前我国仍有 9.4 亿农民(2006 年数据,按户籍统计),2008 年城镇居民人均可支配收入 15781 元,而农民人均纯收入只有 4761 元。两者相差三倍之多。所以我国总的形势是贫富差距巨大,而大部分人口的收入水平还非常低。我国医疗体系的改革和医疗器械的发展都应该考虑我国的这个国情。

(五) 机制的创新

所有的产业,最终都是在一定的机制的制约下生存和发展的。机制可能促进产业的迅速发展,也可能严重制约产业的发展。这也符合马克思的关于生产力与生产关系的论述。任何一种机制,若保持一成不变的话,在一定的条件下,都将会成为一个制约行业发展的不利因素。所以一个好的机制,应该是一个能随着产业的发展和进步而不断发展和进步的机制。机制的创新,其意义在一定程度上大于技术的创新,机制的创新能极大的释放生产力,使得整个机制约束的领域出现全面的创新,而单项技术的创新很难影响到全局。

第十一章

医疗器械典型产品与技术国际比较

本章将就上述医疗器械分类,列举部分典型产品的性能参数,以及当前全球研发现状,以比较我国与西方发达国家在不同领域、不同产品上的优势和差距。

第一节　预防健康保障类医疗器械

这类仪器装备是为人体身心健康状态辨识的需要而提出的。

这类仪器与以往的仪器相比,它不仅要求测得的参数值应是准确的和有参考价值的,而且更应强调其动态过程的测量和检测。因为在进行健康状态辨识时,它的各项指标的"值"常未达到诊断标准,但它的功能已经开始偏离健康,而这种偏离常可表现在"稳态的维持之中",即各生理参数变化的动态过程之中。因此各生理参数的无创伤的动态连续测量技术是这类仪器的核心技术之一。这类仪器的另一核心技术则是从各参数或各参数间关联性的动态过程中提取与健康状态有关的信息,称之为生理信息挖掘与信息融合。

在这方面,由于它的技术难度大,更因为在过去的以疾病为中心的医学发展中需求不突出,因此对全世界的医学/医学工程来说,都是新问题。然而它又是发展以健康为目标的新医学模式的关键技术,是绕不过去的技术内容。因此必须及时抓住机遇,做出部署,使我国在未来医学发展中,在世界竞争中取得有利地位。

国内外尚无典型产品,是一个有待开发的新领域,我国在这方面已有些基础。

(一) 家庭用医疗器械

(1) 生理参数与健康状态自测仪器:包括血压、体重、体温、血糖等测试。

(2) 家庭健康保健器械用品。

(二) 社区健康状态辨识装备

(1) 代谢功能辨识装备。

(2) 运动协调功能辨识装备。

(3) 心血管、肺功能辨识装备。

(4) 肝肾功能辨识设备。

(5) 睡眠状态辨识仪器装备。

(6) 自主神经功能辨识装备。

(7) 脑功能辨识仪器。

(8) 精神与心理辨识仪器。

(9) 经络与气血状态辨识装备。

(10) 生物反馈训练系统：呼吸训练。

(11) 对抗骨质丢失。

(12) 穴位治疗。

(13) 社区健身器械。

第二节　诊断类医疗器械

一、医学影像产品

（一）数字 X 射线摄影设备（DR）

未来的放射医学将是数字化、网络化和无片化放射医学，而数字化放射医学是基础，数字化 X 射线机是实现数字化放射医学的关键设备。直接数字化 X 射线机（DR）是传统胶片式 X 射线机的更新换代产品，是放射医学发展的必然趋势，它为建立网络化和无片化医院奠定了基础。

目前国际上实现 X 射线机直接数字化一般有二种技术途径：采用 X 射线面曝光探测技术和线曝光扫描探测技术。目前面曝光探测技术主要是通过平板探测器和 CCD 面阵探测器实现，线曝光探测技术主要是通过单线阵探测器和多线阵探测器及扫描运动控制技术实现。

采用平板探测器来感应 X 射线，并输出到计算机成像，这种方式的优点是图像的空间分辨率较高，技术上能够实现动态实时摄影，与传统拍片习惯相同。目前包括 GE、西门子、菲利普、柯达、东软、友通在内的国内外十几家公司使用该种平板探测器生产 DR，但造价过于昂贵，普及推广很困难。

线曝光扫描与线阵探测器组合这种方法具有本底噪声低、辐射剂量低、动态范围宽、密度分辨率高的优点，加之线阵探测器探测灵敏度高、可靠性高、寿命长、技术成熟、成本低，荷兰菲利浦公司、DELFT 公司、美国 TENNESS 大学医学部、美国 FISHER 公司、美国 NOVA 公司、德国西门子公司、瑞士 XSAN 公司、俄罗斯科学院核物理研究所，从 80 年代就开始研究线阵探测扫描方法，并已研制出产品。

北京航天中兴医疗系统有限公司的数字化 X 射线机采用狭缝扫描技术，能够将辐射剂量减少到正常剂量的 1/30，保护患者，尤其是保护妇女和儿童，显示出巨大的社会公益性。数字化 X 射线机成像效果好，优片率达 95％以上，优秀的软件数字化分析处理，能得到更多的可用信息，并可以进行网络传输实现远程会诊。采用数字化 X 射线机，很大程度上减轻了医师的工作强度，提高了工作效率。中兴公司正在推出低成本高性能直接数字化 X 射线机，已经申请了十几项技术专利和国际发明专利。

（二）血管数字减影设备（DSA）

1. CCD 技术将逐步取代摄像管技术　许多大型的 DSA 设备采用电荷耦合器件（CCD），替代传统的电子摄像管来采集影像增强器的可见光信息。这种 CCD 至少要在 100 万像素以上，显示矩阵通常为 10 242，并具有 12bit 的分辨力，即最高可达 4096 的灰阶分辨力。

2. 采用旋转曝光方式的二维信息采集技术　用旋转曝光方式获取多视角信息,重建实现三维图像显示,旋转速度从最初的 $15°\sim 20°$/秒,已可达目前的 $40°\sim 60°$/秒,一次最大旋转角度可达 $305°$。快速大角度旋转采集的信息量大,除可作更为精细的血管结构的三维重建外,还可扩展到某些非血管结构的三维显示。

3. 软件功能的改进　除了已经较成熟的旋转采集、三维显示功能外,DSA 目前已具有血管内窥镜显示,心脏功能分析,冠状动脉分析,血管分析(含从不同方向显示狭窄血管的真实管腔大小)等功能。

4. 消除腹部伪影的技术　岛津公司采用了一种被称作 RSM-DSA(Realtime Smoothed Mask)的数字减影图像处理方式,即对易因活动产生减影影像伪影的部位,特别是腹部,在曝光中有意使蒙片模糊,再与血管显影片作减影,实际上是采用了一种不完全的减影方式,以克服减影影像中的移动伪影。该方法获得的影像还可做 3D 显示。

5. 动态数字补偿技术　动态数字补偿是通过造影检查中的动态调节使图像始终保持最佳质量的方式。不同厂家的方式各有不同,如东芝公司采用的是动态数字补偿滤过的方式;西门子公司采用的是动态密度优化处理方式,即以感兴趣区(ROI)内的影像信息反馈作为调节各项扫描参数依据的处理方式等。

6. 扩充透视系统(augmented fluoroscopy)　GE 公司提出了一种扩增透视系统(augmented fluoroscopy),即把 3D 重建的影像与 2D 影像融合的透视显示方式,可给观察者以实时的立体感。

7. 降低 X 射线剂量　各种降低剂量的措施一直在不断的改进中,主要有:①数字脉冲透视曝光,可根据需要设置各种脉冲模式,据介绍最多可节省达 90% 的曝光剂量;②无辐射病人定位,即应用冻结的图像作为参照的定位系统;③改进 X 射线滤过,如使用钼滤过,以得到更适宜的射线能谱;④可更敏感实施的依照检查部位的自动 mA 调节系统;⑤自动 γ 曲线调节(可在 0.3 秒内完成);⑥设计上改变 X 射线管-影像增强器的位置,从而在检查中可遮蔽部分对操作人员的辐射;⑦对因活动而不易保证减影影像质量的部分,如腹部,采用调节图像中的对比,不做减影的直接显示方式,从而减少多次蒙片曝光的剂量。

8. 其他改进　其他的改进还有:①根据需要实施 2D 或 3D 导向径路图(road map)显示;②对置入的导管作 3D 定位显示;③下肢血管无缝拼接显示;④以血管自身作标准参照的测定定量方式等。

9. 平板检测器型 DSA　目前 GE、Philips、西门子等公司均已生产 FPD 型 DSA。FPD 的空间分辨力会高于影像增强器(I.I.),且信息的转换更便捷。使用的 FPD 同样存在非晶硒和非晶硅两种技术方式。目前 FPD 型 DSA 采集速度通常可满足血管造影的要求,现可达 30 帧/秒。目前的主要问题是 FPD 自身性能的完善,例如 FPD 的寿命及系统价格昂贵等问题。

(三) CT 产品

CT 应用到医学临床已有 30 多年的历史,这期间 CT 的硬、软件技术经历了几次大的革命性进步,从旋转 CT 发展到螺旋 CT 再到多层螺旋 CT。国际上各厂商的典型产品技术差异主要体现在探测器、球管和数据管理及处理系统方面:

1. 探测器技术　单层 CT 探测器覆盖宽度只有 10mm,最薄物理采集层厚也只能达到 10mm。多层螺旋 CT 采用了阵列探测器,每一单列的探测器采集层厚可达到亚毫米,阵列探测器的组合覆盖宽度最早达到 20mm 甚至 32mm;而 64 排 CT 的覆盖宽度可达 40mm,最薄物理采集层厚依据不同厂家可做到高分辨率的亚毫米层厚 0.5 或 0.625mm。在 16 层 CT 上各厂家有 0.5mm,0.625mm,0.75mm 之差别,在 16 层以上 CT 包括 32、40、64 排 CT,GE、Philips 和 Siemens 等公司都采用了 0.625mm 或 0.6mm 的层厚,Toshiba 采用了 0.5mm 的层厚。

2. 球管技术 在单层 CT 上,球管的热容量和散热率比较低,进行大范围或薄层扫描就需要球管冷却等待,限制了许多的临床应用。在多层 CT 上,球管设计和选择有两种发展趋势:以 GE 公司的"V8"大力神球管为代表的大功率高毫安输出球管和以 Siemens 公司为代表的 Straton"0M"高散热率球管。在 10 秒时间内进行全身覆盖检查,也决定了球管的发展趋势。GE、Philips 和 Toshiba 都采用了 8Mhu 或 7.5Mhu 大容量球管,保证限定时间内获得优质的高分辨率的图像。

3. 数据管理及处理技术 随着 CT 薄层大范围扫描的临床应用和扫描层数的增多,图像扫描、数据采集、传输、后处理重建将面临庞大的数据流,要求系统具有稳定性、安全性、便捷性。采用新技术使数据采集、重建和后处理一体化,是各厂家追求的目标,也是广大临床医生的迫切需求。GE 公司推出的"深蓝平台",借助于容积重建加速引擎该平台在扫描的同时就能获得直接二维冠、矢状面和直接三维的图像,突破了传统以横断位浏览图像的模式。

4. 主流多层螺旋 CT GE Lightspeed 系列 64 排容积 CT,Philips Brilliance CTTM 64 通道螺旋 CT 机。

GE 64 排 128 层 VCT 旋转一圈可以获 64 层或 128 层图像;有 40mm 最大的探测器覆盖范围,迈入容积扫描时代;0.30mm 最小的各向同性分辨率,清晰显示微细结构,800mA 峰值输出,保证了特殊体型、特殊部位的图像质量。比一般普通螺旋 CT 和 16 排 CT 速度快 4 倍、功能更强大、图像更清晰、X 射线辐射量低。

5. Siemens SOMATOM Sensation 64,Toshiba(东芝)AQUILION64 Philips(荷兰)Brilliance CTTM 64 通道螺旋 CT 机探测器排数:64 排,扫描层数(360°):64 层,64 层扫描时探测器覆盖范围:40mm,数据采集率:4640 幅/单元/360°,最短扫描时间(360°):0.42s,重建速度(64 层模式,512²):20 幅/秒,扫描最短显示时间:1s,最薄扫描层厚:0.625mm,一次连续螺旋扫描能力:100 秒(最快扫描条件下),有 3D 自动毫安调节技术,重建矩阵:512×512,标准空间分辨率:13.0Lp/cm@cut-off,CT 值范围:-1000 到+3027 Hu。

SOMATOM Sensation 64 在沿用可变不等宽阵列的 UFC 探测器和传统的飞焦点技术的基础上,革命性地改变传统的点—点对应的采集方式,使用了 Z-轴方向的双倍偏转采样技术,通过 32mm×0.6mm 排列的探测器,在相同的剂量(一次曝光)情况下,通过改变电子束控球管中的电子束偏转方向,获得每周 64mm×0.6mm 的图像,通过 64 层/360oDAS 系统,重建出各项同性分辨率图像,Z-轴分辨率可达到无可比拟的 0.4mm。其核心技术主要有:STRATON 零兆热容量电子束控金属球管;西门子专利飞焦点技术,最新发明"Z 轴双倍数据采样技术"(Z-Sharp Technology);小于 0.4 秒超高速扫描及四维成像技术(Speed 4D);64 层/360o DAS 数据采集系统。

AQUILION64 能够实现 0.5mm 层厚的精细扫描,0.35 mm 各向同性分辨率,CT 图像质量的金标准密度分辨率 2mm@0.3%,优质的图像,低的 X 射线剂量 Quantum denoising 降低剂量 40%,最有效的心脏 CT,最快的时间分辨率 40ms。

6. 东软 NeuSoft NeuViz 16 Plus 多层螺旋 CT NeuSoft NeuViz 16 Plu 具有 24mm 超宽探测器,大大提高了 X 射线的接收效率,实现了低剂量、高图像质量的扫描;全金属陶瓷 8.0MHU 球管,多项先进技术保证球管的超长寿命,支持全临床应用的扫描;数字化芯片直接集成于探测器上的一体化数字采集系统;光滑环数据传输系统,可实现 1GB/sec 传输带宽;高质量成像,空间分辨率达 24lp/cm,丰富的临床应用软件;高级心脏应用,专利的心脏软件,全方位心脏解决方案。

(四) MRI 设备

国际著名 MRI 生产厂家主要包括 GE Healthcare,Philips 和 Siemens,其 MRI 典型产品主要为 GE MRI Signa 系列,Philips Achieva 系列和 Siemens MAGNETOM 系列。以下对各厂家 3.0T MRI 代表产品的技术参数进行了一个较全面的比较。参与比较的产品为 GE Signa HDx 3.0T,Philips Achieva 3.0T X-series,以及 Siemens MAGNETOM Allegra。具体参数比较如下(表 11-1~表 11-6):

表 11-1　磁体系统参数

	GE Signa HDx 3.0T	Philips Achieva 3.0T X-series	Siemens MAGNETOM Allegra
RF frequency (MHz)	127.7	127.7	123.2
Homogeneity (V-RMS)	0.25	0.5	Not supplied
40 cm DSV ppm			
Measurement planes	24	24	18
Points per plane	24	24	24
Field stability (ppm/hr)	<0.1	<0.1	<0.1
Cooling system	Liquid helium	Liquid helium	Liquid helium
Boil-off rate (l/hr)	<0.03	0	<0.1
Helium refill	~4 years	Not applicable	7 months
Shielding	Active	Active	Active

表 11-2　MRI 采用的梯度系统

	GE Signa HDx 3.0T	Philips Achieva 3.0T X-series	Siemens MAGNETOM Allegra
Gradient system	Twin	Quasar Dual	Allegra

表 11-3　梯度系统参数

	GE Signa HDx 3.0T	Philips Achieva 3.0T X-series	Siemens MAGNETOM Allegra
Shielding	Active	Active	Active
Single axis maximum amplitude (mT/m)x (horizontal)	50	40	40
y (vertical)	50	40	40
z (along the bore axis)	50	40	40
Single axis slew rate (mT/m/ms)			
x (horizontal)	150	200	400
y (vertical)	150	200	400
z (along the bore axis)	150	200	400
Duty cycle at max amplitude %	100	100	100
Amplitude at 100% duty cycle (mT/m)	50	40	40

表 11-4 射频系统参数

	GE Signa HDx 3.0T	Philips Achieva 3.0T X-series	Siemens MAG-NETOM Allegra
Name	HDx	Freewave	iPAT
Number of independent RF receiver channels	8	8	4
Bandwidth of each independent RF receiver channel (MHz)	1	3	1
Number of Analog-to-Digital Converters for each independent RF channel	1	1	1
Sampling frequency of each Analog-to-Digital Converter (MHz)	20	80	10

表 11-5 成像速度

	GE Signa HDx 3.0T	Philips Achieva 3.0T X-series	Siemens MAGNETOM Allegra
Minimum TR (ms) Spin echo	7	29.6	11
Minimum TR (ms) 2D gradient echo	2.6	1.1	1.72
Minimum TR (ms) 3D gradient echo	1.2	1.1	1.72
Minimum echo spacing (ms) Turbo spin echo	2.5	2.29	4.12
Minimum echo spacing (ms) Echo planar imaging	0.412	0.34	0.42
Minimum TE (ms) Single-shot diffusion imaging with b-value of 1000 mm²/s	Not supplied	37	57

表 11-6 MRI 影像分辨率

	GE Signa HDx 3.0T	Philips Achieva 3.0T X-series	Siemens MAGNETOM Allegra
Minimum FOV (mm)	10	5	5
Maximum FOV (mm)	450 (X,Y directions) 480 (Z direction)	530 (isotropic)	220 (isotropic)
Maximum imaging matrix	1024×1024	2048×2048	1024×1024
Minimum 2D slice thickness (mm)	0.3	0.5	0.1
Minimum 3D slice thickness mm	0.1	0.05	0.05

(五) PET 产品

PET 的市场占有状况,主要集中在三家厂商,分别为 Siemens Medical Solution、GE Healthcare、Philips Medical System,共拥有 95% 左右的市场占有率,而其他较大型的竞争厂商尚包括 Hitachi Medical Systems、Spectrum Dynamics;消费客户主要为研究型的大学医学中心、大型私人照护医院、癌症研究影像中心或者私人研究机构。

1. SIEMENS 公司和 CTI 公司合作生产的 Biograph 和 Reveal 系列 PET 探头采用整环探头,探测器有基于锗酸铋(BGO)晶体的 ECATHR＋型 PET 和基于硅酸镥(LSO)晶体的 ECATAccel 型 PET。两种都不设隔栅(septum),完全用 3D 模式采集,而且不再使用 68Ge 衰减校正源,全部用 CT 图像进行衰减校正。CT 和 PET 串联在同一机架上,宽和高分别为 228cm 和 188cm,其总长度为 158cm,但通过前、后的内凹设计,可使实际孔道长度减少到 110cm。扫描野孔径从 60cm 增大到 70cm,有利于放疗定位检查床进入,并减少幽闭感。一次 PET 和 CT 同时扫描的范围为 145cm,后又提高到约 2m。此外,控制软件已组合到一个系统内,对融合图像的显示、测量和分析等也更加方便。这一新的 PET/CT 被 Siemens 公司称为 BioGraph,而被 CTI 称为 Reveal。2002 年 12 月,西门子又推出 Biograph Sensation16(CTI 公司对应的商品名为 Reveal XVI)。它是将其 16 排高性能 CT 与基于 LSO 晶体的 Accel 型 PET 组合到一起。这一设计更注重提高 PET 的扫描速度,使多数病人(体重＜81.7kg 患者)可以在 13min 内完成检查。此后,他们又将 LSO 晶体缩小到 4mm×4mm×20mm,从而提高图像的空间分辨率。这一改进后的设备在 2003 年 12 月推出,Siemens 公司称为 Biograph LSOHR,CTI 公司称为 Reveal HI REZ。

2. GE 公司提供 Discovery LS 和 Discovery ST 系列 GE 公司在 2000 年底最初推出 Discovery LS 系列 PET/CT 时,也是将其已有 Advance N X i 型 PET 和 Lightspeed Plus Hilite 多排 CT 进行简单的组合,其 PET 均为 BGO 晶体,带可伸缩的隔栅(故可以选择 2D 或 3D 采集模式),并可选择使用标准的 PET 衰减校正源(68Ge)。其 CT 的孔径是 70cm,而 PET 为 59cm。较小的 PET 孔径限制了它在放疗定位方面的应用。2002 年底,GE 公司又推出其重新设计的 PET/CT 系列,取名 Discovery ST。这一系列更注重提高其 3D 采集能力。新的设计改变晶体尺寸(62mm×62mm),增加晶体环数(24 环),缩小探测器环的直径(88cm),缩短隔栅的深度,缩小符合时间窗,并将 PET 孔径提高到 70cm。但仍选用 BGO 晶体,且保留 2D 和 3D 采集可选。其 CT 根据不同需求可以选择 2、4、8 或 16 排。

3. Philips 公司的 Gemini 型 PET/CT Philips 公司的 PET/CT 称为 Gemini,选用基于 GSO 晶体的 Allegro 型 PET,配以 MX8000D 双排 CT,CT 部分可以升级到 16 排。其 CT 与 PET 是分体式的,中间有空隙,而且后面部分可以按需要移开一定的距离。这种开放式设计有效减少病人在孔道内的幽闭感,并有利于检查当中接近病人进行一些操作,如 CT 指导下活检等。其中 CT 的孔径为 70cm,PET 的孔径为 63cm。PET 没有隔栅,完全是 3D 采集。衰减校正既可以选择 CT 图像,也可以选择用 137Cs 点源进行。PET 探测部分的设计不同于一般的晶体设计,采用专有的 Pixelar 技术,晶体后面通过连续的光导材料与紧密排列的六边形光电倍增管相连,对于每个事件有 7 个光电倍增管来确定其位置和能量,从而更有效地利用了光电倍增管。此外,其图像重建采用 3D 重建技术虽然需要较长的处理时间,但更有效地利用采集信息,减少图像伪影。

(六) 生物医学光学成像技术

国内医用光学成像系统虽然近年来不断改进,产品质量和品种有较大幅度提高,但与国外先进技术相比仍有较大差距,相关技术的分析如下:

1. 医用光学内窥镜 其主要技术指标为分辨率、视场角、端部及插入部直径、弯曲部最小弯曲半径、操作孔大小、密封防水性、镜体及器械的可用性及适配性等。我国用于柔性纤维窥镜品种少,分辨率较低,但视场角已接近国外先进水平。另外,在弯曲角度、操作性、耐用性、耐热性、密封性、防水性及安全性等方面也不如国外著名品牌。我国刚性内窥镜生产企业已具一定的基础。在品牌,尤其在配套手术器械方面与国外尚有一定差距。

2. 用于内窥成像的光源与探测系统　光源与探测器是医用光学影像技术与装备的核心器件。相应光源国内已有较好的研究基础,并已有相当应用;影响其分辨力的关键部件是微型CCD,而我国尚处于研发阶段,其关键部件微型CCD(1/6″,数十万像素)尚不能生产,需从国外进口,仅个别企业有所开发(微型CCD从国外进口、工作直径较大),还不能批量生产。

3. 用于医学诊断与治疗的内窥共聚焦成像、内窥非线性成像,以及光谱成像系统　国外已有产品或正在研制,而我国处于起步阶段。

(七) 超声成像设备

超声成像设备包括:基于全数字化技术的超声诊断仪(黑白、彩色),基于PC平台、适用于基层医疗单位更新换代的普及型(含便携式彩超)高分辨率B超诊断仪,适用于腔内、心脏、乳腺、眼科、计划生育等的专用超声诊断仪,超声图像工作站等;高密度、宽频带、能与各档次、各类型B超诊断仪配套的高性能超声探头等。

目前国际主要厂商典型超声影像产品及技术情况列于表11-7。

表 11-7　国际主要厂商典型超声影像产品

国家	代表厂商、公司名称	超声影像系统典型产品	主要核心技术
美国	GE 医疗	彩超和黑白超两大系列,主要以腹部和心脏为主	具备全面超声产品线、数字化、多功能、便携技术
德国	西门子医疗	全数字化超高档黑白超系统、心脏超声成像系统、全数字化心血管超声成像系统等	最新技术特征的黑白超平台技术,SynAps-sTM综合孔径技术,TGOTM组织灰阶优化技术、自然组织谐波成像技术、组织差异增强技术、探头设计技术、信息一体化工作站技术、无针式探头接口技术、AxiusTM边缘检测射血分数技术、相干脉冲形成和相干图像形成技术等
荷兰	菲利浦医疗	实时3D心血管彩超、4D彩超	实时3D经食道探头技术、PureWave Crys-talsTM技术、矢量宽景成像技术、全线探头技术等
日本	阿洛卡医疗	黑白超及彩超诊断仪	精密动态聚焦系统、动态频率扫描、高密度晶体、多配层探头技术等
	日立医疗	高档数字化黑白超声诊断系统、全数字化彩色超声系统等	高密度高阵元高分辨率的超宽频带探头技术、高精细声束聚焦技术、实时组织弹性成像技术、均衡造影成像UCI和彩色宽频脉冲反转CWPI技术、实时超声-CT/MR融合成像技术等
	东芝医疗	超高端全数字化彩色多普勒超声诊断系统等	差量谐波成像技术、超宽频带变频探头技术、空间/频率复合成像技术、高级动态血流成像、组织追踪技术、4D造影成像技术、高帧频心脏成像技术等
韩国	麦迪逊	便携式黑白超、实时4D超声仪、全数字实时三维超声仪、多媒体全数字彩超系统、全身型数字彩超等	实时三维超声技术、数字波束形成技术、像素聚焦技术、内置工作站技术等

超声成像设备是四大影像设备中使用最为广泛，对人体无辐射损伤的成像设备。由于其比其他医学影像设备安全性高、应用范围广、造价低、使用方便，发展前景十分广阔，已经成为各级医院、计划生育服务机构、疾病预防控制机构最常规、最重要的基础医学影像设备。全数字化超声诊断仪还将有利于超声数字图像管理和数字图像传送，无失真的图像存储和调用，通过互联网技术，全数字化超声诊断系统将会更好的与PACS结合，通过DI-COM协议方式，实现运算快、容量大、无失真的影像传送，与其他数字医学影像产品一起构筑面向未来的医疗卫生信息化平台。彩超是超声成像的高端产品，重点向四维动态高灵敏成像的彩超技术和相应的整机发展。三维成像是超声诊断的重要发展方向，其成像质量和诊断价值的高低与超声探头性能指标相关。

基于多普勒彩色血流成像技术的全数字化彩色超声诊断仪，国内3～4家企业有产品，迈瑞、天惠华等。基于PC平台，适用于基层医疗单位更新换代的全数字普及型（含便携式）高分辨率B超诊断仪，国内6～8家企业有产品，迈瑞、天惠华、汕头超声、无锡祥生等技术领先，适用于腔内、心脏、乳腺、眼科、计划生育等的专用超声诊断仪、超声图像工作站等。高密度、宽频带、能与各档次、各类型B超诊断仪配套的高性能超声探头，汕头超声、北京艾森柯、迈瑞等公司面阵或4D探头等。

全数字化彩超1993年由美国ATL公司首先推出，目前国外主流超声厂家GE、PHIL-IPS、SIEMENS、TOSHIBA、HITACHI等均已掌握此项技术，并在发达国家已普遍将之应用于临床医疗。特别是分属PHILIPS、SIEMENS的顶级专业超声公司ATL和ACUSON公司业已停止了传统落后的模拟和模拟/数字混合彩超机型的生产，直接将产品定位于高端彩超市场。

全数字化技术的关键是用计算机控制的数字声束形成及控制系统。这种系统与工作在射频下的高采集率A/D变换器及高速数字信号处理技术结合起来形成了数字化的核心。它包括有三个重要技术：①数字化声束形成技术；②前端数字化或射频信号模数变换技术；③宽频探头和宽频技术。至今世界上主要的几家医学超声诊断仪器生产厂家都已掌握了全数字波束形成技术。其发展趋势是多波束和大容量通道，以提高成像速度和分辨力。4声束以上，128通道至512通道的产品已经批量生产。

数字编码/解码技术是从雷达应用技术中移植而来，它对超声脉冲进行编码和解码，以解决传统超声成像系统中，系统的空间分辨力与超声波的穿透能力之间的矛盾。发射高频率的超声波能提高空间分辨力，但却不能有足够深的穿透力，采用数字编码/解码技术可以一定程度上缓解这对矛盾，它能在显著增加波束穿透能力的同时，保持有较高的空间分辨力。

二次谐波和声学造影成像是近年来蓬勃发展的一项技术。声波在人体组织中传播过程中，在反射和散射时，由于非线性效应，产生谐波。通常把振动系统的最低固有频率，称为基频或基波，而谐波是指频率等于基频整数n倍的正弦波。频率为基频2倍的正弦波称为二次谐波。人体组织的回波，其基波的幅度远大于谐波。通常的超声成像，滤去谐波，仅用基波的信息成像；谐波成像则是滤去基波，利用谐波的信息成像。

谐波成像的方法主要分为组织谐波成像（THI）和对比谐波成像（CHI）两大类。组织谐波成像是利用组织的非线性声学产生的谐波进行成像，而对比谐波成像则是利用超声造影剂的谐波进行成像。造影剂气泡在二次谐波频率附件做大幅度振动，使得其二次谐波分量远大于不含造影剂的组织谐波分量。大量的临床诊断数据表明，造影剂谐波技术在对肿瘤的良恶性鉴定上具有相当的准确性,因而具有极大的发展潜力和临床应用价值。

国外专业厂家近几年投入巨资发展的另一方向是三维成像技术。可以说,由二维成像向三维体积成像是医学成像发展的总趋势。

三维成像质量的关键是三维数据采集的方法和步骤。目前大多数超声三维数据的采集是借助已有的二维超声成像系统完成的。具体地说,在采集二维图像的同时,采集与该图像有关的位置信息。此后将图像与位置信息同步存入计算机,再在计算机中重构出三维图像。

已经使用或还在不断研究中的数据采集方法有机械定位方式、电磁定位方式、可自由操作系统(Free-hand)以及应用二维面阵探头。

三维成像的技术发展趋势是应用二维面阵探头,在保持超声探头完全不动的情况下,直接获得三维体积的数据。二维面阵探头用电子学的方法控制超声束在三维空间的指向,就可以实现上述功能。但在工程实现时,由于二维面阵的阵元数量很大,每个阵元都需配置相应的通道,因此无论从技术的复杂性,还是系统的代价来说,都还有许多问题需要研究解决。相比而言,利用传统二维超声系统的 Free-hand 方式在相当一段时间内不失为一种较好的过渡解决方案。目前三维成像还很难取代二维成像,但从技术发展的趋势来说,三维成像技术具有较强的发展前景。

相比于 X-RAY、CT、MRI 等其他影像技术,超声影像技术在发展定量分析方面明显落后,这主要是由于超声图像中固有的斑点噪声、信噪比低及反射成像法等原因,使得全自动的图像分割与数据分类并不可靠。但在技术研究方面,从定性到定量化已成趋势,并已取得了一系列的进展。

利用超声仪器进行半定量、定量和组织定征,满足医患的需求,确实是一个艰难的过程。但是相信,随着学科和技术的进展,这些技术最终必将得以实现。

目前医用超声影像设备的关键技术、核心部件及产品研发基本上有骨干企业自主进行,具有较有相对开发优势有天惠华、迈瑞、汕头超声等公司。国内各高校、研究机构在该领域的研究对产业的贡献率很低。

在黑白超声方面我国已有较好基础:低档普及型,年总产量已在万台以上,普遍装备到国内基层医疗点和计生服务站。近几年,国内临床很需要的高质量黑白超声诊断技术和产品得到较好发展,并积累了相当的技术与市场优势。目前我国已有多家企业的全数字医用黑白超声产品进入市场,其中高档黑白超声诊断产品已具备与国外同档产品竞争的水准,有了进一步向具有我国特色的高低两端数字超声产品发展的基础,已有可能靠自己力量逐步解决我国各类医院对黑白超声产品的需求。相比之下,国外企业目前对数字黑白超声产品的投入和产出较少,而把主要力量放到了高档彩超的研发上。

1989 年 12 月深圳安科公司依靠中国自己的力量研制出我国第一台彩超(相控阵),但我国在高档彩超产品与技术方面,与国外差距很大。彩色多普勒超声成像技术,长期受到美、日大公司的垄断和控制,导致彩超价格长期居高不下。近年来,我国开始有部分公司突破彩超的核心技术,与国际大公司同台竞争。汕头超声研究所、深圳迈瑞公司、北京天惠华数字技术有限公司等在全数字化超声技术领域拥有自主知识产权的数字前端、图像处理技术及系统软件控制平台等在国内具有领先优势,并相继开发出全数字化彩超系统;深圳市开立科技有限公司是积极开展国际间技术合作,致力于研发和生产全数字彩色多普勒超声诊断仪和医用超声换能器,现已已有产品开始批量投入生产。

彩超的发展在我国也势在必行,但要走出自己的发展道路。今后五年的发展应强调需求导向,根据国情解决和推出我国自己的临床应用型彩超产品,解决和掌握好其中的核心和关键技术,包括:脉冲和连续多普勒技术、可靠的低速血流检测技术、高质量宽带超声探头及数字宽带技术、谐波成像、造影技术及三维数字医学影像后处理技术等。

(八) 生物电阻抗成像

1. 研究概况 世界上第一个生物阻抗成像研究是由美国 Webster1978 年发表的有关阻抗相机,这还不是真正的阻抗断层成像,1983 年英国 Sheffild 大学的 Baber 和 Brown 领导的小组开始了电阻抗断层成像研究。由于阻抗成像技术成本较低,能对人体的功能进行成像,所以吸引了一大批专家学者投入到研究行列之中。据不完全统计,目前世界上美国、英国、俄罗斯、德国、法国、瑞典、日本、印度等有三十多个研究小组在进行生物电阻抗成像技术的研究工作。

如今所报道的成像系统主要包括英国 Sheffield 大学 D. C. Barber 和 B. H. Brown 小组的 Mark1~Mark3、牛津大学 Chris McLeod 的 OXBACT 3、美国 Rensselaer 理工学院的 J. Newell 的 ACT3、西班牙巴塞罗那的 TIE1~TIE4 等,还有英国伦敦大学 Holder 小组最近推出的 UCLH Mark 1b 系统。临床应用研究方面有肠胃与食管的功能(胃的排空、胃的分泌物、胃液的电导率与 pH 的关系);肺的功能(肺的病理变化、肺的通气等);脑部功能的研究因为脑颅骨的高电阻率难题,研究得较少,仅有英国伦敦大学 Hoder 小组进行了视觉刺激的探索,成像成功率较低。国外研究的重点是想利用 EIT 成像这一低成本的成像技术代替现有高成本大型成像技术,但是由于的 EIT 技术的分辨率还不能达到 CT、MRI 的水平,所以没有形成产品。

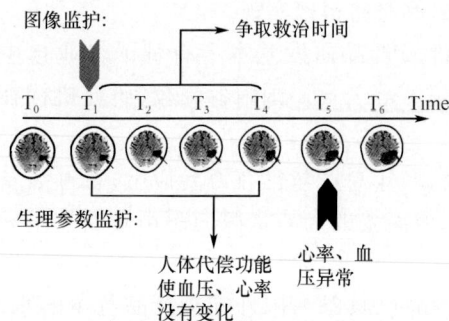

图 11-1 功能图像的监护比较生理参数示意图

国内研究较起步较晚,20 世纪 90 年代起步,现在已经有十几个研究组从事相关研究。以第四军医大学研究团队为代表,在国家自然科学基金委员会面上、重点项目,国家科技部"九五"攻关、国际合作、"十一五"支撑项目的支持下,以床旁连续动态实时图像监护为目的,取得了重要的突破,在功能图像监护方向上达到国际领先水平。

功能图像的监护比较生理参数的监护有提前发现病情变化、提前报警的能力,是值得重视的。具体如图 11-1 所示。

2. 专利情况 国外专利:以关键词 Electrical impedance tomography,in abstract and / or title 中查阅欧洲专利局 word wide ,共查到 67 个相关专利,都是一般 EIT 系统平台技术(电极材料、电极安置方法、减小噪声方法、信号采集方法、信号处理方法)。

分析国外专利情况(图 11-2)可以看出:①1984 年开始,专利的申请数量一直增长,到 2000 年开始有较多增长,可见几年 EIT 研究一直是一个热点;②比较早的主要是英国的 Sheffield 等大学,近几年企业的申请数量在增多,可见企业对该领域前景看好;③到目前尚无 EIT 图像监护的专利,也没有 EIT 相关技术的产品正式进入市场。

国内专利:国内在 EIT 研究方面,有一些技术专利,仅有第四军医大学获得 1 项 EIT 图像监护的发明专利,其他没有关于 EIT 动态监护的专利。

3. 总体分析　世界范围内 EIT 仍是研究热点;国内外都争取在 EIT 研究上有所突破;国外没有连续实时动态图像监护的论文和专利;在图像监护方面我国独具优势,有望开拓一个图像监护医疗器械产业。

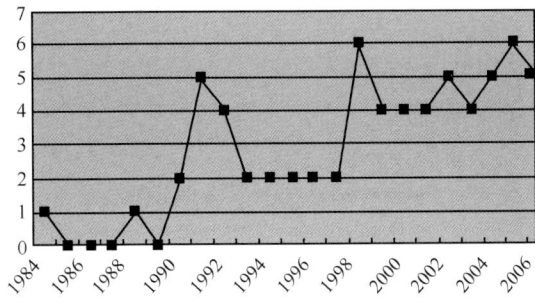

图 11-2　国外 EIT 技术专利情况

4. 产品状况

(1) 早期乳腺癌电阻抗图像检测:产品名称:AngelPlan-1000 型电阻抗扫描成像乳腺癌检测仪(注册证号:苏食药监械(准)字 2007 第 2210281 号),适用乳腺癌的早期筛查。对早期恶性肿瘤特异性强,成本低、具有完全自主知识产权,无放射性、无创、操作简便,适用于大面积人群的健康普查,是一种适宜推广技术。已在全国 20 余家医院临床使用,普查万余例妇女。与 X 线钼靶(金标准)、病理切片、红外比较结果(双盲):与 X 线钼靶、病理比对都有好的符合率,比红外线检测有明显的优势。

327 例病人电阻抗与 X 线钼靶比较:阳性符合率达 86.9%,阴性符合率:81.3%。327 例病人电阻抗检测与病理结果:敏感性:85.9%,特异性:75%。

电阻抗检测红外比较(98 例双盲、都与病理对照)98 例病人总的敏感性、特异性比较:电阻抗成像敏感性 94%,特异性 70%。红外线检测敏感性 75%,特异性 24%。98 例中对于 <1.5cm 癌变检测敏感性、特异性比较:电阻抗成像敏感性 100%,特异性 77%,红外线检测敏感性 56%,特异性 30%。

(2) 技术水平:是目前国际上唯一获得市场准入的阻抗成像乳腺癌检测设备,具有完全自主知识产权,已申请发明专利 2 项:受理号:200710018696.0;00710018677.8 获得实用新型专利 1 项:ZL 2004 200 417469。与其他乳腺检测方法比较如表 11-8:

表 11-8　乳腺检测方法比较

	主要原理	主要特点	有无损害	检测方法及时间	售价	检查费用
X 线钼靶	X 线穿过,肿瘤组织与其他组织密度比同,对 X 线的吸收率不同	1. 可以发现早期乳腺癌 2. 对年青性致密型乳腺组织的检查的准确性较低	X 线损伤,需要夹挤乳房、痛苦	需要检测前处理乳房,需 10 分钟,等片子需要 20~30 分钟	一般 60 万元,数字 X 线 100 万以上	140～200 元
超声	肿瘤组织与其他组织界面对超声的回波(需要高频)	1. 对 1cm 以上的乳腺肿瘤进行检测 2. 不能用于乳腺肿瘤的早期检测(早期界面不明确)	无害	操作手法很重要、较复杂,需要有经验的医生。10 分钟左右	十几万	60～120 元

	主要原理	主要特点	有无损害	检测方法及时间	售价	检查费用
红外	利用肿瘤组织血供丰富的特点,从原理上不能检测早期病变	1. 不适用于早期癌症检测(早期组织血供没有改变) 2. 该原理在国际上不被接受	无害	操作简单,5分钟以内	10万以内	60元
电阻抗扫描成像 EIS	癌变组织与正常、良性变化组织在电阻抗特性有显著不同	1. 对早期、小肿瘤敏感 2. 不仅适合对中老年妇女,而且适合青年妇女致密性早期肿瘤的检测	无害	操作简单,5分钟以内	15万	60元
MRI	需要配备专门线圈(国内很少)	精度高	无害	复杂	很贵,不适用于普查	700~1000元左右

（3）市场竞争情况：目前在国际上,同类技术能达到应用的只有美国 T-Scan 公司(表 11-9)。

表 11-9　同类产品比较

	美国 T-Scan	Angelplan-1000
可检出最小目标	0.2cm	0.2cm
临床应用范围	脂肪浸润性癌症(以脂肪为主的白种人和中老年妇女)	脂肪浸润性癌症(以脂肪为主的白种人和中老年妇女)
		腺体浸润性癌,(中青年妇女)
进入市场情况	FDA 临床研究许可,未获市场正式准入	SFDA 医疗器械注册,市场准入

二、参数监测设备

（一）心电图机

全球心电图机产业开发较早,行业发展历史悠久。目前我国成为心电图机市场需求量最大的国家,需求量将呈继续上升态势,国内心电图机市场前景将更加广阔。目前普通心电图机已由机电式发展到电子式和具有一定智能的普通心电图机,大致经历了三代。现在我国大部分医院使用的仍是机电式,少数大医院已从国外进口了第三代具有一定智能的常规心电图机。目前,日本、美国等发达国家普遍使用的是第三代心电图机。

目前国外心电图机产品技术较为先进,知名厂商如日本光电、美国惠普,无论是质量还是技术都特别先进。国内主要厂家有上海医疗器械厂、上海伯迪克医疗仪器公司、北京医疗器械研究所、北京协昆医学仪器有限公司等。但中国在心电图记录仪的功能创新和技术升级方面的投入不大,目前已经落后于国际水平。近年来,在自动操作功能方面即自动导联切换、自动基线稳定、自动增益控制和自动定标等,均已取得技术进步。目前与国外先进产品的差距主要在数字化和热阵记录器上。此外,国内产品主要是单导机,能生产多导同步记录心电图机的厂家较少。

国内市场上,国产产品仍然可以靠价格优势维持市场份额,但只占总销售额的10%。但对于购买力雄厚,强调高效率和高性能的发达国家市场,仅仅靠价格优势,国产心电图记录仪想打开市场有很大的难度。

发达国家在保持现有市场的优势同时,不断加强研发投入,开发面向未来市场发展趋势的高附加值产品,继续保持自身的领先地位。美国FDA批准一种名叫PocketviewECG的心电图机投入市场,这是标准心心电图机的小型化机,和标准机的功能相同,反映了医疗器械领域大器械转向小型化这一发展趋势。PocketviewECG由澳大利亚MicroMedical工业公司制造,在机器上可以看到所记录的心电图,也可以使用特制的软件通过移动电话或其他的无线电网络传输至计算机,由其他医务人员观察。

(二) 电子血压计

全球范围内高血压的发病率逐年急剧升高,高血压容易诱发各种心血管疾病,严重威胁人类健康。能够日常测量动脉血压的电子血压计越来越受到用户青睐,在高血压预防和控制中起了重要作用。随着医学知识的普及和自我保健意识的提高,人们开始重视对自身血压的日常监测,电子血压计已悄悄走进了寻常百姓家,成为普通家庭常用的保健器械。越来越多的商家开始看好血压计市场,市场竞争日益白热化起来。

电子血压计根据测量部位不同的大致可以分为上臂式和手腕式两大类。上臂式血压计基于示波法,测量过程由充气加压、放气减压并测量、测量完快速放气三步组成。根据为提高产品性能所作的改进,上臂式电子血压计技术大致可分为两代。相比第一代,第二代采用了智能加压技术,在加压过程中对测量者血压进行粗测,根据粗测结果自动调节加压值,有效减轻对手臂的压迫感,测量结果更准确。第一代技术在放气阶段采用机械定速排气阀,造成排气速度不稳定,影响测量的结果。而第二代采用带有伺服系统的电子控制排气阀,能有效确保测量阶段匀速放气,测量结果非常稳定,这也是第二代的技术难度所在。目前国内绝大多数的厂商仅仅掌握了第一代技术。而第二代技术仅掌握在几家国际市场主流厂家手中,如Omron、Panasonic、深圳金亿帝科技、瑞士microlife、中国台湾优盛医学等。手腕式电子血压计采用加压式测量,最显著的特点外形小巧,但腕式血压计误差较大,不能完全达到临床要求,尤其不适用于因生理或病理原因引起血管硬度显著改变的人群。血压作为最重要的生理参数之一,也是监护仪必不可少的检测参数。监护仪上一般配备有创血压(IBP)和无创血压(NIBP)两个模块。IBP的测量原理简单,主要取决于血压探头上压力传感器的灵敏度和线性度。NIBP模块也采用基于示波法的测量原理,但放气测量时采用阶梯状放气而不是匀速放气,该方法大大提高抗运动干扰的能力,适应各种场合监护的需要。由于电子血压计使用方便,目前欧洲等发达国家,已大部分淘汰了水银柱血压计,而使用了经国际标准认证的电子血压计。目前国内还没有出台专门的标准对血压计进行验证,主流产品一般参照美国AAMI标准和英国BHS标准执行,市场上品牌众多,产品质量参差不齐,亟待监管部门制定相应标准规范市场。

未来血压计研发的一个主要任务是进一步提高准确度。准确度的评价当前一般采用听诊法测量结果作为金标准,一些研究机构正着力以IBP测量值替代听诊法作为评价标准。NIBP测量的抗运动能力也有待进一步提高。以上提到的方法都是建立的示波法基础上,利用袖带充放气完成一次测量过程,不能实现每搏血压的连续测量。由于连续监测血压变化具有非常重要的临床价值,找到实现动脉血压无创且连续测量的新方法是一个亟需突破的根本问题。Penaz提出基于压力指套和光电容积描记法的手指动脉压力连续测量法(Finapres),并开发出相应的产品Finometer和portapress,记录时间可长达数小时。该方法能跟踪动脉血压的相对变化,但测量血压绝对值不准确,且价格昂贵,使用不方便,主要用在科学研究中,临床应用较少。还有研究者尝试从其他容易连续测量的生理参数中找到与血压相关性强的特征从而预测血压的变化,比如利用脉搏波传导时间估计血压,生理参数间的相关性对各种因素的影响非常敏感,对标定和预测造成极大难度,目前这类方法的准确度尚不能达到临床要求。突破血压的无创连续测量这一技术难关,将推动临床医学的进步,因而是当前的研究热点。

(三)血糖仪

世界卫生组织报道,中国2003年有4000万人患有糖尿病,并以每天至少3000人的速度增加,但仅有1.5%左右的患者拥有自己的血糖监测仪,而欧美国家这个比率高达90%以上。假设未来几年中国50%左右的患者要购买血糖监测仪,而平均每台以1000元的价格计算,2000万患者的消费总量就高达200亿元。随着经济水平和患者疾病意识不断提高,血糖监测仪将成为糖尿病患者提高生活质量的日常用品。而且,随着价格持续下降,血糖监测仪走进大部分糖尿病患者的家也将成为事实。

国内血糖仪市场份额的大部分都被瑞士罗氏和美国强生两家占有。目前,中国已经有40万糖尿病患者在使用美国强生的LIFESCAN血糖仪,中国有1.4万家医疗机构也在使用美国强生LIFESCAN的产品,从而成为血糖监测领域的最主要厂商。美国强生LIFES-CAN公司成功研发出一款更方便患者使用的血糖仪,通过这款被称为"随手测"的血糖仪,患者随时清楚知道自己平时的血糖水平,有助于医生及时为自己调整治疗方案,达到治疗目标。奥地利一家医疗器械公司开发出一种新型无痛血糖检测仪,给需要每天多次测试血糖的糖尿病患者带来了福音。患者只需将这种新型血糖检测仪放在前臂、上臂或手掌大拇指根部的表皮上按一下按钮,仪器就会自动完成取血、涂抹血糖试条和测定血糖水平等步骤。新血糖检测仪每次仅取2微升血,患者在取血部位只略为有点感觉。据悉,这种新型血糖仪已经开始在专业医疗器械商店出售。美国科学家最近发明了一种新型感应式血糖测量器,使病人只需在胳膊被植入微型感应器后,将臂膀在特殊的测量仪前挥动几下,就能知道自己的血糖值。这种新型测量器由一个植入病人皮下的感应器和外部测量仪两部分组成。感应器的直径只有6毫米,厚度如同普通纸张一般,并且无需电源驱动。当病人在测量仪前挥动被植入感应器的臂膀时,测量仪就能借助磁脉冲的方式读出病人的血糖值。

我国血糖仪市场仍然是由国外一些著名公司的产品所主导,如罗氏(Roche)公司的Glucotrend系列血糖测试仪产品、强生(Johnson & Johnson's)公司的ONE TOUCH血糖测试仪、从事医疗器械销售与服务的GMI其血糖仪产品包括Beckman Synchron CX系列、拜耳(Bayer)公司的Ascensia Contour血糖测试仪、雅培(Abbott)公司的Precision QID等。这些血糖仪均涉及微量采血,但从这些产品的测试范围、测试时间、采血量、重复性、准确性等指标来看,新一代血糖仪以监测速度快、需血量更少、操作简单为追求目标。

(四)多参数监护仪

据不完全统计,中国医用监护仪的生产厂家已有70多个,不同类型、不同规格和型号的产品已达数百个。除对应各病种的监护仪外,在构成形式上有床旁、中央监护系统和中央工作站;在连接形式上有有线系统、无线系统、网络系统;在功能上有监护、分析处理和管理等;结构形式有内置和插件、台式、立式、壁挂式之分,可适应医院各种情况的需要。

医用监护仪器主要包括四个部分:信号采集(换能)、信号处理(电子线路)、显示和软件。中国医用监护仪都采用高速大规模集成和专用电路、大屏幕液晶显示和高质量软件等,使医用监护仪的整体技术水平逐渐成熟。例如:数字化技术广泛应用(如深圳迈瑞、北京超思等),实现7/12导联心电信号同步显示(如宝莱特等),心电信号变异的处理分析,睡眠监护仪器的创新技术(如北京泰达等),母亲胎儿监护仪器的技术改进,胎儿脐带血流的检测和计算,具有监护、信息处理和管理三结合功能的综合手术麻醉监护仪出现(如珠海兰迪等),基本的换能元件已实现国产化等等。

国外几个大的公司,GE、西门子、飞利浦等代表着国际医用监护仪的一流技术水平。与此相比,中国医用监护仪在特殊品种和某些性能指标上尚存在差距;但在外壳设计和工艺、主要硬件结构和功能指标方面,已经达到或接近国外先进产品水平,可以满足一般临床需要,部分产品和指标甚至达到国际领先。国产监护产品的数量和质量不断增长与提高,在国内市场中出现了强劲的竞争势头,国内知名品牌的产品已开始参与国际市场的竞争,国内产品的国际市场增长势头非常强劲。近几年国产监护产品正大批量进入高端市场,有些已进入医院的重要科室。而进口品牌的监护产品竞争势头逐渐在减弱,由于进口品牌进入中国市场较早,故目前进口品牌在高端市场的占有率比较高。

监护仪通过电极或各种传感器直接作用于人体,其安全性和有效性是监护仪质量的基本要求。标准和法规是保证监护产品安全使用的重要准则,也是保证监护产品性能的重要准则。如果要使国产监护产品上一个档次,尽快缩小和国际品牌机器的差距,那么就必须脚踏实地地做好每一步工作。首先应该严格按照标准的要求去做,尽快提高产品的质量和安全性能,同时要加强在核心技术领域的研究工作,更多地产生我国自己的独立知识产权。只有这样才能使我国的监护产品积累更多的知识,提高监护产品的整体水平。

(五)机体功能代谢早期预警设备

在重症监护(ICU),重大手术以及急救医学中,实时监测病人机体状况变化,对预防休克等循环呼吸功能衰竭综合征、降低临床病患死亡率、评价治疗效果以及改善预后等具有非常重要的临床意义。目前在临床上监测的主要生理参数包括心率、心电、动脉血压和指末动脉血氧饱和度等,但是这些指标都是在整体水平进行监测,反映患者的总体机能状况,其灵敏度不能有效反映关键器官组织活性以及血液灌注氧合状况,无法达到早期预警器官组织水平的功能代谢失衡趋势。最近研究表明机体在失血等应激状况下,机体优先保证心、脑、肾等重要脏器的血液和能量供应,从而代偿性地减少皮肤、肠道与尿道等非性命攸关脏器的血供。因而,这些对机体存亡相对次重要的器官组织功能代谢状况,能更快捷、更准确、尽早、实时地反映机体的功能代谢状况的变化趋势。在器官和组织水平上多参数地监测功能代谢水平,从而实现机体功能状况的早期预警正成为未来临床生理参数监测技术发展的重要趋势。

大量研究已经表明,光学成像监测方法,如光谱成像技术、线粒体自发荧光技术等,在血液动力学与细胞代谢状况的监测应用中体现出实时快速、无损、高分辨、高灵敏度等优势,越来越受到临床医生的关注和重视,也是临床技术设备发展更新的重要关注点。结合多种光学方法,可以实时并行获取微循环血流、局部血容量、血氧饱和度以及线粒体代谢状况的多参数信息。基于该技术,以色列的 Critisense 公司开发的 Critiview 多参数危重病人监护仪已经处于临床实验阶段,并展现出很好的临床应用前景。在国内的一些研究机构,如华中科技大学、清华大学与天津大学等,在器官组织层次上的血流动力学光学成像技术与代谢相关荧光成像技术均已经积累了坚实的基础,并在国际相关研究领域形成了一定的影响力。因此,应加快光学成像技术在该领域的整合,尽早实现临床应用。

三、分析检验设备

目前国内在中低端产品上已经与国际上的水平相近,并且有不少厂家的产品已经出口。具体情况如表 11-10 所示。

表 11-10　国内中低端分析检验设备厂商情况

仪器类别	主要厂家
半自动生化分析仪	深圳雷杜生命科学仪器公司
	山东高密彩虹分析仪器有限公司
	上海科华实验系统有限公司
	深圳锦瑞
中低档全自动生化(200~400test/h)	深圳迈瑞
	上海科华
	深圳雷杜生命科学仪器公司
	长春迪瑞实业有限公司
半自动、全自动临床电解质分析仪	深圳康立
	深圳越华、凯特
	上海迅达
	深圳航创
血细胞计数仪(3分类)	深圳迈瑞
	深圳普康
	桂林优利特
	江西特康
	江西百特
尿液分析仪	桂林优利特
	长春迪瑞实业有限公司
酶标仪、洗板机	北京普朗
	山东高密彩虹
	上海科华

但在高端产品上,大部分是空白,具体情况如下表 11-11 所示。

表 11-11　国内高端分析检验设备厂商情况

仪器类别	主要厂家
高档全自动生化分析系统(＞600test/h)	Hitachi
	Beckman-coulter
	Abbott Laboratories
	Roche
	Bayer
全自动化学发光免疫分析系统	Abbott Laboratories
	Roche
	Bayer
	Beckman-coulter
血细胞计数仪(5 分类)	Sysmex
	Beckman-coulter
	Abbott Laboratories
	深圳迈瑞
全自动细菌分析系统	法国梅里艾

激光诊断:用于检验和诊断的激光技术主要有,激光荧光光谱术,激光喇曼光谱分析术,激光全息术,激光散斑分析术,激光多普勒测速术,激光流动式细胞分析术,激光干涉术,激光透照术和激光偏振技术等等,分别用来测量血液、尿液和人体其他组织的成分、微量元素的含量等,以及识别和分辨细胞是否病变或癌变。

第三节　治疗类医疗器械

一、应急救援医疗装备

突发事件/灾害应对医疗装备技术。

(一) 技术重要性、可应用范围与发展趋势

我国是一个自然灾害多发地区的国家,1976 年唐山大地震、2003 年 SARS 传播、2008 年初南方雪灾、2008 年 5 月汶川大地震,每年大量发生的矿场塌方、山体滑坡、交通事故,由于伤者无法及时被送到医院、现场缺少救治环境、医务人员无法迅速到达现场,这些灾害和突发事件严重危害受灾群众的生命安全,造成大量人群的至残至死,给国家和人民群众造成巨大的损失。所以,需要针对应对突发事件/灾害研制医疗装备及其技术,提高我国应对突发事件和灾害的医疗装备与技术水平。

(二) 国内外现状和我国差距比较分析

我国基本没有针对突发事件和灾害研制的配套医疗装备,当灾情发生时,都是采用急救设备奔赴现场,经常出现缺少电源、水、合格房间的问题,使急救设备不能发挥应有的作用。例如,如果没有电、水、胶片、暗室,床旁 X 射线机就无法使用,而我国没有研制出便携式小功率数字式的 X 射线机。国外研制的全身摄影数字 X 射线机,15 秒内就可实现对伤者从头到脚的 X 光摄影检查,对救治处于昏迷状态的伤者争取了宝贵的时间。地震破坏了

基础设施,医务工作者需要和救治装备一起赶到震区救治伤者,所以可移动的一体化的救治房舱、医疗救治车是必需的。

(三)建议我国发展重点

第一,研制便携式小功率数字式的 X 射线机;

第二,研制全身快速摄影数字 X 射线机;

第三,研制可移动的一体化医疗诊断救治房舱或专用车厢;

第四,研制一体化的医疗诊断救治手术专用火车车厢;

第五,研制一体化的医疗诊断救治手术专用轮船;

第六,研制急救型呼吸机。

二、无创类治疗器械(有源和无源)

(一)低功率理疗类产品

低功率理疗类产品包括电疗(直流电及离子导入,低频、中频、高频、超高频、特高频、极高频),光疗(红外、可见光、紫外、激光、光敏及光量子疗法),磁疗(脉冲磁场、脉动磁场、旋磁),力疗及压力疗法(牵引、按摩、体外反搏、肢体加压),超声理疗等治疗设备。主要用于疾病预防、常见病治疗、促进病后机体康复、延缓衰老、提高人体健康水平。

(二)呼吸机

1. 国内现有呼吸机的品种和技术现状描述　国内呼吸机的研制开发起步于 20 世纪 80 年代初期,直到 90 年代中期。由于当时我国的基础工业落后、临床对呼吸机的使用需求不普遍、技术投入严重不足、缺少国际化合作、质量管理水平低、企业规模小等多方面原因,使得这一时期的国产呼吸机发展缓慢,产品质量普遍较差,不能保证临床使用要求。

从 20 世纪 90 年代中末期开始,国产呼吸机的开发力度有所加大,质量得到了明显提高,但国产呼吸机大多采用模拟电路控制,并缺少临床研究方面的支持。而在同一时期,国外很多厂家推出的呼吸机采用了数字电路控制,突出了用软件实现呼吸治疗模式。

国内现有呼吸机生产经营企业 10 多家,总体技术水平落后,真正具有自主开发能力和良好管理水平的企业只有 2～3 家。国产呼吸机以低档呼吸机为主,其控制系统大多以微处理器为主。目前,部分厂家开发了中档呼吸机,采用的主要呼吸模式有 IPPV、SIPPV、SIMV、CPAP、PSV、PCV 等,功能上基本满足临床使用要求。

国内呼吸机和国外呼吸机相比,在性能上还存在很大差距,尤其是呼吸机的可靠性上,目前呼吸机还采用 1987 年制定的行业标准,分类方法、测试方法和要求已经与现有产品有了很大差距。另外,呼吸机的使用主要来源于临床,一方面,呼吸机厂家和临床医院严重脱钩;另一方面,极度缺乏医学和工程结合的复合型人才。两方面原因使得国内呼吸机的设计停留在单纯模仿阶段,无法增加设备的技术内涵。技术实现途径、医学与工程的结合程度将最终决定国产呼吸机能否赶上国外先进呼吸机。

这些差距随着中国进入 WTO 后关税的降低,国内企业面临着越来越严峻的竞争形势,尽快将产品国际化,是国内呼吸机行业面临的共同课题。

2. 国外现有呼吸机的品种和技术现状描述 国外呼吸机的发展已有70多年历史,现有以美国为主的国外20多个呼吸机厂家在中国注册产品,且占据了中国呼吸机市场的60%以上。而在10万元以上的中高档呼吸机市场份额,被进口机型占据了98%。他们的产品各有特色,就性能价格比和可靠性而言都不相上下,令人堪忧的是售后服务昂贵及高价配件、维修费。从技术先进性来说,德国的 SIEMENS 公司和 DRAGER 公司、美国的 PB 公司一直走在业界的最前方。尤其是较早进入中国市场的 SIEMENS 产品,在广大医院中有很好的口碑。美国 Newpor 公司的产品则在几年前以价格优势进入了中国市场。美国的 Responics 公司则以无创呼吸机为特色,在无创呼吸领域具有很大的实力。无论是哪种呼吸机,它的中高档产品都采用了无创和有创结合的方式。自动调控、自动监测、安全性和无创伤性,是呼吸机发展的主流趋势。

(三)麻醉机

1. 国内现有麻醉机的品种和技术现状描述 国内麻醉机的研制开发起步于20世纪80年代初期,直到90年代中期,由于当时我国的基础工业落后、临床对呼吸机的使用需求不普遍、技术投入严重不足、缺少国际化合作、质量管理水平低、企业规模小等多方面原因,使得这一时期的国产麻醉机发展缓慢,产品质量普遍较差。

国内现有麻醉机企业20多家。近年来,国产麻醉机的技术水平和产品可靠性较之80年代有了长足进步,麻醉机品种已由简易型过渡到多功能型,整个行业无论从产品外观上还是从产品性能上,都有了很大提升。一方面,从国家标准制定上看,取消了无刻度蒸发器,氧气气源故障报警、笑气截断装置和氧笑比例控制装置已成为基本要求。另一方面,各厂家的工艺结构也已从单纯的板金转向了板金、型材、塑料模具和 ABS 工程塑料等多种模式,表面处理多样化、喷漆、喷塑、特氟龙、镀铬、氧化等方式并驾齐驱。简单地从外观水平看,国产麻醉机已接近国外麻醉机水平。

国内麻醉机和国外麻醉机相比,在性能上还存在一定差距,尤其是麻醉呼吸机的安全性考虑上,由于目前国家还没有有关麻醉呼吸机的标准,所以各个企业的麻醉呼吸机水平良莠不齐,处于失控状态。另外,从说明书和产品标识上国内外也存在着差距,随着国内医疗事故处理条例的颁布,医院和厂家责任日渐重大,说明书和产品标识的要求也越来越严格。虽然取消了无刻度麻醉蒸发器,但在蒸发器性能上国内外也还存在差距。

随着中国进入 WTO,越来越多的企业开始面向广大的国际市场,他们已经看到和国外的差距,部分企业已经或正在将产品的设计和生产向国际标准看齐,国家也已开始着手麻醉工作站标准的制定工作。

2. 国外现有麻醉机的品种和技术现状描述 国外的几个老牌麻醉机企业都在中国占据一席之地,且占据了中国麻醉机市场的半壁江山。他们的产品各有特色。从技术先进性来说,德国的 DRAGER 公司一直走在业界的最前方,与 GE-MARQUETTE 的全球联盟,更强化了它在麻醉领域的主导地位。它的产品结构个性化强,具有全面的自检功能,首先应用了电子流量计和电子蒸发器等先进技术。美国的 OHMEDA 公司麻醉机的结构在麻醉领域一直起到典范的作用,特别对中国的麻醉机行业有着深远影响。OHMEDA 公司与 DATEX 公司的联手,使它弥补了原来在麻醉监护上的不足,更是如虎添翼。他们的产品都有一个共同特点:产品系列全,技术先进,工作稳定,安全可靠,可以说集中代表了当今麻醉机发展的前沿。

三、有创类治疗器械

（一）微型眼科手术刀

2004年美国南加利福尼亚大学的研究人员研制出的一种新眼科手术刀，手术刀的切割头直径只有0.25毫米，是目前使用的同类设备的四分之一，这使得眼科手术的切口减小。由于切口小，患者在手术中几乎感觉不到疼痛，因此，大大减少了麻醉剂的使用量。手术后，伤口很快就能自行愈合，省去了缝合的步骤，也缩短了手术时间。同时该手术相对于传统手术费用更低。

（二）纳米陶瓷手术刀

纳米陶瓷手术刀是新材料技术在传统医疗器械中应用的一个典型例子：传统钢制手术刀在使用和加热消毒时易腐蚀、钝化，寿命低；金刚石手术刀加工工艺复杂，透明，操作困难，价格昂贵。纳米陶瓷手术刀采用纳米陶瓷材料与加工高技术克服了上述缺点，刃口锋利，无磁，无毒，无静电，寿命长，防腐蚀，具有生物体组织相容性，精度高，刀口可快速愈合，术后无明显切痕，易于操作，可在高温使用，且成本适中。应用领域包括眼科、整形科、血管手术、显微外科、神经外科、植皮手术。

（三）定向能量外科治疗设备

定向能量外科治疗设备包括高能量的微波、射频、激光、超声和冷冻等技术设备，其应用范围几乎覆盖了从组织凋亡到手术切除的所有外科领域。"定向能量外科系统"（Directed energy surgical systems）这一提法，2002年首先出在美国。实际上定向能量外科系统，是基于医学临床的需求，随着现代技术的发展不断出现的一批新型的物理能量治疗设备。近些年发展十分迅速，已逐渐形成一个以非电离辐射物理量为主的新兴物理能量治疗领域，它包括医用激光、微波、射频以及超声、冷冻等。这些物理量不会引起被作用的生物组织的分子电离，也影响不到组织的原子—分子结构，用于医疗上（除了部分利用超声机械破碎效应和空化效应的超声手术刀外），主要是利用各种不同物理因子的能量辐射，产生局部的生物温度效应，达到定向损毁病灶组织的目的。

根据2002年7月11日美国Medtech Insight发表的"美国2001—2010年定向能量外科设备市场"报告提供的数据，美国采用以定向能量技术为基础的治疗，在2001年已高达760万次，全年销售额达到14亿美元。

国内的定向能量外科治疗技术，近些年发展情况也很好。在技术和产品方面，是当前我国医疗器械产业中，自主研制产品比例较大、技术基础较好、质量较高、产量较大的产品门类，其中高功率的超声、微波、射频肿瘤治疗设备，在某些技术和应用上在世界肿瘤热疗领域还占有一定优势。在市场方面，由于临床应用面宽，各类医院需求明确，因此是一个量大面广的产品门类，目前应用已相当普遍，今后随着我国卫生健康工作的发展，人民生活质量的提高，还会有更大的发展，市场前景良好。定向能量外科设备应是我国当代医疗器械产业发展中十分值得关注的产品系列。

（四）眼科用激光治疗仪

目前，激光光凝是治疗多种眼底病的主要手段，以糖尿病为例，目前全球糖尿病患者已达1.8亿左右，我国糖尿病发病率也呈逐年上升趋势，在过去的25年中糖尿病的患病人群已经上升了近8倍；我国已成为仅次于印度的第二位糖尿病大国。据统计，中国已确诊的糖尿病患者达4000万，并以每年100万的速度递增，其中患糖尿病性视网膜病变接近2000万，该病已经成为我国致盲性眼病中最主要的疾病之一。激光是治疗糖尿病视网膜病变患者视力最主要的手段。光凝能有效地保存糖尿病患者的视力，降低糖尿病患者的失明率。此外，激光光凝的方法还是治疗许多其他眼底病的重要方法，如：视网膜静脉阻塞、视网膜血管炎等。激光治疗中激光光凝器是不可缺少的工具。目前国内多数医院用于治疗眼底疾病的激光器大多只能输出单种波长（绿光、红外光），不适用于黄斑部的光凝，尤其是糖尿病视网膜病变黄斑的格栅样光凝，对于屈光间质混浊或伴有视网膜前出血的病例也不能顺利进行光凝，因此大大限制了其使用范围，不能满足临床需求。

多波长眼底激光治疗仪可以同时产生黄、红、绿等多种不同波长的激光束，临床医生可根据不同的病例需求选择不同的波长进行治疗。大量文献表明，多波长激光不但能大大扩展激光治疗的适应证，而且在治疗过程的可操控性方面及治疗效果方面具有其他单波长激光仪无法比拟的优势，因此越来越受眼科临床医生的青睐。多波长激光仪已成为眼底病光凝的主要激光治疗仪，也已成为技术设备发展的趋势。替代其他种类激光仪。

四、植入式医疗器械

（一）心脑血管支架

介入式器械的发明是20世纪医疗器械的重要进步，其对心脑血管疾病有显著的疗效。例如心血管支架的应用使得2000年心血管疾病的死亡率比1980年降低了40%。这类器械的关键技术在于新材料的研制、药物载体和药物的研究等。

心脏介入类器械属于高技术、高风险和高收益的产品，该领域市场准入门槛非常高，核心技术被少数跨国企业所垄断。目前世界上生产心脑血管介入器械的国外公司有五十余家，主要公司为：美国强生公司、Medtronic公司、Boston Scientific公司、Cook公司、EV3公司、Bard公司，日本Teromo公司，欧洲SORON公司等。其中以美国强生公司、Medtronic公司、Boston Scientific公司规模最大。

我国约有十余家企业生产心脑血管介入器械，主要有上海微创公司、北京乐普公司、山东吉威公司、深圳先健公司、苏州唯科公司、南京微创公司、大连垠艺公司、北京安泰公司、深圳业聚公司等。在整个心脑及外周血管介入产品领域，中国市场主要由美国强生公司、Boston Scientific公司和上海微创公司3强占有。在2006年，这三个企业预计占整个中国市场的80%。

植入式有源器械长期植入人体内部，一般自带电源，要求在人体内长期、稳定运行。当前的大多数人工器官都属于该类别。例如人工心脏、人工胰（胰岛素泵）、人工肺等。心脏起搏器和植入式神经刺激器也属于该类别。对植入式有源器械的研制，代表了医疗器械研制的最高水平。本段以心脏起搏器、植入式神经刺激器、人工耳蜗为例说明该领域当前国际研究现状。

（二）心脏起搏器

1958 年 10 月 15 日在瑞典的斯德哥尔摩的 Karolinska 医院植入了世界首例全埋藏式人工心脏起搏器，开创了心脏起搏器应用时代。1964 年 Castellanos、Lemberg 和 Berkovits 等研究成功心室按需型起搏器，使起搏技术进入起搏器第二代：按需型心脏起搏。1963 年 Nathan 率先应用 VAT 心房同步起搏，1975 年 Cammilli 提出感知呼吸的频率适应性起搏器，这是最早的频率适应性起搏器。1978 年 Funke 提出了 DDT 起搏器设计构想。同年，Furman 植入世界首例 DDD 起搏器。这些使起搏技术进入了第三代即生理性起搏的时代。1995 年，首例起搏阈值自动夺获型起搏器问世，这一技术开创了起搏器自动化的新时代。其特点为根据配戴者的实际情况制定其在体内工作的各种参数。心脏起搏器的发明，给心脏病患者带来了极大的福音。世界首例心脏起搏器植入患者 Arne Larsson 先生 40 岁时（1958 年）因患完全性房室阻滞、频发心脏停跳引起阿斯综合征植入心脏起搏器，其活到 2001 年，先后更换了 25 台心脏起搏器。目前欧洲每百万人口有 600 人植入心脏起搏器。

目前美国和欧洲对于心脏起搏器研究较为成熟，产品占据了全球市场的 90％以上。例如美国的 Medtronic 公司、St JudeMedical 公司、Guidant 公司、荷兰 Vitatron 医疗公司、意大利 Ela 公司、德国 Biotronic 公司等。

近几年我国心脏起搏器植入量以每年 15％的速度递增，2006 年全国心脏起搏器植入已超过 23 000 台。当前我国的心脏起搏器主要依赖进口，而进口心脏起搏器价格昂贵，功能最简单的每台需要 1.5 万元人民币左右，功能较为先进的每台则需要六七万元甚至一二十万元。2003 年西安交通大学医学院医学电子工程研究所研制出了我国首台植入式心脏起搏器样机，该样机在性能方面已达到国际先进水平，一些指标还优于国外同类产品。同时价格远低于国外同类产品。随后该研究所与陕西秦明电子（集团）有限公司合作将该产品推向市场，2007 年该产品年销售量大约 4000 套左右。

（三）植入式神经刺激器

1987 年法国 Benabi. D 医生发明了当时是用来治疗特发性震颤的脑起搏器，后来在临床治疗中发现该器械用来治疗帕金森氏症也能取得很好的疗效。从此脑起搏器得到了迅速的推广，在治疗癫痫、帕金森等疾病方面表现出了显著的疗效，至今全世界已有 55 000 多人接受了这种治疗。这类器械的基本原理是产生电流脉冲，刺激人体神经，从而改变人体响应的过程。该类器械一般体积小巧，大多数植入人体内部长时间工作。其对材料、电子、软件等方面的技术有极高的要求，其目前的生产制造被美国和欧洲发达国家垄断。发达国家对于植入式神经调节器的研究已有相当长的一段时间，并积累了丰富的经验。

目前全球上市的成熟产品有：①1999 年美国 Meditronic 公司研究的 Renew 植入式神经调节器，用于治疗多种治疗药物无法有效镇痛的剧烈头痛；②2002 年美国公司研制的 Genesis 植入式神经调节器，用于治疗躯干疼痛和肢体疼痛，对关节炎、风湿性关节炎引起的疼痛缓解尤为有益；③2006 年加拿大 Victhom 公司研制的 Neurostep 植入式神经调节器用于治疗脑卒中患者常见后遗症步态不稳；④Meditronic 公司开发 InterStim 植入式神经调节器，用于治疗老年妇女的尿失禁；⑤Meditronic 公司研制植入式深层脑激活器（脑起搏器），用于治疗多种与脑电流异常有关的神经性疾病，如癫痫、帕金森病甚至抑郁症等。

我国在临床使用植入式神经刺激产品已有接近 10 年的时间，例如自 1999 年引进脑起搏器以来,已有十几家医院开展了脑起搏器植入手术,治疗帕金森病数近千例,并逐年以几何级数递增。我国对于植入式神经刺激产品的研究却处于起步阶段,成熟的产业化产品尚未出现,例如我国使用的脑起搏器产品主要从美国进口。

我国有部分学者从事植入式神经刺激器的研制,并取得了一定的研究成果,部分产品已进入临床实验阶段。清华大学研制了植入式神经刺激器样机。该样机重量34克,体积小于$47mm \times 49mm \times 10mm$,其在典型的神经刺激条件下平均功耗为$54\mu W$,预计使用寿命在5年以上。该系统经过了完备的高低温、老化、振动/跌落、电磁兼容等可靠性试验及注册检验,已完成20只家兔和5只恒河猴的动物试验,验证了系统在长期植入中的安全性和功能有效性,该系统很多参数上接近甚至超过发达国家水平。

(四)人工耳蜗

对人工器官的研制是人类医疗器械研制的最高目标,其设计目标是完全取代患者病变器官。虽然人类当前对该类器械的研制尚处于起步阶段,但也取得了一定的研究成果。人工耳蜗是一种研制得比较成熟的人工器官。

人的耳蜗毛细胞是接受声音的感觉细胞。当耳蜗毛细胞损伤严重时,就出现严重的耳聋。人工耳蜗是替代已损伤毛细胞,通过电流听觉神经重新获得声音信号的一种电子装置。人工耳蜗由体外和体内装置两部分组成,体外部分包括麦克风、言语转换器、发射线圈;体内的部分包括接收线圈、处理器、刺激电极及参照电极组成。麦克风接收声信号,通过言语处理器,将声信号进行数字编码等处理,通过发射线圈经皮肤传送到植入体内的接收线圈,将这种携带有相应频率及电流强度的脉冲继续传送到多个刺激电极,信号通过听神经传到听觉中枢进行辨别处理产生听觉。

目前全球已有3万多人植入了人工耳蜗。人工耳蜗属于高技术集成度产品,其集成了电子技术、材料技术、数字信号处理技术等,目前的生产、制造由澳大利亚、美国、奥地利等少数国家垄断。

2007年,由中国科学院院士、复旦大学附属眼耳鼻喉科医院教授王正敏领衔,历时近10年研发成功了中国首个拥有自主创新技术和专利的"国产多道程控人工耳蜗",该项技术的永久使用权转让给上海力声特医学科技有限公司后,将通过企业投资、产销,使国产人工电子耳蜗成果产业化。预计1至2年内国产人工耳蜗有望上市,价格相当于国外进口产品的一半。

五、肿瘤治疗设备

(一)放射线产品

放射治疗(Radiation therapy)是利用放射线治疗各种肿瘤的临床方法。放射治疗与外科手术治疗、化学药物治疗是现代临床治疗肿瘤的三大手段。放射治疗使用的放射源主要有三类:①放射性核素产生的α、β、γ射线;②电子加速器产生的不同能量的X射线和电子束;③重离子加速器产生的质子束、中子束、π-介子束和其他重粒子束等。

2004年一个美国研究小组开发出"强度调制放射治疗"技术,该技术将矩形的射线分裂成许多更小的束,每一个子束可以调节产生不同的能量:在肿瘤厚或者深的地方能量强,而在肿瘤薄的地方能量弱。而另一束射线可以同时从另一个方向照过，在两束射线相交的地方能量会被加强，这一复合的射线束能够精确地吻合并包含整个肿瘤。这一新技术不仅更加精确，而且更加快捷。

一般的放射治疗采用 X 射线或者电子，采用质子等重粒子进行放射治疗是当前放射治疗仪器的另一发展方向。与 X 线和电子相比，质子放疗的主要优势在于它的有限范围与其深度剂量分布的形状。如果一束质子流进入人体，它的局部储存剂量增加的很慢，大约相当一束流范围的 3/4。在剩下的 1/4 长度中，质子的放射剂量储存增加陡峭，达到一个最大值而后迅速衰减至 0。如果质子流的直径大于约 15mm，其入射剂量仅只为剂量最大值的 25%。若质子能量选择的较合适，比如说其范围小于人体直径，则射出剂量实际为 0。其他重电荷粒子，像氘核、氦离子、碳离子等，相对于 X 射线而言均有如质子一样的优越性。重粒子放射治疗目前的缺点是价格过高。

目前，世界上已有十多个个国家正在开展质子治疗工作。已开展使用的质子放疗设备北美有 5 台，欧洲 10 台，包括中国在内的其他地区 6 台；世界各地正在建造或计划立项的还有十几家。已用质子治疗病人 4 万多例，所治疗的肿瘤有眼葡萄膜黑色素瘤、中枢神经系统肿瘤、颅底肿瘤、前列腺癌、非小细胞肺癌、胃肠道肿瘤、鼻咽癌、乳腺癌和宫颈癌等，均取得较好的效果。

质子放射治疗在我国的研制还处于起步阶段。

(二) 高强度聚焦超声

高强度聚焦超声(High Intensity Focused Ultrasound，HIFU)治疗癌症是当前癌症治疗中的一个新手段，属超声治疗技术的重要进展。

虽然提出 HIFU 原理的是美国医学超声专家 Fry，但世界上首台完全从体外发射超声治疗体内肿瘤的 HIFU 设备却诞生于中国。经过重庆医科大学、上海交通大学、西安交通大学、中国科学院声学所等校所和重庆海扶(HIFU)技术有限公司、北京源德生物技术有限公司、上海爱申科技发展股份有限公司、四川绵阳索尼克电子有限责任公司等企业多年的不断探索和努力，我国的 HIFU 已在世界上取得较高的地位，特别是 HIFU 的临床应用，我国走在世界前列。重庆医科大学附属二院率先进行 HIFU 的临床应用。近年来，北京的 301 医院、北大人民医院，上海的华东医院、中山医院，广州的广州军区总医院，四川的华西医科大学附属第四医院，南京的江苏省人民医院等等，使用国产的 HIFU 设备已经治疗了乳腺癌、肝癌、骨肿瘤、软组织肉瘤、肾癌、胰腺癌、子宫肌瘤等患者，病例数量位居世界之最，其治疗效果及无创伤、无毒副作用等优点受到医生和患者的广泛欢迎。同时，国内的 HIFU 设备已出口英国、法国、日本、意大利、俄罗斯、西班牙、韩国、香港等国家和地区，成为我国少数具有自主知识产权向国外市场出口的大型医疗器械。目前，重庆、北京、上海等地的 HIFU 企业和科研院校正在致力于新一代 HIFU 设备的研发，例如 MRI 测温和定位、相控声束扫描等。

国外从事超声治疗的公司主要包括：以色列 InSightec 公司、UltraShape 公司；美国 Focus Surgery 公司、华盛顿大学工业医学超声中心(CIMU)、Therus Corporation、St. Jude Medical 和 Prorhythm 公司；法国 EDAP 公司等。美国 Focus Surgery 公司和法国 EDAP 公司的产品均为经直肠进行前列腺癌治疗的超声热消融设备。以色列 UltraShape 公司主要研究超声的去脂塑身。华盛顿大学工业医学超声中心(CIMU)主要研究超声止血，其他几家美国公司主要致力于超声在心血管疾病的治疗。

（三）激光光动力学治疗仪

手术、放疗和化疗是传统的三大治疗肿瘤手段，后两种方法在杀伤肿瘤细胞的同时，也不可避免地会损伤正常细胞，甚至带来一些严重的并发症。光动力学疗法（Photodynamic therapy，PDT）是 20 世纪 70 年代初发展起来的一种治疗肿瘤的新型疗法，将光敏剂（Photosensitizer）通过静脉注射进入人体后，在一段时间里会在肿瘤组织中形成相对高浓度的积聚，此时用特定波长激光照射肿瘤组织，将激活其中的光敏剂分子，在肿瘤组织内引发一系列光化学反应，生成活性很强的单态氧，进而和生物大分子发生氧化反应，产生细胞毒直接杀死肿瘤细胞。同时，光动力反应还广泛破坏肿瘤组织内的微血管，进一步导致病变组织的缺血性坏死，后者在肿瘤治疗过程中常常起着关键性作用。另外，也有证据显示光动力学疗法能启动抗肿瘤免疫反应。

光动力学疗法作为一种肿瘤治疗的新技术，在欧美日等许多发达国家，已经获得政府药品主管机构的审查批准，在越来越多的医院成为一种新的常规治疗手段，临床应用不断加深。就光动力学疗法的基础研究来说，许多科研人员和敏感的企业家正着手进行新型光敏药物和与之配套的光动力激光机的研发。我国学者哈文、邹进早在 20 世纪 80 年代初就将光动力学疗法引进中国，并在全国范围内开展了协作攻关研究。国内目前仍有部分单位正在继续进行此疗法的基础与临床研究，并取得了卓越的成绩。基础研究方面如厦门大学抗癌研究中心光动力医学室；临床方面有 3 个光动力治疗中心，分别为：北京军区总医院肿瘤光动力治疗中心、南方医院肿瘤光动力治疗研究培训中心、国际肿瘤诊治研究中心（在香港）。

在 PDT 中光照设备可以视为治疗恶性肿瘤特殊的"手术刀"，设备包括：光动力激光发生仪、激光光导纤维、激光引导设备（B 超、CT、MRI）。激光光动力治疗仪应该具备以下条件：

（1）波长与光敏剂的吸收波长相匹配；

（2）有足够的输出功率密度；

（3）易于把光传输到治疗部位；

（4）输出光波连续稳定。

在 2004 年，世界上见诸报道的只有 DIOMED630 光动力激光机，该激光机是 2000 年美国 FDA 批准可与 PHOTOFRIN RO 联合应用于肿瘤治疗的第一台半导体激光器，当时的生产厂家是英国 DIOMED Ltd. ，现在已由加拿大 AXCAN PHARM Inc 作为全球总代理。为此，国内不少激光器和医疗器械设备生产厂商完全有能力、有机会参与到激光光动力治疗仪的研究和开发中来。进一步，开发集肿瘤早期诊断、治疗于一体的激光肿瘤设备则是世界各国竞争的焦点。

六、手术与急救：规划／辅助／导航

作为数字化医疗器械领域的一个新兴交叉学科研究方向，辅助外科手术与机器人系统的发展得到了广泛重视。国际上先后出现了计算机辅助外科、计算机集成外科、医用机器人与数字化手术室等多种手术辅助的新概念。以图像引导的手术导航与医用机器人系统，在骨外科、神经外科、泌尿外科、心血外科以及腹腔外科等多个外科领域取得了很大进展，并获得了一定的临床应用。辅助外科手术与机器人系统的发展是外科治疗手段的一种具有里程碑意义的进步，是数字化医疗器械领域的未来发展方向之一。此外，术中 MRI、术中超声、术中 X 射线血管造影、术中 X-CT、术中光学内窥镜、术中荧光成像等设备开始在国际上的一流医院进行应用；术中超声、术中 X 射线成像设备在部分国内的优秀医院也开始得到应用，在精确微创外科手术过程中扮演着越来越重要的角色。

在医疗器械产业中，辅助外科手术与机器人系统作为一个新的研究领域，把机器人技术、计算机控制技术、数字图像处理技术、虚拟现实技术和医疗外科技术相结合，改变了传统医疗外科的许多概念。其在提高病灶定位精度，减少手术损伤，执行复杂外科手术，提高手术成功率等方面都有很好的表现，给疾病的治疗带来了方便，产生了巨大的社会和经济效益。因此辅助外科手术与机器人系统的研究和开发引起了西方许多发达国家，如美国、法国、德国、意大利、日本等国政府和学术界的极大关注，并投入了大量的人力和财力，成为近十年来学术界的研究热点。发达国家一流大学和研究机构纷纷建立研究中心与专门实验室开展手术机器人的理论和应用研究：美国开发了"SteadyHand"系统，用于眼科显微外科学的手持主动式装置，提高手术操作的精度，消除医生操作颤抖对手术的影响；麻省理工学院的 Madhani 等人针对现有 MIS 手术器械灵巧性不足的问题，开发了一种用于医疗缝合的机器；UC Berkeley 开发了带有力反馈和立体触觉的遥操作微创手术系统；JHU、MIT、CMU 的研究人员合作建立了工程研究中心，致力于新型计算方法、界面技术和计算机集成手术系统的研究；在欧洲，英国帝国理工学院研究前列腺和膝关节手术机器人；法国 TIMC-IMAG 研究小组开发心包穿刺机器人系统；德国开发了用于内诊镜手术的模拟训练；意大利研究了微创器械前端操作器的设计；在日本，Shimoga 等研制了用于微创神经外科手术的带触觉的机器人系统，东京大学研制了腹腔镜手术中主从机器人系统以及脑外科活检机器人，名古屋大学主要研究微创手术设备的触觉反馈。计算机技术和机器人技术在外科手术的应用，引起了一场新的革命。正如该领域中的著名学者美国 Taylor 教授的评价，机器人和计算机技术对于外科手术的影响将如同计算机集成制造对于产品制造的影响一样广泛和深远。

我国对于辅助外科手术与机器人系统的研究起步较晚，与发达国家的研发成果相比还有一定的差距，特别是在研究成果的产业化方面进展缓慢。近年来，通过高校、科研院所与医院的密切合作，在本领域也取得了一些突破性的成果。例如：北京航空航天大学机器人研究所与清华大学、解放军海军总医院合作，在国内率先开展了远程脑外科机器人辅助手术系统的研究；北京航空航天大学机器人研究所还开展了骨外科机器人辅助手术系统的研究工作，联合哈尔滨工业大学、北京积水潭医院等开展了基于 X 线的遥操作骨科机器人辅助手术系统的开发，成功应用于临床，其成果"矫形外科双平面导航技术与机器人系统"在 2004 年 10 月通过了北京市的科技成果鉴定，被认定达到国际先进水平。

总之，辅助外科手术与机器人系统的发展和应用将使得外科手术变得更简单、更精确也更安全。我国在该领域虽然起步晚，但通过近几年国家 863 计划、科技支撑计划、中小企业技术创新计划及地方科委科技计划的支持，在基础研究、关键技术创新、实用型系统产品开发方面均取得可喜的突破，拥有了一批自主创新成果，培养了一代优秀的科技骨干和工程技术人才，积累了较丰富的临床实践经验，相信在不久的将来，必定开发和带动出一个崭新而广阔的新领域。

计算机辅助手术(Computer Assisted Surgery,CAS)系统是使用计算机技术进行术前规划,以及术中指导或干预的系统。CAS 中最重要的环节是精确的对病人患部建模。其在手术前需要获取病人患部的 CT、MRI、超声等扫描数据,即病灶部位的 2D 序列图像,并对它们进行处理、分析和 3D 重建,提取组织模型,得到病人患处的 3D 模型结构,从而确定正常和病例组织及结构的准确位置。其主要包括帮助医生诊断、术前规划和模拟以及手中导航等功能。首先,CAS 系统借助 3D 可视化平台为外科医生提供直观的 3D 图像信息和组织空间结构信息。通过交互式操作,外科医生可以从任意角度和深度观察病灶,从而能够更为准确地评估疾病,正确地规划诊断治疗过程,并进一步为其预先制定个性化的手术路径,以减少病人的伤痛,达到最佳的治疗效果。其次,在正式手术之前,外科医生能够进行虚拟仿真手术。最后,在手术中,导航系统获取手术场景中目标点的定位数据,并完成不同坐标系(手术坐标系、病人人体坐标系和图像坐标系)的配准,实时跟踪手术器械的空间位置,在监视器上融合显示跟踪位置和相应的图像信息,指导医生进行手术,以避开重要地组织,减少手术创伤。CAS 其主要应用于神经外科手术、口腔颌面外科手术、耳鼻喉科手术、整形外科手术、内脏手术、立体定向放射外科手术以及骨科手术等。

在微创手术中,CAS 系统中的虚拟内窥镜(Virtual Endoscopy,VE)起着非常重要的作用。它是通过计算机处理,利用 CT 或 MRI 成像数据生成与物理内窥镜相近视图的一种应用于医学领域的虚拟现实技术,可以针对病人的不同器官提供与标准内窥镜过程相同的仿真可视化效果,以逼真地模拟腔道内镜的检查。传统的内窥镜是入侵的和令病人不适的,如果内窥镜刮破腔壁或造成腔壁穿孔,还会导致出血、感染甚至并发症等。而 VE 则能避免该类问题。在进行真实内窥镜检查之前,先使用 VE 进行预演,能够减少检查过程中遇到的困难和降低发病率。此外,很多真实内窥镜所不能到达的区域,也能用 VE 进行观测。在真实内窥镜检查时,通过图像配准或在镜头处放置空间传感器等方法,实现 VE 与真实内窥镜同步,进一步起到手术中导航的辅助作用。最后,VE 能够应用于术后继续治疗及评估,当病人在手术后几周再次做放射学检查时,VE 能够获取手术是否成功的相关重要信息。

与真实的物理内窥镜相比较,VE 具有许多自身的优点:第一,VE 能够对所有经放射学成像的人体部位进行描述。即对一些难以到达的区域,例如由疾病引起的狭窄,或者是无法放置摄像头的血管内部等实现可视化。而这些视野对于物理内窥镜而言是难以实现的。第二,减小对人体的入侵性。VE 与物理内窥镜相比具有较小的入侵性,能够避免诸如穿孔、狭窄形成、感染或者出血等并发症的发生。第三,参数可控。使用者可以调节可视化输出中的色彩、对象外观和其他人机接口属性,例如操作使用的虚拟设备。并且由于物理内窥镜中光纤传送的光是有限的,时常会导致暗图像。而 VE 中的光照强度可以根据可见度和现实调节至最佳。第四,地域无关性。由于成像数据的获取与虚拟过程不需要在同一个地方完成,因此可以方便远程医疗。VE 可以在物理内窥镜检查前后使用,不仅能增加对病人解剖结构信息的了解,而且降低了物理过程中的相关风险,或者实现对检查后结果的评估。并且在 VE 中可以将 3D 建模后的腔壁半透明化,以实现对血管、神经等结构的可视化。

从 1989 年到 2007 年,有超过 200 种 CAS 系统相继由不同的大学、研究机构和公司研发。其中大部分来自美国、欧洲和日本。第一台手术辅助导航系统是在 1986 年由美国的 Roberts 创造,他将 CT 图像和显微镜结合,应用超声定位来引导手术,在临床上获得了成功。Vining 在 1993 年提出了利用放射学成像生成虚拟内窥镜技术,并对其在支气管和结肠疾病方面的应用进行了研究。近年来,手术导航系统更是成为医疗器械领域的一个新的研究热点,受到美国、日本、西欧等国家和地区的重视。它们积极研究和开发各种不同手术场合的手术导航系统,并将研究成果迅速转化为产品,形成了医疗器械领域的新产业。随着研究和产业的结合,国外涌现了大量的手术导航系统研究机构和生产企业,其中,美国麻省理工学院的手术导航实验室、卡梅隆大学的机器人研究所、哈佛大学医学院、德国汉堡大学、芬兰大学等国外高校取得了较大的理论研究成果;其中不乏一些已经应用于临床的手术导航系统,例如,Carnegie Mellon University 和 Shadyside Hospital 的 HipNav,Intuitive Surgical 的 da Vinci Surgical system,GE 的 InstaTrak 3500,BrainLab 的 VectorVision,Medtronic 公司的 StealthStation 等。

中国作为世界最大的医疗器械设备的潜在市场,开始意识到发展自己的高科技医疗设备的必要性。虽然我国对 CAS 技术的研究起步较晚,但是越来越多的国内研究机构开始投入到 CAS 系统的理论研究中来,其中如北京航空航天大学、东南大学、上海复旦大学和深圳安科公司等在这方面的研究进展较快,安科公司在 1999 推出了第一台国产手术导航系统。由于国内生活水平的不断提高,人们对于手术导航的需求也逐步增大,当前国内医院使用的大多是国外系统,尽管它们在性能稳定性方面比较好,但是价格十分昂贵,极大地限制了使用范围。发展具有我国自主知识产权的 CAS 系统,无论在发展我们民族产业方面,还是提高 CAS 系统的临床普及率方面都是一件十分有意义的事。

七、药械结合新技术

(一) 缓、控、速释技术与装备

缓释、控释制剂所具有的优点,使其被广泛的研制、开发、利用。现已有口服、外用、注射等多种类型,不同剂型缓释、控释制剂,其设计原理和制法亦有不同,现将主要的缓释、控释制剂介绍如下。

1. 骨架型片剂 不同骨架材料与药物混合制成的骨架片,又分为两大类。

将药物包藏于溶蚀性骨架中,即将药物与可蚀解性高分子材料混合后制成的一类固体无孔型骨架制剂。其释药是外层表面的磨蚀、分散、溶出过程,由于可蚀解性高分子材料性质不同,又可分为生物蚀解性高分子材料和水蚀解性高分子材料。①生物溶蚀性骨架片:该片剂中药物的释放是固体脂肪或蜡的逐渐溶蚀。如卡托普利缓释骨架片,是以硬脂酸(SA)为骨架材料,加热熔融,与药物及稀释剂混匀。乙基纤维素、聚丙烯酸树脂及低取代羟丙基纤维素溶解或溶胀于适当溶媒中作为黏合剂,整粒压片即得;②亲水凝胶骨架片:即水溶蚀性骨架片,当骨架材料遇水性介质(消化液),首先表面润湿形成凝胶层,表面药物向消化液中扩散;凝胶层继续水化,骨架溶胀,凝胶层增厚延缓药物释放,片剂骨架同时溶蚀,水分向片芯渗透至骨架完全溶蚀,药物全部释放。如氢溴酸右美沙芬缓释片,取氢溴酸右美沙芬(DMB)和各种辅料,分别研细过 6 号筛,混匀,用 80% 乙醇溶液湿法制粒,过 2 号筛整粒,烘干,加入硬脂酸镁,压片即得。

制成不溶性骨架片,即将药物分散在不溶性的骨架材料中,药物释放速度决定于扩散速率而与药物的溶解速率无关。同时若在此类骨架片中添加致孔剂,则释药速率可随其添加量的增大而加快。如田景振研制的中药复方克心痛缓释片,以乙基纤维素为骨架材料,硫酸钙为阻滞剂,糊精为稀释剂,将药物和辅料混匀,用适量无水乙醇作黏合剂,制软材,干燥,整粒,压片即得。

2. 激光渗透泵片 是一种用半透膜包衣,并在膜上用激光打孔的内含药物及渗透压发生剂的片剂,服用时水分透过半透膜进入片芯,使渗透压剂膨胀,产生推力将药物从激光小孔推出。如硫酸沙丁胺醇口服渗透泵控释片,将硫酸沙丁胺醇与辅料过 40 目筛后混匀,制软材,整粒,压片,片芯包衣,取包衣片用激光打孔机在包衣外膜一侧打小孔即得。

3. 胶囊剂 囊壳中由于填充物剂型不一样而有复合颗粒胶囊、片芯胶囊、缓释小丸胶囊、骨架型颗粒胶囊。如田景振采用固体分散技术研制的葛根素缓释胶囊即为此类胶囊,用均匀设计筛选的最优处方体外释药,体内释药情况尚待进一步研究。

4. 口服控释混悬剂 由混悬介质和控释药物微粒组成,混悬介质有去离子水、糖浆和其他可供服用的油性液体。目前研究最为成熟且已经上市的均为离子交换树脂控释混悬剂,即将带正电荷或负电荷的离子性药物与阳离子或阴离子交换树脂进行离子交换反应,生成药物-树脂复合物,然后在复合物微粒外用合适的阻滞材料包衣。将包衣的药物树脂微囊混悬于适当组成的去离子水介质中,即成了控释混悬剂。如以乙基纤维素作为包衣材料研制的缓释盐酸苯丙醇胺树脂。

5. 口腔粘贴片 将药物与生物黏附性高分子材料制成片剂再在其一侧压上保护层,该片剂生物黏附性高,分子可较长时间粘贴在口腔黏膜上,药物通过凝胶层缓缓向黏膜扩散,可以达到局部或全身性治疗,并可减少口服制剂的肝脏首过效应。如田景振研制的冰硼散贴片已获得新药证书。

6. 透皮给药系统 是药物通过皮肤吸收的一种给药方法。药物应用于皮肤后,穿过角质层,扩散至皮肤,由毛细血管吸收进入体循环的过程称经皮吸收或透皮吸收。经皮给药制剂包括软膏、硬膏、贴片,还可以是涂剂和气雾剂等。现在已经有硝酸甘油、尼古丁等经皮给药剂型。

7. 另一些眼用治疗系统、宫内给药器等外用缓释控释制剂的研制亦趋向深入与成熟
注射缓释、控释制剂,各种注射缓释、控释制剂均需通过药物的溶解、分散、游离而起到长效作用。如静脉给药肺靶向微球,复方左炔诺孕酮微球注射液,后者采用可生物降解的聚丙交酯 2 聚乙二醇嵌段共聚物为载体材料,以液中干燥法制得左炔诺孕酮及雌二醇两种不同的微球,控制其中药物重量比为 10∶6 混合微球,用于小鼠避孕效果达 190d 以上,比剂量相同的原药延长 157d。

(1)用于缓释、控释制剂的药用辅料

1)乙基纤维素:无毒,无药理活性,是一理想的不溶性载体材料,化学性质稳定,耐碱、耐盐溶液。能溶于乙醇、苯、丙酮等多种有机溶剂中,常采用溶剂蒸发法,利用固体分散技术制备缓释制剂,如上述葛根素缓释胶囊即为此类制剂。较高的化学稳定性,亦适用于多种药物的微囊化,使其具有缓释、控释作用,再制成不同剂型的缓释、控释制剂,如异烟肼缓释胶囊。亦较多地用于片剂、小丸剂等缓释和控释包衣,由于其单独包衣时形成的衣膜渗透性较差,常与一些水溶性的成膜材料混合应用,以获得适宜释药性能的包衣膜,如头孢氨苄缓释小丸。

2)羟丙甲纤维素:为白色至乳白色纤维状或颗粒状流动性粉末,在水中溶解形成胶体溶液,不溶于乙醇、氯仿和乙醚,可溶于甲醇和氯甲烷的混合溶剂中,常用于缓释、控释骨架材料以及薄膜包衣,如硝苯地平亲水凝胶骨架片。

3）另一些常用的缓释、控释材料,如聚丙烯酸树脂类、甲基纤维素、聚乙烯吡咯烷酮、聚乙烯醇、聚乙二醇、醋酸纤维素、硬脂酸、磷脂酰胆碱等。

（2）新型辅料

1）甲壳素及其衍生物:甲壳素又名甲壳质、几丁质,是一种天然氨基多糖高聚物,广泛存在于植物细胞壁和甲壳素动物及昆虫中,其主要衍生物是脱乙酰甲壳素,又名甲壳胺。两者均可被溶酶降解,具有良好的生物相容性,无毒性,并具有很强的亲水性,可在酸性介质中膨胀形成胶体黏稠物质而阻滞药物的扩散和溶性。由此可以制成缓释微球、缓释片、缓释颗粒、缓释膜剂等。

2）海藻酸钙凝胶小球:是由海藻酸钠与钙离子形成的海藻酸钙凝胶,具有以下特点:溶胀性,可作为缓释、控释给药的载体;其溶胀性受 pH 的影响,故可防止酸敏性药物在胃中被溶解;小球大小适宜（1mm）,可防止药物局部突释;口服无毒性。基于以上特点,海藻酸钙凝胶小球作为口服药物的缓释、控释载体已得到广泛的关注。如以阿霉素为阳离子模型研制的阿霉素海藻酸钙凝胶微丸。

3）聚乳酸类生物降解的聚合物:聚乳酸及其与乙醇酸的共聚物是一种可生物降解的共聚物,在体内降解为乳酸,这是人和所有高级动物体内正常糖代谢产物。故该聚合物无毒,无刺激性,并具有良好的生物相容性及可塑性和可溶性、控释作用等独特的性能,适于制成多种缓释、控释制剂,能持续地释药达数日或数月之久,如将庆大霉素与 PLA 研制的缓释制剂。

（二）靶向给药技术与装备

飞利浦公司的医药部门的科学家将药物粒子放入氟碳气体的微型气泡中,然后注入患者的血液中。当气泡到达治疗靶区后,技术人员发出一个高能超声脉冲,与气泡形成共振导致气泡破裂,释放出药物粒子。这项计划的领衔科学家克里斯多夫·霍尔表示,微泡将以更理性的方式付药剂量,可将高浓度的正确药物运到需要治疗的地方。使用这种气泡包裹药物来治疗前列腺癌、乳腺癌和脑癌,可在很大程度上消除通常治疗这些疾病所必须付出的身体代价。

将纳米生物机器人用于磁性药物靶向递送可以解决传统医学无法解决的难题,不过国内外磁性药物靶向治疗的整体发展水平仍然处于基础研究阶段。用纳米生物机器人进行靶向药物递送的研究,关键技术和主要难题如下。

1. 磁性载药机器人本身的性质 如粒径大小、磁粒子含量、药物含量、稳定性及释药速率等。要保证在磁场作用下,合适的颗粒粒径能在肿瘤或肿瘤周围的血管系统形成较高浓度。

2. 磁场性质 如磁场强度、磁场梯度、磁场时间和外磁场的类型等。要保证足够大的磁场梯度以吸引磁性载药机器人能到达靶部位。

3. 参数 为了理解纳米机器人的原理以及在体内微循环水平上在组织里聚集药物的机制,还需要考虑载药机器人的参数（载药机器人的表面特征、体积、浓度、边界条件、血管脉动、血液流速、药物绑定的可逆性和强度及释放特征）,载药机器人接近器官的方式（注入的时间/路线/期限/率）、磁场的尺寸和强度及磁场应用的持续时间。

4. 肿瘤部位的性质 如血管分布、通透性、肿瘤部位离磁场的距离、肿瘤部位离给药部位的距离等。

5. 生物安全问题 可分以下几点：①电磁场对人体是否有影响，涉及电磁场对人体生物效应的问题；②关于载体的生物可降解性。药物载体的降解和磁粒子的降解也是非常重要的问题。磁粒子一般采用 FeO 或 FeZO₃，这些粒子能够被肝、脾及骨髓从血流中除去，一般不采用对人体有毒的钴镍磁粒子。而药物载体必须采用良好的生物可降解性材料制备，否则会发生阻塞毛细血管的危险。

第四节　康复类医疗器械

一、假肢产品

（一）上肢假肢

代表最新技术的是德国 OTTO BOCK 公司（建于 1919 年）的 SUVA 感应手。这种假手在原有肌电控制假手的基础上，实现比例控制，这种控制系统可以使假手开合速度随肌电信号的强弱改变。此外它还增加了握力自动调节系统。握物时，能自动调节握取力，不需要人为的干预就可以握住物体，而且对于易碎的物品抓取亦有其独到的优越性。

下肢假肢：与上肢假肢相比，下肢假肢的新产品更为突出。其发展方向是使下肢假肢智能化。国际市场上目前有三种智能膝关节产品：①德国 OTTO BOCK 公司生产的智能仿生膝关节（C-Leg）；②总部在英国的 Blatch Ford 公司（建于 1890 年）生产的自适应膝关节（Adoptive Knee）；③日本 Nabco 公司的 NI-C111T 和 NI-C411 智能膝关节。

此类产品一般都装有力、位移传感器，微机处理系统和力矩控制装置，可以感受步行速度、路面状况等信息，并根据这些信息，调节关节力矩，改变假肢的运动，达到保证安全，改善步态的目的。

（二）假脚

在假脚产品中，性能上领先的仍然是用复合材料制成的储能式假脚。这种假脚最早出现在美国，由 Flex 公司生产碳素纤维复合材料假腿最为著名。由于这种假脚（腿）重量轻，反弹力大，特别适用于体育活动。但是目前更趋向使它们用于日常生活。为此世界上几大厂家都推出自己的储能脚，如 Blatch Ford 的 Mercury DB 脚，Otto Bock 的弹性储能脚等。

（三）植入式骨整合假肢

植入式骨整合假肢是 90 年底后期发展的新技术，其原理是采用生物相容性材料制成植入体，将它一端植入体内与患者残端骨骼长成一体，另一端在体外与假肢连接。采用这种技术除了可以克服原有接受腔带来的不舒适感，更符合生物力学原理等优点外，还有许多可进一步开发的技术潜力，例如实现神经控制等。目前国外有此产品的是瑞典的生物技术研究所，在欧洲已有一批患者安装了这种假肢。我国四川大学和清华大学，北京航空航天大学与香港理工大学合作正在进行此项研究。

（四）接受腔制作的 CAD/CAM 系统

接受腔的计算机辅助设计和制造系统开始于 20 世纪 80 年代中期，当时残端的测量系统比较复杂,多采用红外或超声扫描。目前公认为对于截肢者,特别对于小腿截肢者并不需要精确测量残端形状,用普通测量方法确定几个关键尺寸即可。这就大大简化了设备,降低成本。我国北京假肢研究所已研制出与我国人体尺寸相匹配的国内第一台 CAD/CAM 系统,并已投入使用。

另一方面,传统假肢的市场,特别在发展中国家目前仍然占主导地位。但是这些年推出一些新类型产品,在性能方面有许多改进。例如:提高肌电假肢控制的可靠性,一直是肌电假肢中具有挑战性的问题。对此 DI Kampas(Otto Bock,奥地利)在电极的设计准则,抗干扰性方面进行了研究。有代表性的新型的高性能非智能化的下肢假肢有美国的 OSSUR 的 Total Knee 和日本 NABCO 的高等气动膝关节 NK-1。前者采用多杆机构和液动装置,充分发挥多杆机构的优越性,实现几何自锁,支撑相屈膝和加大摆动中期足离地间隙等多项功能,其产品具有很强的竞争力;后者用三个阀调节气缸力矩,可以达到对 70% 步行速度的适应能力。舒适性问题在下肢假肢中尤为重要。其关键在于冲击的吸收,特别是在足跟触地,支撑期开始的头 20~30ms,此时冲击载荷的高频分量会引起软组织损伤。因此,除了继续改善假脚的性能外,近几年有些厂家也在其他假肢配件上下功夫,开发了有吸收垂直冲击能力的腿管。这种腿管可降低传至残端的冲击,提高假肢的舒适性。四川大学、北京航空航天大学与香港理工大学合作开发面向病员的包含生物力学优化设计的假肢接受腔计算机辅助系统。

我国在假肢方面,虽然多年来有一些高科技的研究成果,但是产品仍以原有的传统产品为主导。在国内较好的产品有:北京假肢厂,京博公司和河南假肢厂的膝关节;上海科生假肢公司和北京假肢厂的肌电控制上肢假肢;福建假肢厂的假脚等,它们在国内市场上占主要地位。部分产品,如上海科生的肌电假手,北京假肢厂的下肢假肢配件均有出口。

二、矫形产品

矫形器和助行装置适用于非截肢的有肢体运动功能障碍的患者,包括对儿童发育时期骨骼畸形的矫治。其作用是稳定支撑,固定保护,减轻负荷,矫正畸形。根据患者情况可长期使用或临时使用(术后或外伤)。矫形器的种类很多,主要有:

(一)上肢矫形器

腕手保护性矫形器、腕手功能代偿性矫形器、肘矫形器、肩关节外展矫形器和平衡式前臂矫形器。

(二)下肢矫形器

有足矫形器(FO)、踝足矫形器(AFO)、髌韧带承重矫形器(PTB)坐骨承重膝踝足矫形器等。

(三)脊柱矫形器

常用品种有颈椎矫形器(CO)、腰骶矫形器、脊柱侧突矫形器等。

国外矫形器的应用比较普遍。例如美国 2 亿人口,有 684 个矫形器车间,平均每 29 万人有 1 个车间;日本每 21.8 万人有一个车间。德国的矫形器更为普及,每 4.16 万人就有一个车间。可是在我国由于社会文化等方面的原因,许多需要用矫形器治疗的患者,不能及时得到治疗。如果根据在山西省调查的数据计算,我国约需矫形器218万件,而目前每年仅能生产3万件,差距是很大的。

近几年来,国外矫形器在功能方面有许多新发展。主要是发展了有活动功能的或称为交替步态下肢矫形器(RGO和ARGO)。活动矫形器实际上是一种助行装置,这种装置可以使截瘫患者从轮椅上站起来和行走,使截瘫患者的康复达到一个新的水平。国外比较成熟的产品是英国的Steeper公司的产品,有适合各种不同程度患者的ARGO。其他产品还在研发之中。活动矫形器的发展有两个趋向:①将活动矫形器与功能电刺激结合起来,可减少使用者体能消耗;②将人工智能技术引入活动矫形器,以保证安全。我国目前没有此类产品,清华大学正在开发动力式活动矫形器,可以用于康复训练和室内生活。北京航空航天大学在面向病人的个体化矫形支具的生物力学设计领域开展研究。

助行装置除了活动矫形器以外,还有适用于术后、关节病和老龄人的各种助行架、手杖、拐杖。目前的产品已向多品种、多功能发展,以满足不同患者、不同情况的需要,如:购物、入厕、入浴等。

三、康复理疗设备

(一)功能电刺激(FES)

功能电刺激产品已发展了40多年,市场上也有许多小型的家用电刺激装置出售,国外的新产品多是与计算机技术结合的计算机化的FES系统,如美国Therapeutic Alliances公司的ERGYS2康复系统就属于此类(CFES)产品,它可以同时协调地刺激多块肌肉,使肢体产生协调动作。但单独的FES只能使肌肉收缩,对改善神经-肌肉系统效果不大。将FES系统与生物反馈(肌肉电信号)的结合,也就是将电刺激产生的运动和自主运动结合起来。随着康复进程,自主运动的成分逐渐加大,是进行神经-肌肉康复的重要途径。丹麦的Danmeter公司生产的Am800型神经网络重建仪便属于用肌电信号生物反馈电刺激装置,对于偏瘫患者,已取得一定的效果。

(二)康复训练设备

最普通的代步装置是轮椅。国内在电动轮椅制造方面居领先水平的是上海轮椅车厂,其产品也销往国外。产品以手动轮椅车为主,也有比较先进的电动轮椅。现在生产的DYN40型款式电动轮椅采用微电脑对速度与方向进行控制,爬坡能力为10°左右,能越过高度不超过40mm障碍物或宽度不超过100mm的沟槽。

国外轮椅的品种很多,而且功能齐全。最先进的电动轮椅是由迪安·卡门(Dean Kamen,发明家,拥有多家公司)发明的iBOT3000智能轮椅,它不仅能爬21厘米以下高度的楼梯和不超过15厘米高的"马路牙子",在沙滩、斜坡和崎岖的路面与小山坡上前进,而且后轮能"站起来"直立行走,使坐在上面的人升高160~180厘米。iBOT有3种运动模式:①在平地上前进时,6只轮子同时着地;②当遇到崎岖路面、沙土地或斜坡时,由4个后轮驱动行走;③一对后轮接触地面的直立模式,它可以保持这种站立姿势,也能直立行走和由两对后轮交替爬台阶或楼梯。iBOT不仅采用了比普通轮椅复杂的驱动结构,而且安装了以

100Hz 频率感知人-轮椅重心位置的陀螺仪,控制器根据陀螺仪的信号调整重心的位置,使轮椅能够在不同路面和直立状态下保持平衡。

日本 NABCO 公司最新推出的 Assist Wheel 有手动和机动两种功能。它能感受驱动轮椅所需的力的大小,在上坡时自动启动电机,辅助患者上坡;在下坡时,驱动系统改换为阻力,以保证安全。

全球最大的轮椅制造企业美国英沃凯尔(Invacare)公司生产的"力神 9000"型电动轮椅,是目前市场最受欢迎的电动轮椅,该轮椅装备 ZNTP9 型控制系统,可实现速度与方向的单一控制,采用动力式制动、离合电机运动系统,直列式前轮,适用于室内行驶。加拿大 DAMACO 公司生产的 ELECTRO LITE 电动轮椅则着重解决乘坐舒适性问题,可根据肢残情况调节扶手和踏脚配置形式,并根据乘员身体状况配备不同大小的座椅。

神经-肌肉系统康复是脑血管意外(CVA)患者和脊髓损伤(SCI)患者康复的重要问题。据广州、上海等六大城市调查结果,脑血管意外的致残率高达 71.3%,且老龄人口居多。脊髓损伤则主要由于事故或自然灾害造成的伤害。随着老龄人口的增加,神经-肌肉系统康复问题将越来越突出。

神经-肌肉系统的康复设备的目的是为患者提供康复运动的装置,利用和调动神经损伤自身的修复潜力。

(三)生物反馈功能康复

生物反馈康复治疗是恢复和改善肌肉自主控制能力的主动训练方法。它通过视觉或听觉反馈,使患者自主控制肌肉收缩,达到对神经-肌肉进行训练的目的。美国 Therapeutic Alliances 公司是生产这种设备的一大厂家。其产品 Neuro EDUCATOR I 和 Neuro EDU-CATOR II 均采用肌电信号为信息源。这些设备已在我国医院内临床应用于脊髓损伤和脑血管意外患者,取得很好的康复效果。

神经假体又称神经假肢,它和功能电刺激有密切联系,但并不等同。目前随着微型技术的发展,将微传感器、微电极和高密度电路与医学相结合,将给神经系统的康复带来革命性的变化。利用这些微系统提供了精确直接与损伤神经的接口,可直接接受由周围神经甚至中枢神经的传出信号。运用这些信号控制 FES 系统,可使神经肌肉系统功能恢复达到更高的层次。围绕这种康复技术,一些关键装置已开始形成产品。特别是基于生物相容性材料相结合,能方便植入体内的微型电极及其处理系统,已由美国 Chronic 公司开发成功。电极为针板式,其基板由 4.2 mm×4.2mm,厚 0.25mm 的薄硅片制成,板上有按阵列分布的 16~100 根,长 0.2~1.5mm 的硅针电极,针尖直径 $1\sim3\mu m$,镶钛。这种密集型针板电极,由于触点多、材料生物相容性好,体积微小易于固定,可用于感觉皮层和运动皮层,也可用于脊髓和周围神经纤维,提取微弱的神经信号,还可用于视网膜。

(四)功能康复训练器械与机器人辅助康复

运动是各种功能康复的基础,功能康复训练器械是辅助有功能障碍者进行康复运动的装置,种类很多。按运动类型可分为上肢功能训练器,下肢功能训练器,减重步态训练器,作业训练器,全身康复训练和适合儿童康复训练用的各种装置。国内钱璟康复器材有限公司等均有系列产品生产或代销国外产品。

步态训练器对于截瘫患者的康复训练有重要意义,美国的 Woodway 公司已生产了全自动步态训练系统,可以帮助截瘫患者在无需护理人员帮助的情况下,实现步态训练。目前我国尚没有这种产品。

机器人辅助神经-肌肉康复系统是近十年发展的新领域。美国麻省理工 1995 年研究了 MIT-MANUS 脑神经康复辅助机器人,可以通过阻抗控制实现训练的安全性和平稳性。斯坦福大学研究的实现镜像运动的上肢康复机器人(mirror-image enable MIME)可实现上臂的单侧或双侧运动。研究表明,对于偏瘫患者双侧对称运动具有较好的疗效。以英国为首的几个欧共体国家合作研究了 GENTLE/S 的上肢康复训练机器人,也已进入临床实验。目前这些机器人尚未商品化,但是可以预料,不久的将来它们会成为康复训练中的一种重要手段。

运动是人重要的生理机能,运动功能的检测与评估是康复工程学研究的一项重要内容,其装置主要有平衡功能评定系统和步态分析系统两大类。

1. 平衡功能评定系统　平衡是人体坐、立、行、运动的基础,平衡功能障碍直接影响人体的整体功能,尤其是运动功能。随着计算机技术的发展,自 20 世纪 80 年代平衡功能评定系统逐步在临床上得到推广应用。目前应用最广泛的是静态平衡功能评定系统,技术上已经比较成熟。近年来国内也有一些厂家推出这种系统。动态平衡功能评定系统是一项比较新的技术,仍然在发展之中,美国 Neurocom international 公司推出的系列动态平衡功能评定系统是目前功能和技术最先进的平衡功能检测系统。

(1) 静态平衡功能评定系统:1976 年 Terekhov 首次报道了利用测力平台检测人体站立时重心的变化情况,自此这种利用测力平台角上安装的传感器(一般是 3 个或 4 个)检测人体重力计算人体重心变化轨迹的方法,逐步在临床上推广应用。早期的静态平衡功能评定系统采用单片机等来处理数据,分析功能比较单一。近年来随着计算机的普及,多采用计算机来进行数据采集和处理,软件的功能越来越强大,也具有更大的灵活性和可扩展性。静态平衡功能评定系统的效果已经得到了临床的验证,是一种科学、定量、安全的平衡功能评定手段,核心元件是单方向的高精度力传感器,这种传感器技术在国内已经比较成熟,因此国内的产品在功能和技术指标上都已经接近国外产品的水平。

(2) 动态平衡功能评定系统:动态平衡功能评定系统是在静态平衡功能评定系统基础上,增加了测力平台运动控制装置,测力平台可以水平移动、以踝关节为轴转动,以及增加视觉干扰等等。例如,美国 Neurocom international 公司生产的 Equitest 系统有运动协调性检测和感觉器官检测等功能,运动协调性检测有包括向前与向后 3 个范围、9 种速度的移动和 5 种绕踝关节向前、向后的转动,观察人对各种干扰的反应,由计算分析压力重心随时间的变化情况。感觉器官检测有睁眼、闭眼、睁眼运动性视觉刺激等 6 种检查。动态平衡功能评定系统在性能上优于静态平衡功能评定系统,但是其价格昂贵,没有统一的标准,目前还在发展阶段,国内尚没有这种产品生产。

2. 步态分析系统步态　分析系统是检测人行走功能的检测装置,步态分析系统的标准配置有运动轨迹检测、地面反力检测和表面肌电信号检测装置。下面重点介绍步态分析系统中最常用的运动轨迹检测、地面反力检测装置。

(1) 运动轨迹检测装置:利用人体运动轨迹检测装置可以得到标志点坐标(基于电子测角器的系统直接得到的是关节角度)时间序列,根据标志点与关节相对位置的关系,通过坐标变换可以计算出关节几何中心坐标的时间序列。由此可以得到人体运动棍图,各关节位移、速度和加速度曲线,关节角位移、角速度和角加速度曲线,进而进行各种运动姿态分析。

较常见的人体运动检测手段主要有基于电子测角器和基于摄像设备两种。前一种是通过电子测角器记录运动过程中关节角度变化，这种仪器制造简单，但是由于使用时电子测角器需要固结在待测关节两侧的肢体上，因此采用该方法对人体运动有一定影响；国外制造基于电子测角器的人体运动检测系统的厂商主要有 Biometrics、Market-USA 等，国内有多家研究机构研发了类似产品，如上海第二医科大学附属第九医院研制的 S9-2 系统，上海交通大学研制固体记录器式步态分析系统，解放军 208 医院研制的靴式步态分析系统。基于摄像设备的运动检测是通过拍摄人体运动过程然后分析其运动规律，这种方法早在 19 世纪末摄影技术刚刚兴起时就被用于研究四蹄动物奔跑时的运动规律。最初人们用摄影胶片摄取运动图像，然后逐张胶片进行处理，整个分析过程复杂、周期长。目前应用的商业系统大多数都解决了图像自动处理问题，具有实时检测分析功能。这类系统通常比较复杂，成本较高，但是它比基于电子测角器的对人体运动影响要小且可以得到关节的空间绝对坐标。国外主要制造厂商有 Ariel、BTS、Charnwood Dynamics、Motion Analysis、Northern Digital、Oxford Metrics、Peak Performance 和 Qualisys，国内清华大学开发了类似系统。此外，还有人利用频闪摄影、陀螺仪、超声定位等方法获取人体运动信息。

基于摄像设备的人体运动检测系统中，一个重要问题是人体上标识点的设置。通过摄取标志点发出或反射的红外线得到关节位置是常用的方法，Charnwood Dynamics 生产的 CODA mpx30 系统就是利用红外发光二极管作为标志点的典型代表；利用对红外线敏感的反光材料作为标志点的系统，工作时镜头周围特殊装置发出的红外线使人体上的无源标志点成为非常明显的亮点，这类系统在临床应用的最为广泛，目前 Oxford Metrics 生产的 Vicon 系统最多可以有 24 台摄像机。但是这种设备成本高，在我国国内难以推广。

（2）地面反力检测装置：利用地面反力检测装置不仅可以得到运动过程中地面对人体提供的支撑力，进行受力分析，而且如果将足底压力和人体运动轨迹的数据代入人体动力学方程，还可以计算出人体在不同姿态下各关节的受力情况，进行反向动力学分析，为进行正向动力学计算提供依据。地面反力多采用三维测力台进行检测，国外的生产厂家有 Kistler、Bertec、AMTI 等。三维测力台主要由对称分布在力板 4 个角上可以检测竖直、前后和左右 3 个方向力的传感器组成，4 个传感器的合力就是足底压力，人行走的压力中心位置可用 4 个传感器上的力计算得出，将等效在压力中心上的合力对几何中心取矩就可以计算出力矩。压力传感器主要采用应变式（如 Bertec、AMTI），也有用石英传感器的（如 Kistler）。

除了三维测力台，常用的还有足底压力分布系统，形式有平板式和可以放在鞋内的鞋垫式，国外的生产厂家有 Tekscan、Rsscan、Novel 等，国内还没有类似的产品生产。压力传感器主要采用压阻材料（如 Tekscan）和电容传感器（如 Pedar）。压力传感器排列很密，如 Teksan 每平方厘米有 4 个传感器，其鞋垫式传感器厚度不到 2 毫米，缺点是传感器比较容易损坏，是易损件。F-Scan 公司推出了由 955 个导电橡胶和炭制作的压力敏感元件组成的压力分布检测鞋垫。

第五节　医学信息技术和装备

医疗信息技术产品是通过历史演进的方式逐步形成的，各种独立的产品已经有上百种，目前并没有成体系的分类方法。这里采用信息学中信息与知识的层次关系将医疗信息产品分为三大类：

一、信息处理、分析和计算机辅助诊疗

越来越多的医疗设备数字化一方面使得医疗设备更加智能和便于使用,另一方面可以方便地集成到信息系统中,实现信息的共享、处理、分析,对设备进行反馈控制。信息处理、分析和计算机辅助诊疗类产品针对特定的医疗数据和信息(比如:放射影像、ECG 等)设计,用来完成对特定医疗数据或信息的呈现和处理,如信号除噪、增强、分割、配准、重建、自动标记、报警、反馈控制等,目的是通过信息技术,使得特定的医疗数据和信息在采集、解析、处置上能够更为清晰、直接、高效地服务于诊疗过程。

一些针对特定疾病在某种成像上表现出来的特征进行自动提取的医学影像计算机辅助诊断(CAD)技术近年来发展迅速,比如:乳腺钼靶摄影结合计算机辅助检测(CAD)诊断乳腺癌已经广泛开展,并开始在一些疾病筛选中广泛应用。

动态心电分析系统(又称 Holter 系统),是用一种随身携带的记录器,连续记录人体在自然生活状态下 24 小时或更长时间的心电信息,并借助计算机进行回放处理分析及打印报告的系统。动态心电分析系统的主要价值,在于它可以记录到人体短暂的、一过性的心电图改变,因而在临床上主要用于对短暂性心律失常的捕捉、对心肌缺血的辅助诊断,以及对起搏器功能的评价。动态心电分析系统自 20 世纪 60 年代初投入临床以来,得到了迅速发展。其记录器,从单导联记录到三导联、十二导联,可记录的长度从数十分钟到二十四小时甚至更长时间,体积却越来越轻便小巧。回放分析软件的分析功能也越来越强大,从只有简单的统计和波形打印到包含心律失常、心率变异等一系列功能齐全的分析软件,且分析的速度也有大幅提升。目前,国际市场有近百种 Holter 产品,国内亦有十几种产品上市。国际著名的品牌主要有:GE Marquette、Philips Zymed、DelMar、Oxford 等,国内主要厂商有西安蓝港、世纪今科等。国外动态心电分析系统的研究远远走在了我们的前面。日本光电公司的产品,可以同时记录和分析心电和血压。他们的产品还具备了网络功能,即把动态心电数据和分析结果上传到服务器,供医生在其他工作站查看。DelMar 的产品,提供了睡眠呼吸暂停监测分析,便于鉴别呼吸与心脏病源。GE Marquette 的产品还具备了先进的 T 波交替的检测功能。

二、信息融合、管理和自动化

现代医疗技术从人体获取的信息种类繁多,而临床上正确做出疾病的诊断、治疗、预防措施,必须依赖各类信息的相互支持和印证,最大程度地利用信息的互补性,因此将海量数据和信息进行集成并融合是实现上述目标的必要条件。信息集成与融合通过信息的有效沟通和利用来提高工作效率、减少决策失误、落实分工和责任,实现工作流的自动化。

我国在 90 年代中期开始了医院信息系统的研究。1995 年卫生部医院管理研究所依托国家八五科技攻关课题《综合医院信息系统研究》,开发了中国医院信息系统(CHIS),标志着我国医疗信息化水平进入一个新阶段。随后,由解放军总后勤部主持开发的"军卫一号"工程研制了军惠医院信息系统并在全军推广。众多的医院信息系统厂商如雨后春笋般涌现出来。但这个时期我国医院信息系统处理的大部分还是财、物管理数据。进入 21 世纪之后,我国的临床信息化进程加快,经济发达地区的信息技术应用水平已经接近世界先进水平,但从整体来看同发达国家医疗信息化相比仍然存在一定差距。

电子病历是各种医疗信息技术的众多社会和经济效益集中体现的途径,是数字化医疗的基础和医疗信息化的标志性工作。但电子病历不能简单看作一个独立系统,它建立在各类临床信息系统充分发展的基础上,因此存在一个长期建设的过程。我国在电子病历建设起步较晚,但是在某些方面也体现出了优势,比如医生使用计算机来录入医嘱。目前主要差距在于缺乏整体设计,往往依靠系统堆积而成,无法充分发挥信息集成和融合的优势。

在信息融合、管理和自动化类产品上,虽然我国同国际先进水平相比存在差距,但是各个产品种类国内都可以找到应用实例,而且由于这类产品与医院管理体制、整体工作流程以及医院所处的外部环境关系密切,国外产品进入国内市场普遍出现"水土不服",因而目前来看国内市场依然是国内产品占据绝大多数份额。但是一些较为标准化的产品近来开始面临国外产品的冲击,比如PACS市场,近些年GE、柯达、Agfa等国际知名公司的本地化战略的实施已经明显影响到国内产品的生存。利用后发优势和成本、文化优势,近些年国内产品发展迅速,一些基础好的医院已经基本建成了覆盖全院的集成化的信息系统,同时也暴露出了国内产品在标准化、信息集成度、技术先进性、临床评价体系等方面存在的不足。

三、知识库和临床信息决策支持

医学知识指导人们的医疗服务实践工作,当前医学不断发展,专业分支越来越多,各个不同方向的研究不断深入,在不同专业间以及研究者和实践者间形成了竖井,如今找到一个了解所有生物医学专业知识的人已经很难。伴随每天不断更新的医学知识,许多临床实践者往往还基于陈旧的知识,使用一些效果不佳甚至有害的治疗方法,传统的依靠经验和主观臆断的决策过程已经不适合现代医学的发展,发布和推广新的医学知识成为了提高医疗质量的关键环节。20世纪末诞生的循证医学,为世界各国摆脱医疗卫生服务的困境提供了新的方略。信息技术为循证医学提供了技术支持,考科蓝图书馆通过互联网提供了权威、可靠的证据。但是这种依赖于主动查询的图书馆服务方式对于许多需要一边记录病人信息一边查询图书馆的临床实践者来说并不成功。因此,将医学知识库资源集成到日常临床工作流程中,并提供针对性地决策支持,成为了医学信息学研究的另外一个前沿区域。典型产品包括:循证医学知识库、医学文献知识库、数字虚拟人、临床指南库、药物知识库系统、用药支持系统、健康体检复合筛选系统、临床决策支持系统。

目前的医学知识库系统刚刚起步,由于知识表示方面的研究不成熟,计算机可以自动处理的知识主要是针对单一表示形式的知识(比如:药品知识库),而更多的医学知识以文献、综述的形式存在,这类知识库中通常利用一些关键词索引技术来检索知识。研究者也在试图将复杂知识表示成计算机可以理解的形式,目前已经有Arden Syntax、GLIF、EON、PROforma、GEODE-CM、Prodigy3、Protégé等表示语言及工具,但是医学知识表示都还停留于研究阶段。临床医学知识库的建立需要专业的机构和人员花费大量时间和精力才能实现的,国外一些机构(如:美国医学图书馆,NLM)和公司(如:First Data Bank)专业从事知识库的研发和生产,而国内目前缺乏专业化的组织从事知识库的整理和开发,虽然通过商业模式引进和整理了一些知识库,但根本上还是无源之水。循证医学的发展以及对于计算机辅助临床决策的渴求使得知识库产品具有广泛的市场需求。我国应该加快建立专业的医学知识库研发学术和商业机构。

临床决策支持系统(Clinical Decision Support System,CDSS)是医学知识工程和人工智能研究中非常活跃的分支,是运用专家系统的设计原理与方法,模拟医学专家诊断、治疗疾病的思维过程编制的计算机程序,它可以帮助医生解决复杂的医学问题,作为医生诊断、治疗以及预防的辅助工具。CDSS用途广泛,可以通过报警机制减少医疗事故和药物错误,提高诊疗的安全性;当病例复杂、罕见或者诊断者缺乏经验,可以根据患者的信息提供可能的诊断;可以寻找现有治疗方案的矛盾、错误和缺陷,可以根据病人的特殊情况和已有的治疗方针制定新的治疗计划。虽然CDSS的意义是显而易见的,然而由于现有产品往往独立于日常工作环境,信息的获取依赖于人工的再次输入,基本上在临床实践中很难被接受,同时现有的知识表示研究提供的技术不足于支持复杂的推理和判断,系统所提出的决策建议对于专业人员来说往往是显而易见的,价值不高。

这类产品对于国内外来说都不成熟,真正实用的案例还停留在合理用药层次上,但即使这样表现出来的有效防止用药差错的效果也能让人们真正体会到信息技术对于临床的意义。临床决策支持产品的研发核心集中在两个方面,一是与电子病历以及日常工作流程的集成,另一个是综合的知识表示、管理和推理机制的研究。

总之,医疗信息产品和医疗信息化要解决两个大问题,一是尽可能全面、准确、高效地收集、整理、存储、传输、融合、共享各类医疗健康相关的信息;二是在此基础上的对信息的有效分析和利用,为医疗健康服务提供信息决策支持。这方面的路还很长,需要克服的困难和要解决的问题很多。医疗卫生健康信息与数字化医疗,是一个长期的、战略性的研究、开发和产业领域。

第十二章

我国研发重点领域和方向

本章将介绍基于我国基本国情和医疗器械行业现状及发展趋势,当前我国需要重点研究的产品和技术。第 1 节将介绍重点研发技术和产品的评判优先原则。从第 2 节开始,将根据第 1 章医疗器械的分类,分别介绍各类医疗器械需要重点研发的产品。

第一节 重点研发技术与产品评判优先原则

确定研发重点的优先原则概述如下:

(一)为我国医疗卫生事业发展"战略前移,重心下移"开路

"战略前移",指以"预防疾病和损伤,维持和促进健康"为我国医疗卫生事业发展的首要目的。与之相应发展我国医疗器械技术和产品的战略优先亦应该从以疾病诊断、治疗为中心的技术 & 技术装置,转向以人为中心的健康状态辨识和干预技术及装置。这是解决广大百姓"看病难,看病贵"这一重大社会问题的重要途径。市场前景重大,发达国家已经起步,我国应当优先部署。否则,此时差之毫厘,将来必失之千里。

"重心下移"意味着医疗器械技术和产品开发应以基层医疗保健、社区医疗、家庭保健的需求为主导。它和"战略前移"是相互依存的,其必要条件就是"低成本"。必须指出的是低成本技术,绝非"低技术"、"初级产品"的同义语,相反正是要靠技术的进步,才有可能在安全、可靠、稳健的前提下降低产品的成本。至于"适宜技术",真正的适宜技术就是在有限目标条件下的优化技术即(疗效/成本)max。

(二)符合医学工程技术发展的方向、技术的前沿性

21 世纪以人的健康为核心目标的工程技术发展的主流是多种技术的交叉、融合。美国国家自然科学基金委和商业部联合提出的题为:"Converging Technologies:Improving Human Performance"的战略研究报告提出以纳米技术-信息技术-生物技术-认知科学和技术的结合为技术平台(NIBC),来改善、促进人的健康,乃至开发人的潜能。报告并明确指出:未来 20 年间这一领域将会有一系列突破,且突破大多发生于"传统上被分隔的各个学科的界面上"。

从现状和发展趋势来看,以人的健康为核心的工程技术的发展大致可分以下三个层面。

BME:Biomedical Eng.

HCE:Health Care Eng.

HPE:Human Performance Eng.

目前发达国家十分重视的医学专用芯片技术，以及人体体域网技术，目标主要是 BME 和 HCE。但美国陆军的"士兵计划"则可看作是 HPE 的初步尝试。

当然，技术前沿性，是以(疗效/成本)$_{max}$ 为其约束的。

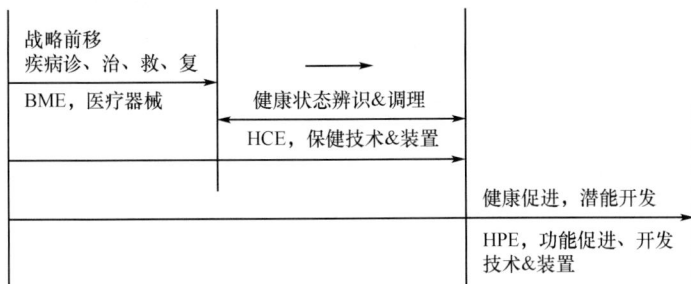

```
战略前移
疾病诊、治、救、复
                    ───────→
BME，医疗器械
                    健康状态辨识&调理
                    ─────────────────
                    HCE，保健技术&装置

                              健康促进，潜能开发
                              HPE，功能促进、开发
                              技术&装置
```

（三）自主原创优先，优势技术优先

1990 年以来，创新能力就成了医疗器械产业竞争力的标志。这也是我国医疗器械产业技术水平落后的本质所在。故作为国家行为，自主原创优先，优势技术优先的准则，对于自主医疗器械产业的可持续技术创新能力的建设极为重要。

（四）医用生物材料及器件、器械：高附加值技术优先

医学生物材料及其器件、器械大约占医疗器械销售额的一半左右，我国大多是进口。而我国医用生物材料的研究往往以新材料的发展为重。而医用生物材料产品的高附加值所在则大多在于其表面处理技术和器件加工工艺。这正是我国医用生物材料发展的薄弱环节。故"十二·五"医用生物材料技术和产品的研发应以高附加值技术为优先。

（五）医学影像技术和装备的研发

在突出自主原创的同时应强化引进-吸收-消化-二次创新。经验表明，只要有国产装置出现，同类进口装置一定大幅度降价。而这方面成功的经验和失败的教训都告诉我们：必须立足于自主创新，仿制是走不远的。

（六）标准化和计量检测技术和装备

标准的竞争是产品市场竞争的最高形式，重视标准化关键装备研发。

第二节　预防保健类医疗器械

一、家庭用医疗器械

1. 家庭用体温、脉搏、呼吸、血压快速（10 秒）**检查仪**　在 10 秒的时间之内快速测量四项基本生命参数，同时具备信息化管理功能，因此它可能成为家庭健康管理的基本手段，应具有很大的市场前景。

2. 无创血糖测量仪　当前世界各国尚无非创伤血糖测量仪的产品，仅有针刺型微量血的血糖仪。为此国际上有多家组织研制，但直到目前，均未达产品化阶段。我国"十五"已

组织过天津大学研究,湖南也有人在研究。如果此项目研究成功,也会有相当可观的国内外市场。

3. 新型家庭自动电子血压计 这项电子血压计不同于现在市场上已有的所有的电子血压计。现在市场上的电子血压计主要有两大品牌——"欧姆龙"和"麦克医生"牌,这两种品牌的电子血压计虽然与其他品牌相比质量较好,但仍然基于示波法原理,其测量结果常与现在医学界公认的血压测量技术——柯氏音听诊法相差甚远,因此现在的医院不认可现有的电子血压计,而基于柯氏音听诊法的电子血压计世界各国又无此类产品,造成当前医院中仍然使用着100年前发明的柯氏音听诊器。其结果使家庭中自测血压值无法与医院的结果相关联,更大的问题是其检测结果不准确,容易造成误导。

本项目的特点首先是准确,这是因为其检测原理是我国原创的柯氏音信息技术,解决了1905年柯氏音听诊法发明以来的100年间全世界一直未能解决的柯氏音听诊的电子化难题。实际检验结果表明,其检测结果与血压测量金标准——柯氏音听诊法是完全一致的。

本项目的第二个特点是由于其测量结果与专业医疗机构的结果是一样的,因此它通过医学信息化技术可以与专门医疗机构相联系,成为健康管理的重要途径。

4. 家用生物反馈训练器 人类有76%的疾病与精神紧张有关,学会放松自己有利于许多病症的转归。家用生物反馈训练器利用检测自己身上的肌电信号,并反馈给自己,训练自己用自我学习控制自己的意识,放松自己,达到身心放松。多年的临床实践已证实,它是十分有效的家用治疗仪器。它的特点是安全有效,无任何副作用,操作简便,是一种理想的家用绿色治疗仪器,特别是对那些所谓顽固性身心类疾病,如银屑病、头痛等,不仅具转归效果,还具有预防复发的作用。

5. 家用呼吸机 阻塞性睡眠呼吸暂停综合征是许多严重心脑血管疾病和2型糖尿病的诱发者,如果能控制这类病症,使其不再发展并转归,则对预防此类心脑血管疾病和2糖尿病有巨大效果。而呼吸机则是治疗这类综合征,特别是中度以上者效果显著。

其核心技术包括:①采用高效能、低噪音的直流无刷电机,配合独特设计的气道,在提高输出压力和效率的同时,大大减小了产品的体积。同时,安静的操作环境,极大地提高了患者用户的使用顺应性。这种显效无创的治疗方法,能够使绝大部分患者免除手术的痛苦。②通过实时监测系统,准确监控患者用户的呼吸状况,通过专有技术和算法,为患者用户提供实时的治疗压力控制。这种智能化的控制技术,为每一位患者提供了最合适的治疗方案和实施。③通过一体化恒温湿化器的配合,有效改善输出气流的温湿度,使患者用户的使用接受度和舒适性显著提高约30%。

目前我国约有1亿此类病症的患者,在美国已把家用呼吸机列入医保项目。国内自产的呼吸机单价在5000元左右,如果按20%的患者使用,则市场容量在1000亿元。因此家用呼吸机项目具有非常显著的社会和经济效益。

6. 具有心肺功能自评价的家用跑步机 这类装备适合经济收入较高的家庭。现在家中有跑步机的家庭数量在逐年增加,但很少具有心肺功能自评价性能的跑步机,实际上具有心肺功能自评价的跑步机不仅有利于对家庭运动的安全性保障,还可对运动效果作自我评价,以强化自己的运动效果。

二、社区健康状态辨识装备

1. 动脉血压记录分析仪 这是一项世界性的难题,由于以往所有的电子血压计测量误差偏大,因此中国和世界各国的医院或诊所中仍沿用1905年俄国医生Korotkoff提出的柯氏音听诊法。本项目是中国原创提出的一项从柯氏音延时判别收缩压、舒张压的新发明,其判别结果与柯氏音听诊法完全一致,并能完全地自动化和信息化。该发明的另一特点可获得逐拍动脉血压值,因而使该项目成为可在准确获得收缩压和舒张压的同时实现动脉血压动态过程的测量,为人体血压控制系统健康状态的辨识提供了新的手段。

本项目的市场前景十分广阔,应该是当前各医疗机构中所有血压测量技术更新换代并更上一层楼的产品。其年总容量在50万台以上。

2. 呼吸性动脉血压及心律变异性同步记录分析仪 本项产品是"动脉血压记录分析仪"的派生产品,它在未来的健康评估方面会起很大作用,但目前世界上尚无此类产品,因此它也属世界上的创新产品。它主要检查自主神经功能和动脉血压的调节能力。身体健康者在平静呼吸时心动周期应存在一定的变异性,而动脉血压应是相对稳定的;如果某人在平静呼吸时心动周期变化太大,而血压波动较大,即使当时血压的数值未超标,也说明血压的调节能力已经下降,必须及早采取措施,防止血压升高。因此这台仪器在预防高血压方面会有重要作用,属国际领先技术和产品。

3. 环境温度突变时动脉血压调节稳定性测量评价仪 健康人当将其手掌或脚掌突然放入冷水中(如4℃水),外围血管会突然收缩,引起血压突然升高;一分钟后,血压会通过自身调节,很快地恢复到原来的水平;但如果调节能力变弱时,这种能力会下降。因此这种仪器也是评估心血管状态的重要手段。应成为健康体检中必须检查的内容之一,特别是对某些特殊职业人员选拔时,更是不可缺少的。

实现这类检查的关键技术是动脉血压的连续动态测量。因此这种检查技术也因为"动脉血压记录分析仪"的出现而变得十分容易实现了。

4. 在体位变化床上进行头部血压调节稳定性测量和评价的仪器系统 体位变化时头部血压调节并维持其稳定性是人体健康状态的又一重要体现。但过去由于未能定量地解决诸多生理指标,特别是头部血压的逐拍动态测量技术,因而一直未能真正实现体位变化时头部血压变化过程的测量。本项目是一项国际上一直很重视,但尚未能解决的世界性难题。因此本产品又是一项具有国际领先水平的创新性项目。

本项目由体位变化床和多道生理信号检测系统组成。生理信号中包括头水平和心水平的逐拍连续动脉血压、心电图、呼吸、心音信号等。主要的难点是头水平和心水平动脉血压的逐拍连续动态的测量。

5. 基于可穿戴技术的动态心肺功能检测与评价系统 包括:①腰带式心肺功能记录和分析系统;②口罩式呼吸功能记录分析系统;③帽式血氧记录分析系;④手表式血氧记录分析系统;⑤背心式呼吸功能检测系统等。

以上部分可分别或综合运用。当综合运用时各部分间由体域网相连接,系统设计突出了低佩戴负荷。其用途可包括:将①、②组合,可设计成室内外运动条件下心肺功能评价系统;①、②、③组合或②、③组合时可成为睡眠呼吸暂停测量分析系统;①和③或④组合或①本身即可组成便携式睡眠记录分析系统;①与⑤或①、④、⑤组合时可成为新型病人监护系统的可穿戴传感器部分。

本项目是住院式体检模式与疗养院系统必备的技术手段,是实现以健康为目标的医学发展的重要技术支撑,有着广阔的应用市场。

6. 准自然状态床垫式睡眠检查系统　该技术已在中国发展了 13 年(1996 年开始),是完全自主原始创新项目,技术上为国际领先。该项目在为健康状态辨识为主导方向中占极重要地位。特别是当把这种微动检测技术与中医的阴阳转换规律和气血流注时间理论相结合时,它将成为对人体身心健康状态进行辨识和调控中的最有力的支撑技术。因此它将具有巨大的市场前景。它的主要市场为健康体检机构、疗养院、需要强化健康管理的特殊作业人员等。

7. 心理状态测验设备　人类 70％的疾病和心理有关,人的健康状态包括心理状态,因此心理测验应是各级医疗卫生单位为了解人的身心健康状态所必需的。关于心理测验在我国起步较早,50 年代已在空军开始试行,现在已经在空军和军官培训学校中推广。未来一定会在国民健康中进一步推广。

心理测验常用的是各类心理量表。现在用了计算机以后已经可以用计算机控制方式实现个体或集体的心理测验。重要的是要使各级医务人员学会心理测量方法来辨识人的心理状态。

第三节　诊断类医疗器械

一、医学影像产品

1. 低辐射数字 X 光摄影系统　直接数字化 X 射线机(DR)是传统胶片式 X 射线机的更新换代产品,是放射医学发展的必然趋势,它为建立网络化和无片化医院奠定了基础。数字 X 光机有全面替代传统 X 光机的趋势。我国在该领域具有技术领先优势,应当大力发展。

2. 低辐射数字 X 光乳腺检查成像系统　由于乳腺肿瘤的发病率逐年提高,乳腺检查已成为体检的必查内容。随着技术的发展,国外多家企业已研制出数字乳腺 X 射线机替代传统的胶片系统,分别采用平板探测器(如美国 GE 公司、HOLOGIC 公司)和线阵探测器(如荷兰飞利浦公司、美国 FISHER 公司、瑞典 SECTRA IMTEC AB 公司)技术实现。由于乳腺对 X 射线辐射比较敏感,所以控制射线剂量非常重要。

我国二级以上医院约 6000 家,如 10 年内 80％装备数字乳腺 X 光机,则每年约需要 500 台。目前进口产品每台约在 350 万元以上,按 15％的市场占有率,进口价格的 60％计算,本产品国内市场销售有望达到 1 亿元/年,年净利润 1500 万元,税收 2000 万元左右。该产品的推出将大大降低国外进口产品的市场价格,整体上极大推动我国女性乳腺健康的普及。同时,该产品也可在国外市场创造出更大的市场价值。

目前已有数家跨国公司推出全数字乳腺 X 光成像系统,但国内尚无同类产品。

3. 牙科全景数字 X 线机(牙科 DR)　全景牙科直接数字化 X 线成像系统(牙科 DR)包括:线阵 X 光路设计,X 光源及束光器,减少辐照剂量、确保成像质量;线阵 CCD 选型,选择高灵敏度的 CCD,确保 5 线对/毫米以上的高空间分辨率;机械设计,旋转扫描平台;电子设计,含微弱信号采集和放大,降低噪声,有效降低辐射剂量;图像处理、图像校正与增强。

牙科是全世界范围市场化最充分的市场,牙科的 X 光影像诊断是牙科诊所的最重要设备之一。牙科的 X 光直接数字化近 5 年刚开始起步,市场发展非常迅速。全景数字 DR 现在市场终端价格在 50 万~80 万人民币,未来 10 年中国 10 万家医院及诊所需要配备,中国的市场规模为 500 亿~800 亿,每年的市场规模在 50 亿~80 亿。

目前国内自主知识产权的全景牙科 DR 未见报道,从 2008 年 11 月底举行的北美放射协会年会(RSNA2008 展会)上来看,全景牙科 DR,国外以线扫描数字化直接成像为主,主要有 Planmeca 公司。口腔内置的小面阵 CCD 探测器可用于非全景的诊断 Kodak 公司为主。目前知名的大公司,如 GE、Philips、Siemens,以及韩国公司 panorama 等均积极介入该领域。

4. X-CT X 射线计算机断层扫描技术(X-CT)已经广泛应用于临床,其对中枢神经系统、头颈部疾病、胸部疾病、心脏及大血管、腹部器官等都能有效成像,成为当前临床不可或缺的影像设备,具有极大的市场。当前我国有部分公司能够生产 CT 设备,但性能仍然落后于世界先进水平,需要在该领域继续投入。

5. SMRI SMRI 磁共振成像(MRI)是当前临床中重要的成像设备,在所有的成像技术中,磁共振成像对软组织的成像分辨率最高,并且其具有多方位任意切层能力,无创伤,无射线,无需造影剂,对人体无害。SMRI 作为专用的磁共振成像设备属于重大医疗器械范畴,具有极大的市场空间,当前我国有部分公司能够生产磁共振成像设备,但性能仍然落后于世界先进水平,在专用设备方面工作不多,需要在该领域继续投入。

6. 阻抗动态成像 生物电阻抗成像技术具有快速、简捷、成本低廉等特点,还是一种无创的成像技术。同时,生物电阻抗成像技术是功能性图像,能够在患者有器质性变化之前检查出功能性变化,是符合"上工治未病"趋势的重要产品。且我国在该领域具有技术优势。

7. 体表红外检测技术成像 医用红外热像技术体检过程无污染、无辐射、无创伤,是真正的绿色健康体检;体检过程安全,可进行反复检测,完全没有因检测而诱发疾病的可能。医用红外热像技术是全身性整体体检,非单项、孤立检查,极大地降低了因检测结果片面而带来误判的可能。医用红外热像技术检测敏感度高,锁定人体全身细胞代谢的变化,不仅可以检测出器质性病变,对非器质性病变也能检测出来,在病变的早期就可以发现。从生理学角度来看,亚健康状态是功能性的失调,而非器质性病变,常规的检测无法评估,而红外热像仪则能从功能学角度对亚健康状态做出早期评估,能帮助受检者对自身状态有一个充分的了解,从而对其下一步的保健、治疗提出指导性意见。红外热像在此方面有着无可替代的优势。

8. 眼科光学成像产品 眼科成像产品包括眼科手术显微镜、裂隙灯显微镜、眼底照相机等。

9. 基于经颅多普勒技术的脑血流及脑血栓监护系统 自动跟踪脑血流信号,真正实现对脑血流的长程监护功能,能自动准确地识别各种固栓、气栓和微栓子以及伪差,及早预警、预防中风。

10. 便携式数字超声诊断系统 掌上式防水坚固结构;低成本、低功耗全数字波束形成器;内嵌可充电电池连续工作时间大于 4 小时;主机重量小于 800g;图像实时传输接口;腹部、心脏、妇科、浅表探头配置,探头工作频率范围 2.0MHz~10.0MHz。

项目市场定位于社区医院,乡镇卫生院,农村巡回医疗车;乡(镇)计划生育服务站,计划生育流动服务车;国内外专科超声诊断;项目适当改造可延伸至国内外畜牧业和宠物医院。目前,我国有社区卫生服务中心(站)2.7 万个,乡镇卫生院 4.0 万个,乡(镇)级计划生育服务站 3.5 万个,以一院(站)一台预计,需求总量超过 10 万台;以乡(镇)级计划生育服务站多台配置的实际情况预计,需求总量超过 17 万台。2006 年,国内外畜牧业和宠物医院掌上 B 超市场规模已达 0.93 亿美元,预计年平均增幅将超过 15%。

目前,掌上 B 超产品国外以美国 Sonosite 公司 iLOOK25,国内以深圳威尔德公司 WED-3000 最具代表性。本项目较国外产品有应用范围宽、价格低、电池供电时间长、适应脏差环境的优势,在全数字成像技术、电池供电时间、重量、防水坚固结构等方面领先于国内产品。

二、参数监测设备

中国医疗器械科技创新与产业竞争力国际比较

新世纪的人体生理功能状态监测设备的技术性能已不同于过去的 10 年,它至少应包含如下共同特点:①具有波形实时显示与参数实时分析功能;②具有数据大容量存储、传输、网络功能;③具有多参数,特别能是无创基本生命参数连续动态监测功能;④参数测量技术趋向于低生理心理负荷、可穿戴式、体域网方式等;⑤在信息处理方面更强调信息挖掘与人工智能专家系统的运用,使监测效率大为提高。

具体的项目为:

1. 呼吸监护设备 现在国内尚无定型的呼吸监护设备,国外虽有,但价格极高,通常高于 40 万元,并且不一定是最新技术。新开发的呼吸监护设备除了具备以上 5 个共同点之外,还包括以下 4 组参数群,它们是:低佩戴负荷的呼吸力学、潮气量测定;呼出气 O_2 和 CO_2 成分的实时分析;心血管功能(心电、心搏量、动脉血压)监测;血氧饱和度监测。

它的主要市场是呼吸科或重症监护室。

2. 新型多参数(心血管)监护设备本监护设备 与以往的监护仪相比除了具有以上所述的 5 个共同点之外还具备以下特点:①由于本监护仪具有动脉血压的无创、逐拍、连续、动态长时间的监测功能。使之能更直接掌握患者所处的生命状态。②本监护设备中特别设计了可从血压测量过程中挖掘出多种血流动力学参数,因此有利于更全面地掌握患者的功能状态。③由于本监护设备既具备监视心脏的电功能(心电图及其节律),也具备监测心脏的泵功能(心搏量、动脉血压),因此它更适合心梗、重症心律失常、重症冠心病的监测,以便及时提供心脏电衰或泵衰信息。

3. 用于上呼吸道感染患者的监护设备 这类监护仪主要用于隔离病房,因此病人监护单元与监视屏之间,应是网络或无线联系。同时由于隔离病房,医生护士对监护单元的操作部分也必须简化和容易消毒处理。

本监护仪在监测参数上除了一般的心肺参数外主要增加了体温的非侵入连续测量技术。这是国际上尚未出现过的创新技术,可完全免除护士进隔离区去一次次的测量手续,更能为医生提供精确的体温变化趋势。

这是一种新型的适合隔离或非隔离病房用的发烧患者监护设备。

4. 康复期病人监护设备 病人在重症或长时卧床后的离床活动期间是需要监护的。一方面是为了搞清楚病人起床后身体功能变化状态,也是为了监控康复活动中的风险事件。为此,这类监护仪必须设计成可穿戴式;而且希望在活动中对参数信号的测量不受干扰;当患者回到病床时,也可继续进行监护。

符合以上要求的可穿戴监测设备近期已经在国内研究成功。它可在无任何粘贴电极的前提下提供心电、呼吸、活动量等基本生命参数的测量,大容量存储以及信号的无线传送,现在已经进入产品化阶段。此项产品的无线传送距离可分为两种类型:一种是院内型,利用网络天线可使接收范围延伸至整个医院;另一种是长距型,它借助于手机移动通讯技术将接收距离延伸至手机可以通讯范围之内。

5. 手术监护设备及其管理系统 从技术上看,该项目由两部分组成:其一是基本生命参数的测量监护技术,其中无创伤猪排动脉血压测量技术将是该项目优于以往的手术监护仪的主要优势;其二是麻醉深度的监测,可采用脑电或听觉诱发电位技术;其三是各项生理参数在监测过程中的抗电力干扰的性能要求,特别是可以在电刀强电磁干扰条件下仍能不受干扰地进行微弱生理信号的监测;其四是各手术室监护单元数据的网络管理系统。现在国内研制这类监护技术的条件是成熟的。

6. 癫痫疑似病人监护系统 癫痫在中国的发病率大约为人群的$0.2\%\sim0.4\%$,但很多癫痫病人是隐性的,只在特定条件下(例如入睡过程中,过度换气时等)才会发作。又由于癫痫发作的主要特征是脑电波中出现棘波现象。因此用一般脑电记录是很难捕捉到癫痫发作特点的。本监护系统主要用于隐性癫痫病人发作时脑电波中棘波的捕捉以及发作当时人体状态的记录,以便适时发现和处理。特别是某些职业的要求,要求及时筛查出隐性癫痫患者,这类仪器的研制成功,将是十分必要的。

从结构上看这类仪器系统有以下四部分组成:其一是多道动态脑电波记录;其二是同步的人颜脸部位的摄像记录与显示;其三是人体基本生命参数的记录;其四是用于诱发的光电刺激器。

7. 脑科重症监护仪 这类仪器主要由于脑震荡、脑意外病人,以及脑科手术后的监护。特别由于我国在脑阻抗成像技术方面突破性的成功,将使这类仪器在脑科重症监护方面走在世界的前列。

脑科重症监护仪在仪器结构上除了人体基于生命参数(体温、心率、呼吸、动脉血压)必须监护之外还包括脑部阻抗成像的动态监护以及在电极结构相兼容的脑电波监护。由于脑阻抗成像动态监护技术有可能及时发现脑出血和脑水肿(比CT早)因此这台仪器的应用将使我国在脑外科急救水平领先于世界。

8. 新生儿监护仪 新生儿的呼吸系统发育不成熟,加上缺乏自卫能力,容易发生呼吸闭塞,因此对新生儿特别是早生婴儿进行呼吸功能状态的监护是必要的。但新生儿皮肤娇嫩,不适合用电极或黏胶。本项目将采用床垫式监护技术,即在床垫上设计了一些能感知呼吸和心搏振动的传感器感知来自新生儿的呼吸运动和心搏振动,并且通过信号处理技术分离出呼吸运动和心动周期。当呼吸运动由于某种原因发生异常时可及时报警。

这类技术还可与早产婴保育箱相结合,制成具有监护功能的保婴箱。

9. 实时心律失常波形标尺记录分析系统 心律失常心电图的分析需要了解失常波形的起源与传导路径,心电标尺技术可以显示出心电波的传导和发展过程。本项目将以上两点结合在一起,达到对心律失常波形的全路径分析。

该系统由32道心电采集系统(包括电极系统)及实时信号处理部分组成。当实时信号软件捕捉到心律失常波形时系统将自动将该异常波形以心电标尺程序在二维的时间序列上展开,形成在时间轴上二维标尺图的演变过程,从而揭示出心律失常波形的演变路径。

国际上尚无专为捕捉心律失常,并进行标尺分析的产品。

10. 动态心肺调节功能检测系统 单独的心功能或肺功能检测系统是有的。但实际运动时,心肺一定是协调起作用的。因此必须研究两者的协调性。

11. 机体功能代谢光学早期预警设备 基于光学探测、内窥镜和光纤技术,研发在器官组织水平上反映机体功能代谢状况的多参数早期监测预警装置,应用于重症病人实时监护、手术过程辅助反馈与急救监测等。包括多参数机体功能代谢信息的动态、实时、无损与高灵敏度获取,如微循环血流量、血容量、血氧饱和度与线粒体代谢状况等。

12. 神经重症监护系统 神经重症的脑功能、脑循环和生命体征多参数同步监护是神经病学临床、科研领域的重要课题,其重要性在于长程观察神经重症患者的脑功能、脑循环和生命体征的状况,监护病情发展和变化,评价治疗效果,判断患者预后。脑功能和脑循环监护也是国际上认定的判断脑死亡的必备金指标。本产品由脑电(EEG)、经颅多普勒(TCD)和生命体征多参数(心电、血氧、血压、呼吸等)同步监护构成。

在国内,该产品的主要用户为地市级以上医院、部队医院、大型厂矿医院的神经内外科、手术室。全国三级以上医院有九百多家,县级以上医院有一万五千家,均可成为本系统的网络或单机用户。按每套网络(一拖四)售价四十万,单机八万元计算,总市场容量将达到十五亿六千万元。

目前国内外未见脑功能、脑血流和其他多参数同步监护的一体机,即使是北京协和医院、宣武医院和天坛医院也只是采用多台仪器(EEG、TCD、EP)非同步监护。目前国内已经获得一项发明专利,拥有完全自主知识产权,性能、功能均属国际领先,目前在各医院的EEG、TCD监护均被进口产品垄断,本产品将完全替代这些进口货。

三、分析检验设备

1. 全自动生化分析仪 全封闭分光及光电检测阵列系统;模块化自动清洗系统;免维护固体恒温加热系统;一体化高速采样针系统;整机独立隔热防尘系统等;全动清洗,反应杯循环利用;分立式,多通道,测试速度高达225个/小时;随机任选式,按样本顺序测定,急诊任意插入;最小加样体积2微升,最小反应体积150微升,最长反应时间大于10分钟;多通道同时比色,支持双试剂,双波;吸光度线性范围0~4;反应盘温度波动0.1℃。

新型农村合作医疗中,全自动生化分析仪就是被国家明确列入重点推广的体外诊断设备。据行业内预计,5年内全自动生化分析仪市场需求不小于5万台。本产品的定位是中档的全自动生化分析仪,价格仅相当于高档的半自动生化分析仪,却具有高档全自动生化分析仪的诸多性能。

国内2000年后进行全自动生化分析仪研发的厂商有近10家,但由于技术门槛太高,目前只在地市级医院及沿海等发达地区的县级医院以上广泛装备,其他地方仍然使用国产的产品。

2. 化学发光免疫分析仪器 重点发展化学发光免疫分析仪器及相关配套试剂的研制开发。化学发光免疫分析是近二三十年来发展起来的一种测定方式,是免疫测定技术继酶免技术(EIA)、放免技术(RIA)、荧光免疫技术(FIA)和时间分辨荧光免疫技术(TR-FIA)之后发展的一项新兴测定技术。检测原理是以发光物质作为信号放大系统并借助其发光强度直接测定免疫结合。由于具有超过放射免疫的高灵敏度,又具有酶联免疫的操作简便,快速的特点,且测试中不使用有害的试剂,试剂保存期长,标记物稳定性好,检测范围宽等优点,已成为放射性免疫分析与普通酶免疫分析的取代者,是免疫学检测重要的发展方向。

3. 新型光学检验分析仪器　应用激光荧光光谱术、激光喇曼光谱分析术、激光全息术、激光散斑分析术、激光多普勒测速术、激光流动式细胞分析术、激光干涉术、激光透照术和激光偏振技术等等,分别用来测量血液、尿液和人体其他组织的成分、微量元素的含量等,以及识别和分辨细胞是否病变或癌变。

4. 过敏源检测仪　背景:随着感染性疾病的控制和工业化程度的提高,过敏性疾病的发病率在全世界范围内呈逐年增高趋势,已成为各国政府高度关注的全球健康问题。世界变态反应组织(WAO)在 2005 年世界首个过敏性疾病日公布了对 30 个国家进行的过敏性疾病流行病学调查结果:在这些国家的 12 亿总人口中,22%(2 亿 5 千万人)患有 IgE 介导的过敏性疾病,包括过敏性鼻炎、哮喘、结膜炎、湿疹、食物过敏、药物过敏和严重过敏反应等。过敏性鼻炎和哮喘的患病率近 40 年内迅速增加,全球与过敏性鼻炎相关的费用每年花费已超过 200 亿美元。据世界卫生组织(WHO)估计,全球约 1 亿 5 千万人患有哮喘,其中 50%以上的成人及至少 80%的儿童患者均由过敏因素诱发,每年有 18 万余人死于哮喘。食物过敏、湿疹和药物过敏的患病率近年也明显升高,已成为严重过敏反应和过敏性休克的主要原因。

目前过敏原检测的主要方法包括体内和体外检查。临床比较常用的体外过敏原检测方法是血清特异性 IgE 抗体检测,与体内检查法比较,具有不受药物治疗影响且患者痛苦小的优点,更简单、安全、方便,尤其使用于老人、婴儿及高度过敏体质的患者。因此,血清特异性 IgE 检测已是一种变态反应性过敏原检测的重要指标。目前,由于血清特异性 IgE 检测方法种类繁多,所采用的结合过敏原的固相载体材料、结合抗人 IgE 抗体(作为二抗)的酶、应用的抗人 IgE 来源以及抗人 IgE 抗体的亲和力和效价不尽一致,各厂家又备有自己的标准品,所得的结果差异可很大,可比性和符合率低。因此,建立较为完善的血清特异性 IgE 自动分析检测方法和仪器刻不容缓。

研究内容:研发过敏原检测条带数字化成像装置,研究过敏原检测条带图像处理与自动定量分析算法,研究实现全自动体外过敏原全自动体检测技术,开发全自动体外过敏原自动检测系统。

核心部件:过敏原检测条带数字化成像与分析装置。

关键技术:血清特异性 IgE 抗体标记段的成像与精确定位技术与装置,过敏程度与血清特异性 IgE 抗体标记段图像特征的定量表征并实现过敏程度自动分级的方法与技术。

5. 高通量、低能耗、可量值溯源的人体微量元素普查用光谱检测系统　世界卫生组织的研究报告指出,铅是对人体危害最大的环境因素之一,尤其是对儿童;随着我国经济和社会的快速发展,公众卫生健康意识已有了显著提高,对铅以及其他多种微量元素防治的检测需求也随之快速增加。

其核心技术包括:①采用整体解决方案思路,建立以光谱仪、内置专家软件、配套专用试剂、校准品、质控品组成的一个完整的、可量值溯源的痕量元素快速检测系统;②其内置专家软件,大大简化了用户操作使用,其配套专用试剂、校准品、质控品,使用户无需样本前处理,无需建设用于样本前处理的高标准化学实验室和聘请化学分析专业人员,节省社会资源,避免资源重复建设;③通过多原子活化器分时工作,缩短样本检测的平均时间,从而达到高通量、高效率的快速检测,将比现行的单台光谱仪的日检测量提高 4~6 倍;④在提高检测效率的情况下,实现低功耗,其峰值功耗仅增加约 30%,同时实现检测环保功能。

目前国内、国外均无此产品,它将成为我国的原创新技术和新产品。

该项目主要应用于妇幼保健系统及综合性医院等，根据统计数据，全国县级以上医院14 000多家，按照70％的医院所使用，预计该产品的市场容量在9800台左右；按照我国13亿人口中，0～14岁儿童约有3.5亿，0～6岁儿童约有1.2亿为计，假设每年检测儿童数量20％，全国每年检测儿童数量将达到7000万人次，因此该项目将对妇女、儿童的铅防治检测的普查筛查提供一个高效的检测服务平台。

四、介入诊断设备

1. C型臂检查设备　小C臂已属手术室常规设备，我国制造技术比较成熟、产能很大、制造该产品的企业很多。

2. 电子内窥镜　电子内窥镜具有成像质量高、易数字化、无断丝现象的优点，具有广阔的应用市场。其关键部件微型CCD(1/6″，数十万像素)尚不能生产，需从国外进口。

3. 胶囊式内窥镜　胶囊式内窥镜是实现低生理负担、长时间连续监测内腔壁的有效手段，也是内窥技术的发展方向。目前的胶囊式设备国内仅能生产体内温度监测和肠胃压力监测设备。

4. 骨密度与骨质疏松检测仪

第四节　治疗类医疗器械

一、移动式灾难医学救援装备系统

1. 移动式灾难医学救援装备系统　由于国土面积辽阔，我国发生自然灾难的概率较大，1976年唐山大地震、2008年初南方雪灾、2008年5月汶川大地震，每年大量发生的矿场塌方、山体滑坡、交通事故，由于伤者无法及时被送到医院、现场缺少救治环境、医务人员无法迅速到达现场，这些灾难和突发事件严重危害受灾群众的生命安全，造成大量人群的致残致死，给国家和人民群众造成巨大的损失。2003年SARS传播、2009年全球甲型流感的发生，严重影响着我国公民的正常生活，给社会、企业、政府造成很大的损失。所以，需要针对应对突发事件和灾难救援研制医疗装备及其技术，提高我国应对突发事件和灾难救援的医疗装备和技术水平。

我国基本没有针对突发事件和灾难救援研制的配套医疗装备，当灾情发生时，都是采用急救设备奔赴现场，经常出现缺少电源、水、合格房间的问题，使急救设备不能发挥应有的作用。例如，如果没有电、水、胶片、暗室，床旁X射线机就无法使用，而我国没有研制出便携式小功率数字式的X射线机。国外研制的全身摄影数字X射线机，15秒内就可实现对伤者从头到脚的X光摄影检查，对救治处于昏迷状态的伤者争取了宝贵的时间。地震破坏了基础设施，医务工作者需要和救治装备一起赶到震区救治伤者，所以可移动载体的一体化灾难医学救援装备系统是非常必要的。

我们建议研制一套能够应对灾难突发事件及意外伤害发生时的可移动的医学救援装备系统，该系统具有下列特点：

第一，可移动性、机动性能好，能够快速到达受灾现场。能够被汽车牵引、直升机吊运、飞机空运、铁路运送、轮船水运。具有导航定位和独立的卫星通讯装置。

第二,不仅能够采用外部供电,还具有独立的电源发电装置。

第三,内部环境满足医学检查、手术的温度、湿度、空气的要求,不受自然界天气的影响,做到全天候工作。

第四,具有满足灾难发生时快速检查要求配套的医学检查装备。

第五,具有满足灾难发生时快速手术要求配套的医学手术装备和条件。

如果我国每个省配备有一套该系统,在目前防范甲型流感输入性病例过程中,就可以在国家统一指挥下快速集结到重点防范机场,对入境人员进行快速、全面的相关医学特征检查,阻止输入型病例的进入将发挥很好的作用;在汶川大地震发生后,各省的可移动灾难医学救援系统在国家的统一指挥下,快速集结到地震灾区,对受伤人员进行检查和救治手术,将会挽救更多的生命。

移动式灾难医学救援装备系统在各种突发灾害、重大传染疫情时,有极为重要的作用,而当前我国在该领域的科技研究极少,在 2003 年的 SARS 和 2008 年的汶川大地震期间表现极为明显。今后我国需在该领域重点发展,关系到我国的战略安全问题。

2. 体外除颤监护起搏器 除颤起搏监护仪是集心电监护、除颤、经皮起搏为一体的临床诊疗急救设备,可瞬间产生数千伏能量可控的电脉冲,作用于心脏以消除心律失常,使患者在很短的时间里获得复苏成功的机会。该类设备不仅在大、中、小医院均得到广泛使用,而且在院前急救上也发挥了重要的作用。目前,该设备已广泛应用于心内科、ICU、CCU、手术室、急救室、急救车等多种场所。

自动体外除颤器(AED),是一种便携式、智能化、易于操作的专用急救设备,不仅便于专业人员使用,并且能够在公众中推广使用,特别适用于办公楼、运动场、突发事件现场等医院以外的场合,许多发达国家在机场、地铁站、体育馆等公共场所都配备有体外自动除颤器。

其核心技术包括:①高压电容充电技术:研究高压电容快速充电技术,实现在 6～10s 内完成高压电容的充电,同时持续监测高压电容上的充电电压和电流,确保由一个恒定电源对电容器充电。②双相波放电技术:经过对比分析采用截断指数双相波放电进行除颤,该功能采用大功率 IGBT 管组成的桥式放电电路实现。③阻抗自适应技术:阻抗自适应技术是指在放电之前自动测量经胸阻抗,根据不同病人经胸阻抗自调整除颤能量,以人体的经胸阻抗为基准,以最低的能量产生最合适的除颤"电流",达到最佳的除颤效果和最小的心肌损伤。④高压电容自维护技术:通过定期对电容进行自动充放电进行电容自维护,确保高压电容始终处于良好状态。⑤心电监护抗除颤高压技术:心电监护模块属于小信号处理电路,其检测到的人体信号只有几个毫伏,而除颤器本身产生的出颤电压高达 4000V,若处理不当,将直接损坏心电监护模块,并可能给患者带来人身损伤。研究在心电监护模块中通过软硬件方法有效去除除颤高压给整个系统带来的电磁噪声。⑥体外无创起搏技术:对体外无创起搏技术的起搏波形、强度和频率与起搏效果进行研究,研究研究高效、低能量的心脏起搏波形。

经过 10 多年的配置,国内县级以上医院都以配有除颤起搏监护仪,但仍有一定数量的缺口。自动体外除颤器是近些年兴起的普及性极强的产品,全球年需求量在 50 万～60 万台,日本和美国的年需求量都超过 10 万台,而我国目前的年销售量仅为 4000～5000 台,市场被进口产品垄断,还没有国产品上市,市场缺口很大。如果价格合适的国产品上市,国内市场年需求量将达到 10 万台以上,年销售额 10 亿元以上。

二、无创类治疗器械(有源和无源)

1. 聚焦超声治疗设备 近年来高强度聚焦超声作为一种无创治疗手段,得到了广泛的注意和迅速发展,并在多种疾病的治疗上显示出巨大的潜力,具体包括以下产品。

(1)聚焦超声甲状腺疾病治疗设备:常见的甲状腺疾病有甲状腺肿瘤、甲状腺腺瘤、甲状腺功能亢进等。由于生活环境的改变,食物结构的改变等因素造成甲状腺疾病发病率上升,患者年龄年轻化。甲状腺亢进的发病率为 1‰～2‰,甲状腺肿瘤发病率为 4‰～7‰,这种疾病已严重威胁到人们的身心健康和生活质量。目前,甲状腺疾病的治疗多采用药物治疗,严重者可采取手术治疗。药物治疗面临的问题是副作用和停药后的复发,手术治疗的问题是创伤和并发症。近年,临床应用中出现了一些新的治疗方法,如用同位素治疗甲状腺亢进,但因个体差异,剂量不易掌握,效果差异大且有副作用。随着超声治疗技术的发展,有可能将聚焦超声技术应用于甲状腺疾病的治疗中。

需要重点解决的问题:电阻抗动态成像与 B 超结合,进行准确的实时监控,这是取得既定疗效和安全的基本保证;由于甲状腺的位置特征,超声治疗头的大小、固定方式、与皮肤的接触方式都会影响超声能量的耦合,治疗系统应做到能量耦合不发或少发生界面损耗,治疗时不应对患者造成其他伤害。

主要技术参数:超声频率 2MHz～5MHz,要求实现靶点精准,误差<1mm;靶点深度<40mm,基本覆盖病灶范围;系统定位精度优于 1mm。

(2)超声止血设备:据 WHO 统计,1998 年全世界因道路交通伤而致死的人数约为117.1 万,成为全球的第十位死因,居第九位疾病;随着世界经济的迅速发展,专家们估计到 2020 年道路交通伤将成为全球第三位疾病。在道路交通伤中,腹部创伤居第四位。肝、脾、肾均为实质性器官,是腹部创伤中最易受伤的脏器。据统计,战争年代时肝损伤约占腹部外伤的 26.7%,和平时期约占交通事故的 16%～30%。而脾外伤则更高,其发病率约占各种腹部损伤的 40%～50%。

肝脾组织富含血供、比较脆弱、抗外力能力差,容易被撕裂,手术止血难度大,一般的止血方法效果差。难以控制的出血是肝外伤致死的主要原因,其致死率 10%～15%。脾外伤的死亡率也高达 10%,文献报道脾破裂程度为Ⅰ、Ⅱ、Ⅲ级的病人中仅 34%能保脾手术止血,而Ⅳ、Ⅴ级病人只能脾切除。过去治疗脾破裂出血的主要方法是脾切除。由于脾是人体的主要免疫器官之一,切除后易爆发严重的感染;因此,近来处理脾破裂时,多主张尽可能保留脾脏。

内脏实质器官出血的止血方法主要是外科手术(如缝合、填塞和压迫、器官切除等)。近年来,高频电刀、激光等物理止血方法逐渐应用于临床工作中。高频电刀、激光主要依靠热效应进行止血,组织穿透性较差(最大穿透深度为 2～3mm)、有效止血血管直径小,临床上主要用于手术创面的表浅止血。低频超声刀临床上主要用于肝脏等实质器官切除,以减少术中出血。微创外科所用的超声止血钳,主要通过低频超声波对小于 2mm 以下的小血管止血,用于微创手术时组织的分离及其止血,不能用于实质器官破裂的止血。因此,为了降低内脏实质器官破裂出血病人的死亡率,有必要研究一种止血效果好、止血快、操作方便的新方法,用于和平和战争时期的肝脾等重要脏器损伤的快速止血,保留器官及其功能,降低死亡率。

目前,已在美国、英国等国家开展聚焦超声无创止血技术的研发,美国西雅图的 THERUS公司已经于 2005 年研制出原理样机,初步实验效果不错,止血只需数十秒。美国军方已经拨款 5700 万美元给华盛顿大学的 Crum 教授,专门研究超声止血。

重点解决的问题:高能小型的手持式止血器械,适于携带,适于操作;便携式高能超声发生器,由于止血仪要适应野外操作,仪器不仅要轻便,更要求使用电池供电;止血/监控一体化技术,仪器必须在监控下止血,这样才能判断止血的效果。

关键技术要求:最大可止血血管直径:2mm;最大可止血部位深度:100mm;整机重量<10kg。

(3) 超声牙周疾病治疗仪:牙周病是人类主要疾病之一,在世界范围内均有较高的患病率,严重影响美观、发音、咀嚼和胃肠道功能,危害身心健康。2005 年第三次全国口腔健康流行病学调查数据显示:我国 $80\%\sim97\%$ 的成年人有不同程度牙周健康问题,35 至 44 岁成年人群中,牙龈出血的比例则高达 77.3%,年龄越大牙周健康状况越不容乐观。

牙周病的主要症状和临床病理包括牙龈出血和炎症、牙周袋的形成、牙槽骨的吸收、牙齿的松动和移位。牙周病治疗需消除或控制牙菌斑、减轻牙周组织炎症并引导牙周组织修复再生,目前缺乏积极修复的手段,亟待新方法、新手段促进牙周组织再生。

低强度超声波可以促进牙周组织生长,加拿大的研究人员于 2006 年制作了一种微型超声发生器,发生器能像牙套一样安装在牙齿上,动物实验表明低强度的超声波可以使受损牙齿重新生长。

重点解决的问题:微型超声发生器,能像牙套一样安装在牙齿上,发生器包含超声换能器、电池和控制电路;计量学研究,超声剂量与组织的生长关系,以及超声刺激的副作用研究。

关键技术要求:超声治疗仪有效作用时间优于 20min;工作方式:脉冲。

2. 婴儿培养箱 婴儿培养箱系统是新生儿的抢救、急救和重症护理的关键设备,对于保证患者安全具有重要的临床意义。高档婴儿培养箱系统能够为重症婴儿提供氧气、温度和湿度可调的治疗环境,产生类似在母体康复的环境,可以记录整个康复过程病儿的变化情况。

其核心技术包括:①空气流量、温度、湿度、氧浓度模糊控制技术。建立培养箱内气体流动、温度、湿度和氧浓度相互关系数学模型,控制和监测选定的空气和新生儿温度、箱内环境湿度和氧浓度。通过仿真优化设计,确定最佳系统结构参数,准确地调节保温箱的温度、湿度、氧含量,保证重症护理的新生儿获得理想的空气微流动治疗环境。②气体流量控制和气体净化技术。根据新生儿重症治疗的环境要求,计算理想的气体流通量,确定与流通量一致的净化参数,使婴儿培养箱拥有"洁净、安静和均匀"的微气候分布。③气体流量和温度优化设计技术。建立箱体内空气流量和热量管理模型,通过优化气道设计,精密测量和控制箱内环境温度和婴儿肤温,最大限度地减少保温箱的温度波动,减少婴儿身上热量的损失。④伺服氧浓度控制技术。建立氧气伺服控制模式,优化设计空气和氧气混合气道,根据氧浓度监测值和空气供给量,调节氧气供给量,在不受热环境干扰下,使培养箱内具有的氧浓度均匀、稳定的氧浓度。

婴儿培养箱是妇产医院、儿童医院、乡镇中心卫生院和县级以上医院的妇产科、儿科必备的常规医疗设备。按照新生儿重症护理的临床需要,乡镇中心卫生院需要配置婴儿培养箱 3~5 台,县级医院需要配置 5~10 台,市级医院需要配置 8~12 台,省级医院需要配置10~15 台,妇产医院和儿童医院配置数量还要增加,而我国目前婴儿培养箱的配置数量很低,随着国家优生优育政策的普遍实施,婴儿培养箱市场将快速增加。

3. 无创呼吸机 随着全球环境变暖,呼吸疾病患者数量不断增加,已成为我国和全世界前三位主要疾病,据统计,我国每年约有 100 万人死于呼吸衰竭,因 COPD 而致残的人数约在 500 万～1000 万。医院用无创呼吸机是治疗呼吸衰竭的有效设备,我国在该无创呼吸机产品领域落后于西方发达国家,高端产品主要依赖进口。

其核心技术包括:①通过气路仿真和设计,设计出响应速度快、动态压力范围宽、噪声低的涡轮风机,使呼吸机的输出压力达到高动态范围压力控制 $35～40cmH_2O$,满足了高动态范围压力控制的要求;②通过对风机和阀的控制,在面罩漏气和患者顺应性变化时对患者通气量及时进行补偿,使无创呼吸机更自如地应对患者各种情况的变化,特别适用于 COPD 等各种无创通气适用症患者;③在呼吸力学的数学模型的建立与仿真基础上,分析患者情况,运用多种判断方式提高同步触发技术,从而达到良好的触发效果。而且无论是吸气平台还是呼气平台均允许患者触发通气,从而更增加了患者的舒适性。

该产品适用于家庭护理和医院临床使用,在各种急性呼吸衰竭的治疗中和慢性呼吸衰竭的康复治疗中都占有重要位置。我国县级以上医院均需要配备无创呼吸机,一般床位数在 500 张左右的医院应配有 10 台以上无创呼吸机,床位数在 1000 张左右的医院应配有 20～30 台无创呼吸机。目前我国无创呼吸机的配备普及率并不高,市场需求缺口很大。此项目不仅能成为普及国内呼吸机使用、替代国内进口设备的首选产品,而且具有很大的出口潜力。

4. 全固态多波长眼底激光治疗设备 在多波长全固态激光器方面突破关键技术,研发出国内首台具有自主知识产权,低成本、高性能、适于在国内普及应用的全固态多波长眼底激光治疗仪,获得临床准入并完成临床试验,结束多波长眼底激光治疗仪依赖进口、核心技术和知识产权受制于国外的状况。

三、有创类治疗器械

1. 血液体外净化设备 血液透析机的发展日渐成熟,操作的人性化设计也很普及,作为治疗型设备,治疗的个性化、安全性能以及模块化设计是每个生产厂家考虑的首要问题。根据每个病人的实际电解质情况,能够很方便地提供不同的透析液是血液透析机发展的一个重要方向;为了提高血液透析的安全性,有的公司提出了卫生连锁的概念;在工程方面,血液透析机的设计趋向于模块化设计,这就提高了机器的维护性能。

2. 生物人工肝 生物型人工肝支持系统是治疗重症肝炎、肝衰竭等疾病的有效手段。我国肝炎和肝功能衰竭患者数量较多,内科治疗方法疗效有限,而肝移植由于价格昂贵和供体缺乏而难以推广。生物型人工肝能够在体外暂时替代人体肝脏的部分功能,阻断肝功能衰竭的恶性循环,为肝细胞的再生与恢复提供了时机和条件。

3. 麻醉神经定位系统 在手术中为方便实施麻醉,特别是定点麻醉的系统,通过刺激所要麻醉的神经,确定麻醉部位,通过同时作为刺激电极的针头注射麻醉剂。

四、植入式医疗器械

1. 支架导管 心脑血管疾病是当前人类死亡第一大病因,预计到 2020 年,全球心血管病死亡人数将高达 2500 万人,其中 1900 万发生在发展中国家。支架技术是治疗心脑血管疾病的有效手段。

2. 新型抗血栓人工血管 血管类疾病具有广泛的人群,人工血管有较大的临床需求。目前,人工血管置换后的急性血栓是其主要问题,通过改进人工血管材料、改进人工血管的构型设计,特别是其血流动力学优化设计是该领域的重要发展方向。

3. 新型人工心脏瓣膜 人工心脏瓣膜是可植入心脏内代替心脏瓣膜(主动脉瓣,肺动脉瓣,三尖瓣,二尖瓣),能使血液单向流动,具有天然心脏瓣膜功能的人工器官。当心脏瓣膜病变严重而不能用瓣膜分离手术或修补手术恢复或改善瓣膜功能时,则需采用人工心脏瓣膜置换术。换瓣病例主要有风湿性心脏病、先天性心脏病、马凡综合征等。

4. 左心室辅助装置 左心室辅助装置是当左心室功能衰竭时替代左心室功能的装置,目前主要是轴流式(近年来主要为磁悬浮轴流泵)驱动方式。

5. 植入给药泵 植入泵是治疗糖尿病等慢性疾病的重要手段,使得患者不再需要长期频繁的体外输液,大大降低患者的生理负担。

6. 心脏起搏器 心脏起搏器是心率失常的首选治疗方案。自1958年首例心脏起搏器植入手术以来,现在全球已有300万人植入了心脏起搏器,每年新植入40万例起搏器。我国累计有6.34万病人植入心脏起搏器,每年新植入1.95万台,年增长15%。目前我国在该领域技术仍然相当落后。

7. 植入式神经刺激器 植入式神经刺激器是治疗各种神经系统相关疾病的有效手段,例如帕金森病、运动障碍、癫痫、抑郁症等。且植入式神经刺激器在戒毒、治疗肥胖等方面有潜在的应用前景。当前植入式神经刺激器被几个跨国大公司垄断,造成价格高昂,加重了我国医疗负担,使得我国大部分患者无力承担。目前我国自行研制的植入式神经刺激器已进入临床阶段,一旦形成产品,必将迫使跨国公司大大降低该产品的价格。

8. 人工耳蜗 人工耳蜗是目前全聋患者恢复听觉的唯一有效的治疗方法,目前全球已有3万多人植入了人工耳蜗。目前我国有2600万聋人,其中的重度患者迫切需要植入人工耳蜗。

五、肿瘤治疗设备

1. 医用加速器 医用加速器是进行各种放射治疗必不可少的粒子加速装置。根据中华放射肿瘤学会的2006年的调查报告数据显示,全国范围内的放疗单位由2001年的715个增长至2006年的952个,直线加速器由2001年的542台增长为2006年的918台。据专家估计现在全国每年新增的加速器数量应该近200台,年均增长率在20%左右。目前国内的放射治疗直线加速器市场尤其是中高端市场基本被三家跨国公司医科达、瓦里安和西门子所占据,国内企业仅存山东新华一家公司在低端市场生存。

影像引导放疗(Image Guided Radiation Therapy, IGRT)技术是当前肿瘤放射治疗的重要发展方向,而其核心技术是成像与放射治疗同源实现的加速器技术。目前清华大学已攻克KV/MV同源双束加速管技术,这在国际上属于首创。

2. 高强度聚焦超声(HIFU)肝癌治疗小型化专用设备 我国是肝癌高发国家,据WHO统计,2005年全球新增肝癌患者里中国占55%,约35万人。而且,研究表明HBV感染和肝癌发生的相关率高达80%,我国HBV感染者占全球1/3,约1.2亿。故肝癌发病率将持续增高。当前主要治疗方法是手术治疗,但目前我国确诊肝癌的患者可手术者不超过

15%,且手术创伤大,平均每例失血量 600ml;并发症多,发生率高达 74.9%,严重威胁患者生存质量。故急需发展新的无创、低毒副作用的治疗方法。高强度聚焦超声为其首选。虽然,JC 型高强度聚焦超声肿瘤治疗系统在治疗肝癌方面取得了显著成效,是公认的"安全、有效、精确、无创的新的治疗方法"。但属综合性大型设备,医院投资高,技术难度高,对医生的要求高,使用成本也难以进一步降低。鉴于此,急需发展高强度聚焦超声肝癌治疗小型化设备。

拟研发的 HIFU 肝癌治疗小型化设备,还可以用于胰腺癌、肝硬化、脾亢等疾病治疗。在适应专科医院和大型医院肝胆外科、肿瘤科需求的同时,突出"国家新医改"重点建设的县级医院等的需要。

关键技术:①在已有超声定位监控的基础上,发展与此相匹配的电阻抗成像实时监控技术。它是我国自主原创的新型动态成像技术;②鉴于肋骨等对 HIFU 治疗的影响,研发专用于肝部治疗的高强度聚焦超声治疗探头;③Room-Time 治疗 3cm 肝癌平均用时<1.5小时;④设备总重量不超过 1000kg,占地面积小于 20m^2,以适应县级医院的条件;⑤中心频率:1.0MHz,声强 6000～20000W/cm^2。

六、手术与急救:规划／辅助／导航

1. 生命支持呼吸机 随着全球环境变暖,呼吸疾病患者数量不断增加,已成为我国和全世界前三位主要疾病,其中 80% 以上重症患者需要接受呼吸机治疗。智能呼吸机代表了呼吸机发展的一个重要方向,我国在该智能呼吸机产品领域落后于西方发达国家,高端产品主要依赖进口。

其核心技术包括:①在研究并建立人体呼吸系统的生物力学模型的基础上,研究呼吸模式的建模技术和呼吸系统参数的辨识方法,结合临床进行呼吸模式的数学建模和计算机仿真,为临床治疗提供优异的人机协调性;②通过研究基于呼吸力学数学模型辨识的呼吸系统参数,从相位上提前对呼吸机进行触发的方法,以达到良好的同步触发效果,改善病人的通气舒适性;③通过计算和仿真设计阻尼器的长短直径等技术指标,达到测量的精度要求,同时该阻尼器还有稳定气流的作用,使流量测量更准确;④通过对流量控制阀门进行理论模型分析和系统仿真,实现相关软硬件的开发,随着外部气源压力变化调整流量变化,从而精确地控制空氧混合的比例和向患者气道输出流量;⑤通过音圈的设计原理,设计一种低气阻、低压力控制、快速响应的气体控制阀电子 PEEP 及控制技术,实现响应时间在 10ms内的电子 PEEP 阀。

该项目是我国县级以上医院必备的常规医疗设备之一,主要应用于治疗呼吸、心肺疾病和临床抢救治疗等场合。国家新医改政策提出重点支持县级医院,因此需要大量的生命支持呼吸机。根据统计数据,全国县级以上医院 14 000 多家,每个县级医院需要呼吸机 3～10 台,而目前仅配备 2～3 台,基层医院的呼吸机需求缺口很大,因此该项目将满足国内市场需求,实现替代进口,降低患者医疗费用,使更多医院有能力配备高档呼吸机。

2. 麻醉工作站 麻醉工作站运用计算机大容量的存储功能,自动记录下麻醉过程中所有的参数变化,包括麻醉输送的参数和病人监护参数的所有信息,并可任意编辑数据,生成相应的分析报告。麻醉工作站不仅涵盖了传统麻醉机的所有功能,而且拥有符合现代发展趋势的多项功能。模块式的设计,可以根据需要增、减功能,具有不断升级的能力,因而为未来留有广阔的发展中间。

其核心技术包括：①麻醉药蒸发器是麻醉工作站的核心部件，通过电子手段或机械手段实现高精度麻醉药蒸发器，它可确保麻醉气体在压力、流量、温度发生变化时，输出麻醉气体浓度基本恒定，确保麻醉病人的安全。②通过电子手段或机械手段实现高精度流量计，提供多种气体流量显示功能，保证患者麻醉过程中氧气笑气比例线性准确、安全联动，提供精确稳定的基础流。③通过气路设计实现低的阻抗和顺应性、易于清洁和消毒、高密封性的集成式呼吸回路。回路中有可以精确调节安全压力的装置、更换钠石灰时的自动气路切换装置和消除水气影响的气路加热系统。④通过专用的气路装置和流量计系统的设计，实现麻醉净化系统。一方面传递、收集多余麻醉气体，消除手术室麻醉气体处理系统对麻醉工作站的可能影响，另一方面当流量超限时应通过流量计予以显示和警示。⑤通过呼吸模型的建立与仿真，识别患者的流量、压力、阻力、顺应性等基本参数，综合考虑控制过程中新鲜气体补偿的影响、系统顺应性的影响、海拔、温度的影响等因素，采用多种控制算法达到最优通气效果，实现智能化麻醉呼吸机。项目采用了集成化的气路结构，通过优化气路结构，实现低阻力、低绕流的控制气路。不仅包括顺应性、P-T 波形、v-T 波形、P-V 环、v-V 环等呼吸力学参数的监测，而且包括气体和生理参数的监测，如氧气、二氧化碳、麻醉气体等，丰富了麻醉工作站提供的数字信息之外，也为评估患者状态和智能呼吸控制提供了基本条件。⑥专为临床手术麻醉而设计的麻醉临床信息系统围绕手术管理，可以和医院信息系统与临床信息系统挂接，通过和手术室的多种设备（监护仪、麻醉机、输液泵等）连接，自动采集生命体征数据，全程记录麻醉过程的所有数字信息，自动生成手术麻醉电子病历，是临床数字信息系统的一个重要组成部分。主要包括：术前模块、术中模块、术后模块、统计查询模块和科室管理模块。

麻醉机是各级医院手术室必备的常规设备，国内麻醉机市场年需求量超过 5000 台，每年以 8% 的数量进行增长。一般三级医院（省市级医院）需配备麻醉机 15～45 台以上；二级医院（县区级医院）需配备 4～12 台；二级以下医院（乡镇中心卫生院）根据需要配备 1～3台。新医改方案提出要以医院管理和电子病历为重点，推进医院信息化建设，因此该项目符合产业发展方向，且市场需求量很大。

3. 手术导航设备　微创介入理念在外科临床中的发展，大大促进了影像引导手术的应用和推广。影像引导手术首先在神经外科得到应用，并已经拓展到脊柱骨科、关节置换、颌面外科、腹腔、泌尿、耳鼻喉、心脏等领域。开展影像引导手术所必需的手术导航医疗装备已成为一个快速增长的产业。目前美国的手术导航设备的装机量超过 3500 台，而国内累计装机只有 100 台左右。国内市场的快速增长存在巨大的商机，也对国内医疗器械行业带来挑战。

目前国内医疗市场的手术导航医疗装备基本被国外的厂商所垄断，Medtronic、Stryker、BrainLab 等占据垄断性的市场份额，其售价高昂。国内的医疗设备企业如深圳安科公司等自 20 世纪 90 年代开始研制手术导航设备，并取得了医疗器械注册，但产品比较单一，推广程度不高。

在技术方面，国际上的手术导航医疗装备尚处于发展和成熟过程之中，应用范围也在不断拓展。国内相关关键技术的研究与国外差距不大，一些高校如清华大学、复旦大学、上海交通大学、北京航空航天大学等已经针对不同临床应用，开展了关键技术的研究，并取得了一批有自主知识产权的成果，并已经形成了若干手术导航系统的原型。手术导航设备相对于其他传统医疗设备,是属于高产出/投入比的项目,预计未来 5～10 年国内的市场有很强的需求,是国家应当重点投入和扶持发展的领域。

4. 手术机器人 手术机器人是医疗手术,但目前的微电子技术、信息技术、机器人技术等相关支撑技术都没有达到手术机器人的要求,所以目前手术机器人主要是一前瞻性的概念,我国在该领域应该投入一定的预研力量。

5. 血液回收机 血液回收机可以在手术过程中或手术后将采集到的患者失血进行处理、清洗,然后再回输至病人,被广泛地应用于各种大出血疾病的急救和除肠胃手术、癌症切除手术外的多种外科手术,例如脾破裂、宫外孕、创伤大出血、骨科手术等。自体血液回收机的应用可大大减少异体输血,进而降低因血源紧张带来的压力,减少因异体输血而引发的输血性传染病,这对于肝炎发病率高、血源紧张的中国具有特殊的社会意义,同时还是应急反应、战地救护的必要手段之一。国产血液回收机进入市场已经 10 年,但总体发展并不均衡,目前一些大医院血液回收机已成了必不可少的医疗设备,但在全国一万多家中小医院尚未普及和应用。

其核心技术包括:①可获得高压积的离心杯设计。在血液回收过程中,对回收血的压积有较高的要求,现有的离心杯设计只能满足临床的部分要求,国内正在开发、拥有自主知识产权的新型离心杯可在实质上提高这一技术指标,降低最小回收体积,在市场上将处于优势地位。②耗材生产工艺。血液回收机耗材的生产过程技术含量较高,在材料选择、超声焊接、可靠性检验等方面需要有深入的研发。国内在这方面已有一定积累,并可实现低成本,竞争优势明显。③自动化程度高、检测功能强大、可靠性高的整机系统。强化整机的检测功能,提高其自动化程度,并在设计、工程及工艺过程中以可靠性为核心追求,是自体血液回收机整机的发展趋势,国内在这方面已进行了多方面的有益探索,取得了一定成果。

全国县级以上医院 14 000 多家,手术室几倍于此,每日进行的手术则更多,预计该产品的市场整机容量每年 2000 台左右,耗材每年将达到二十万套以上,两者的需求将呈逐年上升趋势。

6. 手术规划、辅助与导航系统 计算机辅助手术作为一种多学科交叉的新兴前沿技术,能够利用多模图像数据建立二维或者三维仿真环境,通过生物力学分析,辅助医生进行手术评估、规划、仿真和监控等过程,当前的研究和应用主要集中在神经外科、创伤骨科、脊柱外科、关节外科、泌尿外科、眼科、牙科、心脏外科、放射外科、腹腔科以及颅颌面外科等领域,使外科手术更精确、安全和微创,从而提高手术质量,减轻患者痛苦,降低医疗成本。计算机辅助手术导航方法的分类有很多种。按照手术定位方法,可分为光电导航、电磁导航、机构导航等;根据手术所用成像方法的不同,可以分为 CT/MRI 导航、透视导航、无图像导航等。未来的发展重点将集中在针对临床环境的传感器、灵巧的手术机器人、智能配准技术、可操作性、安全性和稳定性等方面。

7. 术中激光散斑高分辨血流成像设备 针对神经外科、心血外科等对手术过程中对血管瘤、外伤、恶性肿瘤等病灶及周边重要组织中血流状态进行实时、无损伤、连续监测的迫切需求,突破术中血流高分辨实时成像中的关键技术,研发具备自主知识产权的术中激光散斑高分辨血流成像设备,获得临床准入并完成临床试验,在国际上抢占先机,率先推出实用化的成套仪器设备。

七、药械结合新技术

药械结合缓控释新技术装置 高效、速效、长效、靶向给药新型药物,药物控释纳米材料,新型给药技术和装备,缓释、控释、透皮吸收制剂技术,蛋白或多肽类药物的口服制剂技术。包括:纳米技术、脂质体技术、微囊释放新技术等。

第五节 康复类医疗器械

一、助老助残类设备

1. 具有多控制源的半主动仿生膝上假肢 对于下肢截肢者,尤其是膝上腿部截肢,安装假肢是目前代偿截肢者基本运动功能的唯一途径。尽管在过去几十年中假肢行业已经取得了重要的技术进步,当前市场上的膝上假肢仍然限于被动式假肢,即假肢的膝关节可以储存和消耗能量,但不能在行走过程中提供有效动力,使穿戴者的运动功能严重受限,很难自然完成上、下楼梯、走斜坡、跑和跳等动作。而且失去了提供能量的关节,在平地行走时大腿截肢者穿戴假肢行走消耗的能量比健康腿高 60%,施加给健肢的压力和扭矩是健康腿的 3 倍,这些都显示了被动式假肢的局限性。因此开发主动式仿生膝上假肢,将是未来下肢假肢重要的研究方向。研究内容主要为:假肢利用内部的电机代替受损肌肉活动,能够为使用者从坐姿到站立提供部分动力,代替了四头肌的功能,支撑使用者上下楼梯和走坡路。在使用者突然腿打软的时候提供锁定膝关节的力矩,提高假肢安全性。另外,要实现假肢的灵活控制,最重要的问题是识别操作者的意图,因此,利用残肢的表面肌电、健肢的摆腿角度和速度、假肢本身的角度和足底压力等参数,来控制半主动式膝上假肢的运动模式,实现安全、可靠、步态自然的代偿功能。

2. 运动型下肢假肢 2008 年北京奥运会和残奥会点燃了人们参与体育运动的热情,特别是残疾人运动员自立自强、顽强拼搏的精神使人敬佩。下肢假肢是运动假肢中最重要的部分,但是目前国内这方面尚属一片空白。面向我国的残疾人运动员,研发具有我国自主知识产权的运动型下肢假肢,主要包括高性能储能脚和运动型膝、踝关节,扭力缓冲器,假肢接受腔制作工艺和制作材料的运动化改进等。对运动型下肢假肢的要求是采用高强度轻质材料(包括钛合金、铝镁合金、碳纤维等),具有适合高速度、高强度运动的结构设计,质量轻、性能高、富有弹性,能进行跑跳。其中储能脚作为运动型假肢的关键部件,要求高强度、高弹性、低重量,能量释放与储存比达到 95% 以上。运动型下肢假肢的研发不仅填补我国空白,使我们的残疾人运动员用上自己国家的产品,也将推动我国高性能假肢产品的研发态势,提高我国假肢行业的技术水平。

3. 基于生理信息控制的多自由度上肢假肢 现在,国内外商业化应用的上肢假肢主要有机械索控假肢、肌电假肢和肌电索控混合假肢。但由于操控方法的局限,使现有上肢假肢的装饰性更多于实用性。目前,包括神经电信息、肌电信息、脑机接口技术、语音控制等在内的生理信息研究取得了新进展,多自由度假手技术也取得一定突破,在此基础上,研究和开发基于多种生理信息控制的多自由度上肢假肢,改善和提高假肢的操控性能,将是上肢假肢未来发展的重要方向。

4. 面向个体的脊柱矫形器设计与制作系统

5. 面向个体的假肢辅助设计与制作系统

6. 可穿戴式导盲设备 视觉系统的丧失，给盲人的出行带来了极大的不便。研究基于可穿戴技术的导盲设备，运用语音识别、图像处理、障碍物检测、定位导航等技术，使该设备具有移动物体快速判断、障碍物提醒、道路导航等功能。可穿戴式导盲设备与传统的盲杖、导盲犬等方式相比，可以有效解放盲人的双手。由于感应系统数量多，测量的周围环境参数更加丰富和定量，将使盲人得到的指示信息更加准确有效。使用过程中可全程采用语音提示，使用方便，训练简单，有利于使盲人更快地融入社会。

7. 电子人工喉系统 电子人工喉系统是用于喉切除术患者的重要语言交流工具，具有可以长时间说话并且比较容易被理解，不需要其他外科护理，基本上适用于任何类型病人的优点。但现有产品也存在着声音机械、不自然，说话过程中频率和强度不可调节，人机间的耦合需要用手实时支撑的缺点。研究基于气流压力和肌电的电子人工喉控制机理，开发具有自然声门波特征的电子人工喉产品，解决现有人工喉声音机械、不自然，语音语调无法随心改变的不足。研究电子人工喉噪音源振动系统和脉冲产生系统、供电系统的分离设计方法，实现人手不干预的情况下人工喉与颈部组织的较好耦合。实现电子人工喉系统产品的产业化，填补我国在此领域的产品空白。

8. 老人监测报警装置（定位、信息监护、急救） 随着老龄化社会的来临和计划生育国策的实施，4+2 的家庭模式致使一对夫妇需要承担 4 位老人的养老义务，使老人的居家看护不仅是家庭问题，也已成为很繁重的社会负担。开发适合大众人群长期佩戴的低成本、高安全性、高可靠性老人监测报警装置，使其具有生理信号采集、用户状态和康复信号感测、空间定位等功能，该装置可通过无线传输，实时将监测讯号向外发送，并可通过网络将详细信息传至医疗机构的监控中心或监护人，便于随时掌握需要看护者的生理状况及康复状况，也便于联系急救网络。同时通过建立监护对象的生理参数数据库，还可为专业医生的准确诊断和有针对性地制定康复训练计划提供辅助和依据。

9. 外骨骼式老年人肢体助力系统 老年人由于生理机能下降导致的行走不便可以说是困扰老年人正常生活的严重问题。研发外骨骼式肢体助力系统帮助老年人增强活动能力，是提高老年人生活自理能力，保障生活质量的重要发展方向。该系统可分为上肢助力系统和下肢助力系统，上肢助力系统主要由肩部固定器和手臂支架组成，通过传感器感知上肢的运动，从而驱动助力系统引导上肢进行相应的动作，以节省上肢和肩部关节的体力。下肢助力系统在下肢外侧加装助力系统，连接臀部，帮助使用者支撑体重，减少腿部肌肉和关节（臀部、膝盖和踝关节）对人体的负荷，起到支撑、稳定下肢、辅助站立、行走和爬楼梯的功能。该系统还可用于下肢功能障碍患者康复训练和残障者护理。

10. 适应多种路面环境的室外型无障碍轮椅 室外型电动轮椅是老年人、残障人出行的重要交通工具，但由于我国现在道路及路面状况并不理想，轮椅的使用受到了极大限制。研发具有一定越障能力，适应坡道、台阶、沙地等不同道路环境的室外型轮椅，将是电动轮椅发展的一个重要方向。另外，为适合我国国情，应在保障电动轮椅的续航能力、安全性和稳定性的基础上，尽量降低成本以扩大受惠群体，为更多的老年人出行带来便利。

11. 大小便失禁护理设备 大小便失禁给长期卧床的老年人、残障人护理工作带来了极大困扰，也是患者生活质量降低的主要因素，由于大小便失禁，还极易导致皮肤溃烂感染、褥疮等并发症，甚至危及患者生命。研发自动化的大小便失禁护理设备，减轻护理人员的工作负担,改善患者卫生状况,将是大小便失禁护理康复系统发展的重要方向。具体研究内容包括:基于传感技术和医学影像技术的大小便监测和预警系统,基于功能性电刺激的大小便失禁康复系统,基于机器人技术的老年人、残障人护理设备等。

二、康复理疗设备

1. 截肢者假肢配置促进康复设备　配置假肢是截肢者最主要的功能康复方法,配置假肢前后的理疗和功能训练则是截肢者适应假肢、正常使用假肢的至关重要过程。截肢训练的主要目的是为了残肢塑形、改善和矫正挛缩畸形、增加关节活动度、增强肌力、处理瘢痕、改善和治疗患肢痛等。在现有截肢者理疗训练技术的基础上,将微波、超声、按摩、牵引、固定等物理疗法和运动疗法,与机械型残肢震动治疗和功能性电刺激等新兴技术结合,研究截肢者假肢配置促进康复设备,实现截肢者假肢配置训练的定量化、系统化,从而促进截肢者更快更好地适应和使用假肢。

2. 轮椅使用者慢性损伤预防和康复装置　轮椅的长期使用者,特别是轮椅依赖者,极易产生下背、腰骶、臀部等部位的疼痛和不适,也容易因为长期的压力、剪力及摩擦力而产生褥疮,降低患者的生活质量,甚至危及生命。研究轮椅使用者慢性损伤的发病机理和发病过程中的影响因素,研究确保人体组织完整性的最佳干预方法,研究褥疮敏感性组织的早期预报方法,研究和设计具有预防长期轮椅使用者慢性腰痛的便携式动态承托装置和防褥疮坐具,研究基于 CAD/CAM 的个体性承托装置和防褥疮坐具系统的专用加工设备及其软件系统,为改善轮椅使用者的身体健康提供科技支撑。

3. 瘫痪病人家用个性化康复理疗设备　康复理疗可改善瘫痪病人的血液循环,减轻肌肉萎缩状况,预防各种并发症,并有利于恢复身体功能。针对瘫痪患者家庭护理需要,开发基于超声波治疗、功能性电刺激、空气波、红外治疗等技术的傻瓜型、安全型康复理疗设备,该设备需具有模块化设计的特点,可根据瘫痪病人需求进行组合,降低其使用成本。该设备还需具有完善的病人状况监测能力,在非专业人士的操作或误操作状态下,保证不对病人造成伤害。

三、康复训练设备

1. 基于生理信息反馈的脑损伤患者肢体康复训练系统　对脑损伤患者进行的肢体康复训练是十分重要和关键的医疗手段,及早进行康复训练可以大大提高其运动功能恢复的可能性。研究将虚拟现实技术与康复机器人为代表的自动化康复医疗设备相结合,为中风患者设计基于肌电、脑电等生理信息反馈的虚拟训练任务及合理的实时康复评价系统,使患者在训练过程中获得愉快的成功情绪体验,从而维持其训练动机水平和参与的积极性,在很大程度上改善训练效果。该系统还可根据患者肌肉疲劳指数、运动协调度等指标来定量地评价康复效果,指导康复任务的合理安排,达到科学、有效的康复训练,恢复患者运动机能的目的。

2. 智障患者康复训练系统　目前,我国因遗传疾病、缺碘、近亲结婚等原因造成的智障儿童约有 600 万。智障可分为先天性和后天性智障,而先天性智障儿童的康复训练尤其重要。智障患者的康复训练器材主要包括基础智力引导训练器材(仅适用于低龄智障儿童)、记忆力训练器材、逻辑推理及判断力训练器材等。在已有低端（木制或塑料材质的积木拼图型益智产品，类似于玩具）、中端（类似学习机和游戏机的益智电子产品平台）训练器材基础上，结合计算机技术、数据库技术、生物反馈技术、康复训练平台等方面，研发有良好人机交互界面的高端智障患者训练系统，针对不同患者满足个性化综合训练方案的要求，使得智障患者的康复训练具有针对性、系统性、延续性。

3. 脑瘫儿童矫正和功能训练设备　脑瘫儿童常伴有身体形态和功能异常，早期佩戴矫形装置和进行功能训练，可改善肌腱挛缩，避免骨、关节畸形等二次损害，最大限度发挥残存功能，提高自理能力。研发基于 CAD/CAM 技术的脑瘫儿童个体化矫正和功能训练设备，针对脑瘫儿童的脑瘫类型和生理特征进行矫形装置的个体化设计，提高脑瘫儿童的矫正和功能训练效果。包括个体化足踝矫形器的设计制造系统、脑瘫儿童坐姿保持系统、脊柱矫形装置、肢体不同肌肉群和关节针对性训练的特殊装置等。

4. 基于混合现实技术的老年人行为能力训练系统　混合现实技术（Mixed Reality，MR）是近年来兴起的将实体场景或物体与虚拟场景或物体相结合产生混合世界的一种新的方法，它比传统的虚拟现实技术（Virtual Reality，VR）所呈现的效果更加真实，应用起来也更为简单。三维运动分析技术则是老年人行为能力评定的基础。该系统的建立将可为老年人行为能力评定与训练提供更准确、真实、可控的场景和交互方式，从而取得更好的评定和训练效果，有利于保持和恢复老年人的行为能力（包括运动、平衡、认知、应急等），有效提高其生活质量。

5. 主动式运动功能康复与控制系统　我国目前存活的中风病人约为 700 万，75% 残废，其中 40% 重残，尤其以丧失运动功能的偏瘫病人居多。此外，由于高空坠落事故、交通事故、矿难或地震砸伤事故以及体育运动中的意外失手等使得脊髓损伤病人的人数激增，致残的人群大多丧失了对肢体运动功能的控制。此类病人的康复不仅可以改善患者自身的生活质量，也有利于减轻社会和家庭的负担。

目前临床可用于运动功能康复与控制的器械大多属于机械式的被动训练器械，康复的效果相当有限。本项目建议的主动式运动功能康复与控制系统突出强调康复训练中患者主观意识的参与。例如，要求中风病人主观想象患侧瘫痪肢体的运动，在患者主动参与的过程中启动机械训练或控制器械。已有研究证明，主动参与的训练过程调动了从中枢到外周的整个神经系统，有望明显改善训练效果。此类产品是脑机接口技术与现代康复器械相结合的新产品。

第六节　医学信息技术和装备

1. 医疗信息集成引擎　医疗环境中存在着大量异构的医疗设备和信息系统，如何集成这些系统使之如同单个系统一样运作，是数字化医疗的关键核心问题。

研究目标：研制医疗环境下的医疗数据及工作流集成规范，研究异构医疗信息系统集成技术，研发医疗信息集成引擎。

研究内容：消化吸收国外数据交换和工作流标准协议，研制符合国内实际情况的集成规范；针对不同的系统互操作层次，分别研究不同系统间的技术协议转换、消息结构转换、医学术语转换、数据语义转换以及工作流程的闭环控制技术；研制可实现多系统间的数据集成和工作流集成的医疗信息集成引擎。

2. 电子病历系统　电子病历系统是医疗机构信息化的核心环节。它通过数字化方式对医疗机构中的各类医疗信息进行采集、转换、整合、分析后进行综合利用,并使信息在医疗机构内部以及与其他机构间实现自由交换,直接支持诊断、治疗及医疗管理。

研究目标:研究电子病历信息采集、建模、处理及应用技术,开发针对各类医疗机构的综合型电子病历系统及专科电子病历系统。

研究内容:研究电子病历信息模型;研究电子病历的信息安全和隐私保护技术,研发医疗信息安全关键技术模块和核心产品;研究电子病历人机交互技术,发展结构化信息录入、自然语言处理、语音识别等技术,提高电子病历系统的临床适用性;研究面向不同专科以及不同角色的信息集成可视化技术;研发电子病历相关核心部件、系统,开发综合性电子病历系统及面向各类专科医院的专科电子病历系统。

3. 电子健康档案(EHR)系统　电子健康档案系统是医疗信息化发展的方向。它的核心是建立一个计算机可处理、可安全存储和传输,能被多个授权用户访问,覆盖过去、现在和将来,与个体健康相关的信息库,目的是支持连续、高效、高质量的综合医疗保健。

研究目标:建立集成各级医疗机构及社区保健信息的电子健康档案数据中心及在此基础上的综合应用系统。

研究内容:研究区域医疗信息交换协议及技术规范,建立适合国内医疗卫生环境的电子健康档案的信息模型、功能模型和技术规范;研究建立电子健康档案综合应用系统,包括面向个人的网络健康管理系统、面向社区的健康信息决策支持系统、面向公共卫生的管理决策支持系统等。

4. 临床信息决策支持系统　在医疗信息化基础上发展面向常见、多发、重大疾病的临床信息决策支持系统对于提高医疗质量和提升全民健康水平具有重大意义。

研究目标:研究医学知识库构建及管理技术,研究医学知识推理及决策技术,研制面向常见、多发、重大疾病的各类临床信息决策支持系统。

研究内容:研究从知识发现、知识表示、知识管理和知识更新整个生命周期内的关键技术,建立专业的开放式临床知识库;研究将临床决策支持系统融入日常临床工作的关键技术;研究基于知识和学习的决策支持推理引擎;研究基于临床诊疗指南的临床决策支持关键技术;面向常见、多发、重大疾病,研发各类基于医疗健康融合信息和个性化信息的医疗健康信息决策支持系统。

5. 临床信息系统　进一步深入研发医学影像信息系统、心电信息系统、手术麻醉系统、重症监护系统等临床信息系统,实现针对不同专科或疾病的个性化、各类患者数据集成并融合的信息一体化、与电子病历和其他系统之间的协同化以及包含各类决策支持功能的知识化。

研究目标:研制体现个性化、一体化、协同化和知识化特征的各类临床信息系统。

研究内容:研究医疗数据集成及融合技术,多系统间的互操作和协同技术,医疗数据综合分析和挖掘技术,体现专科及疾病个性化特征的医学信息集成可视化技术,基于信息融合的决策支持技术;研制体现个性化、一体化、协同化和知识化特征的医学影像信息系统、心电信息系统、手术麻醉系统、重症监护系统等临床信息系统。

第七节　医疗器械功能检测和评价技术设备

1. 血液循环系统人工器官血流动力学特性检测系统　血液循环系统人工器官如人工

心脏瓣膜、动脉支架、人造血管、心室辅助装置、全人工心脏等,其血流动力学特性是影响其正常、安全使用的不可忽视的指标,也是国际、国内相关标准所规定需要检测的指标。例如,人工心脏瓣膜,需要检测其在不同心输出量和不同心率下的跨瓣压差、回流百分数以及瓣膜开闭状态等血流动力学指标。随着心血管系统人工器官的不断发展,需要发展相应的适应新的标准和规范的血流动力学特性检测技术和装备。

2. 血液循环系统人工器官疲劳特性检测系统　血液循环系统人工器官(人工心脏瓣膜、动脉支架、人造血管、心室辅助装置、全人工心脏等),其疲劳特性检测关系到产品在体内的寿命和可靠性,是国际、国内相关标准所规定需要检测的指标。无论是人工心脏瓣膜、动脉支架,还是心室辅助装置等都需要进行体外加速疲劳试验。血液循环系统人工器官加速疲劳试验的机理、疲劳试验与产品寿命预测和可靠性间的关系、加速疲劳试验技术和装备研究和开发,对于心血管系统人工器官的发展具有重要的意义。

3. 肌骨系统人工器官生物力学特性检测系统　肌骨系统人工器官如人工膝、人工髋、各种骨固定器、矫形器、植入体等,其结构力学、材料力学、运动学特性是影响其正常、安全使用的不可忽视的指标,是国际、国内相关标准所规定需要检测的指标。随着肌骨系统人工器官的不断发展,需要发展相应的适应新的标准和规范的生物力学特性检测技术和装备。

4. 肌骨系统人工器官疲劳特性检测系统　肌骨系统人工器官(人工膝、人工髋、各种骨固定器、矫形器、植入体等),其疲劳特性检测关系到产品在体内的寿命和可靠性,是国际、国内相关标准所规定需要检测的指标。无论是人工膝、人工髋,还是各种骨固定器、矫形器、植入体等都需要进行体外加速疲劳试验。不同肌骨系统人工器官加速疲劳试验的机理、疲劳试验与产品寿命预测和可靠性间的关系、加速疲劳试验技术和装备研究和开发,对于肌骨系统人工器官的发展具有重要的意义。

5. 动脉血压标准发生器　动脉血压标准发生器目前尚未有成熟产品,但有广阔市场的需求,我国应在该技术上加大投入。

6. 一体化携带式医用超声声输出安全测试系统

7. 彩超组织仿真多普勒血流检测体模

第十三章

重点研究医疗器械核心技术

核心技术入选原则:影响医疗器械产业发展的基础或核心技术。

1. 体域网技术　人体不同部位生理状态传感器之间进行无线组网,以汇总信息。这种体域网的特点是通信距离短,通信数据量低,要求低功耗,低体积以降低生理负担。

2. 低生理、心理负荷生理参数检测技术　基本的生命参数,例如血压、体温、心率等包含有丰富的人体健康信息,而长期以来,医学的发展忽视了这些参数的作用。这些生命参数的监测容易做到家庭化、无创化、动态化和连续化,是未来医学发展的重要方向。

3. 人体健康状态辨识技术　利用各种信号处理技术,辨识出人体的健康、亚健康状态的量化信息,而非判断出是否患病。

4. 从基本生命参数中提取健康状态的新型信息挖掘技术　从人体一些基本的生理参数,例如长时间的温度曲线,血压的变化规律等,呼吸速率、潮气量的变化等,挖掘出人体健康状态信息。

5. X 射线机用低剂量探测器　探测器是各种数字 X 射线机的关键部件,包括常规专门摄影的数字 X 射线机、移动或床旁数字 X 射线机、数字胃肠 X 射线机、数字血管 X 射线机、发射治疗动态对位数字 X 射线机、骨科专用数字摄影机、乳腺数字 X 射线机等。由于 X 射线对人体有副作用,所以探测器的灵敏度越高越好。探测器分为线阵探测器、CCD 面阵探测器和平板面阵探测器,目前单 CCD 镜头探测器灵敏度最低。我国已经掌握了线阵探测器和单 CCD 面阵探测器研制技术,并能批量生产,但缺少多 CCD 阵列面阵探测器和平板探测器的技术研究。

6. X 线用高频发生器　高频高压发生器是各种 X 射线机的关键部件,我国大量引进国外集成产品,国内缺少相关技术储备。

7. X 线用高频组合机头　能够将不同高频发生器组合在一起的技术,涉及发生器及其集成技术。

8. X 光球管　X 射线设备的核心关键部件,决定了 X 射线装备的整体技术水平。

9. CT 球管　CT 球管随着 CT 整机的发展而发展 由于计算机、数据采集系统(DAS)以及计算机软件的快速发展,长时间、大范围、高管电流的快速扫描已成为现代螺旋 CT 成像的必备条件。

10. CT 用探测器　CT 探测器用来接收 X 射线,其接收灵敏度和信噪比将决定最终成像效果。

11. CT 用变频高压发生器　高频高压发生器是 CT 机高压系统中最重要的组成部分,是产生 X 射线的能量源。

12. CT 断层重建软件　对断层图像的重建技术,是 CT 机最终成像效果的关键所在。其核心是数字信号处理中的图像处理技术。

13. 核磁谱仪 核磁谱仪是核磁系统的关键,涉及众多关键技术。

14. 核磁线圈 核磁线圈是核磁谱仪的关键部件,从设计到材料、制造工艺都对核磁系统的整体性能有非常大的影响。

15. 核磁磁体 磁场强度直接影响核磁信号的灵敏度和化学位移,为使分子中不同基团上核的谱峰分开,以便确认结构,提高共振磁场是一个有力的举措,核磁磁体产生的磁场强度和均匀度直接决定了核磁共振设备的成像效果。

以上三类产品是核磁共振成像的核心技术。

16. 彩超换能器 超声换能器是制约我国当前超声产品性能的瓶颈所在,其也是超声产品的关键部件。

17. 高强度聚焦超声相控阵换能器 相控技术最大的好处是可以通过程序控制实现焦点的空间扫描运动,还可同时生成多个焦点。相控阵的阵列点数对相控治疗头的性能起着关键作用,如焦点运动范围、焦域形态、声场参数等都与点阵数有关。目前已进入实用的点阵数约512~1024,实验室水平已能超过10000点。点阵数越多,超声换能器的性能越好,但难度越大、成本越高,维护越难。随着技术和工艺的不断完善,相控技术的应用将越来越多。

18. 超声三维重建软件 对图像的重建技术,是影像类产品的关键技术,其最终决定了产品的成像效果和医用价值。超声三维重建软件是超声设备的关键技术。

19. 阻抗成像探测器 阻抗成像探测器涉及探测器材料、结构等诸多因素。

20. 高强度聚焦超声肿瘤治疗过程电阻抗成像实时监控技术 治疗中的监控是 HIFU 手术安全性的必要条件。我国 HIFU 肿瘤治疗系统以 B 超图像阶变化依据对治疗过程进行实时监控,施术者视觉判断的模糊性(主观依赖性)往往会影响治疗效果。因此,美欧等国研究者均大力发展高场磁共振实时温度监控技术,目前这已成为国际的标准技术。但 MRI 监控的 HIFU 肿瘤治疗技术,不仅医疗成本高昂,卫生经济学效果低,而且使 HIFU 肿瘤治疗技术成了美欧等跨国大公司占据完全优势的磁共振系统的功能外延装置,因此,HIFU肿瘤治疗实时监控新方法和新技术装置的研发已成为当前之急需。在这方面,电阻抗监测技术是首选。而我国在电阻抗动态图像监护技术方面已取得原创性突破,为此提供了坚实的基础,因此将电阻抗功能实时图像与 B 超图像进行融合,将为 HIFU 肿瘤治疗提供一个更为安全有效且成本低廉的监控设备。

关键技术:①高强度聚焦超声和激励电磁场同时作用下生物组织内部电磁场分析(离散部分,正问题数值模型,求逆);②电阻抗成像技术;③电阻抗图像与 B 超图像实时融合技术。

21. 分析仪精密传动装置 由于当前生化分析技术的发展,从微量的人体样本即可分析出结果,从而精密传动装置的性能,将影响微量样本的传输效率。精密传动装置的性能已成为影响分析仪性能的瓶颈。

22. 低噪声快响应涡轮风机 涡轮风机是风机供气型呼吸机的关键部件。与传统空气压缩机供气的呼吸机不同,涡轮风机通过受电机驱动的旋转转子将常压下的气体压缩成带有一定压力的气体并供给到病人端。由于无需空气压缩机参与,这类呼吸机体积小,更便于移动,噪音也更低。

其核心技术包括:①合适的风道和结构设计。一方面要选择新型叶轮材料,结合三元气流分析等理论进行叶轮设计,确定适宜造型及相应的轮间角度和轴向角度;另一方面合理设计蜗壳结构造型和密封方式,选择相应的材料,确保密封。最终保证提供高压力和高流速的同时能够持续长时间保持供气气流稳定;②电机轴承装置设计。设计合适的电机轴承,采取合适的结构方式与叶轮相契合,确保风机在高转速下保持良好的转子稳定性,保证风机启停的快速响应;③降噪减震。风机的噪声主要是气动噪声,气动噪声包括旋转噪声和涡流噪声。主要通过改进风机结构设计降低本体噪声和减少震动,同时也可采用适当噪声防护措施来降噪。

目前国际上极少数企业能生产用于医疗设备的微涡轮风机,国内没有此产品,它将成为我国的新产品。该关键部件主要用于家用睡眠呼吸机、双水平无创呼吸机、婴儿培养箱、医用吸引器等产品。由于这些产品市场需求量很大,因此该关键部件的市场前景很好。

23. 气体精密流动控制阀 气体精密流量控制阀是通过数字控制进行流量和压力调节的装置,其应用电磁感应的原理,用于控制高流量、低压力的呼吸气体,实现低气阻、快速响应、闭环控制的目的。

其核心技术包括:①通过磁路设计,实现基于音圈技术的直线电机;②通过材料选择和结构设计,实现高性能、低成本、长寿命的流量控制阀,控制行程 $5\sim7$ mm,持续推力 >10 N,响应时间小于 10ms。

目前国外有类似产品,国内无此产品,它将成为我国的新产品。该关键部件主要应用于低输入压力时进行精密流量和压力控制的医用设备场合,如麻醉机、呼吸机等,是麻醉机和呼吸机上控制患者呼吸的关键部件。

24. 气体精密流量泵

(1) 医用电子流量计:医用电子流量计应用范围很广,可以用于生物技术领域、科研机构及高校的科学实验和环境保护的监测等。在医疗器械领域也可应用于多种产品,如麻醉机、呼吸机、制氧机、气体混合装置、氧气治疗设备、持续气道正压通气系统等。本项目指的是用于麻醉机的电子流量计。

其核心技术包括:①采用整体解决方案思路,建立以流量传感器、流量控制阀、嵌入式控制软件组成的一个完整的、可量值的流量控制系统;②通过采用高分辨率、高精度、耐受麻醉气体腐蚀的流量传感器对氧气、笑气及空气进行监测,进而实现对流量设置的精确闭环控制。流量输出范围要求从 0.05L/min 到 18L/min,流量精度达到 $\pm10\%$;③为了不对紧随其后的麻药蒸发器的浓度输出造成了影响,电子流量计的气设计和路控制不仅仅要求输出流量精确,而且要求输出流量平稳。

该关键部件主要应用于麻醉机的氧气、笑气和空气的流量控制,是麻醉机上的关键部件。

(2) 医用转子流量计:医用转子流量计应用范围很广,可以用于生物技术领域、科研机构及高校的科学实验和环境保护的监测等。在医疗器械领域也可应用于多种产品,如麻醉机、呼吸机、制氧机、气体混合装置、氧气治疗设备、持续气道正压通气系统等。本项目指的是用于麻醉机的转子流量计。

其核心技术包括:①氧气和笑气的控制阀联动时,利用氧气和笑气阀芯的不同锥度,使两种气体的阀口开度不同,以实现在全量程范围内氧气的浓度不能低于 19% 且氧浓度的线性度良好;②利用同步带传动,克服了其他机械传动方式(如齿轮传动)产生的间隙,提高产品的精确度;③旋转的转子可以避免由于静电或灰尘使转子与锥管内壁粘连,造成指数值的误读。同时旋转的转子更利于观察。

该关键部件主要应用于主要应用于麻醉机的氧气、笑气和空气的流量控制,是麻醉机上的关键部件。

25. 气体流量传感器 气体流量传感器是工业测量气体流量的重要仪表,在医疗器械中也有着广泛的应用。随着技术发展,对流量测量的准确度和范围的要求也越来越高。气体流量传感器的种类很多,这里主要指在麻醉呼吸设备中承担测量任务的气体流量传感器。

其核心技术包括:①通过计算和仿真设计阻尼器的长短直径等技术指标,达到测量的精度要求,同时该阻尼器还有稳定气流的作用,使流量测量误差在 10% 以内;②解决非线性和零点漂移问题,测量速度比热丝式流量传感器快 20%;③选用耐纯氧材料,流量传感器寿命更长。

该关键部件主要应用于医用设备的气体流量监测,如麻醉机、呼吸机中潮气量、流速等的监测,是麻醉机和呼吸机上设备状态监测和患者呼吸监测的关键部件。

26. 电子麻醉药蒸发器 电子麻醉药蒸发器是麻醉机的核心组成部分,承担向术中患者提供能够实现温度、压力和流量补偿的稳定混合麻醉蒸气的任务。蒸发器的技术水平对麻醉机的安全性、可靠性和整机技术水平具有重要影响,也是关系到麻醉深浅及病人的安全的重要设备。电子蒸发器是由电子传感器通过对气路中的气体压力或温度的变化,调整其中机械阀门部分开度,从而控制进入蒸发器两路(旁路及载气)气体流量,调节其比例最终输出具有精确浓度值的混合气体的装置。

其核心技术包括:①采用整体解决方案思路,建立以光谱分析仪、内置分析软件、配套专用校准、质量控制组成的一个完整的、可量值的气体浓度快速检测测试系统;②选用高精度的温度、压力电子传感器,可以对被控制气道内的微小参数变化进行触发反应,在蒸发器受到外界环境改变时,能有比较迅速的补偿响应,从而能够得到比纯机械式控制的蒸发器具有更高精度、更稳定的输出浓度;③与电子传感器相匹配的机械控制阀门(即执行机构)的制造精度、工艺稳定性等,对最终产品的性能、可靠性有很大的影响。

世界市场对麻醉机的需求量每年在 40000 台以上,销售额超过 5 亿美元;国内麻醉机年需求量超过 5000 台,每年以 8% 的数量进行增长。其中需要配备电子麻醉药蒸发器的麻醉机占麻醉机总销售量的 5%~10%,每台麻醉机需要配备 1 个电子麻醉药蒸发器,全球麻醉药蒸发器年需求量 4000~6000 个左右。

27. 气体精密检测模块、呼吸气体成分快速测量技术 气体精密检测模块、呼吸气体成分快速测量技术主要用于测量呼吸气体中的气体浓度或分压。在临床上应用于手术过程中、手术后恢复期间以及 ICU 病房病人呼吸气体浓度的监护。通过监测呼吸过程中的气体浓度,可以了解肺换气功能,机械通气量是否合适,吸入的药物浓度情况等,对于病人的监测和治疗都有很大的帮助。

其核心技术包括:①可自动识别气体种类,人体自然代谢过程中气体种类主要有氧气、氮气,CO_2 等。但吸入式麻醉临床使用的麻醉气体种类较多,气体的分子式也较为接近。一种传感器自动识别多种气体是这项目技术的核心内容;②由于与人体呼出的气体接触,为了避免交叉感染,结构简单,成本低廉,一次性应用是该领域的发展方向;③呼吸气体,特别是麻醉气体使用的浓度较低,同时又受较高湿度和人体体温的影响,测量精度易被干扰。提高干扰条件下的测量精度显得尤为重要。

目前国内只能生产用于 CO_2,O_2 检测的模块,其他模块依赖于进口。国外生产相关产品的厂商也只有几家。该关键部件模块可配备在监护仪、麻醉机、呼吸机上。按目前监护仪、麻醉机和呼吸机的市场销售量,如部分机器上配备该模块,市场前景很可观。

28. 医用 LED 模块　蓝光灯 LED 照明是一种节能减排技术,是当前照明技术的发展方向。医用 LED 照明具有高亮度、光色柔和的特点,是医疗照明的发展方向。

29. 外科手术快速高精度定位　手术高精度定位是提高手术准确度,降低对病人的创伤的重要方式。

30. 表面处理技术　包括表面涂层、改性、表面活性组装等。表面处理技术是各类植入式医疗器械的核心技术。

31. 高速医用电机　高速医用电机是口腔科器械的核心部件。

32. CCD 摄像头　CCD 摄像头是电子内镜的核心技术。

33. 医用电源　电能的质量将直接影响很多医疗设备的性能,大驱动能力、高稳定度的医用电源,是医疗器械性能的根本保障。

34. 材料制作安全性　材料生产、制作的安全性将最终决定产品的安全性,尤其对于植入式医疗器械、涉血器械等,材料制作过程中的纰漏将可能引发重大医疗事故。

35. 医学集成电路专用芯片　医用专用芯片一般都体积和功耗有严格的要求。同时针对不同的应用场合,集成专用算法 IP 核,以进一步提高处理速度和降低系统功耗。

36. 支架材料、导管材料、超声材料　材料制作安全性是各种植入式医疗器械的核心技术,也是各类外科手术安全性的最基本保证。

37. 医用 MEMS、医用传感器、微小系统　这三类技术已成为制约当前植入式医疗器械以及精密外科手术的瓶颈,纳米技术、精密机械加工技术,新材料技术是这三类技术的基础。

38. 植入式电极　植入电极是各种植入式电刺激装置的核心部件之一,要求具有高生物相容性,其对材料成分和精密加工有着较高的要求。

39. 医用图像处理和重建　图像处理技术是当前数字信号处理的一个重要研究方向,图像处理在医学影像学中具有极为重要的作用,是医生准确判断患者健康状况的先决条件,也是智能诊断技术的基础。

40. 肌骨立位 CT　适合肌骨检查的立位 CT 技术。

41. 血液循环系统人工器官手术规划及辅助的生物力学设计　运用生物力学建模与仿真技术,在心血管人工器官或植入物与血液及宿主周围组织相互作用的力生物学研究基础上,研究心血管人工器官或植入物的生物力学优化技术和血流动力学评测技术,进而发展面向病员的个性化血液循环系统人工器官手术规划及辅助技术。

42. 口腔正畸、修复、种植及颌面外科手术规划及辅助的生物力学关键技术　运用生物力学建模与仿真技术,在研究牙移动、颌骨重建以及口腔植入物与周围组织相互作用的力生物学研究基础上,研究心口腔正畸、修复、种植及颌面外科中的生物力学优化技术,进而发展面向病员的个性化口腔正畸、修复、种植及颌面外科手术规划及辅助的生物力学关键技术。

43. 面向病员的个性化假肢及矫形器生物力学优化设计技术　运用生物力学建模与仿真技术,在假肢接受腔、矫形器与周围组织相互作用的力生物学研究基础上,发展面向病员的个性化假肢及矫形器生物力学优化设计技术。

44. 环境控制系统中多种人机接口技术　残障人环境控制技术是指用来辅助残疾人和

老年人进行康复锻炼、功能代偿、环境交互、病情监控,以促使其独立生活并充分发挥潜能的多种技术、服务和系统。环境控制系统可以建立残障人与环境间的桥梁,提高生活质量,减轻家庭和社会的负担。

根据不同的需求,环境控制系统中的人机接口技术需设计不同的开关,如头触、脚踏、颏触、头指点器、颏口指点器所用的指点键盘、吹/吸开关、操纵杆等,除机械开关外,还应有电子开关(光敏式、压敏式、热敏式、声控式、电磁感应式等)及生物开关(肌电信号、皱眉、眨眼、视觉信号等)。

可包含的技术课题有:

(1)面向助老助残的新型人机交互技术:由于残疾人与老年人在生理机能上的衰退与缺陷,新型人机交互方法是残疾人功能辅助和环境控制中的关键技术。面向助老助残的新型人机交互技术包括视线追踪技术、手势识别技术及多通道人机交互技术等。

(2)面向康复辅具环境的网络技术:康复辅具环境中的网络集成与应用技术是围绕康复辅具环境的网络化、智能化控制技术,开展通信协议和接口规范、智能终端、网络化综合管理控制系统的研究,以康复辅具环境的绿色化和人性化为目的,开展绿色运行智能控制关键技术的研究。

(3)用于心理抚慰的情感型康复助理装置与技术:给出一套适用于情感型康复助理装置的软、硬件体系结构,形成一套情感型康复助理装置与无线网络技术、智能环境技术以及多媒体技术的集成方案,给出有效的基于语音、视频和肢体动作的情感型康复助理的情感表达和交流模式。为解决老年人和残疾人心理孤寂以及心理养老问题提供一个可行的辅助工具。

45. 无创伤动脉血压连续逐拍测量技术   无创动态血压测量技术目前尚未完全解决,但具有广阔应用前景。

46. 多导脑电数据采集系统   (16、32、64、128)电极,24 位 AD。脑电采集系统是脑电图仪的关键,涉及电极技术、微软信号检测和低噪声放大等技术,24 位采集 AD 技术的实现对于采用数字信号处理的方式解决噪声问题提供了很好的方案。

47. 脑机接口技术   由于脑机接口系统可以不依赖于外部肌肉和神经就可以实现人机交互,因此有着极为广阔的应用前景。脑机接口的应用主要集中在运动康复、治疗等方面,其次其在人工智能方面也有广阔的应用前景。清华大学医学院神经工程研究所研制的脑机接口技术在全球已处于领先位置。

48. 基于通信网络的远程病人监护系统   远程病人监护是"遥医学"的基础,是当前医疗个性化、家庭化发展的必然要求。当前 3G 的发展为远程病人监护系统提供了一个有利契机。

49. 基于超薄新型压电单晶的微型高频超声换能器以及中低频压电式微加工超声换能器(pMUT)技术   包括超薄单晶微加工技术,衬底微加工技术,倒装工艺,压电 MEMS 器件的设计,建模与有限元分析,微加工制造工艺以及性能表征方法。对于高频换能器还需研究背衬材料以及声匹配层的材料和膜沉积工艺。同时探索新型超声换能技术,以提高现有器件的灵敏度、分辨率、带宽等。发展应用于内镜超声、血管内成像导管的基于柔性线路板(FPCB)和裸芯片的封装技术,发展高端换能器阵列的封装制造工艺。

50. 超声弹性测量及成像技术   主要的技术内容包括设计一种同时基于 RF 信号相移检测和包络自相关检测的联合快速算法,并加入估计向软组织施压时探头的横向位移,消除因横向位移引起的成像误差,提高临床应用的可行性;通过跟医院的合作,研究超声弹性成像新算法对早期乳腺癌的诊断依据,并提供肿瘤区域弹性评分方法;研发可高速采集和处理 RF 信号的 FPGA 电路,将最优化的算法集成到商用的超声工作站中,加设弹性成像工作模式等。

我国人口众多,乳腺癌的高发人群集中在发达城市。为降低乳腺癌死亡率,节约国家卫生资源,我国迫切需要推广乳腺癌普查工程;同时,为有效降低目前临床的活检数量,提高活检的阳性检出率,降低患者就医的经济和心理成本,我国急需适用于本国大批量需求的临床用超声弹性成像诊断设备。本项目预期研制相关产品填补国内空白,切合市场需求,产业化前景诱人,将产生巨大的社会效应和经济效应。

51. 超声造影成像技术　超声造影成像是超声造影剂在传统超声成像中的应用。一般采用用于静脉注射的微气泡(微米量级)作为超声造影剂,可以有效地增强超声波的反射,从而或者更高的图像解析度。造影剂强化超声可以用于观测器官中的血液灌注(perfusion),测量心脏或其他器官中的血液流速,以及其他一些用途。

52. 高传染性疾病急诊血液分析系统关键技术研究及系统构建　高传染性疾病是 21 世纪人类面临的重大问题。高传染性疾病对临床血液分析仪器提出了新的更高的要求:生物安全性高和实时性强,但目前常规的血液分析系统均不满足该要求,主要表现为要对样品进行二次分注、化学反应均在开放式的反应杯中进行、测量后的废物不具备消毒措施,很容易造成病源在检验科内的二次感染;分析电解质项目、生化项目及免疫项目需要 2~3 种仪器。本项目研制一种用于高传染性疾病的急诊血液分析系统,该系统能让所有反应均在密闭的管道里进行,能对血液中的电解质项目、生化项目及免疫项目进行同时快速分析,并能对分析废液进行消毒,具有生物安全性高和实时性强的特点,满足临床对高染性疾病的血液分析的要求。

53. 全自动化学发光免疫分析仪和系列配套诊断试剂　全自动化学发光免疫分析仪和系列配套诊断试剂主要用来对人体血清中的各种微量的内分泌激素、肿瘤标志物、各种病毒抗体、人尿中的各种代谢成分等活性物质进行快速、精确地定量测定,为临床医生对病人做出迅速、准确的诊断提供正确的依据。本系统的主要技术特点:以 ABEI 作为标记物直接化学发光方法、以纳米磁性微珠作为抗体载体及抗原抗体复合物的分离工具,整个系统具有灵敏度高、分析速度快、操作全自动等特点,达到国外同类先进产品水平。

54. 智能化净化预制手术室系统研发　以净化手术室产业化建设为应用背景,提出按手术医学工程标准建立标准化模块化预制净化智能化手术室系统,根据国际及国内规范深入研究,针对净化手术室医学工程标准、工艺模式、智能化、净化材料及设备等若干重要关键问题,进行综合系统全面的研究,为净化手术室提供完善的产业化解决方案及产品化模式。包括:手术室医学工程标准研究;手术室标准化模块化预制结构研发;开发手术室专业医用净化空调研发;手术室数字化信息化网络化控制及维护系统研发。

55. 神经信息技术　神经信息技术是研究神经系统信息的产生、传输、加工、编解码、提取机制的技术,是人类"认知脑"、"保护脑"、"创造脑"的基础研究,也为人工智能技术的发展提供了另一条途径。近年来,随着脑成像技术的发展,神经科学、认知科学和计算机科学开始了交叉整合,取得了许多研究成果。神经电子接口及智能机械已经为具有运动障碍的患者带来了希望,"动物行为控制技术"也展示出了重大的潜在应用价值。其中的关键技术包括了脑电信号处理、大脑活动特征提取、非线性动力学分析等。

56. 重症监护室(ICU)信息系统中的数据分析技术 重症监护系统是数字化重症监护病房的核心系统,用于重症患者抢救治疗过程中患者监护信息的收集、管理与决策,也可以为临床护理提供服务,规范化、程序化地完成对危重症患者的各项急救护理等临床工作。在各种生命体征信息收集的基础上,如何对这些信息进行快速、准确、有效的处理,是后续决策的基础,直接影响重症监护的质量。

现代医学正在向再生和重建被损坏的人体组织和器官、恢复和增进人体生理功能,个性化和微创伤治疗等方向发展。传统的无生命的医用金属、高分子、生物陶瓷等常规材料已不能满足临床应用要求。其将与生物技术结合,赋予材料生物结构和生物功能,特别是生物功能,以充分调动人体自我康复能力,诱导组织或器官再生或恢复和增进其生物功能,实现病变或缺损组织或器官的永久康复,已是 21 世纪生物材料科学与工程发展方向和前沿。立足于当代生物医学材料发展方向和前沿,围绕我国社会、经济发展和国家安全的重大需求,重点领域与方向建议如下:以覆盖生物医学材料和医用植入体领域 90% 以上的矫形外科、心血管系统修复和人造皮肤等软组织修复材料和植入体为重点,用于组织工程和再生医学的产品为引导,全面发展我国高技术生物材料科学与产业。战略重点(或发展重点)包括以下方面:

57. 具有诱导组织再生生物功能的新型医用材料和植入器械 具有诱导组织再生生物功能的医用材料和植入器械的研究是一个全新的高科技领域,重点研究:生物材料及表面的分子组成和结构,特别是微纳米结构及微环境特征等,对诱导组织形成相关基因表达的激活和调控作用的规律和机理;材料与组织间特异性功能界面形成及相互作用的分子机制,及其对组织形成密切相关的蛋白的特异性识别、选择性吸附的分子动力学;材料与功能基因和生物信号分子的复合和装配、三维结构支架的组装对组织形成相关细胞信号传导通路的影响与调控;材料降解及代谢的分子调控及其对诱导组织形成的分子基础。突破组织诱导性生物材料的制备和工程化技术,着重发展诱导骨、软骨、神经、血管、皮肤等再生的材料和植入器械,形成基于我国原创性科学基础上的组织诱导性生物医学材料和医用植入体先导性产业,并以此带动体内组织工程和人工器官的研究与开发,以及计算机仿生快速成型技术的发展。

58. 生物医用材料表面改性及表面改性植入器械 当代生物医学材料科学的发展虽已进入新的阶段——再生人体组织和器官,但由于技术等多种问题,至少在 21 世纪前 30 年,常规生物医学材料仍将是生物医学工程产业的基础,特别是承力的骨、关节系统修复材料的 60% 以上仍将是金属和合金。深入认识常规生物材料表面/界面、表面组成、结构,特别是微纳米结构和生物力学性质及其对材料生物学性能的影响和关系,发展生物材料表面表征及改性新技术,指导特定功能表面的设计,是当前发展常规生物材料的重点,也是发展新一代生物医用材料和植入器械的基础,当代生物材料科学的一个核心问题。

生物活性及抗凝血和组织增生表面的设计和装配是当代前的主流,特别适用于矫形外科及心血管外科领域。重点研究:材料表面微纳米结构的表征及其对体内特异性蛋白、生长因子及细胞黏附和迁移的作用,以及对特定组织细胞分化的基因调控;具有特定生物功能表面的设计理论基础,以及表面改性和涂层装配制备及其工程化技术。着重研发表面生物活化改性的人工骨、人工关节、植入性假肢等新一代矫形、整形外科等植入器械,以及新一代抗凝血和组织增生的表面改性和涂层的血管支架、人工血管、人工心瓣膜等植入器械。

59. 生物活性物质传递系统的载体材料及器械 生物医用材料科学与工程的迅速发

展,以及现代医学、药学、生物学和工程学的突飞猛进,使人们越来越清楚认识到药物/基因/生物活性物质载体材料及其先进给药系统,不仅导致药剂学的革命性变化,而且生物医用材料的研究和应用从外科进入内科,使难治愈疾病得以有效治疗,极大地提高人类健康水平。药物/基因等生物活性物质载体材料及其先进给药系统已发展成为世界公认的当代生物医学材料两大发展方向和前沿领域之一。重点开展:材料的分子结构、组成、表面微结构等材料学因素对其生物功能,特别是靶向行为的影响及其机理研究;具有良好生物相容性的、生物降解可调控的天然和合成高分子材料,特别是生理环境响应的智能型高分子及水凝胶的设计、制备和工程化技术研究;针对肿瘤、老年病、先天性基因缺陷及突发性传染病等难治愈重大疾病的高效、安全智能型载体材料及其生物活性物质靶向传递系统的研究;高效低毒的具有靶向功能的非病毒基因载体分子设计,基因转染的分子机理的研究,发展可临床应用的非病毒基因载体及其靶向基因传递系统。力争一批靶向型和智能型生物活性物质载体材料及其传递系统投入临床应用。

60. 医学分子诊断及生物分离系统的材料及器械 高技术生物医用材料的研究和应用对医学分子诊断及生物分离的发展具有引导作用,它不仅大大促进分子诊断的发展,实现疾病的早期临床诊断,而且将有力地推动人类对疾病的起因、发生、发展及病理、生理变化的探索,给现代医学的发展带来深远的影响。重点发展:具有高灵敏度、组织和细胞的高靶向性和信号放大功能,特别是兼具治疗作用的 MRI 分子探针和用于重大疾病早期临床诊断的生物医用材料;用于感染性疾病、遗传性疾病和恶性肿瘤等疾病的临床早期诊断的高检测灵敏度、特异性生物识别的生物芯片;用于细胞、蛋白质、核酸、病毒、细菌等分离和纯化的具有高通量、特异性、不损伤目标物质等功能的生物分离系统的材料和技术。

61. 纳米生物医用材料与器械及软纳米技术 自然组织可视为纳米复合材料,且在生理条件,即软条件下自装配形成,对人体不具有任何纳米生物效应风险,因此纳米技术生物材料和软纳米研究已成为现代生物医学材料发展的重要方向,也是我国"国家中长期科学和技术发展规划纲要(2006—2020)"中的前沿技术,是建设小康社会和满足国家重大战略需求的前瞻性方向。重点研究:经有序组装构建的具有规整性、高度支化、三维结构的单分散性高分子纳米生物功能材料;具有仿生组成或结构的纳米复合生物材料;纳米生物材料的原位复合及自组装;表面改性及纳米表面/界面的装配及表征;纳米分子探针;纳米载体材料及生物活性物质传递系统;具有治疗功能(凋亡肿瘤细胞等)的纳米生物材料和植入器械,纳米抗菌材料,纳米材料与细胞、组织相互作用以及生物导向功能;纳米生物材料的生物相容性和安全性评价的科学基础。

62. 介入医疗器械与材料(微创医疗器械与材料) 介入医学是近 20～30 年以来的一门临床诊断和治疗学科,国际上已将其列为与内科、外科治疗学并驾齐驱的第三大治疗学科。介入医学工程是指采用介入医疗器械与材料(或称为微创医疗器械与材料)和现代化数字诊疗设备进行诊断与治疗操作的医学工程技术。作为近年来迅速发展起来的新兴技术,不仅可提供微创治疗,取代传统外科手术治疗疾病,而且使一些传统手术难以处理的疾病得以完满解决,同时大大降低患者痛苦和治疗费用,为广大患者带来福音。重点发展:具有良好组织相容性和血液相容性的心脑血管支架、栓塞材料等心脑血管系统的治疗器械与材料;良好抗凝血性、柔顺性、跟踪性、扭控性及抗折性等特性的输送导管和器械;先进的内镜;可注射组织再生材料以及微创手术器械等。

63. 体外循环血液净化材料与人工器官及关键材料　通过体外循环进行血液净化即体外人工器官是现代医学治疗疑难疾病（如红斑狼疮、类风湿、帕金森病等自身免疫疾病）一个重要手段。治疗模式包括血液透析、血液滤过、血液灌流和免疫吸附等。组合式治疗方法是重要的发展方向，如将血液透析与免疫吸附联合使用。透析可清除中小分子毒物而免疫吸附剂则可有选择的清除高分子量毒素，提高了对治疗肝、肾患者的治疗效果，同时又可以作为肝、肾衰竭等待移植的"桥梁"。近年发展起来的连续性肾脏替代疗法（CRRT），可救治多器官功能障碍（MODS）和脓毒症，效果令人惊奇。为此，对新型膜材料和树脂的研究重点是：致病毒素分子与材料的相互作用与识别机制；材料对毒素分子的特异性吸附性能；膜材料的通透性、选择性、分子量截留范围；含有纳米级的微孔结构等。新型材料与自动化血液净化设备的结合，必将改变体外人工器官 90％ 以上依靠进口的局面，提高我国医疗和人民健康水平。

由生物医用材料制备的人工器官（如：人工心脏瓣膜、人工血管、人工肾等）已在临床使用 20 多年，挽救了成千上万患者的生命。随着现代医学、材料学和工程学的进步，发展新一代的人工器官不仅非常需要，而且也成为可能。重点发展：具有耐久性的植入性人工心瓣膜、抗凝血性优异的人工血管、新型膜式人工肺、植入式人工胰脏、生物型人工肝、左心辅助装置等。

64. 组织工程化制品　组织工程和再生医学正在引导当代生物材料和医用植入器械科学与工程的发展。组织工程是具有重大应用前景的前瞻性战略技术，将导致医疗技术发生革命性变化，人体结构组织的组织工程化产品已处于取得重大突破的边缘，支架材料是其发展的瓶颈，重点发展组织工程化骨、软骨、肌腱、肝、血管、神经、心瓣膜等支架材料和制品及其工程化技术，形成组织工程新兴产业，促进医疗技术的革命，培育新的产业增长点。

表 13-1　100 项重点支持研发产品和其所涉及的关键技术及支持原因

预防保健类医疗器械	
重点支持产品名称	产品简介与所涉及的关键技术
1. 家庭用体温、脉搏、呼吸、血压快速检查仪	在 10 秒的时间之内快速测量四项基本生命参数，同时具备信息化管理功能
2. 无创血糖测量仪	当前世界各国尚无非创伤血糖测量仪的产品，仅有针刺型微量血的血糖仪。为此国际上有多家组织研制，但直到目前，均未达产品化阶段。如果此项目研究成功，也会有相当可观的国内外市场
3. 新型家庭自动电子血压计	本项目的检测原理是我国原创的柯氏音信息技术，解决了 1905 年柯氏音听诊法发明以来的 100 年间全世界一直未能解决的柯氏音听诊的电子化难题。实际检验结果表明，其检测结果与血压测量金标准——柯氏音听诊法是完全一致的。 本项目的第二个特点是由于其测量结果与专业医疗机构的结果是一样的，因此它通过医学信息化技术可以与专门医疗机构相联系，成为健康管理的重要途径
4. 家用生物反馈训练仪	利用检测自己身上的肌电信号，并反馈给自己，训练自己用自我学习控制自己的意识，放松自己，达到身心放松

预防保健类医疗器械	
重点支持产品名称	产品简介与所涉及的关键技术
5. 家用呼吸机	①采用高效能、低噪音的直流无刷电机,配合独特设计的气道,在提高输出压力和效率的同时,大大减小了产品的体积。同时安静的操作环境,极大地提高了患者用户的使用顺应性。②通过实时监测系统,准确监控患者用户的呼吸状况,通过专有技术和算法,为患者用户提供实时的治疗压力控制。③通过一体化恒温湿化器的配合,有效改善输出气流的温湿度,使患者用户的使用接受度和舒适性显著提高约30%。阻塞性睡眠呼吸暂停综合征是许多严重心脑血管疾病和2型糖尿病的诱发者,如果能控制这类病症,使其不再发展并转归,则对预防此类心脑血管疾病和2型糖尿病有巨大效果。而呼吸机则是治疗这类综合征,特别是中度以上者效果显著
6. 具有心肺功能自评价的家用跑步机	现在家中有跑步机的家庭数量在逐年增加,但很少具有心肺功能自评价性能的跑步机,实际上具有心肺功能自评价的跑步机不仅有利于对家庭运动的安全性保障,还可对运动效果做自我评价,以强化自己的运动效果
7. 动脉血压记录分析仪	中国原创提出的一项从柯氏音延时判别收缩压、舒张压的新发明,其判别结果与柯氏音听诊法完全一致,并能完全地自动化和信息化。该发明的另一特点可获得逐拍动脉血压值,因而使该项目成为可在准确获得收缩压和舒张压的同时实现动脉血压动态过程的测量,为人体血压控制系统健康状态的辨识提供了新的手段在此基础上可进一步开发用于检查自主神经功能和动脉血压的调节能力的"呼吸性动脉血压及心律变异性同步记录分析仪";用于评估心血管状态的重要手段"环境温度突变时动脉血压调节稳定性测量评价仪"
8. 呼吸性动脉血压及心律变异性同步记录分析仪	本项产品是"动脉血压记录分析仪"的派生产品,它在未来的健康评估方面会起很大作用,但目前世界上尚无此类产品,因此它也属世界上的创新产品。它主要检查自主神经功能和动脉血压的调节能力
9. 环境温度突变时动脉血压调节稳定性测量评价仪	健康人当将其手掌或脚掌突然放入冷水中(如4℃水),外围血管会突然收缩,引起血压突然升高;一分钟后,血压会通过自身调节,很快地恢复到原来的水平;但如果调节能力变弱时,这种能力会下降。因此这种仪器也是评估心血管状态的重要手段。应成为健康体检中必须检查的内容之一,特别是对某些特殊职业人员选拔时,更是不可缺少的
10. 在体位变化床上进行头部血压调节稳定性测量和评价的仪器系统	体位变化时头部血压调节并维持其稳定性是人体健康状态的又一重要体现。但过去由于未能定量地解决诸多生理指标,特别是头部血压的逐拍动态测量技术,因而一直未能真正实现体位变化时头部血压变化过程的测量。本项目是一项国际上一直很重视,但尚未能解决的世界性难题。因此本产品又是一项具有国际领先水平的创新性项目

第十三章 重点研究医疗器械核心技术

预防保健类医疗器械	
重点支持产品名称	产品简介与所涉及的关键技术
11. 基于可穿戴技术的动态心肺功能检测评价及代谢检查系统系统	包括：①腰带式心肺功能记录和分析系统；②口罩式呼吸功能记录分析系统；③帽式血氧记录分析系；④手表式血氧记录分析系统；⑤背心式呼吸功能检测系统等。 在进行可穿戴式动态代谢检查时需要解决以下四个问题：①可穿戴动态体温的检查技术；②可穿戴式呼吸潮气量检查技术；③可穿戴式呼出气 O_2、CO_2 比例的动态检查技术；④可穿戴式心动周期检查技术等
12. 准自然状态床垫式睡眠检查系统	该技术已在中国发展了 13 年(1996 年开始)，是完全自主原始创新项目，技术上为国际领先。该项目在为健康状态辨识为主导方向中占极重要地位。特别是当把这种微动检测技术与中医的阴阳转换规律和气血流注时间理论相结合时，它将成为对人休身心健康状态进行辨识和调控中的最有力的支撑技术。因此它将大发展，并具有巨大的市场前景。它的主要市场为健康体检机构、疗养院、需要强化健康管理的特殊作业人员等
13. 心理状态测验设备	心理测试量表仪器化
诊断类医疗器械	
重点支持产品名称	产品简介与所涉及的关键技术
14. 低剂量数字 X 光摄影系统	我国已从事 16 年数字 X 线机的研究，目前有 40 多家企业制造用于常规摄影的数字 X 射线机，除线阵探测器和单镜头 CCD 探测器国内已经具备生产能力，多 CCD 阵列探测器和平板探测器国内不具备制造能力，与国外技术差别较大，目前属于技术空白
15. 移动或床旁数字 X 射线机	移动或床旁 X 射线机在抗 SARS、甲流、抗震救灾中发挥重要作用，但在使用中受到胶片、药水、洗片机等限制，国外已有多款产品数字化产品，而我国尚属空白，主要是国内缺少相关的探测器核心部件
16. 低辐射数字 X 光乳腺检查成像系统	乳腺数字 X 射线机是我国的技术和产品空白，主要原因是缺少相关的探测器关键核心部件。该探测器的技术要求与前二者不同，要求对 20～40Kev 的低能量响应、具有更高的空间分辨率
17. 牙科全景或正畸数字 X 线机(牙科 DR)	我国目前属于技术空白，主要原因是缺少核心部件-探测器的技术研究
18. 数字胃肠机、数字血管机	传统的系统是采用影像增强器，目前的国际新技术是采用动态平板探测器，我国属于技术空白。主要原因是缺少动态平板探测器，进口的价格太贵
19. X-CT	CT 球管，CT 高压发生器、CT 探测器
20. SMRI	核磁谱仪、核磁线圈、核磁磁体

诊断类医疗器械	
重点支持产品名称	产品简介与所涉及的关键技术
21. 阻抗动态成像	生物电阻抗成像技术具有快速、简捷、成本低廉等特点,还是一种无创的成像技术。同时,生物电阻抗成像技术是功能性图像,能够在患者有器质性变化之前检查出功能性变化,是符合"上工治未病"趋势的重要产品。且我国在该领域具有技术优势
22. 体表红外成像检测系统	医用红外热像技术体检过程无污染、无辐射、无创伤,是真正的绿色健康体检;体检过程安全,可进行反复检测,完全没有因检测而诱发疾病的可能。医用红外热像技术是全身性整体体检,非单项、孤立检查,极大降低了因检测结果片面而带来误判的可能。医用红外热像技术检测敏感度高,锁定人体全身细胞代谢的变化,不仅可以检测出器质性病变,对非器质性病变也能检测出来,在病变的早期就可以发现
23. 眼科光学成像装置	手术显微镜、裂隙灯显微镜、眼底照相机等
24. 基于经颅多普勒技术的脑血流及脑血栓监护系统	自动跟踪脑血流信号,真正实现对脑血流的长程监护功能;能自动准确地识别各种固栓、气栓和微栓子以及伪差,及早预警、预防中风
25. 便携式数字彩超诊断系统	超声成像是当前医学四大影像技术之一,本项目具有高集成度、高通道数全数字化波束形成器和信号采集系统;高灵敏度低噪声彩色多普勒血流分析技术;超声三维成像技术;交直流两用防水防震设计等
26. 呼吸监护设备	包括以下 4 组参数群,它们是:低佩戴负荷的呼吸力学、潮气量测定;呼出气 O_2 和 CO_2 成分的实时分析;心血管功能(心电、心搏量、动脉血压)监测;血氧饱和度监测
27. 新型多参数(心血管)监护设备	本监护仪具有动脉血压的无创、逐拍、连续、动态长时间的监测功能
28. 用于上呼吸道感染患者的监护设备	这类监护仪主要用于隔离病房,因此病人监护单元与监视屏之间,应是网络或无线联系。同时由于隔离病房,医生护士对监护单元的操作部分也必须简化和容易消毒处理
29. 康复期病人监护设备	这类监护仪必须设计成可穿戴式;而且希望在活动中对参数信号的测量不受干扰;当患者回到病床时,也可继续进行监护。符合以上要求的可穿戴监测设备近期已经在国内研究成功。它可在无任何粘贴电极的前提下提供心电、呼吸、活动量等基本生命参数的测量,大容量存储以及信号的无线传送。现在已经进入产品化阶段。此项产品的无线传送距离可分为两种类型:一种是院内型,利用网络天线可使接收范围延伸至整个医院;另一种是长距型,它借助于手机移动通讯技术将接收距离延伸至手机可以通讯范围之内

第十三章 重点研究医疗器械核心技术

诊断类医疗器械	
重点支持产品名称	产品简介与所涉及的关键技术
30. 手术监护设备及其管理系统	本项目由两部分组成:其一是基本生命参数的测量监护技术,其中无创伤逐拍动脉血压测量技术将是该项目优于以往的手术监护仪的主要优势;其二是麻醉深度的监测,可采用脑电或听觉诱发电位技术;其三是各项生理参数在监测过程中的抗电力干扰的性能要求,特别是可以在电刀强电磁干扰条件下仍能不受干扰地进行微弱生理信号的监测;其四是各手术室监护单元数据的网络管理系统。现在国内研制这类监护技术的条件是成熟的
31. 癫痫疑似病人监护系统(视频脑电)	很多癫痫病人是隐性的,只在特定条件下(例如入睡过程中,过度换气时等)才会发作。又由于癫痫发作的主要特征是脑电波中出现棘波现象。因此用一般脑电记录是很难捕捉到癫痫发作特点的。本监护系统主要用于隐性癫痫病人发作时脑电波中棘波的捕捉以及发作当时人体状态的记录,以便适时发现和处理。特别是某些职业的要求,要求及时筛查出隐性癫痫患者,这类仪器的研制成功,将是十分必要的。 从结构上看这类仪器系统有以下四部分组成:其一是多道动态脑电波记录;其二是同步的人颜脸部位的摄像记录与显示;其三是人体基本生命参数的记录;其四是用于诱发的光电刺激器
32. 脑科重症监护仪	脑科重症监护仪在仪器结构上除了人体基于生命参数(体温、心率、呼吸、动脉血压)必须监护之外还包括脑部阻抗成像的动态监护以及在电极结构相兼容的脑电波监护。由于脑阻抗成像动态监护技术有可能及时发现脑出血和脑水肿(比CT早)
33. 新生儿监护仪	新生儿的呼吸系统发育不成熟,加上缺乏自卫能力,容易发生呼吸闭塞,因此对新生儿特别是早产儿进行呼吸功能状态的监护是必要的。但新生儿皮肤娇嫩,不适合用电极或粘胶。本项目将采用床垫式监护技术,即在床垫上设计了一些能感知呼吸和心搏振动的传感器感知来自新生儿的呼吸运动和心搏振动,并且通过信号处理技术分离出呼吸运动和心动周期。当呼吸运动由于某种原因发生异常时可及时报警
34. 实时心律失常波形标尺记录分析系统	该系统由 32 道心电采集系统(包括电极系统)及实时信号处理部分组成。当实时信号软件捕捉到心律失常波形时系统将自动将该异常波形以心电标尺程序在二维的时间序列上展开,形成在时间轴上二维标尺图的演变过程,从而揭示出心律失常波形的演变路径
35. 肺功能及动态心肺调节功能检测系统	单独的心功能或肺功能检测系统是有的。但实际运动时,心肺一定是协调起作用的。因此必须研究两者的协调性

诊断类医疗器械	
重点支持产品名称	产品简介与所涉及的关键技术
36. 机体功能代谢光学早期预警设备	基于光学探测、内窥镜和光纤技术,研发在器官组织水平上反映机体功能代谢状况的多参数早期监测预警装置,应用于重症病人实时监护、手术过程辅助反馈与急救监测等。包括多参数机体功能代谢信息的动态、实时、无损与高灵敏度获取,如微循环血流量,血容量,血氧饱和度与线粒体代谢状况等
37. 神经重症监护系统	神经重症的脑功能、脑循环和生命体征多参数同步监护是神经病学临床、科研领域的重要课题,其重要性在于长程观察神经重症患者的脑功能、脑循环和生命体征的状况,监护病情发展和变化,评价治疗效果,判断患者预后。脑功能和脑循环监护也是国际上认定的判断脑死亡的必备金指标。本产品由脑电(EEG)、经颅多普勒(TCD)和生命体征多参数(心电、血氧、血压、呼吸等)同步监护构成
38. 全自动生化分析仪	全封闭分光及光电检测阵列系统;模块化自动清洗系统;免维护固体恒温加热系统;一体化高速采样针系统等;整机独立隔热防尘系统等;全自动清洗,反应杯循环利用;分立式,多通道,测试速度高达 225 个/小时;随机任选式;按样本顺序测定,急诊任意插入;最小加样体积 2 微升,最小反应体积 150 微升,最长反应时间大于 10 分钟;多通道同时比色,支持双试剂,双波;吸光度线性范围 0~4;反应盘温度波动 0.1℃
39. 化学发光免疫分析仪器	检测原理是以发光物质作为信号放大系统并借助其发光强度直接测定免疫结合。由于具有超过放射免疫的高灵敏度,又具有酶联免疫的操作简便,快速的特点,且测试中不使用有害的试剂,试剂保存期长,标记物稳定性好,检测范围宽等优点,已成为放射性免疫分析与普通酶免疫分析的取代者,是免疫学检测重要的发展方向
40. 过敏源检测仪	研发过敏原检测条带数字化成像装置,研究过敏原检测条带图像处理与自动定量分析算法,研究实现全自动体外过敏原全自动体检测技术,开发全自动体外过敏原自动检测系统。 关键技术:血清特异性 IgE 抗体标记段的成像与精确定位技术与装置,过敏程度与血清特异性 IgE 抗体标记段图像特征的定量表征并实现过敏程度自动分级的方法与技术
41. 新型光学检验分析仪器	包括激光荧光光谱术,激光喇曼光谱分析术,激光全息术,激光散斑分析术,激光多普勒测速术,激光流动式细胞分析术,激光干涉术,激光透照术和激光偏振技术等
42. 高通量、低能耗、可量值溯源的人体微量元素普查用光谱检测系统	测量人体内微量元素的含量具有重要的意义,例如测量铅的含量。目前国内、国外均无此产品,它将成为我国的原创新技术和新产品
43. C 型臂可移动 X 光机检查设备	常规医疗设备,具有广阔的市场

诊断类医疗器械	
重点支持产品名称	产品简介与所涉及的关键技术
44. 电子内镜	电子内镜具有成像质量高、易数字化、无断丝现象的优点,具有广阔的应用市场。其关键部件微型 CCD(1/6″,数十万像素)尚不能生产,需从国外进口。关键技术包括 CCD 摄像头、位置与角度体外控制等
45. 胶囊式内镜	
46. 骨密度与骨质疏松检测仪	骨密度与骨质疏松检测对于中老年人具有重要意义,具有广阔的市场前景
治疗类医疗器械	
重点支持产品名称	产品简介与所涉及的关键技术
47. 移动式灾难医学救援装备系统	可在无水、电支持,无有线通讯条件下,深入疫区、灾害现场甚至战争前线,开展常规的 X 摄影、超声诊断、生化分析、生命体征参数检测监护等常规医学诊断,并可实施心脏急救除颤、外科手术、应急生命支持等紧急治疗
48. 体外除颤监护起搏器	核心技术包括:①高压电容充电技术;②双相波放电技术;③阻抗自适应技术;④高压电容自维护技术;⑤心电监护抗除颤高压技术;⑥体外无创起搏技术
49. 聚焦超声治疗设备	具体产品包括三维适形高强度聚焦超声(HIFU)肿瘤治疗系统、新型中医超声针灸治疗系统、适合社区、农村、边远地区的型化超声治疗系统、一次性超声药贴等,关键技术包括高强度聚焦超声换能器技术、基于多图像(MRI/CT/US)融合的 3 维治疗计划(3DTPS)与手术导航技术
50. 婴儿培养箱	核心技术包括:①空气流量、温度、湿度、氧浓度模糊控制技术。建立培养箱内气体流动、温度、湿度和氧浓度相互关系数学模型,控制和监测选定的空气和新生儿温度、箱内环境湿度和氧浓度。通过仿真优化设计,确定最佳系统结构参数,准确地调节保温箱的温度、湿度、氧含量,保证重症护理的新生儿获得理想的空气微流动治疗环境;②气体流量控制和气体净化技术。根据新生儿重症治疗的环境要求,计算理想的气体流通量,确定与流通量相一致的净化参数,使婴儿培养箱拥有"洁净、安静和均匀"的微气候分布;③气体流量和温度优化设计技术。建立箱体内空气流量和热量管理模型,通过优化气道设计,精密测量和控制箱内环境温度和婴儿肤温,最大限度地减少保温箱的温度波动,减少婴儿身上热量的损失;④伺服氧浓度控制技术。建立氧气伺服控制模式,优化设计空气和氧气混合气道,根据氧浓度监测值和空气供给量,调节氧气供给量,在不受热环境干扰下,使培养箱内具有的氧浓度均匀、稳定的氧浓度
51. 无创治疗呼吸机	我国每年约有 100 万人死于呼吸衰竭,因 COPD 而致残的人数约在 500 万~1000 万。医院用无创呼吸机是治疗呼吸衰竭的有效设备,我国在该无创呼吸机产品领域落后于西方发达国家,高端产品主要依赖进口

治疗类医疗器械	
重点支持产品名称	产品简介与所涉及的关键技术
52. 全固态多波长眼底激光治疗设备	在多波长全固态激光器方面突破关键技术,研发出国内首台具有自主知识产权、低成本、高性能、适于普及应用的全固态多波长眼底激光治疗仪
53. 血液体外净化设备	血液透析机的发展日渐成熟,操作的人性化设计也很普及,作为治疗型设备,治疗的个性化、安全性能以及模块化设计是每个生产厂家考虑的首要问题。根据每个病人的实际电解质情况,能够很方便地提供不同的透析液是血液透析机发展的一个重要方向;为了提高血液透析的安全性、有的公司提出了卫生连锁的概念;在工程方面,血液透析机的设计趋向于模块化设计,这就提高了机器的维护性能
54. 生物人工肝	生物型人工肝支持系统是治疗重症肝炎、肝衰竭等疾病的有效手段。我国肝炎和肝功能衰竭患者数量较多,内科治疗方法疗效有限,而肝移植由于价格昂贵和供体缺乏而难以推广。生物型人工肝能够在体外暂时替代人体肝脏的部分功能,阻断肝功能衰竭的恶性循环,为肝细胞的再生与恢复提供了时机和条件
55. 麻醉神经定位系统	在手术中为方便实施麻醉,特别是定点麻醉的系统,通过刺激所要麻醉的神经,确定麻醉部位,通过同时作为刺激电极的针头注射麻醉剂
56. 支架导管	心脑血管疾病是当前人类死亡第一大病因,预计到 2020 年,全球心血管病死亡人数将高达 2500 万人,其中 1900 万发生在发展中国家。支架技术是治疗心脑血管疾病的有效手段
57. 新型抗血栓人工血管	血管类疾病具有广泛的人群,人工血管有较大的临床需求。目前,人工血管置换后的急性血栓是其主要问题,通过改进人工血管材料、改进人工血管的构型设计,特别是其血流动力学优化设计是该领域的重要发展方向
58. 新型人工心脏瓣膜	人工心脏瓣膜是可植入心脏内代替心脏瓣膜(主动脉瓣,肺动脉瓣,三尖瓣,二尖瓣),能使血液单向流动,具有天然心脏瓣膜功能的人工器官。当心脏瓣膜病变严重而不能用瓣膜分离手术或修补手术恢复或改善瓣膜功能时,则须采用人工心脏瓣膜置换术。换瓣病例主要有风湿性心脏病,先天性心脏病,马凡氏综合征等
59. 左心室辅助装置	左心室辅助装置是当左心室功能衰竭时替代左心室功能的装置,目前主要是轴流式(近年来主要为磁悬浮轴流泵)驱动方式
60. 植入给药泵	涉及的关键技术包括精密的一体化设计、制造,植入泵是治疗糖尿病等慢性疾病的重要手段,使得患者不再需要长期频繁的体外输液,大大降低患者的生理负担

治疗类医疗器械	
重点支持产品名称	产品简介与所涉及的关键技术
61. 植入式心脏起搏器	心脏起搏器是心率失常的首选治疗方案。自 1958 年首例心脏起搏器植入手术以来,现在全球已有 300 万人植入了心脏起搏器,每年新植入 40 万例起搏器。我国累计有 6.34 万病人植入心脏起搏器,每年新植入 1.95 万台,年增长 15%
62. 植入式神经刺激器	植入式神经刺激器是治疗各种神经系统相关疾病的有效手段,例如帕金森病、运动障碍、癫痫、抑郁症等。且植入式神经刺激器在戒毒、治疗肥胖等方面有潜在的应用前景。当前植入式神经刺激器被几个跨国大公司垄断,造成价格高昂,加重了我国医疗负担,使得我国大部分患者无力承担。目前我国自行研制的植入式神经刺激器已进入临床阶段
63. 人工耳蜗	人工耳蜗是目前全聋患者恢复听觉的唯一有效的治疗方法,目前全球已有 3 万多人植入了人工耳蜗。目前我国有 2600 万聋人,其中的重度患者迫切需要植入人工耳蜗
64. 医用加速器	影像引导放疗(Image Guided Radiation Therapy, IGRT)技术是当前肿瘤放射治疗的重要发展方向,而其核心技术是成像与放射治疗同源实现的加速器技术。目前清华大学已攻克 KV/MV 同源双束加速管技术,这在国际上属于首创
65. 高强度聚焦超声(HIFU)肝癌治疗小型化专用设备	在已有超声定位监控的基础上,发展与此相匹配的电阻抗成像实时监控技术。它是我国自主原创的新型动态成像技术,鉴于肋骨等对 HIFU 治疗的影响,研发专用于肝部治疗的高强度聚焦超声治疗探头
66. 生命支持呼吸机	随着全球环境变暖,呼吸疾病人员数量不断增加,已成为我国和全世界前三位主要疾病,其中 80% 以上重症患者需要接受呼吸机治疗生命支持。智能呼吸机代表了呼吸机发展的一个重要方向,我国在该智能呼吸机产品领域落后于西方发达国家,高端产品主要依赖进口
67. 麻醉工作站	麻醉工作站运用计算机大容量的存储功能,自动记录下麻醉过程中所有的参数变化,包括麻醉输送的参数和病人监护参数的所有信息,并可任意编辑数据,生成相应的分析报告。麻醉工作站不仅涵盖了传统麻醉机的所有功能,而且拥有符合现代发展趋势的多项功能。模块式的设计,可以根据需要增、减功能,具有不断升级的能力,因而为未来留有广阔的发展空间
68. 手术导航设备	微创介入理念在外科临床中的发展,大大促进了影像引导手术的应用和推广。影像引导手术首先在神经外科得到应用,并已经拓展到脊柱骨科、关节置换、颌面外科、腹腔、泌尿、儿鼻喉、心脏等领域。开展影像引导手术所必需的手术导航医疗装备已成为一个快速增长的产业。目前美国的手术导航设备的装机量超过 3500 台,而国内累计装机只有 100 台左右。国内市场的快速增长存在巨大的商机,也对国内医疗器械行业带来挑战

治疗类医疗器械	
重点支持产品名称	产品简介与所涉及的关键技术
69. 手术机器人	手术机器人是医疗手术,但目前的微电子技术、信息技术、机器人技术等相关支撑技术都没有达到手术机器人的要求,所以目前手术机器人主要是一前瞻性的概念,我国在该领域应该投入一定的预研力量
70. 血液回收机	血液回收机可以在手术过程中或手术后将采集到的患者失血进行处理、清洗,然后再回输至病人,被广泛地应用于各种大出血疾病的急救和除肠胃手术、癌症切除手术外的多种外科手术,例如脾破裂、宫外孕、创伤大出血、骨科手术等。自体血液回收机的应用可大大减少异体输血,进而降低因血源紧张带来的压力,减少因异体输血而引发的输血性传染病,这对于肝炎发病率高、血源紧张的中国具有特殊的社会意义,同时还是应急反应、战地救护的必要手段之一。国产血液回收机进入市场已经 10 年,但总体发展并不均衡,目前一些大医院血液回收机已成了必不可少的医疗设备,但在全国一万多家中小医院尚未普及和应用
71. 手术规划、辅助与导航系统	计算机辅助手术作为一种多学科交叉的新兴前沿技术,能够利用多模图像数据建立二维或者三维仿真环境,通过生物力学分析,辅助医生进行手术评估、规划、仿真和监控等过程,当前的研究和应用主要集中在神经外科、创伤骨科、脊柱外科、关节外科、泌尿外科、眼科、牙科、心脏外科、放射外科、腹腔科以及颅颌面外科等领域,使外科手术更精确、安全和微创,从而提高手术质量,减轻患者痛苦,降低医疗成本。计算机辅助手术导航方法的分类有很多种。按照手术定位方法,可分为光电导航、电磁导航、机构导航等;根据手术所用成像方法的不同,可以分为 CT/MRI 导航、透视导航、无图像导航等。未来的发展重点将集中在针对临床环境的传感器、灵巧的手术机器人、智能配准技术、可操作性、安全性和稳定性等方面
72. 术中激光散斑高分辨血流成像设备	针对神经外科、心血外科等对手术过程中对血管瘤、外伤、恶性肿瘤等病灶及周边重要组织中血流状态进行实时、无损伤、连续监测的迫切需求,突破术中血流高分辨实时成像中的关键技术,研发具备自主知识产权的术中激光散斑高分辨血流成像设备,获得临床准入并完成临床试验,在国际上抢占先机,率先推出实用化的成套仪器设备
73. 药械结合缓控释新技术装置	高效、速效、长效、靶向给药新型药物,药物控释纳米材料,新型给药技术和装备,缓释、控释、透皮吸收制剂技术,蛋白或多肽类药物的口服制剂技术。包括:纳米技术、脂质体技术、微囊释放新技术等

康复类医疗器械	
重点支持产品名称	产品简介与所涉及的关键技术
74. 具有多控制源的半主动仿生膝上假肢	研究内容主要为:假肢利用内部的电机代替受损肌肉活动,能够为使用者从坐姿到站立提供部分动力,代替了四头肌的功能,支撑使用者上下楼梯和走坡路。在使用者突然打软腿的时候提供锁定膝关节的力矩,提高假肢安全性。另外,要实现假肢的灵活控制,最重要的问题是识别操作者的意图,因此,利用残肢的表面肌电、健肢的摆腿角度和速度、假肢本身的角度和足底压力等参数,来控制半主动式膝上假肢的运动模式,实现安全、可靠、步态自然的代偿功能
75. 运动型下肢假肢	下肢假肢是运动假肢中最重要的部分,但是目前国内这方面尚属一片空白。面向我国的残疾人运动员,研发具有我国自主知识产权的运动型下肢假肢,主要包括高性能储能脚和运动型膝、踝关节,扭力缓冲器,假肢接受腔制作工艺和制作材料的运动化改进等
76. 基于生理信息控制的多自由度上肢假肢	目前,包括神经电信息、肌电信息、脑机接口技术、语音控制等在内的生理信息研究取得了新进展,多自由度假手技术也取得一定突破,在此基础上,研究和开发基于多种生理信息控制的多自由度上肢假肢,改善和提高假肢的操控性能,将是上肢假肢未来发展的重要方向
77. 面向个体的脊柱矫形器设计与制作系统 78. 面向个体的假肢辅助设计与制作系统	这两种产品都利用当前计算机仿真技术的发展成果,结合患者个体的伤残特征,设计出针对个体最优的治疗方案和康复辅助系统
79. 可穿戴式导盲设备	研究基于可穿戴技术的导盲设备,运用语音识别、图像处理、障碍物检测、定位导航等技术,使该设备具有移动物体快速判断、障碍物提醒、道路导航等功能
80. 电子人工喉系统	研究基于气流压力和肌电的电子人工喉控制机理,开发具有自然声门波特征的电子人工喉产品,解决现有人工喉声音机械、不自然,语音语调无法随心改变的不足。研究电子人工喉嗓音源振动系统和脉冲产生系统、供电系统的分离设计方法,实现人手不干预的情况下人工喉与颈部组织的较好耦合。实现电子人工喉系统产品的产业化,填补我国在此领域的产品空白
81. 老人监测报警装置(定位,信息监护,急救)	开发适合大众人群长期佩戴的低成本、高安全性、高可靠性老人监测报警装置,使其具有生理信号采集、用户状态和康复信号感测、空间定位等功能,该装置可通过无线传输,实时将监测讯号向外发送,并可通过网络将详细信息传至医疗机构的监控中心或监护人,便于随时掌握需要看护者的生理状况及康复状况,也便于联系急救网络。同时通过建立监护对象的生理参数数据库,还可为专业医生的准确诊断和有针对性地制定康复训练计划提供辅助和依据

康复类医疗器械	
重点支持产品名称	产品简介与所涉及的关键技术
82. 外骨骼式老年人肢体助力系统	研发外骨骼式肢体助力系统帮助老年人增强活动能力,是提高老年人生活自理能力,保障生活质量的重要发展方向。该系统可分为上肢助力系统和下肢助力系统
83. 适应多种路面环境的室外型无障碍轮椅	室外型电动轮椅是老年人、残障人出行的重要交通工具,但由于我国现在道路及路面状况并不理想,轮椅的使用受到了极大限制。研发具有一定越障能力,适应坡道、台阶、沙地等不同道路环境的室外型轮椅,将是电动轮椅发展的一个重要方向。另外,为适合我国国情,应在保障电动轮椅的续航能力、安全性和稳定性的基础上,尽量降低成本以扩大受惠群体,为更多的老年人出行带来便利
84. 大小便失禁护理设备	大小便失禁给长期卧床的老年人、残障人护理工作带来了极大困扰,也是患者生活质量降低的主要因素,由于大小便失禁,还极易导致皮肤溃烂感染、褥疮等并发症,甚至危及患者生命。研发自动化的大小便失禁护理设备,减轻护理人员的工作负担,改善患者卫生状况,将是大小便失禁护理康复系统发展的重要方向。具体研究内容包括:基于传感技术和医学影像技术的大小便监测和预警系统,基于功能性电刺激的大小便失禁康复系统,基于机器人技术的老年人、残障人护理设备等
85. 截肢者假肢配置促进康复设备	在现有截肢者理疗训练技术的基础上,将微波、超声、按摩、牵引、固定等物理疗法和运动疗法,与机械型残肢震动治疗和功能性电刺激等新兴技术结合,研究截肢者假肢配置促进康复设备,实现截肢者假肢配置训练的定量化、系统化,从而促进截肢者更快更好适应和使用假肢
86. 轮椅使用者慢性损伤预防和康复装置	研究轮椅使用者慢性损伤的发病机理和发病过程中的影响因素,研究确保人体组织完整性的最佳干预方法,研究褥疮敏感性组织的早期预报方法,研究和设计具有预防长期轮椅使用者慢性腰痛的便携式动态承托装置和防褥疮坐具,研究基于 CAD/CAM 的个体性承托装置和防褥疮坐具系统的专用加工设备及其软件系统,为改善轮椅使用者的身体健康提供科技支撑
87. 瘫痪病人家用个性化康复理疗设备	康复理疗可改善瘫痪病人的血液循环,减轻肌肉萎缩状况,预防各种并发症,并有利于恢复身体功能。针对瘫痪患者家庭护理需要,开发基于超声波治疗、功能性电刺激、空气波、红外治疗等技术的傻瓜型、安全型康复理疗设备,该设备需具有模块化设计的特点,可根据瘫痪病人需求进行组合,降低其使用成本。该设备还需具有完善的病人状况监测能力,在非专业人士的操作或误操作状态下,保证不对病人造成伤害

康复类医疗器械	
重点支持产品名称	产品简介与所涉及的关键技术
88. 基于生理信息反馈的脑损伤患者肢体康复训练系统	研究将虚拟现实技术与康复机器人为代表的自动化康复医疗设备相结合,为中风患者设计基于肌电、脑电等生理信息反馈的虚拟训练任务及合理的实时康复评价系统,使患者在训练过程中获得愉快的成功情绪体验,从而维持其训练动机水平和参与的积极性,在很大程度上改善训练效果。该系统还可根据患者肌肉疲劳指数、运动协调度等指标来定量地评价康复效果,指导康复任务的合理安排,达到科学、有效的康复训练,恢复患者运动机能的目的
89. 智障患者康复训练系统	在已有低端、中端训练器材基础上,结合计算机技术、数据库技术、生物反馈技术、康复训练平台等方面,研发有良好人机交互界面的高端智障患者训练系统,针对不同患者满足个性化综合训练方案的要求,使得智障患者的康复训练具有针对性、系统性、延续性
90. 脑瘫儿童矫正和功能训练设备	脑瘫儿童常伴有身体形态和功能异常,早期佩戴矫形装置和进行功能训练,可改善肌腱挛缩,避免骨、关节畸形等二次损害,最大限度发挥残存功能,提高自理能力。研发基于CAD/CAM技术的脑瘫儿童个体化矫正和功能训练设备,针对脑瘫儿童的脑瘫类型和生理特征进行矫形装置的个体化设计,提高脑瘫儿童的矫正和功能训练效果。包括个体化足踝矫形器的设计制造系统、脑瘫儿童坐姿保持系统、脊柱矫形装置、肢体不同肌肉群和关节针对性训练的特殊装置等
91. 基于混合现实技术的老年人行为能力训练系统	混合现实技术(Mixed Reality,MR)是近年来兴起的将实体场景或物体与虚拟场景或物体相结合产生混合世界的一种新的方法,它比传统的虚拟现实技术(Virtual Reality,VR)所呈现的效果更加真实,应用起来也更为简单。三维运动分析技术则是老年人行为能力评定的基础。该系统的建立将可为老年人行为能力评定与训练提供更准确、真实、可控的场景和交互方式,从而取得更好的评定和训练效果,有利于保持和恢复老年人的行为能力(包括运动、平衡、认知、应急等),有效提高其生活质量
92. 主动式运动功能康复与控制系统	目前临床可用于运动功能康复与控制的器械大多属于机械式的被动训练器械,康复的效果相当有限。本项目建议的主动式运动功能康复与控制系统突出强调康复训练中患者主观意识的参与。例如,要求中风病人主观想象患侧瘫痪肢体的运动,在患者主动参与的过程中启动机械训练或控制器械。已有研究证明,主动参与的训练过程调动了从中枢到外周的整个神经系统,有望明显改善训练效果。此类产品是脑机接口技术与现代康复器械相结合的新产品

医学信息技术和装备	
重点支持产品名称	产品简介与所涉及的关键技术
93. 医疗信息集成引擎	研制医疗环境下的医疗数据及工作流集成规范,研究异构医疗信息系统集成技术,研发医疗信息集成引擎
94. 电子病历系统	研究电子病历信息采集、建模、处理及应用技术,开发针对各类医疗机构的综合型电子病历系统及专科电子病历系统
95. 电子健康档案(EHR)系统	建立集成各级医疗机构及社区保健信息的电子健康档案数据中心及在此基础上的综合应用系统
96. 临床信息决策支持系统	研究医学知识库构建及管理技术,研究医学知识推理及决策技术,研制面向常见、多发、重大疾病的各类临床信息决策支持系统
97. 临床信息系统	研制体现个性化、一体化、协同化和知识化特征的各类临床信息系统

医疗器械功能检测和评价技术设备	
重点支持产品名称	产品简介与所涉及的关键技术
98. 血液循环系统人工器官血流动力学特性检测系统	血液循环系统人工器官如人工心脏瓣膜、动脉支架、人造血管、心室辅助装置、全人工心脏等,其血流动力学特性是影响其正常、安全使用的不可忽视的指标,也是国际、国内相关标准所规定需要检测的指标。例如,人工心脏瓣膜,需要检测其在不同心输出量和不同心率下的跨瓣压差、回流百分数以及瓣膜开闭状态等血流动力学指标。随着心血管系统人工器官的不断发展,需要发展相应的适应新的标准和规范的血流动力学特性检测技术和装备
99. 血液循环系统人工器官疲劳特性检测系统	血液循环系统人工器官(人工心脏瓣膜、动脉支架、人造血管、心室辅助装置、全人工心脏等),其疲劳特性检测关系到产品在体内的寿命和可靠性,是国际、国内相关标准所规定需要检测的指标。无论是人工心脏瓣膜、动脉支架,还是心室辅助装置等都需要进行体外加速疲劳试验。血液循环系统人工器官加速疲劳试验的机制、疲劳试验与产品寿命预测和可靠性间的关系、加速疲劳试验技术和装备研究和开发,对于心血管系统人工器官的发展具有重要的意义
100. 肌骨系统人工器官生物力学特性检测系统	肌骨系统人工器官如人工膝、人工髋、各种骨固定器、矫形器、植入体等,其结构力学、材料力学、运动学特性是影响其正常、安全使用的不可忽视的指标,是国际、国内相关标准所规定需要检测的指标。随着肌骨系统人工器官的不断发展,需要发展相应的适应新的标准和规范的生物力学特性检测技术和装备

医疗器械功能检测和评价技术设备	
重点支持产品名称	产品简介与所涉及的关键技术
101. 肌骨系统人工器官疲劳特性检测系统	肌骨系统人工器官（人工膝、人工髋、各种骨固定器、矫形器、植入体等），其疲劳特性检测关系到产品在体内的寿命和可靠性，是国际、国内相关标准所规定需要检测的指标。无论是人工膝、人工髋，还是各种骨固定器、矫形器、植入体等都需要进行体外加速疲劳试验。不同肌骨系统人工器官加速疲劳试验的机理、疲劳试验与产品寿命预测和可靠性间的关系、加速疲劳试验技术和装备研究和开发，对于肌骨系统人工器官的发展具有重要的意义
102. 动脉血压标准发生器	动脉血压标准发生器目前尚未有成熟产品，但有广阔市场的需求，我国应在该技术上加大投入
103. 一体化携带式医用超声声输出安全测试系统	准确判断出超声产品的能量输出水平，确保超声设备的安全性，具有重要的意义
104. 彩超组织仿真多普勒血流检测体模	用来验证彩超设备血流检测的准确性，这类产品具有较大市场，目前仍是空白

表 13-2　关键技术及涉及的相关产品

关键技术	相关简介
1. 体域网技术	人体不同部位生理状态传感器之间进行无线组网，以汇总信息。这种体域网的特点是通信距离短，通信数据量低，要求低功耗，低体积以降低生理负担
2. 低生理、心理负荷生理参数检测技术	基本的生命参数，例如血压、体温、心率等包含有丰富的人体健康信息，而长期以来，医学的发展忽视了这些参数的作用。这些生命参数的监测容易做到家庭化、无创化、动态化和连续化，是未来医学发展的重要方向
3. 人体健康状态辨识技术	利用各种信号处理技术，辨识出人体的健康、亚健康状态的量化信息，而非判断出是否患病
4. 从基本生命参数中提取健康状态的新型信息挖掘技术	从人体一些基本的生理参数，例如长时间的温度曲线，血压的变化规律等，呼吸速率、潮气量的变化等，挖掘出人体健康状态信息
5. X射线低剂量探测器	各种数字X射线机关键技术
6. X线用高频发生器	
7. X线用高频组合机头	
8. X光球管	
9. CT球管	CT产品关键技术
10. CT用探测器	
11. CT用变频高压发生器	
12. CT断层重建软件	

关键技术	相关简介
13. 核磁谱仪	核磁共振成像产品的关键技术。核磁谱仪:核磁谱仪是核磁系统的关键,涉及众多关键技术。
14. 核磁线圈	核磁线圈:核磁线圈是核磁谱仪的关键部件,从设计到材料、制造工艺都对核磁系统的整体性能有非常大的影响。
15. 核磁磁体	核磁磁体:磁场强度直接影响核磁信号的灵敏度和化学位移,为使分子中不同基团上核的谱峰分开,以便确认结构,提高共振磁场是一个有力的举措,核磁磁体产生的磁场强度和均匀度直接决定了核磁共振设备的成像效果
16. 彩超换能器及波束形成技术	超声换能器是制约我国当前超声产品性能的瓶颈所在,其也是超声产品的关键部件
17. 高强度聚焦超声相控阵换能器及波束形成技术	相控技术最大的好处是可以通过程序控制实现焦点的空间扫描运动,还可同时生成多个焦点
18. 超声三维重建软件	对图像的重建技术,是影像类产品的关键技术,其最终决定了产品的成像效果和医用价值。超声三维重建软件是超声设备的关键技术
19. 阻抗成像探测器	阻抗成像关键技术
20. 高强度聚焦超声肿瘤治疗过程电阻抗实时监控技术	HIFU 肿瘤治疗实时监控新方法和新技术装置的研发已成为当前之急需。在这方面,电阻抗监测技术是首选。而我国在电阻抗动态图像监护技术方面已取得原创性突破,为此提供了坚实的基础,因此将电阻抗功能实时图像与 B 超图像进行融合,将为 HIFU 肿瘤治疗提供一个更为安全有效且成本低廉的监控设备
21. 分析仪精密传动装置	分析检验设备关键技术
22. 低噪声快响应涡轮风机	涡轮风机是风机供气型呼吸机的关键部件。与传统空气压缩机供气的呼吸机不同,涡轮风机通过受电机驱动的旋转转子将常压下的气体压缩成带有一定压力的气体并供给到病人端。由于无需空气压缩机参与,这类呼吸机体积小,更便于移动,噪音也更低
23. 气体精密流动控制阀	气体精密流量控制阀是通过数字控制进行流量和压力调节的装置,其应用电磁感应的原理,用于控制高流量、低压力的呼吸气体,实现低气阻、快速响应、闭环控制的目的
24. 气体精密流量泵	包括医用电子流量计和医用转子流量计
25. 气体流量传感器	气体流量传感器是工业测量气体流量的重要仪表,在医疗器械中也有着广泛的应用。随着技术发展,对流量测量的准确度和范围的要求也越来越高。气体流量传感器的种类很多,这里主要指在麻醉呼吸设备中承担测量任务的气体流量传感器
26. 电子麻醉药蒸发器	电子麻醉药蒸发器是麻醉机的核心组成部分,承担向术中患者提供能够实现温度、压力和流量补偿的稳定混合麻醉蒸气的任务

关键技术	相关简介
27. 气体精密检测模块、呼吸气体成分快速测量技术	主要用于测量呼吸气体中的气体浓度或分压。在临床上应用于手术过程中、手术后恢复期间以及 ICU 病房病人呼吸气体浓度的监护。通过监测呼吸过程中的气体浓度，可以了解肺换气功能，机械通气量是否合适、吸入的药物浓度情况等，对于病人的监测和治疗都有很大的帮助
28. 医用 LED 模块、蓝光灯	LED 照明是一种节能减排技术，是当前照明技术的发展方向。医用 LED 照明具有高亮度、光色柔和的特点，是医疗照明的发展方向
29. 外科手术快速高精度定位	降低外科手术损伤的重要技术
30. 表面处理技术	各种植入式医疗器械的关键技术
31. 医用高速电机	牙科设备的关键部件
32. CCD 摄像头光学设计与制造	电子内镜的关键设备
33. 医用电源(净化、安全)	电能的质量将直接影响很多医疗设备的性能，大驱动能力、高稳定度的医用电源，是医疗器械性能的根本保障
34. 材料制作安全性	材料生产、制作的安全性将最终决定产品的安全性，尤其对于植入式医疗器械、涉血器械等，材料制作过程中的纰漏将可能引发重大医疗事故
35. 医学专用集成电路技术	医用专用芯片一般都体积和功耗有严格的要求。同时针对不同的应用场合，集成专用算法 IP 核，以进一步提高处理速度和降低系统功耗
36. 支架材料、导管材料、超声材料	材料制作安全性是各种植入式医疗器械的核心技术，也是各类外科手术安全性的最基本保证
37. 医用 MEMS	医用传感器、微小系统
38. 植入式电极(脑电极、人工耳蜗电极)	植入电极是各种植入式电刺激装置的核心部件之一，要求具有高生物相容性，其对材料成分和精密加工有着较高的要求
39. 医用图像处理和重建	图像处理技术是当前数字信号处理的一个重要研究方向，图像处理在医学影像学中具有极为重要的作用，是医生准确判断患者健康状况的先决条件，也是智能诊断技术的基础
40. 肌骨立位 CT	适合肌骨检测的 CT 技术
41. 血液循环系统人工器官手术规划及辅助的生物力学设计	运用生物力学建模与仿真技术，在心血管人工器官或植入物与血液及宿主周围组织相互作用的力生物学研究基础上，研究心血管人工器官或植入物的生物力学优化技术和血流动力学评测技术，进而发展面向病员的个性化血液循环系统人工器官手术规划及辅助技术
42. 口腔正畸、修复、种植及颌面外科手术规划及辅助的生物力学关键技术	运用生物力学建模与仿真技术，在研究牙移动、颌骨重建以及口腔植入物与周围组织相互作用的力生物学研究基础上，研究心口腔正畸、修复、种植及颌面外科中的生物力学优化技术，进而发展面向病员的个性化口腔正畸、修复、种植及颌面外科手术规划及辅助的生物力学关键技术

关键技术	相关简介
43. 面向病员的个性化假肢及矫形器生物力学优化设计技术	运用生物力学建模与仿真技术,在假肢接受腔、矫形器与周围组织相互作用的力生物学研究基础上,发展面向病员的个性化假肢及矫形器生物力学优化设计技术
44. 环境控制系统中多种人-机接口技术	残障人环境控制技术是指用来辅助残疾人和老年人进行康复锻炼、功能代偿、环境交互、病情监控,以促使其独立生活并充分发挥潜能的多种技术、服务和系统。环境控制系统可以建立残障人与环境间的桥梁,提高生活质量,减轻家庭和社会的负担
45. 无创伤动脉血压连续逐拍测量技术	无创动态血压测量技术目前尚未完全解决,但具有广阔应用前景
46. 多导脑电数据采集系统(16、32、64、128)电极,24 位 AD	脑电采集系统是脑电图仪的关键,涉及电极技术、微软信号检测和低噪声放大等技术,24 位采集 AD 技术的实现对于采用数字信号处理的方式解决噪声问题提供了很好的方案
47. 脑机接口技术	由于脑机接口系统可以不依赖于外部肌肉和神经就可以实现人机交互,因此有着极为广阔的应用前景。脑机接口的应用主要集中于运动康复、治疗等方面,其次其在人工智能方面也有广阔的应用前景
48. 基于通信网络的远程病人监护系统	远程病人监护是"遥医学"的基础,是当前医疗个性化、家庭化发展的必然要求。当前 3G 的发展为远程病人监护系统提供了一个有利契机
49. 基于超薄新型压电单晶的微型高频超声换能器以及中低频压电式微加工超声换能器(pMUT)技术	包括超薄单晶微加工技术,衬底微加工技术,倒装工艺,压电MEMS 器件的设计,建模与有限元分析,微加工制造工艺以及性能表征方法。对于高频换能器还需研究背衬材料以及声匹配层的材料和膜沉积工艺。同时探索新型超声换能技术,以提高现有器件的灵敏度、分辨率、带宽。发展应用于内镜超声、血管内成像导管的基于柔性线路板(FPCB)和裸芯片的封装技术,发展高端换能器阵列的封装制造工艺
50. 超声弹性测量及成像技术	主要的技术内容包括设计一种同时基于 RF 信号相移检测和包络自相关检测的联合快速算法,并加入估计向软组织施压时探头的横向位移,消除因横向位移引起的成像误差,提高临床应用的可行性
51. 超声造影成像技术	主要的技术内容包括超声造影剂的微气泡化(微米量级)研究,超声造影观测器官血液灌注(perfusion)成像技术,心脏及其他器官中血液速度的测量技术,病理信息的提取技术,相关基础声学物理的研究
52. 高传染性疾病急诊血液分析系统关键技术研究及系统构建	本项目研制一种用于高传染性疾病的急诊血液分析系统,该系统能让所有反应均在密闭的管道里进行,能对血液中的电解质项目、生化项目及免疫项目进行同时快速分析,并能对分析废液进行消毒,具有生物安全性高和实时性强的特点,满足临床对高染性疾病的血液分析的要求

关键技术	相关简介
53. 全自动化学发光免疫分析仪和系列配套诊断试剂	本系统的主要技术特点:以 ABEI 作为标记物直接化学发光方法、以纳米磁性微珠作为抗体载体及抗原抗体复合物的分离工具,整个系统具有灵敏度高、分析速度快、操作全自动等特点,达到国外同类先进产品水平
54. 智能化净化预制手术室系统研发	包括:手术室医学工程标准研究;手术室标准化模块化预制结构研发;开发手术室专业医用净化空调研发;手术室数字化信息化网络化控制及维护系统研发
55. 神经信息技术	神经信息技术是研究神经系统信息的产生、传输、加工、编解码、提取机制的技术,是人类"认知脑"、"保护脑"、"创造脑"的基础研究,也为人工智能技术的发展提供了另一条途径。近年来,随着脑成像技术的发展,神经科学、认知科学和计算机科学开始了交叉整合,取得了许多研究成果。神经电子接口及智能机械已经为具有运动障碍的患者带来了希望,"动物行为控制技术"也展示出了重大的潜在应用价值。其中的关键技术包括了脑电信号处理、大脑活动特征提取、非线性动力学分析等
56. 重症监护室(ICU)信息系统中的数据分析技术	重症监护系统是数字化重症监护病房的核心系统,用于重症患者抢救治疗过程中患者监护信息的收集、管理与决策,也可以为临床护理提供服务,规范化、程序化地完成对危重症患者的各项急救护理等临床工作。在各种生命体征信息收集的基础上,如何对这些信息进行快速、准确、有效的处理,是后续决策的基础,直接影响重症监护的质量
57. 具有诱导组织再生生物功能的新型医用材料和植入器械	重点研究:生物材料及表面的分子组成和结构,特别是微纳米结构及微环境特征等,对诱导组织形成相关基因表达的激活和调控作用的规律和机理;材料与组织间特异性功能界面形成及相互作用的分子机制,及其对组织形成密切相关的蛋白的特异性识别、选择性吸附的分子动力学;材料与功能基因和生物信号分子的复合和装配、三维结构支架的组装对组织形成相关细胞信号传导通路的影响与调控;材料降解及代谢的分子调控及其对诱导组织形成的分子基础
58. 生物医用材料表面改性及表面改性植入器械	重点研究:材料表面微纳米结构的表征及其对体内特异性蛋白、生长因子及细胞黏附和迁移的作用,以及对特定组织细胞分化的基因调控;具有特定生物功能表面的设计理论基础,以及表面改性和涂层装配制备及其工程化技术。着重研发表面生物活化改性的人工骨、人工关节、植入性假肢等新一代矫形、整形外科等植入器械,以及新一代抗凝血和组织增生的表面改性和涂层的血管支架、人工血管、人工心瓣膜等植入器械

中国医疗器械科技创新与产业竞争力国际比较

关键技术	相关简介
59. 生物活性物质传递系统的载体材料及器械	重点研究:材料的分子结构、组成、表面微结构等材料学因素对其生物功能,特别是靶向行为的影响及其机理研究;具有良好生物相容性的、生物降解可调控的天然和合成高分子材料,特别是生理环境响应的智能型高分子及水凝胶的设计、制备和工程化技术研究;针对肿瘤、老年病、先天性基因缺陷及突发性传染病等难治愈重大疾病的高效、安全智能型载体材料及其生物活性物质靶向传递系统的研究;高效低毒的具有靶向功能的非病毒基因载体分子设计,基因转染的分子机理的研究,发展可临床应用的非病毒基因载体及其靶向基因传递系统。力争一批靶向型和智能型生物活性物质载体材料及其传递系统投入临床应用
60. 医学分子诊断及生物分离系统的材料及器械	重点研究:具有高灵敏度、组织和细胞的高靶向性和信号放大功能,特别是兼具治疗作用的 MRI 分子探针和用于重大疾病早期临床诊断的生物医用材料;用于感染性疾病、遗传性疾病和恶性肿瘤等疾病的临床早期诊断的高检测灵敏度、特异性生物识别的生物芯片;用于细胞、蛋白质、核酸、病毒、细菌等分离和纯化的具有高通量、特异性、不损伤目标物质等功能的生物分离系统的材料和技术
61. 纳米生物医用材料与器械及软纳米技术	重点研究:经有序组装构建的具有规整性、高度支化、三维结构的单分散性高分子纳米生物功能材料;具有仿生组成或结构的纳米复合生物材料;纳米生物材料的原位复合及自组装;表面改性及纳米表面/界面的装配及表征;纳米分子探针;纳米载体材料及生物活性物质传递系统;具有治疗功能(凋亡肿瘤细胞等)的纳米生物材料和植入器械,纳米抗菌材料,纳米材料与细胞、组织相互作用以及生物导向功能;纳米生物材料的生物相容性和安全性评价的科学基础
62. 介入医疗器械与材料(微创医疗器械与材料)	重点发展:具有良好组织相容性和血液相容性的心脑血管支架、栓塞材料等心脑血管系统的治疗器械与材料;良好抗凝血性、柔顺性、跟踪性、扭控性及抗折性等特性的输送导管和器械;先进的内镜;可注射组织再生材料以及微创手术器械等
63. 体外循环血液净化材料与人工器官及关键材料	重点发展:具有耐久性的植入性人工心瓣膜、抗凝血性优异的人工血管、新型膜式人工肺、植入式人工胰脏、生物型人工肝、左心辅助装置等
64. 组织工程化制品	重点发展:组织工程化骨、软骨、肌腱、肝、血管、神经、心瓣膜等支架材料和制品及其工程化技术,形成组织工程新兴产业,促进医疗技术的改革,培育新的产业增长点

第十四章

医疗器械共性技术和关键技术

基础研究、共性技术和关键技术是指整个医疗器械行业的支撑理论和技术。医疗器械行业具有多学科交叉、高度集成的特性,其支撑理论和技术实际上也是现代社会科技和工业发展的基础。我们将医疗器械行业的基础研究、共性技术和关键技术归纳为以下六个方面。

第一节　医用传感器技术

传感器技术是伴随微电子技术的发展而发展的。国家标准 GB7665-87 对传感器下的定义是:"能感受规定的被测量并按照一定的规律转换成可用信号的器件或装置,通常由敏感元件和转换元件组成"。传感器是一种检测装置,能感受到被测量的信息,并能将检测感受到的信息,按一定规律变换成为电信号或其他所需形式的信息输出,以满足信息的传输、处理、存储、显示、记录和控制等要求。它是实现自动检测和自动控制的首要环节,对于自动控制系统,传感器的作用相对于人的眼睛,其接收外来信息,作为整个系统动作判断的标准。

人体生理生化参数的无创/微创监测新技术新方法:研究各类人体生理和生化参数的无创或微创测量方法是 21 世纪创造和开发新型诊断仪器的主要源泉。采用光、电、声、化、热以及非电离辐射(如超声波、红外线等)等手段与方法提取和监测体内器官、组织的形态信息和功能信息仍然是目前无创测量的主要研究内容。具体涉及发展新技术新方法,开发新的生物传感器,扩大测量范围;对生理、生化参数的实时、连续、长期、自动测量;多功能参数的集成;建立简洁的高精度的间接测量模型,提高无创伤测量的可靠性;优化各种算法,提高在强干扰和噪声背景中检测微弱生命体信息的能力等。

新型分子探针与标记技术:开发和研制高灵敏、多功能、特异性的分子探针(如荧光蛋白、荧光素酶和纳米颗粒等),用于在体研究生物分子的功能和疾病的早期诊断。基于基因组学和蛋白质组学的研究成果,针对疾病特定的靶分子,设计和研制高度灵敏的特异性的分子探针;提高分子探针的运输效率,使其能顺利通过各种生物屏障,有效地到达靶向部位;开发生物信号放大系统,用于在体检测生物体内低浓度的生物分子;发展标记技术,提高在体检测的灵敏度,减少报告分子对生物分子本身的影响;研发多功能的分子探针和报告基因,能够同时用于 MRI、PET 和光学成像检测。

重大疾病早期诊断与疗效评价的生物传感关键技术:发展生物传感技术,获取生物体结构、功能和分子信息,实现疾病的早期诊断和疗效评价。例如,面向高内涵药物评价的高通量细胞和模式生物传感技术;人体腔道肿瘤早期诊断关键技术,包括内窥式高分辨光学相干层析成像、光纤共聚焦、反射多光谱成像;微循环多参数高分辨光学成像;扩散光学层析成像;多模式光学层析成像等。

第二节　医用微纳光机电及系统集成技术

20 世纪 60 年代发展起来的微电子技术和集成电路,使科技进入了一个全新的领域。随着硅微加工技术的产生,使得微机械技术成为可能,并由此诞生了微机电系统。随着光电器件的小型化,高灵敏度的光电检测技术被越来越多的应用到医疗仪器。进入 21 世纪,随着纳米材料的广泛应用,将微机械系统、微电子系统、微光学系统和纳米材料有机组合,构建成高度集成的微型化和智能化的医疗设备,是集成创新的重要体现,是产业领域发展的一场新的技术革命,也是医疗器械开发的必经之路。

医用微纳光机电技术及系统集成技术的应用使得医学仪器具有微型化、低功耗、可移动性、智能化和易操作等特点。在医用微光机电仪器中采用微光电子器件和光纤技术实现测量和作用;通过微机械系统实现微操作和微控制;采用微处理承担计算、测控管理和通讯功能,使得系统高度集约化和智能化。

目前医用微纳光机电技术的典型应用有:辅助内窥镜微创手术通过光纤成像实现病灶确定,通过微机械装置进行微小定位、姿态和深度控制,减轻患者痛苦,降低社会医疗成本;脑神经外科手术通过微机械装置的精确定位,可进行激光照射、切除和吻合等手术,避免损伤大血管和正常组织;此外,采用微光电技术在家庭和社区使用的近红外血氧监护仪和红外理疗仪,无约束运动生理的血氧检测仪都具备可移动性、便携性、智能和易操作;日本政府从 2002 年度起实施“纳米医疗器械开发计划”,开发毫米级的内窥镜等各种微型医疗器械,力争 5～10 年内达到实用化水平,具体开发项目有:直径 1 毫米的微型内窥镜等能够到达体内深处的微型医疗器械、能够观察蛋白质活动状态的超精细图像装置、能够高效地把药物送到病灶细胞的投药系统等。此外,纳米机器人、纳米药物存储器、纳米生物导弹、纳米细胞修复器、纳米监视器、纳米细胞清扫器等概念产品的研制成功,将会给医疗器械和医疗技术带来革命性的进展。

医用微纳光机电技术及系统集成技术是现代医学仪器发展的趋势之一,已成为当代高新技术研究开发的一个热点,它对发展医用无创和微创诊断和治疗、发展无约束及家庭监护和自我保健、提高外科手术质量、减少手术创伤、减轻患者痛苦、缩短康复周期、降低医疗社会成本都具有重要的价值,并且对推动我国信息、微电子、生物医药、机电一体化相关高技术及产业的发展有积极的推动作用,具有很大的社会效益和经济效益。

第三节　制　造　技　术

加工制造是产品从设计到实现的最后步骤。一个概念中的产品最终能否实现,取决于一个国家和地区的加工和制造能力。制造水平最终决定了产品的性能。制造业是国家经济和综合国力的基础,被称为“立国之本”。制造技术也是整个工业社会和信息社会实体经济的基石。本世纪科技发展的众多前沿跟制造业紧密相关,例如微电子技术的基础——芯片的制造、微机电技术的实现以及纳米技术的实现等。

医疗器械中多个方面体现了制造技术的重要性:各种精密手术器械的加工、植入式器械的最终密封措施、植入超细电针的加工等都需要尖端的制造技术作为支撑。智能医疗器械中的超大规模集成电路设计,离不开高水平的制造技术。

未来医疗器械的发展中,制造技术仍然是其基础。我国在先进制造技术方面同外国相比还有较大的差距,制造业的信息化、自动化水平不高,自主开发能力和技术创新能力弱,核心技术、关键技术依赖进口。这制约了我国整体科技水平的提高,也制约了医疗器械的发展,使得很多产品只能停留在概念阶段。

第四节 数字信号处理技术

随着计算机技术和信息技术的飞速发展,数字信号处理技术应运而生并迅速发展,现在已成为一门独立的科学体系,并成为多个学科和技术的基础。数字信号处理技术是指利用计算机或专用处理设备,以数值计算的方法对信号进行采集、变换、综合、估值与识别等加工处理,以达到提取信息和便于应用的目的。

几乎所有的工程技术问题都要涉及信号问题,例如无线通信技术、数字电视技术、语音处理技术等。医疗器械的研制中也将涉及大量的数字信号处理问题:心电、脑电等信号的提取属于典型的信号处理问题;超声成像、CT/MRI 成像等成像技术的核心部分都是数字信号处理技术。数字信号处理在生物医学中的应用已单独发展成生物医学信号处理学科。

数字信号处理技术属于算法领域的软科学研究,在我国整体工业基础较为落后的情况下,各种制造技术很难在短期内超越西方发达国家,而在数字信号处理技术、软件技术等方面却有可能在短期内超越西方发达国家。

第五节 软 件 技 术

在信息技术高速发展的今天,硬件技术以摩尔定律高速发展。在硬件技术的支持下,软件技术的重要性越来越凸现出来,并且已构成信息社会的重要组成部分:互联网技术、操作系统、JAVA 技术、数据库技术等等。软件技术在信息社会的重要性随处可见,并已成为多种技术的基础、多种设备的基本配置:掌上电脑中的嵌入式操作系统、智能手机中的操作系统和各种软件、火星车上管理多任务的嵌入式操作系统等。可以说,没有软件技术的发展,就不可能有信息社会的发展。

软件技术也是部分医疗器械技术的基础技术和重要组成部分:软件技术是医疗信息管理系统的基础技术;软件技术是家庭医疗、网络化医疗系统的关键支持技术;软件技术为很多医疗器械提供简易、友好的人机操作界面,例如各种 B 超设备都配有 PC 机操作系统实现人机接口;软件技术也为部分医疗器械管理多任务系统,例如高能超声聚焦治疗系统需要操作系统来协调超声波的聚焦、聚焦点温度的测量、人机接口的实现等任务。

第六节 医疗信息技术

信息技术是获取、传递、处理和利用信息所采用的信息识别、提取、检测、通信、编码、压缩、加密、控制、显示等所有技术的总称。自计算机技术产生以来,信息技术便有了突飞猛进的进步。它的应用已经渗透到社会的各行各业、各个角落,极大地提高了社会生产力水平,为人们的工作、学习和生活带来了前所未有的便利和实惠。

21 世纪的医疗卫生服务以个性化为特征,强调疾病预防和健康维护,要求各级医疗资源协同工作。在新的历史发展阶段,发展医疗信息技术、建设数字化医疗是满足医疗设备间、医疗信息系统间和医疗卫生机构间协同工作和病人持续治疗的需要,是应对现代医疗信息爆炸所带来冲击的有效手段,是提高医疗安全、控制医疗成本的技术保障,是实现循证医学的基础。

信息技术是医疗器械产品向着数字化、网络化、智能化、融合化方向发展的基础技术,将成为医疗器械产业新的增长点以及医疗器械供应商的核心竞争力。由于技术含量高、利润高且市场需求不断增加,医疗信息技术已成为各科技大国、大型跨国公司相互竞争的制高点,其发展水平实际上也已成为一个国家综合技术实力与水平的重要标志。以数字化医疗仪器、医疗信息系统、医疗知识库和临床决策支持系统为代表的医疗信息技术已经成为现代化医疗卫生服务不可或缺的支撑技术。

我国在医疗信息技术领域的研发已经有二十余年,从研究到产业都初具规模,刚刚进入快速成长阶段。虽然在基础建设上相对落后,但同世界先进水平之间的差距并不大,重点扶持和发展将有力地促进我国医疗器械产业在新一轮的国际竞争中取得有利位置。

第三篇 产 业 篇

医疗器械产业的整体发展既是国家战略的重要构成,同时也是国家竞争力的体现。医疗器械产业规模尽管占 GDP 的比例较小,但却是国家发展不可或缺的产业。健康是民族的未来,中国医疗器械产业承载着 13 亿人民的健康安全保障的使命,该产业不能完全受制他人。许多发达国家也都将医疗器械纳入国家战略发展中。

一、医疗器械在国家发展中的战略地位

1. 对本国基层医疗的发展具有重要的战略保障地位　中国基层医疗的发展要从根上依赖于自身医疗器械产业的发展,只有本地化的创新、设计、生产、技术支持才能真正保证基层医疗,包括乡村医疗、社区医疗的发展。

2. 是本国应急反应的主力军　历史证明,无论是重大疫情的控制还是天灾人祸,真正发挥重大作用的还是本国的医疗器械产业,也只有本国企业有可能在短时间完成生产到位、安装到位、技术支持到位的任务。

3. 在临床医学发展中的作用越来越显著　现代临床医学的发展对医疗器械的依赖越来越强,在每一次医学进步的背后都有医疗器械的巨大贡献,近年来直接由医疗器械引发的医学重大进步举不胜举,从根本上讲医学的进步需要医疗器械的发展。

4. 具有极大的出口市场　医疗器械的特殊性,使其进入的门槛较高,一些国家不得不放弃一些产品领域,即使是一些发达国家其产品的覆盖也不完全。从全球的统计也可看出,医疗器械的全球贸易量逐年上升,对中国的医疗器械出口是一个巨大的商机。尤其在发展中国家,中国的产品具有较强的竞争性。从另一个侧面看,正是出口交易使中国产品的设计与生产质量得到巨大的提升。

5. 医疗器械行业已成为最赢利的行业之一　医疗器械在第二次世界大战后持续、高速发展,平均以 GDP 两倍的速度发展。这不仅源于政府的重视,同时也源于巨大的需求。更为重要的是医疗器械中汇聚了先进的科技成分,使之成为最为赢利的行业,其平均利润率远高于一般性的高技术领域。

6. 在创新型国家扮演重要角色　医疗器械对新技术有着超强的敏感和渴求,这反过来也促进高新技术的发展。回顾历史,可以看到许多先进技术首先发源于医疗器械领域,进而在其他领域得到广泛的应用。

7. 在知识经济发展过程中医疗器械对知识的标准化、信息管理、知识管理等具有重要的促进作用　在从工业科技向现代科技转化的过程中,医疗器械对信息、软件、知识的标准化有着更为严格的要求,这些要求促进了信息、软件以及对知识的管理,这些将为其他行业提供宝贵的借鉴,极大地促进其他行业的知识生产与标准化。

8. 对基础工业的质量要求反过来促进了基础工业的发展　医疗器械对以可靠性为核心的质量有着苛刻的要求,这对基础加工业是一个十分有益的促进,将使其他行业间接受益。

9. 有些医疗器械产品存在最佳的发展窗口期　在有些医疗器械产品领域中,错过其最佳的发展时机将导致超越的成本巨大,甚至永久性地丧失机会,比如在心脏起搏器方面,中国在这一产品领域中所拥有的核心技术与国外相距越来越大。

总之,从国家医疗卫生体系安全战略考虑,医疗器械发展是对国家医疗体系支撑的基本保障;从技术发展考虑,医疗器械是多学科、多专业领域、现代新技术的聚集点,其技术水平代表着一个国家科技发展的水平。我国医疗器械刚刚起步,产业还较幼小,但医疗器械能起步说明我国已有一定技术基础。核心技术是花多大代价也换不来的。国家的支持是医疗器械产业发展的前提和基础。我国医疗器械已起步,一定要保住医疗器械在改革开放30多年所取得的成果,不能再被发达国家甩在后面,不能让国内医疗器械市场受制于人。

相对于发达国家,中国医疗器械产业仍然有较大的差距,见表1。

表1　2005年中国与世界各国医疗器械产业及经济指标对比

项目	美国	欧盟	日本	中国	韩国	印度
企业数量(个)	8000	10 000	750	12 500	1788	
从业人员(万人)	30.88	38.84	8.18	50		
总产值(亿美元)	920.1	381.25	142.77	71.45	17.04	14～15(销售收入)
占世界总额比例(%)	48.42	20.07	7.51	3.76	0.9	
人均产出(万美元)	29.79	9.81	17.35	3.25	5.8	
占本国GDP(%)	0.73	0.36	0.31	0.27		
总产值增长率(%)	11.91	20.43	0.67	29.89	15	12～16
进口额(亿美元)	237.00	214.67	74.2	36.31	15.09	
出口额(亿美元)	255.01	254.61	24.9	53.44	6.99	约3

注:日本人均产出数为2004年;印度数据为2007年测算数

与国外医疗器械产业之间的巨大差距,以及日益增长的医疗需求对我国医疗器械产业的发展提出了更高的要求。

二、我国医疗器械产业发展任重道远

1. 我国医疗器械产业虽然产业规模有限,还不能真正满足大众的医疗需求,但发展势头良好　在世界范围内,医疗器械产业增长始终以GDP两倍的速度高速增长,我国医疗器械产业发展每年更以每年25%的速度增长,产业净利润率普遍超过15%。尽管在中高端医疗器械产品市场上国产医疗器械只占很小比例,但医疗器械发展的势头良好,多年来一直持续高速增长。

2. 我国医疗器械产业已经在国家医疗事业发展中扮演重要角色,并将继续发挥不可替代的巨大作用　在基层医疗建设中,国产医疗器械成为事实上的主角,在新医改过程中,医疗器械毫无疑问将扮演更加重要的角色,为大众带来益处。

3. 我国医疗器械产业已实现贸易顺差,产品出口前景良好　2007年我国医疗器械首次实现对外贸易顺差,磁共振成像系统、B超等大型医疗设备出口多个国家,成为我国高科技领域中异军突起的新生力量。随着我国基础工业和科技的发展,我国丰富的智力资源、临床资源将有望得到充分的发挥,医疗器械产品有望在海外市场展现更佳的潜质。

4. 我国医疗器械产业发展环境正在改善,产业升级正在酝酿之中 随着我国医疗器械政策环境、金融环境的改善,中小企业的能量将逐渐释放,这将大大地促进整个产业的专业化和社会化,产业将向着结构更合理、系统性更强的方向发展。

5. 我国医疗器械产业的发展正处于从企业竞争向产业整体竞争的过渡,基于社会化的产业链正在建设与完善之中 医疗器械产业的竞争能力越来越体现于产业的体系结构。随着医疗器械产业的结构调整和体系建设,生产性服务业将有望在医疗器械领域内首先得到发展。新产品从创意走向市场将借助于社会化的专业分工。更为重要的是产业对复杂医疗设备的开发能力将实现实质性的突破,产业链、配套生产能力将大大改观。

6. 我国医疗器械产业发展过程中政府的作用日显重要 知识经济下的产学研结合、创新体系的系统化建设、产业结构调整、配套能力的打造,这些都需要以政府为主体进行战略性的统筹。在世界医疗器械竞争格局中,政府以政策及资金支持为手段的宏观战略举措已成为产业竞争能力建设的重要因素。

中国医疗业的发展正在进入一个新的阶段,产业的竞争能力不仅表现在产品竞争能力上,而是越来越多地表现于企业和产业的体系化竞争能力。在实现这一飞跃的过程中,比较其他国家的发展过程、借鉴其他国家的经验将有助于厘清我国医疗器械产业发展中政府、行业、企业、医疗、院校的作用,从而使整个产业高效发展。

第十五章

医疗器械产业格局

近30年来,世界医疗器械产业格局没有太大变化,一直是被发达国家所垄断,发达国家医疗器械产业发展代表着世界水平;30年来的变化是,随着人类对健康的高度关注,尤其是近年来新技术不断出现和向医疗器械产业快速渗透,医疗器械产业始终以两倍于GDP的增速发展。如今,世界医疗器械产业成为全球经济中发展最快、贸易往来最活跃、人均产值与行业利润率都居前列的产业之一。

第一节 世界医疗器械产业概况

一、世界医疗器械产业规模高速增长

世界医疗器械产业生产、消费市场主要集中在美国、欧盟和日本等经济发达的国家和地区,其市场销售份额占世界市场总额的80%以上。表15-1为美国、欧盟、日本医疗器械产业的贸易规模、企业数量、研发投入及人均产出等相关信息。

表 15-1 美国、欧盟和日本医疗器械产业综合信息表

	项目内容	美国	欧盟	日本
综合信息	产品	医疗器械所有产品	医疗器械所有产品	医疗器械产品
	占全球销售收入(%)(估计)	41(%)	30(%)	13(%)
	产业企业	6000～7000 个,大中小企业	8500～10 000 个,多数小中型企业	750 个,大企业和小企业
	贸易额(亿美元)	180亿美元(2005年)	450亿美元(2005年)	贸易逆差－49亿美元(2004年)
支持因素	创新、开发研究和所有	高开发支出,创新多,投入占收入(10%～13%)	低研发支出,创新少,投入占收入6%	低研发投入创新少,投入占收入6%
	风险投资	广泛的风险投资	有限的风险投资	有限的风险投资
	产业结构与联合	近期合并活动活跃,已在产业中统一	近期在全球相关产业合并,但相对欧盟内部合并水平低	合并水平低
	全球市场分配网	直接分配系统	直接分配系统	复杂分配系统
	劳动生产力	高劳动力,高生产效率(2005年人均297 938美元)	高劳动力,相对低生产率效率(2005年人均98 149美元)	好的技术工人,中等生产效率(2004年人均173 460美元)
	标准和规则	透明规则系统	透明、有效规则	复杂政府规则约束市场增长

	项目内容	美国	欧盟	日本
需求因素	医疗保健支出	巨大增长,卫生保健支出占 GDP 的 15%	支出占 GDP 的 7%～8%	占 GDP 的 8%
	费用政策方针	政府和私人保险支出	政府保险支出	政府和私人保险支出
	人口统计	2.984 亿,12% 老龄人口,2005 年达到 18%	4.57 亿,17% 老龄人口,2005 年达到 23%	1.27 亿人口,20% 老龄人口,2005 达到 30%

表 15-1 中,美国、欧盟和日本医疗器械占世界市场销售收入的 80% 以上。

医疗器械产业在世界总的工业中所占比例较小,世界上医疗器械总值占 GDP 比值不到 1%,基本保持在 0.4% 左右,其中 2006 年有所增加。表 15-2 为 2003—2006 年世界医疗器械总值占全球 GDP 总值的比例。

表 15-2　世界医疗器械总值占全球 GDP 总值的比例　　　　(单位:亿美元)

指　标	2003 年	2004 年	2005 年	2006 年
国内生产总值	369 599	415 518	447 954	482 499
医疗器械总值	1650	1800	1900	2401
医疗器械占 GDP 比例(%)	0.40	0.40	0.42	0.50

数据来源:国家统计局、美国商贸部

注:为了统一统计口径,此处的医疗器械总值采用了国外统计数据,这些数据与中国医疗器械行业协会的《2007 年中国医疗器械行业年鉴》统计的数据略有出入

表 15-3 为世界主要国家医疗器械总值。

表 15-3　世界主要国家医疗器械总产值　　　　(单位:亿美元)

国家	2001 年 产值	2002 年 产值	2003 年 产值	2004 年 产值	2005 年 产值	2005 年与 2004 年比年增长率%
美国	765.89	738.36	776.45	822.11	920.01	11.91
欧盟	204.51	240.50	273.23	316.57	381.25	20.43
日本	124.82	119.91	129.00	141.82	142.77	0.67
中国	—	—	—	55.02	71.45	29.86
合计	1095.22	1098.77	1178.68	1335.52	1515.48	13.47

数据来源:国家统计局、国外报告、2007 中国医疗器械行业年鉴

以 2005 年数据为例,分析各国医疗器械总值占本国或本地区 GDP 的比例。2005 年美国医疗器械占本国 GDP 比例为 0.73%,欧盟地区为 0.36%,日本为 0.31%,中国为 0.27%。这表明医疗器械产业在各国的 GDP 中所占比例不高,但却是国家经济卫生事业发展不可或缺的产业,受到各国政府的高度重视。

尽管医疗器械总值在 GDP 中所占比例较低,但增长速度却很快。表 16-3 中 2005 年各国医疗器械总值与同期比增长率,美国为 11.91%,欧盟为 20.43%,中国为 29.86%,日本

中国医疗器械科技创新与产业竞争力国际比较

2006年（总值 152.47）比 2005 年同期增长 6.89％。世界主要国家合计总增长率为 13.47％。

二、世界医疗器械产业人均年产出高

从世界主要国家医疗器械产业从业人员规模及年人均产出情况出发,分析世界医疗器械产业规模和发展速度。表 15-4 为美国、欧盟、日本、中国医疗器械产业就业人数及年人均产出。

表 15-4　世界主要国家医疗器械产业从业人员及人均产值　（单位:万人、万美元）

年份	美国		欧盟		日本		中国	
	雇员	人均产出	雇员	人均产出	雇员	人均产出	雇员	人均产出
2001	32.58	23.51	34.10	6.00	7.72	16.17	—	—
2002	32.49	22.72	34.88	6.90	8.04	14.92	—	—
2003	31.21	24.87	35.85	7.62	10.05	12.83	—	—
2004	30.21	27.21	37.58	8.42	8.18	17.35	56	2.27
2005	30.88	29.79	38.84	9.81	—	—	50	3.25
年均值	31.47	25.82	36.25	7.75	8.50	15.32	53	2.76

如表 15-4 所示,美国医疗器械产业人均产出最高,达到 25.82 万美元。其次是日本为 15.32 万美元。中国虽然仅有两年数据,医疗器械产业从业人员平均人数最高,但产出则与发达国家的差距很大。中国医疗器械年人均产出为 2.76 万美元,是美国的人均产出的 11.69％。总体比较,美国医疗器械劳动生产创造的价值最高。表 15-5 为美国、欧盟及日本医疗器械人均产出与人均国民收入的比较。

表 15-5　美国、欧盟及日本医疗器械年人均产出与人均国民收入的比较　（单位:美元）

国家	2003 年		2004 年		2005 年		2006 年	
	人均国民收入	医疗器械人均产出	人均国民收入	医疗器械人均产出	人均国民收入	医疗器械人均产出	人均国民收入	医疗器械人均产出
美国	37 570	248 743	41 060	272 161	43 560	297 936	44 970	—
欧盟	21 497	76 220	26 232	84 233	30 311	98 149	32 596	—
日本	33 430	128 326	36 540	173 460	38 950		38 410	
中国	1270		1500	22 678	1740	31 375	2010	46 165

数据来源:国家统计局、2007 中国医疗器械行业年鉴

由表 15-5 所示,2005 年美国的医疗器械产业的年人均产出是人均国民收入的 6.84 倍;欧盟地区为 3.24 倍;日本(2004 年)为 4.75 倍,中国(2006 年)为 22.97 倍。世界各国医疗器械产业的年人均产出比人均国民收入高出数倍。

另外,各国医疗器械的企业平均收入也高于一般行业,2005 年美国、欧盟医疗器械企业平均收入分别为 1150 万美元、3810 万美元;日本 2005 年为 1904 万美元,2006 年为 2033 万美元,中国 2006 年为 58.02 万美元(470 万人民币)。

三、世界医疗器械产业进出口贸易增幅大

医疗器械产业进出口近年来出现贸易快速增长势头,主要是经济、技术发展和人们对健康需求提高而导致市场需求增加,尤其是发展中国家,市场需求呈现快速增长态势。此外,医疗器械在国际市场上贸易额也呈快速增长势头,表15-6为2002—2006年世界医疗器械进出口及与世界商品总进出口对比情况。

表 15-6   世界医疗器械进出口贸易额   (单位:亿美元)

世界	2002 年	2003 年	2004 年	2005 年	2006 年
进口额	329.49	393.47	473.42	546.20	599.94
出口额	321.87	395.17	461.10	527.78	562.45
合计	651.36	788.64	934.52	1073.98	1162.39
占世界进出口总额 比例(%)	0.5	0.52	0.50	0.51	0.48

数据来源:联合国统计

注:由于贸易统计口径不一样,此处的数据与美国商贸部的统计数据有出入

2002—2006年以来,世界医疗器械进出口总额占世界商品进出口额基本保持在0.5%水平。

综合而言,世界医疗器械产业与其他工业产业比相对较小,其总产值及贸易总额占世界商品总产值和贸易总额不到1%,但总产值增长速度快,2005年平均增长率达到13.47%。而且各国医疗器械产业的年人均产出高,是人均国民收入的数倍。另外,医疗器械产业是一个高度集中的产业,其生产主要集中在美国、欧盟及日本等经济发达的国家和地区,产业的发展水平与国家的综合国力呈正相关性。

四、各国和地区医疗器械产业综合指标比较

表15-7为2006年各国医疗器械产业占本国或本地区GDP的比例,表15-8为2005年医疗器械公司收入排名情况。

表 15-7   各国医疗器械产业占本国或本地区 GDP 的比例

国家	医疗器械总产值 (亿美元)	占 GDP 比重 (亿美元)	占世界医疗器械 比重(%)	行业地位	综合竞争力	强势领域
美国	850	0.68%(124 551)	41%	1	很强	数字影像、心血管、齿科设备、电子医疗、去纤除颤器、外科手术器械、监护仪
欧盟	591.89	0.60%(98 130)	29%	2	强	电子医疗、影像设备、康复、外科手术器械、监护
日本	265.41	0.59%(45 059)	13%	3	强	电子医疗、护理、眼科设备
中国	70.23	0.32%(22 289)	3.43%		弱	按摩器、心电监护、外科手术器械、卫生材料

资料来源:2007中国医疗器械行业年鉴、国家统计局

表 15-8　2005 年医疗器械公司收入排名情况

序号	公司名称	销售收入(亿美元)	主要产品
1	美国强生医疗 Johnson and Johnson	177	外科、心脏、支架
2	美国 GE 医疗 GE Healthcare	121	诊断影像
3	美国美敦力 Medtronic	101	心脏、脊柱、支架
4	美国百特医疗 Baxter International	98	透析、药物输送
5	美国泰科 Tyco Healthcare	95	外科手术、泵
6	德国西门子医疗 Siemens Medical Solutions	92	诊断影像、核素药物
7	荷兰飞利浦医疗 Philips Medical Systems	75	诊断影像、除颤器
8	美国波士顿科学 Boston Scientific	63	支架、输注产品
9	美国史赛克 Stryker	49	骨科、牙科、外科
10	美国卡地纳健康集团 Cardinal Health	41	IV、药物治疗产品
11	德国贝朗 B. Braun	39	导丝、呼吸、注射泵
12	美国概腾公司 Guidant Corp.	36	支架、除颤器
13	美国 3M 公司 3M Healthcare	35	胶贴产品、呼吸
14	美国齐默控股公司 Zimmer Holdings	33	骨科、外科
15	美国碧迪公司 Becton,Dickinson&Co.	30	外科、监护、胰岛素
16	美国圣犹达医疗 St. Jude Medical	29	心脏控制产品
17	美国柯达医疗 Kodak Health Group	27	诊断影像
18	美国赫士睿 Hospira	26	输注、监护、肿瘤
19	德国费圣尤思 Fresenius	25	透析产品
20	英国施乐辉 Smith&Nephew	24	创伤治疗、内窥镜
21	美国辛迪斯 Synthes	21	骨科产品
22	瑞典爱尔康 Alcon	20	眼科产品
23	美国生迈 Biomet	19	骨科产品
24	美国巴德 C. R. Bard	18	心血管、泌尿、肿瘤
25	日本泰尔茂 Terumo	18	心血管、医用电子
26	美国登士柏 Dentsply International	17	口腔、X 线、照相
27	美国英维康 Invacare	15	呼吸、椅子
28	瑞典金宝集团 Gambro	14	透析
29	德国德尔格医疗 Drueger Medical	13	生命维护(支持)系统
30	美国瓦里安 Varian Medical	12	加速器、影像
	合计	1383	—

资料来源:各上市公司报告

表 15-9　2007 年世界医疗器械销售排名前 25 位企业

Company/(Ticker Symbol)	Country of Origin	2007 Revenues ($ billions)	2006 Revenues ($ billions)	% Change
1. Johnson & Johnson(JNJ)	U. S.	$ 21. 7	$ 20. 3	+7
2. GE Healthcare(GE)	U. S.	$ 17. 0	$ 16. 6	+3
3. Siemens Medical Solutions(SI)	Germany	$ 14. 4	$ 11. 6	+24
4. Medtronic(MDT)	U. S.	$ 12. 9	$ 12. 1	+7
5. Baxter International(BAX)	U. S.	$ 11. 3	$ 10. 4	+9

Company/(Ticker Symbol)	Country of Origin	2007 Revenues ($ billions)	2006 Revenues ($ billions)	% Change
6. Covidien(COV) *	U. S.	$10.0	$9.5	+6
7. Philips Medical Systems(PHG)	Netherlands	$8.9	$8.9	—
8. Boston Scientific(BSX)	U. S.	$8.4	$7.8	+7
9. Roche(ROG. VX)	Switzerland	$8.0	$7.2	+11
10. Becton Dickinson(BDX)	U. S.	$6.5	$5.8	+12
11. Abbott Labs(ABT)	U. S.	$6.3	$5.2	+21
12. Stryker(SYK)	U. S.	$6.0	$5.1	+17
13. Cardinal Health(CAH)	U. S.	$5.0	$4.2	+19
14. Olympus(TSE:7733)	Japan	$4.2	$3.8	+11
15. 3M Healthcare(MMM)	U. S.	$4.0	$3.8	<1%>
16. Zimmer Holdings(ZMH)	U. S.	$3.9	$3.5	+12
17. St. Jude Medical(STJ)	U. S.	$3.8	$3.3	+14
18. Smith & Nephew(SNN)	U. K.	$3.4	$2.8	+14
19. Beckman Coulter(BEC)	U. S.	$2.8	$2.5	+9
20. Synthes(SYVE:VX)	Switzerland	$2.8	$2.4	+15
21. Terumo Medical(TSE:4543)	Japan	$2.6	$2.3	+12
22. Fresenius Medical Care(FMS)	Germany	$2.5	$2.1	+18
23. Alcon(ACL)	U. S.	$2.5	$2.2	+14
24. Carestream Health(OCX)	Canada	$2.5	$2.5	—
25. C. R. Bard(BCR)	U. S.	$2.2	$2.0	+11
TOTAL.		$173.5	$158.1	+10

Source: MX: *Business Strategies for Medical Technology Executives*, May/June 2008 edition

表15-8 中所列企业,美国企业有 21 家,占前 30 位企业总数的 70%,德国企业 4 家,占企业总数的 13.3%;日本企业 1 家,荷兰、英国各占 1 家,瑞典 2 家;没有中国企业。表 15-9 中所列企业中,美国企业为 15 家,占前 25 位企业的 60%;美国企业多生产外科手术、心血管支架及影像诊断等产品,主要集中于尖端产品和技术含量较高的产品,从另一个侧面看经济发达的美国对这些产品的需求较大。欧盟几家大公司主要生产影像设备、透析、监护系统、眼科等产品。

通过表 15-7、表 15-8、表 15-9 所列数据看,无论是生产规模还是研发投入,世界医疗器械产业主要由美国、欧盟和日本等国家占导。近年来医疗器械产业的集中度越来越高,公司合并已成为世界医疗器械产业发展的一个趋势,尤其在美国这种趋势在未来医疗器械市场上还在不断延续。中国医疗器械产业对世界的产业格局影响度较低,但近年来,中国医疗器械市场普遍受到重视,不少企业将医疗器械的生产、加工基地移往中国。

五、市场高速发展,发达国家成其主导

世界医疗器械市场规模仍在不断拓展,据统计,2002 年世界医疗器械市场总额为 1650 亿美元;2006 年全球医疗器械产品市场已达 2041.6 亿美元,仍保持 7% 以上的年增长率,5

年中平均每年增加 78.32 亿美元。据不完全统计,2008 年约达到 2200 亿美元。另外,在医疗器械领域中,高技术的生物医用材料及其终端产品增长速度会随技术渗透加快还会更快。

市场主要分布在发达国家和地区,美国是世界上第一大医疗器械产品消费国,其次是日本。中国近年医疗器械产业快速发展和医疗卫生事业发展,也已成为世界医疗器械的大市场之一。图 15-1 为世界医疗器械市场分布,图 15-2 为世界主要国家和地区人均医疗器械分配额。

世界主要国家和地区销售收入分布

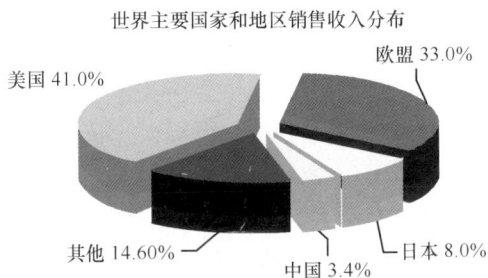

图 15-1 世界医疗器械市场分布饼图

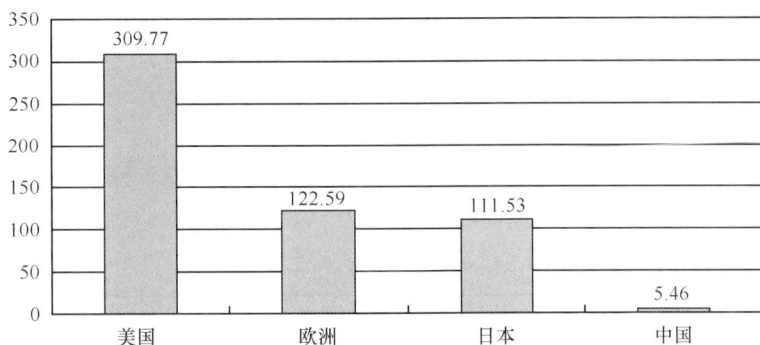

图 15-2 2005 年世界各国人均医疗器械分配额

由图 15-1 和图 15-2 所示,医疗器械市场主要集中在美国、欧盟、日本等国家和地区,这些发达国家医疗器械销售收入占世界总额达到 80％以上,而中国仅占 3.4％(2006 年)。发达国家人均医疗器械分配额在 100 美元以上,美国达到 300 多美元,韩国为 58 美元,而中国则为 5.46 美元。从各国人均医疗器械分配额的差距看,医疗器械人均分配额高的国家的医疗器械市场需求与消费明显高于分配额低的国家。

六、产业集中度高

产业集中度也是反映一个国家或地区高新技术产业发展程度的指标。

医疗器械产业是多学科交叉、知识密集、资金密集的高技术产业,从数量上看,无论美国、欧盟、日本、韩国及中国,上规模生产企业数量不多,中小企业数量占多数,大公司数量只占少数。从企业销售份额看,占企业总数近90％的中小企业,仅占市场销售总额的20％;而不到10％的跨国公司,占市场销售总额的80％。另外,世界上大的跨国公司主要集中在发达国家与地区。表 15-8 所列 2005 年世界医疗器械销售收入排前 30 位企业的数据分析结果,也说明这一点。

据有关统计,从 2005 年至 2007 年排名前 30 位的大公司主要集中在美国、欧盟及日本; 2007 年销售排名前 10 位的企业中,美国有 7 家; 2006 年排名前 10 位的企业中美国占 8 家,其次是欧盟和日本。

中国 2006 年按收入排名前 10 位的企业中,大都是外资或合资公司,国内公司仅有 2 家,即为深圳迈瑞和山东威高公司。

由近三年世界医疗器械排名前 30 位或前 10 位企业销售收入占总收入比例分析,也证明了世界医疗器械产业的高度集中。2005 年销售收入为前 30 位企业的总收入为 1383 亿美元,占世界医疗器械总收入的 72%,2006 年世界医疗器械企业销售排名前 10 企业的收入总额占世界医疗器械总收入的 50.91%,2007 年世界医疗仪器企业排名前 10 位企业的总收入占世界医疗器械总收入的 62.28%。2006 年销售收入排名前 25 位企业的总收入为 1581 亿美元,占世界医疗器械总收入的 82.45%,2007 年销售收入排名前 25 位企业的收入总额为 1735 亿美元,占世界医疗器械总收入的 83.74%。

中国医疗器械企业销售收入排名前 10 位的收入总额,占中国医疗器械总收入 2005 年为 17.7%,2006 年为 16%。因此,中国医疗器械无论从收入还是从企业分布情况看,与世界主要发达国家和地区医疗器械产业相比,产业集中度仍还很低。

七、发达国家业已形成良好的医疗器械产业发展环境

世界发达国家大多把发展医疗器械产业作为新的经济增长点,积极为医疗器械产业发展创造良好的政策、金融、服务环境,各国建立起相应医疗器械专业科技园、创新中心等,并出台相应的鼓励政策,将创业企业、研究机构和风险投资公司等围绕大学、研究机构、临床医院或具有世界知名品牌的跨国公司聚集起来,形成产业群,以提高医疗器械系统化的创新能力,促进产业的发展。

如美国硅谷的科技园、128 公路科技园、北卡罗来纳研究三角园、明尼阿波利斯的医学设备产业群、克利夫兰医学(Cleveland Clinic)中心等;德国巴州埃尔兰根(世界医疗仪器制造中心)的革新中心和创业科技园、图林根州医用光学等;日本则以研究联合体为主导建立尖端医疗开发特区等。这些都是各国促进医疗器械发展所采取措施和方法,这些措施的实施结果,将形成本国医疗器械产业创新发展的动力源。

医疗器械产业的发展受到国家工业基础、高新技术产业发展的深刻影响。在发达国家,如美国、德国、日本综合工业基础最强,具有覆盖各个产业的配套能力,能够不依靠其他国家帮助,在一个国家内部提供生产绝大多数医疗器械所需要全部资源。比较而言,日本的基础研究能力相对较弱,而美国、德国则较强,在尖端产品方面,美国和德国的医疗器械技术水平也高于日本。

国外医疗器械产业发展,良好的政策环境、金融环境和强大的中介服务与生产性服务业的发展也是促进其快速发展的重要因素;尤其是政府支持和政策引导,主要通过中介服务机构和生产服务业来实施。

总之,医疗器械产业健康地发展需要有良好的创新环境和高水平的配套产业基础条件,二者缺一不可。

第二节　中国医疗器械产业概况

中国医疗器械产业随着我国经济和科学技术的发展而得到快速发展,尤其近 10 年,中国医疗器械产业产值平均每年以 20% 以上的速度增长,利润率平均为 10% 以上。销售收入占世界市场份额,从 2%(2003 年)提高到 3.4%(2006 年)。市场需求不断增加,容量也快速扩大,对外贸易额逐年提高,在高端产品的一些关键部件技术领域有所突破。近年来,企业数量快速增加,产业规模不断扩大,产业自然形成了长江三角、环渤海湾和珠江三角地区三个区域的产业聚集群。但总体而言,中国的规模企业少,产业集中度低,产业从业人员集中在低端产品领域,创新和风险投资对接很少,产业的政策、金融、服务环境还不完善,创新体系尚不完备,企业的实力也十分有限。

一、企业数量大,分散

中国医疗器械产业近年来发展速度很快,产业规模快速扩大,从 2003—2007 年间的医疗器械总产值从 227.12 亿元增加到 592.66 亿元,提高了近两倍。已批准注册企业数量从 2003—2007 年的 9009 家增加到 12591 家,2007 年比 2003 年增长 39.76%。大幅增加的企业数量中,上规模企业很少,主要是中小企业,并且主要集中在经济发达的长三角、珠三角及环渤海湾地区。医疗器械产业从业人员数量近年来呈下降趋势,从 2004 年的 56 万人下降到 2006 的 44 万人。产业较分散,2005—2006 年销售收入排名前 10 位企业的收入,占全国总收入分别为 15.7% 和 16%。2006 年中小企业产值总数占全国总产值 90% 以上,这说明医疗器械产业较为分散,集中度低。

二、国内市场规模不断扩大,贸易活跃

中国医疗器械产业市场规模不断扩大,2003—2007 年(注:2007 中国医药统计年报)实现销售总额为从 194.5 亿元增加到 559.13 亿元,增加近两倍,利润额从 16.4 亿元增加到 59.64 亿元,增加近 3 倍。市场需求空间也由于经济发展、政策引导和技术发及临床模式转变而也不断扩大,市场的扩大促进国内企业之间贸易量增加,而且贸易更加活跃。

三、人均产出与利润率高,研发和产品注册上市周期长

医疗器械人均产出较高,2006 年人均产出为 4.62 万美元,远高于 GDP 人均产出。2007 年销售与利润同期比增长率分别为 23.16% 和 39.02%。另外,初步的统计表明医疗器械企业的寿命略长于一般性企业,医疗器械企业平均寿命为 3~5 年,而一般性企业为 1~3 年。

医疗器械产品研发和上市注册周期长。国内新产品研发周期一般在 3~5 年,有的更长,三类产品注册周期平均需要 1 年以上时间。

四、研发弱,缺少专业人才及系统管理

目前,中国医疗器械的研发还没有形成体系,在复杂、尖端、跨学科的产品研发方面缺少系统性的社会化研发体系支持,研发资源分散,投入不足,研发水平不高。

中国医疗器械领域研发投入主要以政府财政支持为主。大企业用于新产品研发与产品技术升级换代投入仅占企业总销售收入的 2%~3% 左右,极个别企业研发投入达到销售收入的 10%,如深圳迈瑞公司。美国医疗器械研发投入平均为 10%~12%,德国平均为10%,日本平均为 6%~7%。

另外,中国医疗器械产业创新领域中,风险资金进入少,专业人才缺乏,尤其是综合性工程技术人员更少,人才缺乏也是医疗器械创新产品少的原因之一。

五、政策环境好转,监管力度加大,竞争更加激烈

目前医疗器械产业发展总体环境可概况为:近几年国家对产业扶持力度逐年加大,相关配套产业技术水平不断提高;行业监管力度加大,质量保证与标准要求提高;行业归口管理重新调整,市场准入门槛提高;市场竞争更加激烈。

从 2006 起中国医疗器械的政策与法规环境发生了较大的变化。国家加大对医疗器械产业监管力度,于 2006 年相继出台了"国家医疗器械质量监督抽验管理规定(试行)",修订了"医疗器械质量体系管理规范"等;2007 年又出台了"医疗器械行业标准制修订工作规范(试行)"、"医疗器械临床试验管理办法"和重新修订"医疗器械监督管理条例"等。行业管理重新归口,将医疗卫生与医疗器械、药品等行业统一纳入医疗卫生部一体管理。

医疗器械行业标准的不断完善与提升,提高了质量管理标准。截止到 2008 年 5 月医疗器械行业标准共有 786 项,其中国家标准大多等同采用 IEC,ISO 标准,与国际标准接轨;如新修订医用电气设备安全要求技术标准 GB 9706 :2007,全面贯彻实施;已修订 EMC 标准,并列入了强制性标准(目前还没开始实施);这些措施目的是提高安全检测要求。将过去标龄较长的标准都进行了重新修订和完善,技术指标重新确定,检测手段与水平有了大幅度的提高等。

国家对医疗器械产业发展的政策性支持力度加大。国家"十一五"及"建设创新型国家"规划中都将医疗器械产业列为为重点发展产业。近年来国家多渠道出台鼓励政策都将医疗仪器发展列为重点支持项目,如在研发投入、技术平台建设,研究中心、重点实验室、产业基地等方面的建设支持力度加大。国家财政支持的总金额从 150 万元至 5000 万元不等,对医疗器械政策性支持归属被分列于生物医药产业、医药卫生、光机电一体化产业、电信等领域。医疗器械快速发展也吸引更多风险资金投入。

但医疗器械产业发展环境不足之处一是企业融资渠道窄、风险投资很少,而国外企业融资环境好于中国。二是医疗器械产业相关研发和生产性服务业还很缺失,而在国外较为发达,包括中介、研发外包等内容在内的服务已成熟,但在中国还处于发展的初级阶段,一些共性的专业化工作缺少专业化服务体系的支撑。这往往使得企业在工程化、临床试验、注册、营销等多个环节上的运作处于低效率。

第三节　发达国家医疗器械产业格局

世界医疗器械产业主要分布在以美国为代表的北美,以德国、法国、英国、爱尔兰等为代表的欧洲和以日本、中国为代表的亚洲地区。美国、欧盟和日本约占世界近90%的医疗器械生产或消费份额。

一、医疗器械产业格局分析内容

医疗器械产业具有门类繁杂、技术含量高、涉及跨学科知识、法规与标准的规范性要求高、产品数量少的特点。因此,医疗器械产业的竞争内涵应包括:

(一)产品的竞争力

医疗器械是技术主导性的行业。在医疗器械产品中按其技术属性划分,有创新含量、工程含量和基础含量三个部分。

1. 创新含量　表示产品中所含的创新内容的多少,是方法、技术方面超出已有技术的总量,其为产品带来的益处在于使产品的功能有所拓展或工程性能上有质的飞跃,决定于新思路、新设计的能力。

2. 工程含量　是产品中工程水平的总和,也可以认为是接近已有技术极限的程度,包括工艺、成本上以及生产过程中的所有技术内容的总和,其为产品带来的益处在于使产品的工程性能的提升,决定于将设计落实为产品的能力。

3. 基础含量　是基础加工业总体水平在产品中表现的总和,是实现产品批量化生产的过程,也可理解为是产业化的过程,其为产品带来的益处在于使产品的一致性、稳定性、可靠性在产业化过程上得到保证,决定于将图纸加工部件并装配成整机的总体能力。

医疗器械产品的技术竞争能力是上述三种含量的综合体现,就总体而言,美国的医疗器械产品中创新含量相对较高,欧洲和日本的产品中工程与产业含量相对较高,而中国产品中基础含量近年来有所提高,这与中国正在成为世界的生产加工大国成对应。

一类产品在其生命全过程的不同阶段:初生期、成长期、成熟期、衰亡期,产品的综合竞争力发生着实质性的变化,表现为三者含量的比例变化,当只能通过简单扩大再生产解决竞争能力时,此类产品已进入衰亡期。

(二)企业发展环境

企业发展环境决定了产业的发展。这些环境包括:

1. 金融环境　在企业发展、项目研发的不同阶段其赢利预期与风险各不相同,与之相配的融资环境可以使企业与投资人都获益,这一环境的发展实质上使企业和项目在发展过程中接受市场的筛选。比如在项目的早期,金融环境使技术与资本进行选择性的结合,其作用既是一种导向,也是一种促进。

2. 政策法规环境　政策法规可分为制约性与鼓励性政策法规,它往往是国家战略的体现,在宏观上决定着企业和产业的发展方向。

3. 生产性服务业　社会化与专业化在医疗器械产业领域中越来越成为一种趋势,它提升了企业与项目的运行效率,使产业逐渐形成了一个体系,在这一体系的形成与成长的过程中,与之相辅相成的是生产性服务业的成熟,事实上它决定着产业创新体系与研发模式的发展,可以说正是生产性服务业将独立的企业串接成一个系统性较高的整体。在医疗器械领域,生产性服务业中的研发服务业至关重要,它决定了医疗器械产品开发的效率以及其工程水平。

4. 基础加工业　医疗器械较其他产业更需要有基础加工业的支撑,它直接决定了产品中基础含量的水平。

5. 智力资源　医疗器械产业需要有了解跨学科知识领域和拥有丰富产品经验的人才,这些人才在一定程度上决定了产品的水平和上市过程的效率。

(三)产业发展战略,金融与技术对接的机制,产业体系及其完善机制

产业的发展决定于产业发展的战略规划。产业的发展依赖于企业发展环境,这些环境的最佳发展途径并非是自然形成,而是有规划、有引导、有反馈、有调整、有监控的一系列过程,许多措施是系统性的作用,表现为配套性的措施与政策。医疗器械产业发展战略在有些国家是缺失的,表现为政府忙于灭火。发达国家的发展经验表明,医疗器械作为国家的战略性产业,其发展战略的组织保证及战略的规划、执行、监控、调整是决定产业可持续发展的根本。

由于世界医疗器械产业主要分布在美国、欧盟和日本等国家和地区,分析这些发达国家和地区医疗器械产业格局及竞争内涵具有很高的代表性,下面重点分析这些国家和地区的医疗器械产业格局。

二、美国医疗器械产业格局

美国医疗器械产业拥有成熟的发展环境,一方面具有完善的监管体系与相关法律法规;另一方面,政府的鼓励政策、资本与技术对接的良好环境、相对完善的高水平现代产业配套体系以及发达的生产性服务业为企业提供了良好的发展条件。

在战略上,美国将发展技术作为形成核心竞争力的主要手段,并以尖端技术以及相关联的知识产权攫取巨大的利益。而将劳动密集、资源消耗型的生产移往海外。正是基于这些举措促进美国医疗器械产业发展,使其成为世界上产业规模最大、跨国公司数量最多、技术水平最高、人力资源最齐备的国家。这些成为美国医疗器械产业拥有世界上最强竞争力的推动因素。

(一)产业总体评价

1. 产品各项含量的评价　美国医疗器械产品以中高端产品为主,中高端产品的创新技术含量最高,产品知识成本占总成本的 $60\%\sim70\%$;世界医疗器械原创新产品中,出自美国原创新产品占绝大部分;医疗器械产品工程含量次之,从工程化突破与改进创新产品较原创新产品少;而基础含量高的产品更少。美国医疗器械产品的各项技术含量中,创新技术含量高,其原因与美国国家创新体系、工业环境基础、医疗器械产业配套水平较高相关。

2. 各类产品的综合竞争力　美国医疗器械不同产品领域竞争力有所不同,中高端产品由于创新技术含量高,拥有自主知识产权,技术水平在世界市场上同类产品中,处于绝对领

先地位,所以,产品竞争力也最强,在世界市场上占据绝对优势地位。工程化技术含量较高的产品,竞争力不如欧洲与日本,这类产品一部分在本国,但大部分移植到欧洲,移到日本只占很少部分;基础加工含量较高的产品竞争力不如发展中国家,因此这类产品美国基本移植到海外地区,如拉美及亚洲地区等。

(二)政策与金融环境

美国医疗器械在世界上竞争力最强,这与政府为产业发展创造出的良好政策、金融等环境,并为其发展发挥了重要作用是分不开的。从生产加工基础来看,美国不如欧洲,而美国医疗器械产业却走在了欧洲的前面,产业发展处于世界领先地位。原因之一是美国拥有良好的促进高新技术产业发展的政策环境、金融环境、风险投资环境。

美国政府通过一系列系统化的政策与措施,为企业营造出良好生存与发展的环境。首先是推动高新技术发展,营造科技环境。随着数字化技术、电子技术发展,一些国家经济技术与美国形成竞争,美国政府为了保持主导世界的地位,开始大力促进高新技术产业发展。自80年代后期,美国几届政府连续颁布了一系列促进高新技术发展的政策。美国先后制定的有关促进技术创新的法规达20多个,主要针对政府和国家科研机构的职能以及与大学、企业的合作关系、专利和知识产权保护、财政和税收政策、劳动力的教育与培训、政府采购制度以及宏观经济环境等诸多方面都做出了具体明确的规定;同时配套税收优惠政策、政府担保及以技术成果转化的支持等;而且加快了促进国防技术、航空航天技术向民用领域辐射和转化等一系列政策与措施的实施。美国政府通过一系列战略规划与调整极大地促进高新技术产业发展,医疗器械产业更是受益丰厚。

其次,良好的科技环境为风险投资与技术对接提供基础条件和环境。在此基础上,美国政府为企业提供多方面的融资渠道,企业融资资金来源广泛,有政府、银行、保险、基金、私人资金、国外投资者等多种渠道;同时政府在金融政策上,允许各类金融机构实行跨业经营,这一措施大大激活了美国金融市场的灵活性,为风险投资业发展提供非常好的条件与环境,因此美国风险投资非常活跃。

再者,政府建立了二级市场即NASDAQ市场,这一股票市场为那些尚不具备在证券交易所上市的成长中的高科技风险公司的融资打开了方便之门,并为风险投资退出获得收益回报提供了市场化渠道,形成了美国的风险投资机制:即顺畅的投入产出机制、严格的风险控制机制和强有力的激励约束机制。目前NASDAQ市场成为世界公认的高科技企业融资的摇篮,世界各国高新技术创业企业通过该渠道成功获得融资。我国迈瑞公司就是其中之一。

医疗器械是高新技术最集中的产业,风险投资一直伴随着医疗器械高新技术发展,美国医疗器械产业之所以走在世界前沿,是因为风险投资的早期进入为医疗器械创新技术发展发挥了重要作用。2005年美国风险资金投资医疗器械产业研究达到21亿美元,以前每年为17亿美元。2006年为19亿美元,2007年更多。2008年由于金融风暴,虽没有太多长势,但也没有大幅下滑的趋势出现。由此可见,美国的医疗器械产业风险投资环境好于其他行业。

目前美国及世界众多实体经济领域受到金融危机冲击,投资萎缩,而医疗器械产业受影响波动程度相对小,风险投资与往年基本保持平衡。美国新一届政府在应对这场金融危机所采取的政策措施中,同样将医疗保健需求纳入其振兴经济预案内容之中。2008年10

月以后许多跨国公司、投资商也都开始特别关注医疗器械产业发展,纷纷准备或已经实施投资医疗器械产业,这也证明医疗器械具有良好的投资环境。

(三) 产品结构

美国医疗器械产品结构中以高端产品为主,其中高端产品以本国产品为主,中低端产品以其海外公司供应和进口产品为主。低端一次性耗材基本以进口为主。美国准入市产品从低端一次性耗材到高端影像设备产品品种齐全,种类繁多。其中市场交易额最多的前三大类产品为:整形外科设备及辅助装置、医用电子类产品(包括影像设备)及外科手术医疗仪器。表 15-10 为 2005 年美国按医疗器械 NAICS 编号的产品分类和占市场总额的比例。

表 15-10　2005 年按医疗器械 NAICS 编号的产品分类和占市场总额的比例 （单位:亿美元）

产品类别	主要包括产品	市场额	占总市场总额的比例
In vitro diagnostic substances and devices 体外诊断物质及设备	Reagents, substances, devices, and systems for use in diagnosis of disease or other conditions through collection, preparation, and examination of blood, urine, tissue, other specimens taken from the human body 试剂、器具、装置和为诊断疾病对人体血、尿、组织及其他样本检测的系统装置	87.41	9.5%
Electromedical equipment 医电设备	心脏除颤器和起搏器,心电、外科电子仪器、助听器、医学影像和治疗设备(CT、MRI、核医学、超声、X 射线)、医用激光、病人监护系统	265.26	28.83%
Surgical and medical instruments 外科手术医疗仪器	Anesthesia apparatus, arthroscopic instruments, cardiac and urological catheters, drug-eluting stents, forceps, hypodermic needles, heart valves, intravenous and blood administration apparatus, surgical scalpels and other related instruments, surgical clamps, syringes	258.72	28.12%
Orthopedic devices and hospital supplies 整形装置(骨科装置)与医疗辅料及器械	Crutches, orthopedic implants (hip, knee, spine), prosthetic appliances, surgical dressings, surgical gloves, sutures	272.96	29.67%
Dental equipment 齿科设备	Dental chairs, dental hand instruments, dental drills, other instrument delivery systems 齿科椅、手持器具、钻机及其他仪器传输系统	35.66	3.88%

资料来源(交易数据):U. S. Census Bureau,"Value of Product Shipments:2005," Annual Survey of Manufactures, M05(AS)-2, November 2006; Diller and Gold,"Healthcare:Products and Supplies", February 2006; and Mergent, Inc. , The North America Medical Instruments & Equipment Sectors

由表 15-10 中所示看,2005 年美国整形外产装置(包科骨科)与医疗辅料及装置的产品交易额最大,达到 272.96 亿美元,占 2005 年美国产品总交易额 920.01 亿美元的 29.67%,其次是医电设备(包括影像设备),易额为 265.26 亿美元,占当年总交易额的 8.83%,排第三位的为外科手术及医疗仪器,占总交易额的 8.12%。齿科设备交易额下降,仅占总交易额的 3.88%。

从产品交易额变化看,美国医疗器械产品结构也发生一些变化,齿科设备比例出现大幅下降,医用电子仪器设备比例提高。

(四) 产业规模与从业人员规模及分布

美国医疗器械产业规模居世界第一,占世界市场总额的40%左右。2007年美国医疗器械总值为1200亿美元。在美国约有8000多家大中小医疗器械生产制造厂商,其中大多为小型企业,主要从事产品研发。美国医疗器械生产企业遍布全国,但主要集中在以下几个州,即加利福尼亚、纽约、佛罗里达、马萨诸塞州、伊利诺伊州、明尼苏达州和佐治亚州等。美国凭借强劲的经济实力和领先的先进工业技术,使其拥有众多的在世界上实力最雄厚的医疗器械生产企业。2006年世界医疗器械产业中销售收入排名前30位的企业中有21家为美国企业,占70%。美国医疗器械企业构成是生产整机的跨国大公司,为大的整机厂家配套专业部件专业公司及创新为主的中小企业三大类;其中多数为创新型中小企业,约占企业总量的90%左右,生产产品占市场份额的20%左右。而占企业总数的10%的跨国公司,其生产产品则占市场总额的80%左右。美国医疗器械生产企业的主要特征:采用先进的技术、生产高性能的设备、新产品的研发投入高。

美国医疗器械产业具有人均产值高、从事专业的技术人员比重大、主要集中于产品研发领域等的特点。

美国医疗器械产业从业人员数量从2001年到2005年(见表15-11)下降了5%,为308 792人。除2005年稍有上涨,上升2%,其余每年都有所下降;从业人员在医疗器械产业不同产品领域分布(见表15-12)。根据美国工业部门官方信息:医疗器械产业从业人员下降的原因有两个方面,一是采用先进技术生产高技术产品;二是外包和离岸生产(制造、组装、维修转移到海外),美国国内更多是研发和工程化,以提高劳动生产效率。未来可能有60%的从业人员工作分布在少于20人的公司中。

表 15-11　2001—2005 年美国医疗器械制造业人均产出

年份	美国生产(百万美元)	雇员	每人产出量(美元)
2001	76 589	325 805	235 076
2002	73 836	324 936	227 232
2003	77 645	312 149	248 743
2004	82 211	302 068	272 161
2005	92 001	308 792	297 936

资料来源:US Census Bureau,"Statistics for Industry Groups and Industries:2005", Annual Survey of Manufactures,M05(AS)-1,November 2006,and "Statistics for Industry Groups and Industries:2001", Annual Survey of Manufactures,M01(AS)-1,January 2003

表 15-12　2001—2005 年美国医疗器械产业分布在不同产品领域中的雇员数量

产品类名	2001 年	2002 年	2003 年	2004 年	2005 年	2001—2005 年变化绝对值	2001—2005 年变化百分比
体外诊断试剂与设备	40 960	27 233	28 901	27 294	26 324	−14 636	−36
电子医疗设备	67 924	71 548	66 994	65 491	67 602	−322	0
外科手术医疗器械	102 273	101 960	93 796	95 549	97 799	−4 474	−4
整形外科设备及装置	96 914	107 200	105 873	96 695	98 993	2 079	2

产品类名	2001 年	2002 年	2003 年	2004 年	2005 年	2001—2005 年变化绝对值	2001—2005 年变化百分比
齿科设备	17 734	16 995	16 585	17 039	18 074	340	2
合计	325 805	324 936	312 149	302 068	308 792	−17 013	−5

资料来源：U. S. Census Bureau，"Statistics for Industry Groups and Industries：2005"，Annual Survey of Manufactures，M05(AS)-1，November 2006，and "Statistics for Industry Groups and Industries：2001"，Annual Survey of Manufactures，M01(AS)-1，January 2003

表 15-12 所示，外科手术医疗器械、整形外科设备等产品领域从业人员分布最多，说明这两类产品生产规模较大。

（五）研发体系与人才培养

美国创新研发是一个系统化的体系，拥有明确的社会分工，政府的作用是通过政策实施与引导为促进创新科技发展提供政策支持环境与条件，不同机构给予不同的优惠支持，由市场来检验最终实施的结果。

美国研发体系中，企业是创新主体，大学、研究机构是理论、基础与工程化研究的主体，金融机构与风险投资是资本与技术对接的主体；中介服务机构则是创新体系中不同主体之间连接的桥梁与纽带，也是金融机构及风险投资实现资本与技术对接的纽带与桥梁。

美国医疗器械产业的创新主体为中小企业。风险投资与技术对接也多数针对具有高成长性的中小企业；美国医疗器械产业用于新产品研发支出占总销售收入平均在 10％以上，近欧盟和日本的两倍。美国医疗器械产业创新开发资金来源有三个渠道，一是企业收入；二是政府财政支持（主要是国家健康研究院 NIH 和国家航天航空局 NASA）；三是风险资金。政府通过批准生物医学工程项目立项，无偿提供巨额的研究经费支助，支持长期进行医疗器械产业服务的基础项目研究。2005 年 NIH 支持的生物医学工程项目中与医疗器械相关项目投入约 13 亿美元。图 15-3 所示是 NIH 从 1997—2005 年支持生物医学工程立项的支出和百分比。

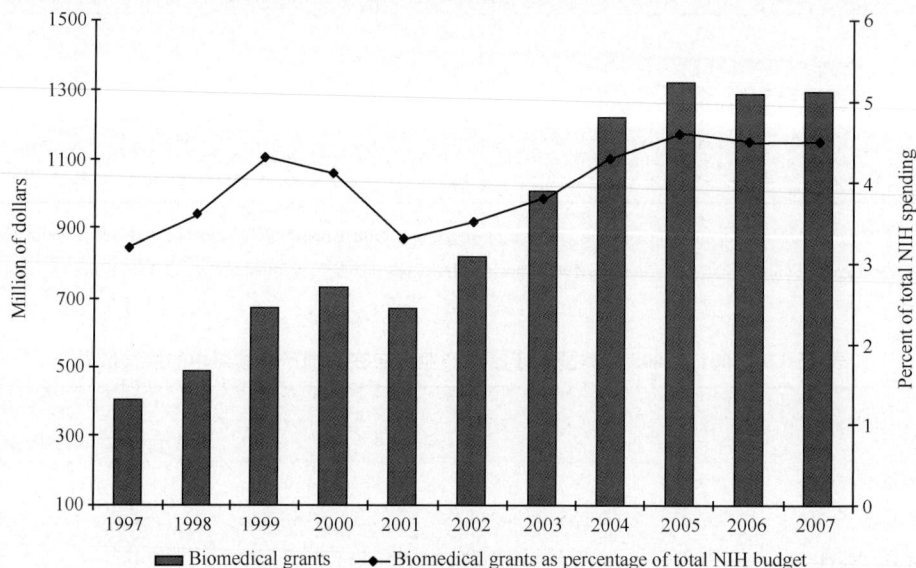

图 15-3　1997—2005 年 NIH 支持生物医学工程立项的支出和百分比

美国医疗器械产业快速发展得益于美国航天航空项目中医疗技术的研究进展。美国将遥感和无线技术应用于对宇航员医疗和生理监控，最终将其商业化应用于民用医疗器械中。如心脏影像、心脏泵、遥感仪系统等。还有磁共振、核成像装置也正是在这样的支持下研发出来的。另外更重要的是风险投资对医疗器械产业研究起到了重要的促进作用。由于多渠道资金投入极大促进了美国医疗器产品不断创新，新技术产品陆续上市。如医疗器械高技术产品：心脏节律产品（起搏器和除颤器），心脏干预产品（心血管导管和支架），影像诊断设备（CT、MRI、核设备）和外科整形装置（臀、膝、脊椎植入装置），在世界市场上占有主要地位。

在整个创新研发体系中，人才培养与引进是创新能力的核心，培养和引进世界一流科技人才，一直是美国发展科技的重要内容之一。

美国不仅本国大学培养优秀专业技术人才，而且美国凭借良好的科研环境和工作生活条件吸引了全世界优秀人才。据《2006 工程与技术指标》数据，在科学与工程领域就业的人员中，有 25% 受过大学以上教育的人是外国出生的，40% 的博士学位拥有者是外国出生的。2003 年，在美国居住、拥有博士学位但出生于国外的人员所占比例大致为：计算机科学领域（57%）、电子工程（57%）、民用工程（54%）、机械工程（52%）。美国国务院国际信息局公布消息，2007 年美国国务院发出 60 多万份学生和交流访问者签证，比 2006 年增加至少 10%，创历史纪录。

由此可见美国人才资源丰富，医疗器械产业产业发展所需的专业人才供给非常充足，这也是医疗器械创新能力强的保障之一。

中介服务是创新不可或缺的环节，中介服务发达，是美国医疗器械产业发展迅速的重要因素。医疗器械产业特点决定其综合性强，需要多方面资源，研发、工程化与人才的中介服务在其中起着其他企业无法代替的作用。

另外，美国在相关工业方面掌握着先进的、具有竞争能力的先进技术，如医疗器械产业所依赖的微电子、通讯、仪器仪表、生物技术、软件开发等产业，为医疗器械产品创新提供了良好的技术支持环境。

（六）产业聚集区的发展

美国凭借强劲的经济实力和领先的工业技术，使其拥有众多实力雄厚的医疗器械生产厂商。在美国约有 8000 多家医疗器械生产制造厂商，其中大多为小型企业，主要从事产品研发。医疗器械生产和市场销售则主要集中在占少数的大型跨国企业中。美国医疗器械生产企业的主要特征：技术先进，高性能产品为主，高研发投入。

美国医疗器械企业主要集中在经济、创新、人才较集中的地区。主要分布在以下几个州，即加利福尼亚、纽约、佛罗里达、马萨诸塞州、伊利诺伊州、明尼苏达州和乔治亚州等，这些地区正是高新技术、大学、研究机构、临床研究机构、风险投资、中介服务机构等聚集的地区。

美国医疗器械产业聚集区有两大特点：一是以技术资源为核心形成产业聚集区；二是以临床资源为中心形成产业聚集区。

以技术资源为核心的，如美国硅谷的科技园、128 号公路科技园、北卡罗来纳研究三角园；以临床资源为核心的是明尼阿波利斯的医学设备产业群、克利夫兰医学（Cleveland Clinic）中心等。这些地区各有特点，其中加利福尼亚州是硅谷发源地，拥有一流的大学和人才,同时拥有众多的风险投资和中介服务公司。硅谷在半导体、电子、IT、网络技术、生物技术等方面,处于世界领先地位。

1. 技术资源为核心的产业聚集区

(1) 美国硅谷:硅谷医疗器械主要集中在医用电子、放疗设备、整形外科、微创等领域。美国硅谷是以环境吸引技术资源聚集最成功的创业园。硅谷创业园已有 60 多年的历史,60 年来它不断引领着新型产业技术发展,从机械、电子技术、计算机到新材料、信息、生命科学等新技术,都处在技术领先位置。硅谷之所以成为世界先进技术商业化的引领者,其成功因素主要有以下几个方面:

1) 美国"硅谷",是以斯坦福大学为中心,有大批大学和科研机构集聚在此,形成丰富的智力资源。

2) 丰富的教育与人才资源:以斯坦福大学为中心,是硅谷丰富的教育、人才资源体系的重要组成部分。

3) 紧密的产学研合作:政府为企业发展提供良好的创业政策环境,提供完善的配套设施,但政府不干涉企业发展。

4) 活跃的风险投资:从某种意义上说美国"硅谷"是风险投资公司缔造出来的。

5) 敢于冒险与宽容失败的创业文化:美国硅谷创办的高科技企业 20%～30% 会失败,60%～70% 只能获得一定程度的成功,只有 5% 获得高额利润。

6) 高度的流动工作、完善的配套服务及良好的生活环境。

7) 硅谷成功中,最根本的因素应是良好的生活与创业环境和允许失败的创业文化。

硅谷医疗器械正是这样的创新环境中得到快速发展,尤其是医用电子、分子影像、药物涂层、整形外科和微创技术更突出。使硅谷成为美国甚至世界医疗器械创新能力最强和最集中的地区之一。

(2) 128 公路工业园:马萨诸塞州拥有波士顿 128 公路工业园区,是由军工业发展而催生的美国知名的电子工业中心。马萨诸塞州是全美高科技企业最集中的地区之一,包括精密仪器、电子、通信、生物化学、医疗仪器、航空国防工业等。在波士顿 128 号环城公路两侧屹立着众多高科技公司,素有美国"东部硅谷"的美誉。

128 公路工业中心也经过 20 世纪 80 年代末和 90 年代初的衰退,90 年代后 128 公路对产业进行重组,大力发展新型产业,如软件、通讯、医疗技术、金融服务等。新型产业的发展推动了 128 公路复苏。128 号公路工业园的再一次崛起,有两个原因:一是向高等院校靠拢,加强军事与空间技术发展,吸引民间企业、政府机构(电子仪器与系统等与军事相关的科研机构)、许多大公司向 128 号公路集聚;二是,经营不动产公司,纷纷建立工业研究园,许多研究型中小企业进驻,技术型企业高度聚集,形成与硅谷互为补充的新型产业技术资源的集聚区。

另外,马萨诸塞州还是美国最重要的生物科技重镇之一,同时也是全美医疗研究最先进集中的地区,研究经费及住院医师占人口比例最高。马州总医院(Massachusetts General Hospital,MGH)始创于 1811 年,是美国历史最悠久的三家医院之一,也是美国开展医学临床研究项目最多的医院,年度科研经费预算高达 4 亿多美元。作为哈佛医学院历史最悠久、最大的教学医院,几乎所有 MGH 在职医生都承担了哈佛医学院的教学任务,实现科研、教学一体化。

马萨诸塞州医疗器械产业创新研究建立在一个具有现代高水平的创新环境基础上。

医疗器械正是在这些高水平的医疗机构及高度集中和发达的新型产业基础上发展起来的，并在马萨诸塞州形成医用电子、整形外科、医疗手术器械等产品领域的产业集群。

（3）北卡科学研究三角园　北卡科学研究三角园是技术资源与智力资源聚集的科技园，这个具有40多年历史的科学研究三角园占地约320平方公里，是美国最大、最成功的科学研究基地。该科技园以3所著名的大学——北卡罗来纳大学、北卡罗来纳州立大学和杜克大学为核心，把3所大学连接起来，利用三点支撑一个三角形平面，用来做科学研究基地；把3所大学的人才集中起来，充分发挥他们的聪明才智；利用"地利人和"优势吸引政府、财团、公司、企业来此投资创办研究开发机构。三角园内聚集了几百家科研机构，其中有微电子研究中心、生物技术中心、环保研究院、环境卫生研究所以及通用电气、杜邦、国际商用机器公司等著名大公司的科研机构。园内拥有上万名科学家和工程师，曾有3位诺贝尔奖得主，有近百位美国联邦一级科研机构国家科学院、国家医学科学院和国家工程科学院院士，具有博士头衔的人口密度居全美第一。科学研究三角园为美国科技在世界处于领先地位发挥了重要作用。

2. 临床研究资源为核心的聚集区　美国强大的基础研究、风险资金的强力支持、地方机构的大力推动以及信息技术的广泛使用。美国拥有世界领先的五大生物技术产业区：波士顿、旧金山、圣迭戈、华盛顿和北卡罗来纳研究三角园。美国的这五大生物产业区都拥有实力雄厚的大学和研究机构。

首先，如波士顿的哈佛大学和麻省理工学院，旧金山湾区的加利福尼亚大学旧金山分校、加利福尼亚大学伯克利分校和斯坦福大学都是蜚声全球的名校，圣迭戈的加利福尼亚大学圣迭戈分校则是全美大学中获得美国联邦科研费用最多的高校之一。大华府地区则云集了一批世界级的教学、研究、管理机构，如美国国家卫生研究院、美国食品和药物管理局、霍华德·休斯医学院研究实验室、马里兰大学研究中心和约翰斯·霍普金斯大学等。

另外在这过程中，一批新兴的生物技术城呈现异军突起之势。匹兹堡，这个在过去百年中号称美国"钢都"的工业城市，则是其中颇具特色的生物技术产业开发后起之秀。生物技术产业的开发没有固定的模式，因地制宜则是匹兹堡成功发展生物技术产业的主要经验。

匹兹堡根据自身的特点，确定了生命技术产业开发的四大重点领域：一是研究药物发现工具，并以癌症治疗作为重点，这主要是利用匹兹堡大学癌症研究所和卡耐基-梅隆大学的信息统计研究力量。二是发展组织和器官工程以及再生医学，因为该地区在器官移植和生物医学工程领域具有领先优势。三是开发医疗设备和诊断技术，主要利用该地区的研究和临床医学关系密切的特点，以及卡耐基-梅隆大学在机器人研究、人工智能和纳米技术等方面的成果和匹兹堡大学医学中心在生物医学工程和外科手术方面的力量。四是为神经紊乱和精神病开发治疗手段，这方面的开发综合了匹兹堡地区的精神病研究、大脑成像、认知神经科学、药理学、机器人技术、生物信息统计和计算机科学水平。

匹兹堡的另一成功要素是拥有一个责任和目标明确的生物技术开发协调机构"匹兹堡生命科学温室"。这一机构联合了政府、大学、企业和经济开发部门的力量，制定和实施生命科学产业开发战略。生命科学温室确定了决定匹兹堡生命科学产业成功的五大要素：新技术、人才、空间、资本和业界联络。生命科学温室由此定位了自身的五大主要任务：首先是提供资本，即为好的技术和点子提供充足的启动资本，帮助新技术从实验室转化到市场。其次是吸引人才，这主要为当地企业招募能够推动生物技术产业发展的管理人才和专业技术人才;鉴于匹兹堡本地缺乏生命科学产业开发人才的状况,生命科学温室从美国东西两岸生物技术产业发达地区高薪招募了高级管理人才,由他们带领匹兹堡生物技术企业的发展并培养新的管理人才,在一家公司发展成熟之后,这些外来的专家转而为新的公司服务。第三是开发空间,意思是为创业公司寻找办公地点和分享当地实验室设备的机会。第四是领导最新研究,这以匹兹堡的基础研究能力为支柱。最后是企业联络,在匹兹堡生命科学开发领域内促进企业之间的合作与交流,帮助匹兹堡生物技术企业与世界各地生物技术产业开发专家建立联系。

另外,美国以临床为中心建立起的医疗产业中心还有明尼阿波利斯的医学设备产业群,其有 5 所医院,其中 3 所被美国新闻与世界报道;美国克利夫兰医学中心(Cleveland Clinic)是全球最负盛名的医疗机构之一,至 2006 年,其在全美医院医疗质量评比中连续 12 年排名第一。克利夫兰医学中心也是世界最发达的临床研究中心,周边集聚着医药、医疗器械研发和生产企业,将产品、研发、应用相结合,从临床应用中寻找创新产品方向,由创新产品促进临床发展,形成一个循环产业链。

(七) 产业战略发展

美国对医疗器械产业战略的主导思想,是不断优化产业结构、促进创新技术开发、保持产品在国际市场上的竞争优势。

美国政府采取了一系列措施,使产业结构不断地向合理化和高级化方向发展,一方面促进了经济增长,另一方面保持产业竞争优势地位。

美国产业结构的高级化、知识化演进,一方面是生产力发展的必然趋势;另一方面,也是与政府制定的产业政策的扶持分不开的。美国政府对产业战略发展的促进作用主要体现在以下几个方面:一是创造有利于创新和竞争的宏观环境。运用经济政策降低企业成本,调整和消除妨碍企业创新和市场竞争的行政法规,运用贸易政策在国际贸易中确保美国企业的利益,为产业结构升级创造有利的外部环境。二是大力推进知识创新、创新成果的传播和应用。通过成立国家科技委员会,制定了一系列加强政府与学术界、产业界的知识创新和技术开发的计划,加速联邦政府技术成果的转移,充分挖掘技术成果的商业潜力,帮助企业开发适应未来全球竞争的技术能力,使科技进步与创新构成产业结构升级的坚实基础。三是加大政府对新基础设施的投资力度。加强对专利、发明等知识产权的保护,推进国家标准化的研究制定,提升其产业竞争力。四是培育适应知识经济时代要求的科技人才和人力资本队伍,始终保持其在高新技术上领先全球的竞争力,为美国经济向知识经济转变创造条件。五是为风险投资与创新技术对接营造出灵活的金融环境,为企业融资与风险投资进出提供畅通的渠道。六是发达的中介服务,美国中介服务是促进高新技术产业发展的催化剂。

由此可见,美国在世界上能赢,不完全是技术竞争能力,关键还是赢在了政府的机制与体系上。

美国医疗器械产业正是在这样好的大环境中得到很好的发展,拥有高水平配套产业支持,才使医疗器械产业实现全球性的战略布局。美国牢固地掌控高端市场,将新产品研发与高端产品生产主要立足本国,一部分移至欧洲。中低端产品主要在海外,尤其是资源消耗型和劳动型产品,主要分布在亚洲地区。

综上分析,美国医疗器械产业格局是企业拥有良好的政策、金融、中介服务环境,促进产业发展;产业结构中,中小企业以创新为主,大企业则以规模化生产为主导,并进行品牌经营,主导国际市场;众多专业部件生产企业为大企业生产配套(或是补充),劳动密集型、资源消耗型产品生产基地转移到海外。产品创新有多渠道资金来源,掌握市场中产品的高端技术。以世界资源为基础,形成一个分工明确的上、中、下游互相衔接的完整的医疗器械产业链格局。

三、欧盟(洲)医疗器械产业格局

欧洲医疗器械产业占世界总市场份额的 30% 左右,欧盟医疗器械产业格局是中小企业较多,大企业主导产品的生产和销售市场;主导企业集中在经济发达国家,研发分布在不同国家,各有特色与优势,形成欧盟整体产业优势。产品结构中主要是中高端技术产品为主,本地区基本可实现产业链中各环节的供需要求。产业集中度较高,配套产业环境良好,专业人才资源充足。

欧盟作为工业革命的发源地,工业基础雄厚,为医疗器械产业发展提供良好的配套产业基础。现代精密机械、汽车电子、航空航天技术、新材料、IT 等先进技术的发展,为创新研发及生产性服务提供技术支撑条件。

风险投资金融环境不够灵活,有良好的创新政策环境,创新研发投入中等水平,创新产品相对美国少,产品竞争力弱于美国。

(一) 产业总体评价

1. 产品各项含量的评价 欧盟医疗器械产品以中高端产品为主,中高端产品的创新技术含量较高,产品知识成本占总成本的 40%～60%;原创新产品仅次于美国;医疗器械产品工程含量也较高,从工程化突破与改进创新产品与原创新产品几乎相当;基础含量高的产品多于美国。欧盟医疗器械产品的各项技术含量中,创新技术含量与工程化创新含量较高的原因与欧盟联合体系、工程化能力、工业基础、医疗器械产业配套水平相关。

2. 各类产品的综合竞争力 欧盟医疗器械不同产品领域竞争力同样有所不同,中高端产品由于创新技术含量高,拥有自主知识产权。产品技术水平在世界市场上同类产品中,处于领先地位,仅次于美国,但高于日本。产品竞争力也较强,在世界市场上占据一定的优势地位。工程化技术含量高的产品,竞争力超过美国与日本,这类产品大部分在欧盟本地区,有一少部分移到美国和日本;基础加工含量较高的产品竞争力同样不如发展中国家,因此这类产品是要分布在本地区经济不太发达国家和移植到欧洲以外的地区,如拉美及亚洲地区等。总体上,欧盟医疗器械产品综合竞争力仅次于美国,高于日本,处于世界第二位。

(二) 政策环境

高新技术产业的国际竞争日趋剧烈,欧盟已经意识到它在该领域与美国存在的差距。为缩小这一差距,欧盟各成员国近年来纷纷调整产业结构,改革旧的僵化的科技体制,并加强区域内的协调与合作,力争使高新技术产业得以较快的发展。

继续加大科研经费的投入,并加速科研成果产业化进程。确定符合自身情况的高新技术产业的发展重点。加强对中小高科技企业的扶持,欧盟分别在 1984 年和 1985 年开始实施"科技发展和研究框架计划"与"尤里卡计划",这是欧盟联合进行高新技术科研的重要尝试。在 1999—2003 年的欧盟第五个"科技发展和研究框架计划"中,就强调了促进中小企业的科研开发,增加对这些企业的科研经费。同时改革科研体制,建立高效率与竞争的科技人才管理机制。各国近年来纷纷出台新的、旨在摒弃或减轻一些有弊端的科技新政策。

目前,欧盟意识到致力于发展高新技术的主、客观环境都已具备,只要下决心改革旧的僵化的科技体制,摒弃保守的科技政策和产业政策,欧洲高新技术在 21 世纪的振兴,并在众多领域内赶上或超过美国是完全有可能的。

欧盟在这些方面所采取的一系列调整和改革政策措施,目的是为高新技术产业发展提供良好的环境,出台积极的科技与产业政策,以促进高新技术产业的快速发展,实现产业结构的升级换代,提高本国和本区域的国际经济竞争力。

"科技发展和研究框架计划"是个为期 5 年的计划,侧重于基础研究与市场开发之间的应用性研究。

"尤里卡计划"的重点是欧盟在电子、光学、人工智能、新材料等一系列高新技术领域联合进行研究与开发。该计划实施 10 余年来取得了丰硕的成果。

无论是欧盟的"科技发展与研究框架计划"、"尤里卡计划",还是各个成员国政府制定的科技及其产业发展计划,同以往情况所不同的是,如今计划的制订与执行都更加强调现实性、透明性与监督性。

在这两个计划实施中,欧盟提供资金支持,并从税收、融资方面给予政策性支持。

以德国为例,德国在传统技术和高新技术领域的雄厚实力,拥有"世界第二大技术出口国"、"欧洲创新企业密度最高国家"等美誉。这与德国促进高科技发展的政策措施实施是分不开的。

德国发展高新技术政策措施主要体现在:①德国政府对科研经费的高投入,德国的科技投入资金来源主要由三部分组成:联邦政府、各州政府及经济企业界。其中政府的投入大约占了总研发经费的 1/3。德国政府的研发经费占国内生产总值的比重一直维持在一个较高的水平。②德国政府高度重视对科技型中小企业的扶持和资助,使中小企业具备了良好的外部发展条件。③德国政府的技术进步政策和鼓励创业政策。德国联邦政府对创业企业实施的鼓励开业、帮助筹资、促进创新、完善法规、加强培训等具体政策,极大地推动了本国高新技术产业的发展,使德国成为欧洲创新中心集中地之一。

欧盟政策环境,相对还是比较有利于医疗器械产业发展的,欧盟医疗器械创新政策环境与条件好于日本。

(三) 金融环境

金融环境的好坏,直接影响到风险投资的发展与规模。由于金融环境限制,欧洲风险投资起步较晚,在 20 世纪 90 年代以前,欧洲各国金融投资相关立法相当严格。欧洲风险投资进入与退出壁垒很高,为了国家金融安全,各金融法规一般都限制银行、保险公司和各类基金投资于高风险资产业,因此,对于这些金融机构而言,进入风险投资业的壁垒相当高。

欧洲风险投资业在 90 年代以前主要以英、德、法三个西欧国家为主体。1997—2001 年三国风险投资总量占欧洲风险投资总量 66%,其中英国独占鳌头,达到 39%。随着新技术发展,其他欧洲国家对本国金融环境进行调整,促进风险投资发展,三国所占比例有所下降,但由于绝大部分欧洲风险投资基金规模都小于 5000 万欧元,其中,种子期投资基金大部分小于 200 万欧元,所以总体上欧洲各国风险投资规模小。

欧盟于 1991 年颁布了《90 年代欧洲产业政策》纲领性文件,文中突出了欧洲缺乏技术型中小企业的现状,并强调融资问题是关键。此后,欧盟相继颁布了创新相关白皮书、绿皮书,并于 1997 年推出"欧洲创新一号行动"纲要,且正式实施创新与技术资本计划 I-TEC。在欧盟一系列措施影响下,欧洲各国纷纷放松对金融机构的严格管制,尤其是取消了银行、养老基金和保险公司投资领域的许多限制,促使了大量资金流入风险投资业。

欧洲风险投资业进入壁垒不断下降,但欧洲风险投资退出壁垒仍然很高。目前,欧洲风险资本退出主要途径有:首次公开发行新股(IPO)、产权交易、管理者回购以及清算。其中,产权交易是欧洲风险资本退出的最重要途径,一般产权交易退出金额的占全部退出金额的 40% 左右,最高可达到 50% 以上;IPO 退出金额与清算金额差不多,大约占全部退出金额的 20% 左右,但不同时间波动较大。可见欧洲产权交易市场相对更为发达,定位于中小企业的证券市场发展较慢。

另外,欧盟内保留大量组织完善的行业协会,因此企业资金缺口可通过行业协会组成合作开发小组进行协助融资。

交换售卖是欧洲大陆风险投资者最主要的退出方式。大多数欧洲投资都是管理收购和售出以及有关对现有生产线或企业所有权更替的融资操作。特别是在英国,几乎 3/4 的总投资是管理收购和售出。美国的情况却相反,管理收购和售出只占总投资的 1/4 不到。

许多欧洲国家风险投资发达或落后的主要原因在于投资的退出渠道多少。风险投资家投资的最终目标是通过上市或出售给私人清理其组合资产获得实质性收益。成功的风险投资企业兑现的最佳途径通常是上市,向小企业开放活跃的股票市场,如二板市场或未上市股票的市场。对于风险投资的新资金的提供是不可或缺的。

1. 英国 英国风险投资虽然在欧洲起步最早,但由于金融体系限制,在 20 世纪 80 年代前发展较慢。80 年代,英国改善了金融环境,建立了未上市证券交易市场(USM),为风险投资提供退出通道。重新修改后的公司法允许企业主回购股份,由此可实现对企业的控制,也为外部持股人提供了退出的机会。随着英国加大推动高新技术发展,鼓励创业风险投资,于 21 世纪初英国风险投资规模快速增加,2004 年,英国创业投资的金额占整个欧洲的 47%。巨额的资金支持着英国科技产业的发展。

英国风险投资资金来源包括国外投资、养老基金、保险公司资金、银行投资、政府机构投资、私人投资、其他国家政府机构投资及海外基金会投资等。近年来鼓励个人投资于创业投资业比重逐年上升,而且政府出台对外国风险投资企业给予特殊的优惠政策。

英国创业风险投资的主要退出机制大致有四种,可分为:①出售,这是企业产权交易的一种主要方式。在英国创业投资的历史上出售方式一直占据着绝对重要的地位,尤其在股市行情不好时更是如此。英国最高数量的退出资金来自出售方式。②清算,是指当风险企业由于经营不善或所在行业的发展不景气时,风险投资家把风险企业的资产卖掉,然后提取属于自己的现金以抵消其在风险企业中的投资的一种退出方式。这种情况也意味着风险投资失败。③私有股权转让,即将一部分或全部股权转让给其他投资者。④经营运作,一方面通过产品的持续销售获得利润,逐步收回投资本金;另一方面通过确认人力资本的股权,通过持续的利润分配,实现各类人力资本的股权,通过持续的利润分配实现各类人力资本的价值。还有其他一些退出机制,如公开上市、技术转让等。

英国创业风险投资业的蓬勃发展与政府的重视和政策支持有密切关系。英国政府在推动创业投资发展方面的最大贡献,是其在长期的创业风险投资立法实践中为创业风险投资活动搭起坚实舞台,提供了风险投资生存的条件与环境。

2. 德国　德国是继英国之后欧洲国家中风险投资比较发达的国家,德国的创业风险投资与美国的风险投资不同,并没有集中在高新技术领域,其中在电子信息和生物医药方面的投资上不到总投资的1/4,而美国的这一比例高达80%以上。

德国主要由银行和保险公司来提供风险资本。投资方式:沿袭银行风险贷款的做法,对风险企业提供资金支持,但不介入企业的经营管理。

德国的风险投资与美国比缺少应有的活力。特别是证券市场和股票投资公司在创业企业和中小企业投资领域中所起的作用还较小。

德国风险投资金融环境不如英国,企业融资渠道单一,而且退出机制也缺少灵活。在投资环境、投资主体和投资场所方面都较传统,缺少灵活性。德国的金融政策约束了风险投资发展;有关金融机构投资的现行法规限制了金融机构向创业投资机构提供资金。由于税制方面的原因,德国的养老金一般都掌握在企业家手中,且很少进入创业投资市场。

德国创业投资市场尚缺乏通常的股权转让渠道,导致创业投资家回收投资困难,影响了投资者参与创业投资的兴趣。德国虽然也开辟了类似的第二证券市场,但其公司的股票公开交易需要银行的支持并且需要的条件也很苛刻。与 NASDAQ 市场相比,设立于 1997 年 1 月的德国的二板市场即 NEUER 市场。规模就小得多,而且在运作成本、服务等方面也不完善。

20 世纪 90 年代中期,为活跃创业投资市场,促进创业企业和中小企业,特别是技术创新的健康发展,德国联邦政府十分重视改善风险投资的外部的环境,采取了制定新规定、修改现有法规、推出创业投资计划等一系列具体措施。另外,进入 20 世纪 90 年代后期,德国早期风险资本的增长极为迅猛,大大超过了整个私有权益资本的增长速度,而且在高新技术产业的投资比重也明显上升。究其原因是德国创业环境发生了显著的变化。这一变化主要是由于网络技术带来新的创业机会,同时新一代的创业者接受新的商业融资模式、打破传统家族式企业,不希望外人介入的传统社会文化。因而 90 年代后期开始德国创业风险投资有了突飞猛进的发展。

3. 法国　法国风险投资业也起步于 20 世纪 70 年代,与欧洲其他国家一样,开始发展较缓慢,从 90 年代开始,法国也意识到与美国经济竞争过程中,本国企业缺乏竞争力的主要原因在于创新企业融资较难,而缺乏创新能力,于是政府相继采取了一系列措施,大大促进了风险投资的发展。这一时期,法国风险投资无论是在基金规模还是在基金数量方面都得到了迅速增加。

欧盟于 1991 年颁布了《90 年代欧洲产业政策》纲领性文件,并于 1997 年推出"欧洲创新一号行动"纲要。在欧盟一系列措施影响下,法国根据自己的国情也出台了一系列相关政策,建立了法国新市场、成立了法国风险投资协会和启动了"2000 年风险投资基金"计划,对银行等金融机构进行了重组等大胆改革,放松了对金融机构的严格管制,在银行内部设置了专门的技术与创新机构,用于从事风险投资。养老基金和保险公司也准许以一定比例注入风险投资领域。这样就使得大量资金流入了风险投资业,资金供给主体呈现多元化的态势。目前,银行是法国风险投资的主要资金提供者,大约占 40% 左右,其次是保险公司、养老基金和投资机构。

法国在发展风险投资方面,尽可能为风险投资提供了多元化的退出渠道,法国不仅有世界上最著名的股票交易所之一的法兰西股票交易所,而且为满足高新技术企业进入公开资本市场的需要和为风险投资提供多元退出渠道的需要,还特别注重小型企业市场的培育。

法国也与欧洲其他国家一样,将风险投资作为区别于传统融资的一种体现资金、技术和管理相结合的新型现代投资模式,也为法国高新技术产业的发展提供了一种可行的融资渠道。

总结英、德、法三国的风险投资政策环境,说明发展高新技术产业,需要有良好的融资渠道、投资环境和优惠的金融政策,才能将技术、资本、管理有机结合,形成优势竞争力。尽管欧洲国家与美国比,金融环境灵活性差,但随着欧洲各国发展经济,以提高创新能力为根本。各国都已有共识,要提高创新能力风险投资不可或缺。良好的金融环境是风险投资良性的发展,并与高新技术对接的前提。

在三国医疗器械产业中,风险投资相对其他高新技术产业并不高,但医疗器械产业本身的特点,会受到众多风险投资者关注,只要金融环境好,有利于风险投资发展,那么进入医疗器械的风险投资将超过其他产业。

(四)企业与产品结构

欧盟医疗器械主导产品有医用电子、无创护理、心血管、影像诊断设备、手术器械、医用机器人、医用激光设备、高级护理、体外诊断和整形外科设备等。

欧盟医疗器械产品结构中,中高端产品为主。而且在高端产品中,以德国、英国和法国为主。产品主要部件供应国以东欧为主,其中匈牙利、波兰和捷克为欧洲整机厂商部件外购产品首选国,占其部件供应总额的 29%;其次选择北美和亚洲地区。

值得一提得是,近几年,随着爱尔兰经济体制的改革与发展,为高新技术产业发展创造了良好的环境和条件,许多美国医疗器械公司在爱尔兰设立子公司。极大地促进了爱尔兰医疗器械产业的发展,使爱尔兰医疗器械创新产品不断涌现,爱尔兰医疗器械主要以心血管设备、影像软件、医用电子等产品为主。

瑞典和瑞士在齿科设备、实验室用仪器设备、医疗器械辅助装置、涂药支架、齿科材料等产品领域成为主导。

总体而言,欧盟医疗器械产品性能高、质量稳定,在国际市场上具有较强的竞争力。表15-13 为欧盟主要医疗器械产品分类及主要生产公司。

表 15-13　欧盟主要医疗器械产品分类和主要公司

产品分类	主要公司
Advanced wound care 高级创伤护理	3M(U. S.),Coloplast(Denmark),Johnson & Johnson(U. S.),Smith & Nephew (U. K.)
Cardiovascular 心血管	Abbott(U. S.),Biotronik(Germany),Boston Scientific(U. S.),Johnson & Johnson (U. S.),Medtronic(U. S.),St. Jude/Guidant(U. S.),Sorin(Italy)
Dental implants 齿科灌注材料	AstraZeneca(U. K.),Lifecore Biomedica(U. S.),Nobel Biocare(Switzerland), Straumann(Switzerland),Zimmer(U. S.)
影像诊断	General Electric(U. S.),Philips(Netherlands),Siemens(Germany)
血液透析	Fresenius Medical Care(Germany),Gambro(Sweden)
助听设备	Amplifon(Italy),GN Store Nord(Denmark),Logitech(U. S.),Phonak(Switzerland), Plantronics(U. K.),William Demant(Denmark),Siemens(Germany)

产品分类	主要公司
体外诊断	Abbott Labs（U. S.），Bayer Diagnostics（Germany），Becton Dickinson（U. S.），Beckman Coulter（U. S.），BioMerieux（France），Dade-Behring（U. S.），Ortho-Clinical Diagnostics（U. S.），Roche Diagnostics（Switzerland）
实验室设备	Affymetrix（U. S.），Applied Biosystems（U. S.），Biacore（Sweden），Invitrogen（U. S.），Millipore（U. S.），Qiagen（Germany）
整形外科及材料	B. Braun（Germany），Biomet（U. S.），Encore Medical（U. S.），Medtronic（U. S.），Smith & Nephew（U. K.），Stryker（U. S.），Synthes（Switzerland），Wright Medical（U. S.），Zimmer（U. S.）

信息来源：Source：Compiled by Commission staff from Belgian industry official，interview by Commission staff，Belgium，September 19，2006；and Diller，"Healthcare：Products and Supplies：Europe"

欧盟医疗器械企业也主要集中在几个经济发达和技术创新能力强的国家，如德国、英国、法国、荷兰、意大利及后起之秀的爱兰尔等。欧盟医疗器械生产企业仍是中小企业为主，跨国大公司占企业的少数。世界医疗器械按收入排名前30位的企业中，欧洲拥有7家。其中两家公司成为世界重量级跨国公司。

欧盟约有8500～10 000家医疗器械企业，其中包括供应厂商，同时也包括欧盟以外的大型跨国公司的子公司。美国在这些国家所设立的企业占有不少的一部分，如强生、GE等都在欧洲设立医疗器械相关子公司。但总体上欧洲医疗器械产业中更多的是中小型企业。

在欧盟的医疗器械产业中，美国企业也发挥着重要作用，不少美国公司在欧盟建立起自己的子公司。美国在FDA注册登记的医疗器械母公司中约有60%在欧洲建立子公司，其中在爱尔兰建立的子公司最多，而且美国从爱尔兰进口的医疗器械份额也名列前茅。另外，美国医疗器械公司也分别在芬兰（17%）、匈牙利（15%）、英国（12%）、荷兰（11%）、法国（10%）和德国（7%）共享资源建立了子公司，相比之下，欧盟仅有1%母公司在美国设立子公司。

（五）产业规模与从业人员规模

欧盟医疗器械产业规模在世界排第二位，市场总额占世界总额的33%左右。表15-14为欧盟2001—2005年医疗器械产业产值、雇员数量及人均产出。

表15-14　2001—2005年欧盟医疗器械产业产值、雇员数及人均产出

时间	欧盟产值（百万欧元）	雇员数量	每个工人产出值（欧元）
2001	22 854	341 020	67 018
2002	25 555	348 786	73 268
2003	24 209	358 472	67 534
2004	25 495	a375 827	67 838
2005	30 657	a388 449	78 921
时间	欧盟产值（百万美元）	雇员数量	每个工人产出值（美元）
2001	20 451	341 020	59 970
2002	24 050	348 786	68 955
2003	27 323	358 472	76 220
2004	31 657	a375 827	84 233
2005	38 125	a388 449	98 149

a：估计值

数据来源：Eurostat，Prodcom and Structural Business Statistics Databases，and IMF exchange rates

欧盟劳动生产率在不同国家中表现不同,中东欧国家劳动产值低,其他国家如爱尔兰和芬兰的水平与日本和美国相近。但欧盟的总体劳动产出率低于美国和日本。

欧盟医疗器械产业的从业人员增长很快,从 2001 年 341 020 增长到 2005 年 388 449 人(见表 15-15)。近 158 000 名从业人员集中在德国,位居欧盟第一;第二是法国,再其次是英国、意大利和爱尔兰。这 5 个国家医疗器械产业从业人员在 2005 年占整个欧盟医疗器械产业从业人员的 73%。中东欧从业人员这期间有一定增长,但从业人员水平比西欧低很多。

表 15-15　2001—2005 年欧盟各国医疗器械产业雇员数

国家	2001 年	2002 年	2003 年	2004 年	2005 年	2001—2005 年变化绝对值	2001—2005 年变化(%)
Austria	6249	6335	6622	6986	7233	984	16
Belgium	29 808	(b)	3273	a336	3465	985	16
Cyprus	(b)	(b)	(b)	155	168	(b)	(b)
Czech Republic	8649	9106	9649	a10 654	11 764	3115	36
Denmark	7142	7397	7338	7435	7638	496	7
Estonia	528	685	785	a957	1167	639	121
Finland	5115	5156	4663	a4447	4241	−874	−17
France	42 527	43 297	43 916	44 734	46 071	3544	8
Germany	145 037	140 328	153 639	154 416	157 959	12 922	9
Greece	(b)	(b)	(b)	(b)	(b)	(b)	(b)
Hungary	7019	7682	8043	8092	9130	2111	30
Ireland	14 770	15 093	15 133	16 883	17 789	3019	20
Italy	25 692	26 769	26 296	28 676	28 663	2971	12
Latvia	564	587	591	a599	607	43	8
Lithuania	1415	1451	1545	1755	1928	513	36
Luxembourg	290	301	341	a361	382	92	32
Malta	489	(b)	(b)	(b)	(b)	(b)	(b)
Netherlands	(b)	10 742	10 131	11 218	11 352	(b)	(b)
Poland	10 621	12 675	13 109	14 515	15 682	5061	48
Portugal	2223	2084	1959	a1944	1929	−294	−13
Slovakia	2600	2764	2824	2352	2408	−192	−7
Slovenia	827	1010	1059	a1212	1387	560	68
Spain	11 845	13 014	13 662	13 635	15 303	3458	29
Sweden	9356	9287	(b)	10 426	10 804	1448	15
United Kingdom	35 082	33 023	33 894	31 066	31 379	−3703	−11
Total	341 020	348 786	358 472	a375 827	388 449	47 429	14

a:估计值

b:数剧缺失

数据来源:Eurostat,Structural Business Statistics Database

由表 15-15 从业人员在欧盟各国的分布看,奥地利、德国、爱尔兰、意大利、波兰、瑞典、西班牙、荷兰和英国的医疗器械产业从业人员较多,这几个国家 2005 年的从业人员(2 888 931)占欧盟 25 国总从业人员 388 449 的 74.38%。

(六) 研发体系及人才培养

欧盟创新体系经历了从初期联合、强化合作到一体化框架下的统一过程,并在统一框架下形成区域联合体系,目标是始终以科学与技术为核心,以提高其经济竞争能力。"科技发展和研究框架计划"是个为期 5 年的计划,侧重于基础研究与市场开发之间的应用性研究。"尤里卡计划"的重点是欧盟在电子、光学、人工智能、新材料等一系列高新技术领域联合进行研究与开发。该计划实施 10 余年来取得了丰硕的成果。

欧盟创新体系是在一体化框架下组成联合研发体系。框架计划是欧盟创新战略目标体系的具体体现。执行框架计划的主要目的是集合欧盟不同成员国的研究机构,让它们合作、共同完成科学研究,以便取得更好的研究成果。从最初的联合研发到现在的联合创新,从科技发展战略和科技政策的实施到今天创新战略和创新政策的实施,框架计划在欧盟创新战略的实施过程中都发挥了重要的作用。

欧盟认识到,增强创新能力涉及多种政策,如工业政策、技术研究开发政策、教育与培训政策、金融税收政策、竞争政策、地区政策、对中小企业的扶持以及环境政策等。所以,必须通过协调的方式来发挥这些政策的不同作用,因此,有必要形成一种促进创新的真正的欧洲战略。

欧盟的理念是在一体化框架下,要为各成员国所接受,其政策要对各成员国有所影响,欧洲战略性的合作要开展起来,除了各成员国自发的开展双边或多边合作外,还必须通过一定的以欧盟主导的方式表现出来,框架计划是欧盟联合研发体系相作用的一种形式。从 1983 年开始,欧盟先后已实施了 6 个框架计划。

2007 年 1 月开始,欧盟第七个框架计划正式启动。根据欧盟公布的第七个框架计划的草案,它的主要特点:一是研发经费大幅度增加,总预算高达 760 亿欧元。充足的经费是确保该计划顺利实施的基础;二是第七个框架研发计划执行期由过去的 4 年增加至 7 年(2007—2013 年),扩大了执行时空,保证了计划执行的连续性;三是研究重点共分 5 个方面、18 个领域。优先领域的集成更精,更符合欧洲科技发展的实际;四是突出了研究与创新的核心作用,尤其是企业的研究与创新具有清晰的市场导向性;五是充分发挥了泛欧科技大联合的优势,以科技进步为动力,推动里斯本战略目标的实现。第七框架计划的重点将倾向于基础研究和前沿科学研究,这是欧盟第一次在框架计划层面上提出重点推进基础研究或前沿研究的项目,围绕前沿或基础研究的总投入将会达到 70 亿欧元。其中医疗器械基础研究也被列入第七个框架计划中实施。

近二十年来,欧盟的框架研发计划不仅取得了丰硕的成果,促进了欧洲的科技进步,增强了企业的研究与创新能力,提升了欧洲整体的国际竞争力,为振兴经济、改善公民生活质量、推动欧洲科技联合发展、支持欧盟一体化建设发挥了巨大作用,而且积累了丰富的实践经验。框架计划作为欧盟与美国、日本抗衡的大型跨国综合性研究与技术开发计划,也是欧盟投资最多、领域最广、内容最丰富的全欧性研究与技术开发计划。可以说,框架计划是欧盟创新战略最重要的一种执行工具,它的参与者包括了来自欧洲各国的大中型企业、大学和研究机构等各类单位,在这样一个多国、多领域、同时又是多层次的系统中,框架计划为各个单位的互动、交流与合作创造了一个很好的平台,为创新发展起到了很好的支持作用。框架计划项目的实施对于欧盟内新的合作网络体系的形成、对于国际合作网络的形成,起到一种催化剂的作用。

近年来欧盟将新技术产业如微电子、新材料、信息通讯、生物医学、健康产业等都列入加强发展的项目中;欧盟和各国政府加大高新技术产业创新研发投入力度,将创新列入知识三角(研究、教育和创新)的重要位置,由政府出资,建立开放性的创新体系,鼓励产、学、研结合,进行创新开发和技术成果转化。欧盟很注重大企业与小企业的联合,并由大企业带动小企业,同时也注重小企业以外的,又有增长潜力的中型企业的投资。目前无论是欧盟还是各成员国,逐渐将资源重心向中小企业倾斜,并增强了中小企业的创新活力。

在人才资源方面,由于日趋激烈的全球竞争和人口老龄化现象,欧盟的科技人力资源已呈现短缺之趋势。鉴于此,欧盟委员会已决定将科技人力资源的开发列为最优先领域之一而予以大力支持。

知识信息的创新、扩散和应用以及经济社会的发展主要依赖于掌握先进技术和知识的高科技人力资源。国家创新能力的大小、发展的快慢与科技人力资源的数量、质量、结构、分布、开发利用状况密切相关。

欧盟意识到自身在发展人力资源方面的不足,近些年来在这个领域进行了大量的改革和创新,并把人力资源政策作为创新战略实施的重点,积极推动各成员国的人力资源的改善。

采取的具体措施:①教育与培训,欧盟应为公民提供终身学习与培训的机会,各成员国应把基础知识、应用技能和创新能力作为教育培训的重点,支持大学、研究机构及企业的人才培训计划,全方位地培养各学科、各领域的人才,逐步建立一支世界一流的高质量科技人才队伍;②增强劳动力市场的流动性和开放型。从某些方面说,正是欧洲劳动力市场在开放性和流动性的欠缺一定程度上制约了知识和创新的扩散。为促进人才在不同国家、地区、不同行业、高校等科研单位和产业界之间的流动以及知识的传播和技术成果转化,欧盟建立了研究人员跨国工作的财政支撑体系;③制止人才外流和实施人才导入政策。积极开展国际科技合作,吸引国外优秀研究人员到欧洲工作,进一步开放一系列欧洲大型研发计划,争取更多的外国优秀研究人员参与各项研发活动,改善外国研究人员科研与生活条件,提供优惠工资待遇;④开展全民科普教育。欧盟认为创新观念只有为社会所接受,创新活动才能够进行或传播下去。提升公众的兴趣,鼓励消费者购买技术先进的产品都属于这一领域的政策目标。

经过半个多世纪,欧洲的创新活动有了很大的发展,欧盟与美国、日本在创新能力方面的差距进一步缩小,这表明欧盟多年来推动创新的努力初见成效。欧盟委员会说,从总体上来看,欧盟已连续4年缩小与美国的创新能力的差距。

正是这样的欧盟研发体系框架,为医疗器械发展需求提供良好的基础研究、工程化开发和人才资源与环境条件,使医疗器械产业得以较快的发展,成为世界医疗器械创新、工程化研发中心。

(七) 专业化的中小企业构成产业整体

欧盟作为工业革命的发源地,工业基础厚,为医疗器械产业创新研发及生产性服务提供良好的基础。欧盟医疗器械产业市场产品种类很广,企业制造产品的表面的高水平和价格不稳定市场竞争,使制造商的技术水平低且相对简单,产品单一。欧盟医疗器械产业中许多公司高技术产品的生命周期短,一般在18~24个月。

欧盟医疗器械创新产品研发投入不高,资金来源以公司销售收入为主,小企业占绝大多数的欧盟医疗器械产业,小企业很难承担风险大、周期长的创新产品研发项目。

欧盟公司平均研发支出约占销售收入的6%,而美国平均为10%。低研发支出,使欧盟医疗器械产业竞争力相对较弱。可能因产业结构受控中小型企业而使研发投入不足。欧盟虽然如此,但德国公司研发支出比欧盟其他国家高,占销售收入的10%,瑞典为9%,接近美国平均水平。

综上分析,欧盟医疗器械产业格局是中小企业较多,大企业主导产品的生产和市场销售;许多部件采用合同外购,但仍然在欧盟地区内的市场采购为主。创新研发投入中等水平,创新产品相对美国少,产品竞争力弱于美国。

(八) 产业聚集区的发展

欧盟医疗器械产业聚集区主要分布德国、英国、法国、意大利及爱尔兰等国家,医疗器械产品中德国的手术及影像设备、英国的生物材料、法国的骨科设备、意大利的X射线机等方面都具有产业优势。其中德国是欧盟医疗器械产业最集中的国家。德国医疗器械产业规模占欧洲整个市场的50%左右。因此,以德国为例介绍产业聚集区的发展。

在德国医疗器械最集中的有几个工业园区或科技园区中,以品牌企业为主导形成医疗器械产业集群的园区是德国巴伐利亚州的埃尔兰根,而埃尔兰根发展成为世界医疗器械产业中心,是巴伐利亚州政府一系列引导产业发展、创造产业环境、吸引品牌企业相关政策出台和实施的结果。

第二次世界大战后德国被分成东西两部分,西德新政府成立,巴州开始调整其经济发展方向,吸引一些原在东部地区大企业到巴州安家落户分。通过为西门子、奥迪、捷德等公司主动提供工业用地及优惠政策,成功地吸引上述企业进入该州安家落户,使巴州很快就有了一批骨干企业,这些骨干企业形成了带动了该州工业发展的主力军。使巴州很快从一个农业州发展成为德国工业核心地区,汽车、航天航空、机械电子、电力电子等产业成为巴州支柱产业。随着技术的发展和进步,巴州以慕尼黑地区为核心,其机器人、汽车、机械电子和航空航天等高科技产业得到迅速发展,并很快向其周边辐射,形成奥格斯堡和雷根斯堡的机械电子、航空航天配套产业群;纽伦堡的电力电子技术产业群和埃尔兰根的世界医疗器械产业中心。

80年末至90年代初期,巴州面临着国内外的竞争,巴州将高科技和未来产业作为突破口,通过成立科技创业中心等手段,推动产业结构的再次转型。2000年启动"高科技攻势",重点扶持已具有一定产业规模和研发优势的生命科学、信息通讯技术、新材料、环境技术和机械电子等行业,埃尔兰根产业转型发展变化可反映出这点。由于埃尔兰根是大学与科研机构集中地,大学与科研机构成为新技术发展的动力源;新技术的应用与发展让埃尔兰根再次成为信息与通讯,软件、新材料等新技术发展中心,同时也为其医疗器械产业发展提供了全面的新技术支持。埃尔兰根之所以能成为世界医疗器械产业中心,一方面是拥有配套新技术支持与智力资源,另一方面与其政府引导产业发展,创造产业发展环境的相关配套措施的实施分不开。埃尔兰根良好的医疗器械产业发展环境,吸引品牌企业进入发挥了重要作用。目前西门子医疗系统集团公司、菲利浦医疗系统公司、美国GE公司等都在埃尔兰根设立公司,围绕大品牌公司自然就吸引了一批具有创新能力的中小企业成为其配套生产的辅助和补充,因而在埃尔兰根形成一个以品牌为主导的医疗器械产业集群,并以品牌带动了德国医疗器械产业发展。现在埃爱兰根已成为多家大公司集中的世界医疗器械产业集群中心。

另一个工业园是以一类产品的专业化基础加工业为核的工业产业集群,即德国的图林根(Tuebingen)光学产业中心,图林根的工业中与耶拿蔡司和绍特的名字联系在一起的光学业是其经济发展的重要的支柱性产业之一。

图林根州始终传承着传统光学工业。19世纪德国的工业化是在萨克森州和图林根州开始的。重要的行业有采矿(钾)、瓷器、玻璃、玩具,但是首先是机床制造以及图林根州继承了这些传统工业。在东德终结和由于转折而引起的经济变革后,图林根针对市场需求,发展起了新的使这个自由州有可能有发展前途的高新技术。例如耶拿光学仪器公司(Jenoptik)在整顿后成功地成为行动于国际上的高技术康采恩。

耶拿市有"光谷"城市之称,精密光学仪器产品制造非常发达,耶拿光学仪器公司最有名的是蔡司公司,其次是耶拿光学、绍特耶拿玻璃和莱卡微观系统等公司也聚集在耶拿,耶拿今天仍然是世界光学工业的中心。

图林根拥有众多的科研单位,包括4所大学(耶拿、魏玛、埃尔福特和费梅瑙)和其他的专科大学,大约50个研究机构和20个技术中心。这些大学和科研机构为其光学技术发展提供了专业人才与科研环境。另外,图特林根光学工业成为国际光学产业中心,其光学公司发展一直保持世界领先地位就能说明其中的原因。

卡尔·蔡司公司是德国也是全球最古老的光学科技企业之一,于1846年在德国耶拿创立。该公司是精密光学仪器领域的领头羊,制造包括相机镜头、实验室设备、天文馆投影机等一系列产品,并为交通、半导体、医药和摄影等领域制造光学设备。

蔡司公司的主体业务可分成三大部分。其中最重要的部分是为汽车和飞机制造商生产各种镜头。另一部分为医疗部门服务,在这里人们可以买到眼科手术所需要的全部设备。第三部分是该公司利润最高的部门,并且直接面对消费者。

图林根正是有像蔡司这样一直坚守着光学技术产业的公司,才使其成为光学产业领域的技术中心;图林根的光学医疗仪器设备产业也是由于其光学产业的发展而孕育起来的。

巴滕符腾州的图特林根市是外科手术医疗器械产业集中地,拥有最大的外科医疗器械公司——贝朗集团公司,其产品为外科设备及器械,覆盖整个外科领域,包括:外科设备、手术器械、窥镜系列、外科耗材等。内窥镜公司有卡尔斯托 Rudolf、Wolf Storz Aesculap 等公司,是德国外科医疗器械产品四大品牌公司。

图特林根的医疗技术集群拥有560名业内专家,是全球外科医疗器械之都,这个集群激励着企业就好像竞技运动员在训练营里一样不断取得最佳成绩。图林根及图特林根市的发展揭示出了发展的一种模式,即在原有优势产业基础之上形成新的产品线,聚集相关企业,形成新的产业群。

以政府为主导而创新是爱尔兰。在70年代爱尔兰还是以畜牧业和农业为主导产业的国家,经济水平在欧洲处于较落后地位。80年代初期政府面对电子信息技术发展,开始调整本国经济发展方向,政府采取出台一系列鼓励政策,一方面促进本国创业企业发展,另一方面吸引世界大公司进入;进入90年代爱尔兰产业已是IT、软件及信息技术为主导的国家。

爱尔兰是在进入80年代中后期,开始调整经济结构,鼓励发展IT、信息电子通讯技术,在政府的积极推动下,使新技术产业快速发展起来,并走在世界前沿。爱尔兰以信息产业为主导,在世界排名前10位的软件企业都在爱尔兰设有研发基地和分公司。

爱尔兰的科技园大多是以政府为主导发展起来,国家为科技园提供企业创业发展的基础环境、科研机构平台支持、中介服务机构等,其中中介服务机构为企业提供各方面的综合服务,如法律、政策咨询等服务,也是政府与企业联系的中间桥梁。

国家大力发展教育事业,为企业发展提供所需的专业人才,保证企业发展需要;爱尔兰独特的自然环境,拥有天然的良好生活环境,这也是吸引众多医疗器械、软件、电子公司进入这两个国家发展的重要因素之一。

目前爱尔兰医疗器械成为欧洲创新后起之秀,爱尔兰的医疗器械产业已成为美国在欧洲要进口国,爱尔兰医疗器械 2005 年在美国进口国中排名第一(见表 3-6),占总量约 19%。

(九) 产业战略发展

欧盟在二战前,产业竞争力属世界第一位,但在 20 世纪 70 年代,欧盟的几个工业发达的国家如英国、德国等开始意识到产业竞争力开始下降,已被美国、日本赶超。欧盟为了提高其产业竞争力,开始对产业结构进行调整,产业战略发展重点调整到产业技术创新能力提高的方向。同时将欧盟各国在统一联盟的基础上,增强一体化创新的联合与合作。因此,确定欧盟产业发展战略方向是提高创新能力,增强欧盟经济竞争力实力。

欧盟医疗器械产业发展也是在这样大的主导思想下进行战略布局。首先在欧盟营造易于产业主体创新的政策环境与金融环境,为中小企业解决创新技术和风险投资对接的条件与政策环境,为风险投资解决退出和盈利渠道的机制;尽管欧盟目前风险投资退出渠道仍然是以产权交易形式为主,如英国设立了 AIM 市场,德国已设立 NEUER 二板市场,为风险投资上市交易和退出提供了平台,但由于各种原因,仍然不能成为风险投资主要退出渠道。其次是欧盟国家之间优势资源的互补来发展重大创新项目,如医用 X 射线机的关键部件,数字化探测器公司 Trixell,是由德国 Siemens 公司、荷兰 Philips 公司及法国 Thomson 三家公司投资近 1 亿美元共同建立起的 X 射线机用数字化非晶硅探测器开发及生产企业,使之成为世界上 X 射线机探测器生产的领军企业,并与美国医用 X 射线机用的数字化非晶硒探测器生产企业 Hologic 公司形成竞争。

总之,欧盟及各成员国,产业战略发展是以引导、营造环境、加强服务为主导思想,促进企业向良好的方向发展,提升产业竞争力,以提高各国及欧盟整体的经济竞争能力。

四、日本医疗器械产业格局

日本医疗器械产业格局是产业规模大,跨国大企业多,企业数量少;产品主要以医用电子、影像设备、心血管支架、医用光学仪器、康复护理、家庭医用产品等为主。医疗器械产业主要集中在东京等经济、技术发展较快的地区。工程开发能力强,基础研究较弱。具有良好的汽车、电子、光学等基础工业,为医疗器械发展提供了良好的产业配套环境。

(一) 产业总体评价

1. 产品各项含量的评价 日本医疗器械产品以中高端产品为主,中高端产品的工程创新技术含量较高,原创新技术含量相对美国、欧盟的产品低,产品知识成本占总成本的 20%~40%;原创新产品与美国、欧盟有一定差距;日本医疗器械产品工程含量很高,从工程化突破与改进创新产品占主导;基础含量高的产品多于美国、欧盟。日本医疗器械产品的各项技术含量中,创新技术含量与工程化创新含量较高于创新技术含量。这与日本战后确定的优先发展工程技术的科技政策有关。

2. 各类产品的综合竞争力 日本医疗器械不同产品领域竞争力有所不同,中高端产品由于工程创新技术含量高,同时也有一定创新技术含量高,并拥有自主知识产权,技术水平在世界市场上同类产品中,处于领先地位,仅次于美国、欧盟。产品竞争力也较强,在世界市场上具有一定的优势。工程化技术含量高的产品,竞争力与欧盟相近,这类产品大部分在日本本国,有一少部分移到东南亚和中国;基础加工含量较高的产品竞争力不如发展中国家,因此这类产品是要移植到海外地区,如东南亚地区等。总体上,日本医疗器械产品综合竞争力仅次于美国、欧盟,处于世界第三位。

(二) 政策环境

日本政策环境在其不同经济发展阶段有所侧重,从 20 世纪 90 年代政府开始调整国家产业、科政策、金融政策,将过去引进、吸收、学习先进技术的产业目标,转向鼓励企业、大学、政府机构、个人等进行技术创新,实现科学技术创造立国的目标。国家在第二期《科学技术基本计划》中,确立了"科学技术创造立国"的战略目标,将知识创造作为科技政策的基本方向。

为了充分发挥技术对经济的贡献作用,拉动和推动日本经济发展,日本政府于 1995 年 11 月公布"科学技术基本法",在技术立国的基础上进一步提出了"科学技术创造立国"战略的阶段。

日本为了达到科学技术创造立国,政府制定实施了一系列的科学技术战略的法律与政策。1995 年颁布《科学技术基本法》,标志着日本科技政策进入到重视基础研究和强调创新的新阶段,并开始向"科学技术创新立国"转型。2000 年颁布《科学技术基本计划》,政策目标具体概括为三个方面:即"通过创造和运用知识、能对世界做出贡献的国家";"具有国际竞争力量、能够持续发展的国家";"实现安心、安全、高质量生活的国家"。为了实现三个目标,《科学技术基本法》(1998 年进行修订)提出了振兴科学技术的五个基本方针:①无论是研究者还是一般国民都应当为知识的创新而努力,而政府则应当为这种创造性的发挥而积极创造条件;②依靠科学技术去谋求人们的生活、社会和自然之间的和谐;③在推动科学技术发展的应当注意基础研究、应用研究和开发研究三者之间的有机结合;④注重并加强国家试验研究机关、大学以及民间企业的研究机构三者间的协作;⑤注重自然科学与人文科学之间的相互渗透。

2002 年 7 月颁布《知识产权战略大纲》,同年通过《知识产权基本法》。2003 年 3 月设立"知识产权战略本部",7 月制定了《知识产权推进计划》。日本知识产权战略的基本对策,主要有四个方面:推进大学及企业的知识产权创造;强化知识产权保护;促进知识产权活用;重视知识产权相关人才的培养等。按《大学等技术转让促进法》(1998 年)的规定,逐步设立"技术转让机构(TLO)"。到 2004 年 3 月依法设立了 TLO 36 家,大大促进大学研究机构科技成果转化。2004 年颁布的《科学技术白皮书》,日本政府既强调科技是社会发展的动力,又强调科技对社会有正负两方面的影响。为此,实施科技政策也必须构筑科技与社会的新关系。

长期以来,日本中小企业普遍存在的资金不足,融资担保难等问题。日本政府为解决中小企业融资难的问题,在完善相关法律法规,健全金融服务机构,建立信用担保制度,优惠财政税收政策,拓宽直接融资渠道等诸多方面出台了一系列政策,形成了较为完整的中小企业融资服务体系,保障了中小企业的快速发展。

在金融环境方面,从 1963 年实施纲领性法规《中小企业基本法》至今,指导国民金融公库贷款的发放,解决中小企业开展生产经营资金困难的《国民金融公库法》;明确中小企业金融公库业务活动的《中小企业金融公库法》;规范中小企业融资担保制度的《中小企业信用保险公库法》、《中小企业信用保障协会法》;以及为中小企业进行现代化改造和技术创新提供资金保障的《中小企业振兴资金资助法》、《中小企业现代化扶植法》等 8 部涉及金融方面法律的施行,形成了较为健全的融资法律体系。

　　日本政府还采取了各种手段来振兴民间企业的研究开发活动。新技术开发事业团采取各种方式来促进"国有技术"的产业化。为了振兴民间企业的研究开发活动,日本政府还在税制、金融方面采取了各种措施。在税制方面,新设了"基础技术研究开发促进税制"和"中小企业技术基础强化税制"。在金融方面,日本开发银行等按照"技术振兴融资制度"实施低利融资,对促进民间企业技术水平的提高发挥了重要作用。

　　日本政府科技政策制定与实施,极大促进日本新技术产业发展。也为中小企业、大学科研机构等创新开发和技术研究成果转化提供良好环境。使其信息技术稳步发展、地区经济逐步振兴。近畿地区,随着近年来科技政策的实施,各府县竞相向高科技领域发展。首先,在各府县中小企业聚集地,相继出现研发高新技术产品的热潮;大阪府开发民用小型人造卫星;神户市研发灾害救助及医疗用机器人等。其次,通过产学官合作,创办新产业。大阪大学等 30 多所院校正在创办医疗生物产业;京都等 3 所大学和 17 家企业联合研发纳米技术,创办新一代光电子设备产业。技术贸易发展迅速。

　　总之,日本产业政策环境是,拥有健全的法律制度与全面的政策内容,但多数是在政府主导下实施,发展重点与方向由政府引导,缺少市场化行为。但这些政策对医疗器械产业发展还是具有积极的促进作用。

(三) 金融环境

　　日本的金融机构主要由三大类构成,即作为中央银行的日本银行、民间金融机构和政府金融机构。日本民间金融机构主要是由商业银行和专业金融机构以及其他金融机构组成。日本政府金融机构则主要是由"二行九库"构成。日本的都市银行和地方银行是日本商业银行的主体。都市银行在整个日本金融体系中势力最大、地位最重要。它主要业务是吸收存款和向大企业提供贷款。都市银行吸收的存款占日本全部银行总存款的 20%,其中法人存款占其总存款的 60%。地方银行是将总行设在大中城市,以总行所在的都道府县为主要营业区的银行,地方银行主要是广泛吸收个人储蓄性的存款,以本地区的中小企业为贷款对象从而为地方经济的发展提供大量的资金,对中小企业的贷款占其贷款总额的 70%～80%。

　　在"二行九库"为主的日本政府金融机构中,其中国民金融公库、中小企业金融公库、中小企业信用保险公库、商工组合中央金库以中小企业为主要融资对象,日本开发银行对中小企业也提供了相当数量的设备投资。目前日本形成了由普通的、专门的、政府的、民间的金融机构这四个层面组成的中小企业金融机构体系。

　　日本金融体系另一个构成是大企业集团的金融制度,主要包括主银行制度和相互持股制度。这两种制度是在日本特殊的历史进程中生成、发展的,这一特殊的历史进程主要指日本战后,特别是日本经济的高速增长期。日本企业集团金融制度的形成极大地促进了日本经济的发展。企业集团金融制度和相互持股制度主要是大企业财团与银行之间融资和相互分散风险的一种方式。是在日本特有的金融环境下产生的大企业财团融资的形式。

　　日本企业集团中的主银行是借款企业的主要资金供给者;是企业结算的中心银行;通常也是企业的主要股东;并且向企业派遣属于重要职务的人员;当借款企业经营业绩恶化时,主银行负责对其进行救助。企业与银行之间通过长期交易形成的主银行关系制度化而成主银行制度。主银行制度中,主银行和企业之间的权利和义务关系不是以合同形式明确地规定的,而是双方默认的;是企业与银行之间、银行和银行之间的一种默契。主银行制度是银企之间通过长期交易形成的一种惯例。

日本企业集团的主银行制度的特殊之处在于它能够有效地利用较少的资金,以较低的成本向企业融资,是企业增长的制度性基础。主银行制度通过以下三种功能,即银行的信息生产功能、对借款企业救助的功能、主银行的监督功能和相互持股制度的作用,节约了企业的融资成本,促进了企业发展。

相互持股制度,股份的相互持有主要指银行和企业这样的法人相互之间持有对方的股份。法人持股与机构投资者持股最大的不同在于日本的银行和企业是将股票当成公司的资产而持有股票,而机构投资者是为了获利将资产用于股票投资。

相互持股制度是日本企业体系的重要特征之一。通过相互持股,日本大企业扩大了它的稳定股东数目。

在日本经济的高速增长期,相互持股制度促进了企业的发展,例如它为企业提供了稳定股东、实现了企业的稳定经营;降低了股市对企业的间接影响力(股价的下跌不会导致经营者的更迭)。企业经营者可以不拘泥于企业的短期利益而从长远发展的角度扩大企业的规模;强化了企业间的交易、节约了企业间的各种交易成本等,相互持股制度的作用:防止企业被并购、分散风险、扩大企业经营者的控制支配权、公司管理(制约经营者的行为)、高股价经营(使企业筹集到更多资金)等。

相互持股制度在日本经济高速增长期,对企业经营起了正面的作用,但相互持股有效发挥作用的前提是企业处于盈利状态,在日本泡沫经济崩溃后,企业收益下降,亏损企业增加,企业间相互持股的好处逐渐消失,随着相互持股成本的提高,不仅降低了相互持股制度的意义,而且由相互持股制度带来的问题日渐突出。

近几年随着日本政府以科技立国,大力促进高新技术的发展战略思想指导下。政府不断为中小企业融资创造环境与条件,先后颁布了 30 多部有关中小企业发展的专门法律,形成了"每建立一个中小企业机构就有一部法律与之相配套"的局面。新修订的《中小企业基本法》,特别强调指出要在金融税制方面采取优惠措施,努力实现中小企业的"资金融通周全化"和"充实企业资本",营造了畅通便利的中小企业融资环境。同时也组建了二板市场。在二板市场上,日本有柜台交易和交易所二部,为中小企业提供转让和筹资服务,且上市条件十分宽松,亏损但有发展潜力的企业也可以上市。日本金融环境总体上讲还是为风险投资创造了条件,为促进新技术的发展发挥一定的作用。

日本也有健全中小企业金融服务机构,现在的日本,中小企业通过贷款获得资本是融资的有效途径。日本针对中小企业的金融机构有政府政策性金融机构和民间金融机构两类。两者互为补充,有力地解决了中小企业的融资难题。

总体看日本金融环境是政府主导下运营机制,中小企业的融资体系是一个政府主导型的体系,它不是通过市场自发,而是通过政府策划形成的,因此,日本的风险投资来源主要是民间,由于政府对金融机构投资的限制,政府金融机构风险资金相对较少。

日本医疗器械产业领域以中小企业为主,由于医疗器械产业特殊性,即产品研发和注册周期长,因此,日本中小企业优惠的融资环境和一些优惠政策惠及到医疗器械中小企业上就大打折扣。而且由于日本金融体系是政府主导型,这种金融机构体系下,风险投资不如美国活跃。

（四）产品结构与生产企业

日本医疗器械产品结构中以中高端产品为主,主要包括:影像设备、医用电子、医用光学设备、心血管支架、护理和康复、家庭医疗等产品为主。产品生产和市场以大企业为主。日本医疗器械市场上,高端产品中进口与本土产品各占一半,中端产品以本国产品为主,低端产品本国占少数,多为进口产品。

日本批准注册的医疗器械公司约750家,多为私营公司。主导日本医疗器械产业和市场是几家大公司,如东芝、奥林巴斯和Terumo公司等。这几家公司是日本医疗器械市场上产品(医院通用器具,如注射器、导管、心血管支架、静脉设备、内窥镜、血液净化装置和透析装置)主要提供者。透析和其他透析装置在日本主要由Terumo,Asahi Medical生产,其他产品则多为家庭公司提供。另外,美国几个大公司在日本设立公司,如通用-横河医疗系统公司,美国通用电气在日本主要生产医学影像设备。在日本的美国商会估计54个成员中医疗器械产品在日本销售额2003年约为850亿美元。日本大公司的主要竞争对手是来自美国的跨国公司。

尽管近几年日本医疗器械产业增长缓慢,但日本几家大公司在世界医疗器械市场上具有很强竞争能力。如东芝医疗系统公司,其影像诊断设备销售额60%来自海外市场。奥林巴斯光学公司掌握着世界70%的内窥镜产品市场。日立医疗公司在永磁MRI市场上占据竞争优势。

（五）产业与从业人员规模

根据日本官方提供数据,日本产业规模在世界排第三位,占世界市场总份额的11%～14%之间;表15-16,为日本医疗器械产值、从业人员数量和人均产出。日本医疗器械产业2004年从业人员约81 759人,约占全国劳动力总人数的0.1%,2004年人均年劳动产值为1880万日元(173 460美元),2005年在日元贬值5%的前提下,日本医疗器械产业人均年劳动产值高于欧盟。

表15-16　2001—2005年日本产品产值和从业人员数

年份	产品产值(百万日元)	雇员数	工人每人产出值(日元)
2001	1 516 989	77 195	19 651 389
2002	1 503 507	80 361	18 709 411
2003	1 498 918	100 525	14 910 898
2004	1 534 338	81 759	18 766 595
年份	产品产值(百万美元)	雇员数	工人每人产出值(美元)
2001	12 482	77 195	161 700
2002	11 991	80 361	149 210
2003	12 900	100 525	128 326
2004	14 182	81 759	173 460

数据来源:MHLW. Employment data is likely higher,given that consolidated data only represents information from firms that responded to MHLW surveys

（六）研发体系与人才

日本政府通过政策调整为产、官、学研相结合创造环境与条件是国家创新体系的特点。

日本研发体系是以民间企业投资为主的产、官、学、研相结合体系。近年来,日本科学技术政策的核心是充分开发和利用能够尽快使经济得到增长的科学技术。政府的这一思想和民间主导型的技术创新体制决定了日本的研究开发对市场信号非常敏感,研究开发的重点是应用研究和技术开发。正是这种特点,使得日本的科学技术在日本战后所创造的经济奇迹中起到了非常大的作用。同时它还表明后发国家在赶超过程中没有必要在世界基础科学研究领先。但也正是这一特点决定了日本的创新更关注近期效益,以至于日本国内也在讨论为什么日本不会产生比尔·盖茨。

引进、改良、模仿、吸收、自主开发是日本选择的发展之路。这些选择是有效的,但似乎是缺少规划与调整,这些选择最终几乎成为企业竞相模仿的模式,而自主开发的内容也更多地限于企业关注的内容,甚至企业还培养出了诺贝尔获奖者,应当说日本几乎在技术应用方面做到了极致,但正是这种模式使得日本在技术转型过程中似乎总要慢半拍。更为严重的是这种依靠企业自身行为的创新模式更显脆弱,它无法与成系统的体系的抗风险能力相比。

在人才培养上,日本在以科技立国的国家发展战略思想指导下,很重视人才培养,一方面通过大学,另一方面是社会及企业培训。

人才作为科技和学术活动的基础,培养和保证人才是实现科技创造立国战略、开展研究开发,提高国际竞争力的关键,日本文部科学省在实施第三期科学技术基本计划的框架下,作为 2007 年度重点政策,制定《科学技术相关人才综合计划 2007》,综合推进从初中等教育到大学本科、研究生直至在职人员的连续的人才培养措施。

培养创新型人才,尤其是具有世界顶尖水平的研究人才,是日本实施科学技术立国战略的重要内容。根据第三期科学技术基本计划,日本政府在 2007 年度科技预算中安排了 35 亿日元,开始启动"世界顶级国际研究据点形成促进计划"。

从研发体系上看,由于国情的不同,日本的创新体系能力谱不相匹配,存在着一定的欠缺。日本的工程化能力强,但基础研究能力弱,中介逊色于美国,市场中活的因素有些被企业屏蔽了,日本更善于开发而创新,尤其是原创能力偏弱。

(七) 大公司主导下的创新体系

日本私营企业用于研发投入少于美国企业,根据日本 MHLW 对医疗器械产业调查结果,日本的较大公司将销售收入 4.25 亿美元的 6% 投入研发。日本为了鼓励创新产品开发,调整相关政策,私营企业销售收入中 8%~10% 用于研发投入部分可免税。日本医疗器械产业增长较慢原因与其国家经济发展不景气、研发风险资投入限制和复杂的政策调整系统等有关。

总之,日本医疗器械产业格局是,以私营企业为主导,大公司主导日本医疗器械产业的研发、生产和市场。医疗器械产业劳动产值高于美国,从业人员规模在缩减,创新投入少。国外(美国)公司进入日本医疗器械产业,并成为日本本国公司的主要竞争者。主导产品为影像设备、内窥镜、血液净化装置(透析)等。

(八) 产业聚集区的发展

日本医疗器械产业主要集中在东京、九州、京都和神奈川等地区,其中东京附近筑波科技园是基础研究和高等教育为核的科技园。

1. 科学技术研发中心——筑波科技园 筑波科技园是由日本政府扶植而建立起来的科技新城市。该科技园由国家统一规划和管理。其建设目的：一是缓解东京都人口压力，转移并更新已渐老化的没有必要设立在东京都地区的国立研究机构和设施等；二是以高水平的研究和教育为基础，满足日本对科学技术、学术研究和高等教育时代的新要求。筑波科技园的建立和发展，经历了城市建设期、城市整备期和城市发展期阶段。

筑波建设的资金由政府承担，筑波科技园建设的成果主要表现在新城市建设意义、首都圈的均衡发展以及科技城市建设3个方面。产学官研究机构聚集，成为日本最大的研究开发基地，发挥了牵引日本科技振兴的作用。近年来，筑波科技园通过聚集效应提高了科技研究开发能力。

在筑波科技园聚集着一些医疗器械开发的中小企业，主要利用科技园的研发环境和人才，进行医疗器械产品创新开发。尽管筑波的发展在日本也曾一度引起过争议，但在总体上看，筑波的发展对日本的科技发展起到了积极的作用。

2. 半导体工业中心——硅岛 半导体产业聚集地，九州，被称为硅岛，由于大企业聚集而形成半导体产业集聚的工业园。

九州地处日本南部，面积4.2万平方公里，人口为1342万人。就经贸地位而言，九州人口占全国11.9%，国内生产总值占全国9.4%，比例虽不太突出，但已相当于一个中等发达国家的经济规模。九州以一岛之力，竟可在世界上排第15位，比澳大利亚的排名还要靠前。

因其地理位置的缘故，九州一直以制造业见长，造船业在日本排首位，全国1/3的轮船在此下水。自20世纪90年代以来，汽车巨头如丰田、日产、本田等纷纷落户九州，摩托生产量为全国的1/3。汽车制造业有典型的供应链效应，因此催生了汽车零件等相关配套产业，带动当地中小企业发展。

九州人最引以为豪的是第三个"1/3"——日本半导体产品1/3出自这里，因此享有"日本硅岛"的美誉。岛上云集300多家半导体厂商，著名的德州仪器也在此设厂。为配合高科技的发展，在硬环境上，九州第一大城市——福冈利用人工填海的土地建造高科园，园内进行良好规划，医院、博物馆、住宅区一应俱全。在软环境上，福冈为强化其在高科技产业的优势，设立了"福冈县产业科学技术基金"(Fukuoka Industry, Science & Technology Foundation; 简称IST)，99%由县政府出资，其主要业务有二：一是透过产官学合作，将大学内的研究推广到企业，诱发新的技术；其次，建立一个让业界和投资人广泛交流的渠道，使企业融资畅通，促进产业发展。

随着半导体产业繁荣发展，IT相关产业的研究机关、开发基地不断聚集到九州。世界各国研究机构也陆续进驻九州科技园，如德国国立信息处理研究所(GMDJapan)、英国Cranfield大学日本中心等世界性研究所和大学落户九州，而日本国内的日立、索尼、三菱、富士通等大企业也就近成立研究所，为九州的半导体产业注入源源的动力。

九州半导体产业、汽车业发展为医疗器械产业发展提供了很好的产业配套条件，有不少医疗器械企业落户九州。

3. 知识密集型产业群——神奈川科学园 知识密集型产业集群为代表的是日本神奈川科学园区，是日本最早的一个高科技园区。它是日本产业结构从"重厚长大"向"轻薄短小"转变、由劳动密集型向知识密集型转变的象征和结果。

该高科技园区由KSP公司、财团法人科学技术院和高技术支援财团3个核心机构组成，在培育风险企业和企业家、生产高增值产品、推进高技术研究开发、加快技术转让、促进科技信息交流、组织技术教育和培训以及开展以青少年为对象的科普活动等许多方面发挥着重要作用。

KSP 公司是科学园区的管理机构，出资者是神奈川县政府、房地产商和银行等几家大企业。它除了对整个园区的建筑物和设施进行管理和经营外，主要是培育企业家和扶植风险企业，即发挥"孵化器"的作用。10 年来，作为企业孵化器，KSP 共培育和扶植了大约 140 家新企业的创立和发展。

神奈川科学技术院是一个高新科技研究开发实体，基本资产 40 亿日元，其中神奈川县政府占 35 亿日元。它采用科技厅开创的"流动研究体系"，每年征集和确定一项或数项有创造性的研究课题，并定期向国内外招聘年轻研究人员。10 年来，该院共取得 318 项专利（国内 303 项），专利转让率达 23.3％，比日本全国平均转让率高出 1 倍有余，经济效益在 40 亿日元以上。另外，该院还组织对企业的科研及管理人员进行技术教育，资助年轻科学家，通过多种形式进行学术交流和科普活动。

高技术支援财团是 1996 年成立的，总资产 11 亿日元，基本上由神奈川县政府出资，在以下 4 个方面发挥着积极的作用：建立技术市场、保护知识产权、提供测试和指导等技术服务和就以上事项进行调查研究及开展支援普及活动。

在进入第二个 10 年后，神奈川科学园区也在开始新的发展里程。高技术支援财团已开始实施 3 项新的措施：促进大学和企业的联合；进一步促进专利流通，加速技术转让；促进对"专利电子图书馆"的利用。在科学园区的建设上，日本正在走自己的道路，创造自己的经验。

总体来看，日本的科学园不像美国那样以大学为核心，而主要是由地方政府主导运作的，其活力不足是理所当然的。它的主要使命不是通过风险企业家之手直接把科研成果推进到产业化阶段，在科研和产业化之间依然存在很大距离。它尤其缺乏企业与大学之间的联合研究。

日本医疗器械产业也主要聚集在这样的科技园区，但产业集群主要是以大企业集团为核心，中小企业为大企业部件配套而集聚起来。而日本医疗器械企业相对其他国家较少，产业集群实际上也是以某一产品领域为中心的企业集聚，没有形成完整供应链的产业集群。

（九）产业战略发展

医疗器械产业在新世纪中，作为创新技术集合的新型高新技术产业，被列入了日本发展新型主导产业队列中。

日本医疗器械产业战略布局则是跨国公司主导下的产业结构调整与优化，由于日本整体上的基础研究较弱，因此日本利用跨国公司优势专业领域，开发新型医疗器械产品，从关键部件上突破。如日本佳能公司，医用 X 射线机的数字化探测器，硫氧化钆探测器技术突破；富士公司 CR 中的 IP 板技术突破及医用激光打印机、医用胶片等；日本电子公司的 X 射线管、高场强核磁共振，日立公司的永磁 MRI 系统等等。

日本医疗器械产品市场除满足本国市场需求外，主要是对海外市场的开拓，其中美国、欧盟、中国是日本对外开拓的主要市场。

进入 21 世纪，日本医疗器械跨国公司将成熟的产品生产基地向海外转移（主要是东南亚及中国，少数在美国及欧洲地区），主要利用海外人才与资源。而销售主要市场则是美国与欧盟。

2007年5月日本文部科学省、厚生劳动省、经济产业省联合发布了《医药、医疗器械创新5年战略规划》,提出了日本对医药产业从研发到上市全过程予以支持的整套政策。其主要目的是为国民提供世界最高水平的药品和医疗器械产品,优化产业结构,拉动日本经济增长。具体措施为:①加大对医药、医疗器械研发投入,成立产、学、官一体的协调组织;②通过加大开发资金、设施设备的投入、充分发挥人才作用等措施,培育出更多的风险企业;③创建合理的临床研究和临床试验环境;④加强与亚洲各国合作;⑤加快审批速度、缩短新药上市周期,提高药品质量;⑥建立对创新产品的合理评价制度;⑦建立官民定期对话机制,加强相关省厅、研究机构与产业界的联系。

目标是缩小日本医疗器械产业在基础研究与创新方面与美国、欧盟之间差距,保持其在世界市场上产品竞争的领先地位。

第四节　韩国和印度医疗器械产业格局

一、韩国医疗器械产业格局

在韩国将医疗器械中与电子、电气关联密切的产品定义为医电设备。

韩国医疗器械技术水平为发达国家的65.4%,差距为3.6年。韩国医疗器械产业主要是立足于自主技术创新,发展本国高端医电设备产品,大力发展并开拓海外市场,提高本国医疗器械产业竞争能力。

(一) 产业总体评价

1. 产品各项含量的评价　韩国医疗器械产品以中低端产品为主,中高端产品的工程创新技术含量很高,原创新技术含量相对较少,产品知识成本占总成本的10%～20%;原创新产品与中国相当;韩国医疗器械产品工程含量很高,从工程化创新突破与改进创新是医疗器械创新的主导;基础含量高的产品较多与中国、印度、泰国、马来西亚形成竞争。韩国医疗器械产品的各项技术含量中,创新技术含量少,工程化创新含量较高。这与韩国战后确定的优先发展工程技术的科技政策及国家研发能力有关。

2. 各类产品的综合竞争力　韩国医疗器械不同产品领域竞争力有所不同,高端产品基本的工程化创新产品,技术水平在同类产品中竞争力也弱。在世界市场上不具备竞争优势。由于产品工程化技术含量高,产品竞争力与中国相近,而且这类产品生产大部分在本国。中低端产品在韩国具有较强竞争力,这部分产品本国有一部分,但多数移到东南亚和中国;总体上,韩国医疗器械产品综合竞争力不强,在亚洲地区具有优势,在世界市场不具备优势。

(二) 政策环境

在促进高技术产业的发展上,韩国政府主要是从宏观层面对高技术产业的发展进行引导,并根据经济环境变化做适时调整。随新技术发展,韩国针对前期产业发展政策中的不足,开始对产业政策进行调整,政府制定的第六个五年计划(1987—1991)中的基本目标即为政策改革的体现,具体目标是"调整产业结构,实现技术立国",加紧开发新技术,发展技术密集型产业。1989年,韩国制定了《尖端技术开发基本计划》,该计划要求大力扶持发展

10大领域的尖端科学技术,即信息产业技术、机电一体化技术、新材料技术、生命科学及生物工程技术、精细化工技术、新能源技术、航天和海洋工程技术、21世纪交通系统、尖端医疗和环境保护技术、尖端基础材料技术。

随着经济的进一步发展,韩国政府90年代初制定"战略部门技术开发计划";1997年颁布实施《科学技术革新五年计划》;1998年在《重点国家研究开发计划》中将研究领域进一步细分到高技术产业领域;并在1999年,再次修改了《科学技术革新五年计划》,把确保国家战略核心领域的独创性技术创新力量和面向21世纪知识经济社会的科学技术创新体制作为后三年发展的重点。

2003年,韩国政府启动了名为"十大新一代成长动力"的科技发展工程,重点发展数码广播、智能机器人、新一代半导体和未来型汽车等十大高新技术产业。

在鼓励高科技产业发展中,韩国政府通过财政配套政策来促进高新技术产业的发展,首先是实施税收优惠政策进行鼓励。税收政策对促进高技术企业的发展和整个经济结构的调整都有着重要的作用。韩国的税收优惠政策主要体现在《技术开发促进法》和《鼓励外资法》中,主要实行技术开发准备金制度、人才开发费免税制度、新技术推广投资税金减免等制度。同时将部分优惠政策受益人扩大到外国投资者,以鼓励外国投资者将资金投向本国的高技术产业。

其次是通过政府采购进行扶持,由于高技术产品发展的高度不确定性,政府在高技术产品发展初期以采购方式介入不仅可以发挥启动产业市场的重要作用,而且通过降低创新的风险、增加投资者的信心,从而影响对高技术产业的资本投资行为。韩国1995年颁布了《政府作为采购合同一方当事人的法令》,规定了政府采购的基本原则和基本程序,并规定了集中和分散相结合的采购制度和管理体制,建立了相应的申述处理机制。并且,为了应对1994年签订的"WTO政府采购协议"对国外开放政府采购市场的挑战,韩国还采取了一些保护性的制度措施加强对本国中小企业的保护。

第三是鼓励风险投资的政策,韩国政府主要通过政府资助方式(政府有关机构的存款、政府授权的可转贷政府基金)扶持风险投资企业的发展。1994年,韩国政府资助成立了韩国综合技术金融股份公司(KTB)。KTB的股东主要是大型企业、银行机构和政府部门。KTB负责为高技术开发活动提供比较全面的资金支持,具体形式有:股本投资、贷款、租赁和代理融通等形式。另外,政府还授权KTB发行技术债券。1996年,韩国仿照美国的纳斯达克市场,建立二板市场(高斯达克—KOSDAQ),为高技术企业提供直接融资渠道。

第四是促进高技术成果产业化的政策,韩国在促进技术成果转化上的一个特殊政策就是成立研究成果商品化公司,该公司由政府的研究所和企业合资创办,政府研究所出技术(情况特殊时也出资金),企业出资金,公司负责政府研究所的科研成果的推广和经营。韩国政府还通过专门的技术成果基金促进技术成果转化。另外,韩国一些其他大金融机构(韩国技术开发公司、韩国技术金融公司、韩国开发投资公司)也设立了研究成果商品化的专项基金。韩国还通过制定法律(《协同开发促进法》)鼓励产、学、研合作。政府还采取资助出版物和技术成果展示会的形式,通过打通信息交流渠道,促进技术成果的转化。

2009年初,韩国确定了国家《新增长动力前景及发展战略》,将可再生能源、生物制药及医疗器械、全球医疗服务等17个产业被确定为引领未来发展的新增长动力产业。这一发展战略确定为韩国医疗器械产业发展提供良好机遇。

总体来看,韩国高技术产业发展政策仍然是在政府主导下进行引导和发展,虽然近几年政府开始放权,逐渐向市场主导方向发展,但进展较缓慢。风险投资不是很活跃,企业融资渠道不宽。但对于集高新技术为一体的医疗器械产业来说,政策环境还是有利用其发展。

(三)金融环境

金融环境是由金融制度结构而决定的。韩国的金融制度是政府主导型的金融环境。韩国在不到 30 年的时间里,成功地实现了由贫穷落后的农业国家向新兴工业化国家的转变,成为国际市场上一个具有竞争力的国家。这在很大程度上得益于韩国金融制度的改革、调整与发展。韩国金融制度是随着经济发展而不断的调整和改革,以使金融环境能更好地促进国家经济的发展。具体分以下几个阶段:

1. 经济恢复时期——独立自主的金融制度 1950 年 6 月,韩国中央银行——韩国银行成立。韩国中央银行的成立标志着韩国自主中立的金融制度开始运作。1953 年 12 月,韩国政府公布了《韩国产业银行法》,宣布产业银行的宗旨是"遵照国策,为产业的恢复和促进国民经济的发展提供和管理产业资金"。1957 年,韩国商业银行基本完成民营化。

2. 经济起步时期——单一的政府主导型产业金融制度 1961 年,政府认识到只有经济发展才能使其政变合法化,由此引发了韩国经济体制的重大转变,确立了韩国"政府主导型"市场经济体制的发展道路。反映在金融制度上,就是"产业金融"制度的确立。为掌握经济发展的主导权,为重点产业发展融资,韩国政府在确定走市场经济发展道路的同时,对金融业实行了国有化政策,着力谋求国家对金融资源和金融资本产权的控制,使政府深深介入金融市场并对金融机构拥有强大的控制力。

在整个 20 世纪 60 年代,为了向重要产业部门提供政策性信贷,韩国开始组建各种专业金融机构,把各种不同类型的金融业务分开,实行银行分业化和专业化经营。经过 60 年代的改造和建设,韩国形成了银行在质和量上都处于绝对地位,非银行金融机构无足轻重的单一的政府主导型产业金融制度。

3. 经济起飞时期——多元的政府主导型产业金融制度 进入 70 年代后,随着国民收入的提高和金融意识的更新,人们对金融资产需求日益多样化,企业也寻求灵活多样的金融服务。在这种情况下,韩国政府采取了一系列有力的措施,积极扶持和促进非银行金融机构的发展。在整个 20 世纪 70 年代,韩国政府在确立了对非银行金融机构调控体系的同时,也使各种非银行金融机构发展壮大了起来,单一的政府主导型产业金融制度让位于多元的政府主导型产业金融制度。

4. 经济调整时期——多元的市场导向型的金融制度 20 世纪 80 年代以来,随着世界经济一体化、经济全球化的发展,完全建立在政府主导基础上的韩国产业金融制度的负面作用日益显露。长期实施的政策金融所形成的过大资金供给导致了严重的通货膨胀,而高通货膨胀和利率管制又致使企业的资本结构变得十分脆弱。在这种情况下,从 1982 年实施第五个五年计划开始,韩国政府实行了以金融产业的民营化、自由化和国际化为主要内容的一系列金融调整措施,其中包括实行商业银行民营化、促进金融机构市场竞争、减少政策性金融的强度和规模,实现利率和资本流动自由化等等。

5. 金融危机时期——开放型金融制度 20 世纪 90 年代以后,韩国的金融改革力度加大,特别是金融开放步伐加快。1993 年,韩币实现了经常项目和资本项目下的自由兑换,同时放宽了外资金融机构进入国内市场的限制,对外资银行在韩国国内的分支机构实行国民待遇,也加大了对证券、保险和投资信托行业的开放力度。与此同时,韩国仍在实施金融多元化的分业监管模式,通过一系列金融立法,形成了按照银行、证券、保险分业经营分业管理的金融监管体制。1997年,在全球经济不景气和亚洲其他国家出现金融危机时,韩国金融制度中存在的问题完全暴露出来,使韩国经济遭受了沉重的打击,金融业受到的冲击尤为严重。

面对危机造成的严重损害,韩国政府果断地对金融制度进行了修改完善。一方面,适度回应 IMF(国际货币基金组织)的要求,放弃政府对金融业的直接管制,加强金融业的自律,鼓励外国直接投资,放宽外资对国内企业股权投资份额的限制,分阶段并最终全部开放金融市场等。另一方面,为保证金融开放的程度与经济发展的成熟程度和经济运行的内在逻辑相适应,韩国的金融改革还包括了金融中介体系的重建、金融监管的强化、金融法规的完善等内容。而且较成功地摆脱了金融危机的困扰,成为亚洲国家中经济表现最佳的国家。

综上所述,韩国的金融体系一直为政府主导,其风险投资与技术的对接环境不够灵活,没有完全的市场化。但对中小企业创新的风险投资,一直是政府支持的方向,并且为对中小企业融资提供了多种渠道。

韩国医疗器械产业是进入90年代后期开始快速发展的新型产业,多是在韩国金融制度改革开放的大环境下成长起来。医疗器械是其中快速发展起的高新技术产业之一,因此,韩国的金融体系还是比较有利于医疗器械产业的发展。

(四) 产品结构

韩国是在亚洲地区即日本、中国之后医疗器械发展最快的国家,1997/1998年的金融危机期间,医疗器械产业仍然是每年超过10%的速度增长。2008年韩国医疗器械产品市场份额约为28.3亿美元,占世界市场总份额的1.4%,人均医疗器械拥有量为58美元。

韩国医疗器械市场中近72.2%产品市场依赖进口,本国产品以中低端为主,近几年高端产品已有一定突破,其中高端影诊断像设备中 MRI、CT 机、数字化(DR)X 射线机实现本土化生产。目前韩国医疗器械生产企业约有1800家,医疗器械产品种类有约5000种,主要包括影像诊断、医用电子、医用耗材、高分子生物材料、外科手术等,本土生产产品主要有:B超、X 射线机、齿科用具、热疗器、隐形眼镜、医用耗材、磁疗器、血压计、家庭护理、医疗用器具等。其中医用电子、医用耗材、康复护理为其主导产品。韩国主要出品产品为超声、眼镜片、针筒、血压计、保险套、隐形眼镜、输血用具、齿科用填充材料、病人监护装备、医疗用具等中低端产品;主要进口产品为 MRI、人工关节、导管、内镜、人工心脏用安装器、CT 机、血管照相摄影、自动生化学分析器、隐形眼镜、消毒器等中高端产品。

近几年韩国美容业的快速发展,带动了整形外科材料及手术器械呈现出快速发展的趋势。

(五) 产业的形成及其规模

韩国医电产业于20世纪70年代初期形成一定规模的产业,当时 X 射线机系统实现了国产化。此前韩国医疗器械本土产品主要是医用耗材类产品,如注射器、绷带等。在80年代,政府出台鼓励政策,成功地促进了高端诊断设备,如超声、MRI、CT 机等国产化。

进入20世纪90年代,政府将医用电子设备产业作为具有挑战性的战略领域,持续地引导本土企业发展新型及前沿的相关产品,相继地,已有高端产品如数字化 X 射线机、MRI、CT 机和三维超声诊断成像系统等本土产品上市。由于本国产品受到国外市场的广泛接受,同时国内厂商受到国家政策鼓励,它们开始在 50 多个国家营销本国产品,其中包括美国和欧盟国家。

韩国医电设备产业在短时间内得到迅速发展源自于以下几个方面因素:首先大量的技术专家是基本保证,他们来自于学院及大学的相关专业如电子和医学工程;其次,韩国的电子领域技术,包括半导体、工业电子和电子元件与先进国家齐头并进。第三,韩国经济发展导致医疗机构数量增加和医疗设备需求猛增,创造了巨大的本国市场。第四,韩国国内厂商成功地挤入海外市场,由于他们的高可靠性而获得商机,基于这些市场环境,韩国国内厂商不仅关注国内市场而且关注海外的市场持续开拓。表 15-17 为 1998—2005 年韩国生产厂商数量和医疗仪器进出口商。

表 15-17　1998—2005 年韩国生产企业、产品、进口商的数量

类别	1998	1999	2000	2001	2002	2003	2004	2005
生产企业数量	411	478	609	1025	1177	1446	1668	1788
产品(SKU*s)	4183	4273	4828	6447	7659	9300	10 927	12 193
进口商	823	560	995	900	928	950(E)	1122(E)	

SKU stands for Stock Keeping Unit

由表 15-17 数据分析,韩国生产企业从 1998 年的 411 家增加到 2005 年的 1788 家,8 年中增长了 355%。与此同时获得政府许可的产品由 1998 年的 4183 种,增加到 2005 年的 12 193 种,增长了 191%。进口商由 1998 年的 823 家,增加到 2004 年的 1122 家。韩国进入 21 世纪后,医疗器械生产企业、产品种类、进口商三方面的数量都开始迅速增加,生产企业每年平均增加 153 家,产品品种平均每年增加 1149 个,进口商为 44 家。

(六) 市场规模

韩国医疗器械市场需求的高增长促使生产企业数量、产品品种、进口商数量的增加。表 15-18 为韩国医疗器械市场规模发扩展情况。

表 15-18　韩国医疗仪器市场份额　　　　　　　(单位:百万美元)

类别	1998	1999	2000	2001	2002	2003	2004	2005
国内生产份额	360	605	690	995	1073	1331	1478	1635
出口额	250	287	415	445	461	515	569	699
进口额	442	605	730	884	1028	1140	1284	1509
国内份额	552	923	1004	1432	1640	1956	2193	2445

由表 15-18 所示数据,韩国本国医疗器械市场份额从 1998 年的 5.52 亿美元增加到 24.45 亿美元,从 2000 年开始,市场份额比 1998 年翻了近 1 倍,到 2005 年翻了 4 倍多。进入 21 世纪,韩国医疗器械市场迅速扩张,一方面是韩国经济在经历 1998 年东南亚地区的金融危机后开始复苏,另一方面韩国出台一系列鼓励发展医疗电子产业的政策及国家创新体系进一步完善,使韩国在医疗电子设备产业不断有创新产品出现。再加上其先进的汽车和电子等配套产业支持,使医疗器械产品技术水平得到大幅度的提升,再加上低价格和较高医疗技术水平及良好的医疗服务,使其市场快速扩大。

2005 年韩国医疗器械的生产较前年相比增长 15%,总销售额为 17.04 亿美元。即使在

1998年亚洲经济危机期间,从韩国的电气和电子类医疗装备产业的销售业绩看,其增长趋势仍令人关注,如X射线机和诊断影像设备等。

表15-19为2000—2005年韩国本国市场情况所示。本国市场从2000年的10.04亿美元,增加到2005年的24.45亿美元,但增长速度有所下降。

表 15-19　2000—2005 年本国市场份额　（单位:百万美元）

类别	2000	2001	2002	2003	2004	2005
总计	1004	1432	1661	1729	2193	2445
Change(%)	8	43	16	4	27	11

(七) 医疗市场的开拓

韩国是继日本、中国之后医疗器械发展最快的国家,韩国在技术和医疗卫生水平上高于中国;韩国汽车、电子产业水平高于中国,因此医用电子、康复护理产品成为其主导。

在亚洲,韩国是具有最高医疗水准的国家之一,医疗卫生总支出占GDP的6.5%左右。医疗价格便宜,与世界上其他现代化、技术先进的医疗机构相比,在韩国就医可节省30%～70%的费用。韩国政府越来越重医疗旅游业,出台一系列政策措施,鼓励医疗旅游业的发展。2007年只有1.7万名外国病人在韩国接受了治疗,而2008年这个数字将超过4万。2012年的目标是吸引10万名外国人在韩国接受治疗。其医疗旅游业迅速发展,同样促进了医疗器械产业进一步的发展。

(八) 研发体系及人才培养

韩国国家创新研发体系发展与日本有类同之处,也经历了从仿制、引进、学习、吸收到现在自主创新,科技立国的过程。国家创新体系形成过程中,创新主体则是政府主导下的企业、大学及研究机构。

在技术创新体系形成的初期,企业、大学技术力量较弱,还没有自主研发能力,自然韩国政府成为主要的系统建设者。在这种情况下,韩国的技术创新体系从建设之初就具有很清晰的目标,为经济发展服务,技术引进、技术学习成为这一系统的主要任务。

20世纪70年代,韩国振兴科学技术的活动更活跃。在此阶段,韩国政府开始把注意点转移到积极消化、吸收和扩散引进的先进技术上,并制定了一整套行之有效的支援制度与措施,以监督和引导技术创新活动。

这一时期,韩国政府开始大力建立和资助国有研究机构。给予企业以积极的技术扶持,并建立了机械、电子、化工、造船等10家研究机构。同时,政府在这段时间也逐渐放松了对国内企业引进技术过程的严格管制,为重化学工业等主要工业部门的成长提供有利的条件。

在整个70年代,韩国政府一直保持着对企业与教育系统的"强干预作用",政府是整个技术创新系统的建设者与规划者。在调控政策与手段方面,除了继续通过"规划与计划"来引导科技发展方向外,相应的政府管理机构也获得了更高的地位。同时,政府开始通过组建国家研究中心,大德科学研究园城等直接组织研究开发活动,从而使得政府在技术创新活动中不仅仅是一个规划与引导者的角色,而是更为积极的参与者。政府对于高校的干预,主要在于对高校人才培养的专业方向提出了明确要求,且对企业与高校间的合作通过立法的形式予以规范。

企业在政府积极的推动下开展技术创新活动。这种推动不仅仅来源于政府在一些政策上的指引与倾斜,还包括直接资助企业开展研发活动。甚至通过组建大企业集团的方式来夯实企业的研究开发实力。与前一阶段相比,70年代企业与高校之间的合作进一步加强,产学之间的合作逐步制度化。企业开始资助高等学校,但企业与高校之间有计划的技术创新活动还没有大量出现。

进入80年代后,韩国企业开始在技术创新活动中成为主角。这种角色的转变不仅体现在研发经费投入方面,企业已超过政府,并在中后期成为研发经费的主要投入者,到80年代末,企业的R&D投入比例占到了绝对优势地位。同时还体现在技术选择的方向上有了更多的自主权。同时这一时期也是工业企业向技术密集行业转变的时期。

在这一阶段,韩国政府也开始关注大学研究开发功能力的培养。1985年起,相继在大学建立起一些优秀的研发中心,包括科学研究中心、工程研究中心和地区研究中心。其中,地区研究中心更强调地区性大学和产业界的合作研究。

韩国科学技术政策也以出口驱动的政策转变为技术驱动的政策。由于70年代后韩国经济面临几类冲击,一是经济发展失衡,二是国际上经济实体参与韩国经济中,三是国际上开始强化技术、知识产权和市场保护。韩国政府开始不断调整60年代开始的关于科技发展的法律和有关制度。

80年代后,韩国产业政策开始逐步由政府主导型向民间主导型转变,创新主体之间的关系发生了与前两个阶段不同的变化。首先,在技术发展方向上,政府开始逐步将主导权交给企业,由企业来决定技术创新的方向。政府强有力的技术发展计划更多的是用前瞻性技术预测的方式出现。企业根据国际竞争决定其技术投入的方向。其次,政府对于企业的干预开始有新的变化。更多地采用税收、金融等间接手段引导企业从事技术创新。摒弃了前两个阶段采用的某些财政直接补贴手段。再次,政府明确承担了部分基础研发功能,与企业逐步开始有了清晰的分工。不过政府与高校之间的关系则落后于这种变革,政府仍然决定着人才培养的方向。

进入90年代,在经过80年代的过渡,韩国企业进一步强化了自身在技术方面的主导地位。企业无论在技术创新的投入或者产出方面都有了新的突破。80年代成立的一批企业研究所逐步成为技术创新的主力军。无论是资金投入,还是研究人员,企业研究所都占有举足轻重的地位。韩国企业在这一阶段的另外一个亮点,是研发活动的国际化。积累了一定技术能力后,韩国企业开始在全球展开研发活动。

经过80年代的过渡,大学在国家创新系统中的功能终于突破了传统的教育与培训,建设研究型的高等院校成为这一阶段高校系统的一个重要变化。韩国政府希望通过建设研究型大学,将其培养成为基础科学研究的基地,从而强化大学在整个国家创新体系中的作用。

此外,韩国政府为了通过科技创新解决在经济上高费用、低效率的结构性问题,将"科学技术振兴法"修正为"科学技术创新特别法"(1997),根据该法律实行"科学技术创新5年计划"。其中,"G7课题10年计划"的"先导技术开发事业",是为尽快达到发达西方7国集团的科学技术水平;政府决定以本国在国际上有竞争力的产业为基础,有选择地开发世界上最先进的技术和产品。该计划的特点,一是计划周期长(5~10年);二是目的明确;三是对参与的民间企业负担研究费(30%~60%)。

90年代,企业、公共研发机构、高等院校均投入了更多的资源从事技术创新活动,在效率与效果上也有了明显进步。故政府在这一阶段将主要的着眼点放在了协调各创新主体之间的关系上,将产学研有效的连接起来,提升创新体系的整体效率。科技园区是政府协调这一关系的重要手段。科技园区不仅有效促进了大企业与研发机构之间的共同研发活动,同时也强化了大学研究活动与中小企业之间的联系。

进入21世纪,韩国为适应新经济发展需求,大力改革调整国家科技管理和研发体系,最大限度提高研发效率并为产业和经济发展提供持续、可靠的支撑。在"第二次科技立国"方针下,基于建立"创新主导型经济结构"和"科技中心社会"的政策目标,韩国科技部将2004年定为国家创新体系构筑年,年初制定实施"国家创新体系构筑方案",从体制改革和制度创新等层面采取了一系列旨在加速国家创新体系建设的政策措施。

首先进一步提高科技部的地位和权限,将科技部升级为副总理级,负责国家研发中长期投资计划的制定,科研计划及预算的综合调整,对科技政策、产业政策、人才政策的综合企划与调整,对国家研发工作进行调查、分析、评价及成果管理等,旨在确保国家创新政策的公正性和科学性;其次强化国家科学技术委员会的职能和作用;再者建立与科技有关的长官会议制度。

在改革中,主要革新研发体制和模式,逐步变过去"模仿、追击"发达国家型研发模式为"创新型"研发模式,不断增加原创性研发比重,从根本上提高国家科技、经济竞争力。

积极推动研究计划的实施,加速高新技术领域的研发及成果转化,制定下一代增长动力产业技术发展计划。在加强核心零部件研发方面,主要从强化基础研究,扩大人才培养,发展和扩大国际科技合作等处着手。

在人才培养方面,建立按需培养的教育体制,国家加强对理工大学的支持,培养下一代增长动力产业发展所需高级复合型人才1万名,扩大海外留学、进修,支持在外获得学位。早期发现和培养科学英才,扩大一般学校的英才教育,扩充教育厅、大学英才教育院设施。

在国际合作方面,实施研究开发国际化计划,通过不断扩大国际科技合作,有效利用国际智力资源,提升研发水平和能力。

2009年初韩国政府确定了国家《新增长动力前景及发展战略》,可再生能源、医疗服务等17个产业被确定为引领未来发展的新增长动力产业。政府将投入上千亿美元促进新增长动力产业发展,目标是提升韩国在国际上经济地位。

总体上看,20世纪90年代前韩国政府的注意力在于培育国家创新体系各个组成单位的能力,20世纪90年代后,政府则集中解决不同创新主体之间的互动关系。同时,逐渐减少政府干预,并向市场化调节方向发展。但目前,政府在协调整个创新体系的内部关系上仍处于主导地位。

韩国医疗器械的一些高端产品能快速国产化,也正是得益于其国家创新体系中政府的支持和相应的配套基础工业水平的提高而实现的。

(九) 产业聚集区

韩国经济的快速发展与政府在产业政策、技术创新政策、产业集群政策等方面的推动密不可分。

在韩国根据技术结构和层次对区域产业结构进行划分,将主要区域划分为高技术产业区、中技术产业区和低技术产业区。高技术产业区主要集中在以汉城为核心的首都圈内,低技术地区主要集中于南部的釜山、庆尚南道、庆尚北道。

韩国产业集群的形成与工业发展同步。由于政策导向影响,韩国存在大量人为构建的产业集群。1969年,政府实施了"区域产业发展法",每个区域至少建立了一个工业区,推动区域产业群发展。而且针对企业发展制定并实施了多方面的优惠政策,以吸引制造业投资。韩国政府设立的第一个产业群是蔚山国家产业群。此后又先后建设顺天国家产业群、龟尾国家产业群,一些电子类公司在龟尾获得迅速发展,LG电子就是龟尾产业园区成功的企业之一。

进入20世纪70年代,韩国开始实施所谓"据点"开发战略。这一时期先后建立了昌原机械产业群和Okpo国家船舶产业基地。许多私人公司借助国家政策,不断提高在国际市场上的竞争优势,迅速成长为联合大企业集团,例如三星、大宇、宏达。

集群中的大公司一般都设有R&D部门,但一般靠近汉城等知识密集区域。中小型企业内部大都没有设立R&D部门,因此,中小企业创造新知识的能力非常薄弱。

为了提高基础研究与技术成果转化,韩国在20世纪70年代末仿照日本筑波科学城的做法,在产业集中区域着手组建科技产业园区。1978年,政府在大田市的大德组建科学工业园区(Science and Industrial Park,以下简称DSIP),同时设立了若干专业相关的研究与开发机构和一所国立大学。在大德科学工业园中,由于研发和产业资源的相对集中,吸引了大量私人企业在科学工业园建立研发中心。研发机构和科技产业园区在产业集中区域的建立,逐渐形成了R&D集群。伴随技术合作交流,R&D集群由单纯的研究开发功能向包括生产企业、供应商、金融机构、服务机构等复合创新功能发展,逐步形成了完善的区域产业配套、创新、工程化体系。

医疗器械产业发展需有一定的配套产业基础及创新环境,因此,医疗器械产业总是在具有一定先进技术产业基础和创新环境的地区聚集。20世纪70年代,韩国工业化高速发展,大公司总部主要集中于汉城及其周边的京畿道和仁川,西部的光州、南部沿海的釜山等地发展也很迅速。80年代中期以后,随着产业升级,总部聚集和知识密集优势的形成,推动高技术和现代服务业在汉城地区发展起来,并逐渐扩散到其周边的京畿道和仁川,相关的加工制造业逐渐向南亚和中国转移。医疗器械产业集群也随之发生着变化。

韩国医疗器械产业总体来说规模不大,仅占世界市场总额的1.4%,医疗器械产业集群主要分布汉城及周边地区。随着中国和东南亚地区基础工业水平的提高,韩国医疗器械产业在海外特别是中国形成聚集地。韩国企业充分利用周边国家产业配套资源发展医疗器械企业,如超声公司的麦迪迅、医用生物材料的喜来健公司等都是韩国80年代从科技园中创业发展起来,并向海外转移的医疗器械大公司。

(十) 产业配套能力

韩国在技术和医疗卫生水平上处于亚洲地区较高水平,在国际上也有一定影响。韩国医电设备产业在短时间内得到迅速发展,首先大量的技术专家是基本保证,他们来自于学院及大学的相关专业如电子和医学工程;其次,韩国的电子领域技术,包括半导体、工业电子和电子元件与先进国家齐头并进。

韩国优势产业为化工、钢铁、汽车及零部件、电子及元器件、新材料等。近年来,韩国也加大航空航天、海洋技术领域发展。韩国医疗器械的配套产业基础在亚洲地区除日本外相对来说,处于领先水平;韩的汽车、汽车零部件、电子产业水平达到国际先进水平,钢铁与机加工产业基础在国际上也具有较高水平。

另外,韩国企业的工程化能力,在经过20多年向西方先进国家引进与学习过程中,得到很大的提高。

韩国企业的研究开发能力逐渐提高,大学及科研院所已由不断培养人才,转向人才培养与基础研究并进,目前大学与科研院所的基础研究能力得到大幅度提高,已基本具备独立开发能力,这些都为医疗器械产业发展配套打下良好的基础。

(十一) 产业战略发展

进入21世纪,韩国开始调整国家产业发展战略,将具有新增长动力的高新技术产业列为本世纪初重点促进和支持发展的产业。由于韩国医疗水平在亚洲国家处于领先地位,其医疗旅游业的快速发展,以及政府对医疗旅游业的大力支持,也极大地促进了医疗器械产业发展。

韩国医疗器械产业从20世纪70年代开始起步,80年开始发展,进入90年代开始快速发展,产业规模和企业数量迅速增长。由于韩国资源与条件所限,政府积极鼓励医疗器械企业向海外扩展,主要是向东南亚和中国转移。

进入20世纪90年代,政府将医用电子设备产业作为具有挑战性的战略领域,持续地引导本土企业发展新型及前沿的相关产品,相继地,已有高端产品如数字化X射线机、MRI、CT机和三维超声诊断成像系统等本土产品上市。目前韩国医疗器械产业发展正在由中低端产品转向中高端产品方向发展。尽管医疗器械产业在国民经济中所占比例较低,但作为国家发展战略中重要产业,韩国还是将医疗器械产业列为国家重点引导支持发展的高新技术产业中。

国家的支持与医疗器械产业的高收益,韩国一些大财团公司也开始加入医疗器械领域,如大宇、LG、三星等公司都涉足医疗器械产品。

在2009年伊始,韩国政府发布了《新增长动力前景及发展战略》,其中将医疗器械列为新增长产业。其目标是将医疗器械产业发展成为亚洲地区占主导地位的产业。

二、印度医疗器械产业格局

进入21世纪以来,印度医学的发展迅速,由此也带来了对医疗器械产品的旺盛需求,近年来,印度政府开始加大促进医疗器械产业发展的力度,实行出口优惠退税政策,从而使印度从10年前的医疗器械进口国一跃成为出口国。1996年以前,印度医院所需的绝大部分医疗器械和医用产品均需从海外输入,印度本国医疗器械业的"起飞"始于20世纪90年代末,随着该国国民经济的稳步发展,中产阶层的不断扩大,印度医疗器械业开始加快了发展步伐。到2006年,印度已成为亚洲第四大医疗器械生产国和出口国(仅居日本、中国和韩国之后),年增长率将达12%~16%,并有可能超越韩国成为亚洲医疗器械第三大生产国。

在政府的扶植下,印度逐渐形成了自身的产业体系,该体系具有劳动力成本低廉、拥有雄厚的软件产业支撑、英语交流无障碍等特点。

(一) 产业总体评价

印度医疗器械产业刚刚起步,产业基础薄弱,主要是基础含量高的产品为主,工程创新与原技术创新含量较高产品很少。在中高端产品中几乎没有。由于产业所需配套基础加工业能力弱,目前还没有形成产业集群。但印度在低端产品中已显现出市场竞争力的优势,现已与中国、韩国、泰国、马来西亚等亚洲国家形成竞争。

(二)政策环境

印度政策环境是在 20 世纪 90 年代后,开始向发展科技创新方面倾斜。1993 年印度政府制定了《新技术政策声明》,确定了印度科技发展的重点领域,包括微电子技术、生物技术、材料技术、信息技术等,注重发展高科技,抢占科技制高点,以实现大国战略。

进入 21 世纪,面对全球化的机遇和挑战,为参与国际竞争提供一个良好的政策支持环境。2003 年印度政府出台了《科学技术政策》,强调充分利用印度已经建立起来的科研体系,在科技服务于国家社会经济发展的同时,加强国际交流与合作;还包括鼓励创新,加强知识产权保护,增加政府的科技投入等,进一步加强印度的科技能力建设,实现科技强国的目标。

《科学政策决议案》构建了印度未来科技发展的整体框架;《技术政策声明》为科技与经济和社会的结合提供了一个有效的路径;《新技术政策声明》明确了印度科技发展的重点领域;《科学技术政策》突出了要扩大国际科技交流与合作。与科技政策配套是财政与金融政策的支持,双管齐下,在政府引导下大力促进高科技产业发展。

印度的大多产业技术政策主要是围绕促进 IT 软件业、国防工业及国家确定发展科技领域而制定的,政策导向性很强。而医疗器械产业是近几年随着印度医疗旅游业的快速发展而开始受到政府的重视,从税收、创新等方面开始有政策倾斜。

(三)金融政策

印度的金融环境,在 1975—1995 年之前实际上并不利于风险投资的发展,金融体系主要以政府为绝对主导,金融机构不是根据市场而是要按照政府要求开展业务,随着新技术发展和东南亚金融危机发生所产生的巨大影响,印度政府开始对本国金融环境进行改革。印度经济尤其是软件业的发展令世人瞩目,在一定程度上归功于风险投资业的发展。印度风险投资业起步虽晚,发展亦未成熟,但其吸收的风险投资总额在亚洲名列第二,这是印度政府一系列金融制度改革的结果。

目前印度风险投资机构主要有四类,一是由中央联邦政府控制的金融发展机构发起成立的风险投资公司;二是由州政府控制的金融败絮其中展机构发起成立的风险投资公司;三是由公共商业银行发起成立的风险投资公司;四是由外资银行或私营企业、私人开设的金融机构发起成立的风险投资公司。

印度风险投资最多的行业是机械工业类企业;其资是日常消费品和食品加工。其他受风险投资关注的行业还有计算机软件业、护理和医疗设备业等。印度的风险投资基金来源国内的只占一小部分,其主要来源是海外的风险投资基金。其中欧美私人风险投资占主要部分。

海外风险资金是从 1996 年 12 月印度颁布《风险投资基金管理条例》后才开始进入印度。到了 1999 年,印度国内的风险投资基金才陆续发展起来。这之前印度国内私人风险投资很少,印度政府要实现在风险投资业从台前到幕后的角色转换不得不引入海外风险资本,以弥补国内民间资本供给的不足。为此印度出台了一系列吸引海外投资的优惠政策,2004 年修订了《海外风险投资者管理条例》,其中规定不论是海外风险投资者(FV-CI)还是印度本土的风险投资者,凡计划成立风险投资公司的,都必须获得印度证券交易所(SEBI)的批准,同时要求在 SEBI 登记注册后方可成立。其次,印度中央银行在修订了《涉外股票交易管理条例》后,海外风险投资被正式作为区别于 FDI 的另一种投资方式对待。当海外风险投资要进行非上市公司股票买卖的时候,无须经由中央银行批准,也不必遵循惯常的股票定价要求,完全按照双方的协商价进行交易。另外印度在税收方面,针对风险投资的公司和个人给予优惠政策待遇。

印度金融体系也在不断发展得到完善,其成功吸引海外投资为其经济发展,尤其软件产业发展发挥了重要作用。

这种金融环境中,尽管医疗器械产业目前在印度不很发达,但发展速度加快了,作为高新技术非常集中的医疗器械产业,已成为印度重点鼓励发展的高新技术领域,随着印度基础加工业发展,医疗器械产业配套环境改善,必然会吸引更多的风险投资进入医疗器械领域。

(四) 产品结构与产业规模

印度医疗器械产品结构主要以低端产品为主,如一次性注射器、医用耗材、医用纺织产品等,印度医疗器械产业基础薄,还不具备生产高端产品的能力,因此,印度市场上高端产品设备全部为进口产品,而且欧美产品备受青睐。印度低端产品出口贸易额不断上升,也已成为欧美低端产品主要进口国之一。

与亚洲其他国家相比不同之处,印度医疗水平较高,而服务价格相对西方国家又不贵,因此催生了旅游医疗业发展,并成为近几年印度经济的新增长点。而与旅游医疗业相关联的医疗器械产业发展开始提速。印度医疗器械产业规模目前排亚洲第四位,印度医疗器械产业总值印度始终保持7%的国民经济增长速度,其医疗器械市场则保持每年12%的平均增长速度。2007 年,印度医疗器械市场总销售额达 21.5 亿美元。

(五) 研发体系及人才

印度研发体系是国家主导下的创新研发体系,是在伴随软件产业发展而不断发展和起来的。

在印度国家创新体系中包括工程和技术学科的高等教育体系、科技政策制定和实施的制度基础、优秀的研发中心以及行业协会等其他有助于技术发展的机构和计划。

由于文化环境与工业基础不同,印度创新体系中,产业技术发展方向、金融政策、企业融资渠道、产业聚集区等都是在政府主导向而实施的。

在鼓励创新时,印度政府先奠定基础,出台相应政策,并营造有利的环境,建立产业聚集区——科技园,然后在政府的支持和激励下,吸引越来越多的私营企业参与进来。

从 20 世纪 90 年代以来,印度的创新体系中,重点发展方向一直将扶持新兴和高新技术产业锁定在空间、核能、信息、生物和新材料等领域,尤其在涉及国防的高科技领域投入的资金和资源巨大。在《2020 年科技远景发展规划》中,印度政府明确提出:到 2020 年,印度不仅要成为世界经济强国,还要成为信息技术大国、生物技术大国和核技术大国。在 2003 年发布的《科技政策》中,政府强调科学研究和创新的优先领域是信息技术、生物技术和新材料技术。国家出台的优惠政策、税收政策也多针对这些行业。

进入 21 世纪,随着世界经济格局的变化,新型技术快速发展,印度创新体系开始进行改革与完善,目前印度的研发体系逐渐向其他高新技术领域倾斜,并将高新技术列为未来推动印度经济可持续发展的新动力源。

2006 年,印度科技部与印度商业与工业联合会签署了一项名为《全球创新与技术合作》的合作协议。协议旨在通过召开研讨会、论坛或访问、提供技术合作信息、成立技术开发和商业化机构、建立科技促进与服务园等形式,创造技术转移和合作机会,推动印度企业和研究机构与国外有关部门间的合作,提高印度产业的竞争力。具体的合作方式可以是联合开发、技术转让或许可证贸易、风险投资或合作投资等。

印度创新体系中,人才培养方面加大高等教育投入力度,但印度人才培养重点仍是软件业人才,医疗器械专业领域人才很缺;医疗器械创新体系在印度则是刚刚起步,从人员、研究机构、创新环境、政策等方面还很不足,从 2007 年开始印度调整政策环境,为高新技术产业创新提供更多的支持,加大高新技术产业投入,其中包括医疗器械产业在内。

(六) 产业基础及配套

印度工业基础薄,与之相关的产业发展速较慢。但由于印度软件、信息、电子产业的快速发展,现已成为世界软件外包中心。软件、电子产业对医疗器械发展有一定的促进作用。

印度医疗器械产业部件配套生产企业近几年得到快速发展。为医疗器械产业整机企业发展奠定良好基础。

此外,在产业配套中,研发配套能力和中介服务也较弱,专业人才资源不足,高端产品本土化能力不足。

(七) 医疗器械产业聚集区的发展

由于印度医疗器械产业弱,还没有形成产业群,企业数量不太多,主要分布在几个经济发达的城市,并处于软件或电子科技园中。

(八) 产业战略发展

印度医疗器械产业战略,由于印度旅游医疗业快速发展,医疗器械市场需求迅速增加,而印度医疗器械产业基础与市场需求不相匹配,高端医疗器械产品完全依赖进口产品。近年来,印度政府逐渐重视医疗器械产业,在软件带动硬件发展战略的引导下,印度有望迎来医疗器械的高速增长期,并实现其研发大国的梦想。目前印度政府加快医疗器械产业政策支持力度,逐渐规范行业管理,并提高监管水平。在加快制造业发展同时,快速发展医疗器械产业,争取高端产品生产本土化的突破。积极吸引国外大公司将研发机构设立在印度,以培养其医疗器械创新与开发能力,在未来 10～20 年内,印度计划建成世界医疗器械研发、设计外包中心,并力争将印度发展成为亚洲地区医疗器械的第二大市场。

第五节　中国医疗器械产业格局

中国医疗器械生产企业数量大,产品种类较为齐全,具有基本的产品配套能力,但中国缺少研发及生产性服务体系,产业技术水平有限。目前尚没有大规模跨国公司,在国内排名前 10 位企业多为外资或合资企业。总体而言,中国医疗器械产品技术处于中低档水平,产业链相对较弱。

一、产业总体评价

（一）产品各项含量的评价

中国医疗器械产品以中低端产品为主，产品的创新技术含量较低，产品中的知识贡献普遍没有受到重视；整个行业仅有少数原创新产品；产品中的工程含量也较低，事实上工程化能力已成为中国医疗器械创新的"瓶颈"；中国医疗器械产品中的基础含量相对较高，但仔细分析表明，竞争力较强的产品多是劳动力密集型的产品，不过应当看到，近年来中国基础加工业有了长足的进步，这不仅使中国医疗器械产业化的能力有所提升，而且对于工程化能力的提升、进而促进创新有着重要的意义。

（二）各类产品的综合竞争力

中国医疗器械在大型、复杂、高端、需要跨学科合的医疗器械领域中缺少竞争力，中国在一些低端、相对简单的产品类别上拥有一定的竞争力，与其他行业相似，低成本逐渐成为竞争的重要手段之一，部分产品类别中甚至存在着过度竞争的现象。在按摩器、一次性低端耗材，如敷料、输液器等产品领域，中国具有优势竞争力。

二、政策环境

随着我国经济的改革开放，国家产业政策由过去注重基础重工业转向高新技术产业，并将加强创新、研发和高新技术成果产业化作为政策核心内容。

我国促进产业发展政策出台与实施主要由科技部和发改委两大部门为主，主要是针对国家科研、基础研究、前沿技术、国家重大项目、高新技术产业促进、技术成果转化、国际合作与交流等的政策制定和实施。

财政、税收、商务部等部门根据国家促进科技政策，针对国家重点发展的高新技术产业，以财政、税收、金融和对外市场开拓等优惠政策形式而给予政策优惠与支持。

我国促进高新技术发展政策从 1985 年开始，国家以科技计划为核心的科技政策开始实施。最早实施的是国家"863"计划和重大基础科学研究即"973"计划等。随着高新技术发展，国家根据经济发展需要，政府部门制定出一系列促进技术创新、基础研究及工程化开发的政策与措施。具体内容有针对前沿基础研究（863、973 计划、国家重点实验室、国家重点基础研究中心）、重大专项攻关项目（国家重点支撑计划、国家重大专项）、国家创新成果转化（国家工程技术研究中心、创新引导工程等）、孵化器、高新技术产业化、重大专项、中小企业专项、国家重大项、国家工程中心、国家工程实验室、高新技术产业化基地等，国家支持方式主要是政府资金拨款支助。而且根据不同支持方向，都配套相应的财政、税收、金融等方面的优惠政策支持。

我国产业政策是以政府为主导的政策环境，政府直接支持具体项目占有较大比例。以直接支持方式是来促进某一领域发展，支持方向与项目由政府部门确定，而且成果验收也是政府行为。

在 2000 年以前，国家产业政策支持方向是以鼓励引进、吸收为主，出台一系列优惠政策,鼓励并吸引国外公司进入中国投资办企业。政策实施的主导思想是以市场换技术。

随着我国经济和科学技术发展,进入 21 世纪,国家开始调整产业政策,将从过去引进、吸收、消化等以市场换取先进技术政策理念,转向自主创新理念。于 2006 年政府发布《2006—2020 国家中长期科学和技术发展规划纲要》,确定了自力更生、自主创新发展高新产业技术带动我国经济发展的基本国策。至此,拉开了我国科技自主创新立国的新篇章;随之政府相关部门出台科技创新、发展自主知识产权技术等具体实施细则,从财政、税收、金融、产业等多方面出台激励政策加大鼓励自主创新力度。

我国政策环境,从国家政策范围来看,基本涵盖了整个创新体系,包括教育、人才培养、研发、工程化、产业化、市场化、国际化等方面,中介服务和金融配套支持政策相对较少。虽然近几年开始对中介服务给予资金上支持,但多为行政服务。专业性服务业尤其是研发、生产、金融等领域服务支持很少。金融配套政策也仅是政府主导下的银行体系出台支持政策,对自主创新支持不够,创业风险投资和多层次资本市场的政策环境尚不完善。

我国政策不足之处,政策体系中缺少系统规划,政策衔接与持续性不够。政策引导发展方向完全由政府决定,受体制的制约,政策引导与促进发展的产业不完全是按照市场需求方向走,而是向政府的要求方向走。

从政策支持力度来看,国家财政近两年以比过去增加数倍量级力度支持高新技术产业创新发展,但资金来源渠道单一,主要是政府财政拨款。

从政策实施来看,国家通过多渠道不同阶段进行大力推动,但也有一些不足,政策重复支持现象普遍存在,企业、学校、科研机构等受惠范围大打折扣。

总体来看我国促进高新技术产业发展政策环境越来越好,随着国家经济实力增强,政府支持力度越来越大,并且发生质的变化。从过去百万元的支持力度上升到现在重大项目投资上亿元。我国政府目前正在积极为促进高新技术产业发展营造良好的政策环境。

相对医疗器械产业来说,我国政策环境非常有利于医疗器械产业的发展。但由于医疗器械产业综合性强、产品技术复杂,我国对医疗器械产业发展的优惠政策支持中,医疗器械产业专项较少,主要被划归到不同的相关领域中,其中包括:光机电一体化、信息技术、生物医药、医药卫生、机械制造等领域。

另外,国家在支持医疗器械产业发展中,主要是创新技术开发、关键部件等方面列为重点支持方向;而医疗器械产业发展需综合性配套产业服务,即针对医疗器械产业生产、研发服务业支持较少。

三、金融环境

我国金融体系是于 1984 年中国工商银行的创建而开始的,随后经过 10 多年的建设,逐渐建立了自己的银行体系、保险体系和证券体系,并形成了目前银行业、保险业、证券业分业经营、分业监管等金融机构,我国金融体系是政府主导下的职能管理体系。

我国的证券市场初建于 20 世纪 90 年代中期,为保持社会主义经济的国有权,将上市公司的股份被分割为国有股、法人股和个人股三类,市场上仅允许个人股自由流通与交易。证券交易中存在许多不完善之处,随后政府进行调整,颁布一系列政策措施,加大监管力度,积极推动证券业向健康和良好的方向发展。

进入 21 世纪,高新技术快速发展,我国中小企业和创业企业已成为国民经济的主体,企业融资难问题异常突出。为促进中小企业和风险投资发展，2004年中期，深圳证券交易所增设了中小企业板，使证券市场的发展又向前迈进了一步。但由于我国证券市场的制度缺陷，虽然中小企业板门槛降低，但一般中小企业还是较难进入，中小企业融资和风险资金退出效果不明显。

我国保险业是受经济转型影响最轻的金融行业，国有保险公司较早地通过业务分拆、股份制改造等方式成功实现了管理社会化。保险业在创建后的短短10多年里得到快速发展。但我国保险公司的投资渠道一直受到严格控制，到2004年才允许直接投资股票市场，投资方式、投资额度和投资管理都处于摸索阶段。

与证券业和保险业相比，我国拥有规模庞大的银行业，而且体系发达，是我国金融体系主体。银行体系的总资产达到27.64万亿元，远高于保险资产总额9122.8亿元和证券资本总市值4.24 577万亿元，占据了我国金融市场84.3％的份额。这也表明在我国金融体系中，银行部门的主宰地位。到现在银行体系仍然是企业融资的主渠道。

在我国银行体系内部，国有商业银行长期占据统治地位，它吸收了65％的国民储蓄，发放了55％的金融机构贷款，承担着80％的全社会支付结算业务量。由于历史原因，国有商业银行与国有企业存在着天然的关系，而且受所有制观念的制约，资金投向政策的约束，使得银行体系的大部分资金流向了国有企业。我国银行体系在逐步进入市场化轨道过程中，国有商业银行主宰中国投融资结构的局面仍保持不变，大部分的社会闲置资金仍集中于国有商业银行，并通过银行体系提供给国有企业。现在一些国家银行已开始放宽中小企业信贷要求的条件，而且国家出台相应政策，促进国有银行对中小企业的放贷支持。

综上分析，我国风险投资运行在一个以国有商业银行体系为主宰的金融环境中，该环境下一方面制约了闲置资金向风险资金的转移，另一方面扩大了风险资本任务，即作为银行资金的补充，为众多的难以从银行取信的中小企业提供合法资金支持。与外国风险投资机构相比，这一金融环境也决定了我国风险投资机构在融资、投资与退出方面都处于起步阶段。

总之，我国金融环境是企业融资渠道狭窄，风险投资退出机制不健全，金融管理专业人才匮乏，市场监管力度不够，而且金融市场不够发达，所能提供的金融服务品种不够丰富，缺乏风险投资生成机制，风险投资不活跃。

而国外大企业集团风险投资比国内风险投资机构活跃，但国外风险投资也主要是针对高新技术创业企业，目标是获取技术或后期较大利润。

我国医疗器械企业融资渠也主要是政府财政支持、银行和股权融资。由于医疗器械不同于其他行业，有自身特点，开发周期长，准入门槛高。再加上我国金融等中介服务业不发达，受投资方与企业之间信息不对称下规避风险的制约，致使风险投资进入医疗器械产业很少。

四、产 品 结 构

我国医疗器械产品多为中低端产品，如X射线机、心电图记录仪、按摩器具、注射器、病人监护仪、内窥镜、卫生材料及导管、插管及类似产品。也有一些相对规模大的企业生产中高端产品，但多以OEM形式集成，关键部件依赖进口；尤其在高端影像设备，国内企业只能生产中低端数字X射线机、永磁MRI和黑白超声；超导MRI、CT机还没有实现本土化。PET处于工程化开发中。中端产品已有突破，如病人监护仪等产品技术水平达到国际同类先进水平。

进口产品以中高端产品为主，出口产品则以低端产品为主，也有一部分中端产品出口。

国内市场上 CT 机、超导 MRI 基本是进口产品为主,彩超进口产品多于国产产品。

总体来看,我国医疗器械产品结构为劳动密集型、资源消耗型低端产品占市场优势,中端产品逐渐在增强,高端产品依赖进口。

五、企业分布与规模

中国医疗器械产业规模随着经济的快速发展也迅猛增长,截止到 2007 年 10 月,全国有医疗器械生产企业 12 530 家,兼营企业 144 977 家,2006 到年共批准注册医疗器械 11 724 件。其中一类产品生产企业 3501 家,二类产品生产企业 7682 家,三类产品生产企业 2347 家。企业分布地区见表 15-20。

表 15-20   2007 年各省市医疗器械生产企业数量分布表

地区	北京	天津	重庆	上海	河北	山西	内蒙古	辽宁	吉林	黑龙江
生产企业数(家)	1363	394	198	1167	349	136	45	392	335	295
所占比例	10.1	2.91	1.46	8.63	2.58	1.01	0.33	2.9	2.48	2.18
地区	江苏	浙江	安徽	福建	江西	山东	河南	湖北	湖南	广东
生产企业数(家)	1935	1287	273	207	311	903	328	568	313	1593
所占比例	14.3	9.51	2.02	1.53	2.3	6.67	2.42	4.2	2.31	11.8
地区	广西	海南	四川	贵州	云南	陕西	甘肃	青海	宁夏	新疆
生产企业数(家)	155	19	295	74	121	261	97	8	35	72
所占比例	1.15	0.14	2.18	0.55	0.89	1.93	0.72	0.16	0.26	0.53

数据来源:中国医疗器械行业年鉴

表 15-20 中各地区企业所占比例大小看,中国医疗器械生产企业主要集中在三大地区,即以北京、天津、河北为代表的华北地区,企业数量占总量的 15.59%,以上海、江苏、浙江为代表的长江三角洲地区,占 32.44%,以广东为代表的珠三角地区占 11.8%。

企业从业人员 2006 年为 44 万人,企业规模多为中小型企业,2004—2006 年医疗器械产业生产总值及占全国工业生产总值比例见表 15-21。表 15-22 为 2006 年中不同规模企业的生产总值、销售收入、利润所占比例。

表 15-21   2004—2006 年我国医疗器械产业工业增加值及占 GDP 比例   (单位:亿元)

指标	2004	2005	2006
全国 GDP	159 878	182 321	209 407
医疗器械工业 GDP	429	414	572
医疗器械 GDP 占全国比%	0.27	0.23	0.27

表 15-22   2006 年中不同规模企业的生产总值、销售收入、利润所占比例

指标	小型	中型	大型
生产总值%	43.76	49.38	6.86
销售收入%	43.44	49.18	7.38
利润%	45.19	38.41	16.41

数据来源:中国医疗器械行业年鉴

中国医疗器械产业生产格局中以中小企业为主,从表 15-22 中生产总值、销售收入和利润总额看,中小型企业所占比例为 93.14%、92.62% 和 83.6%。由此说明我国医疗器械产业生产完全是以中小型企业为主导。而这些中小型企业主要分布在中国经济比较发达的北京、上海、江苏、浙江、广东和山东等地区。其中 2006 年排在前 5 位的地区为北京、上海、江苏、广东和山东,这 5 个地区占全国医疗器械生产总值比例为 64%。

2006 年生产总值过亿的企业数仅占全产业 1%,总产值 5000 万至 1 亿元的占 3%,1000～5000 万元的占 50%,1000 万元以下占 46%。由此也更进一步说明我国医疗器械产业仍是中小型企业占大多数。2007 年我国医疗器械产业排名前 10 位的企业见表 15-23。

表 15-23　2007 年中国销售额排前 10 位企业

企业名称	所在地区	销售收入(亿元)
航卫通用电气医疗系统有限公司	北京	19.0
淄博山川医用器材有限公司	山东	17.6
深圳迈瑞生物医疗电子股份有限公司	广东	15.0
欧姆龙(大连)有限公司	辽宁	10.8
楼氏电子(苏州)有限公司	江苏	10.2
西门子听力仪器(苏州)有限公司	江苏	7.5
喜来健医疗器械有限公司	天津	7.5
上海西门子医疗器械有限公司	上海	6.6
瑞声达听力技术(中国)有限公司	福建	6.4
泰尔茂医疗产品(杭州)有限公司	浙江	6.4

数据来源:各公司年报

表 15-23 中所列企业中,仅有 2 家为中国企业,其余 8 家都为外资企业在中国建立的独资或合资公司。排位前 10 名公司销售收入占中国医疗器械产业总销售收入的比例 2005 年为 53.1%,另外中国医疗器械企业生产产品多为中低端产品,如心电图记录仪、按摩器具、注射器、病人监护仪、内窥镜、卫生材料及导管、插管及类似产品。

六、产业规模与从业人员规模及分布

中国医疗器械产业规模还不大,2007 年生产总值为 592 亿元,占世界市场总额在 3% 左右。但中国医疗器械产业拥有企业数量最多,而且从业人员也达到 50 万左右。

中国医疗器械产业从业人员从 2004—2006 年数量一直在下降,表 15-24 为 2004—2006 年中国医疗器械生产企业平均从业人员数;表 15-25 为 2005—2006 年医疗器械产业从业人员分布领域所占比例

表 15-24　2004—2006 年医疗器械产业从业人员数

时间	2004	2005	2006
从业人员总数(万人)	56	50	44
企业平均从业人员(人)	165	210	195

表 15-25　2005—2006 年医疗器械产业从业人员分布领域所占比例

产品领域	2005(%)	2006(%)
医疗诊断、监护及治疗设备	25	34
口腔科用设备器具	3	5

产品领域	2005(%)	2006(%)
消毒设备器具	2	3
医疗、外科及兽用器械	4	5
机械治疗及病房护理设备	6	7
假肢、人工器官及植入器械	4	5
其他设备及器械	2	3
卫生材料及医药用品	54	38

数据来源:2005、2006年国家统计局901家样本企业统计

由从业人员在产业中的分布领域看,我国医疗器械生产格局仍是在低端产品中从业人员占的比例最大,从另一角度看,从业人员分布的产品领域也反映出高端产品企业少。

七、研发体系与人才

我国医疗器械产业研发还不成体系,研发主体不突出,企业、科研机构、学校重复严发现象严重。创新研究目标不统一,无论是企业还是高构及科研机构,仍是以仿制作为创新主目标。由于资源分散,缺乏系统性规划,没有形成一个循环机制。大企业研发硬件条件不完善,小企业没有能力建立研发环境;高校与科研机构研发成果,缺少工程化实施条件与环境。由于中介服务环节的缺失,企业普遍采取自主寻找开发条件的发展方式,因而形成医疗器械领域中,一方面研发资源严重浪费,另一方面整体创新能力不足的局面。

在人才培养方面,中国医疗器械产业缺乏综合技术工程专业人员,人才培养单一,主要是由高等院校培养的生物医学工程人员;企业及社会培训缺乏,致使许多技术人员专业素质不高,医院设备维护工程师由于其体制问题而不被重视,造成医疗机构设备维护专业技术人员缺失。人才缺乏,是造成我国医疗器械产业创新能力弱的原因之一。

另外,医疗器械产品涉及多学科、多专业,具有多品种,小规模的特点,每个企业不可能把所有内容的都自身完成,非常需要中介的研发、工程化、生产服务支持,而我国目前医疗器械还没有成系统的研发、生产服务业,由于研发体系缺失服务系统的内容。而导致了研发的重复现象严重,资源分散,复用率低。

总体来看,我国医疗器械研发还没有形成系统化的体系,专业人才缺乏,研发资金来源渠道窄,由于缺少中介服务系统,风险投资进入很少,国家重点支持项目的很少,致使医疗器械研开发能力不足问题突出。

八、产业聚集区的发展

我国医疗器械产业的现代化发展开始于20世纪80年代中期,走过了20多年以仿制为主的历程,基本上形成了涵盖几乎所有医疗器械种类的中低档产品配套能力。医疗器械产业从业人员数量为50万人,2007年企业数量达到12 530家,批准注册的医疗器械11 724个,这三个数字都居全球之首。中国医疗器械产业生产格局以中小企业为主,主要分布在中国经济、科研比较发达的省市和地区。

目前,中国医疗器械已经形成了以上海为中心,包括江苏、浙江两省的长江三角洲产业

集群;以深圳为中心,包括珠海、广州等地的珠江三角洲产业集群,以北京为中心包括天津、辽宁、山东的京津环渤海湾三大区域医疗器械产业群。三大区域医疗器械总产值之和及其销售额之和均占全国总量的 80% 以上。三大区域医疗器械的发展都与当地综合产业链优势和产业配套能力优势密切相关。其中长三角主要生产中低端影像设备、用耗材及一次性医疗器械产品,珠三角地区主要以医用电子产品及部件为核心的产业群;环渤海湾是以影像设备、医用电子、医用耗材、呼吸机等中高端产品为主,其中北京地区以研发创新最突出,而且在 X 射线机、呼吸机产品在全国具有一定优势。

九、产业战略发展

改革开放以来,中国医疗器械产业发展迅速。期间,国家经济快速发展,人民生活水平日益提高,基础加工业日益壮大,这些使医疗器械产品数量、企业数量都越来越多,产品逐渐向高端趋近,企业规模逐渐增大,民营企业所占比重逐年增加,国产医疗器械在满足中国医疗市场需求方面具有举足轻重的地位。近年来中国医疗器械产品出口稳步增长,2008 年首次实现顺差 30 多亿。中国医疗器械正在成为国际市场的新兴力量。但也应当看到,中国医疗器械的发展在总体上还与国外有较大差距,与中国经济对世界的贡献相比还有明显的不足。

中国医疗器械产业在国民经济中的地位亟待提高。中国医疗器械产业的战略地位目前还没有得到充分的认识,这表现在医疗器械行业归属不清,有时被归为光机电一体化、先进制造,有时被归为电信等,政策支持和资金扶植力度不大。只有提升医疗器械在国家发展中的战略地位,医疗器械才可能健康地发展。

中国医疗器械产业需要有国家层面的战略规划。目前中国医疗器械行业缺少产业战略规划,这不仅表现在政策缺少系统性,更重要的是表现在整个产业缺少系统性,企业普遍采用小而全的发展方式,行业内未成体系,在复杂、大型、跨学科的医疗器械领域我国尤其落后。近年来的发展证明行业的发展规划与行业监管相关但并不等同,医疗器械需要在国家层面有战略规划、有战略执行和调整,而战略责任人的缺失是中国医疗器械发展面临的重要问题。

中国医疗器械产业的政策环境需要进一步调整。在医疗器械研发、生产、营销、使用、维修、退出等一系列环节中,规范行业的法规和促进行业的政策性支持都需要与医疗器械的其他方面统筹进行战略性考虑,但是中国医疗器械的政策在整体上缺少战略相关性,更多地侧重对个别企业、项目,由于缺少基于系统和战略的思考,这些政策对整个产业的促进作用有限,有时甚至是负面作用。

中国医疗器械产业的金融环境需要有质的提升。医疗器械的金融环境实际上也是创新的金融环境,目前整个行业的这一环境较之国外相差较大,这直接地制约了中国医疗器械的创新发展。另一方面一些国外风险投资目前已开始将目光关注中国医疗器械研发领域,中国的智力资源正在面临国外资本的掠夺。

中国医疗器械产业需要有适于中国国情的生产性服务业。医疗器械生产性服务业,尤其是研发服务业是医疗器械行业中最为活跃的因素,国外的发展经验表明,研发服务业对医疗器械的发展具有举足轻重的作用,同时它还决定着行业的研发效率,事实上,它决定着行业的系统性,进入良性循环的研发服务业可以使行业更专业化、更社会化。

总之,中国医疗器械行业在国家经济发展中的战略地位有待进一步清晰,行业需要有战略规划者,进而才可能出台更好的政策,营建更好的政策、金融环境和产业环境,生产性服务业才可能被作为体系不可或缺的因素受到重视,医疗器械行业才可能真正得到发展,行业才可能作为一个整体参与国际竞争。

中国医疗器械产业生产格局中产业规模为两极分化。国内企业以中小企业为主,大型企业多是国外合资或独资企业;内资企业以中低档产品为主,高端产品被国外大公司所垄断。产业形成自然地域集群,主要分布在长江三角、渤海湾和珠江三角地区。内资企业集中度低,外资或合资企业集中度高;产业从业人员集中在低端产品领域,创新和风险投资相对较少。

第六节　各国医疗器械产业结构比较

一、产业结构的划分

经过长期的发展,尤其进入知识经济时代以来,医疗器械产业形成了比较明显的特点:一是产品发展以创新技术和综合技术运用为主导,二是产业化过程以规范和专业化为基本要求,三是市场发展以品牌和全球化为主导。医疗器械的产业结构也因此而具有鲜明的特点,形成了整机厂、OEM、ODM、基础加工业和生产性服务业之间相对清晰的划分。

二、整　机　厂

整机厂是医疗器械产品的责任厂家,往往需要一定的品牌,在健康日益受到关注的同时,品牌也成为医疗器械市场成功开拓的重要因素。在国外这些厂家不在多数,但往往具有较为知名的品牌。事实上品牌已成为了医疗器械产品发展中不可或缺的资源,也正因为如此,拥有品牌的厂家往往为了占有或扩张市场采取兼并、购买等手段求得发展,这也是医疗器械行业集中度高的原因。

整机厂在技术与医疗的深度结合中扮演着重要的角色。技术与医疗的深度结合在医疗器械产品发展中具有重要的意义,这一点不仅为行业中的中小企业关注,那些具有较强实力的品牌厂家也在营建其开放的、与医疗深度结合的开发环境,各种形式的合作背后也可以看成是临床资源的一种挖掘或占有。

医疗器械产业是最先全球化的产业之一,这不仅源于全球化可以带来成本的优势,而且还在于全球化是市场开拓的一个重要方面,尤其产品的本地化在拉近产品与医生距离的同时也使产品更容易地获得当地市场的准入、纳入政府采购清单。国外一些大公司经过逐年的调整形成了其全球化的产业结构,这与一些小企业形成了鲜明的对比。GE、西门子、飞利浦等是这些跨国公司的典型代表,他们所形成的、纳入其战略规划的产业结构往往对当地的产业链是一种侵蚀。

中国的整机厂在规模上与国外跨国公司差距巨大。从中国排名前10家的企业(表16-19)与国外排名前10的企业(表2-2)的比较可以看出,中国本土的企业在产值上与国外企业相差近两个数量级。

中国整机企业实现全球化的企业不多。中国一些企业实现了境外上市,但真正实现全球化采购、产业化、市场化以及本土化的研发并不多,不少中国产品只得采取贴牌生产的方式进行出口。

此外,中国整机企业的品牌总体上也逊色于国外厂家,在综合实力上也有较大的差距。

三、OEM(原厂家制造)与 ODM(原厂家计)厂家

在世界范围内 OEM 与 ODM 逐渐形成市场,成为医疗器械行业中不可或缺的力量。拥有专业技术实力的企业不仅为整机厂家提供技术与产品,而且还为行业提供专业技术能力,在专业领域中,这些技术往往具有一定的垄断性,并由此催生了行业中的潜在冠军或称行业小巨人。这些厂家中有些逐渐由部件厂家演化成解决方案的提供商,他们深刻地影响着行业的发展,一些原本拥有庞大研发机构的整机厂家重新调整了其结构以适应新形势下的产业发展。例如磁共振成像(MRI)中的几大关键部件(磁体、谱仪、射频功放、梯度功放、射频线圈、相关软件)都出现了成熟的部件供应商。

中国医疗器械行业中目前还没有形成基本的配套环境,尽管近年来 OEM、ODM 厂家有所发展,但行业的产业结构还没有形成体系。这其中固然有诚信方面的原因,但还与中国整机厂不成熟和中国生产性服务业不发达相关。值得注意的是一些原本定位于部件生产的厂家最终也都转为整机的生产,这从一个侧面可以看出中国医疗器械行业尚还没有良好的产业环境。

四、医疗器械产业中的生产性服务业

生产性服务业是围绕企业生产过程进行的,它主要服务于生产制造者,作为生产制造前端可为生产者提供的服务有咨询、规划、研发设计、采购、金融、物流等,在生产制造过程中有财务、物流、计量、检测等,在生产制造后端主要有营销、集成、成套、安装、调试、维修、培训、会展、租赁、物流等,对于医疗器械而言还包括了注册、认证咨询与培训、专业技术支持与服务等。

在发达国家,生产性服务业在产业结构及产业环境中扮演着重要的角色,在美国生产性服务业已占到其 GDP 的 50%,正是这些不直接参与创新的服务业将美国的专业化小公司联结成社会化的体系,并形成初具规模的系统,形成新的竞争能力。生产性服务业不仅对 GDP 有所贡献,更重要的是它对整个产业的协调发展起着至关重要的作用。

中国在从计划经济转向社会主义市场经济的过程中,一些社会性、基础性的功能脱离于原来小而全的企业,但这一专业化与社会化的进程并不充分,产业的系统性建设远未进入良性状态,在医疗器械研发、生产日益开放化的今天,中国企业的观念变化成为影响行业发展的重要因素。

生产性服务业的欠发达以及产业结构系统性差这两点使得中国医疗器械产业的生存环境不利于创新。在发达国家,中小企业是创新的一个重要方面,他们通过自己的努力得到大企业的认同,实现并购、兼并或买断,这些技术市场上最为活跃的因素在中国没有得到发展,因为中国医疗器械产业还没有形成有机的生态环境,于是每一个创业者不得不"开创性"地完成技术走向市场的全过程,总体上看这是一种资源的浪费,与知识经济的发展极不相适。

五、基础加工业

医疗器械门类多,技术构成复杂,这决定了医疗器械加工业即需要社会化体系的支持又需要专业化的技能支持,两者的综合实际上是国家综合实力的体现。

在发达国家,基础加工业水平普遍比较高,德国、瑞士在机械、光学方面的基础加工能力强,日本在机电与生产工艺能力强,美国在微电子、计算机技术、软件、传感器方面的能力强。

中国的基础加工业水平近年来有了长足的发展,但距离中国建设医疗器械的现代制造业还有较大的差距。这使得中国的医疗器械产品的稳定性和可靠性相对较差,影响了其竞争能力。

第十六章

市 场 格 局

第一节 医疗器械市场概况

一、世界医疗器械市场概况与分析

世界医疗器械市场规模不断拓展,据中国医疗美国商贸部的统计数据显示,2002年世界医疗器械市场额为1400亿美元,2006年全球医疗器械产品市场已达2041.6亿美元,并仍持续保持7%以上的年增长率。另外在医疗器械领域中,高技术生物医用材料及其终端产品增长速度还会更快。医疗器械产品的国际贸易额则每年以25%的速度增长,销售利润达15%~25%,产品附加值高。成为当今世界经济发展最快、贸易往来最为活跃的工业门类之一。

世界医疗器械市场呈现两极分布,高端产品市场多集中在经济较发达的国家和地区,中低端产品多集中在经济不太发达的国家和地区。

二、世界医疗器械市场规模及分布

(一)各国医疗支出概况

各国医疗费用支出大小,反映出医疗器械消费市场规模大小。表16-1为2006年我国与其他发达国家医疗支出占GDP比重的比较。

表16-1 2006年我国与其他发达国家医疗支出占GDP的比重的比较

国家(地区)	美国	欧盟	日本	中国
医疗支出占GDP的比重	13.9%	5.7%	7.1%	4.73%

表16-1表明,发达国家医疗支出费用占GDP比重明显高于我国。

(二)各类医疗器械产品的市场比例

图16-1为2006年各类医疗器械在世界市场中所占比例。在世界医疗器械市场中所占比例较高的是:"外科器械"、"介入、骨科产品"。其中外科器械在世界医疗器械市场中所占的比例最大,达21%;介入、骨科、整形产品紧随其后达17%;注射器、接头、导丝等一次性耗材达13%,医学影像占11%,电子医疗仪器占10%,牙科设备占6%。

各类医疗器械在全球市场中所占份额

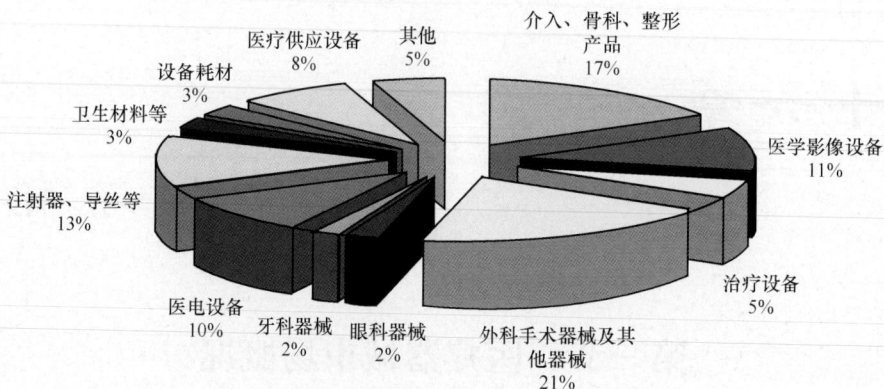

图 16-1　2006 年各类医疗器械在世界市场中所占比例

（三）世界医疗器械的主要生产型企业

表 16-2 为 2006 年医疗器械销售收入在世界上排名前 10 位企业的销售收入、利润及雇员人数等情况统计表。

表 16-2　2006 年世界医疗器械前 10 位公司运作情况

序号	公司名称	销售收入 （亿美元）	销售利润 （亿美元）	雇员人数	人均销售收入 （万美元）	研发占收入比％
1	强生医疗	203	42	122 200	16.6	13.1
2	GE 医疗	152	26.7	46 000	33.0	6
3	美敦力	123	28	37 000	33.2	10.1
4	美国百特医疗	103.8	13.9	48 000	21.63	5.9
5	西门子医疗	100	12	111 440	9.0	5.2
6	美国泰科	95.8	22	43 000	22.2	2.74
7	飞利浦医疗	85	10	32 843	25.2	6.2
8	美国波士顿科学	78.2	56.1	29 000	26.9	12.1
9	美国史赛克	50.1	7.8	18 806	26.2	6
10	美国卡地纳健康集团	45.2	485	21 400	21.1	N/A
	合计	1036.1	703.5	509 689	235.03	—

数据来源：2007 年中国医疗器械行业年鉴

表 16-2 所示，排前 10 位企业的销售收入总额为 1036.1 亿美元，占 2006 年世界销售总额 56.89％。这表明世界医疗器械市场份额集中在少数几家大公司。

三、中国医疗器械市场概况与分析

中国医疗器械市场特征明显，高端产品市场近 70％被国外跨国公司或在中国的合资公司所垄断，中低端产品市场为国内产品占主导。产品市场需求与经济发展有密切的联系，经济发达地区高端产品市场需求高，经济不发达地区主要是中低端产品需求大。

另外，近年来国家政府对医疗体制改革，出台一系列相关政策，农村医疗成为国家以后

医疗卫事业建设的重点。因此,在将来的 5~10 年中国中低端医疗器械产品市场需求会呈
现快速上涨趋势。

表 16-3(按照国家统计局统一分类)为 2006 年不同类别产品总产值、销售收入及利润
比较统计。

表 16-3　2006 年中国医疗器械不同类别产品总产值、销售收入及利润

产品类别	生产总值(万元)	销售收入(万元)	利润(万元)
医疗诊断、监护及治疗设备	665	640	64
口腔科用设备器具	40	35	5
消毒设备器具	35	34	1
医疗、外科及兽医用器械	56	54	3
器械治疗及病房护理设备	91	86	3
假肢、人工器官及植(介)入器械	125	122	18
其他设备及器械	34	32	1
卫生材料及医药用品	640	622	47
合计	1686	1625	142

数据来源:2007 年中国医疗器械行业年鉴

从表 16-3 看,医疗诊断、监护及设备和卫生材料及医药用品两类产品总产值和收入最
大,成为市场上的主导产品。图 16-2 为中国不同类别产品销售收入所占比例。

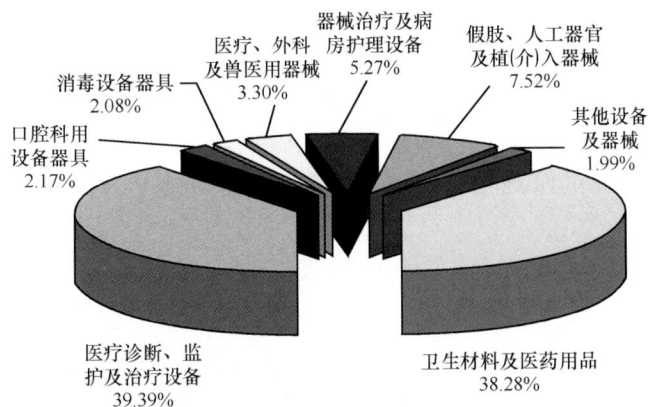

图 16-2　中国不同类别产品销售收入所占比例

图 16-2 中医疗诊断、监护及治疗设备类别在市场中所占份额较高达到 38.2%,国内该
类产品销售收入在全国排在前 10 位的企业见表 16-4,表 16-4 为 2006 年中国医疗诊断、监
护及治疗设备制造业销售收入前 10 位企业收入情况。

表 16-4　2006 年中国医疗诊断、监护及治疗设备制造业销售收入前 10 位企业　(单位:万元)

企业名称	注册地区	企业类型	主营业收入
航卫通用电气医疗系统有限公司	北京	外资	189 739
欧姆龙(大连)有限公司	辽宁	外资	111 453
深圳迈瑞生物医疗电子股份有限公司	广东	内资	150 138
上海西门子医疗器械有限公司	上海	外资	71 809
喜来健医疗器械有限公司	天津	外资	74 738

企业名称	注册地区	企业类型	主营业收入
江苏鱼跃医疗设备有限公司	江苏	内企	45 635
鸿邦电子(深圳)有限公司	广东	外资	45 060
通用电气医疗系统(中国)有限公司	江苏	外资	55 826
爱安德电子(深圳)有限公司	广东	外资	41 646
扬州中惠集团公司	江苏	内企	38 052
合计	—	—	824 096

由表 16-4 所示,排名前 10 家企业诊断影像设备、监护及治疗设备销售收入为 82.41 亿元,占 2006 年全国总销售收入的 14.96%。这 10 家企业主要分布在长三角和珠三角地区。

第二节 各国医疗器械市场与产品结构

随着经济发展,人们生活水平的提高,对医疗、卫生、保健需求不断增加,质量要求也逐渐提高;而且,许多国家人口老龄化进程加快,对医疗服务产品需求发生变化,这些因素都将促进世界医疗器械市场规模进一步的扩大。另外,医疗器械新技术、相关配套产业的发展,使医疗器械创新产品不断涌现;新需求不断增加,新技术产品不断上市,各国医疗器械销售收入都呈现逐年上升的趋势。

一、世界医疗器械市场规模及分布

世界医疗器械市场规模是在不断扩大,而且发达国家市场增长速度加快,而且产品高端市场仍由发达国家的跨国公司所掌控。最大消费市场同样集中在经济发达国家和地区。

世界医疗器械市场近几年规模见表 16-5,表 16-5 为 2004—2006 年世界医疗器械市场销售额。

表 16-5 2004—2006 年世界医疗器械市场销售额

年份	2002 年	2003 年	2004 年	2005 年	2006 年
市场规模(亿美元)	1400	1650	1840	1900	2041

数据来源:美国商品贸易部;注:表 17-5 中数据与 2007 年中国医疗器械行业年鉴中存在出入

2006 年排名前 10 位的大企业年销售额已逾 1000 亿美元,约占世界市场份额的 30%左右。亚洲已成为最具发展潜力的市场,中国、印度、巴西则成为国际医疗器械市场上的"后起之秀"。美欧等发达国家医疗器械市场增长 4%～5%、新兴市场增长迅速、中国平均18%、印度 14%、巴西增长 16%。世界医疗器械市场中,美国(占 41%)、欧盟(占 29%)、日本(占 13%)占据主导地位。

世界医疗器械市场由发达国家和地区的少数跨国企业所掌控,表 16-6 为 2004—2007年(2006 年统计)世界医疗器械产业排名前 10 位企业收入统计数据。表 16-7 为 2004—2007 年(2006 年统计)排名前 10 位企业利润统计数据。

表 16-6　世界前 10 位医疗器械公司 2004—2007 年收入增长情况　（单位:亿美元）

公司名称	2004 年	2005 年	2006 年	2007 年
美国强生医疗 Johnson and Johnson	180	192	203	—
美国 GE 医疗 GE Healthcare	135	152	166	—
美国美敦力 Medtronic	90.9	100.6	112.9	123
美国百特医疗 Baxter International	195.1	98.5	103.8	—
美国泰科 Tyco Healthcare	90.4	94.7	95.8	—
德国西门子医疗 Siemens Medical Solutions	87	92	100	131
荷兰飞利浦医疗 Philips Medical Systems	70	75	85	96
美国波士顿科学 Boston Scientific	56.2	62.8	78.2	—
美国史赛克 Stryker	42.6	48.7	54.1	—
美国卡地纳健康集团 Cardinal Health	—	37.3	40.6	45.2
合计	847.2	953.6	1039.4	

数据来源:2007 年中国医疗器械行业年鉴

表 16-7　世界前 10 位医疗器械公司 2004—2007 年利润　（单位:亿美元）

公司名称	2004 年	2005 年	2006 年	2007 年
美国强生医疗 Johnson and Johnson	82	101	110	—
美国 GE 医疗 GE Healthcare	22.9	26.7	31.4	—
美国美敦力 Medtronic	19.6	18	25.5	28
美国百特医疗 Baxter International	3.9	9.6	13.9	—
美国泰科 Tyco Healthcare	23.6	22.8	22	—
德国西门子医疗 Siemens Medical Solutions	8.5	10	12	17.5
荷兰飞利浦医疗 Philips Medical Systems	0.42	8	10	11.4
美国波士顿科学 Boston Scientific	43.3	49	56.1	
美国史赛克 Stryker	4.4	6.4	7.8	
美国卡地纳健康集团 Cardinal Health	4.1	4.9	5.8	—
合计	208.32	256.4	294.5	

数据来源:2007 年,中国医疗器械行业年鉴

表 16-6 与表 16-5 比较看,2005、2006 年世界前 10 位医疗器械企业产品销售总额占世界销售总额分别为 50.19％和 50.93％。由此可见,医疗器械市场份额多集中在少数跨国企业中,而这些企业主要分布在美国和欧盟。

二、美国医疗器械市场与产品格局

(一) 市场及消费规模

美国是世界上最大的医疗器械生产国和消费国,它供应了世界市场 40％的医疗设备,同时消费了世界市场 37％的医疗设备。美国医疗器械市场消费主要以国家支出为主,美国用于卫生保健支出占国家 GDP 的 15％。2001—2005 年美国消费医疗器械市场年均增长率为 6％。从 710 亿美元增长到 920 亿美元,见表 16-8。2005 年美国消费医疗器械产品主要三部分:电子医疗设备（28％）、整形外科手术设备和医院用品（27％）,外科手术设备（26％）,见表 16-9 所列内容。近期心血管技术需求增长,如冠状动脉支架和植入式除颤器,

促进了医疗器械市场上的医疗仪器和电子医疗设备的增长。在此期间整形外科市场有很强的发展,其重要意义是居民可以用上先进的整形外科装置和脊椎植入外科手术。

表 16-8　美国医疗器械市场消费额　　　　　　　　　　　（单位:百万美元）

指标	2001 年	2002 年	2003 年	2004 年	2005 年
消费额	70 656	70 420	75 502	81 854	90 200

数据来源:Compiled from official statistics of the U. S. Department of Commerce

表 16-9　2005 年美国医疗器械产品市场消费额

产品名称	消费额(百万美元)
体外诊断试剂与仪器	6413
电子医疗设备	27 662
外科手术医疗器具	25 959
整形外科及相关装置	26 504
齿科设备	3661
合计	90 200

数据来源:Compiled from official statistics of the U. S. Department of Commerce. Source(of shipment data):U. S. Census Bureau,"Value of Product Shipments:2005," Annual Survey of Manufactures,M05(AS)-2,November 2006

根据表 16-8、表 16-9 数据显示,美国医疗器械市场消费产品主要为体外诊断、电子医疗设备、外科手术器具、齿科类等。随着美国人口老龄化进程加快,电子医疗设备、保健设备还将随着需求增加而扩大市场份额。

(二) 主导产品的市场规模

美国医疗器械市场上主导产品多为高新技术产品,如医用电子产品、interventional 心脏、整形外科等,在 2001—2005 年期间这些成为交易量增长最快,平均年增长率为 5%,达到 920 亿美元(见表 16-10)。这些新技术产品为医师和病人在诊断、治疗中降低风险,提高病人生命质量。新技术产品在 2005 年消费额有显著的增长,达到 11%,大大超过以前。

在美国的 5 类医疗器械产品市场中医用电子产品、诊断设备、心血管病治疗设备、整形外科装置和医院辅助产品在 2001—2005 年期间增长是最快的。2005 年交易额达到 270 亿美元,平均年增长率为 10% 和 7%,另外,特别注意特殊医疗产品增长如可植入去纤颤器、神经(neurostimulators)、外科整形如假肢、关节、脊柱灌注等同样也呈上升趋势。

表 16-10　2001—2005 年美国医疗器械产品市场交易额　　　　　（单位:百万美元）

产品	2001 年	2002 年	2003 年	2004 年	2005 年	2001—2005 年绝对值变化	2001—2005 年百分比变化
体外诊断试剂与仪器	11 026	9172	8417	8730	8741	−2285	−21
电子医疗装备	17 968	19 267	19 994	23 117	26 526	8558	48
外科手术医疗器具	23 560	22 396	21 417	22 337	25 872	2312	10
整形外科设备及装置	20 860	22 036	24 732	24 634	27 296	6436	31
齿科设备	3175	2965	3085	3393	3566	391	12
合计	76 589	75 836	77 645	82 211	92 001	15 412	20

数据来源:U. S. Census Bureau,"Value of Product Shipments:2005," Annual Survey of Manufactures,M05(AS)-2,November 2006

2005 年美国医疗器械总交易额为 920 亿美元,主要产品市场交易比例如图 16-3 所示。

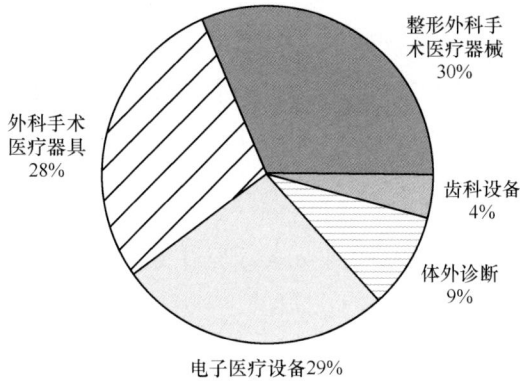

图 16-3　2005 年美国主要产品市场交易额占的比例

数据来源:Compiled by Commission staff based on official statistics of the U. S. Department of Commerce

由图 16-3 所示,2005 年美国医疗器械市场产品交易中,外科手术医疗器具、整形外科手术器械及电子医疗设备等市场交易额所占比例最大,占 2005 年医疗器械总交易额 920 亿美元的 77%。

(三) 市场发展空间及驱动力

在美国人口老龄化影响着医疗器械工业传统增长方式,据人口调查局发布统计数据,(最近基于 2000 年人口普查数据,已于在 2004 年公布),65 岁和 65 岁以上老人从 2000 年的 12.4%,到 2050 年将增加到 20.7%。根据人口普查数据估计,2000 年约有 3500 万美国人超过 65 岁。2020 年将超过 5400 万,2050 年将超过 8600 万。这个庞大的群体是未来美国医疗器械产品主要消费群体。

人口老龄化及因老龄化而引起的健康需求改变,并且已经影响着医疗器械产业。人们寿命比前代人长,要求更多和更长时间的健康护理。这已驱动先进医疗电子设备和凸显的新技术将提高病人的生存质量和寿命。如美国人口老龄化,增加昂贵医疗、护理费用压力。因此,护理设备需求增加如家庭护理、医院收容所、特殊护理和病人自己家庭护理成为未来美国市场最具潜力的产品。

综上分析,美国医疗器械市场产品格局是以电子医疗设备和外科手术器械等高技术产品为主导。产品供应的市场格局是先进高端产品以国内企业供应为主,低端产品以进口为主。同时美国掌控着世界医疗器械产品高端市场,其医疗器械产品在国际市场中占据最大份额。人口老龄化使美国的市场发展空间仍很大。

三、欧盟医疗器械市场和产品格局

欧盟医疗器械市场占世界总市场额的 30% 左右,欧盟市场主要以德国、英国、法国、爱尔兰等为主导,其中德国医疗器械产业最为发达,德国医疗器械市场占欧盟总额 50% 以上。产品以外科手术器械、整形外科用产品、体外诊断、医用电子产品、医学影像产品为主。

(一) 市场和消费地区规模

欧盟是世界医疗器械生产和消费第三大市场,其中德国又是欧盟最大的医疗器械生产和消费市场。2005 年欧盟医疗器械市场销售收入为 380 亿美元,占世界市场总额的 30%。医疗器械消费总额为 381 亿美元,占世界总消费额的 30%. 国家的医疗卫生支出占 GDP 的 7%~8%。

欧盟医疗器械年均增长率 2001—2005 年期间为 5%,消费额从 222 亿欧元(199 亿美元)增加到 274 亿欧元(341 亿美元)。其间 2003 年消费开始下滑,在整个欧盟 2004 年底下降 11%,这与新加入欧盟国家的经济水平发展差异有关。2005 年欧盟市场又回弹到 30%,全部消费约比初期高 23%(见表 16-11)。

表 16-11　2001—2005 年欧盟医疗器械产值、进出口、消费额和出口占
产值、进口占消费额的比例

年份	产值	出口额	进口额	消费额	出口占总交易额比率%	进口占消费额比率%
单位:百万欧元						
2001	22 854	14 705	14 095	22 244	64	63
2002	25 555	16 198	14 467	23 824	63	61
2003	24 209	17 291	14 922	21 840	71	68
2004	25 495	19 521	15 297	21 272	77	72
2005	30 657	20 474	17 262	27 446	67	63
单位:百万美元						
2001	20 451	13 159	12 612	19 905	64	63
2002	24 050	15 245	13 616	22 421	63	61
2003	27 323	19 515	16 842	24 649	71	68
2004	31 657	24 238	18 994	26 413	77	72
2005	38 125	25 461	21 467	34 131	67	63

数据来源:Global Trade Information Services, Inc. Global Trade Atlas Database; Eurostat, Prodcom Database; and IMF exchange rates

注:Imports and exports do not include the in vitro diagnostics segment to harmonize with production data. Totals may not add due to rounding

由表 16-11 所示,欧盟医疗器械市场医疗器械产值总额 2005 年约 310 亿欧元(38 亿美元),2001—2005 年产品年均增长率为 8%;增长最强劲的是 2002 年达到 12% 和 2005 年达到 20%。产值比初期提高 34%。2004 年 5 个国家医疗器械产值占欧盟-25 总产值的 87%。其中德国占 45%,市场最大;其次是法国 13%、英国 12%、意大利 11% 和爱尔兰 5%。

(二) 主导产品的市场规模及比例

欧盟医疗器械市场主导产品主要为整形外科手术器械、电子医疗设备(包括影像诊断设备)、透析、体外诊断、医院用器具等中高端产品。2005 年欧盟市场主要医疗器械产品市场份额见表 16-12;表 16-13 为欧盟的医疗器械产品生产公司及收入。

表 16-12　2001—2005 年欧盟医疗器械总值

时间	2001 年	2002 年	2003 年	2004 年	2005 年	2001—2005 年绝对变化值	2001—2005 年变化百分比
总额(百万欧元)	22 854	25 555	24 209	25 495	30 657	7803	34.1
总额(百万美元)	20 451	24 050	27 323	31 657	38 125	17 674	86.4

数据来源：Eurostat，Prodcom Database；IMF Exchange Rate

表 16-13　欧盟的医疗器械产品生产公司及收入

公司	国家	主要市场产品	2005 年收入（十亿美元）
Siemens Medical Systems	Germany	Imaging equipment, in vitro diagnostics, and hearing aids	$9.5
Philips Medical Systems	Netherlands	Imaging equipment and healthcare information systems	$7.6
B. Braun Melsungen	Germany	Orthopedics and surgical instruments	$3.8
Smith & Nephew	United Kingdom	Orthopedics, wound treatment, and endoscopy	$2.4
Synthes	Switzerland	Orthopedics	$2.1
BioMerieux	France	In vitro diagnostics equipment	$1.2
Sorin Group	Italy	Cardiovascular and dialysis	$0.9
Carl Zeiss Meditec	Germany	Ophthalmology products	$0.4
Gyrus Group	United Kingdom	Surgical instruments and ear, nose, throat instruments	$0.3
Ambu	Denmark	Life support systems	$0.1
Bayer Diagnostics	Germany	In vitro diagnostics	(a)
Fiab	Italy	Electromedical devices	(a)
Maersk Medical	Denmark	Disposable medical supplies	(a)
Roche Diagnostics	Switzerland	In vitro diagnostics	(a)

数据来源：Compiled by Commission staff from Diller，Healthcare：Products and Supplies：Europe

欧盟医疗器械产业中，具有竞争优势产品有体外诊断、电子医疗设备(包括影像诊断设备)、外科手术器具、医学影像设备等。

(三) 市场发展方向及驱动力

在欧盟整个市场上驱动医疗器械产品需求增长的因素是人口老龄化、低出生率和人寿命增加，老龄人口需要高水平的医疗治疗。欧盟许多观察家认为老龄人口和富有的人在未来 20～30 年将驱动医疗设备及装置需求增加；年轻人对整形外科设备和运动损伤治疗需求增加。未来与电子健康(e-Health)所需产品也随着电子健康产业发展而增长。

欧盟医疗器械市场已基本形成地区之间的自给与进口产品为补充的市场格局，市场交易占世界近 30%。本地区大公司产品占市场主导地位，高端技术产品需求进一步增大，消费规模呈逐年增长趋势，进口产品占消费市场比例也逐年增加。

四、日本医疗器械市场和产品格局

日本的医疗器械消费产品主要以康复、护理、家庭用医疗产品、医用电子、医用光学设备、影像设备等为主。日本医疗器械产品生产企业在国际市场中占据一定份额。

（一）不同产品市场规模

日本是世界单一国家第二大医疗器械市场,其进口医疗器械产品一半来自美国。尽管是第二大市场,日本医疗器械产品生产和消费在 2001—2005 年增长缓慢,2001—2004 年期间整个国家医疗器械贸易赤字加大。

2004 年日本医疗设备贸易约为 1.53 万亿日元(142 亿美元)年平均增长率从 2001 年的 0.4％提高到 2004 年的 0.6％. 日本占全球医疗器械产品份额的 10％,贸易速度增长较慢. 2004 年下降到 11％(20 世纪 90 年代年均增长 13％～15％). 日本医疗器械产业增长较慢原因与其经济不景气和研发新产品少有关。各产品销售收入见表 16-14。

表 16-14   2001—2005 年日本医疗器械产品贸易额

产品名称	2001 年	2002 年	2003 年	2004 年	2001—2004 年绝对值变化	2001—2004 年百分比变化%
单位:百万日元						
影像诊断系统	309 552	264 178	324 875	305 045	−4507	−1.5
相关 X 射线机诊断设备	115 267	118 700	100 080	110 475	−4792	−4.2
人体生物监测系统	156 709	147 976	154 704	167 458	10 749	6.9
临床体外测试设备	78 484	92 564	81 089	89 067	10 583	13.5
Operating equipment and supplies	226 684	235 724	227 121	233 323	6639	2.9
临床设备及装置	28 731	26 569	29 234	28 736	5	(a)
人造器官及装置	184 656	182 572	177 569	189 979	5323	2.9
Therapeutic and surgical equipment	51 319	60 301	49 422	40 335	−10 984	21.4
齿科设备	34 476	34 667	33 949	37 843	3367	9.8
齿科材料	98 585	96 117	86 026	87 900	−10 685	−10.8
Steel products for medical use	8469	8728	8003	8979	510	6.0
眼科及相关产品	79 188	76 937	74 885	78 411	−777	−1.0
外科 dressing/hygienic products	4328	4722	4152	4740	412	9.5
家庭用医疗装置	140 541	153 752	147 809	152 047	11 506	8.2
合计	1 516 989	1 503 507	1 498 918	1 534 338	17 349	1.1
单位:百万美元						
影像诊断系统	2547	2107	2802	2820	272	10.7
相关 X 射线机诊断设备	948	947	863	1021	73	7.7
人体生物监测系统	1289	1180	1334	1548	258	20.0
临床体外测试设备	646	738	699	823	177	27.5

中国医疗器械科技创新与产业竞争力国际比较

产品名称	2001 年	2002 年	2003 年	2004 年	2001—2004 年 绝对值变化	2001—2004 年 百分比变化%
Operating equipment and supplies	1865	1880	1959	2157	291	15.6
临床设备及装置	236	212	252	266	29	12.3
人造器官及装置	1519	1456	1532	1756	237	15.6
Therapeutic and surgical equipment	422	481	426	373	−49	−11.7
齿科设备	284	276	293	350	66	23.3
齿科材料	811	767	742	812	1	0.2
Steel products for medical use	70	70	69	83	13	19.1
眼科及相关产品	652	614	646	725	73	11.2
外科 dressing/ hygienic products	36	38	36	44	8	23.0
家庭用医疗装置	1156	1226	1275	1405	249	21.5
合计	12 482	11 991	12 930	14 182	1699	13.6

数据来源:Japan's Ministry of Health,Labour and Welfare and IMF exchange rates

表 17-14 所示,2004 年市场销售额为 142 亿美元,占世界销售总额的 10%。2004 年医疗器械消费总额为 190 亿美元,同样占世界医疗器械消费总额的 10%。国家在医疗卫生投入占 GDP 的 8%。

日本医疗器械市场上的产品在 2001—2004 年期间没有大的改变,贸易产品集中在诊断影像系统(20%)、手术设备及装置(15%)、人造器官辅助装置(12%)、电子监护系统(11%);家庭用产品(如吸入器、助听器、护理)和体外诊断(IVDs,如验血装置)等产品。

(二)主要产品的市场比例

日本医疗器械和器材用具的种类很多,细目有 2 万多个,日本厚生省将其划分为 15 个大类。其中,图像诊断装置产值最大,2004 年为 3050.45 亿日元(28.2 亿美元),占总值的 19.88%;其次是处置用机械器具,产值为 2333.23 亿日元(21.57 亿美元),占总值的 15.21%;人体生物监测、家庭用治疗器具、人造器官和 X 射线机的相关产品产值,也都在 1000 亿日元以上,这 6 大类医疗器械和器材的合计产值为 1.16 万亿日元,占总值的 75.49%。但在国际市场上具有竞争优势产品为诊断影像设备、内窥镜、护理产品等。

(三)消费市场规模及需求

日本作为世界第二大医疗器械消费市场,2004 年约消费额为 2.1 万亿日元(190 亿美元),相对增长低于 2%。市场消费主要产品为:人造器官(包括植入设备,21%)、手术设备/装置(20%)、影像诊断系统(13%)、外科整形(10%)、眼科设备增长 2%。

日本医疗器械市场需求随着人口老龄化进程加快,医疗器械产品需求不断增加,尤其家庭护理产品将成为未来市场增长最快的产品。

日本医疗器械市场由本国企业产品为主导,消费支出主要是国家卫生保健保险,进口产品为补充的格局。由于人口老龄化,市场消费产品结构发生变化,电子医疗设备和家庭用医疗器具需求呈现快速增长势头。

五、中国医疗器械市场和产品格局

（一）市场规模

中国医疗器械市场在亚洲地区是位居日本之后的第二大市场，2006 年中国医疗器械实现销售额为 550.83 亿元，占世界市场份额的 3.34%。图 16-4 为 2006 年中国医疗器械产品市场份额。

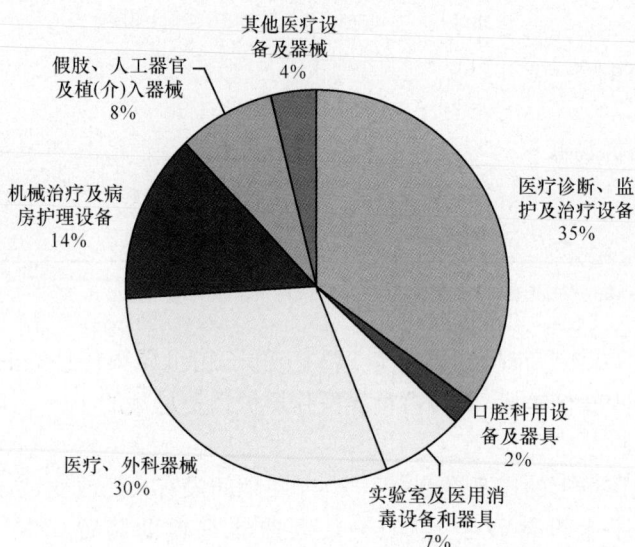

图 16-4　2006 年中国医疗器械产品市场

由图 16-4 所示，中国市场上医疗诊断、监护及治疗设备占比例最大，为 35%，其次是医疗、外科器械，达到 30%。医疗诊断、监护及治疗设备包括众多高端设备，如数字影像诊断设备、核磁共振成像系统、高档放射治疗设备、生化监测仪器等。而市场上产品主要供应渠道有两个，一是在国内的跨国公司，二是进口。医疗、外科器械主要包括简单的外科器械、一次性医用产品、医用纺织品等，市场上产品供应以本土企业产品为主。

中国医疗器械本土企业的产品较少有高端产品，具有自主创新高新技术的产品更少，国内厂家之间的同质化竞争现象严重，企业规模一般不大，难以形成规模经济。目前国内还没有能生产超导 MRI 生产企业，能生产 CT 的企业仅有 2 家，数字医用 X 射机的平板探测器技术基本掌握在国外企业手中，B 超企业尽管近百家，但具有彩超技术的企业却很少，外科用高端手术器械、人工器官等产品国内的生产企业也相对较少。

我国在监护医疗仪器方面有所突破，但也仅有深圳迈瑞等少数几家企业产品技术达到国际水平。其产品占世界监护医疗仪器市场份额也较低。

我国市场上高端医疗器械产品主要是进口和来自国内的外资企业，高端产品市场如 MRI、CT、彩超、数字 X 射线机等的 70% 份额基本被国外三大跨国公司即 GE、Siemens、Philips 所掌控。2006 年我国影像设备进口总额占总进口额的 31.8%，而主要出口产品为医用纺织品、一次性注射器、简单外科器械、按摩器具等，占总出口额的 48.4%。

近两年由于中国政府加大农村医疗机构设施建设投入，加大中低端产品市场需求，国外跨国公司也开始将其中低端产品不断向中国渗透；在中国市场上不断推出高性价比的数字 X 射线机、扫描仪、便携式床旁监护仪等产品。

（二）主导产品及其市场份额

中国医疗器械市场主导产品仍是中低端产品，产品市场份额多为国外或合资公司占有。中国在 2006 年底，前 10 个销售最好的产品中 7 个是国外公司产品，前 50 个国内外主导企业的销售和利润占该产业销售总额的 50％以上。

中国前 10 个产品市场份额中，美国产品 2005 年销售额为 16 亿美元，2006 年近 15 亿美元；德国产品 2005 年最高额为 8.31 亿美元，2006 年为 8.25 亿美元；日本 2005 年为 7.71 亿美元，2006 年为 8.04 亿美元。2006 年中国医疗器械产品产值、销售收入和利润见表 16-15。

表 16-15　2006 年中国医疗器械产品产值、销售收入和利润　（单位：亿元）

产品类别	产值	销售收入	利润	收入占总额（％）	利润占总额（％）
医疗诊断、监护及治疗设备	665	640	64	39.38	45.07
口腔科用设备器具	40	35	5	2.15	3.52
消毒设备器具	35	34	1	2.09	0.70
医疗、外科及兽用器械	56	54	3	3.32	2.11
机械治疗及病房护理设备	91	86	3	5.29	2.11
假肢、人工器官及植（介）入器械	125	122	18	7.51	12.68
其他设备及器械	34	32	1	1.97	0.70
卫生材料及医药用品	640	622	47	38.28	33.10
合计	1686	1625	142	100	100

数据来源：2007 年中国医疗器械行业年鉴，注：本表中产值、销售收入按累积项计算

从表 16-15 产品销售收入结构看，中国医疗器械产品市场份额两头大，即诊断、设备监护及治疗设备和卫生材料及医药用品所占比例最大，分别为 39.38％和 38.28％。说明我国医疗器械市场需求中这两大类产品最高。

第三节　中国医疗器械发展趋势及潜在市场

一、需求引导下的市场发展

中国医疗器械市场因需求增加而具有潜力很大，而且有巨大的发展空间，这主要由以下几个方面因素所决定：

（1）中国人口基数，决定医疗器械市场需求空间巨大。

（2）人民生活水平提高，对医疗卫生、保健、护理要求提高和需求增加。

（3）国家经济发展，国家对公共医疗卫生支出比例增加，导致市场需求增加。

（4）中国许多基层医疗机构医疗产品装备不足或装备落后，需要补充和更新换代。

（5）政策引导下的农村和社区医疗市场需求增加。

（6）人口老龄化，家庭护理、康复产品需求开始出现增长势头。

这些变化因素进一步拓展中国医疗器械市场需求空间，其发展潜力巨大。由于中国有

巨大的市场发展空间,现已成为各国跨国公司纷纷竞争的主市场。

二、医学进步与医疗模式的变化带来的市场发展

医学模式的变化悄然改变着医疗器械市场的发展,单纯关注诊断与治疗的医学正在向着预防、诊断、治疗、康复、保健的方向拓展。顺应这一发展,健康保障系统将演变成层级状的体系,包括医院、社区及家庭等模式等,这些为医疗器械拓展了市场空间。而医学的进步则为预防、诊断、治疗、康复、保健提供了越来越多的手段,这些也为医疗器械市场的发展提供了新的空间。

医学进步和医疗模式的变化将为医疗器械带来巨大的市场,包括:

(1) 基层医疗机构的基本医疗装备产品市场。

(2) 社区医疗的医疗器械配置所带来的装备市场。

(3) 家庭护理和康复医疗器械市场。

(4) 医用电子产品的家庭化和微型化市场。

(5) 分子影像市场。

(6) 基因诊断市场。

(7) 护理机器人市场。

三、技术进步与网络化社会的发展所带来的市场

医疗器械产品是新技术应用最快和最多的产品领域,技术的更新换代及新技术本身所带的潜在市场主要在以下几个方向发展:

(1) 器械与药物结合。

(2) 产品微型化、智能化、网络化、专一化。

(3) 微创、无创。

(4) 系统解决方案。

此外,网络化世界正在形成,由此也为医疗器械提供了一次升级换代的机遇,这些都意味着市场的未来发展。

第十七章

贸易格局

第一节　世界医疗器械贸易格局

　　总体而言,医疗器械高端产品、技术含量高的产品出口国主要为发达国家。近年来,随着中低端产品市场需求扩大,贸易量增加,发达国家的跨国公司也开始将高端产品技术下移,向中低端产品市场渗透。

一、世界医疗器械进出口贸易规模快速增长

　　世界医疗器械贸易虽然在国际贸易中所占比例很小,但却很活跃。全球医疗器械贸易中心是美国、欧盟和日本,其中欧盟和美国是世界上最大的医疗器械贸易地区和国家,2006年美国和欧盟医疗器械进出口贸易分别占世界贸易总额的49％和21.20％。表17-1为2002—2006年世界医疗器械进出口贸易额。表17-2为世界各国和地区医疗器械进口贸易;表17-3为世界各国和地区医疗器械出口贸易。

表 17-1　世界医疗器械进出口贸易额　　　　　　　（单位:亿美元）

世界	2002 年	2003 年	2004 年	2005 年	2006 年
进口额	329.49	393.47	473.42	546.20	599.94
出口额	321.87	395.17	461.10	527.78	562.45
合计	651.36	788.64	934.52	1073.98	1162.39

数据来源:联合国统计

表 17-2　世界各国和地区医疗器械进口贸易　　　　（单位:亿美元）

各国和地区	2002 年	2003 年	2004 年	2005 年	2006 年
美国	63.35	78.12	99.23	108.81	116.30
欧盟	154.05	84.57	219.70	255.08	281.56
日本	27.17	28.54	32.31	35.39	37.42
中国	5.31	7.39	8.53	9.05	8.89
合计	249.88	298.62	359.77	408.33	444.17

数据来源:联合国统计

表 17-3　世界各国和地区医疗器械出口贸易　　　　　　（单位：亿美元）

国家或地区	2002 年	2003 年	2004 年	2005 年	2006 年
美国	79.41	89.30	100.72	115.17	130.17
欧盟	164.89	212.70	249.38	282.42	287.98
日本	13.88	15.65	18.79	20.35	20.46
中国	6.52	8.42	11.78	16.43	21.13
合计	264.7	326.07	380.67	434.37	459.74

数据来源：联合国统计

由表 17-2 表明，从 2002—2006 年期间世界医疗器械贸易额逐年增加，进口额 2004 和 2005 年出现大幅度增长，分别增长了 20.32％和 15.37％。由表 18-2 和表 18-3 看出，美国、欧盟 2004、2005 年医疗器械进出口额增加幅度最大。

2006 年美国、欧盟、日本及中国的医疗器械进出口交易额合计占世界进出口交易总额的 77.76％，说明世界医疗器械贸易交易主要集中在发达国家和地区。

说明：表 17-1 至表 17-3 数据来自联合国统计，下文数据来自美国商贸部，由于统计口径不一致而出现同一年数据不一样的问题。为了分析比较，下面数据仍然采用美国商贸部的数据。

二、美国医疗器械贸易格局

美国是世界上最大的医疗器械进出口贸易国，由表 17-2、表 17-3 所列数据看，从 2002—2006 年美国医疗器械进口额和出口额都在逐年增加。

（一）贸易规模

在世界上医疗器械贸易中，美国医疗器械贸易一直保持着世界第一。表 17-4 为 2001—2005 年美国医疗器械市场交易、进出口额数据统计。

表 17-4　2001—2005 年美国医疗器械市场交易、进出口额数据　　（单位：百万美元）

年份	交易额	出口额	进口额	进出口总额	交易额出口比％
2001	76 589	18 759	12 826	31 585	24
2002	73 836	18 806	15 390	34 196	25
2003	77 645	20 997	18 854	39 851	27
2004	82 211	22 709	21 752	44 461	28
2005	92 001	25 501	23 700	49 201	28

数据来源：Compiled from official statistics of the U. S. Department of Commerce

由表 17-4 所示，美国从 2001—2005 年进出口额都呈现上升趋势，除 2004 年进出口贸易额为逆差，其他 4 年都为贸易顺差。进出口总额从 2001 年的 315.85 亿美元，增加到 2005 年的 492.01 亿美元。2001—2005 年期间医疗器械出口额占其市场总交易额比平均为 26.4％。表明美国医疗器械出口贸易占总交易额近 1/3。

（二）主要产品贸易规模

美国进口产品主要来自欧盟、墨西哥、瑞士、中国和日本。2005 年从欧盟进口产品增长到的 115 亿美元,爱尔兰保持着美国进口其医疗器械产品的主要地位,美国 2005 年从爱尔兰进口额达到 38.11 亿美元,排第一位。爱尔兰相比欧盟其他国家和日本,是高技术产品增长最快的市场。美国 2005 年从德国和英国进口产品比 2001 年翻两倍,从瑞士包括美国在瑞士本地公司的进口产品增长到 11.13 亿美元,主要是心血管和外科整形设备。

美国从墨西哥进口额 2005 年达到 31.34 亿美。进口产品包括来自美国在墨西哥设立子公司的产品;从日本进口产品 2001 年增长 33%,到 2005 年下降到 20 亿美元,主要进口日本产品为诊断影像设备、内窥镜、医院用装置,供货公司有东芝、奥林巴斯和 Terumo。表 17-5 为美国 2005 年医疗器械产品贸易情况。

表 17-5　2005 年美国医疗器械产品市场交易、进口、出口交易比　（单位:百万美元）

产品名称	交易额	出口额	进口额	进出口总额	交易额出口比%
体外诊断试剂与仪器	8741	3798	1470	5268	43
电子医疗设备	26 526	7894	9030	16 924	30
外科手术医疗器具	25 872	7286	7373	14 659	28
整形外科及相关装置	27 296	5658	4866	10 524	21
齿科设备	3566	866	961	1827	24
合计	92 001	25 501	23 700	49 201	28

数据来源:Compiled from official statistics of the U. S. Department of Commerce. Source(of shipment data): U. S. Census Bureau,"Value of Product Shipments:2005," Annual Survey of Manufactures,M05(AS)-2,November 2006

由表 17-5 中数据显示,2005 年体外诊断产品贸易平稳,出口总额为 37.98 亿美元,电子医疗设备、外科医疗仪器、齿科设备进出口贸易额较大,但为逆差。进口额大于出口额;整形外科装置及器械出口额为 56.58 亿美元。美国在 2005 年期间产品总体贸易额为顺差。

(三) 主要贸易国

美国医疗器械产品主要出口贸易国为日本和欧盟国家。美国 2005 年出口额达到 255 亿美元,增长 36%,出口欧盟占总量 39%,主要出口德国,德国是美国出口欧盟产品最大市场。英国增长 14%、爱尔兰增长 8.4%,达到 14 亿美元。表 17-6 为美国 2001—2005 年对世界各国进出口额。

表 17-6　美国 2001—2005 年对世界各国进出口额　（单位:百万美元）

国家	2001 年	2002 年	2003 年	2004 年	2005 年
进口国					
爱尔兰	1409	1881	2951	4120	3811
德国	1751	2108	2578	3154	3582
墨西哥	1693	2097	2506	2726	3134
日本	1494	1550	1585	1761	1989
英国	578	747	775	947	1163
瑞士	428	734	1230	1173	1113
中国	396	533	689	805	1049
法国	450	512	567	683	730

国家	2001 年	2002 年	2003 年	2004 年	2005 年
荷兰	478	502	471	532	608
加拿大	347	421	493	554	607
出口国					
日本	2876	2756	2841	2996	3259
德国	2043	2004	2344	2461	2656
荷兰	1241	1428	1776	2087	2410
加拿大	1592	1561	1700	1840	2070
英国	1437	1382	1291	1350	1538
爱尔兰	753	905	1336	1395	1387
墨西哥	825	948	1091	1165	1335
法国	1118	1036	1075	1173	1312
比利时	713	602	667	967	1122
澳大利亚	523	579	621	743	845

数据来源：Complied from official statistics of the U. S. Department of Commerce

由表 17-6 所示，美国进口贸易国主要是欧盟国家、日本、中国及加拿大等国家。而出口国则是日本、欧盟及加拿大、澳大利亚等国家。

美国在与各国贸易中，进出口贸易方式多为一般贸易，贸易内容多为商品直接贸易。尤其是高端医疗设备更是如此。这表明其医疗器械产品具有很强的国际市场竞争力。

三、欧盟医疗器械贸易格局

欧盟贸易格局，以德国、法国、英国、意大利为主导，德国是欧盟各国医疗器械产品贸易最大的国家。其贸易额占欧盟约 50% 以上。

（一）主要产品贸易

欧盟医疗器械产业从 2001—2004 年得到迅速发展。其中美国、日本为欧盟最大的医疗器械贸易伙伴。图 17-1，2005 年出口额仍超出进口额 360 亿欧元（450 亿美元），电子医疗设备市场份额 26 亿欧元（32 亿美元）（包括放射诊断影像设备如 MRI、CT），外科医疗器械、体外诊断和齿科设备在 2005 年市场份额，表 17-6 为 2001—2005 年欧盟医疗器械产品贸易额。

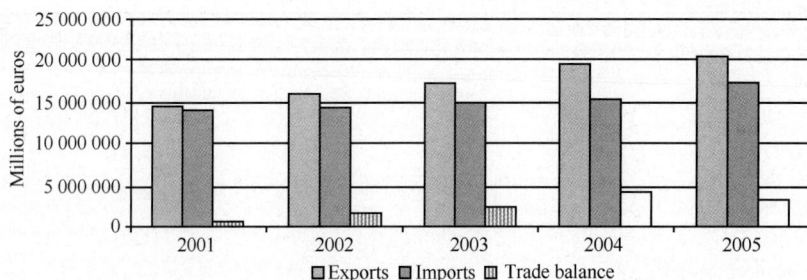

图 17-1　2001—2005 年欧盟医疗器械进出口贸易柱形图

数据来源：Global Trade Information Services, Inc. , Global Trade Atlas Database

注：进出口中不包括体外诊断产品

表 17-7 为 2001—2005 年欧盟医疗器械产品贸易情况。

表 17-7　2001—2005 年欧盟医疗器械产品贸易额

产品	2001 年	2002 年	2003 年	2004 年	2005 年	2001—2005 年 绝对值变化	2001—2005 年 百分比变化％
单位:百万欧元							
体外诊断试剂与仪器	−270	−152	69	244	404	673	250
医疗电子设备	1566	1874	1780	2948	2553	988	63
外科手术器械	−425	324	763	1324	667	1092	257
整形外科手术器械及装置	−618	−607	−377	−245	−186	432	70
齿科设备	88	139	203	196	178	89	101
合计	341	1579	2438	4468	3616	3274	960
单位:百万美元							
体外诊断试剂与仪器	−241	−143	78	303	502	743	308
医疗电子设备	1401	1764	2009	3661	3175	1774	127
外科手术器械	−381	305	862	1644	829	1210	318
整形外科手术器械及装置	−553	−571	−426	−304	−232	321	58
齿科设备	79	131	229	243	221	142	180
合计	305	1486	2752	5548	4496	4191	1373

数据来源:Global Trade Information Services,Inc. Global Trade Atlas Database;and IMF exchange rate

欧盟医疗器械贸易的公司有主要有西门子、飞利浦等公司,它们的主导产品是电子医疗设备和 B 超,Braun 在外科医疗设备占主导地位。

(二) 主要贸易国

德国和爱尔兰是欧盟医疗器械产品出口主要国家,德国最大出口产品是外科手术和整形外科等器械,达到 46 亿欧元(58 亿美元)。爱尔兰最大贸易产品是外科手术设备和电子医疗设备达到 43 亿欧元(54 亿美元)。相比意大利、法国和英国其医疗器械贸易总赤字分别为−23 亿欧元(2.8 亿美元)、−0.96 亿欧元(1.15 亿美元)和 0.2 亿欧元(0.24 亿美元)。2005 年德国和爱尔兰医疗器械在欧盟主要贸易额见表 17-8。

表 17-8　2001—2005 年欧盟医疗器械进出口国家贸易额

国家	2001 年		2002 年		2003 年		2004 年		2005 年	
进口	百万欧元	百万美元	百万欧元	百万美元	百万欧元	百万美元	百万欧元	百万美元	百万欧元	百万美元
美国	10 216	9142	10 360	9750	9926	11 203	9814	12 185	10 416	12 955
瑞士	2003	1792	2262	2129	2722	3072	2680	3328	2980	3706
日本	1420	1271	1391	1309	1433	1617	1431	1777	1475	1834
墨西哥	87	78	102	96	234	264	411	510	1 011	1 257
中国	298	267	350	329	425	480	500	621	631	785
以色列	379	339	323	304	296	334	291	361	331	412
新加坡	207	185	229	216	257	290	274	340	313	389
马来西亚	254	227	254	239	233	263	219	272	232	288
澳大利亚	127	114	145	136	153	173	161	200	199	247

国家	2001 年		2002 年		2003 年		2004 年		2005 年	
加拿大	145	130	144	136	128	144	147	183	169	211
出口	百万欧元	百万美元	百万欧元	百万美元	百万欧元	百万美元	百万欧元	百万美元	百万欧元	百万美元
美国	6082	5442	7342	6910	8265	9328	9559	11 869	9696	12 059
日本	1661	1486	1731	1629	1712	1932	1970	2446	2068	2572
瑞士	743	665	984	926	993	1121	1044	1296	1071	1333
中国	359	321	426	401	554	625	620	770	670	833
俄罗斯	604	540	527	496	522	589	561	697	667	830
澳大利亚	400	358	476	448	498	562	622	772	649	807
土耳其	333	298	330	311	356	402	514	638	627	780
加拿大	365	327	415	391	420	474	491	610	567	705
挪威	381	341	444	418	463	523	527	654	514	640
新加坡	125	112	185	174	264	298	370	459	424	527

数据来源：Global Trade Information Services，Inc. *Global Trade Atlas Database*.

表 17-8 所示，欧盟进口贸易的前三位国家是美国、瑞士和日本，欧盟同这三个国家的医疗器械进口贸易额达到 184.95 亿美元。占欧盟进口贸易总额的 41.1%；出口贸易前三位是美国、日本及瑞士，出口贸易额为 159.64 亿美元。其中欧盟进口美国医疗器械产品贸易额为 129.55 亿美元，欧盟出口到美国的医疗器械产品贸易额为 120.59 亿美元。

总之，欧盟医疗器械贸易同样以一般贸易形式为主，欧盟几大跨国公司占据欧盟医疗器械贸易绝大多数份额。医疗器械贸易产品主要是体外诊断、外科手术器械及电子医疗设备等。产品在国际市场上的竞争力较强。

四、日本医疗器械贸易格局

（一）贸易规模

日本既是美国、欧盟及中国的医疗器械贸易进口大国家之一，同时也是这三个国家医疗器械产品出口贸易的主要国家之一。2005 年日本进出口贸易总额为 2.58 万亿日元，其中进口额为 1.01 万亿日元，出口额为 4740 亿日元；图 17-2 为日本 2001—2004 年医疗器械贸易额柱形图。

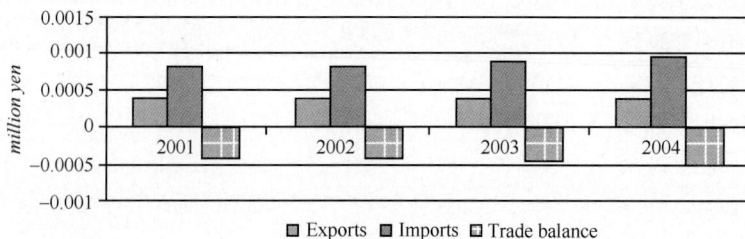

图 17-2 日本 2001—2004 年医疗器械进出口贸易及贸易差额

数据来源：Source：Japan's Ministry of Health，Labour and Welfare

注：2005 年日本医疗器械产品和贸易数据到 2007 年初一直没有变

（二）贸易结构

日本医疗器械产业贸易 2004 年为 5251 亿日元（49 亿美元），2001 年为 4388 亿日元（36 亿美元）。这期间进口消费比例从 43％增长到 46％，详见表 17-8 为 2001—2004 年医疗器械产品贸易额。

日本医疗器械出口额 2004 年总计为 4301 亿日元（39 亿美元），2001 年为 3974 亿日元（33 亿美元）2001—2004 出口年均增长 3％。出口产品主要日本公司生产的临床体外测试仪器（如血压测仪），这期间日本医疗器械出口市场增长超过 2 个百分点。出口增长设备主要诊断影像设备（如 MRI 和 CT），占日本医疗器械出口份额最大。由日立、岛津公司生产的高技术 CT 和 MRI 在 2006 年出口有所下降。表 17-9 为 2001—2005 年日本主要医疗器械产品贸易情况。

表 17-9　2001—2005 年日本主要医疗器械贸易额

产品	2001 年	2002 年	2003 年	2004 年	2001—2004 年绝对值变化	2001—2004 年百分比变化％
诊断影像设备	415	310	604	432	17	4.0
X 射线相关诊断设备	116	142	108	143	26	22.8
人体生物测试系统	341	189	380	448	108	31.5
临床体外测试	43	18	41	164	120	278.8
手术设备与耗材	−1400	−1162	−1421	−1581	−181	13.0
临床设备与耗材	−21	−20	−17	−14	7	−32.3
人造器官或辅助装置	−1836	−1770	−2245	−2476	−640	34.9
外科治疗设备	−259	−303	−237	−314	−55	21.2
齿科设备	−27	11	25	28	55	205.0
齿科材料	−148	−161	−164	−196	−48	32.4
医用钢制品	−169	−169	−185	−246	−77	45.2
眼科及相关产品	−570	−720	−838	−1,177	−607	106.4
外科衣着与卫生用品	−69	−75	−64	−73	−4	5.8
家庭用医疗设备	−28	17	15	7	36	−125.4
合计	−3611	−3693	−3998	−4855	−1243	34.4

数据来源：Japan's Ministry of Health，Labour and Welfare；and IMF exchange rate

表 17-9 中数据显示，日本医疗器械诊断影像设备、X 射线相关诊断设备、人体生物测试系统、临床体外测试等类产品贸易额为顺差，其他产品多为逆差；这些产品总贸易额为逆差，说明日本在这一时期医疗器械产品多以进口为主。

（三）贸易产品结构发生变化

日本医疗器械市场进口日益增加，2004 年为 9553 亿日元（88 亿美元），2001 年为 8363 亿日元（69 亿美元），进口年增长为 5％。进口产品主要为眼科设备（如眼科激光设备和视力测试设备）。体内装置（如移植装置和心脏起搏器）影像诊断系统（如 MRI 和 CT）。

美国是日本最大进口国,2004年占58%,美国许多公司为日本提供产品如起搏器、除颤器和外科植入包括假肢等日本不生产的产品。日本从美国进口其他设备有MRI、X射线机、外科激光设备和cardiac valve prostheses。2004年日本从美国进口产品增长4%。日本从其他国家进口增长较快的如爱尔兰,2003到2004年期间日本从爱尔兰进口产品增长31%,接近日本进口总额2%,包括美国在爱尔兰建立公司的生产组装的产品。

(四) 主要贸易伙伴

美国是日本最大出口市场,约占总份额的26%,德国是日本第二大出口市场,2004年约占日本出口总额9%,再其次是中国、荷兰和瑞士。中国市场增长很快,已成为日本近年来主要出口市场。表17-10为2001—2004年日本医疗器械进出口贸易国和地区。

表17-10   2001—2005年日本医疗器械进出口贸易国和地区

国家	2001年		2002年		2003年		2004年		2005年	
进口	十亿日元	十亿美元	十亿日元	十亿美元	十亿日元	十亿美元	十亿日元	十亿美元	十亿日元	十亿美元
美国	527	4.34	511	4.08	536	4.62	555	5.13	594	5.4
爱尔兰	35	0.29	53	0.42	77	0.66	100	0.92	106	0.96
德国	58	0.48	71	0.57	66	0.57	69	0.64	64	0.58
中国	23	0.19	26	0.21	31	0.27	34	0.31	34	0.31
瑞士	14	0.12	17	0.14	30	0.26	33	0.31	36	0.33
泰国	18	0.15	15	0.12	18	0.16	22	0.20	33	0.3
荷兰	37	0.30	26	0.21	22	0.19	22	0.20	24	0.21
瑞典	12	0.10	13	0.10	14	0.12	13	0.12	—	
法国	11	0.09	14	0.11	12	0.10	12	0.11	16	0.15
英国	(a)	(a)	(a)	(a)	10	0.09	12	0.11	15	0.14
出口										
美国	104	0.86	884	7.05	110	0.95	112	1.04	146	1.33
德国	34	0.28	31	0.25	39	0.34	38	0.35	41	0.37
中国	15	0.12	15	0.12	17	0.15	21	0.19	22	0.2
荷兰	20	0.16	16	0.13	20	0.17	18	0.17	22	0.2
瑞士	(a)	(a)	7	0.06	9	0.07	11	0.10	11	0.1
韩国	11	0.09	12	0.11	11	0.09	10	0.09	11	0.1
中国台湾	8	0.07	9	0.07	11	0.09	9	0.08	9	0.08
比利时	7	0.06	7	0.06	7	0.06	7	0.06	6	0.05
意大利	(a)	(a)	5	0.04	(a)	(a)	6	0.06	—	—
法国	5	0.04	(a)	(a)	5	0.04	5	0.05	7	0.06

数据来源:Source:Japan's Ministry of Health,Labour and Welfare

由表17-10看出,美国、爱尔兰、德国、中国为日本医疗器械进出口贸易四个主要国家,其中美国是日本最大的贸易伙伴。两国之间贸易也以一般贸易为主,日本近年由于经济发展放缓,影响医疗器械贸易。日本医疗器械产品国际市场竞争力相对美国和欧盟弱一点。但在某一些产品仍具有较强的竞争力,如影像诊断设备、电子医疗及内窥镜等。

五、韩国医疗器械贸易格局

在 20 世纪 80 年代后期和整个 90 年代，韩国医疗仪器的进出口增长迅速，进口在 80 年代后期增长迅速，2005 年较之前一年增长率达到 17％。在 20 世纪整个 90 年代韩国的进口贸易经历了健康的发展，但在 1998 年，由于韩国的经济危机在这一领域中进口巨幅下降达贸易总额的 41％。1999 年，在国家积极恢复经济的努力下，韩国医疗仪器的进口有了逐渐复苏的迹象。

2005 年出口总量较前年增长 15％，总出口额为 17.04 亿美元。其中生物学检测设备成为 2005 年的主要出口产品，产品销往美国、中国、欧盟，在出口额占韩国全部医疗仪器总额占 27％。同期销往美国、巴基斯坦和越南的理疗设备占总出口额的 27％。矫正视力的镜片主要出口巴西、西班牙和墨西哥，占总出口额的 25％。即使 1998 年亚洲经济危机，期间电气和电子类医疗装备的销售业绩表明，其增长趋势令人关注，如 X 射线机和诊断影像设备。表 17-11 为 2004—2005 年韩国医疗仪器市场产品进出额比较。

表 17-11　2004—2005 年产品进出口情况　　　　　　　（单位：百万美元）

类别	出口额		进口额	
	2004 年	2005 年	2004 年	2005 年
Treatment table 治疗床	5 833 293	6 977 684	13 180 146	15 916 345
General medical supplies and apparatus 通用医疗装备与配件	5 244 751	5 087 369	20 200 890	17 265 261
Equipment for medical clinic 医学临床设备	2 887 261	6 291 537	4 790 900	7 664 200
Anesthesia apparatus 麻醉仪器	2 911 751	3 352 609	14 427 344	16 005 647
Artificial internal organ apparatus 植入式人工器官	0	—	83 931 398	107 065 122
Radiolgic device 放射设备（X 射线类）	19 904 736	26 379 621	164 087 647	162 126 990
Non-ionization diagnostic device 非电离诊断装置（超声及磁共振）	860 000	806 712	48 672 756	39 336 198
Radiation & laser protective device 放射与激光防护	28 824	120 969	126 486	187 490
Physical devices for medical use	64 095 141	88 659 243	24 547 572	43 884 801
Cardiovascular devices 心血管装置	8 338 358	8 852 863	14 032 078	15 518 023
Urology devices 泌尿科设备	92 300	32 294	4 216 426	5 151 085
Patient transport 病人移动器械	3 385 466	2 260 309	7 327 434	15 332 479
Stethoscope 听诊器	277 739	17 859	605 927	523 453
Clinical thermometric system 临床测温系统	1 826 199	1 807 228	3 778 300	4 127 459
Medical in vitro testing apparatus 体外诊断检测仪器	3 215 415	7 443 262	50 027 728	69 036 186
Testing apparatus for Bio-phenomena 生物检测仪器	215 665 750	275 649 766	96 560 115	105 315 497
Speculums for medical use 医用镜	3 137 904	3 349 024	28 898 919	39 519 089
Surgical operation apparatus 外科手术器械	15 962 974	31 765 102	110 519 076	117 947 241
Electro surgical device 外科电子设备	2 228 855	3 925 096	20 886 879	23 749 335
Laser apparatus for medical use 医用激光仪器	5 351 082	7 437 173	19 492 763	39 786 029

类别	出口额		进口额	
	2004 年	2005 年	2004 年	2005 年
Needle for syringe and puncture 注射器针头和穿刺针	9 126 478	10 593 823	8 601 044	13 398 421
Syringes 注射器	42 845 006	32 045 544	1 886 522	2 223 525
Infusion instruments 输液器	23 332 948	25 980 324	89 647 014	101 259 089
Orthopedic devices 整形设备	4 942 729	12 891 207	25 672 139	44 977 121
Dental devices 齿科设备	486 724	1 136 038	7 646 202	10 507 025
Sight corrective ophthalmic lens 视力矫正镜片	76 590 163	80 153 149	39 393 591	56 008 225
Hearing aid 助听器	0	10 507	1 942 015	2 005 852
Acupuncture and moxibustion apparatus 针灸类仪器	1 684 886	1 629 474	908 291	1 414 898
Magnetic induction apparatus for medical use 磁疗设备	37 365	586 724	295 952	75 909
Medicinal substance-producing equipment 给药装备	2 264 221	3 043 370	2 394 228	2 270 096
Radiographic supplies 放射科配件	63 709	88 620	33 196 892	30 209 050
Suture and ligature 医用线与绷带	3 277 500	2 835 712	7 681 826	18 081 983
Orthopedic materials 整形材料	9 526 227	12 297 814	156 777 030	173 067 123
Human tissue and organ substitute 人工组织器官	132 472	—	32 285 905	35 924 672
Splints 医用夹板	4 539 474	5 244 944	1 959 227	1 859 050
Test chart for visual acuity and color blindness 视力和色盲检测卡	1 912 401	2 199 772	737 953	573 885
Contraceptive device 避孕用具	16 947 589	16 307 214	3 164 013	3 901 730
Surgical supplies 外科手术	422 528	272 504	17 325 375	24 262 466
Dental Materials 齿科材料	10 254 928	11 499 334	123 089 512	141 590 027
Total 总计	596 635 147	669 031 794	1 284 915 542	1 509 415 076

由表 17-11 所示,放射科设备、齿科材料 2004—2005 年为贸易逆差,进口大于出口。

在 2005 年美国、日本和德国在测试类仪器和生物检测仪器领域中成功地向韩国市场渗透,这些设备的进口占了韩国医疗设备总进口额的 7%,另一方面在全部进口中来自美国、瑞士和英国的产品占了 7%,而来自美国、日本和法国的矫形材料占总进口额的 12%,来自瑞典和日本的内窥镜占了 1.2%。

六、印度医疗器械贸易格局

印度医疗器械贸易分两类,高端产品仍以进口为主,印度医疗机构中 80% 器械及医院用品为进口产品。虽然近几年印度医疗器械发展速度加快,但其贸易额还比较小。贸易产品也主要是低端医用耗材及一次性注射器等产品。在印度医疗器械贸易中,部件产品贸易额占有一定比例。印度眼科类产品出口贸易额已超中国。美国、日本、中国是印度的医疗器械产品的主要贸易伙伴。

第二节 中国医疗器械贸易格局

一、中国医疗器械贸易概况

中国已成为世界进口贸易最大国家之一,同时也是美国、日本及欧盟的主要出口市场国。

2004—2006年中国医疗器械进出口贸易数据参见表17-12中内容。根据联合国统计数据2006年中国医疗器械贸易额占世界总贸易额的2.58%。

中国医疗贸易格局是高端产品70%以上为进口产品或外资企业生产,国内从2001—2004年医疗器械贸易一直为逆差,到2005年开始顺差。中国医疗器械贸易是来料加工或进料加工贸易形式占比例较大,一般贸易形式的贸易额较低,中国医疗器械产品在国际市场上的竞争力较弱。

二、中国医疗器械对外贸易

表17-12 我国医疗器械2002—2006年进出口贸易数据统计 （单位:万美元）

年份	2002年	2003年	2004年	2005年	2006年
进口额	190 815	254 053	314 008	363 123	368 116
出口额	245 779	326 308	414 434	534 396	687 122
名义顺逆差	54 964	72 255	100 426	171 273	319 006
一般贸易进口额	141 617	186 348	212 109	236 822	226 672
一般贸易出口额	125 454	165 220	208 966	287 739	376 413
实际顺逆差	−16 163	−21 128	−3143	50 917	149 741

数据来源:2007年中国医疗器械行业年鉴

表17-12数据所示,2006年医疗器械进出口贸易总额为105亿美元,同比增长21%,增长幅度比上年同期上升了两个百分点,其中,进口总额实现36.8亿美元,与2005年相比基本持平,略有增长;出口总额为68.7亿美元,同比增长28.5%,增长幅度与去年基本持平,实现贸易顺差32亿美元。

2006年我国出口医疗器械以一般贸易及进料加工贸易为主,一般贸易出口37.64亿美元,所占比重为54.78%,同比增长30.81%;加工贸易出口29亿美元,占医疗器械出口总额的42.3%,同比增长46.04%。一般贸易进口稳中有降,进口22.66亿美元,同比减少了4.28%,贸易顺差额为14.98亿美元;加工贸易进口4.1亿美元,同比增长61.42%,贸易顺差21.36亿美元。

我国的医疗器械进出口额5年来均呈明显的上升趋势,进口额年平均增长约23%,出口额年平均增长约45%,名义贸易顺差从2002年的5亿美元猛增到2006年的约3亿美元。但从一般贸易角度分析(即扣除加工贸易等),我国的医疗器械一直处于逆差状态,近两年转变成顺差状态。

三、贸 易 结 构

表 17-13　2006 年我国医疗器械进出口商品种类对比　　　　　　　（单位:万美元）

主要进口商品	进口额	构成%
其他医疗或兽医用 X 射线应用设备	35 126	9.5
彩色超声波诊断仪	26 576	7.2
CT(X 射线断层检查仪)	20 034	5.4
X 射线关键零部件	19 930	5.4
分光仪、分光光度计及摄谱仪	19 535	5.3
主要出口商品	**出口额**	**构成%**
棉制手术用毛巾及其他毛巾	148 601	21.6
按摩器具	74 718	10.9
药棉、纱布、绷带	46 216	6.7
其他矫正视力、保护眼睛的眼镜	36 518	5.3
导管、插管及类似品	33 382	4.9

从表 17-13 具体商品进口看,"其他医疗或兽医用 X 射线应用设备"进口金额为 3.5 亿美元,居进口第一。从具体商品出口看,"棉制手术用巾及其他毛巾"出口金额为 14.86 亿美元,居出口第一。

2006 年我国医疗器械进出口商品有着显著的特点,进口商品以高技术附加值的设备,如医用 X 射线设备;MRI、彩色超声波诊断仪等商品为主,价值较高,且呈逐年增加的趋势。而出口是以一次性耗材类及低技术含量、低附加值产品、大宗的产品为主,如棉制手术用巾;药棉、纱布、绷带;导管、插管等为主,价值较低。

从我国进出口产品结构和进出口贸易方式来看,进口贸易以一般贸易方式为主,而出口贸易则以来料加工贸易方式为主导,说明我国医疗器械产业仍然处于外来加工厂状态,产业竞争力弱。从贸易产品看,输出的产品是材料非形式的简单加工产品,附加值低、资源消耗大。进口产品则是附加值较高的高端影像设备,即 CT 机、超导 MRI、分子影像设备等。

第三节　中国医疗器械贸易结构分析

一、产品贸易总体情况

中国已是世界医疗器械产品种类最齐全国家之一,贸易产品包括影像诊断设备、分子影像设备、医用机器人等高档产品,医用电子产品、体外诊断仪器、心电除颤器、病人监护等中档产品及医用纺织产品、注射器、按摩器具等低档产品等,门类齐全,共计近 10 000 多个品种。产品进出口贸易中,高档影像设备、高值耗材有 70% 和 60% 依赖进口产品,医用电子产品、病人监护仪、心电除颤器等产品进出口贸易仍是逆差。近年来随着我国电子技术发展,接进贸易平衡。而一次性注射器、按摩器具、导管针头等产品则主要以出口为主,占世界同类产品贸易额的 30% 左右。

以 2006 年为例,来看我国医疗器械进出口贸易产品构成情况;2006 年医疗器械出口额达到 24.66 亿美元,比 2002 年 7.28 亿美元的出口总额增长近 3.5 倍。国内企业出口产品主要为常规设备、手术器械、按摩器具、一次性注射器、导(插)管等产品,贸易方式为加工贸易为主。2006 年进口额为 30.32 亿美元,同比增长 0.4%,增幅持续回落。尽管进口额度放缓,但主要进口 CT 机、磁共振(MRI)、心脏起搏器、血管支架等高档产品,目前我国大型医疗设备 90% 以上为进口产品。

二、产业贸易竞争力

产业贸易竞争优势指数(Trade special Coefficient,TC)又称"比较优势指数",是净出口与贸易总额的比值。它表示一国进出口差额占进出口的总比重,是分析行业结构国际竞争力的一种有效方法。它能够反映相对于世界市场上由其他国家供应的一种产业的产品而言,本国产业生产的同种产品处于效率的竞争优势不是劣势以及程度。

其计算公式:$RNXij = (Xij - Mij)/(Xij + Mij)$

式中:$RNXij$——竞争优势指数;Xij——i 国 j 商品的出口额;Mij——i 国 j 商品的进口额。

贸易竞争力指数值的区间为$(-1, 1)$,分别显示出比较劣势($RNX < 0$,极值为-1)和比较优势($RNX > 0$,极值为 1),中性优势($RNX = 0$)。当 $RNX = -1$ 时,说明该国一种产业产品只有进口而没有出口,反之当 $RNX = 1$ 时,说明该国一种产业产品只有出口没有进口。表 17-14 为 2002—2006 年我国医疗器械产业贸易竞争优势指数。

表 17-14　2002—2006 年我国医疗器械产业贸易竞争优势指数

年份	2002 年	2003 年	2004 年	2005 年	2006 年
竞争优势指数	−0.06 052	−0.0601	−0.00 746	0.097 066	0.248 292

表 18-14 中竞争优势指数值,处于$(-1, 0.2)$之间,说明我国医疗器械产业国际竞争力在逐年增加,2004 年以前我国医疗器械国际市场竞争力在平均水平以下,进口产品市场仍有较大的占有率。但近两年我国医疗器械国际市场竞争力指数有一定提高,稍超过平均水平。2006 年医疗仪器设备及器械进口额为 22.67 亿元,同比下降 4.3%。一般贸易进口额下降的主要原因,一方面与近两年国家对医疗器械收费政策的改革抑制了需求,另外国内医疗器械高科技企业崛起国内生产能力和产品质量提高,一定程度上对进口产品形成了有效的替代,意味着医疗器械产业国际竞争力在提升。

三、不同类别产品贸易竞争力

中国医疗器械对外贸易中,进出口总额都保持增长态势,从 2005 年开始我国医疗器械出口总值出现大幅度的提高,但仍是贸易逆差状态;从 2006 年开始转变了贸易一直处于逆差的状态,进出口开始顺差。表 18-15 为 2000—2004 年中国医疗器械高、中、低档产品贸易竞争优势指数,通过表 18-15 对不同档次产品贸易竞争优势指数的数据显示,来深入分析我国医疗器械不同档次产品在国际贸易中的比较优势变动情况。产品贸易竞争优势指数采用的计算公式同产业竞争优势指数计算公式。

表 17-15　医疗器械产品竞争力指数

产品类别	2000 年	2001 年	2002 年	2003 年	2004 年
B 超诊断仪	−0.926	−0.862	−0.839	−0.770	−0.675
磁共振(MRI)	−0.999	−0.9132	−0.569	−0.768	−0.687
X 射线类断层检查仪(CT 机)	−0.632	−0.652	−0.496	−0.617	−0.591
病人监护仪	−0.9316	−0.929	−0.787	−0.736	−0.454
内窥镜	−0.965	−0.962	−0.941	−0.947	−0.941
心电图记录仪	0.870	0.003	−0.486	−0.516	−0.174
注射器	0.481	−0.023	0.152	0.918	0.264
按摩器具	0.941	0.937	0.918	0.859	0.983
助听器,不含零件、附件	0.091	0.159	0.161	0.255	0.253
管状针头、针、导管、插管及类似品	0.275	0.251	0.206	0.116	0.178

　　将竞争指数大于 0.8 的产品列为具有高比较优势或强竞争力产品;将竞争力指数介于 0.5~0.8 的产品列为具有较高比较优势;介于 0~0.5 的产品列为低比较优势。反之,竞争力指数介于(−1,−0.8)、(−0.8,−0.5)、(−0.5,0)的产品列为高比较劣势、较高比较劣势和低比较劣势。从表 18-15 中计算的 10 大类产品竞争力指数分析看,磁共振、B 超、CT 机三大高档产品的竞争指数都在(−0.9,−0.5),贸易竞争力总体上都处于高比较劣势,这说明我国医疗器械高端产品市场竞争处于弱势。病人监护仪、内窥镜中端产品竞争指数为(−0.9,−0.5),其中病人监护仪的竞争力指数逐年提高,而内窥镜竞争力指数一直居高不下为(−0.9)。说明中档产品中,有的竞争力提高,有的产品竞争很弱。而病人监护仪中的心电监护在 2000—2004 年产品竞争开始下降。主要原因是这一时期心电图技术由过去的散件部件变为集成的电子芯片,心电测试技术向多向量方向发展,产品可靠性要求更高。说明由这一阶段技术进步而我国产品没有及时跟上而导致产品竞争力下降。

　　按摩器具、助听器、注射器等低档产品竞争力指数在(0.5~0.9),该类产品在国际贸易中具有高或较高竞争优势,产品有强或较强竞争力。尤其是按摩器具竞争力指数基本保持在 0.9 以上,该产品在 2004 年净出口占当年进出口总额的 98%。说明该产品国际贸易竞争力很强。

　　通过以上数 10 类产品竞争力指数分析结果,我国医疗器械产业中,出口以低档产品为主,而进口产品则以高档产品为主。表明技术含量高的高档产品竞争力弱,资源消耗型的低档产品竞争力强。

第十八章

产业发展趋势比较

第一节　世界医疗器械产业发展趋势

一、产品内涵发生改变

医疗器械产业的产出包括产品与服务两个方面。医疗器械不同于一般产品,由于"工况"复杂,人命关天,从研发、设计、制造、使用、临床试验、监管、风险投资、企业重组、教育培训、人力资源等整个产业链活动中的各个环节,各种各样的服务已成为医疗器械产业发展的重要的推动力。

二、产业规模不断增长

医疗器械在二次大战以后经历了持续稳定的发展。近 30 年来,世界医疗器械产业规模持续以平均每年 7％ 的速率增长,仅次于 IT 行业。医疗器械产业的 增长速度几乎是 GDP 增长速度的两倍,而且在 GDP 中所占的比重也越来越大。图 18-1 是 2001—2006 年全球医疗器械产业销售额。

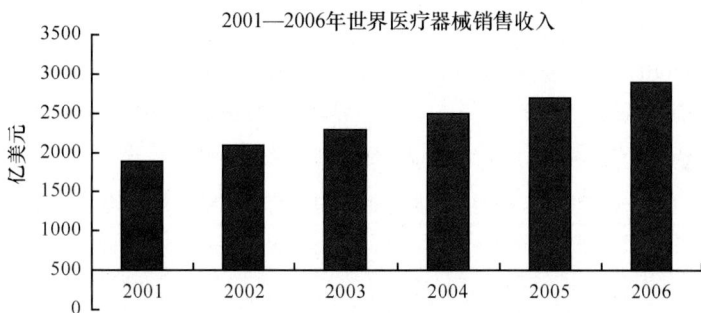

图 18-1　2001—2006 年全球医疗器械销售情况

各个国家的发展情况与世界的总体趋势基本一致。图 18-2 为 2002—2006 年美国、日本、德国、中国医疗器械近年来的市场发展情况。

图 18-2 所示,从 2002—2006 年来美国医疗器械市场一直发展最快,其次是德国,从2004 年开始德国医疗器械销售收入超过日本。中国从 2004—2006 年发展速度进一步加快。2006 年实现销售收入达 70 多亿美元。

总之,由于医疗器械的附加值高,与人民生活关系密切,涉及民生与社会进步,受到各

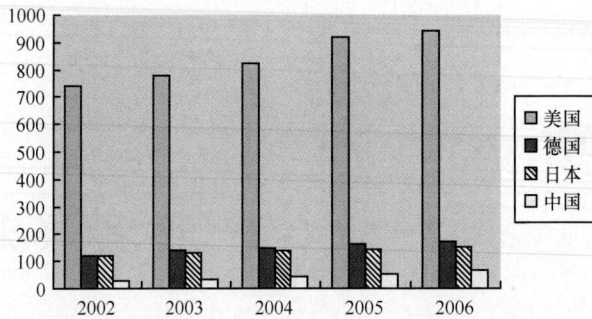

图 18-2　2002—2006 年美国、日本、德国及中国市场销售收入

国政府重视,这是医疗器械产业长期、稳定地保持快速增长的原因之一。

三、产业利润高

由于数据可获得性较难,虽然绝对数在近年发生大的变化,但相对数变化不太大。下面是对 2004 年全球医疗器械产业销售额超过 10 亿美元的前 40 家企业的财务数据的简单分析结果。

在分析的 40 家企业中,医疗器械产品销售额占企业总销售额比例为 100% 的企业 18 家;占 20%～90% 的企业 11 家;20% 以下的企业 11 家。特别指出,医疗器械产品销售额占企业产品总销售额比例低于 20% 的 11 家企业是美国 GE、柯达、金百利-克拉克、雅培制药公司、泰克公司,德国西门子公司,荷兰飞利浦公司,瑞士罗氏制药公司,日本东芝、日立、富士公司等国际知名企业。近几年这一比例还在逐年提高。

(一)销售增长情况

从 40 家企业的医疗器械销售增长看,2004 年,40 家企业中销售额位于前 5 位的企业是:美国强生公司 168.87 亿美元;美国 GE 公司 134.56 亿美元;美国百特公司 95.09 亿美元;美国美敦力(Medtronic)公司 90.87 亿美元;德国西门子公司 87.84 亿美元。40 家企业的合计医疗器械销售额为 1460 亿美元,占世界医疗器械销售额 1840 亿美元的 79.84%。表 18-1 为 2000—2004 年 38 家企业的医疗器械销售额年均增长率。

表 18-1　2000—2004 年 38 家企业的医疗器械销售额年均增长率

2000—2004 年	全球经济	全球医疗	38 家企业全部业务	38 家企业医疗业务	10 家企业全部业务 医疗<20%	10 家企业医疗业务 医疗<20%	18 家企业医疗业务 医疗=100%
销售额增长率(%)	3%～4%	6%～7%	12%	12.8%	3%	8.3%	18.7%

表 18-1 中数据表明:专业医疗器械企业的销售额增长远高于其他一般行业企业的销售增长率;规模化的专业医疗器械企业销售具有稳定的高增长率;医疗器械产品的高成长性对国际知名跨国企业集团具有良好的吸引力。

(二)利润增长情况

表 18-2 为 40 家企业的医疗器械产品利润情况,从 40 家企业的医疗器械利润增长看,

2004 年,在单纯生产经营医疗器械的 18 家企业中,利润值排名前三名的企业是美国的美敦力(Medtronic)公司 27.94 亿美元,销售额 90.87 亿美元,销售利润率 30.7%;波士顿科学(Boston Scientific)公司 15.74 亿美元,销售额 56.24 亿美元,销售利润率 27.99%;Guidant 公司 8.69 亿美元,销售额 37.65 亿美元,销售利润率 23.09%。

表 18-2　2000—2004 年 40 家企业的医疗器械利润

指　标	40 家企业 全部业务	11 家企业 全部业务 医疗<20%	11 家企业 全部业务 医疗 20%～90%	18 家企业 医疗业务 医疗=100%
2004 年平均销售利润率	12.84%	11.05%	19.73%	19.63%
2004 年亏损企业数量	3	1	2	0
2000—2004 年经营利润年均增长率	4.60%	1.20%～1.35% (含 GE)	11.15%～15.98% (含强生)	16.63%～11.21% (含百特和美敦力)
2000—2004 年利润减少的企业数量	9	5	2	2

注:美国 GE、强生、百特和美敦力是位居 2004 年全球医疗器械产业销售额前 4 家的企业,销售额超过 90 亿美元

　　表 18-2 中数据表明:专业医疗器械企业的销售利润率和经营利润增长率远高于其他一般产业企业,而且相比而言,医疗器械产业盈利性较高;医疗器械产业利润的高成长性与高收益性对国际知名跨国企业集团具有非常好的盈利能力。

四、产业结构生态独具特色

　　医疗器械品种繁多、技术综合,由此衍生出大量中小型企业。与此同时,全球强势医疗器械企业通过重组,规模不断扩大,而且这一趋势还在继续。
　　我国医疗器械企业的规模分布也呈现出类似的情况。2006 年我国医疗器械企业批准注册的有 12 243 家,2006 年,中国前 10 家医疗器械厂家的总值约为 110 亿元,占整个产业生产总值的 24.2%。
　　与企业规模不断扩大相辅相成,世界医疗器械企业之间的兼并重组越来越普遍,据统计近年来此类交易平均每年约有 70 笔左右,涉及金额上百亿美元。这一趋势从整体上使医疗器械产业的结构不断发生变化,一方面促进了技术创新,同时也增加了垄断的因素。近年来这一趋势还受到下述两个趋势的左右,并与之互为因果地相互强化:
　　(1) 大公司全球化综合销售能力远胜于单个小公司。
　　(2) 在集团采购与招标中,大公司处于更加有利于谈判的地位。
(信息来源:3 Bell,Stacey. "United in Growth," *Medical Product Outsourcing Magazine*,July/August 2005,p. 44.)
　　(3) 这一发展趋势继而导致医疗器械行业三个特有的行业现象。
　　1) 小型企业努力完成技术上的突破。
　　2) 大型企业努力进行全球性品牌与服务的建设。
　　3) 中型企业的存活空间相对狭窄。
　　专业化企业的成长成为行业发展的另一个鲜明特点。随着技术的进步,医疗器械产品不再是技术的简单综合运用,而呈现出技术的十分专业的综合运用,由此演化出了一些专业型企业,由于行业的特点,其中有些公司很轻易地成为了行业中的隐形冠军。
　　医疗器械研发过程越来越开放,小型高技术企业是行业中最为活跃的成分。在资本市

场发达的国家,不少小企业存在的目标就是依仗自己的专利技术为大公司收购,从而实现自己的价值。但是医疗器械往往是多种技术的综合运用,企业不仅要有自身的技术开发,而且还需要有外包,需要得到专业的咨询服务。许多美国企业历来吸收有经验的医务人员参与开发,现在甚至出现通过网络和研讨会吸引民众的创新思想和建议的做法。正如任何富有生命力的复杂系统必然是开放系统一样,技术开发过程应当是一个开放的过程。从宏观上讲,企业的生存需要有一个与之相适应的生态环境,在这个环境中具有不同特性和功能的企业相互依存。整个医疗器械产业当然是以开发制造销售产品的企业为主体,同时还需要有专业的设计、检测试验、技术与产业服务咨询、金融投资、法律顾问、市场调研、学会、行业协会等机构的有机结合。医疗器械研发的成效在一定程度上决定于这个生态环境的系统完整性及其成熟程度。

由此来看,医疗器械产业组成多元化,企业呈现出研发开放化、专业化,产业与市场规模化、品牌化,企业规模呈两极分化的趋势,导致这一现象的深刻原因有:

1. 在研发阶段

(1) 医疗器械的技术突破具有一定的不可预见性。

(2) 医疗器械往往是专业技术的综合运用。

(3) 医疗对高新技术敏感,由此可导致丰厚的回报。

(4) 对技术的回报机制,在资本发达的社会里,医疗器械创新技术受到了资本的高度关注,各种机制应运而生。

2. 在产业化阶段

(1) 医疗器械产业一般不具备规模化条件,但行业要求企业具有标准化的生产。

(2) 生产体系运行与维护的成本。

(3) 产品的实现往往是综合技术的应用和综合能力的体现。

(4) 采购过程中大公司的谈判能力。

3. 在产品的市场化阶段

(1) 医疗器械的产品概念中含有浓重的服务内容。

(2) 品牌在医疗器械产品中的作用。

(3) 销售过程中大公司的谈判能力。

五、产业领域不断拓展

医疗器械在医学发展中扮演着越来越重要的角色。生化检测、医学影像、生命辅助、康复治疗等等,医疗器械深刻地影响着现代医学的发展。

医疗器械涉及的领域在医学需求的拉动下,领域不断拓宽。近十余年来,医疗器械不仅在所有的医学领域之中继续着渗透,而且新技术、新方法的诞生还为医疗器械开拓了更加宽广的应用领域。PET-CT、质子治疗装置、医用机器人仿生器械(Bionic Device)等等都会在未来的健康事业中起着重要的作用。

一些具有重要的战略意义的领域值得关注,如生物芯片、电子健康(e-health)。生物芯片的战略意义在于可以只用小量样品迅速、同时地对大量指标进行检测,这在生命科学技术领域中及战争状态下的应急反应具有极端的重要性。电子健康是现有保健系统条件下提高效率的工具,又是未来以人为本的保健环境的支柱。现在人们判断疗效的标准,在有限的统计样本下显然是不完备的。但是电子健康将有可能为所有的医疗行为提供足够的判断依据。它的意义已经不在于单纯性地提高某个医疗手段的效果，而在于它有潜力为所有的医疗手段提供更加客观的判据。不仅如此，电子健康与国家的安全也有着直接的关联。目前以美国为首的发达国家积极地在国家层面推行电子健康，其背后不仅有医疗的内容，而且还有反恐以及为生物研究提供新方法的战略意图。

六、医疗器械科技不断进步

由于人的生命宝贵，世人对于提高生活质量的迫切要求，保健医疗行业具有它的特殊性。医疗器械对新技术极为敏感而对成本则相对不敏感。这一特性极大地促进了医疗器械领域中的创新活动，也导致医疗器械领域中科技含量不断提高，技术进步已成为主导行业发展的重要力量。图18-3是由于医疗器械进步而导致心脏病下降的趋势图。

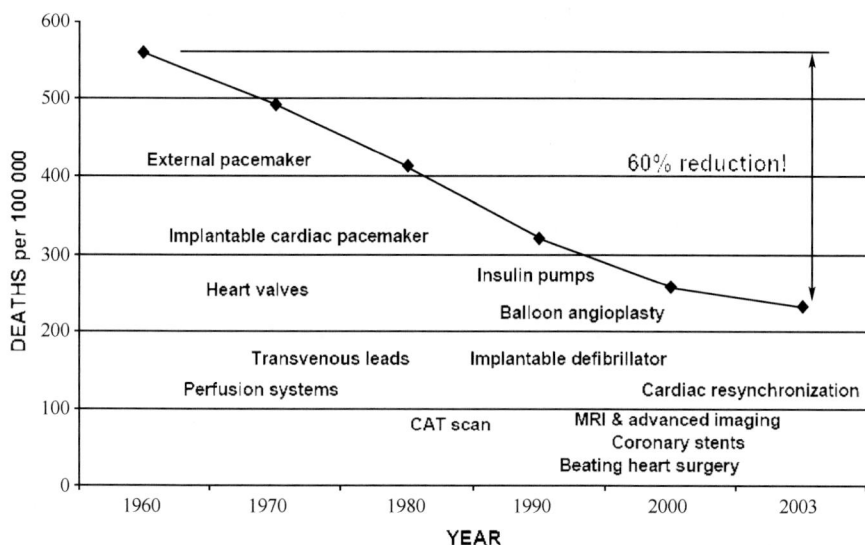

图18-3　医疗器械对心脏病治疗的作用趋势图

医疗器械领域中的科技进步受益于其他领域的科技进步。半导体技术、激光技术、计算机技术、通信技术、材料技术、纳米技术的进步都在医疗器械领域中有所体现，比如，直接数字化探测器（DR）的商品化直接受益于大规模半导体集成技术的进步。

工程上的进步也使医疗器械的性价比不断提高，而且在性能提升的过程中酝酿着突破。比如多排CT的问世可使医生迅速、清晰地对心脏血管成像，而这是以往单排CT无法实现的。图18-4为医疗器械与药物在临床应用中随时间推移费用支出情况对比。图18-4中曲线表明，器械比药物的效果更加明显。

图18-4所示说明，医疗器械与药物在临床作用过程中费用不同，药品的性/价比基本保持不变，并随时间推移略有上升；由于技术特性与药品有较大差异，医疗器械在其全生命周期中的性/价比逐渐上升。这一特性也决定了医疗器械产品的竞争与药品有着较大区别。

诊断治疗方法上的进步不断拓展医疗器械的应用领域。比如，心导管和支架的发明迅速为临床采用，成为心血管外科的重要治疗手段。

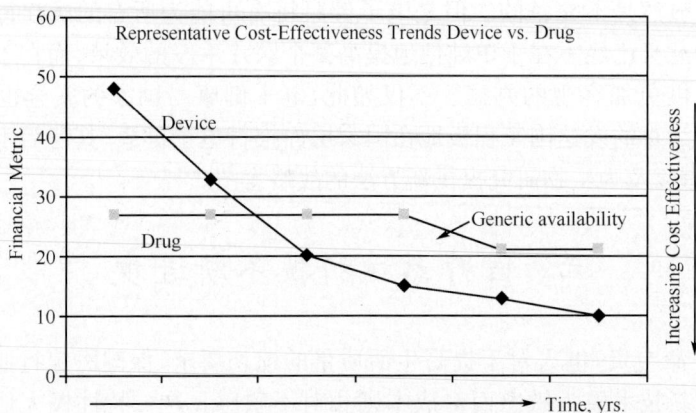

图 18-4　医疗器械与药物在临床应用中费用支出情况对比

技术间的融合及技术与医学的融合深度不断加深。PET 与 CT 融合产生 PET-CT 就是一个典型的印证。

七、医疗器械产业的发展受到政府的高度关注

从经济学考虑,医疗器械对国家经济的作用是多重的。一方面其产业具有高增长、高效益、高利润等特点,另一方面,医疗器械产业的发展关系到国民的健康,而国民的健康不仅关系到社会的稳定,而且还关系到社会的总体劳动效率,而国民健康水平提高的一个重要方面还在于本国医疗器械产业的发展,再次一方面,医疗水平的欠缺将会间接导致本国财富的外流。

医疗器械在经济上及社会上的特殊意义使得各国政府高度关注其产业发展。无论是美国、欧盟、日本,也无论是发达国家还是新兴国家,政府的作用是显见的,可以说医疗器械产业的发展并非完全的市场化,政府不仅需要规范行业,更重要的是促进产业的发展。在一些医疗器械领域发展较快的国家,政府在政府资金投入、政策支持、行业规划、企业扶持等方面都进行了大量的工作,政府干预已成为行业发展的重要影响因素。

八、医疗器械产业的发展还呈现出了一些显著趋势

医疗器械的发展近年来呈现快速持续增长的趋势:

(1)医疗器械产业技术和产品更新快,市场准入法规严、周期长,研究开发投入高,图 18-5 是 1991—2006 年医疗器械与药物研发投入的趋势图。

(2)企业越来越重视创新能力,研发支出增加;产品更新加快,生命周期越来越短。

(3)高端医疗设备市场仍然被发达国家所垄断;一些发展中国家的企业开始进入中端医疗市场的竞争。

(4)高新技术与医学的深度结合成为一种重要的创新源泉。

(5)新领域(应用、技术、模式)的突破为创新企业带来丰厚的利益。

(6)国家间存在壁垒,但这一壁垒存在保护作用的前提是本国的产业有健康的发展。

(7)审批程序成为最受关注的影响因素。

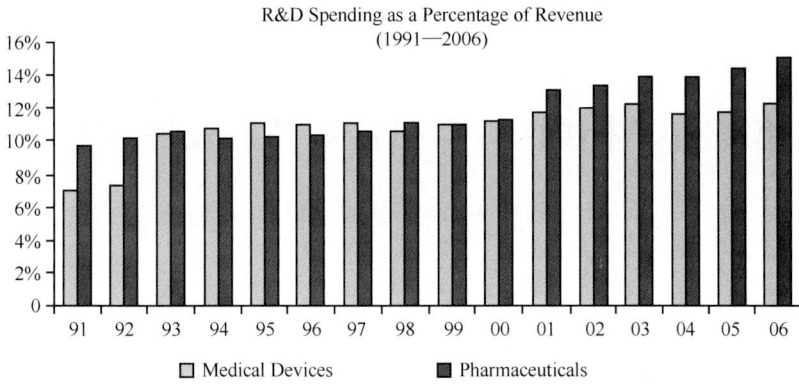

R&D Spending as a Percentage of Revenue
(1991—2006)

□ Medical Devices   ■ Pharmaceuticals

Source: Based on Too 10 market cab combanies filinas for each industrv

图 18-5　1991—2006 年医疗器械与药物研发投入的趋势

（8）除了传统的销售渠道，越来越多的电子商务销售渠道被采用。

九、影响医疗器械产业发展的因素

在美国，有人在 2003 年对影响医疗器械产业发展的 10 个关键因素进行了 6 年的回顾性调查，图 18-6 显示的是这一结果。

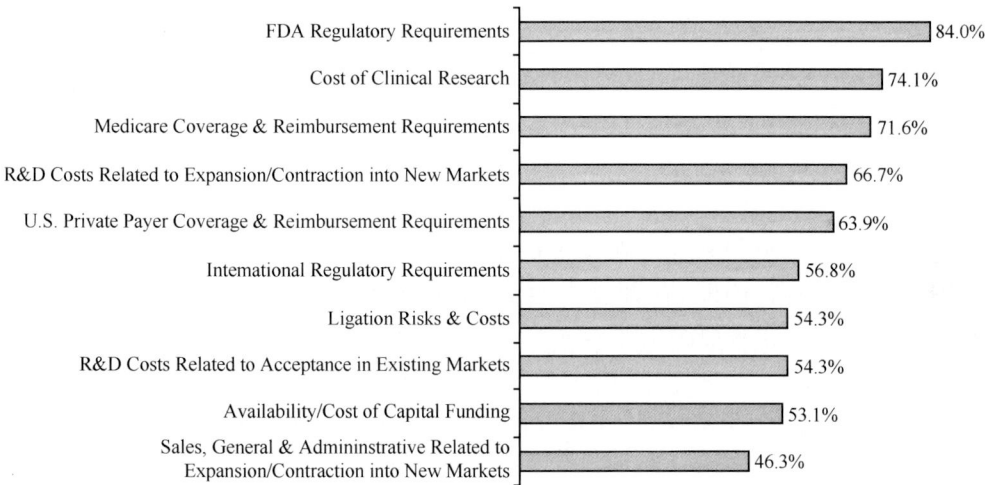

FDA Regulatory Requirements	84.0%
Cost of Clinical Research	74.1%
Medicare Coverage & Reimbursement Requirements	71.6%
R&D Costs Related to Expansion/Contraction into New Markets	66.7%
U.S. Private Payer Coverage & Reimbursement Requirements	63.9%
International Regulatory Requirements	56.8%
Ligation Risks & Costs	54.3%
R&D Costs Related to Acceptance in Existing Markets	54.3%
Availability/Cost of Capital Funding	53.1%
Sales, General & Admininstrative Related to Expansion/Contraction into New Markets	46.3%

Source: AdvaMed Survey of Member Companies, 2003

图 18-6　10 大因素对医疗器械产业发展影响的程度

在中国，这些因素的比重会有所不同，但内容基本相同。

分析医疗器械发展的趋势与近年来所呈现出的特点可以看出，医疗器械的发展受到以下几个方面的深刻影响：

（1）医学、技术的发展及其融合；

（2）网络化社会的形成；

（3）知识经济的影响；

（4）医学进步及医疗模式的变化；

(5) 政策法规环境及政府的高度关注。

在技术层面,新技术对医疗器械的影响更是十分显见。

第二节　中国医疗器械产业特点及发展趋势

一、中国医疗器械产业发展特点

(1) 医疗仪器行业在二次大战后持续高速发展。对健康的需求不仅是人类永恒的需求,而且也成为最高的需求,医疗仪器每年的增长速度平均高于 GDP 的一倍。

(2) 行业利润普遍高于一般性行业。由于行业门槛高、技术含量高等因素,行业的平均利润高于其他行业。

(3) 技术主导行业发展。在健康需求的巨大拉动下,行业对新技术极其敏感,反过来也促进了相关技术深度开发。

(4) 由于涉及生命与健康,因此市场上品牌的作用巨大。

(5) 对可靠性要求高,需要有高端基础工业的支持。

(6) 新市场不断开拓。新技术不断涌现,经济发展使医疗仪器的新增市场日益扩大,其中新型医疗仪器占有相当比例。不仅如此,适用于家庭的医疗仪器的市场正在形成和发展之中。

二、中国医疗器械产业发展趋势

(1) 整体规模继续扩大,未来高端产品生产企业数量还会增加。

(2) 市场规模继续扩大,预计 2010 年市场容量达到 1000 亿元,高端产品重点向基层市场渗透。

(3) 数字化技术成为未来产业发展的主流;数字化技术的应用不仅可使传统技术的性能指标大大提高,同时,在开发上也更容易,逻辑关系成为设计时主要考虑的内容;让现在的设计工作对经验的信赖成分越来越少,甚至完全可以逻辑性地进行全部的开发。

(4) 产品向数字化、小型化、智能化、自动化、网络化、无创与微创、功能专一化方向发展;数字化应用可使原来不易实现的一些需求得到实现。

(5) 国内自主知识产权产品开始不断出现,一批拥有自主知识产权的产品投入市场,并占有一定份额。

(6) 自主知名品牌成为市场的主导产品;医疗器械市场中知名品牌代表着产品的质量和可靠性,一旦有了知名品牌,那么就拥有了这一产品客户的信任度,同时也就拥有了市场。

(7) 产业集群中拥有社会化分工协作,产品部件标准化;有一些专业企业就以关键核心部件为主,处在产业链中间位置。作为核心部件供应商,未来的部件将向标准化方向发展。

(8) 有更多的跨国公司进入中国,竞争更加激烈。

三、未来医疗器械产品发展趋势

　　未来医疗器械产业发展更加集中,随着更多跨国公司进入医疗器械领域,企业兼并与并购速度加快。进入医疗器械产业跨国公司更多,尤其是医用电子产品领域,现已有多家国际跨国公司纷纷关注或进入医疗器械产业领域,并将投资重点放在医疗器械产品上。医疗器械产业高集中度已成为一种趋势,未来将会出现少数几家跨国公司在垄断前提下瓜分市场的局面。劳动密集型产品移往发展中国家,而高端前沿新技术产品,则由发达国家垄断。

　　世界医疗器械产品总体向:器械与药物结合、微创与无创、系统解决方案、微型化、智能化、网络化、专一性等产品方向发展。这一趋势已在发达国家有显现。

　　另外,随着人们对健康保健需求日益增加及社会人口老龄化日趋严重,保健产品、康复护理与家庭护理产品等也将成为主导。

第十九章

产业竞争力综合分析

产业竞争力是指能以比其他国家的同类产业更有效的方式提供市场所需的产品和服务的能力,是同一属性企业竞争力的集合,是产业内企业能力的差异、产业发展所需的资源条件的差异和产业发展环境的差异的反映,由一个国家的企业竞争力集合所决定。

企业竞争力是企业目前和未来在各自的环境中以比其国内外竞争者更有吸引力的价格和质量进行设计和销售产品以及提供服务的能力和机会,是在一个企业内部经过整合了的知识和技能。

产业竞争力的主要决定因素是技术能力、产业结构、资源条件和制度环境,主要体现在以下几个方面:

(1)国内市场占有率、销售增长率、销售利润率、全员劳动生产率等资源转换能力。

(2)国际市场占有率、销售渠道、品牌建设等国际贸易竞争能力。

(3)产业技术装备水平、关键技术水平、新产品开发等发展潜力。

(4)投资环境、政策环境、产业集群、贸易环境等产业发展环境。

(5)产业研发和生产性服务业水平和能力。

产业竞争力代表了一个国家的综合实力与科学技术发展水平。开发区发展某一产业要研究产业竞争力,它对于发现产业的优势和弱势、机遇和挑战,确定产业发展方向具有十分重要的战略意义,可以引导产业和企业优化结构,合理配置资源,提高整体劳动生产率。

第一节 中国医疗器械产业综合竞争力

一、中国医疗器械产业竞争态势

从产业整体情况看,中国医疗器械产业主要集中在经济发达的省市和地区。总体上形成三大地区的产业集群,一是以上海为核心,基础加工业为基础的长三角产业集群;二是以深圳为中心,以电子部件加工业为核心的产业集群;三是以北京为主中心的,以科技资源、临床资源、人才资源为核心的研发、产业集群。但中国医疗器械产业集群是不同配套条件下的天然聚集,没有形成系统化的产业链;整体产业规模大,企业数量多,但分散,缺少大规模企业。

市场需求增长快,中国医疗器械市场规模在亚洲地区排第二位,但中高端产品技术水平不如日本,一些中高端产品技术落后于韩国。产品结构是高端产品进口为主,部分中端产品与国外产品相当,低端产品以国产为主。

国内企业高端产品,技术含量高,竞争能力弱;低端产品中,劳动密集型加工产品,具有竞争优势,部分中端产品技术水平达到世界水平,有一定竞争能力。总体上,国产产品技术优势不强,与发达国家产品比盈利能力低;关键部件技术仍然没有完全突破,缺少高精尖产品技术;产品质量稳定性、安全性还有待提高。

从资源看,专业人才不足,创新能力弱,研发能力不足,工程化能力不强。企业规模小,缺少世界知名品牌产品。

从环境看,产业聚集区政策环境较好,但科技环境、金融环境一般,风险投资不活跃,企业融资渠道很窄。中介服务缺失,高水平重复现象严重,同质化竞争现象较普遍,价格竞争激烈;创新环境、专业人才资源不足,需求与技术结合缺失,导致创新能力弱。产、学、研没有形成紧密结构和社会分工,产业集群较为松散。产业发展战略规划缺失,缺少了统一规划与管理,是导致医疗器械产业发展目前竞争态势的重要原因之一。

二、中国医疗器械产业竞争能力

中国医疗器械产业总体竞争能力有所提升,但仍与发达国家有较大差距;部分产品竞争能力与一些发展中国家相当,医疗器械产业竞争能力还有较大的挖掘潜力。但在竞争中也看到,韩国已成为中国在亚洲地区强有力的竞争对手。印度也将医疗器械列为国家重点发展的高新技术产业,成为中国未来在亚洲地区的潜在竞争对手。

从以下几个方面来分析中国医疗器械产业的竞争能力。第一,专业人才多为国外企业利用,成为中国企业的竞争对手;第二,政策、金融环境,政策环境有了很大改善,有利于医疗器械产业发展,但政府支持力度与其他行业比,仍然很低。金融环境较差,企业融资渠道窄,风险投资进入不活跃;第三,产业工程化能力弱,许多关键部件加工能力与水平达不到产品要求;需求与技术结合能力差,中国临床需求与企业技术开发结合不紧密,基本上是处于脱节状态;生产性服务缺失;已有一定的产业基础配套能力,但仅是地域性分布,没有形成全国互动配套能力;医疗器械的产业链已基本形成,但连接点环节缺少中介服务与研发、生产性服务,产业链较脆弱,容易受到冲击。

总体来看中国医疗器械产业已起步发展了,这说明我国医疗器械产业已有技术基础。医疗器械产业竞争能力决定了人民的健康与疾病的诊治水平,百姓的健康与疾病的诊治如果依赖于国外产品与设备,如没有自己的产品,那将是中国人民的不幸。核心技术花多大代价也是换不来的,要有自己的技术与产品。目前金融危机对医疗器械来说反而是好的机遇,希望政府抓住这次机遇,将医疗器械产业推向一个新高度,提高其整体竞争能力。医疗器械目前还很小,像刚会走路的小孩,如政府不加大支持与呵护,很容易被国外公司挤开或甩开。如果那样,将是我国医疗器械产业的悲哀。

第二节 各国医疗器械产业竞争态势比较

一、医疗器械产业竞争态势比较

随着世界经济全球化趋势深入发展,医疗器械产业的国际化进程的速度加快。我国医疗器械产业已经纳入到国际市场和产业分工之中,产业规模以 20% 以上的增长率持续高速增长,产品出口持续增加,产业发展正处于重要的转型阶段。表 19-1 为各国医疗器械产业竞争力综合信息。

表 19-1　美国、欧盟、日本和中国医疗器械产业竞争力综合信息

项目内容	美国	欧盟	日本	中国
产品	医疗器械 所有产品	医疗器械 所有产品	医疗器械 部分产品	医疗器械 所有产品
占全球销售收入比率	41%	30%	13%	3.43%
企业数量	6000～7000	8500～10000	750	11000～12500
规模	大中小企业	多数小中型企业	大企业和小企业	中小企业
研发投入	12%～15%	6%～9%	6%	3%～5%
占总收入	研发投入高	中研发投入中等	研发投入较低	研发投入低
风险投资	很多的风险投资	较多的风险投资	较少的风险投资	较少的风险投资
产业结构	掌握关键部件 产业链很完整	掌握关键部件 产业链很完整	掌握关键部件 产业链较完整	不掌握关键部件 产业链基本完整
全球销售网	覆盖面广	覆盖面广	覆盖面一般	覆盖面小
2005 年人均劳动 生产率	25.82 万美元	9.8 万美元	15.3 万美元	2.76 万美元

表 19-1 中信息反映表明,美国医疗器械产业人均产出最高,据统计计算,2001—2005年平均达到 25.82 万美元,其次是日本平均为 15.32 万美元,中国年人均产出平均为 2.76万美元,是美国的人均产出的 11.69%,约 1/10 多一点。总体比较,美国医疗器械劳动生产创造的价值最高,研发投入高,资金来源多元化,配套产业技术水平高,产业环境优于其他国家和地区,产业集度高,具有完整健康的产业链条,在多个产品领域拥有世界级跨国公司知名品牌,其医疗器械的产业竞争能力自然居世界最强地位。其次是欧洲,在欧洲德国医疗器械产业同样具有高水平的配套产业基础和良好的发展环境,机械加工业、工程化能力优于美国,也具有世界级跨国公司知名品牌,其产业竞争能力在欧洲为最强。日本产业竞争能力较美国、德国低,但总体产业发展仍处于世界先进行列。

回顾我国医疗器械的发展历程,中国医疗器械在 20 世纪 80、90 年代的快速发展,主要得益于国家在医疗器械产品技术研发、技术和设备引进方面持续的投入。中国医疗器械行业已建立较为完善的科研开发、工业生产和质量管理体系,形成了以上海为中心的长江三角洲;以深圳为中心的珠江三角洲;以北京为中心的京津环渤海湾三大区域产业群,已成为我国高科技领域颇具发展前景的生力军。截至 2007 年,全国有医疗器械生产企业 12 530家,经营企业 144 977 家,基本形成了产品种类齐全、产业链较为完整的产业体系。

但是,整个中国医疗器械产业还缺乏核心竞争力,工业总产值在世界市场份额中仅占3.43% 左右,而美国高达 41%,欧盟占 33%,日本占 10%。主要原因:一是低水平重复建设现象严重,表现为企业数量多、规模小、发展水平低、产业组织分散,资源有效利用率低,市场竞争力较弱;二是产品结构不合理,大型高精尖设备大量进口,而常规性设备重复性高,又供过于求;三是医疗器械进出口贸易失衡。从近几年进出口情况来看,我国医疗器械的进口基本大于出口。从进出口产品种类看,进口的主要是技术含量较高的大型医疗设备,出口的主要是技术含量较低的常规性医疗设备;四是品牌知名度不高,无形资产创造的企业竞争能力薄弱。

由于在一些高端产品中缺少关键技术和关键零部件,缺少国际销售渠道和品牌,产品附加值较低;目前,我国医疗器械产业处于低成本、可接受的产品质量、符合技术基本要求的低水平产业竞争力阶段,面对近期的人民币升值、国家劳动法实施、原材料价格上涨等问题,产业竞争力弱势凸显,给产业结构调整和技术创新能力培养带来巨大压力。

表 19-2　2002—2006 年我国医疗器械产业贸易竞争优势指数

年份	2002 年	2003 年	2004 年	2005 年	2006 年
竞争优势指数	−0.06 052	−0.0601	−0.00 746	0.097 066	0.248 292

表 19-2 表明我国医疗器械产业国际竞争力在逐年增强。2005 年开始在 0 与 1 之间,即竞争力高于平均水平,2006 年达到 0.24,竞争力开始提高。但国内医疗器械产业仍然存在不足,我国医疗器械生产企业面对国内巨大的市场空间,在人才、技术、资金等方面与发达国家相比,竞争力令人担忧,现在国际跨国公司面对中国巨大的医疗器械市场空间,也在调整其产品结构,向中低端产品渗透;所以强化研发、提高营销水平、调整产业结构、重视质量管理就成为我国医疗器械产业应对竞争的必要手段。

目前国内医疗器械产品种类基本齐全,拥有各种产品,但国产产品主要集中在一次性低值耗材、小型医用电子产品、按摩器具等;高端产品则仍以进口为主。如医用影像设备中 70% 为进口产品,一次性耗材,按摩器具中国占绝对优势,占世界市场份额约 30% 以上。体外诊断设备、医用电子产品中国已在国内占有一定份额,也有少部分出口,但主要出口市场在东南亚等经济不发达地区。高值类耗材国内仍然依赖进口产品。另外,高端设备中,尽管国内有生产企业,但其中的关键部件也同样依赖进口。中国医疗器械产品整体竞争能力较弱。

二、医疗器械企业竞争态势比较

竞争力较强的企业主要是具有一定知名品牌的大型跨国公司。各国医疗器械企业竞争力仍是发达国家企业占优势,发展中国家企业竞争力相比较弱;美国医疗器械企业数量约 10 000 家,欧洲约为 8500 家,日本约为 750 家,中国拥有 12 500 多家;而各国拥有销售收入在世界排名前 30 位企业,美国为 21 家,欧洲为 7 家,日本 1～2 家,中国没有。

从企业人均产出看,发达国家和地区的产出均远高于发展中国家,表 19-3 为主要发达国家及中国医疗器械产业人均产出对比。

表 19-3　美国、欧洲、日本及中国医疗器械年人均产出比较　　　　　　（单位:美元）

国家	2003 年	2004 年	2005 年	2006 年
美国	248 743	272 161	297 936	—
欧洲	76 220	84 233	98 149	
日本	128 326	173 460	—	—
中国	—	22 678	31 375	46 165

数据来源:国家统计局、2007 年中国医疗器械行业年鉴

从企业产品技术水平比较看,高新技术医疗装备市场主要被美、德、日、英、法、意等少数国家企业所垄断,很多国际知名的跨国企业都出自这些国家,如美国 GE、强生、百特公司、美敦力、泰科、柯达等;欧洲西门子、飞利浦、拜尔、费森尤斯、阿克发公司等;日本东芝、日立、佳能、富士、奥林巴斯、欧姆龙和岛津公司都是世界级知名品牌企业,这些企业同时参与并控制整个世界的医疗器械产业。

目前,我国医疗器械企业超过 12 500 家,而大型医疗器械企业却很少,2007 年国内销售收入排名前 10 位的企业中,外资、合资企业就有 8 家。生产总值过亿的企业数仅占全产业 1%;总产值 5000 万至 1 亿元的占 3%,1000 万～5000 万元的占 50%,1000 万元以下占 46%。外资和合资企业成为国内医疗器械市场的主力军,这主要是由于国外医疗器械产品技术含量都比较高,不少关键技术被发达国家大公司垄断。中国医疗器械企业生产产品多为中低端产品,科技型民营中小企业构成了我国医疗器械产业的主导力量。中小企业的快速成长和协调发展,将对我国医疗器械产业的发展有决定性影响。

我国医疗器械企业的规模远低于国外跨国公司,在营业收入、营业利润率和研发投入方面远远落后于跨国公司,在全球医疗器械销售额、销售利润前 100 名企业中,没有一家中国企业。我国整个行业的总销售收入还不如美国强生、GE 公司多;国际领先企业的平均销售利润率超过 12%,而我国不超过 5%;国际领先医疗器械企业的研发投入占销售额超过 10%,而我国一般在 3%左右;世界领先企业都在全球 100 个以上国家和地区建立了稳定的销售网络,具有良好的品牌。而我国在企业才刚刚开始建立国际销售网络,更缺少国际知名度。如表 15-23 示,2007 年中国医疗器械市场上销售额排前 10 位企业也反映出这一点。在前 10 位企业中,中资企业仅有 1 家,即深圳迈瑞生物医疗电子股份有限公司。2005 年医疗器械产业中销售收入在世界上排名前 30 位的企业及其主要经营产品,其中美国企业占 21 家,占前 30 位企业总数的 70%,德国企业占 4 家,占企业总数的 13.3%;日本企业 1 家,荷兰、英国各占 1 家,瑞典 2 家;没有中国企业。

由前表 16-2、表 16-6、表 16-7 所示为 2006 年世界医疗器械产业排名前 10 位企业运作情况及收入、利润增长情况,说明跨国公司竞争能力。

由表 16-6 与表 16-5 比较看,2005、2006 年世界前 10 位医疗器械公司产品销售总额占世界销售总额分别为 50.19%和 50.93%。而且这些企业获利能力高于其他企业。这些数据统计表总体上反映出竞争力强的国际跨国公司几乎都在发达国家。

另外值得一提的是,尽管德国医疗器械产业的综合技术实力明显高于日本,但由于国际知名跨国企业相对较少,使得其医疗器械产业规模与技术实力不相符;日本的医疗器械产业规模和市场规模之所以能够位居世界前列,除了日本的人口因素和经济水平之外,更主要得益于多家日本知名跨国企业参与的市场竞争的结果。

三、医疗器械产品竞争态势比较

各国医疗器械产品结构不同,竞争力也不同;高端产品技术水平高,附加值大,对配套产业基础要求高,竞争对手不易复制,产品竞争力强。低端产品技术含量相对较低,靠产业加工基础,产品规模、产品质量及品牌竞争。表 19-4 为世界上主要发达国家医疗优势产品对比。

表 19-4 各国医疗器械优势产品

国家	产品竞争力	强势领域
美国	很强	数字影像、心血管、齿科设备、电子医疗、去纤除颤器、外科手术器械、监护仪
欧洲	强	电子医疗、影像设备、康复、外科手术器械、监护
日本	强	影像设备、电子医疗、护理、眼科设备
中国	弱	按摩器、心电监护、外科手术器械、卫生材料

数据来源:2007 年中国医疗器械行业统计年鉴、国家统计局

美国凭借强劲的经济实力和领先的先进工业技术,使美国拥有众多的尖端医疗器械产品,产品包括一次性耗材和高端影像设备。齿科设备、外科手术与医疗仪器为美国医疗仪器设备之最大类,产品主要包括麻醉设备、切片仪器、血压计、输血设备、气管内视镜(非电子式)、导管、手术夹具、诊疗仪器、血液透析设备、皮下注射针筒、呼吸治疗设备、手术台、氧气筒、吸取设备、骨板等。

欧洲生产医疗器械产品在全球市场上也占有非常重要的位置,其主导产品有先进的无创护理、心血管、影像诊断、透析、体外诊断和整形外科设备。

日本生产的医疗器械产品种类虽然不多,但都处于世界领先水平,主导产品有影像设备、注射器、导管支架、静脉设备、血液净化装置和透析装置。

我国经过20多年技术和产品积累,特别是进入21世纪后,医疗器械产品取得了长足发展,无论在数量上、品种上、质量上、还是在技术上都发展到了新阶段,已经有了一些国产化的高、精、尖产品,有了一批自主研发的新型数字化医疗设备和专利技术。我国生产的医疗器械产品在种类上仅次于美国和德国,可以满足医院所需要的基本仪器设备,但绝大多数是中低档产品,在技术和质量方面差距较大,虽然具有成本优势,但这种优势比较脆弱,很容易被后期进入中国市场的独资、合资企业击垮。

但总体而言,我国医疗器械产业同发达国家相比质量、数量、水平差距都还较大,大量关键部件还需要进口,高技术机电医疗器械产品出口更多依赖于合资、独资公司,中高端医疗器械产品被国外或跨国公司占领的局面并没有改变。

与发达国家相比,我国医疗器械产品的总体技术、安全性和可靠性水平比发达国家落后15年,主要医疗器械产品达到当代世界先进水平的不到5%,产品可靠性差、性能落后,市场竞争力弱。即使是中低档医疗器械产品,我们也不能与发达国家相比。

与亚洲邻国相比,除日本外,韩国、印度已成为亚洲医疗器械第三、四大生产国,韩国在某些医疗器械产品领域如B超等在技术上领先于中国,韩国将医疗器械列入其未来15年创新战略发展计划中。印度医疗器械产品技术上要落后于中国,但近几年印度政府加大医疗器械产业投入,并出台一系列优惠政策鼓励发展医疗器械产业,印度医疗器械产品竞争力与中国的差距正逐渐缩小。

四、国内外医疗器械产业聚集区态势比较

产业集群主要是指相互关联的公司、提供专门服务的供应商(例如提供组件、机械、服务等的公司)和研究机构(如大学,标准制定者,职业训练者,提供培训、教育、信息、研究和技术支持的贸易协会)在地理区域上的集中。各国政府都重视医疗器械产业园的发展,并主导兴建了不少的科技园和产业园。

美国医疗器械产业群有三种形式,分别以技术资源、临床资源、基础研究为核心,美国硅谷、128号公路科技园是成功的典型。由于美国的教育、研究投入大,因此美国医疗器械产业群总是围绕着大学、科研机构为核心,这样的布局不仅使园区具备良好的研发条件与环境,拥有充足的科技人才及专业工程师,更重要的是这为产、学、研、金(融)结合创造了良好的条件,并最终引导着美国教育与研究向实用化靠拢。产业集群中的中介服务起到了倍增器的作用,把资源通过市场机制有效地结合起来,将研发、创造能力转化为市场经济能力,这也是美国创新体系中最为活跃的一股力量。

欧盟在联合体框架下,通过一体化框架将把各成员国的科技资源尽可能地相互利用起来;医疗器械产业集群主要集中在德国、法国、英国、意大利及爱尔兰等国家;其中由于德国工业基础、科研能力较强,医疗器械产业规模德国占欧盟一半左右;德国医疗器械产业群主要是围绕配套产业或大公司而形成的。产业集群为紧密类型。

日本医疗器械由于企业数量少,主要分布在科研、半导体、知识密集的地区或科技园,中介服务比较发达。由于日本医疗器械行业监管、准入门槛高,使许多中小医疗器械难以涉足医疗器械行业,日本医疗器械产业主要集中在几家大企业财团中,没有明显的产业集群。

韩国同样产业集群不明显,医疗器械企业主要集中在经济发达的地区或科技园(或工业园),韩国医疗器械产业聚集地主要依赖配套产业,研发主要由企业为主导。中介服务比较发达,为企业提供多方面服务。

印度医疗器械产业基础差,还没有产业群,只有少数企业分布在经济发展较好的地区或劳动力较密集的地区。政策环境一般,金融环境较好,但医疗器械吸引风险投资的条件不足。

中国医疗器械产业集群,分为三大块;一是以上海为核心,基础加工业为基础的长三角产业集群;二是以深圳为中心,以电子部件加工业为核心的产业集群;三是以北京为主中心的,以科技资源、临床资源、人才资源为核心的研发产业集群。中国医疗器械产业集群是不同配套条件而天然聚集的,没有形成系统化的产业链;产业聚集区政策环境较好,但科技环境、金融环境一般,风险投资不活跃,企业融资渠道很窄。中介服务缺失,在中国,高水平重复现象严重,同质化竞争现象并不罕见,价格竞争激烈,创新环境、专业人才资源不足、创新能力弱。产、学、研没有形成紧密结构和社会分工,因此,中国医疗器械产业群属松散类型。

第三节　各国医疗器械产业竞争能力分析

国家竞争力并不单纯决定于该国自然资源等生产要素的比较优势,在知识经济时代,国家竞争力更主要地决定于该国家高新技术产业的竞争优势。医疗器械行业是技术主导型行业,产业的竞争更多地体现为创新体系的竞争。

创新的全过程包括了:创意的产生、创意的实现及其产业化和市场化,图 19-1 为产品创新过程与环境条件。这是一个串接的过程,其中的每一个子环节都决定着创新的成败,过程中各个阶段所需的能力、最佳的机制并不一样,创新的竞争实际上是这一全过程中综合能力的竞争。

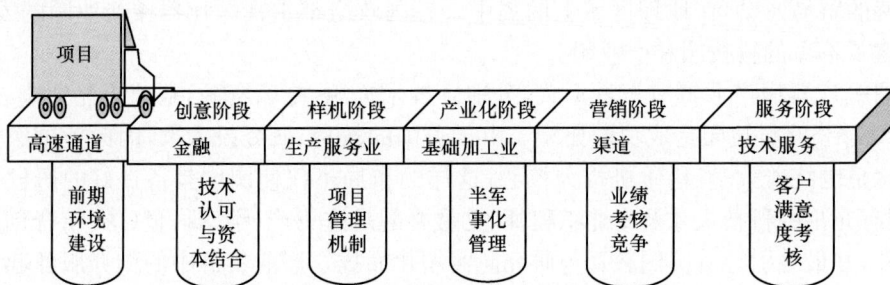

图 19-1　产品创新过程与环境条件

1. 产品的竞争 实际上是创意的质量及创意走过这样过程所需要的时间。

2. 企业的竞争 实际上是创意的获得及企业在上述创新实现过程的各阶段中所拥有的资源。

3. 行业的竞争 实际上是创意产生的机制、其实现过程各阶段行业所能提供的专业化的支持,也即创新体系的能力,对成熟的创新体系而言,创意的实现过程中专业化的支持往往来自社会化的协作,这同小而全的研发模式有着天壤之别,它不仅可提高效率,而且可以完成复杂、大型、涉及跨学科知识领域产品的开发,是国与国竞争的核心内容。

创新体系的竞争分析据此可以归为以下几点:

(1) 创新产生的金融环境及政策环境。

(2) 行业的工程化能力(而不是企业工程化能力的总和)。

(3) 需求与技术的结合能力。

(4) 研发服务业。

(5) 产业基础,包括产业配套能力和产业链。

一、政策金融环境比较

政策环境是促进产业发展的重要保障,各个国家根据本国情况都制定了促进产业发展的相关政策,比较各国的相关政策,其最大区别在于政策主导与实施者不同。

美国医疗器械产业政策与其他高新技术产业所享受的基本相同,但不同之处是美国政策以引导主为,政府干预较少,由市场决定产业发展方向。欧盟及欧盟各国政策也以引导为主,但实施中政府干预比美国多,而日本、中国、韩国、印度等国则基本是政府主导型,政策不仅确定产业发展方向,而且直接干预支持的产业项目。

各国的金融环境也有较大区别,同样表现在市场主导型和政府主导型。美国金融环境最好,一方面融资渠道多;另一方面在产品推向市场的不同阶段,各种投资进出渠道畅通,这意味着产品时刻在接受着市场的筛选。美国金融环境最有利风险资本与技术对接,有利用创新企业发展,美国的产品中创新成分也最高。

欧盟金融环境不如美国灵活,政府参与较多,英国金融环境是欧盟国家最好的,英国原创性成果较多对此是一个印证。其次是法国和德国,这两国的金融环境中有较重的政府影子,政府对金融机构监管较严,风险资金的退出以产权交易为主,明显没有美国活跃。爱尔兰是欧盟成员国中新型发展起来的国家,其金融环境虽然也是政府主导,但却创造出非常好的投资环境,因此风险投资也相对较活跃。

日本金融环境是政府主导型,风险投资不如美国活跃,企业融资渠道不宽。近几年日本正在进行改革,向市场化方向转变。

韩国也为政府主导型,韩国金融环境在不同经济发展阶段表现不同形式,目前政府向开放型金融体系方向发展,逐渐减少政府干预。为创新技术与资本对接尽可能创造有利条件与环境。

印度为完全政府主导下的金融环境,国内风险投资都不太活跃,而印度是吸引海外风险投资最成功的国家之一,虽然印度吸引众多海外风险投资,但主要是软件与信息企业,其他产业融资渠道仍然较窄,其中医疗器械企业融资渠道不宽。

中国金融体系是完全政府主导下的以国家银行体系为主导的体系。国家金融体系监管较严,企业融资渠道很窄,风险投资进出机制不完善,风险投资不活跃,金融政策与机制还不具备提供资本与创新技术对接环境,不利于创新企业发展。中国医疗器械领域风险投资更少,这直接导致中国医疗器械产品中创新成分较低。

二、行业工程化能力比较

工程化能力是指将创意转变成产品的能力。在创新的实践中,通常需要将创意转变成一个工程性质的项目,通过大量的工程化工作最终将创意转变成一个产品。在不成体系的行业之中,每一个企业在研发中不得不用大量的时间、精力进行软件、电子、机械方面工程化工作,其中许多是高水平的重复,但在系统性较强的体系中许多此类工作可以通过社会化的分工专业地完成,这不仅可大大提高效率,而且有助于知识产品的标准化,为今后知识经济奠定基础,同时也使得大型、复杂医疗器械的开发更加容易实现。因此,行业的工程化能力并不是企业工程化能力的简单之和。

美国的工程化能力与其研发服务业相辅相成地成长,形成了较强的工程化能力,事实上许多大公司的设计都是通过专业化的小公司完成的,OEM、ODM 在美国已成为较为普遍的开发模式。

欧盟国家具有雄厚的工业基础,工程化能力较强,其产品的品质得到普遍的认可。

日本的工程化能力也较强,主要体现在新技术、新材料的应用方面。韩国在一些领域拥有较强的工程实力。印度拥有良好的软件开发实力。

目前,中国的工程化过程正在向着开放的方向发展,新的、开放的研发模式正在形成。但在总体上,中国的工程化能力偏弱,OEM、ODM 的环境并不成熟,以 X 射线机为例,其 X 射线发射管、高频高压发生器的中、高端部件仍然大量进口。

三、需求与技术结合

医疗器械产品的创新、技术进步甚至包括其人机界面都需要来自不同领域的专业人士的合作。事实上产品中所体现的跨学科的结合在很大程度上决定了产品的市场竞争力。

在美国,普遍采用的研发模式是将需求拉进创新的过程,一些大公司与医院共同开展合作项目,有些还成立了研发中心,他们在专业的更深层面向医生开放,通过这种医生的深度参与实现产品竞争力的提升,同时这种模式也使医生在工程技术方面的科研素养大大提高,进一步推动了产品的创新与开发,出现了以医生为主导的创新方式。

在欧盟国家中也可见到与美国相同的模式,但深度和广度稍差,个人沟通的方式占据了有效交流中的更大比例。

日本、韩国情况相似,尽管在主观上较为注重工程与需求的结合,但其中更多体现的是工程方式下的医生参与,这种参与的深度上远不如美国。

印度的医生普遍素养较高,有望在其医疗器械发展中扮演重要的角色。中国医疗器械研发中医生的参与深度与广度普遍较低,但近年来这一趋势趋好,中国存在的问题是医生在工程技术方面的素养不高,还没有真正参与到医疗器械的创新中。

四、生产性服务业比较

生产性服务业是围绕企业生产过程进行的，它主要服务于生产制造者，作为生产制造前端可为生产者提供的服务有咨询、规划、研发设计、采购、金融、物流等，在生产制造过程中有财务、物流、计量、检测等，在生产制造后端主要有营销、集成、成套、安装、调试、维修、培训、会展、租赁、物流等，对于医疗器械而言还包括了注册、认证咨询与培训、专业技术支持与服务等。

在发达国家，生产性服务业在产业结构及产业环境中扮演着重要的角色，在美国生产性服务业已占到其GDP的50％，正是这些不直接参与创新的服务业将美国的专业化小公司联结成社会化的体系，并形成初具规模的系统，形成新的竞争能力。生产性服务业不仅对GDP有所贡献，更重要的是它对整个产业的协调发展起着至关重要的作用。

中国在从计划经济转向社会主义市场经济的过程中，一些社会性、基础性的功能脱离于原来小而全的企业，但这一专业化与社会化的进程并不充分，产业的系统性建设远未进入良性状态。在医疗器械研发、生产日益开放化的今天，中国企业的观念变化成为影响行业发展的重要因素。

生产性服务业的欠发达以及产业结构系统性差这两点使得中国医疗器械产业的生存环境不利于创新。在发达国家，中小企业是创新的一个重要方面，他们通过自己的努力得到大企业的认同，实现并购、兼并或买断，这些技术市场上最为活跃的因素在中国没有得到发展，因为中国医疗器械产业还没有形成有机的生态环境，于是每一个创业者不得不"开创性"地完成技术走向市场的全过程，总体上看这是一种资源的浪费，与知识经济的发展极不相适。

中国与发达国家之间的差距还体现在医疗器械研发与生产性服务业体系不发达，在发达国家医疗器械的研发与生产性服务业比较发达，成为产业发展必不可少的因素，它们的存在使整个产业成为一个体系，为复杂仪器的研发和跨学科技术的融合提供了环境。在我国深圳已形成医疗器械产业群，北京、上海地区拥有丰富的临床资源与智力资源，但生产性服务业仍需健全，否则这些资源将无用武之地，甚至成为国外掠夺的资源。

印度和韩国已是亚洲继中国之后的两个快速发展起来的医疗器械生产和消费国，尤其是印度，近年来其国家在相关政策方面已有明确鼓励发展医疗器械产业的政策，我国由于知识产权问题，使国外跨国公司的研发向印度转移；跨国公司在印度的外包业、研发投入等都迅速增长。另外，印度较发达的医疗事业也为医疗器械产业发展提供良好的市场环境，使许多跨国公司的战略定位中，将中国列入生产型基地，而将印度列为研发基地。目前印度医疗器械的零部件生产能力迅速提高，产品结构趋于合理，形成可持续发展的态势，印度的生产性服务业在其外包业发达的同时得到迅速发展，已与中国形成竞争态势。

五、产业配套能力

产业配套能力是指一个国家或地区为一个或多个产业提供的产业链深度和广度，涵盖原材料、零部件、劳动力、资金、物流能力等多个方面，是决定一个地方产业竞争力的重要因素。较好的产业配套条件能够节约社会资源，提高运营效率，大幅度降低研发和制造成本，保持产业持续增长。

　　培育良好的产业配套能力难度较大,需要一个长时间过程。产业配套条件随着时间推移,其重要性和优势不断上升。产业配套能力可以从利用和扩大区域支柱产业的集聚效应角度来理解,即当某一局部地理区域中有一个或多个龙头企业时,在市场容量没有限制的条件下,区域企业主动承接龙头企业的各投入物品的生产,以扩大产业集聚效应,充分降低支柱产业的平均成本,使得该区域在竞争中保持竞争优势。区域企业通过技术学习,承接龙头企业的投入物品越多,从低端投入物品配套向高端投入物品配套,那么产业配套程度越高,该地区的龙头企业及其和配套企业形成的支柱产业的平均成本越低,从而该地区的竞争优势越强。

　　提高产业配套能力的一个基本形式是发展产业集群。产业集群是指集中于一定区域内特定产业的众多具有分工合作关系的不同规模等级的企业与其发展有关的各种机构、组织等行为主体,通过纵横交错的网络关系紧密联系在一起的空间积聚体,代表着介于市场和等级制之间的一种新的空间经济组织形式。

(一) 医疗器械产业配套能力特点

　　医疗器械配套产业不同于其他产业,前面提到,医疗器械是学科交叉、多专业综合的产业,也是资金密集的高技术产业。具有小批量、多品种、高附加值的产业特征,其发展对配套产业依赖度较高,并与配套产业的发展相辅相成。医疗器械对配套产业的要求也不同于同样是学科交叉、附加值高的航空航天和汽车产业,不同于新兴科技的电子、计算机和光学产业,更不同于具有传统特点的冶金、五金和机械加工产业。其发展对配套产业的依赖度大于其他一般产业,医疗器械的产业配套能力是建立在其他产业配套能力基础之上,更多地依赖于其他产业的配套能力的发展。

　　医疗器械种类繁多,不同种类的医疗器械需要不同的产业配套能力。医用电子产品的产业配套能力更多地依赖于电子产业和计算机产业的配套能力。一次性消耗医疗器械更多地依赖于塑料加工产业和金属加工产业的配套能力。医用机电产品更多地依赖于计算机控制、电子、机械、光学仪器、传感器产业的配套能力。医疗器械产业的配套既依赖于劳动密集型的传统产业配套能力,更依赖于知识密集型的高技术产业配套能力。在发达国家有 20%～40%的航空航天、汽车行业的配套企业不同程度上为医疗器械产业提供配套产品。

　　与汽车、计算机、电子、机械加工、塑料加工产业群不同,医疗器械产业群更多地被涵盖在其他产业的产业群中间,其他产业群的发展带动了医疗器械产业群的发展。从事医用电子产品生产的企业常常位于电子产业群之中,主要在电子和计算机技术发达的中心城市发展。从事医用消耗材生产的企业常常位于塑料产业群和机械加工产业群之中,既可以在技术发达的中心城市发展,也可以在比较偏僻的城乡发展。从事医用机电医疗器械产品生产的企业常常位于具有综合技术优势或特殊技术优势的产业群之中,主要在大学、研究机构或机电传统优势集中,专业化程度较高,具有强烈创新氛围的中心区域发展。

　　在发达国家中,美国、德国、日本综合工业基础最强,具有覆盖各个产业的配套能力,能够不依靠其他国家帮助,在一个国家内部提供生产绝大多数医疗器械所需要全部资源。相对日本,受基础研究和创新能力的影响,实际上美国和德国的医疗器械水平远远超过日本。

　　经过 20 多年的发展,我国已经初步建立了医疗器械产业配套能力,能够生产绝大多数种类的医疗器械,但受工业基础限制,配套能力还不完全,需要从国外进口大量关键部件,在全球医疗器械产业链中,处于生产中低档产品的地位。

(二)美国医疗器械产业配套能力

美国约有 8000 多家大、中、小医疗器械生产制造厂商,医疗器械公司主要集中在加利福尼亚、马萨诸塞州、纽约、佛罗里达、伊利诺伊州、明尼苏达和乔治亚州等地区。这些地区也是美国高新技术产业、风险投资公司、研发机构、大学、医疗机构、中介服务机构等聚集地区。

美国医疗器械产业的配套能力是建立在完整的综合产业基础和多个各具特色的区域性产业集群基础上,而且在创新研发方面拥有著名大学、科研机构和企业间密切合作条件与环境,有良好的产业投融资环境及企业与医院的临床合作模式,拥有活跃的中介咨询服务机构及航空航天等军工技术转为医疗器械产业民用科技条件,拥有齐全的关键部件供应商。这些配套能力是美国医疗器械产业持续保持国际领先的优势条件。

此外,很多美国企业,特别是国际知名的美国企业还将其产业配套能力扩展到海外,不少美国公司已在欧洲建立起自己的子公司,有些通过在中国、印度、巴西、土耳其等国建立合资独资公司,获得低成本零部件配套能力或产品制造能力。

(三)欧盟医疗器械产业配套能力

欧盟约有 8500~10 000 家医疗器械企业,其包括本地制造商,也包括欧洲以外的大型跨国公司,但中小型企业占多数,80%欧洲医疗器械企业的雇员数量少于 250 人。

欧盟作为独特的经济联合体,拥有与美国几乎相同的甚至基础专业化水平超过美国的产业配套能力,欧盟医疗器械企业多集中在德国;第二位的是法国,再其次是英国、意大利和爱尔兰。

除了德国之外,欧盟其他国家的医疗器械配套能力是建立在跨越国界的综合产业基础上,德国的综合配套能力、法国的医用耗材配套能力、英国机电制造业配套能力都具有竞争力优势。跨越国界的研发合作,跨越国界的零部件采购,与大学和科研机构合作,中介机构的活跃参与是欧盟医疗器械产业配套能力的特色,欧盟医疗器械企业能够充分利用整个区域的产业配套能力,开发和生产出世界一流水平的产品。

虽然德国的总体医疗器械配套能力稍逊美国,但德国巴伐利亚州、巴登符腾堡州、黑森州和北莱茵威斯特法伦州都具有独具特色的医疗器械产业群,依靠世界一流的汽车工业、航空航天和电子工业雄厚产业链基础,开发尖端的医疗器械产品。德国的医疗器械产业配套优势主要体现在传统的精密机械制造能力与严谨的研究能力的结合上。

(四)日本医疗器械产业配套能力

虽然日本是全球医疗器械市场的第二大消费国家,但其医疗器械产业实际配套能力不如美国和德国。日本批准注册的医疗器械公司约 750 家,产业从业人员约 8 万人,几家大公司主导着医疗器械产业,即:东芝、日立、奥林巴斯和 Terumo 公司等,其主导产品为影像设备、内窥镜、血液净化装置(透析)、导管支架等。

日本医疗器械产业配套能力主要依靠其电子产业和机械工业的能力支持,产业配套比较封闭,没有明显的医疗器械产业群。虽然日本在传感器、计算机、电子、机械、流体动力、塑料加工、橡胶等多方面领域都具有很强实力,但缺少从事医疗器械产品零部件配套的专业企业,所以很多医疗器械上使用的特殊关键零部件需要从美国或欧洲进口,产业发展受到一定限制。

与美国和欧盟相比,日本产业配套能力的优势是医疗器械制造商与作为上游企业的供应商合作关系长期紧密稳定,可以充分利用供应商的知识和能力,以更低的成本开发出性能价格比更好的产品。值得一提的是日本医疗器械的中、小企业数量远低于其他国家和地区。

(五)韩国与印度产业配套能力

韩国医疗器械产业主要建立在其他产业基础之上,如电子产业、机械加工业、新材料等。在高新技术产业方面,韩国的电子领域技术,包括半导体、工业电子和电子元件与先进国家齐头并进。为医用电子产品提供良好的产业配套条件。韩国的医疗器械研发配套已基本具备独立开发能力,但与日本、欧盟还有较大差距。

印度由于工业基础薄弱,医疗器械产业还没有形成综合配套能力,但印度IT、信息、电子技术在90年代得到快速发展,并引起世界关注。对医疗器械产业发展有一定的支持作用。

(六)中国医疗器械产业配套能力

我国的医疗器械产业配套能力具有明显的地域性,还没有形成全国整体产业群配套能力。这与各地区经济发展不平衡相关联。

我国医疗器械产业的现代化发展始于20世纪80年代中期,走过了20多年以仿制为主的历程,基本上形成了涵盖几乎所有医疗器械种类的中低档产品配套能力。医疗器械从业人员为50万人,企业数量12 530家(2007年底),批准注册的医疗器械11 724个,这三个数字都居全球之首。中国医疗器械产业生产主要分布在经济比较发达的省市及地区。并已经形成了以上海为中心,包括江苏、浙江两省的长江三角洲;以深圳为中心,包括珠海、广州等地的珠江三角洲;以北京为中心包括天津、辽宁、山东的京津环渤海湾三大区域医疗器械产业群。三大区域医疗器械总产值之和及其销售额之和都超过全国总量的80%以上,不难看出,三大区域医疗器械的发展都与当地综合产业优势和产业配套能力优势密切关联。这三个地区配套优势如下:

1. 上海地区配套能力 上海医疗器械产业历史最悠久,直到本世纪初,一直以国有企业为主导。上海依靠其传统的技术和制造优势,依靠其综合产业链宽度和深度优势,具备生产绝大多数医疗器械产品的配套能力,所生产的医疗器械种类最多,能够制造影像设备、手术急救设备、医用光学、医用耗材、生化仪器、监护仪等常规医疗器械。上海还是全世界制造医疗器械产品种类最全的地区,而且生产的产品质量和技术在国内具有明显竞争力。与深圳相比,尽管上海及周边的工业配套能力和产品研发环境更具综合优势,但是市场化程度与深圳有差距,增长速度明显低于深圳。不过可以预测,只要上海地区在市场创新和产业创新方面有所突破,与周边的江苏、浙江两省形成更广泛的产业链联合,上海很可能将成为全球最具竞争力的医疗器械产业地区。

2. 北京地区配套能力 北京作为中国乃至世界科技能力较强的城市,聚集了我国最知名的大学、科研院所、试验检验中心和军工单位,具有良好的科研配套能力。在20世纪80~90年代,在京的中科院单位,航空航天、船舶和兵器等军工单位,集中大量人力资源仿制开发了麻醉机、呼吸机、监护仪、医用激光、碎石机、放疗设备、X光机等一批常规医疗器械产品。但由于研究单位固有的市场化和产业化能力较弱,再加上这些科研单位承担的国家科研任务较多,没有过多精力投入医疗器械产品的进一步开发,使得北京20世纪的医疗器械产业发展不太理想,科研能力没有转变为产业能力。近几年来,随着北京地区民营企业和河北省工业配套能力的增强,北京地区的医疗器械产业呈现良好的发展势头,但与北京地区的研发综合实力不相匹配,北京有更大的发展潜力,需要地方政府给予大力支持。

3. 深圳配套能力 深圳市作为我国最早的沿海开放城市,汇集了大批电子元器件、模具加工、精密机械加工等外商和本土企业,汇集了一批创业精神、市场意识、创新热情高昂的民营企业,从20世纪90年代初开始逐步形成以小规模民营企业为主导的医疗器械产业群。深圳医疗器械经过近20年的发展,依托深圳及周边地区在中国,乃至在全球最具竞争力的电子元器件、计算机、精密加工等综合配套能力,依托沿海地区、紧邻香港的进出口贸易优势,在监护仪、B超等医用电子领域,已成为全球最具竞争力的地区。

4. 江浙一带配套能力 江浙一带作为中国最具创业精神的区域,以民营企业为主自发形成的机械加工、五金件加工、模具加工、塑料加工等产业配套能力,孕育了一批以市场为导向的骨科器材、手术器械、一次性医疗器械用品等医疗器械。像一次性的医疗器械用品,江浙占到全国市场的一半以上,大量产品已打入国际市场。医院常规需要的医疗器械,一般在江浙一带都能找到。但也应该看到,除了苏州、无锡的一些医疗器械独资合资企业之外,江浙的医疗器械企业和配套企业的总体研发能力不足,成为产业链的致命环节。江浙医疗器械产品具有低成本、低质量特征,技术附加值低,很容易被进口产品击垮,也很容易被后起的其他区域企业超过。

杭州、宁波、苏州、无锡利用与上海地理位置靠近、地方投资环境较好的优势,吸引了较多的技术型独资合资企业,机械和机电一体化产业链成熟,近几年吸引了很多国际知名的医疗器械企业投资,机电一体化医疗器械发展迅速。

与发达国家相比,我国医疗器械产业配套能力弱势主要存在于研发水平不足,导致目前大量进口各类传感器、精密机械部件等医疗器械关键零部件;制造工艺创新程度和流程管理水平较低,配套零部件质量不稳定。生产服务业没有成体系,资源利用率低。

六、产业链比较

(一) 产业链内涵

产业链是指,在一种最终产品的生产加工过程中,从最初的矿产资源或原材料一直到最终产品到达消费者手中,所包含各个环节所构成的一个完整的链条。产业链是建立在产业内部分工和供需关系基础上的,以若干个企业和产品为节点,包括原料、加工、生产到销售等各个环节的,纵横交织而成的网络状态系统。

产业链的实质就是不同产业的企业之间的关联,而这种产业关联的实质则是各产业中的企业之间的供给与需求的关系。产业链就是利益统一战线,在这个统一战线的最底端是用户,只有让用户最终受益,它才构成一个产业链。

产业价值链的存在,是以产业内部的分工和合作为前提,没有分工,就无法区分相应的各个产业增值环节,也就没有产业链的存在。专业化的分工可以大大提高效率,扩大产业增值流量;而合作是产业链中各个价值增值环节得以"链接"和连续的必要条件。例如,以上海为中心的长三角形成了中国最完善的多系列、多功能的现代化产业链。

产业链分为两种类型:一种是垂直的供应链,另一种是横向的协作链。垂直关系是产业链的主要结构,一般把垂直分工划分为产业上、中、下游关系,横向协作关系则是产业的服务与配套。产业链包含四层含义:

第一,产业链是产业层次的表达。产业和客户是捆绑在一起的,多层次的开发非常有利于抓住层次中的核心客户,有利于扩大市场份额。

第二,产业链是产业关联程度的表达。产业关联性越强,链条越紧密,资源的配置效率也越高,就等于在降低成本。

第三,产业链是资源加工深度的表达。产业链越长,表明加工可以达到的深度越深。产业深度与产业链长度成正比,延长产业链代表产品深度开发,增加附加价值。产业链向上游延伸一般使得产业链进入到基础产业环节和技术研发环节,向下游拓展则进入到市场拓展环节。

第四,产业链是满足需求程度的表达。产业链始于自然资源、止于消费市场,但起点和终点并非固定不变。

一个完整的产业链包括原材料加工、中间产品生产、制成品组装、销售、服务等多个环节,实现供给、生产、销售、服务的功能,从而保证该产业链中人流、物流、信息流、资金流的畅通,进而实现互补、互动、双赢。如果产业链当中的企业供给、生产、销售、服务都处于一种良好的、动态自我调整的平衡状态,那么这个产业链就会很平稳地运行。但是一旦该产业链中的某一个环节不能及时或不能提供充足的供给,这个良性的循环就会被打破,从而引发上游企业或者下游企业不能正常运转。

上游企业和下游企业是相互依存的,没有上游企业提供的原材料,下游企业犹如巧妇难为无米之炊。没有下游企业生产制品投入市场,上游企业的材料也将英雄无用武之地。产业链中的上游企业往往是利润相对丰厚、竞争缓和的行业,原因是上游往往掌握着某种资源,比如矿产,或掌握核心技术,有较高的进入壁垒的行业。但是,并不是所有上游企业都是利润丰厚,也会出现供给过多、竞争加剧的情况,而且比较受制于下游需求的变化,无法主动去开拓新的需求或市场,通常都有明显的周期性。

比如整个电子产业链的上游半导体芯片行业,存在很高的技术和资金壁垒,全球只有少数几家厂商参与竞争,但是受下游需求的冷暖和自身产能扩张的驱动,业绩经常出现大赔大挣的情况。在半导体产业价值链中,设计环节是技术密集性环节,注重的是高层次科技、技术和工程人才,主要集中在美国、日本等地;芯片制作环节是资本密集性环节,注重的是规模,并需要洁净的环境以及纯净水的供应等,往往也集中在美国、日本以及中国台湾地区;而装配和包装环节则是劳动密集型环节,需要的只是普通劳动力,主要集中在劳动力低廉而又丰富的东南亚地区。

(二)医疗器械产业链

医疗器械不同于一般产品,安全、有效是产品的核心内容,贯穿于研发、设计、制造、使用、临床试验、监管、风险投资、企业重组、教育培训、人力资源等整个产业链中的各个环节。

医疗器械品种繁多,多学科交叉,技术构成复杂,既涉及与自然资源相关的材料科学,又涉及与基础工业相关的微机电子、精密加工、光学仪器、计算机控制、传感器、流体动力、化学工业,更需要基础研究、应用研究、仿真技术、系统工程、产品设计等科研支持。所以,单就供应商产业链而言,医疗器械产业链与航空航天、汽车产业具有很多相似之处,需要多个产业基础的配套支持,但比半导体、通讯、家电等产业具有范围更广的产业链。

医疗器械产业的安全、有效、可靠和法规等方面的特殊性,使其产业链不同部分的增值能力有所不同。供应商价值链、企业价值链、渠道(销售)价值链和买方(医院)价值链式是医疗器械产业链上增值潜力较大的增值部分。供应商价值链主要对成本和技术竞争力产生影响;企业价值链的影响涵盖了从成本、规模、盈利到品牌的各个方面;渠道价值链主要影响规模、风险和品牌;买方价值链(医院价值链)对企业产业链的价值最大,涉及产品开发、销售规模、利润和品牌。

1. 企业价值链　如果医疗器械企业的增值能力按产品出厂价与材料购入成本的差值来计算,目前的增值率范围为 $40\%\sim80\%$,明显高于其他一般行业,而且长期增值率基本上稳定在 $40\%\sim60\%$ 。处于产业绝对领先地位、缺少明显竞争对手的企业具有更高的增值率。

能够解决特殊临床问题,具有核心技术和工艺的企业增值能力较大,增值率为 $70\%\sim80\%$ 。只有极少数拥有独特自主产权的器械类技术型企业可以达到这个数值,但目前这类企业的规模都很小。

只能解决其他竞争企业都能解决的临床问题,缺少核心竞争力,缺少差异化,主要靠产品仿制的企业增值能力较小,增值率为 $40\%\sim50\%$,是目前绝大多数以产品仿制为主的医疗器械企业的增值率。

特别值得关注的是,企业增值能力主要取决于自主知识产权与临床使用结合的治疗效果。所以,在企业价值链中,产品开发流程中早期阶段与临床结合的紧密程度,采用技术的自主性、先进性和适当性,是决定增值能力的关键。这需要企业与临床专家建立长期的产品开发合作关系。

2. 医院买方价值链　医院买方价值链本身的增值能力主要体现医院是否拥有一批医术高明的临床专家,是否拥有先进的医疗设备和手段,是否具有良好的治疗环境和是否提供良好的医疗服务方面,最终是否能够解除患者的痛苦上,并吸引更多的患者接受治疗。除了医生的医术水平之外,先进的医疗设备是提升医院价值必不可少的。

医疗器械稳定的高附加值除了与产品技术含量有关外,更主要的是由以下几个方面的医院临床要求特点所决定。

(1) 医生具有决定或建议患者接受哪种检查或治疗的强势引导作用。

(2) 患者具有主动或被动接受高额费用获得高品质治疗的欲望。

(3) 医生倾向采用复杂的过程和先进技术手段获得安全可靠的诊断治疗效果。

(4) 医院常常以先进的昂贵设备作为提升医院的品牌和医疗水平,吸引患者的竞争手段。

(5) 医院拥有较强的现金流运作能力,容易收回设备投资。

医院买方价值链对企业链增值能力具有最终检验功能,对企业增值能力的影响主要体现在购买数量、采购价格和品牌效应上。医院通过正确使用医疗设备,获得良好的诊断或治疗效果,使患者支付的医疗费用能够完全补偿医院购买设备的开支,保证不断购买新产品。

但是,值得指出的是,一些领先医院或知名专家对提升企业品牌和引导其他医院购买产品更具有特殊的增值作用。反过来,医疗器械企业的品牌,产品的特殊功能,对医院提供的客户支持力度、范围和效果,也可以明显帮助医院提升价值。例如,美国 GE 医疗系统在其技术并不完全领先的条件下,通过将其采用的 6 西格玛管理方法推广到医院使用,为医院提供从设备到融资的系统服务和与知名临床专家建立长期合作关系,在帮助医院增加价值的同时,更明显地提升了自身的品牌,提高了自身价值。

所以,在目前医院管理模式和价值取向正在发生变化的时候,将提高竞争力的着眼点转向研究医院价值链,通过将企业的能力整合到医院价值链中,帮助医院提升增值能力,就可以获得医院对企业增值能力的支持和长期的品牌效应。

3. 供应商价值链 供应商价值链的增值能力与产品的安全性和可靠性关系较大,分散程度较大,增值幅度为 30%～80%。关键部件和特殊零部件供应商增值能力大,可以达到 50% 以上;一般零部件或标准外购件供应商增值能力小,一般为 50% 以下。

医疗器械的高成本容易被转嫁到医疗器械的高价格上,所以供应商价值链对医疗器械企业价值链的增值作用除了体现在众所周知的成本、质量、交货期外,更主要体现在供应商提供产品的先进性上。近 5 年来,随着经济全球化和因特网技术的发展,国内医疗器械企业可从国外先进供应商购买关键零部件,全面提高了产品的功能、质量、附加值和国际竞争力。

在成本方面,供应商技术或工艺改进可以降低材料成本的 20%～30%,技术或工艺创新及新资源替代可以降低材料成本的 60% 以上。在更深层次上,如果能够从医疗器械产品开发的早期阶段开始,将供应商的技术和工艺能力整合到企业价值链中,就能以更低的或更合理的成本获得更高的附加值,并明显缩短产品开发周期,提高竞争力。

所以,与战略供应商建立长期关系,通过合作创新或寻找更具竞争力的替代资源是发挥供应商价值链作用的关键。

4. 销售渠道价值链 不同国家、不同产品的销售渠道价值链差别很大。

目前,我国医疗产业的销售渠道具有追求短期利益、规模小和风险高的特征,其自身增值率为 45%～60%,销售利润率超过 10%～15%,高于其他一般行业。销售渠道的高增值和高获利特征主要得益于销售渠道潜规则维持的客户关系和医院的价格敏感性低,同时也部分依赖所提供的产品品牌。

现阶段,我国医疗产业正处在销售制胜时代和经销商信誉转型时代。销售渠道对医疗产业的增值作用主要体现在增加销售额、宣传品牌和回避潜规则风险三个方面。与产品技术、成本和质量相比,带有高风险性的销售渠道起着主导作用,渠道价值链中的个别决策者客户关系是渠道价值链的关键点,对销售价格、付款条件起着决定性作用。

企业品牌对于增强渠道价值链中的客户关系和促进实现销售正在起着越来越重要的作用。完成了一定资本积累的经销商,为了吸引品牌产品,在商务运作上开始重视自身信誉,在销售过程合作和付款方面逐步规范化,更愿意与品牌企业建立长期合作关系。

所以,以品牌为依托,发挥经销商的客户关系作用,建立细分的渠道网络,是获得渠道价值链优势的关键。

5. 医疗器械产业价值趋势 进入 21 世纪,随着我国医疗器械产业的持续快速发展、医院价值体系的改变、国家政策支持力度加大,产业投资活跃和国际先进经营理念的引入,我国医疗器械产业在参与国际竞争的过程中,产业创造价值的模式正在或将要发生以下变化:

（1）正在进入规模和市场份额决定利润的时代；

（2）产品开发模式从简单的仿制时代向掌握核心技术，获取知识产权时代转变；

（3）成本导向的低附加值策略向解决特殊临床问题的高附加值策略转变；

（4）质量附加值正在从质量体系认证时代向产品国际认证时代转变；

（5）销售渠道增值从客户关系主导模式向品牌和客户关系联合主导的模式转变；

（6）产品销售从单一模式向客户解决方案、系统集成和提供融资等高端模式转变；

（7）供应商的简单买卖关系向掌握或控制资源的战略联盟关系转变；

（8）品牌价值从市场运作模式向市场、专家、政府和资本综合运作模式转变。

（三）发达国家企业向中国扩展产业链

发达国家因其工业基础雄厚，创新能力强，拥有医疗器械发展所需要的几乎所有技术和产品，完全可以在一个国家内部提供医疗器械所需要的全部配套。再加上这些国家之间的特殊政治和贸易关系，这些国家之间也很容易以更经济的成本实现全球配套。

进入 21 世纪，随着经济全球化的快速扩散，随着我国基础工业和技术水平的快速提高，随着中国医疗器械市场需求的持续增长，随着我国医疗器械出口对发达国家造成的竞争压力，发达国家开始逐渐将我国纳入到产业链之中，甚至将产品研发搬到中国，OEM、ODM 合作方式激增，目的是实现低成本。

国际知名医疗器械企业通用电气医疗、强生、西门子医疗和飞利浦医疗等巨头企业在中国市场上动作频频，纷纷以兴建生产基地、合资、独资或收购企业等形式加速在华投资，将其产业链延伸到中国。GE 医疗日前公开宣布将收购更多中国医疗相关企业，更广泛覆盖中国医疗器械产业，集团近日收购一家智能机械呼吸机供应商 VersaMed。此外，投资达 1 亿美金的强生医疗器械生产基地日前正式在苏州工业园运营。据分析，近期跨国公司和投资机构在中国医疗企业市场的大手笔投资，反映出国内医疗器械市场的吸引力，而这源于中国的政策利好和市场潜力。较早进入中国的西门子已在中国基地研发和生产 CT、磁共振等产品；飞利浦也与东软合作成立东软飞利浦医疗设备系统有限公司，并加大向中国中、低端医疗器械市场的投入；东芝也以成立新公司、直接经营、扩大投资额度的方式加大对中国市场的投资力度。

通过向中国扩展产业链，发达国家企业在中国市场上获得了供应商价值链、渠道价值链和买方价值链优势。

（四）我国医疗器械产业链趋于完善

改革开放 30 年来，中国医疗器械产业链不断完善，历经了三个阶段。

第一阶段是 1995 年之前。由于国际交流较少，国家外汇紧张，再加上自力更生精神的指导，国内医疗器械的产业链以仿制开发，国内配套为主。受当时国内基础工业水平限制，虽然开发了大批关键部件，突破了一些关键技术，但产品质量较差，产业链不完整、附加值很低。

第二阶段是 1995—2005 年。随着中国外汇储备增加和加入 WTO，随着大量产品开始出口，随着我国工业基础能力迅速提高，中国医疗器械产业链开始扩展到发达国家，扩展的主要内容是从国外大量购买关键部件，并于我国的配套能力相结合，是我国的医疗器械产业链水平有了质的提高，产品质量明显提高，形成了国际竞争力。

第三阶段是 2006 年到未来 10～15 年。随着大量国际领先企业进入中国,随着我国技术和设备两个方面能力的进一步提高,随着国际化竞争进一步加剧,昂贵的关键部件本地化正在成为医疗器械产业链的焦点。很多企业都将研发和产业化的重点转向关键部件,尽最大可能实现关键部件本地化配套,传感器、精密机械部件、气动液压部件等关键部件的研发和配套能力明显增强。预计未来 10～15 年,医疗器械产品 95% 以上的零部件可以实现本地化配套。

医疗器械产业的发展关系到民生,是国家战略性的产业,较之一般性产业,这一产业的核心竞争力中创新占有更大的比重,是典型的技术主导型产业。各国医疗器械产业的发展历程和深入的分析表明,这一产业的发展不仅决定于基础加工业、配套能力、产业链的发达程度,还决定于政府对这一产业的认识以及产业的政策环境、金融环境、研发服务业、创新高速通道的完善程度,政府与市场在产业的成长过程中起着互补性的重要作用。

第四篇 监 管 篇

第二十章

国外医疗器械监管体系

第一节 美国医疗器械监管体系

美国医疗器械监管至今已有 40 多年的历史,而其监管部门美国食品药品管理局(以下简称 FDA)也已从 1862 年美国农业部的一个化学办公室发展成为世界上首屈一指的食品、药品、医疗器械监管机构。由于美国最早立法管理医疗器械,其创立的分类管理办法已被普遍接受,因此美国管理医疗器械的法规和模式在国际上有很大的影响力。

一、立 法 状 况

1976 年美国国会正式通过了《食品、药品和化妆品法》(*Federal Food, Drug, and Cosmetic Act*,简称"FD&C Act")修正案,加强了对医疗器械进行监督和管理的力度,并确立了对医疗器械实行分类管理的办法。这是国际上第一个国家立法,并规定由政府行政部门对医疗器械进行监督管理。而在后续的 30 多年间,美国国会又先后通过了医疗器械安全法案(SMDA)、乳腺 X 线设备质量标准法案(MQSA)、FDA 监管现代化法案(FDAMA)、医疗器械申报费用和现代化法案(MDUFMA,全称为 Medical Device User Fee & Modernization Act,主要包括:提出 PMA、510K 等申请并进行上市前审查,申请人需交纳的费用;各类上市前审查的工作目标;建立第三方审查机制;对一次性使用器械的再加工提出新的法规要求等内容)、医疗器械申报费用稳定法案[MDUFSA 全称为 Medical Device User Fee & Stabilization Act,主要是对 21CFR502(u)部分进行修正,增加了对一次性使用器械的再加工过程以及再加工企业的限制性规定]、FDA 修正法案(FDAAA)等一系列规定,在 1976 年修正案的基础上又增加了许多内容,始终确保法规与医疗器械发展相适应。

美国联邦食品药品和化妆品法令是美国联邦法典第九章,通常称其为标题 21(Title 21)。此部分是对食品、药物、医疗器械的规定,共 9 卷,由 1～99 部分、100～169 部分、170～199部分、200～299 部分、300～499 部分、500～599 部分、600～799 部分、800～1299部分以及 1300 部分至结束组成,其中前 8 卷(1～1299 部分)包括第Ⅰ章——食品及药物管理局、卫生和福利部。第9卷(1300部分至结束)包括第Ⅱ章——禁药取缔机构、律政司署以及第Ⅲ章——国家药物控制政策办公室。

而在这些卷当中,第8卷的800~1299部分为医疗器械的法令,依产品要求不同分为5个子章节,分别为子章节H——医疗器械、子章节I——乳腺造影质量标准法案、子章节J——放射卫生、子章节K【预留】、子章节L——食品及药物管理局依照某些其他的法案执行的法规。在这些子章节中,对医疗器械监管的不同环节,如对标识、厂商、召回的权限、质量体系规章、医疗设备分级程序、性能标准形成的程序等内容分别进行了规定,均用"第XXXX.XXXX节"这种法规代码的形式表示。对于通用概念性内容,在法规代码后一般会给出详细的描述,包括定义、使用目的、一般要求和原始出处;而对于具体的医疗器械项目,则列出其通用项目名称、定义、分类、要求及原始出处。

二、组织机构设置及运作方式

(一) 组织机构设置

FDA是美国人类和健康服务部(Department of Health & Human Services,简称"DHHS")的下设机构之一。其组织架构类似于我国的海关系统,为垂直管理,由FDA总部和美国各大区、地区派驻机构组成,人员统一由FDA管理。截至目前,FDA共有超过10 000名雇员,其中近2/3的雇员在FDA总部工作,而其他近1/3的雇员则在包括5个大区办公室和20个地区办公室在内的近150个办公室和实验室工作。

FDA总部共由生物制品评价研究中心(CBER)、器械和放射产品健康中心(CDRH)、药物评价研究中心(CDER)等部门组成。除血源筛查的医疗器械由生物制品评价研究中心(CBER)负责管理外,其余的医疗器械产品均由器械和放射产品健康中心(CDRH)负责管理。

其中,器械和放射产品健康中心主要负责下列工作:

(1) 对科研或者临床用途的医疗器械申请进行审查。

(2) 收集、分析并处理医疗器械和放射性电子产品在使用中有关损伤和其他经验的信息。

(3) 为放射性电子产品和医疗器械建立良好生产实践规范(Good Manufacturing Practice,简称GMP)以及性能标准,并组织实施。

(4) 对医疗器械和放射性电子产品的符合性进行监管。

(5) 为小规模医疗器械生产企业提供技术性及其他非经济性帮助。

CDRH下设六个办公室,有器械评价办公室、科学及工程技术办公室、体外诊断试剂评价安全办公室、交流教育办公室、符合性办公室以及生物统计和监督办公室,约有雇员1100人,负责不同种类、不同方面医疗器械的管理。

(二) 运作方式

在美国,医疗器械的上市前审批由FDA总部进行统一管理,虽然有一部分产品可由第三方机构进行审评,但最终的批准权都还是在FDA总部,大区办公室和地区办公室等地方派驻机构都没有上市前审批的权限。而地方派驻机构主要是在日常监管中发挥作用,他们在法律授予的职责范围内完成自己的工作,并协助 FDA 总部完成一些其他工作。

三、产 品 分 类

FDA 对医疗器械实行分类管理,根据风险等级和管理程度把医疗器械分成 3 类进行上市前管理。FDA 从科学、工程和临床专家以及消费者和工业组织推荐的候选人中挑选出一些专家组成分类专家委员会,其中消费者和工业组织代表没有投票权。FDA 会根据专家委员会的建议最终决定医疗器械产品的详细分类,在定期公布这些分类结果的同时,每年还会对法规代码库进行更新。

1. Ⅰ类产品 为"普通管理(General Controls)"产品,是指风险小或无风险的产品,如医用手套、压舌板、手动手术器械等,这类产品约占全部医疗器械的 30%。FDA 对这些产品大多豁免上市前通告程序,一般生产企业向 FDA 提交证明其符合 GMP 并进行登记后,产品即可上市销售。

2. Ⅱ类产品 为"普通+特殊管理(General & Special Controls)"产品,其管理是在"普通管理"的基础上,还要通过实施标准管理或特殊管理,以保证产品的质量和安全有效性,这类产品约占全部医疗器械的 62%。FDA 只对少量的Ⅱ类产品豁免上市前通告程序,其余大多数产品均要求进行上市前通告(510K)。生产企业须在产品上市前 90 天向 FDA 提出申请,通过 510K 审查后,产品才能够上市销售。

3. Ⅲ类产品 为"上市前批准管理(Pre-market Approval,PMA)"产品,是指具有较高风险或危害性,或是支持或维护生命的产品,例如人工心脏瓣膜、心脏起搏器、人工晶体、人工血管等,这类产品约占全部医疗器械的 8%。FDA 对此类产品采用上市前批准制度,生产企业在产品上市前必须向 FDA 提交 PMA 申请书及相关资料,证明产品质量符合要求,在临床使用中安全有效。FDA 在收到 PMA 申请后 45 天内通知生产企业是否对此申请立案审查,并在 180 天(不包括生产企业重新补充资料的时间)内对接受的申请做出是否批准的决定,只有当 FDA 做出批准申请的决定后,该产品才能上市销售。

四、注册形式及审批过程

在前面我们已经提到 FDA 按风险等级对医疗器械实行分类管理,并由 FDA 总部对近 60% 的医疗器械进行上市前通告(510K)或者上市前批准(PMA)的审查,下面,将逐项地对不同种类产品的注册形式和审批过程进行详细描述。

(一)豁免上市前通告的产品

绝大多数的Ⅰ类产品和少量Ⅱ类产品属于豁免上市前通告的产品,这类产品上市无需经过 FDA 审批,只需生产企业确认其产品符合相关规定,如:产品说明书、标签和包装标识符合 21CFR801、809、812 的要求,产品设计和生产符合 21CFR820 的要求等,并由生产企业向 FDA 提交保证其产品符合 GMP 的备案表后,这类产品就能够上市销售。

(二)需要进行上市前通告(510K)的产品

1. 上市前通告(510K)的流程 510K 是指通过对拟上市产品与已上市产品在安全性

和有效性方面进行比较,在得出实质性等同(Substantial Equivalence,简称 SE)结论的前提下,进而获得拟上市产品可以合法销售的上市前通告的一条法规路径。绝大多数Ⅱ类产品属于需要进行上市前通告(510K)的产品,这类产品是在普通管理的基础上增加一些特殊要求,如:对标识的特殊要求、符合某些性能标准、符合 FDA 的指南等,以确保其临床使用中的安全性和有效性。这类产品通常要由申请人提交资料证明其与已上市产品实质性等同(SE),经过 FDA 审查并取得 510K 确认信后方可上市销售。同时,因其所涉及的具体情况不同,上市前通告又分为传统 510K(Traditional 510K)、简略 510K(Abbreviated 510K)和特殊 510K(Special 510K)三个类型。下面将在表 20-1 中给出这三种不同类型申请的具体内容。

表 20-1　三种类型 510K 申请对照

	传统 510K	简略 510K	特殊 510K
适用情况	1. 不适用于特殊 510K 和简略 510K。 2. 拟上市产品第一次进入市场。 3. 对产品预期用途有重大改变或具有新的预期用途。	1. 特殊控制已经确立。 2. FDA 已有指南文件。 3. 相关标准已被 FDA 认可。	1. 对已经批准的产品进行改变,但改变不涉及对产品预期用途和科学技术产生重大影响。 2. 摘要信息是基于设计控制的。
所提交的资料	1. 一般信息,包括:产品名称,生产单位和灭菌单位名称、地址、注册号及产品分类。 2. 摘要与证明,包括:摘要,真实性及准确性声明,预期用途声明。 3. 器械描述,包括原理、操作及包装。 4. 标签标识样稿。 5. 已上市产品信息。 6. 对比实验信息,包括对实质性等同的判定。 7. 分析性能数据,包括体内、体外以及生物相容性研究等内容。 8. 灭菌信息,包括有效期。 9. 软件确认。	1. 与 FDA 所认可标准或指南一致性的总结资料。 2. 与 FDA 所认可标准或指南一致的符合性声明。	1. 包括风险分析和设计验证在内的设计控制总结资料。 2. 关于设计控制的符合性声明以及关于产品变化的情况说明。
审批时限	90 天	90 天	30 天

　　申请人应根据拟申请上市产品的情况在产品上市 90 天前向 FDA 提出不同的 510K 申请并报送相关资料,FDA 在收到申请人提交的 510K 申请和相关资料后,首先会返回给申请人一封收到申请的确认信,并给予该申请一个 K 号,随后申请产品将在相应的部门进行审查,审查部门被要求在 30 天内对申请资料进行审查,并做出是需要申请人补充资料还是出具判断信。如需要补充资料,则以官方书面方式通知申请人需补充何种资料。待申请人按要求补充完申报资料后,审查部门会重新开始进行一个为期 90 天或 30 天的审查过程,根据补充资料及原申报资料的综合情况对该 510K 申请做出最终判断。如判断为与已上市产品实质性等同,则发给申请人一封实质性等同的确认信,也就是我们经常看到的 510K 信,

该产品就可以上市销售了。如判断为与已上市产品不是实质性等同,则发给申请人一封非实质性等同的确认信,告知申请人可以用新的信息重新提交另一份 510K 申请或者提出 PMA 申请。至此,一份 510K 的审查就进行完毕了。

2. 实质性等同(SE)的判定标准　顾名思义,实质性等同是指拟上市产品与已上市产品相比,在安全性和有效性方面达到了相同水平。在美国,已上市产品是指满足下列条件之一的产品:

（1）1976 年 5 月 28 日前合法上市的。

（2）从Ⅲ类被重新划分到 II 类和 I 类的。

（3）经过 510K 审查被认定为实质性等同的。

与已上市产品进行对比后,达到下列标准之一的则被认为达到实质性等同:

（1）具有相同的预期用途及技术参数。

（2）具有相同的预期用途及不同的技术参数,但没有引起安全性、有效性方面新的问题,且能够证明与已上市产品具有相同的安全性和有效性,相关信息已提交给 FDA。

（三）需要进行上市前批准（PMA）的产品

1. PMA 的申请　所有的Ⅲ类产品和新产品均属于需要经过上市前批准（PMA）方可合法上市,申请人必须按照 21CFR814.20 的要求向 FDA 提出 PMA 申请并报送相关资料。

PMA 申请根据情况不同可分为新的 PMA 申请和 PMA 补充申请,其中新的 PMA 申请是指申请人对所生产的从未被 FDA 批准过的Ⅲ类产品或新产品提出的申请,而 PMA 补充申请则是申请人拟对一个已批准 PMA 申请的产品进行影响安全性和有效性的改变前提出的申请。

对于上述 PMA 申请,FDA 将在收到申请后的 45 天内,书面通知申请人该申请是否已经被立案审查。如果 FDA 拒绝立案,将书面通知申请人申请中存在的缺陷及拒绝立案的理由,申请人可以选择按照通知要求补充资料后重新申请,也可以要求重新讨论或者复审;如果 FDA 决定立案审查,书面通知中将包含该 PMA 的引用编号和立案日期,并开始为期 180 天的审查。

2. PMA 的审查过程　FDA 对该 PMA 申请进行行政性、科学性和法规性审查的同时,该申请还将被顾问委员会审查,顾问委员会审查后会向 FDA 提交一份包括有对该 PMA 的建议及做出这些建议的根据的报告,FDA 会综合上述审查结果做出结论,一般有以下两种情况:

（1）如未发现该 PMA 申请具有 21CFR814.45 中规定的任意一种拒绝批准的情形,则 FDA 将为申请人发布一项批准该 PMA 申请的指令,并给申请人寄去可批准信件,可批准信件中包括 FDA 要求申请人提供的信息或为获得批准要求申请人符合的条件。申请人在收到可批准信件后可向 FDA 做出按照信件要求修正该 PMA,或者申请再审查,或撤销该 PMA 申请的答复。

（2）如认为该 PMA 申请具有 21CFR814.45 中规定的一种或几种拒绝批准的情形,则 FDA 将给申请人寄去不可批准信件,不可批准信件中包括申请中存在的缺陷、适用依据及确定该 PMA 可被批准要求申请人采取的措施。申请人在收到不可批准信件后可向 FDA 做出按照信件要求修正该 PMA,或者申请再审查,或者撤销该 PMA 申请的答复。

3. PMA 修正　在 PMA 申请已被立案之后,申请人可以对尚未做出最后决定的 PMA

申请或 PMA 补充申请主动进行修改,但应说明提交修改的原因。FDA 也可要求申请人修正 PMA 申请或 PMA 补充申请中的任何信息以便于 FDA 或适当的顾问委员会完成对上述申请的审查。

4. PMA 判定　根据申请人答复的不同,FDA 也会做出下列不同的判定:

(1)申请人根据信件要求提交了 PMA 修正,且经过审查符合相关要求,FDA 会发给申请人 PMA 批准信,一般在该批准信内 FDA 会按照 21CFR814.82 的规定增加对该 PMA 批准后的要求。

(2)申请人未在 180 天内以书面形式对 FDA 发出的书面修正、可批准或不可批准信件进行答复,或以书面形式通知 FDA 已撤销该 PMA 申请,FDA 将会做出撤销该 PMA 的决定。

(3)如果申请人按照可批准或不可批准信件的要求递交了修正,但在法规中依然有拒绝批准的根据;或申请人以书面形式通知 FDA 将不递交要求的修正的,FDA 将会做出拒绝批准该 PMA 的决定。

5. PMA 再递交　PMA 申请或 PMA 补充申请被撤销或者 PMA 申请或 PMA 补充申请被拒绝批准后,申请人可以对上述申请再次递交,但应与 21CFR814.20 或 814.39 的要求一致,并且包括第一次递交时分派的 PMA 编号和申请人再次递交该申请的原因。

(四) 可由第三方(Third Party)审核的产品

对于占有 60%美国市场份额的Ⅱ类产品,FDA 在麻醉、心血管、临床化学、牙科、耳鼻喉、肠胃、整形外科、常规设备、血液学、免疫学、微生物学、神经学、产科、眼科、病理学、物理治疗学、放射学和毒物学等产品范畴中,抽取了部分产品[Ⅰ类和Ⅱ类需要完成 510(K)申报方能进入美国市场,不属于植入式、支持或维护生命设备,且不需要进行人体临床研究的产品]授权给了 11 家机构(表 20-2 所示)进行第三方审核,从而加快了这类产品完成美国市场准入的进度。(当然,对于可由第三方审核的医疗器械,制造商仍然可以向 FDA 直接申请市场准入审核,而并非必须要经由第三方机构。)

表 20-2　FDA 授权第三方审核机构列表

BRITISH STANDARDS INSTITUTION	TUV SUD AMERICA, INC.
CENTER FOR MEASUREMENT STANDARDS OF INDUSTRIAL	UNDERWRITERS LABORATORIES, INC.
CITECH	CHEIROON BV
INTERTEK TESTING SERVICES	KEMA QUALITY B. V.
NIOM - SCANDINAVIAN INSTITUTE OF DENTAL MATERIALS	REGULATORY TECHNOLOGY SERVICES, LLC
TUV RHEINLAND OF NORTH AMERICA, INC.	

1. 成为 FDA 授权第三方审核机构应具备的资格　美国食品药品及化妆品法案 FD&C Act 第 704 条款规定了成为 FDA 授权第三方审核机构应满足的基本要求:

(1)必须是合法的实体机构,但不得隶属于联邦政府。必须是不受制造商、供应商或卖主控制的独立组织,不和制造商、供应商和卖主之间有组织结构上、实际性的和财务上的利益关系,并且不从事医疗器械的设计、装配、销售或维修工作。

(2) 必须有足够的拥有审核和检查经验、技巧及受过必须培训和教育的工作人员,FDA要求第三方审核机构工作人员应当熟悉美国食品药品及化妆品法案(FD&C Act)、公众健康服务法(Public Health Service Act)以及 21CFR 相关法规的要求。

(3) FDA 将采用 TPRB(Third Party Recognition Board)程序来评估申报机构是否具备第三方审核能力。

2. FDA 授权第三方审核机构市场准入审核流程 见图 20-1。

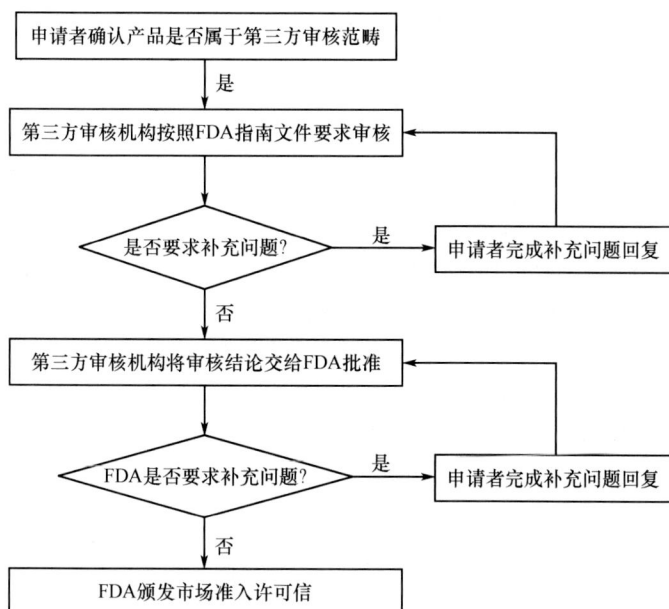

图 20-1 FDA 授权第三方审核机构市场准入审核流程

第三方机构在对制造商递交的市场准入文档进行初步审核后,将审核意见、建议以及510(K)文档转交给 FDA,按照法规的要求,FDA 必须在 30 天之内作出是否颁发市场准入许可信的决定。选择 FDA 授权第三方审核机构与选择直接向 FDA 递交市场准入审核差异表如下所示:

表 20-3 选择 FDA 授权第三方审核机构与直接向 ADA 递交市场准入审核的差异

编号	项目名称	选择 FDA 授权第三方审核机构	直接向 FDA 递交
1	FDA User Fee(2007 年财政年)	一般是 FDA User Fee 的 2~3 倍	4180 美元
2	市场准入文档审核时间	第三方机构一般在 30 天之内完成文档审核,将审核意见反馈给 FDA 后,若 FDA 无补充问题的要求,则会在 30 天之内(一般是 15 天)颁发市场准入许可信	90 天
3	补充问题的回复时间(若有)	第三方会采取及时交流的方式	30 天
4	补充问题回复后 FDA 颁发市场准入许可信时间	30 天(一般是 15 天)	法规规定为 90 天(一般是 60 天)

3. FDA 对第三方审核机构的监管 隶属于 FDA 器械和放射卫生中心(CDRH)的投诉

监督办公室(OC)将对 FDA 授权的第三方审核机构依法进行监管。

FDA 将会对由第三方审核机构完成的审核项目进行复审,并定期对第三方审核机构进行检查,以确保他们按照法规的要求进行相关审核工作并记录过程。当有足够的证据表明,第三方审核机构与申报者之间存在着利益关系,FDA 将会按照 FD&C Act 704 条款的要求启动撤销第三方审核机构资格的程序。

FD&C Act 704 条款规定,当第三方审核机构未按照标准和法规的要求履行程序,对公众健康带来威胁,或与设备制造商等机构之间存在利益关系时,FDA 将会撤销第三方审核机构资格。而截止到目前为止,FDA 尚未对已经授权的第三方审核机构做出撤销资格的判定。

五、临床研究的管理

在美国,有 10%～15%的 Ⅱ 类产品在申请上市前通告(510K)及全部 Ⅲ 类产品在申请上市前批准(PMA)时,都必须提交临床研究资料。

对于需要提交临床研究资料的产品,根据其风险程度的不同,又分为具有重大风险的器械(Significant Risk Device)和不具有重大风险的器械(Non-Significant Risk Device)。其中,具有重大风险的器械在进行临床研究前,试验发起人必须向 FDA 和机构审查委员会(Institutional Review Board,简称 IRB)提出申请,在经这两个机构审查并获得批准后,临床研究方可开展。而不具有重大风险的器械在进行临床研究前,试验发起人只需向 IRB 提出申请,经审查获得批准后临床研究即可开展。下面将对这两种不同的临床研究管理方式进行简要的说明。

(一) 具有重大风险的器械(Significant Risk Device)

在 21CFR812.3 中,对具有重大风险的器械定义为:植入人体,用于支持或维持生命,对于诊断、治疗、减轻或处理疾病有重要作用或者防止人体健康受到损害的器械。

如果试验发起人判断拟进行临床研究的器械为具有重大风险的器械,那么试验发起人应当按照 21CFR812.20 的要求向 FDA 提交一份完整的 IDE(Investigational Device Exemptions)申请的同时,按照 21CFR812.25 和 21CFR812.27 的要求向 IRB 提交临床研究计划和预先研究报告。

FDA 在收到发起人递交的 IDE 申请后,将会通知发起人受到申请的日期,并给予该 IDE 申请一个编号。而 IRB 在收到发起人递交的临床研究计划和预先研究报告后,会对这些资料进行审查,并有权作出批准、要求改进和拒绝批准的决定,而这些决定都将被发送给 FDA。通常 FDA 会根据 IRB 的建议并依据 21CFR812.30 的规定在 30 日内作出批准、有条件批准、拒绝批准或撤销批准的决定,书面通知发起人。如发起人收到拒绝批准或撤销批准的通知,如发起人对上述通知持有异议,可以依据 21CFR 第 16 部分的规定提请听证。

在 IDE 申请被 FDA 批准之后,发起人必须保证进行临床研究的器械符合 21CFR812.5(标签)、21CFR812.43(挑选研究和监管人员)、21CFR50(受试者知情同意书)、21CFR812.46(监管研究)、21CFR812.7(禁止宣传和其他行为的禁令)、21CFR812.140(记录)和 21CFR812.150(报告)的要求后,方可开展临床研究。在临床研究的过程中,IRB 应当按照 21CFR56 部分的规定对临床研究进行持续审查,FDA 在临床研究的过程中,可以对诸如设备存在的任何场所、记录以及病人记录等内容进行任何方式的检查,始终确保临床研究符合法规要求。

(二) 具有非重大风险的器械(Non-Significant Risk Device)

具有非重大风险的器械即是除具有重大风险器械以外的器械,此类器械进行临床研究不必向 FDA 提交 IDE 申请,只需按照 21CFR812.2(b)的要求直接向 IRB 提交简略 IDE 申请,并提交拟进行临床研究的地点和判断拟进行临床研究的器械不具有重大风险的依据。如果 IRB 不同意并且判断该器械具有重大风险,发起人必须在 5 个工作日内将此信息报告给 FDA,FDA 如果判断该器械为具有非重大风险的器械,并且在此问题上与 IRB 进行沟通并取得一致意见,将会批准这个 IDE 申请。

而一旦 IDE 申请被 FDA 或 IRB 批准之后,发起人也必须保证进行临床研究的器械符合 21CFR812.5(标签)、IRB 的批准、21CFR50(知情同意书,除非 IRB 根据 21CFR56.109C 的要求予以豁免)21CFR812.46(监管研究)、21CFR812.140(记录)、21CFR812.150(报告)、研究者的记录和报告以及 21CFR812.7(禁止宣传和其他行为的禁令)的要求后,方可开展临床研究。在临床研究的过程中,IRB 应当按照 21CFR56 部分的规定对临床研究进行持续审查,FDA 在临床研究的过程中,可以对诸如设备存在的任何场所、记录以及病人记录等内容进行任何方式的检查,始终确保临床研究符合法规要求。

任何一个被批准的临床研究在开始后进行的过程中,如果需要对临床研究计划有所改变,应当按照 21CFR812.35 的规定向 FDA 或者 IRB 提交相应的资料,如需 FDA 的批准,临床研究应当在 FDA 批准后方可继续进行。

六、上市后监管

FDA 要求生产企业保证产品是在符合 GMP 要求的条件下生产出来的。在产品上市后,FDA 会通过质量体系检查、建立追溯制度、不良事件报告、召回等手段来进行监管。

(一) 质量体系检查

对于 I 类产品,FDA 一般每 4 年检查一次质量体系,对于 II、III 类产品,FDA 一般每两年检查一次质量体系。但若发现问题,FDA 可随时对生产企业进行检查。并且,FDA 可通过发警告信、扣押产品、强制召回产品等手段进行行政处罚,还可以通过新闻媒介影响生产企业。

(二) 追溯制度

美国联邦法规 21CFR821 部分规定了对于在设备单位外使用的用于支持、维持生命的设备或永久植入性设备,例如:心血管永久起搏电极、人工心脏瓣膜、直流除颤器等,产品制造商和销售商应当建立追溯制度,确保产品从生产开始,到销售网络(包括批发商、零售商、租赁商、其他商业企业、设备使用单位和得到许可的从业者),到使用设备的患者这一系列环节都是可追溯的,保证已上市产品的有效性。

1. 不良事件报告 美国联邦法规 21CFR803 部分规定了不良事件报告制度,要求医疗器械的制造商、进口商和使用单位,必须对已经造成的死亡和严重伤害事件,或正在引起并可能造成的死亡和严重伤害事件的医疗器械,必须建立和维护不良事件档案,并向 FDA 提交详细的报告。同时,还要求医疗器械分销商也要保留不良事件记录。

2. 召回　生产企业如对已上市的医疗器械发现质量问题,可以自行将产品召回,避免造成进一步的伤害。而美国联邦法案 21CFR810 部分则规定了美国食品药品监管部门在监管过程中行使召回权力的程序,在其监管过程中,一旦发现医疗器械很可能导致严重不利于健康的后果或致人死亡,FDA 可以下达一个停止销售的命令。在命令下达之后,生产企业可以按照 21CFR810.11 的规定申请规章听证,规章听证可能会做出维持停止销售、修改停止销售和通告命令或强制要求生产企业召回医疗器械的决定。一旦 FDA 向生产企业发出了强制召回的命令,那么,所有已经流入市场的医疗器械均应当被召回,以保证不对人体健康造成更大的伤害。

第二节　欧盟医疗器械监管体系

一、欧 盟 简 介

欧洲联盟(European Union),简称欧盟(EU),是由欧洲共同体(European Communities)发展而来,是一个集政治实体和经济实体于一身、在世界上具有重要影响的区域一体化组织。1991 年 12 月,欧洲共同体马斯特里赫特首脑会议通过《欧洲联盟条约》,通称《马斯特里赫特条约》(简称《马约》)。1993 年 11 月 1 日,《马约》正式生效,欧盟正式诞生。欧盟的宗旨是"通过建立无内部边界的空间,加强经济、社会的协调发展和建立最终实行统一货币的经济货币联盟,促进成员国经济和社会的均衡发展","通过实行共同外交和安全政策,在国际舞台上弘扬联盟的个性"。目前欧盟有 27 个成员国(Member State)、4 个自由贸易区域(European Free Trade Area)。

欧盟的主要组织机构有:

欧洲理事会(European Council),即首脑会议,由欧盟成员国国家元首或政府首脑及欧盟委员会主席组成。是欧盟的最高权力机构。理事会下设有总秘书处。

欧盟委员会(Commission of European Union),是欧盟的常设执行机构。负责实施欧盟条约和欧盟理事会做出的决定,处理日常事务,代表欧盟对外联系和进行贸易等方面的谈判。

欧洲议会(European Parliament),是欧洲联盟的执行监督、咨询机构,在某些领域有立法职能,并有部分预算决定权。欧洲议会可以 2/3 多数弹劾欧盟委员会,迫其集体辞职。

二、医疗器械的相关法规文件

目前,欧盟已颁布实施的医疗器械指令有三个,包括:

1. 有源植入医疗器械指令(EC-Directive 90/385/EEC)　该指令适用于心脏起搏器、可植入的胰岛素泵等有源植入医疗器械,于 1993 年 1 月 1 日生效,1995 年 1 月 1 日强制实施。

2. 医疗器械指令(EC-Directive 93/42/EEC)　该指令适用于除 90/385 EEC 指令和 98/79 EEC 指令规定以外的一般医疗器械,于 1995 年 1 月 1 日生效,并于 1998 年 6 月 14 日强制实施。

3. 体外诊断医疗器械指令（EC-Directive 98/79/EEC） 该指令适用于血细胞计数器、妊娠检测装置等体外诊断用医疗器械,于 1998 年 12 月 7 日生效,2003 年 12 月 7 日强制实施。

上述指令是欧盟范围内统一执行的医疗器械管理法规,其法律地位相当于中国的《医疗器械监督管理条例》和日本的药事法(The Pharmaceutical Affairs Law)。

三个医疗器械指令虽然颁布的时间不同,但相互关联。医疗器械指令(EC-Directive 93/42/EEC)是在有源植入医疗器械指令(EC-Directive 90/385/EEC)的基础上制订的,二者又同为体外诊断医疗器械指令(EC-Directive 98/79/EEC)的编写基础。三个指令的格式、内容、基本要求大致相同,并针对医疗器械的不同特点而规定了特殊条款。当新颁布的指令对已有指令的基本要求进行修改时,已有指令同时进行相应修订。

医疗器械指令（EC-Directive 93/42/EEC)由 23 项条款和 12 个附录组成,其主要内容为:

(1) 定义和范围 (Definitions,scope)。

(2) 上市与投入使用 (Placing on the market and putting into service):该条款中规定制造商需采取所有必要的措施,确保医疗器械在依照设计的目的安装、维护和使用时不会危及患者、使用者或相关人员的安全及健康。

(3) 基本要求 (Essential requirements):该条款中规定医疗器械必须符合指令附录 I 中的基本要求。

(4) 医疗器械的自由流通和特殊用途的医疗器械 (Free movement,devices intended for special purposes):该条款中规定各成员国不能对符合指令规定的临床研究用器械、定制器械和带有 CE 标记的医疗器械产品设置流通障碍。同时规定定制器械、参展器械和临床研究用器械在使用时可无需带有 CE 标记。

(5) 可参考的标准(Reference to standards)。

(6) 标准与技术法规委员会 (Committee on Standards and Technical Regulations):该条款规定依据 83/189/EEC 号指令第五条所设立的委员会应协助欧盟委员会工作。

(7) 医疗器械委员会 (Committee on Medical Devices):该条款规定依据 90/385/EEC 号指令第六条第二项所设立的委员会应协助欧盟委员会工作。

(8) 保护条款 (Safeguard clause):该条款中规定了成员国对被发现不符合指令要求的医疗器械产品的处理措施。旨在最大限度保护患者、使用者及相关人员的安全与健康。

(9) 分类 (Classification):该条款中规定医疗器械划分为四类,具体分类标准参考附录 IX 中内容。该条款同时规定,当制造商与公告机构在管理类别上发生分歧时,由公告机构所属成员国的主管当局裁决。

(10) 医疗器械上市后不良事件的通报 (Information on incidents occurring following placing of devices on the market)。

(11) 符合性评估程序 (Conformity assessment procedures)。

(12) 对已有 CE 标记的医疗器械产品进行组合、包装、灭菌的特殊规定 (Particular procedure for systems and procedure packs and procedure for sterilization)。

(13) 医疗器械分类问题的处理措施 (Decisions with regard to classification and derogation clause)。

(14) 上市医疗器械相关责任人的注册 (Registration of persons responsible for placing devices on the market)。

（15）临床研究（Clinical investigation）：该条款中规定制造商在进行临床研究前，应将临床研究内容通知临床研究工作所在成员国的主管机构。经主管机构批准后方可实施。

（16）公告机构（Notified bodies）。

（17）CE标记（CE marking）：该条款中规定，除定制器械和临床研究用器械外，符合该指令第三项条款规定基本要求的医疗器械在上市时必须带有CE标记。

（18）不当使用CE标记的处理措施（Wrongly affixed CE marking）。

（19）关于拒绝和限制某医疗器械上市、使用或临床研究的处理措施（Decision in respect of refusal or restriction）。

（20）保密责任（Confidentiality）。

（21）其他相关指令的修订与废止（Repeal and amendment of Directives）。

（22）实施及过渡性条款（Implementation，transitional provisions）。

（23）"本指令通知所有会员国"。

附录Ⅰ　基本要求

附录Ⅱ～附录Ⅶ　不同的符合性评估程序

附录Ⅷ　关于特殊用途器械的声明（Statement concerning devices for special purposes）

该附录中规定了生产者对用于临床研究和定制器械所出具的声明中所需的必要信息。

附录Ⅸ　分类标准（Classification criteria）

附录Ⅹ　临床评估（Clinical evaluation）

附录Ⅺ　公告机构的相关规定（Criteria to be met for the designation of notified bodies）

附录Ⅻ　EC标志的格式（CE marking of conformity）

三、欧盟医疗器械指令中涉及的机构

欧盟已颁布的三个医疗器械指令中涉及的机构有：

（1）欧盟委员会（European Commission）。

（2）欧盟标准委员会（CEN / CENELEC）。

（3）主管当局（Competent Authorities）。

（4）公告机构（Notified Bodies）。

（5）医疗器械制造商（Manufacturers）。

其中，主管当局是国家的权力机关，由各成员国任命，负责处理不良事件的报告、产品召回、产品分类裁定、咨询、制造商和制造商在欧盟地区授权代表的注册、市场监督及临床研究的审查。

公告机构由国家权力机关认可，其名单颁布在欧盟官方杂志上，负责执行符合性评估程序、颁发CE证书和进行监督。如成员国发现公告机构不符合医疗器械指令中对公告机构的要求时，有权取消其资质，并通知欧盟委员会及其他成员国。

制造商的职责包括：对其产品进行分类，选择适当的符合性评估程序，准备技术文件，起草符合性声明，对上市后产品进行质量跟踪或建立警戒系统，建立并维持质量体系和确保企业与产品符合所有适用指令的要求。

如果制造商不在欧盟境内,则必须设立一名授权代表,该代表应为自然人或法人,并应在欧盟境内。该授权代表由制造商指定,代表制造商的利益,作为主管当局和公告机构与制造商的联络人员。授权代表的名称和地址出现在医疗器械产品的标签、外包装或使用说明书上。

四、欧盟医疗器械指令中部分定义

1. 医疗器械(medical device) 指任何仪器、设备、器具、材料或者其他物品,包括使用时所需软件,不论是单独使用还是组合使用,由制造者为下列预期用途而用于人体:

(1) 对疾病的诊断、预防、监护、治疗或缓解。

(2) 对损伤或残疾的诊断、监护、治疗、缓解或补偿。

(3) 对解剖或生理过程的研究、替代或纠正。

(4) 妊娠控制。

其用于人体体表及体内的主要预期作用不是通过药理学、免疫学或代谢的手段获得,但可能有些手段参与并发挥一定辅助作用。

2. 体外诊断医疗器械(in vitro diagnostic medical device) 是指任何医疗器械,包括试剂、试剂成分、校准物品、对照材料、试验工具、仪器、设备、器具或系统,不论是单独使用还是组合使用,对从人体内提取的样本(包括捐献的血液和组织)在体外进行检查,以提供下列信息为唯一或主要目的:

(1) 生理或病理状态。

(2) 先天畸形状况。

(3) 确定安全性和与受体的相容性。

(4) 监测治疗措施。

样本的容器也被认为是体外诊断医疗器械。

3. 有源医疗器械(active medical device) 是指依靠电能或其他能源,而不是直接由人体或重力产生的能源发挥功能的任何医疗器械。

4. 有源植入医疗器械(active implantable medical device) 是指预期通过外科或医疗手段全部或部分介入人体或通过医疗手段进入人体自然孔道,并在操作后仍保留在人体的任何有源医疗器械。

5. 定制器械(custom-made device) 根据医生或其他专业人士的书面要求,为某一特定患者而制造的任何器械。

6. 制造商(manufacturer) 指在以其名义将医疗器械投放市场前负责医疗器械的设计、制造、包装和标签的自然人或法人,无论这些工作是他自己完成的,还是他委托第三方完成。

五、欧盟对医疗器械管理类别的划分

欧盟根据医疗器械的风险不同,划分为不同管理类别,采用不同管理措施。风险越高的产品管理措施越严格。

（一）93/42/EEC 指令适用的医疗器械的分类

欧盟将医疗器械指令（EC-Directive 93/42/EEC）中适用的医疗器械产品按其性质、功能及预期目的不同进行分类。该指令第九项条款和附录IX中规定了医疗器械管理类别的分类规则。医疗器械被划分为Ⅰ、Ⅱa、Ⅱb、Ⅲ四个类别，广义上讲，低风险性医疗器械属于Ⅰ类、中度风险性医疗器械属于Ⅱa类和Ⅱb类、高度风险性医疗器械属于Ⅲ类。其中Ⅰ类医疗器械中还分为普通Ⅰ类医疗器械和具有无菌及测量功能的特殊Ⅰ类医疗器械。以下是各类别产品的举例：

Ⅰ类医疗器械：普通医用检查手套、病床、绷带；

特殊Ⅰ类医疗器械：灭菌检查用手套、创可贴、血压计；

Ⅱa类医疗器械：手术用手套、B超、输液器；

Ⅱb类医疗器械：缝合线、接骨螺钉；

Ⅲ类医疗器械：冠状动脉支架、心脏瓣膜。

（二）体外诊断医疗器械的分类

欧盟对体外诊断医疗器械同样按风险的高低进行类别划分，将风险较高的体外诊断医疗器械以列表的形式列在医疗器械指令的附录文件内，其余体外诊断器械划分为自我检测器械（device for self-testing）和其他体外诊断器械。如下所示：

附录Ⅱ清单 A 中所列器械：包括血型检测用器械，艾滋病及乙型肝炎病毒检测用器械等；

附录Ⅱ清单 B 中所列器械：包括风疹、弓形虫检测用器械、血糖仪、肿瘤标记物等；

自我测试用体外诊断器械：早孕试纸等；

其他体外诊断器械。

六、上市前的评估程序

欧盟对不同管理类别的医疗器械产品制定了不同的评估程序，由公告机构负责执行。较低风险的产品，仅需要简单确认其符合指令要求即可，甚至不需公告机构参与，而对于复杂的医疗器械，则需要公告机构进行严格且复杂的评估程序给予评估。评估后，当认定所评估的医疗器械符合指令要求时，该医疗器械产品方可准许标识 EC 标志，并开始在欧盟市场中流通和使用。

医疗器械指令（EC-Directive 93/42/EEC）中有 6 个符合性评估附录，用于在该指令的条款 11 中规定的各类器械的评估。

1. 附录Ⅱ——全面质量保证体系（Full quality assurance system）　该全面质量保证体系包括产品的设计和生产。它可用于除Ⅰ类产品外的所有其他产品的符合性评估。对于Ⅲ类产品需进行设计文档的审查，而对于Ⅱ类产品，则无需设计文档检查。

2. 附录Ⅲ——EC 型式检测（EC TYPE-EXAMINATION）　该附录描述了型式检测的程序，即制造商向公告机构递交完整的产品技术文档以及产品的代表性样品。公告机构检查产品是否与技术文档一致，并评估是否符合基本要求。根据需要进行测试，检测合格后颁发 EC 型式检验证书。该附录仅包括器械的设计，适用于Ⅱb或Ⅲ类医疗器械。

3. 附录Ⅳ——EC 确认（EC VERIFICATION）　该 EC 确认程序确保器械依据一个经

过 EC 型式检测的型号或技术文件中描述的器械生产。在该程序下,公告机构对每批产品进行抽检,确认该批产品是否符合经过审核的文件化的设计。

4. 附录Ⅴ——生产质量保证(Production quality assurance) 该附录描述了一个生产质量保证体系,即由公告机构证明该系统能保证器械可依据经过 EC 型式检测的型号产品,或依据技术文件中描述的器械生产。该附录适用于Ⅱa、Ⅱb 和Ⅲ类器械。

5. 附录Ⅵ——产品质量保证(Product quality assurance) 该附录描述了一个质量体系,该体系通过产品的最终检验和试验以确保生产的器械符合已经过 EC 型式检测的型号,或技术文件中规定的器械。该程序适用于Ⅱa 和Ⅱb 类器械。该程序不适用于无菌医疗器械。

6. 附录Ⅶ EC 符合性声明(EC DECLARATION OF CONFORMITY) 该附录中规定制造商出具符合性声明确认其医疗器械产品符合医疗器械指令的要求,并描述用于支持符合性声明的必需的技术文件。该符合性声明无需公告机构审查。该附录适用于Ⅰ和Ⅱa 类器械。

不同管理类别医疗器械有不同的评估程序,具体如下:

(1)非无菌和无测量功能的Ⅰ类医疗器械:附录Ⅶ EC 符合性声明。

(2)无菌或具有测量功能的特殊Ⅰ类医疗器械:附录Ⅶ EC 符合性声明 + 附录Ⅴ 生产质量保证;附录Ⅶ EC 符合性声明 + 附录Ⅵ 产品质量保证;附录Ⅶ EC 符合性声明 + 附录Ⅳ EC 确认。

(3)Ⅱa 类医疗器械:附录Ⅱ 全面质量保证体系(不包括设计审查);附录Ⅶ EC 符合性声明 + 附录Ⅴ 生产质量保证;附录Ⅶ EC 符合性声明 + 附录Ⅵ 产品质量保证;附录Ⅶ EC 符合性声明 + 附录Ⅳ EC 确认。

(4)Ⅱb 类医疗器械:附录Ⅱ 全面质量保证体系(不包括设计审查);附录Ⅲ EC 型式检测 + 附录Ⅴ 生产质量保证;附录Ⅲ EC 型式检测 + 附录Ⅵ 产品质量保证;附录Ⅲ EC 型式检测 + 附录Ⅳ EC 确认。

(5)Ⅲ类医疗器械:附录Ⅱ 全面质量保证体系 + 设计审查;附录Ⅲ EC 型式检测 + 附录Ⅴ 生产质量保证;附录Ⅲ EC 型式检测 + 附录Ⅵ 产品质量保证;体外诊断器械指令(EC-Directive 98/79/EEC)中有 6 个涉及符合性评估的附录。分别为:附录Ⅲ EC 符合性声明,附录Ⅳ 全面质量保证体系,附录Ⅴ EC 型式检测,附录Ⅵ EC 确认,附录Ⅶ 生产质量保证,附录Ⅷ 性能评估用器械的声明和程序(STATEMENT AND PROCEDURES CONCERNING DEVICES FOR PERFORMANCE EVALUATION)。

关于体外诊断器械的评估程序有:

(1)附录Ⅱ 清单 A 中器械:附录Ⅴ EC 型式检测 + 附录Ⅶ 生产质量保证;附录Ⅳ 全面质量保证体系 + 设计审查。

(2)附录Ⅱ 清单 B 中器械:附录Ⅴ EC 型式检测 + 附录Ⅶ 生产质量保证;附录Ⅴ EC 型式检测 + 附录Ⅵ EC 确认;附录Ⅳ 全面质量保证体系。

(3)自我测试类器械:附录Ⅲ EC 符合性声明 + 附录Ⅲ.6 设计审查;附录Ⅴ EC 型式检测 + 附录Ⅶ 生产质量保证;附录Ⅴ EC 型式检测 + 附录Ⅵ EC 确认;附录Ⅳ 全面质量保证体系。

(4)其他器械:附录Ⅲ EC 符合性声明(不包括设计审查)。

七、欧盟医疗器械指令的基本要求及协调标准

医疗器械的基本要求是指令中的核心部分,在三个医疗器械指令的附录Ⅰ中均列出了

该指令所适用的医疗器械的基本要求内容,这些基本要求项目涵盖了产品的各个方面,包括通用要求和针对不同种类医疗器械的特殊要求。

例如,在医疗器械指令(EC-Directive 93/42/EEC)附录Ⅰ中共有十四条基本要求,包括六条通用要求和八条特殊要求。

1. 六条通用要求的主要内容

(1)器械必须是安全的。器械带来的风险与受益比必须在可以接受的范围内。

(2)器械在设计时必须考虑安全因素,应采用公认的技术。将器械的风险消除或降低到最小,如无法排除风险则需设置保护措施,并将保护措施失效后的残余风险通知使用者。

(3)器械必须达到制造商规定的性能。

(4)在器械的使用寿命内,器械的安全性和有效性必须得到保证。

(5)器械的安全性和有效性必须在合理的运输、储存条件下不受影响。

(6)器械在使用中带来副作用必须在可接受的范围内。

2. 八条特殊要求涉及的方面

(1)化学、物理学和生物学特性。

(2)传染和微生物污染。

(3)结构和环境特性。

(4)具有测量功能的器械。

(5)辐射防护。

(6)对连接或装配能源的医疗器械的要求。

(7)制造商提供的信息。

(8)临床资料。

制造商需要提供技术文件以证明申请上市的医疗器械已符合指令中附录Ⅰ的基本要求。制造商可通过对产品进行风险分析,必要的型式试验(安全性能和生物、物理、化学性能),必要的寿命或老化试验,提供同类产品的临床资料或对产品进行临床研究等手段进行证明。

同时,在医疗器械指令的第五项条款中规定,任何器械,只要符合依据协调标准转换的国家标准,成员国应推定其符合本指令中规定的基本要求(即附录Ⅰ中规定的基本要求)。因此,证明产品符合协调标准要求是表明产品已满足医疗器械指令基本要求的简便途径。协调标准由欧洲标准委员会(CEN)和欧洲电器技术标准委员会(CENELEC)制定。下面列举了一些重要的协调标准及标准涉及的技术领域:

EN ISO 13485	质量体系
EN 868-X	包装
EN ISO 10993-X	生物学评估
EN 550,552,554,556	灭菌
EN ISO 14155-X	临床调查
N ISO 14971	风险管理
EN 1041 & EN 980	标签 & 符号
EN 60601-X	医用电气安全
欧洲药典	

八、对上市后医疗器械的监督和保护措施

已发布的三个医疗器械指令中都制订了医疗器械上市后的监督措施和保护措施。欧盟以法规的形式建立不良事件的报告、收集、评估、公告制度,力求保证医疗器械一旦在上市后出现不良事件,最大限度减少危害,降低同类事故的重复发生,使病人或使用者的安全健康得以保护。

医疗器械指令(EC-Directive 93/42/EEC)在第十项条款中规定:

成员国负责记录和处理上市后的不良事件。

医务人员或医疗机构应及时报告不良事件,同时通知制造商或其欧洲代表。

对事件分析后,成员国应确定是否启用保护条款。

在体外诊断医疗器械指令(EC-Directive 98/79/EEC)中提出了警戒系统(Vigilance System)的概念,它是以法规的形式要求建立的一个由企业、主管当局、公告机构、使用人员及其他相关人员共同参与的系统,通过对不良事件的报告和对所有报告事件进行评估并发布相关信息的手段来达到保护患者、使用者及相关人员的目的。

医疗器械指令中还制订了相应的保护性条款:

医疗器械指令(EC-Directive 93/42/EEC)在第八项条款中规定:

(1)当成员国发现已上市或投入适用的医疗器械存在不符合基本要求、使用协调标准不当或标准本身不完善的情况,并在依照设计的目的安装、维护和适用时危及患者、使用者或相关人员的安全及健康时,应将欧盟委员会报告原因及处理措施。

(2)欧盟委员会应尽快听取被处理方意见,然后做出决定:

如认为处理适当,则立即通知各成员国。

如处理不当,则立即通知处理决定国和受处理者。

如认为是属于标准问题,则提交标准和技术法规委员会处理。

(3)对于不符合规定的带有 CE 标志的医疗器械,各成员国应采取措施制止,并通报欧盟委员会和其他各成员国。

九、公告机构简介

欧盟医疗器械产品监管模式的特点之一是监管部门将产品上市的审批权交由第三方机构执行。欧盟各成员国负责指定第三方机构,即公告机构,并告知欧盟委员会。欧盟委员会为公告机构指定识别码(identification number),并在"欧盟公报"(Official Journal of the European Communities)上公布公告机构的名单。各成员国对其指定的公告机构负责,如发现某公告机构不符合欧盟规定的基本要求或不履行职责,将以同样方式公布取消其资质。

欧盟各成员国根据涉及的指令要求和 ISO 17021 标准——《合格评定——对提供管理体系审核和认证的机构的要求》(*Conformity assessment-Requirements for bodies providing audit and certification of management systems*)的要求对公告机构进行审查。例如,某机构希望成为 93/42/EEC 医疗器械指令覆盖的全部或部分产品的公告机构,则该机构需满足 93/42/EEC 附录XI中关于公告机构的相关规定和 ISO 17021 标准的相关要求。经其所在成员国的相关认证机构认可后,该机构可获得欧盟委员会颁发的识别码和相关认证证

书,对 93/42/EEC 适用的医疗器械全部或部分产品进行审核、发证、监管。该机构可执行符合性评估程序的产品种类和对应的符合性评估程序类别依据认可机构的审查结果而定,并对外公布。该机构成为公告机构后,受其所在成员国的认可机构监督管理。

影响一个机构能否成为公告机构的因素包括执行符合性评估程序的能力,该机构的独立性、公正性和该机构保证审核时获取信息的机密性的能力。公告机构的主要任务是依据相关的指令执行符合性评估程序,可以为全球的制造商提供有偿服务,也可以在其他成员国和第三国开展自己的业务。制造商们可自由选择公告机构对其产品进行符合性评估。目前,欧盟中已获得依据医疗器械指令(EC-Directive 93/42/EEC)进行符合性评估资格的公告机构有 78 家,涉及有源植入医疗器械指令(EC-Directive 90/385/EEC)的公告机构为 21 家,可以对 98/79/EEC 指令覆盖的体外诊断试剂产品颁发 EC 证书的公告机构有 22 家。

欧盟并未制定公告机构服务项目的具体收费标准,各公告机构的收费标准并不相同。以德国 TUV 莱茵公司(公告机构之一)为例,其收费项目包括文档审核费用、制证费用和现场审查费用。其中文档审核费用和现场审查费用按 N×人×天数计算,N 为 1 个审核员一天的审查费用。根据产品风险级别的高低和技术文件、生产工艺的复杂程度,审查人员的数量和审查时间适当进行调整。

十、临床研究

制造商在对医疗器械进行申报时,应提供临床评价(clinical evaluation)资料以证明申报的医疗器械符合欧盟医疗器械相关指令中规定的基本要求。临床评价资料包括对已发表的涉及医疗器械产品安全、性能指标、设计特点、预期用途等文献资料的临床评价和对申报医疗器械已进行的所有临床研究结果的评价。

除非可以通过现有的临床数据对产品安全有效性进行判定外,植入类医疗器械和Ⅲ类医疗器械应进行临床研究。制造商在对医疗器械开展临床研究前,应将方案上报给临床研究中所涉及的成员国的主管机构。对于植入医疗器械、Ⅲ类医疗器械和长期侵入人体的Ⅱa、Ⅱb类医疗器械,其制造商如未在上报方案后的 60 天内接到主管机构在考虑公众健康和国家政策情况下而做出的反对决定,即可开展其临床研究。同时,如在制造商上报临床研究方案后的 60 天内,伦理委员会认可了制造商提交的临床研究方案,相关主管机构也可授权制造商在方案获得伦理委员会认可后即刻开展临床研究。对于其他管理类别的医疗器械,当临床研究方案通过伦理委员会认可后,主管机构即可通知制造商开始临床研究。当某成员国拒绝或终止了一项临床研究,应将结论及判定依据通知其他成员国和欧盟委员会。

临床研究完成后,制造商则应将研究结果上报相关成员国的主管机构。如临床研究因安全问题提前终止,制造商则应该通知所有成员国及欧盟委员会。

十一、欧盟医疗器械监管模式的特点

(一) 按风险高低划分产品的管理类别

医疗器械种类繁多,从简单的非无菌医用手套、手术刀片到原理复杂的磁共振设备、心室辅助装置等。管理部门的监管资源有限,无法使用同一模式对全部医疗器械进行统一监管。因此,按照风险的高低将医疗器械划分为不同管理类别,加强对高风险医疗器械的监管是在有限资源条件下最大限度保护人类健康的一种科学管理模式。不仅在欧盟,美国、中国、日本、加拿大等国的医疗器械管理部门也同样采用医疗器械分类管理的模式。

但是,欧盟对医疗器械的分类不同于其他国家。欧盟将体外诊断医疗器械单独划分为四个管理类别,并将一般医疗器械划分为四个类别(其他国家一般为三类)。针对不同管理类别的医疗器械制定适当的管理模式。更多的适当的管理措施可提高监管的科学性,提高监管效率。

(二)管理灵活,法规适用性强

欧盟的指令是一个协调性的法规,旨在将各成员国协调到一个监管模式下。因此,欧盟的医疗器械管理法规具有较大的灵活性,以适应不同的国家和地区。制造商可以通过多种手段证明产品符合指令的基本要求,比如通过风险分析、试验室试验和同类产品临床数据的收集证明产品的安全性和有效性。

(三)上市前评估程序多样

欧盟医疗器械指令中设立了多种上市评估程序。对于低风险产品,由企业自行管理,不需公告机构介入。对于中等风险的医疗器械,由公告机构介入到制造商的体系和生产中。对于高风险的医疗器械,公告机构需对生产者设计文档进行审查。对于同一类别的医疗器械,既可以通过建立完善的质量管理体系确保一系列产品安全有效,也可以通过对某类产品进行型式检测确保其性能符合指令要求。制造商可根据实际情况选择适当的符合性评估程序。

(四)分权管理

欧盟的医疗器械管理部门将产品的具体审批权交给由各成员国指定的第三方机构(公告机构)进行。国家权力机关负责监督和管理。此种管理模式下,节约了行政资本,提高了政府工作效率。但此种管理模式也会带来一些不足:不同成员国的科学技术发展水平不一致,难以保证各公告机构的审查人员的经验、认知水平和审查尺度完全统一;另外,公告机构间的竞争关系一定程度上会影响到各公告机构审查要求的一致性。

第三节 日本医疗器械监管体系

一、立法状况

日本药品法规主要有以下几种形式:药事法(Pharmaceutical Affairs Law)、药事法施行令、药事法施行规则、告示、通知。药事法由日本议会批准通过,称法律;药事法施行令由日本政府内阁批准通过,称政令或法令;药事法施行规则及告示由厚生省大臣批准通过,称省令或告示。

日本药事法规起始于 19 世纪,最早的法规是 1847 年制定的《医务工作条例》,该条例对医师调配药品等作了详细的规定。第二个法规是 1889 年制定的《医药条例》。

第三个法规是 1925 年制定的《药剂师法》，它是从《医药条例》分离出来的，直至 1943 年发展成为旧《药事法》。1948 年对其进一步修订，把有关化妆品、医疗用具的若干规定也包括了进去。1960 年再一次修订，即为现行的日本药政法规——《药事法》(1960 年法律第 145 号)，《药事法》以后又经过几次修订，厚生省在 1978 年 7 月发表了《药事法》修改要点，1979 年 8 月作为政府提案向第 88 届国会提出，9 月 7 日通过立法，并于一年后开始施行。

(一) 修订《医务工作条例》的历史记录

1. 2002 年 7 月 31 日　颁布法律，对药物法和血液采集相关业务法进行部分修订。

2. 2002 年 7 月 30 日　修订后的药物法之部分实施[生物相关产品(体外诊断药剂除外)及医生指导下的临床试验]。

3. 2003 年 12 月 19 日　颁布政府法令，确定法律的实施日期，对药物法和血液采集相关业务法进行部分修订——由 2005 年 4 月 1 日起实施。

(二) 修订《医药条例》的历史记录

1. 2004 年 4 月 1 日　建立独立管理机构、药物和医疗仪器管理机构。

2. 2004 年 7 月 9 日　颁布实施法规、药物事务法和其他有关文件。

3. 2004 年 9 月 22 日　颁布主管部门对药物、准药物、化妆品和医疗仪器在生产和销售以后的安全控制标准法令。

颁布主管部门对药物、准药物、化妆品和医疗仪器的质量控制标准法令，及有关文件。

4. 2004 年 11 月底　颁布主管部门对医疗仪器的法令和体外诊断药剂良好制造条例，及有关文件。

5. 2005 年 4 月 1 日起实施　(新的法律号为 102 号)与药事法同时生效的相关配套法律法规主要有：《药事法实施令政令第 232 号》及《药事法实施规则厚令第 101 号》。药物事务法的结构具体见图 20-2。

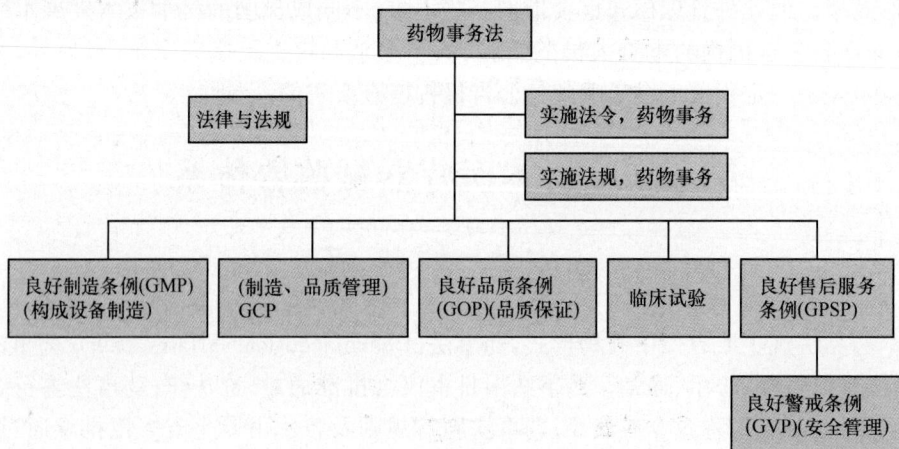

图 20-2　药物事物法结构

二、组织机构设置及运作方式

(一) 厚生劳动省(MHLF)

厚生劳动省是政策法规的制定机构,日本药物局隶属于日本厚生省,负责全国食品、药品、化妆品、生物制剂、医疗器械等管理。药物局包括普通事务处,评价和许可处,安全处,服从和麻醉处,血液和血液产品处。

(二) 都道府县

在地方上,全日本 47 个都道府县都相应设立药政管理机构以及地方试验所。在业务上受厚生省药物局的指导,厚生省有关药政管理条令都通过地方药政部门去贯彻执行。

(三) 独立法人医药品医疗器械综合机构(PMDA)

独立法人医药品医疗器械综合机构是法规的实施机构。负责它的主要业务有:①医药品副作用受害救济;②生物来源制品感染等受害救济;③医药品的研究、开发与振兴;④审查、调查以及受理申请;⑤提高质量,有效性和安全性;⑥征收生产商等的安全对策费用等,同时还负责收集并分析关于有缺陷医疗器械产品的相关报告,也负责制定审查医疗器械产品的标准。另外,该机构将为药品、生物制品及医疗器械产品公司在设计临床方案方面提供咨询服务。

(四) 第三方认证机构

第三方认证机构代替厚生大臣对低风险管理医疗设备中厚生劳动大臣规定的符合性认证基准的产品进行基准符合性认证。

第三方认证机构必备的条件是:①由具有一定资质的人员根据标准进行产品的认证;②要求机构达到一定的人数;③具有一定的认证经验基础;④认证业务的方法与计划必须公证合理;⑤依据一定的标准,公正地处理认证业务等。日本厚生劳动省将定期审核所有第三方。

截止到 2005 年 11 月,日本有 TUV SUD Japan, TUV Rheinland Japan, UL Apex Japan, BSI Japan, JSA(Japan Standards Association), SQS Japan, COSMOS Corp. , JQA (Japan Quality Association),etc. 共 14 家大臣认可的第三方认证机构。

三、产品分类及制造销售许可

(一) 产品分类

在日本,医疗器械的产品分类按危险程度进行划分,具体分为三种:

第一种"特殊控制的医疗器械",是指尽管是遵循使用目的并正确使用操作,但如果有副作用或者机能障碍产生时,可能会对人的生命及健康带来重大影响的器械;按医疗器械风险又分为中等风险和高风险两种医疗器械。

第二种"控制医疗器械",是指尽管是遵循使用目的并正确使用操作,但如果有副作用或者机能障碍产生时,恐会对人的生命及健康带来影响的器械。

第三种"一般医疗器械",是指尽管是遵循使用目的并正确使用操作,但如果有副作用或者机能障碍产生时,并不会对人的生命及健康带来影响的器械。

(二) 生产企业许可

对医疗器械行业而言,在行业准入方面共有四种行业许可,即制造贩卖业许可、制造业生产许可、贩卖业许可和修理业许可,新增加的制造贩卖业,其业务延伸到其他三个领域。

1. 制造贩卖业许可证 作为制造贩卖业者,共有三种许可证可以选择,即第一种制造贩卖业许可证、第二种制造贩卖业许可证和第三种制造贩卖业许可证。对于医疗器械制造贩卖业而言,第一种医疗器械制造贩卖业许可范围覆盖第二、三种医疗器械制造贩卖业许可范围,第二种医疗器械制造贩卖业许可范围覆盖第三种医疗器械制造贩卖业许可范围。

许可证由都道县府颁发,三种制造贩卖业许可证期限都一样为 5 年。

2. 制造业生产许可 对制造业者来说,仅接受制造贩卖业者的委托,负责医疗器械制造业许可证每 5 年更新一次,发证的管理机关为都道县府,或由劳动卫生大臣颁发。

3. 医疗器械贩卖业许可制度 实行特定管理医疗器械优先制,即所有的特定管理医疗器械的贩卖都需要许可证,无论是属于哪一类的。如果不是特定管理医疗器械的时候,分别处理,即一般医疗器具的贩卖无需任何手续,管理医疗器具的贩卖只需要申报,只有高度管理医疗器具才需要贩卖许可证。同时,根据商品的具体分类,对商品的贩卖和转让的纪录要求也有不同。

4. 修理许可证 主要有 9 种,在此不再展开。

四、注册形式及审评过程

在产品管理方面,日本现在对医疗器械实行承认审查制度,根据产品的危险等级不同,分别采取产品申报登记、产品第三方认证和厚生劳动大臣审查承认等不同管理等级,具体如表 20-4。

表 20-4　药事法规(PAL)根据风险规定监管力度

GHTF 分类	风险分类	上市前			质量体系
		分类	批准/证明		
Class A	极低风险 (X-Ray片)	"一般"	自我保证 (向PMDA通报)		
Class B	低风险 (MRI,消化道导管)	"控制"	第三方证书		检查
			MHLW′s批准		
Class C	中等风险 (人造骨,透析仪)	"特殊控制"	MHLW′s批准		
Class D	高风险 (起搏器,人工心脏瓣膜)				

（一）一般医疗器械申报备案过程

日本一般医疗器械采取产品申报登记制度。向 PMDA 报备自我保证后，没有报备证书等相关确认函回送，只是认定后会在相关部门给予备案。

（二）管理医疗器械认证过程

管理医疗器械上市前批准有两种方式，分别为产品第三方认证和厚生劳动大臣审查承认。低风险管理医疗设备中厚生劳动大臣规定的符合性认证基准的产品由第三方认证机构代替厚生大臣对其进行基准符合性认证。没有厚生劳动大臣规定的符合性认证基准的产品则由厚生劳动大臣审查承认。日本目前的控制医疗器械大约有1900种，其中需要进行产品第3方认证的医疗器械大约有700种。

控制医疗器械中需第三方机构认证产品的认证过程见图20-3。

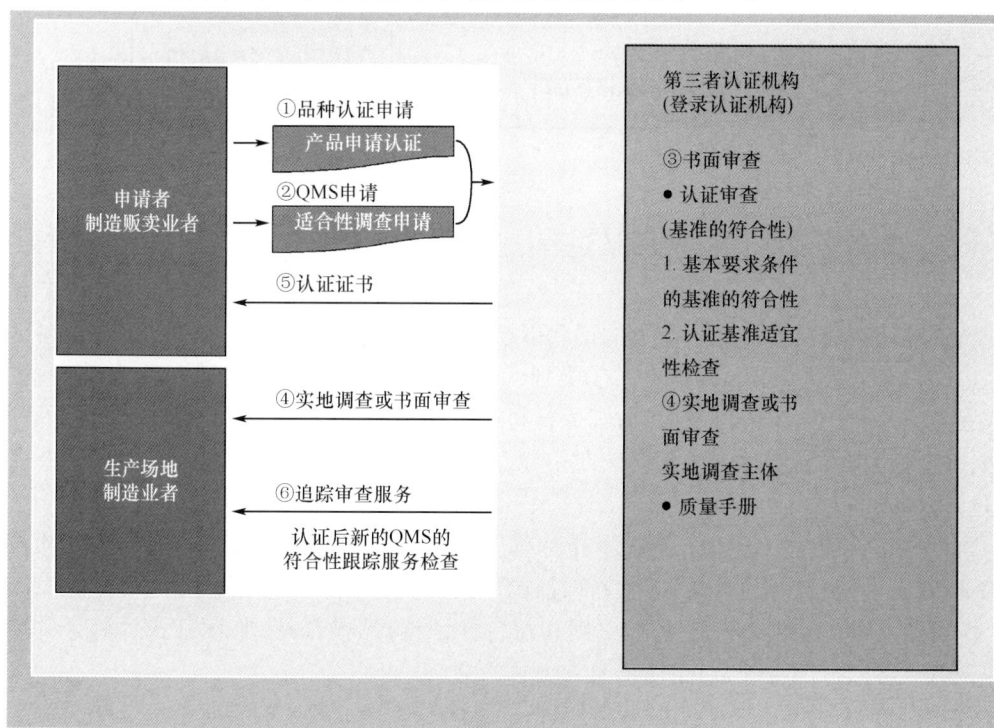

图 20-3　控制医疗器械中需第三方机构认证产品的认证过程

制造贩卖业者作为申请者直接向第三方认证机构申请入市销售许可及 QMS 申请，第三方机构确定申报的医疗器械是否符合厚生省所颁布的标准。符合性认证需重作更新。第三方机构还可通过审查提交的文件或对生产场所进行实地调查来确定生产厂是否符合质量控制标准，例如 ISO13485。步骤④，是实地调查还是书面审查具体有实施的审查机关决定，初审会到工厂，一般在 1 年内的，复审只查文件。其内容主要是 QMS 制造管理体系。如果证实是符合的，生产者或进口者就可销售已获准许的医疗器械产品，第三方认证机构发给制造贩卖业者认证证书。在认证后，第三方机构要定期审验生产厂执行质量控制标准的情况。认证后新的 QMS 的符合性跟踪服务检查 1 年到 2 年内一次。

对于控制医疗器械中没有厚生劳动大臣规定的符合性认证基准的产品按高度控制医疗器械对待。高风险医疗器械批准过程见图 20-4。

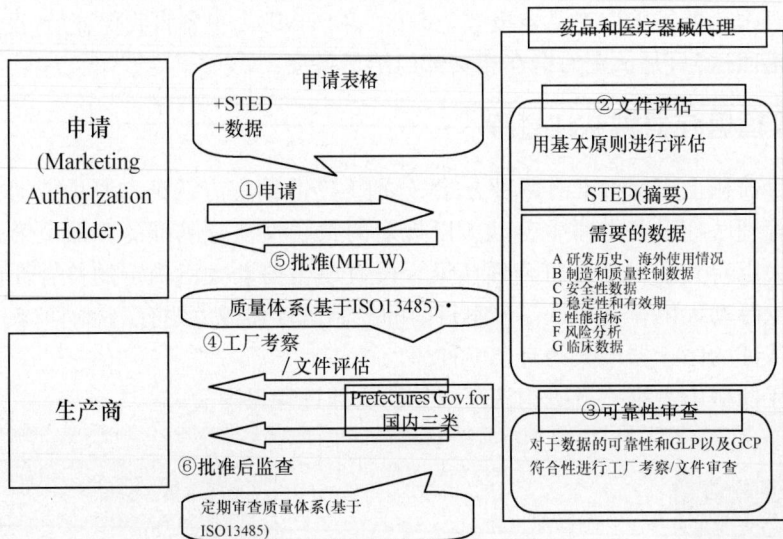

图 20-4　高风险医疗器械批准过程

（三）高度管理医疗器械承认过程

特殊控制医疗器械批准申请书的记载事项以及附带资料：

申请书记载事项（shonin shyo）：①类别；②名称（通用名称、商品名称）；③使用目的、效能或者效果；④形状、结构以及原理；⑤原材料或组件；⑥产品技术规格；⑦操作方法及使用方法；⑧制造方法；⑨储存方法及有效期；⑩产品的制造贩卖场所；⑪原材料制造所；⑫备注（附件：说明书）。

附带资料：①起源或历史；②技术指标确定的背景及理由；③稳定性；④符合实质性原理的资料；⑤性能；⑥风险分析；⑦生产（过程，质量控制，灭菌）；⑧临床数据。

STED（Gaiyo）：器械审评；基本原则和符合性证据；器械描述；临床前设计验证和确认综述；标识（草稿）；风险分析；生产信息。

五、临床研究的管理

（一）概述

为了加强医疗器械监督管理，1988 年日本厚生省成立了以掘原一博士为主席的"医疗器械临床研究规范研讨委员会"。日本厚生省要求从 1993 年开始实施"医疗器械临床研究规范"（Good Clinical Practice，GCP），并且在 1994 年对该规范进行修订，重新颁布。

医疗器械临床研究规范规定，进行临床研究的场所必须是医疗法认可的医疗机构。临床研究不是医师的个人行为，临床研究委托者必须要和医疗机构签订书面合同。临床研究审查委员会应由医学、药学、工学等各专业技术人员组成，审查委员组成人员由医疗机构决定,但医疗机构负责人不得兼任审查委员会负责人。当审查委员会成员担当临床研究医师时,在审查委员会开会时要执行回避制度。当有小的医疗机构参加时,也可组成联合临床研究审查委员会。

在制定临床研究计划书时,选择受试者要充分考虑其健康状况、年龄、性别、同意能力,以保护受试者权益。

(二) 有关临床研究的医疗机构数和病例数目

厚生省药物局在解释"医疗器械临床研究规范"时规定:一般进行临床研究的医疗机构应不少于 2 个,每个医疗机构的病例至少 30 例;对于宫内避孕器具,其医疗机构应不少于 5 个,每个医疗机构的病例至少 500 例;对于接触眼镜,其医疗机构应不少于 5 个,每个医疗机构的病例至少 150 例。

(三) 医疗器械产品的安全性资料

在临床研究以前,临床研究委托者应提交的有关医疗器械产品的安全性资料包括:

(1) 有关医疗器械产品研制过程及外国文献和使用状况等资料,包括该产品研制过程;外国相关文献和使用状况;该产品的原理、特性以及其他同类产品比较研究资料。

(2) 有关医疗器械产品物理、化学以及标准和检测方法的资料,包括有关物理和化学性能的资料;标准和检测方法;有关标准和检测方法说明资料。

(3) 有关稳定性资料,包括长期保存试验资料;在严酷条件下的保存试验资料;若产品需灭菌时,要有灭菌对产品性能和保存是否有影响的资料。

(4) 有关电器安全性、放射性安全性、生物学评价以及其他安全性资料,包括有关最大功率试验、泄漏试验、绝缘试验、耐电压试验等电器安全试验资料;有关照射剂量、最大输出功率试验、屏蔽能力试验、泄漏试验、照射范围等放射线安全性资料;有关全身毒性(急性、亚急性)、慢性试验、细胞毒性试验、致敏试验、刺激试验、植入试验、血液相容性试验、遗传毒性试验、热源试验、致癌试验等生物学评价资料;耐压、耐热、强度等机械安全性资料。

六、上市后监管

《药事法》更加重视上市后跟踪。在监控日本境内的不良事件的同时,还收集全球范围内的不良事件信息。为保障医疗器械产品的质量、安全性和有效性,专门制订了相关的医疗器械质量保证体系法规(GQP 和 GMP),强调履行上市后职责和制造职责的组织和体系。厚生劳动省相信上市后阶段的产品跟踪与上市前和制造功能同样重要,甚至比它们更重要。

(一) QMS 体系

QMS 体系的检查原则上由都道县府负责,但特殊控制医疗器械新医药品及新医疗器械的相关事务权限国家负责执行。

对于医疗器械来说,一般医疗器械以外的器械作为 QMS 的适合性调查对象。在一般医疗器械里,灭菌医疗器械和身体反映检查用具也应该用 QMS 的要求事项来对待。一般认为,如果制造业者通过了 ISO13485 体系认证,其 QMS 体系可以符合要求。

第三方质量体系认证证书的取得流程见图 20-5,第三方质量体系调查见图 20-6。

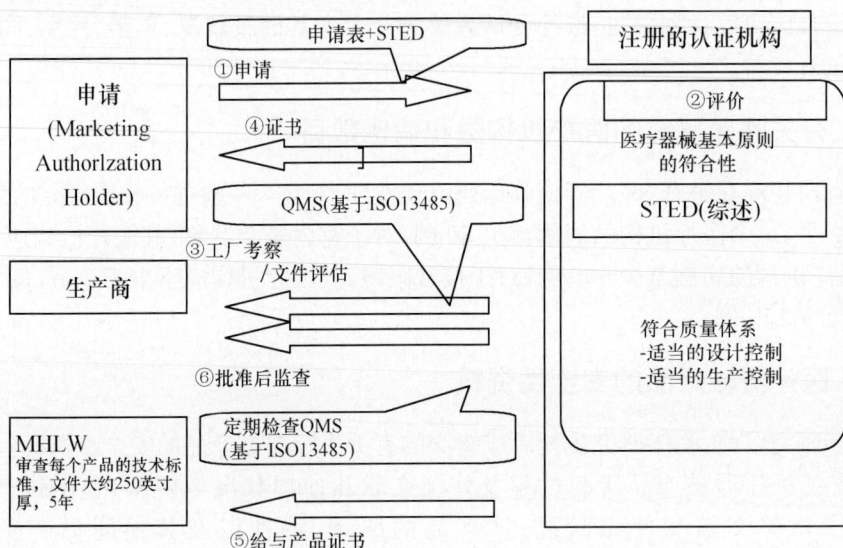

图 20-5　第三方质量管理体系认证证书的取得流程

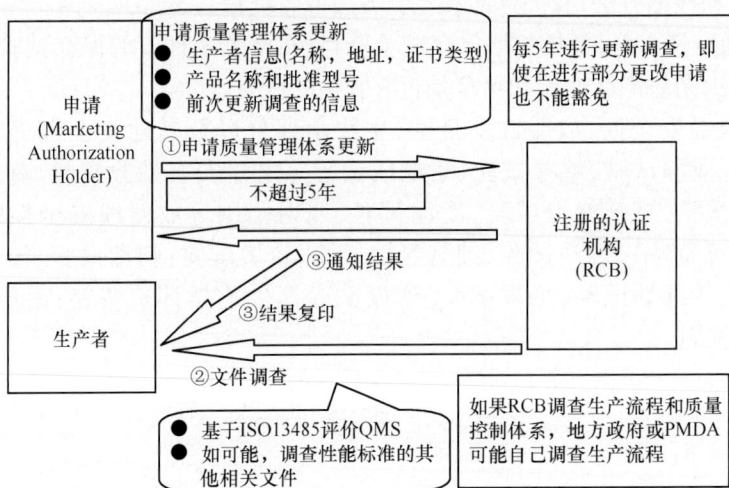

图 20-6　第三方质量体系调查

(二) 报告制度

注册认证机构向独立法人医药品医疗器械综合机构(PMDA)报告。报告的内容包括:①证书持有者信息、名称、地址、证书号;②MFG 信息;③产品信息,证书号;④该产品质量体系信息;⑤TENNPUBUNNSO(MD);⑥变更信息。

独立法人医药品医疗器械综合机构(PMDA)应向 MHLW 报告;注册的认证机构如果认为违反或可能违反 PAL,立即向 MHLW 报告图 20-7。

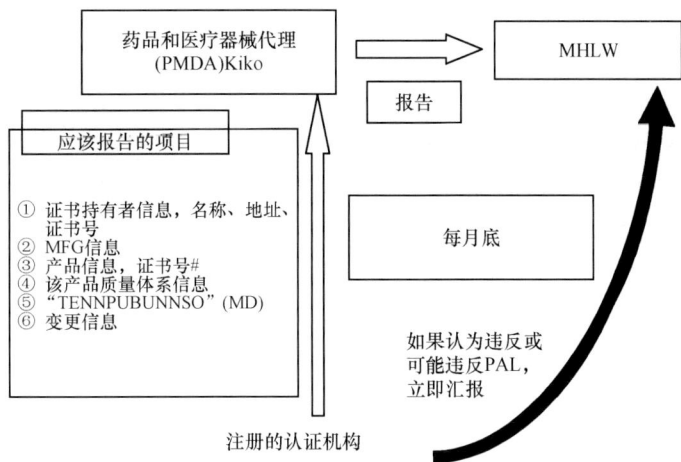

图 20-7 报告要求

第四节 全球医疗器械协调工作组及研究成果

一、全球医疗器械协调 GHTF

(一)成立背景

随着科学技术的快速发展,医疗器械工艺水平不断提高,同时,伴随全球经济一体化程度的加强,国际贸易增长迅速,新的医疗器械产品、新的医疗技术由此得以迅速普及,给世界各地患者的康复带来了新的希望。然而,由于不同国家、不同地区之间医疗器械管理模式、法律法规和技术标准存在较大差异,影响医疗器械产品国际贸易的发展,不利于医疗新技术、新产品的普及和全球医疗水平的提高。为减少管理成本,消除不必要的技术壁垒,1992 年由美国、欧盟、日本、加拿大和澳大利亚五个成员(国)发起并成立了一个非官方性的国际组织:全球医疗器械协调工作组(Global Harmonization Task Force,GHTF)。该协调组致力于交流各国医疗器械监督管理状况,研讨相关法律法规和技术标准,以便达成各国都能接受的基本协议,减少医疗器械贸易中不必要的障碍,推动医疗器械产业及医疗水平的发展和提高。

GHTF 每年召开一次大会,迄今为止,参加协调活动的国家已发展到 33 个,包括政府主管部门、医疗工业、医疗卫生、相关第三方机构等各方面代表。

(二)组织机构

按地理位置,GHTF 将其会员划分为三个区:欧洲区、北美区和亚洲太平洋区;按会员资格,全体成员可分为三个层次:创办成员、参与成员和通讯团体,通讯团体目前包括亚洲一体化工作组(Asian Harmonization Working Party,AHWP)、国际标准组织(International Organization for Standardization,ISO)和国际电工委员会(International Electrotechnical Commission,IEC)。GHTF 下属组织机构主要包括:主席/副主席、执行委员会、研究组、特别工作组。

主席任期三年,由三个地区各自选派代表轮流担任,职责是主持日常工作,协调 GHTF 各部门的正常运行;副主席从同一地区的行业协会代表中选举产生,主要职责是协助主席工作。

执行委员会拥有最高决策权,由成员国选派代表组成,每个地区最多可以选派四名政府管理人员代表和四名行业代表。执行委员会的主要职责是:①制定发展战略;②立项及监督项目执行;③审批 GHTF 最终文件,并监察各成员执行情况;④根据需要开展相关培训。

研究组的成立、研究课题的立项和研究组组长人选都由执行委员会决定。GHTF 目前已成立包括对医疗器械的基本准则,上市后监管,质量体系,审核及临床研究五个管理方面的研究小组。

第一研究组主要负责医疗器械管理法规体系的协调工作,目前涉及范围包括管理法规体系中的技术文件、医疗器械分类、医疗器械标签、医疗器械功能和安全性要求等方面。该研究组按风险程度将医疗器械分为 4 类,分别实施不同的监管策略。

第二研究组主要负责医疗器械上市后监督管理和警戒体系的协调工作。主要涉及不良事件报告、现场安全通告、国家主管部门报告交换准则和形式等方面。

第三研究组主要负责医疗器械质量体系,包括设计控制、风险评估及风险管理方面的协调工作。经过多年来协商讨论,大家对质量管理的认识逐步趋于统一,从而使美国 QSR 规范、欧盟 EN 29000、EN 46000 标准,与 ISO 9001、ISO 13485 标准已基本达成一致。

第四研究组主要负责医疗器械质量体系审核的协调工作,目前涉及的范围包括审核策略、审核要求及相关文件的编辑等方面。

第五研究组主要负责临床试验方面的协调工作。主要包括临床证据和临床评价两大部分。

特别工作组是由主席指定,经执行委员会表决同意后可成立临时工作组。该工作组主要承担研究组研究范围之外的临时课题或新课题,最长研究时间不超过 18 个月。

(三) 工作程序

GHTF 的研究成果主要表现在最终文件上。各成员都应按最终文件的要求在各自权限范围内协调相关体制机制和监管措施,达到与最终文件的协调一致。为确保最终文件的适时性及权威性,从立项到颁布,GHTF 最终文件的形成都要经过复杂的研究、咨询、协调等程序。

1. 立项 研究小组或特别工作组制定的新工作项目计划首先应呈交主席,经主席审阅后送执行委员会表决。任何工作项目的开展都必须经 GHTF 执行委员会批准。

2. 草案文件的制定 研究小组或特别工作组根据执行委员会批准的新工作项目的范围、目的和依据展开研究,形成草案文件。

3. 草案文件的咨询 草案文件经主席审阅后,送成员国监管机构和行业协会的有关专家或外部专家咨询。

4. 从草案文件上升为提议文件 修改后的草案文件经主席审阅后,送执行委员会审核。执行委员会意见一致时,草案文件上升为提议文件;意见未达成一致时,该文件会被转回研究小组。

5. 提议文件的评议 草案文件上升为提议文件后,会被张贴在 GHTF 网站上接受 6

个月的公众评议。

6. 从提议文件上升到最终文件 评议阶段结束,研究小组根据公众意见进行修改后,由研究小组组长把该文件作为最终文件提交执行委员会审批。经执行委员会全体通过后,该最终义件会被递交至现任 GHTF 主席,由 GHTF 主席签字。这标志着委员会全体成员接受最终文件并承诺在各自的国家或国家一体化组织中促进它,并在这个时间过程中寻求监管措施的协调一致。

所有 GHTF 最终文件均在封面右上角印有正式指示码。例如:GHTF/SG4/N10R2:1999(第 2 版)。其中"GHTF"是所有文件都应使用的字母符号;"SG4"是编写小组代码;"N10"是指该文件编号;"R2"是修订编号;"1999"代表颁布年份;"第 2 版"是指目前修定版的版次。

(四) 最终文件

GHTF 形成的最终文件,体现了全球医疗器械法规协调的现状和发展趋势。迄今为止,GHTF 各研究组形成的所有最终文件按时间排序如下所示:

1. 第一研究组 上市前监督和管理。

(1)关于定义"医疗器械"术语的信息文件。

(2)医疗器械的安全及性能的基本原则。

(3)医疗器械分类原则。

(4)医疗器械符合性评价原则。

(5)标准在医疗器械评价中的作用。

(6)医疗器械标签。

(7)标准在医疗器械评价中的作用。

(8)证明符合《医疗器械安全及性能基本原则》的汇总技术文件。

(9)体外诊断试剂的分类原则。

2. 第二研究组 上市后监督和管理。

(1)医疗器械上市后监督:医疗器械不良事件报告全球指南。

(2)医疗器械上市后监督:现场安全通告内容。

(3)医疗器械上市后监督:国家主管当局报告交换准则与报告表格。

(4)上市后监督当前要求的评审。

(5)不良事件报告送达何处的当前要求的汇总。

(6)参与 GHTF 的国家主管当局报告交换程序的申请要求。

(7)美国、欧洲、加拿大、澳大利亚和日本的不良器械报告系统的比较。

(8)如何处理关于医疗器械警戒报告信息的指导。

(9)职责和任务的说明。

3. 第三研究组 质量管理体系。

(1)质量管理体系中的风险管理原则及活动的实施。

(2)质量管理体系——过程确认指导。

4. 第四研究组 审核。

(1)医疗器械生产厂商质量体系管理审核指导——第二部分:管理审核报告。

(2)医疗器械生产厂商质量体系管理审核指导——第二部分:管理审核策略。

（3）医疗器械生产厂商质量体系管理审核指导——第一部分：通用要求。

（4）审核的语言要求（医疗器械生产厂商质量体系管理审核指导——第一部分：通用要求-补充件1）。

（5）对审核员的培训要求（医疗器械生产厂商质量体系管理审核指导——第一部分：通用要求-补充件2）。

（6）医疗器械生产厂商质量体系管理审核指导——第一部分：通用要求-补充件4-审核文件的编辑（条款5.7）。

（7）医疗器械生产厂商质量体系管理审核指导通用要求-补充件6-符合性评估机构评议性的审核。

5. 第五研究组 临床试验。

（1）临床评价。

（2）临床证据——主要定义和概念。

二、医疗器械的定义及分类原则

（一）GHTF 关于医疗器械的定义

医疗器械是指用于人体的仪器、设备、器具、机械、器械、植入物、体外试剂或校准器、软件、材料或其他类似物或相关的物品，包括：

（1）生产企业单独或者组合使用，预期为了达到如下一种或多种特殊目的：

对疾病的诊断、预防、监护、治疗或缓解；

对损伤的诊断、监护、治疗、缓解或补偿；

对解剖或生理学过程的研究、替代、调节或支持；

对生命的支持和维持；

对妊娠的控制；

对医疗器械的消毒；

通过对来自人体样品的体外检测，提供诊断和治疗目的的信息；

（2）该物品有助于预期目标的实现，其对于人体体表及体内的主要预期作用不是通过药理学、免疫学或代谢学方法达到，但可能有这些手段参与并在一定程度上起辅助作用。

（二）医疗器械的分类原则

根据产品应用的风险程度，GHTF 将医疗器械分为四类：

A 类：低风险，如外科牵引器、压舌板等；

B 类：低-中风险，如皮下注射用针、吸引设备等；

C 类：中-高风险，如肺呼吸器、骨固定板等；

D 类：高风险，如心脏瓣膜、植入性除颤器等。

一种特定器械所出现的风险完全取决于它的预期目的和在器械设计、生产和应用期间风险管理技术的有效性。许多因素可能影响器械分类，如器械接触人体的时间，侵入程度，器械是否给患者附加药物或提供能源，单独或合用时是否预期有对患者的生物效应和系统效应等。另外，管理控制力度应该与医疗器械的风险水平成比例。管理控制的水平也应随着风险程度的增加而提高,还应考虑到器械给使用者带来的益处。同时,强制性的管理控制也不应给监管者或生产企业增加不必要的负担。

根据产品的类别差异,GHTH 制定文件中相应的管理控制要求也不同。如质量体系运作方式、技术数据、产品测试使用数据、支持生产企业临床证据文件、对生产企业的质量体系的独立外部审计的需要和频次、对生产企业的技术数据的独立的外部评审等。

鉴于器械产品的复杂性,GHTF 按照侵入性器械、非侵入性器械、有源器械及附加条款制定了详细的分类原则(请参见附录 A)。

其文件中还以决策树的形式提供了分类的判定程序(请参见附录 B)。

三、医疗器械的符合性评价原则

(一) GHTF 关于符合性评价的定义及目的说明

符合性评价是指根据管理当局确定的要求对生产企业形式的证据以及从事的程序进行的系统检查,以确定该医疗器械是安全的,符合生产企业预期的性能,并遵循《医疗器械安全及性能基本原则》。

符合性评价的目的说明:

生产企业可能使用的证据及程序,用于证明医疗器械的安全和性能,并遵循医疗器械安全及性能基本原则。

适用于每一等级器械的符合性评价要素,诸如随着医疗器械风险等级的增加而提高的法规要求。

管理当局或由符合性评价机构指定或代表管理当局工作确认的生产企业恰当地应用这些要素的过程。

生产企业的书面证明,表明生产企业已正确应用与器械分类相关的符合性评价要素,例如符合性声明等。

(二) 符合性评价相关要素

符合性评价的相关要素如下(对不同类别的产品,符合性评价要素的要求也不尽相同)

1. 注册 注册体系将鉴别特定地区的器械/器械组以及相关的责任方,由此指导相关管理活动。

2. 器械安全及性能的符合性评价 ①技术文件汇总。技术文件是提供符合性评价过程中使用的证据。管理当局或符合性评价机构通过对技术文件汇总的审查,来确定支持生产企业的符合性证明的医疗器械安全及性能基本原则文件的充分性。审查的程度及时间可能受到医疗器械的风险等级、复杂性以及采用新技术程度的影响。②符合性声明。GHTF 医疗器械管理的一个要素是生产企业证明医疗器械完全遵循所有适用的安全及性能的基本原则,并起草书面的"符合性声明"。

3. 质量体系的符合性评价 质量管理体系的要求是由管理当局因管理目的而接受并以国际认可的标准为基础(如 ISO13458)的系列法规制度,旨在确保医疗器械的安全及性能。GHTF 对不同类别产品管理体系的要求也不尽相同。

A 类器械生产企业应具备实施质量管理体系的基本要素,不包括设计及开发过程。A

类器械生产企业的质量管理体系一般需要现场勘查。

对于 B、C 和 D 类器械来说,管理部门或符合性评价机构必须明确:生产企业已具备有效的质量管理体系,并且该体系适用于接受评价的器械。在实施过程中,若有任何疑问,如对其上市后的表现等,管理部门或符合性评价机构将考虑审查任何相关的现有证书,或对生产企业设施实行现场勘查。

C、D 类器械生产企业应有全面质量管理体系,包括设计及研发的整个过程,包括对生产企业设施实行现场勘查。

4. 上市后的监督系统 在产品上市前,作为质量管理体系的一部分,生产企业应对上市后器械的安全及性能的持续符合性实施过程评价。该过程包括投诉处理、上市后警戒报告及纠正和预防措施。通常管理当局或符合性评价机构在质量管理体系检查时对上市后监督系统进行审核。

四、GHTF 医疗器械管理体系简介

参考医疗器械符合性评价原则的四个要素,我们可以将 GHTF 的医疗器械管理分为四大部分:1. 符合性声明及注册;2. 汇总的技术文件;3. 质量管理体系;4. 上市后监督系统。其相应的工作文件对各要素的框架结构、组织流程、主要内容甚至文件格式等都作了较详细的规定。

(一) 符合性声明及注册

生产企业及医疗器械在管理当局的注册被认为是控制器械安全及性能的最基本要求。注册体系可鉴别特定地区的器械/器械组以及相关的责任方,由此指导相关管理活动。在医疗器械投放市场前,生产企业、经销商或其授权代表应当向管理当局提供要求的信息。管理当局应负责注册,同时,生产企业应提供相关符合性声明。

(二) 汇总的技术文件

类似于我国医疗器械管理体系中产品注册申报时应提交的技术报告、风险分析报告、标准、检测报告、临床试验等内容,GHTF 相关文件中以列表的形式给出了符合性评价的具体要求及评价程序等。

1. 医疗器械安全及性能的基本原则 GHTF 制定了医疗器械安全及性能的基本原则,生产企业应根据基本原则的要求,在设计、制造、生产、包装等程序上加以控制,以减少各地区之间管理模式的差异,节约社会资源。该原则包括一般要求和具体要求,主要内容为:

(1) 化学、物理及生物学特性。

(2) 传染及细菌污染。

(3) 制造及环境特性。

(4) 具有诊断或测定功能的器械。

(5) 辐射防护。

(6) 对连接或配有能源的医疗器械要求。

(7) 机械风险防护。

(8) 提供的能量或物质对患者的风险防护。

（9）自我测试或自我给药器械对患者的风险防护。

（10）由生产企业提供的信息。

（11）性能评价，如需要还应包括临床评价。

2. 技术文件　　生产企业应编制汇总技术文件以向管理机构证明接受审评的医疗器械遵循《医疗器械安全及性能基本原则》。汇总技术文件的格式及内容、是否必须在器械投放市场前提交至管理机构或需要符合性评价机构进行审批或验证与器械的分类地位相关。

汇总性文件通常包括：基本原则及符合性证据、器械描述、临床设计验证及确认、标签、风险分析、制造信息等。

（1）汇总技术文件应包括用于证明与每一适用基本原则相符合的一般方法。可使用的方法包括遵循认可、其他标准、当前水平或内部行业方法、与其他类似已上市器械的比较等。汇总技术文件应汇总、参考或含有设计验证及设计确认数据，并与器械的复杂性及风险等级相一致，这些文件一般应包括：①与认可标准一致的符合性声明书/证书或根据其他标准、生产企业方法及试验或证明符合性的替代方式获得的试验及评价的数据汇总或报告；②汇总技术文件应表明器械临床评价基本原则的适用要求是怎样得到满足的。在适宜的情况下，本评价可采用系统审查形式，审查现有的参考文献、相同或类似器械的临床经验或根据临床调查进行审查。较高风险等级的器械需要进行临床调查；对于那些临床经验很少或无临床经验的器械，需要进行临床调查。

（2）器械描述：包括一般信息、器械材料或物理性能的描述、与相关基本原则的符合性、功能特性和技术性能要求及其他性能，描述的范围必须与相关基本原则的相符合。

（3）器械及其包装上的标签，包括：使用说明书；其他文献或培训材料；安装及维护说明书；提供给患者的任何信息或说明书，包括患者预期操作的任何说明性文件。

（4）汇总技术文件应包含风险分析结果。这种风险分析应根据国际或其他认可标准，并同器械的复杂性及风险等级相一致。

（5）汇总技术文件应包含与制造过程相关的文件，包括质量保证措施，相关文件要求应同器械的复杂性及风险等级相一致。

（三）质量管理体系

GHTF质量管理体系类似于欧盟的管理模式，以国际认可的标准为基础（如ISO13458），将风险的管理与质量体系相结合，已经颁布的指导文件涉及质量体系管理和审核两部分，如：

（1）风险管理原则及活动的实施SG3/N15R8/2005。

（2）质量管理体系——过程确认指导SG3/N99-10。

（3）医疗器械生产企业质量体系管理审核指导——第一部分：通用要求SG4（99）28。

（4）医疗器械生产企业质量体系管理审核指导——第二部分：管理审核策略。

（四）上市后监督系统

1. 不良事件　　医疗器械不良事件是指获准上市、质量合格的医疗器械导致或可能导致的任何不希望出现的有害事件。包括：

（1）患者、用户或其他人的死亡。

（2）患者、用户或其他人的严重伤害。

（3）威胁生命的疾病或伤害。

（4）对身体功能的永久性伤害或身体结构的永久性伤害。

（5）必须用医疗或外科手段以防止对身体功能的永久性伤害或身体结构的永久性伤害。

（6）没有发生死亡或严重伤害事件，但如果再次发生可能导致死亡或严重伤害事件。

GHTF同时提供了豁免不良事件报告的原则：使用者在患者使用前发现了器械的缺陷；由于患者的原因导致的不良事件；超出了医疗器械的使用寿命或保存期限所导致的不良事件；器械合理的自身保护措施防止了严重事件的发生；发生死亡或严重伤害的可能性可以忽略；可以提前预见的副作用或不良影响；安全通告内说明的不良事件；国家主管当局同意的报告豁免。

2. 安全通告　安全通告是由生产企业采取的用来降低医疗器械使用中死亡或严重伤害等严重风险的现场安全纠正措施。由生产企业或其代表向用户传达有关现场安全纠正措施的信息，并把医疗器械返回给生产企业或其代表。相关措施包括器械修改、器械更换、器械销毁、生产企业给出的有关器械使用的建议、根据生产企业的修改或设计更改进行改型、对标签或使用说明进行永久的或暂时的更改、软件升级包括远程访问的实施等。

五、GHTF 成果在不同国家的应用

在GHTF各创办国中，澳大利亚基本上是参照GHTF管理模式监管本国的医疗器械；欧盟各成员国因其原有模式与GHTF管理模式相似，目前正积极推进上述模式；加拿大的医疗器械监管是以美国FDA管理模式为基础，参照GHTF成果建立的一种医疗器械监管制度；美国和日本因其原有的管理模式与GHTF有一定差距，完全吸收GHTF成果还需要一定时间，目前正在进一步协调推进中。

其他国家如马来西亚、印度等正在依据GHTF管理模式建立适合本国的医疗器械监管制度。鉴于目前网络可搜集资源有限，上述信息是与相关专家沟通后的结果，我们正积极联系各有关成员国，以获得更为详尽的资料。

第二十一章

我国医疗器械监管体系

根据 2000 年国务院发布实施的《医疗器械监督管理条例》(简称《条例》)的规定,近年来我国以产品上市前审批、上市后监督、警戒和生产企业监管为核心的医疗器械监管体系初步建立。

配合《条例》出台,国家食品药品监督管理局发布实施了一系列配套规章以及规范性文件,初步形成了一套较为完整的既借鉴国际上其他发达国家的先进监管理念又适合我国国情的医疗器械监督管理法规体系。

在《条例》的授权范围内,该局制定并发布了 11 个相关配套部门规章:

(1)《医疗器械分类规则》(2000 年,局令 15 号)。

(2)《医疗器械标准管理办法》(2001 年,局令 31 号)。

(3)《医疗器械注册管理办法》(2004 年,局令 16 号)。

(4)《医疗器械生产监督管理办法》(2004 年,局令 12 号)。

(5)《医疗器械经营企业许可证管理办法》(2004 年,局令 15 号)。

(6)《医疗器械生产企业质量体系考核办法》(2000 年,局令 22 号)。

(7)《医疗器械临床试验规定》(2003 年,局令 5 号)。

(8)《一次性使用无菌医疗器械监督管理办法(暂行)》(2000 年,局令 24 号)。

(9)《医疗器械说明书、标签和包装标识管理规定》(2004 年,局令 10 号)。

(10)《医疗器械新产品审批规定(试行)》(2000 年,局令 17 号)。

(11)《医疗器械不良事件和再评价管理办法(试行)》(2008 年,国食药检械 766)。

随着《条例》的实施,医疗器械行政监督体系、技术支持体系和执法监督体系初步建立和完善。从医疗器械产品注册制度到医疗器械企业生产、经营许可制度的建立,从规范说明书到制定医疗器械临床试验规定,从专项打假到加强日常监管,医疗器械监管体系已逐步形成,在为医疗器械企业创造良好发展环境、促进医疗器械产业健康发展以及保证人民用械安全均发挥了积极作用。

由于医疗器械产业涉及品种多、专业门类广、技术含量程度不一,生产条件和产品质量控制复杂,医疗器械按产品风险程度进行分类,目前《医疗器械分类目录》分为 43 大类,258 小类,其中按第一类医疗器械品种管理的有 108 种、按第二类管理的有 127 种、按第三类管理的有 71 种。截至 2007 年年底,已有现行医疗器械标准 762 项,其中国家标准 151 项,行业标准 611 项。

按照现行法规规定,医疗器械注册按照产品风险程度进行分级管理。设区的市级食品药品监管部门负责境内第一类医疗器械注册,省级食品药品监管部门负责境内第二类医疗器械注册,国家食品药品监督管理局负责境内第三类和进口医疗器械注册。所有医疗器械生产企业和经营企业由省级食品药品监管部门负责审批或备案登记。

　　医疗器械日常监管主要由所在地地方各级食品药品监管部门组织实施。对生产企业的日常监督管理,目前已发布《国家重点监管医疗器械目录》近 30 个品种,包括一次性使用无菌医疗器械、骨科植入物医疗器械、植入性医疗器械等。

　　为了从源头保证医疗器械质量,规范医疗器械质量管理体系和生产过程,提高企业的质量管理水平,国家局正加紧推进医疗器械生产质量管理规范(GMP)体系的建设,将逐步对第二、三类医疗器械生产企业实施医疗器械 GMP 检查,实现监管重心向生产全过程转移。

　　目前医疗器械市场准入、医疗器械生产质量体系和医疗器械上市后管理由国家食品药品监督管理局监管,医疗器械使用由国家食品药品监督管理局监管,但目前还没有管起来。医疗器械研究由科技部和有关部委负责。医疗器械流通和价格由国家发改委负责。

第一节　医疗器械研发管理

　　技术创新和产品研发作为一个国家经济增长和竞争力的主要决定因素对于国家和企业都起着非常重要的作用,直接影响到经济增长方式、增长速度和增长质量。在社会经济和政治的宏观环境中,高新技术产业发展与各国政府的支持政策和管理体系有着紧密的关系,政府的科学引导和战略支持必不可少。在企业竞争的微观环境中,新产品开发作为企业经营环节中具有重要意义的一环,在现代商业竞争中成为企业竞争力的源泉。

一、产品研发管理体系

　　产品研发是指有目的、系统化地发展新知识、应用科学知识或工程技术知识将不同领域的知识联系起来,从一个理论研究阶段开始,发展到工艺设计阶段,最后实现产品制造的过程。产品研发涉及基础研究、应用研究和产品开发三个方面。研发投入可以分为对基础研究、应用研究、技术开发、设备与设施开发的投资。

　　产品研发是提高产业、企业和产品技术水平和竞争力的重要手段,成功的难度极大,失败的概率较高,对于一个国家的产业发展和一个企业的未来发展起到决定性作用。产品开发是企业竞争的法宝,如果能够抢先开发、抢先上市新产品,就能获得较高利润。产品研发成功与否,产品研发效率如何,在更大的程度上取决于研发管理水平。

　　产品研发管理涉及研发战略和研发流程两个重要方面,正确的研发战略和优秀的研发流程的有效结合,可以引导企业选准方向和目标,提高产品研发的成功率。经验数据表明:研发战略和研发流程优秀的企业,新产品销售额和利润占企业总销售额和总利润的 49% 左右,个别高技术企业的新产品销售额和利润占企业总销售额和总利润达到 90% 以上;一般企业的新产品销售额和利润平均占企业总销售额和总利润的 30% 左右。一般企业 46% 的产品开发资源用在了那些被淘汰的或并没带来足够投资回报的产品上;高业绩企业 80% 的产品开发资源投在了成功的新产品上。成功新产品的平均投资回报率达到 33% 以上,资金回收期为 2 年或低于 2 年,市场占有率高于 35%;失败新产品的平均投资回报率仅为 3%,投资回收期超过 20 年,市场份额低于 2%。

　　研发管理需要从国家的宏观角度和不同类型企业的微观角度理解和考虑产业政策、投资融资、技术创新和产品开发过程,需要以经济因素、社会因素、政治因素、技术因素和自然因素分析为依据,明确重点发展领域、确定正确产业方向,制定鼓励创新的政策,引导社会资源向优先领域集中,推动企业技术进步,创造具有竞争力的产品,提高整个国家的竞争力。

研发管理受社会环境影响较大,文化背景不同的国家,竞争背景不同的行业造就了不同的研发管理方法。意识形态、政治体制、经济制度、宗教信仰、文化背景、民俗和民生等方面对研发管理都到不同程度的影响。虽然都是发达国家,美国、欧盟、日本的政府和企业对研发管理都有不同的理解和方式,采用各具特色的研发管理模式。即使是同一个国家,汽车工业、电子工业、航空航天工业、制药工业、计算机工业和医疗器械工业都有不同的行业特点,需要采取不同的研发管理方式。

研发管理在具体的企业研发中所起的作用就是在研发体系结构设计的基础之上,对研发的团队建设、流程设计、绩效、风险、成本、项目和知识等活动进行管理。研发管理就是要确定研发体系结构,设计合理高效的研发流程,组建高水平研发团队,评估和控制研发风险,评价研发效率的高低,保证在预算范围内完成研发工作。研发管理对技术创新的成功率起到十分重要的作用,可以避免或减少技术创新带来的随意性和不可预见性,促进技术创新沿着预期的方向进行。

二、医疗器械研发管理的特点

医疗器械行业是一个多学科交叉、知识密集、资金密集的高技术产业,技术进步快,知识产权复杂,技术附加值高,产业发展更多地依赖于一个国家或地区的技术基础和研发体系,依赖于国家的产业政策,依赖投融资氛围,一些发达国家和发展中国家采取不同的方式对医疗器械产品开发给予政策和资金方面的支持。市场需求驱动,政府产业政策引导,产学研结合,社会资金参与,都对技术和产品研发起到重要作用。

现代医疗器械的发展有两点是很明显的:第一,新技术应用加快,使医疗器械产品更新换代周期缩短,二三年改进一次,四五年换代一次已经很普遍;第二,新医疗技术的全球共享,促进了医疗器械产品的全球趋同倾向,一项新医疗技术和新医疗器械产品的诞生,会很快通过医生们的临床应用广泛推广,吸引一部分制造商来研究开发原理相同的同类产品。

医疗器械作为保障人的健康,避免人身伤害的特殊产品,法规注册管理、安全和风险管理都纳入到产品研发管理之中,绝大多数国家都采取了强制性法规管理手段,从法规方面约束和促进医疗器械产品研发的规范化,确保研发的产品安全、有效和合法。

医疗器械产业具有以下五个方面的主要特征:

1. 依赖性 医疗器械产品大多是技术应用产品,依赖于不同基础产业和医学科学的发展,与航空航天工业和汽车工业类似,比其他工业更需要全社会的广泛技术协作。基础材料、传感器、精密加工件等基础性产品的先进性、稳定性、一致性和可靠性,都直接影响到医疗器械产品的性能和质量。这也是目前我国医疗器械产业大量依赖进口关键零部件的原因和制约产业技术创新的一个"瓶颈"。

2. 差异性 医疗器械产业的产品品种门类多,常常要求小批量、多品种、高精度,相互之间即使是同一应用目的,也不存在共同普遍的技术特征。产业内部的生产技术工艺及工艺流程千差万别,不同大类产品所涉及学科和生产技术工艺有很大差别,即使同一大类产品也有较大差别。这也是按产品应用目的聚合的产业群的特点。

3. 安全性 医疗器械产品作用于人体,产品本身的意外或产品的不正常使用,都可能造成直接或间接的人身伤害。因此,安全性是所有国家对医疗器械的强制性要求。如美国将医疗器械分为三类,采取两种监督管理方式,欧共体也按安全性和有效性控制程度采用分三类四种方式的 CE 标识制。我国也采用分三类监督管理制。

4. 强制性 医疗器械产品在进入市场前,必须获得国家或国际强制性市场准入许可,即在国家专项法律法规的指导下实施强制性监督管理。如美国主要监督管理法规有《1976 年医疗器械修正案 MDA》、《医疗器械安全法案 SMDA》,进入市场无许可标识,生产制造供应商资格认证标准为 GMP;欧共体主要管理法规有《有源植入医疗器械指令 AIMD》、《医疗器械指令 MDD》、《离体诊断医疗器械指令 IVDMDD》,进入市场标志为 CE,生产制造供应商资格认证标准为 EN26000-ISO9000、EN46000-ISO13485、ISO13488;日本主要管理法规是《药事法》,进入市场标志为注册号,生产制造供应商资格认证标准为 GMP;中国主要管理法规是《医疗器械监督管理条例》及一系列行政规章,进入市场标志为注册号,生产制造供应商资格认证现行标准为 GB/T19000-ISO9000、YY/T287-ISO13485、YY/T288-ISO13488。

5. 政策性 医疗器械产业与具有公益属性并受国家政策指导的医疗卫生事业密切相关,国家为了保障人民的健康水平不断得到改善,往往会直接干预产业的发展方向、发展重点和发展速度。例如,在经过 2003 年的"非典"之后,国家大幅度提高了对医疗器械产业的支持力度,促进了一批企业快速发展。国家对县级医院和乡镇卫生院等基层医院的投入,正在改变国内医疗器械产品开发模式和开发意识的转变。

医疗器械产业的五个主要特征决定了高风险、高投入、高回报,产业的发展是以研制开发、制造和销售产品的企业为主体,同时需要政府部门、研究机构、检验检测机构、临床单位、金融机构、产业咨询、行业协会等相关组织的有机结合,研发的成效在一定程度上决定于这个生态环境的系统完整性及其成熟程度。

以企业研发费用的高投入获得产品更新换代的高速度、增加产品附加值是医疗器械产品发展的重要特征。近十年来,几个医疗器械工业发达国家医疗器械的 R&D 投入都在销售额的 6% 以上。美国对医疗器械 R&D 投入占销售额的比率排在各行业的第二位,一直保持在 10% 左右,保证了美国在技术方面的绝对领先。全球销售规模前 107 家企业中的 55 家的 R&D 投入占销售额的比率超过 6%。参考表 21-1。

表 21-1　2006 年世界医疗器械前十位公司研究开发投入　　　　　（单位:亿美元）

序号	公司名称	销售收入	销售利润	研发占销售百分比
1	强生医疗	203	42	13.1
2	GE 医疗	152	26.7	6
3	美敦力	123	28	10.1
4	美国百特医疗	103.8	13.9	5.9
5	西门子医疗	100	12	5.2
6	美国泰科	95.8	22	2.74
7	飞利浦医疗	85	10	6.2
8	美国波士顿科学	78.2	56.1	12.1
9	美国史赛克	50.1	7.8	6
10	美国卡地纳健康集团	45.2	485	N/A
	合计	1036.1	703.5	—

三、企业为主，军民结合的美国研发管理体系

（一）有利于高技术产品研发的政府政策

美国政府非常重视对高技术产业领域的支持，将生物技术、航空航天等工业作为重点发展方向，形成了由联邦政府、州政府、企业、科研机构和大学构成的联合研究开发生产机制，在将基础研究作为美国科技投资的重点同时，重视将政府科研经费的合理配置，基础研究、应用研究和实验研究的经费比率稳定在 12％～15％、21％～24％、61％～67％范围内。

美国政府提供的开发经费占产业界总研发经费的 11％左右。在美国政府投入的研究开发经费中，1/3 给了政府下属的研究机构，1/3 给了高等院校和独立非营利研究机构，还有 1/3 左右给了企业和设在企业内部的联邦研究开发机构。

美国制定的有关促进技术创新的法规达 20 多个，对政府和国家科研机构的职能以及它们与大学、企业的合作关系、专利和知识产权保护、财政和税收政策、劳动力的教育与培训、政府采购制度以及宏观经济环境等诸多方面都做出了具体明确的规定，形成了比较有效的技术创新运行机制和包括产、官、学、国防在内的国家技术创新体系。

美国政府还对食品和药物管理局（FDA）的规章进行了改革，明确提出要简化新药审批手续，加快新药上市速度。为此，FDA 不再要求新建生物技术产品制造厂申请特别许可证，新药上市前对每批药物均进行检验，新药申报表也由原来的 21 种简化为 1 种，为医药生物技术产业化发展提供了宽松条件。

美国食品药品监督管理局根据医疗器械产品特点，参照 ISO9001 和 ISO13485 国际质量体系认证要求，发布了《医疗器械制造商设计控制指南》（*Design Control Guidance For Medical Device Manufacturers*），用于指导产品开发的规范化。该指南从产品开发理念，产品开发技巧，产品开发过程，产品开发验证，产品临床实验要求，开发风险管理等方面，提出了较为具体的指导性说明，被很多美国医疗器械企业采用或参考。

（二）推动技术创新的产学研医结合

美国的产学研医结合美国的研发体系建设使其医疗器械行业的创新能力居于世界前列。产学研医的分工合作，企业间的研发合作，咨询服务机构的活跃，有效地提高得研发工作的效率，促进了技术在行业内的传播。美国的基础研究、技术研究、工程开发、市场尤其是中介等方面的能力是其他国家所不及。

美国的大学在医疗器械研发体系中发挥着重要的作用，他们主要涉及基础研究以及应用基础研究，医疗机构则承担着实践者和检验者的角色，企业解决的则主要是工程实现的问题，系统性强的研发体系奠定了美国医疗器械行业发达的基础。

美国医疗器械的发展与临床医学的发展密不可分，很多创新性技术和产品的产生依赖于临床医生的灵感和实践总结。很多美国企业在医疗机构建有用于产品研发的试用基地，很多美国医生以法规约定方式参与企业研发活动，持续参与企业研发活动。更多的大学、研究机构和专业开发公司，通过合作开发、技术转让等多种方式，与企业开展研发项目合作。

美国大学在医疗器械研发体系中发挥着特殊的作用。根据网上资料查询，相当多的美

国大学都有专门的课题组接受国家或企业的委托,专门从事各种医疗器械相关的技术和关键部件研究,通过大学内部设立的专门技术转让机构或各种协会转让技术成果。更有很多大学教授以科研成果为基础创立高科技企业,不断诞生新型医疗器械。

(三)推动医疗器械发展的军民两用技术融合

美国政府主导的重大科技发展项目都以维护国家安全为最高指针,具有浓厚的军事色彩,如"曼哈顿"计划、"阿波罗"登月计划和"星球大战"计划。"冷战"结束后,国际竞争的焦点从军事斗争转向以高科技竞争为核心的经济竞争,美国政府主导的科技项目力图全面控制和抢占新时期科技制高点,以保持新兴产业的优势地位,军民两用的色彩越来越浓。军民两用技术研发不仅使商业技术满足国防需求,而且满足国防和商界的共同需求,能用于民用目的,获得双赢。

由于医疗器械与航空航天工业具有很多相似的技术特征和产业特征,所以先军后民和军民结合的军民融合研发体系在美国医疗器械产业发展中发挥了特殊作用。1970年,以"阿波罗"登月计划完成为标志,美国大批从事过宇航研究的电子工程师转向了为人类健康服务的医疗器械产业,使美国医疗器械产业飞速发展,并带动了全球医疗器械产业的大发展,解决了20世纪50~70年代困扰美国的医药费用上涨2.03倍,但人的平均寿命没有提高的困局,由此引发了美国制药业的年平均增长率放慢,使美国医疗器械与药品的市场销售额比率调整到1:1。

美国航空航天局(NASA)为了大力将航天技术应用于医疗器械产业,设有专门的技术转让机构,不断发布可以开发新型医疗器械和可以提高医疗器械水平的技术转让信息,也有一些从事航空航天技术的人才创办医疗器械企业,研发创新性产品。

(四)以市场和战略为导向的企业研发管理

美国的企业占有最大量的科研人员和科研经费,而且资金来源渠道广,加之企业注重企业创新过程中的技术培训,因此,企业的自主性创新能力强,用于技术创新的资金投入与配置具有合理性。

美国企业研发突出市场导向和战略导向,普遍采用科学的研发管理方法,在产品开发战略,产品发展规划,产品开发流程,人力资源配置,技术战略联盟,跨国技术开发,产品研发手段等方面都形成了一套成熟的系统方法,引导研发工作向着设定的目标开展。

(五)促进快速发展的融资环境

美国的融资环境堪称全球最佳,风险资本对高新技术产业的投入是欧洲的3倍,而且差距有继续扩大的趋势。联邦和州政府在法律和政策上为融资提供了良好环境。政府通过制定高技术产业发展计划吸引风险投资,为风险基金提供科技咨询及服务。

美国的融资渠道包括联邦政府拨款或资助、州政府拨款或资助、大公司出资、成立基金会、贷款、风险投资等。良好的融资渠道有力地促进了新技术的发展,为小企业快速发展,乃至成为大企业提供了可能性。

风险投资的诞生在产学研三者间架起了桥梁,标志着美国国家创新体系走向成熟。特别是20世纪90年代以来的风险投资大发展为美国小企业创业与创新注入了无穷的生机与活力,使小企业成为90年代"新经济"的领军人。

在美国政府政策和市场需求的引导下,伴随计算机技术、网络技术和微系统技术发展带来的医疗器械发展机遇,从20世纪90年代末开始,大批的美国风险投资介入到医疗器械产业,很多大企业也通过设立的基金投资医疗器械产业,诞生了很多医疗器械企业,培育了一些业绩良好的医疗器械上市企业,推动了美国,促进了全球医疗器械的更新换代。

四、严谨开放的欧盟研发管理体系

欧盟特殊的政治经济联盟、地理位置和欧洲人的传统思维,使得欧盟各国的研发体系与美国明显不同。政府在产品研发方面无疑扮演着重要角色,但政府投资力度远不如美国,更缺少航空航天等军事背景的支持。风险投资也远不如美国活跃,产品研发的资金更多来源于企业的销售收入,研发投入显得不足。除了德国、瑞典的研发支出占销售额的比例为10%和9%之外,欧盟的平均研发支出约占销售收入的6%,低于美国的平均10%,使得德国以外的欧盟国家医疗器械产业总体创新能力远低于美国(表21-2)。

表21-2 各国研发投入占GDP的比例

占GDP的%	英国	法国	德国	美国
企业	1.24	1.37	1.73	1.87
公共部门	0.62	0.83	0.78	0.80
总计	1.86	2.20	2.51	2.67

欧盟行业协会构建研发体系方面扮演了特殊的角色。众多跨国性、区域性、地方性专业和综合学会和协会在促进技术转移和技术扩散,促进企业、学术、研究机构合作方面发挥了重要作用,在建立本国和跨国性企业合作桥梁方面发挥了更大作用。例如欧洲医疗器械联盟作为欧盟跨国性专业组织,拥有3000多个医疗器械制造商会员,为会员提供产品研发、技术商业化、法规咨询、市场开拓等全方位支持。

针对医疗器械的安全性和有效性要求,欧盟国家对医疗器械进行分类管理,对如何保证医疗器械产品的安全性和有效性提出了严格要求,建立了本地区注册法规,实施产品注册制度。欧盟CE认证已经成为全世界认可的产品认证体系,成为产品销往全球的通行证。欧盟产品注册制度的积极意义除了用于保护本地区市场外,更重要的意义在于推进研制生产企业开展技术创新,推动产业与临床的结合。

(一)协调有序的欧盟研发体系

欧盟发达国家具有良好的技术创新基础,具有健全开放、平等有序和法制化的市场环境,政府在国家创新体系中发挥了积极的作用,企业成为技术创新的真正主体。

欧盟政府非常注重对技术、经济和环境的三维协调发展给予充分考虑,技术创新和科研成果转化过程直接面向国民经济发展,面向企业的需求,拥有一整套结构完善、分工明确、协调一致的科研体系。大学、政府资助的研究机构、非营利研究所以及企业研发机构,较长的发展历史中,逐渐演化并形成了不可替代的功能定位和明确的研究领域。从基础研究—应用研究—产品原型开发—小批量示范生产的技术创新序列中,各类机构转换承接关系清晰,相互协调补充,构成了一个务实、严谨、高效的技术创新体系。

德国、英国等欧盟国家更重视资助企业联合技术攻关的项目,更愿意资助跨学科联合攻关项目,更多地鼓励多家单位共同研发,更快地推动技术转移,使研究成果向社会扩散。

(二) 产学研结合、国际合作是欧盟研发体系的共同特征

地缘特点、以专业化小企业为主的特点、传统技术优势,使得欧盟企业更倾向于利用外部资源,倾向于依靠大学和研究机构的研发力量。通过建立长期的研发联盟,以最有效的方法开发世界顶尖技术和产品是欧盟医疗器械研发的共同特征。

企业的研究机构是产品研发的主体,大企业在技术研发中的作用举足轻重,服务业研究机构在技术进步发挥重要的作用。从事产品专一、研发咨询业发达,专业化分工明确,从业时间较长、跨国界合作,是欧盟医疗器械企业发展的主要特征。与美国和日本相比,很多欧盟企业的网站都愿意介绍他们的众多合作伙伴是谁,合作伙伴的特长是什么,共同开展哪些合作项目。

(三) 军民两用技术融合也是欧盟研发体系的推动力

欧盟是美苏之外的军事技术领先的地区,拥有大量的先进军事技术,比美国更具有军转民的需求。英国政府根据本国军事及民用技术发展实力较强的实际情况,采取了军民结合发展两用高技术的发展战略,尽可能在防务领域采用现成的民用技术与产品,允许国防部门通过专利许可向民用部门转让技术,将军事科研成果向民用部门有偿转让。

法国通过实施航空航天、核能、电子信息等国家大型计划,推动军民两用高技术发展,通过制定高科技政策,设置机构监督,贯彻实施军民两用高技术在生物领域的应用技术。

(四) 技术导向的欧盟企业研发管理

欧盟国家企业研发流程强调的最重要内容是前期的市场需求论证、技术和产品规划、产品定位和技术可行性分析,这些工作占用研发时间的 20%～40%,占用研发费用的20%～30%,但对产品的成功却起到80%以上的作用。

追求技术领先,追求产品完美,追求理论与实践的吻合,控制关键工序,控制制造诀窍,控制关键部件制造,是欧洲很多企业共同特点,技术创造价值在欧盟发达国家深入人心。小批量、多品种、制造精细的医疗器械特点正好符合德国、英国的欧盟国家的企业文化特征。

五、政府主导,大企业为主的日本研发管理体系

过去10年里,美日经济绩效的巨大外在差异被看成是如今的美国创新体系比日本创新体系有效的明证。两大差异尤为被强调:一是美国在信息技术(IT)和生物技术等领域大量创办新的高技术风险企业,而在日本为数甚少;二是美国研究型大学的国际领先地位及其有效地向产业转移知识的制度。

日本独特的地理位置、战后的产品仿制经历、日本政府的政策倾向和日本的研究基础,使得日本的研发体系既不同于美国,也不同于欧盟。日本研发体系的特点是政府通过政策调整为产官学研相结合创造良好的环境与条件,充分开发和利用能够尽快使经济得到增长的科学技术。日本为了鼓励产品开发,制定了特殊的税收政策,规定私营企业销售收入中8%～10%用于研发投入部分可免税。日本政府通常以项目资助方式,将产业技术相互关系密切,甚至相互竞争的企业联系在一起,搭建一个公共的技术平台,进行联合攻关,突破关键技术和关键部件。

日本研发体系突出市场需求导向,重视应用研究,重视工艺技术,忽视基础研究,形成了独特的仿制、引进、改良、吸收、自主开发模式,在制造低成本产品和大批量产品方面具有明显的优势。但是,风险投资介入较少,研发中介咨询机构薄弱,相对封闭的研发活动,使得日本的技术创新能力和产品开发能力明显低于美国和欧盟,造成医疗器械产品种类远少于美国和欧盟。除了影像设备、内窥镜、血液透析设备等少数医疗器械产品具有一定优势外,其他产品的技术水平也明显低于美国和欧盟。

(一)"学-官-产"的研发体系压抑了日本企业的创造性

在 20 世纪 80 年代以前的文献中,日本的学术体制曾被称作"学-官-产"("学"指大学,"官"指政府及其研究机构,"产"指企业),这种提法突出了大学在科研方面的作用,相形之下,企业的地位较低。有趣的是,近年来,"学-官-产"的提法变成了"产-学-官",有时索性只是强调"产-学"合作的重要性,这意味着民间企业的学术研究活动在日本经济社会发展战略中的地位有所提升。

日本政府在重视高新技术研发的同时,还强调高新技术产业研发必须与经济、社会、生活各方面需求相结合。这种需求包括:国内需求与国外需求、物质需求与精神需求、近期需求与远期需求等。

日本政府主要通过立法和经济援助等方式引导企业和大学开展合作。

而在日本大学内部,反对产学研合作以及对产学研合作表现消极的教员占绝大多数,热心于推进产学研合作的教员只是少数派。很多日本大学教员从内心来讲并不乐于同企业合作,即便是接受企业的委托研究,也是迫不得已,是为了获得研究经费才与企业合作。

(二)从"学-官-产"到"产-学-官",从"官办"到"民办"

日本政府在对技术开发项目给予资金支持时,通常考虑三个基本条件:其一,该项目对本国产业技术水平的提高必不可少;其二,如缺少政府支持,私人企业将不会承担这些项目;其三,该项目在资金、时间等约束条件下可行。

政府对研究与开发的支持有三个方面作用:其一,加深社会科研机构等对新技术的进一步了解;其二,培养当时十分缺乏的相关技术人才;其三,促进技术扩散;其四,降低新企业进入市场的成本。

日本通过向美国学习,以引进竞争机制、激发活力为重点,推进科技体制改革。为了发挥国立科研机关和国立大学在技术创新和高新技术产业化方面的作用,政府改革了国立科研机构的管理体制。从 2001 年起,经济产业省、农林水产省等政府部门所属近百所科研所被改组和加强为 57 个独立行政法人。它们在研发活动方面的自主权和机动性较前大为增强,运行机制、管理体制等进一步接近了市场。

(三)严格的法规保护主义,制约了日本医疗器械的研发

日本研发体系中值得称赞的是医疗器械企业与供应商之间建立的荣辱与共合作关系,容易实现产品并行开发,明显缩短产品开发周期,节约产品开发成本,实现产品低成本,使日本产品的性能价格比具有突出优势。

六、探索中发展的中国研发管理体系

中国研发体系是从改革开放开始逐步建立的,走过了近30年的仿制研发路程。上个世纪基本上解决了产品有无的问题,并初步解决了产品质量问题。进入本世纪初,产品开发开始进入仿制与自主开发相结合的新阶段。

与发达国家相比,中国医疗器械产业风险投资与研发投入还没有形成一个循环机制。企业的研发投入能力很低,仅占销售收入的3%左右,风险资本进入医疗器械产品研发则更少,整个国家用于医疗器械研发投入与美国一家大公司投入几乎相当。以目前有限资金投入,只能开发中低档产品,很难大规模开发具有较高技术创新水平的产品。因此,中国医疗器械产业创新产品稀缺,基本依靠低价成本来竞争。

中国医疗器械研发体系存在四个方面的突出问题:一是产学研结合问题没有根本解决,研究机构与产业仍处于割裂状态,大学和研究机构对产业的贡献很低;二是没有系统地建立起与临床医疗机构的合作模式,更多的是为了追求产品注册或市场推广方面的初级合作,缺少真正意义上的研发合作;三是供应商基础薄弱,基本上不具备辅助研发能力,造成很多关键部件仍然依赖进口;四是企业的自主创新能力较低,对绝大多数医疗器械产品缺少理论认识,更缺少实践验证。

由此看出,我国的医疗器械研发的建立和完善还需要走过相当长的路程,除了增加研发资金投入之外,更重要的是要根据国情借鉴欧美研发模式,建立具有中国特色的研发体系。

进入本世纪后,我国中央政府和一些地方政府在政策上和研发资金投入上,对于医疗器械产业的研发都给予了空前支持,促进了一批医疗器械产品的开发和推向市场,起到的作用是明显的和有效的,对于缩短国产品与进口产品的差距起到了非常重要的作用。

国家科技部门在广州、成都、北京、沈阳、深圳先后建立了五个国家级专业医疗器械领域的工程技术研究中心(医疗保健器具、生物医学材料、医用加速器、数字化医学影像设备、医学诊断仪器)。

目前国内有90多所高等院校设置了精密医疗仪器相关院系专业,按知名度排序靠前的几所国内大学都设有生物医学工程或精密医疗仪器专业。它们近十多年来为国家培养了大量的学士、硕士和博士,10年中有相当数量毕业生在实际工作中锻炼而成为本专业领域的技术骨干或学科带头人。10年中还有相当数量出国深造后回国创业者用其在国内国外学习或访问所得的科学技术知识及实践经验投身于医疗器械事业,从事医疗器械新产品的研究开发。其中有不少自立门户成立专业公司。

在现时的中国环境下,中国政府对产业的影响是欧美和日本等发达国家所无法比拟的。建立一个较完善的医疗器械研发体系需要政府相关部门的系统策划和推动。建立一个政府引导创新、企业愿意创新、社会支持创新的研发环境将是今后的艰巨任务。

(一) 法规门槛提高,有利有弊

国内单个企业无论是从资金上还是技术上,都难以完成大规模的研发。因此,需要政府给予一定帮助,搭建一个公共的技术平台,帮助协调我国医疗器械研发中的重大问题。

中国食品药品监督管理局从1995年开始在医疗器械行业推行ISO9000和ISO13485

质量体系认证。北京航天长峰股份公司、深圳安科公司等第一批获得国内质量体系认证的企业,借鉴和采用了美国和日本知名企业的质量管理方法,建立了符合国情的质量体系,取得了良好的实践经验,为质量体系认证的全面推广起到了示范作用。经过 10 多年的实践,质量体系认证的推广使得过程控制理念贯彻到产品研发管理之中,整个医疗器械行业已经认识到了质量体系的重要性,很多企业获得了质量体系认证,对于全面提高国产品质量起到了重要作用。

我国医疗器械产品注册开始于 20 世纪 80 年代,与国内基础工业发展和经济全球化加速同步,产品注册的实施过程经历了有法不依、强制实施和国际接轨三个阶段,每个阶段都对国内医疗器械产业的研发管理和产业发展产生了重大影响。

在 2000 年之前,产品注册处于有法不依阶段,我国医疗器械产品基本上是仿制产品,几乎没有自主知识产权,产品质量提高速度较慢,产品出口很少。伴随着我国加入 WTO 的大环境,从 21 世纪开始,国家开始强制性实施产品注册,很多企业为了获得注册证开始重视技术开发和产品升级,研发管理和知识产权的重要性被国内极少数领先企业所认识,推动了产品质量的快速提高,使产品出口呈现出良好势头。从 2007 年开始,我国医疗器械的产品标准全面升级,与国际标准基本接轨,使我国的产品注册难度超过了欧盟 CE 注册。按照新的标准,很多过去获得了注册证的产品如果不进行大的技术改进,将难以或不再可能获得新的注册证。新注册标准的实施正在推动我国医疗器械产业进入新一轮产品研发,其基本特征是技术创新、关键部件攻关和获得知识产权。研发管理的重要性将被整个医疗器械产业所认识。

单就质量保证体系和产品注册法规而言,我国已经与发达国家基本接轨。无论在我国,还是在发达国家,法规对研发管理的影响都是深远的。我国新产品注册标准的实施结果必将大幅度缩小我国医疗器械与发达国家的差距。

(二)不规范的研发管理难以开发出好产品

在国家医疗器械研发战略层次方面,科技部门的战略意图非常明确,就是推动研发工作从仿制为主向自主创新转变,促进产学研相结合,集中攻关突破国内急需的关键技术和关键部件,重点开发技术难度大的产品。

但在企业研发战略方面,与发达国家相差甚远,产品仿制观念仍然占主导地位,基础研究工作很少,应用研究更不足,绝大多数企业没有研发战略的概念,更谈不上制定研发战略,没有建立良性的产学研合作机制,丰富的临床资源没有得到有效利用。因此,我国医疗器械水平与发达国家的差距有逐渐拉大的趋势。

值得关注的是,近 5 年来,国际知名的 GE、飞利浦、西门子等公司为了实现其全球研发战略,除了在我国建立独资公司外,开始控股收购或全资收购具有一定规模的国内企业,其他国外企业和风险基金也开始寻找机会准备参股和收购国内企业,其长远影响走向何方应该引起高度重视。

产品研发流程在企业各种流程中,最为复杂,涉及面最广,跨越时间长,融合了系统性、创造性、逻辑性、灵活性和执行性,对产品研发的成功起着最直接和最明显的核心作用。

产品研发流程是围绕产品研发的客观规律,全面考虑产品研发的工作内容,确定产品研发各个阶段的关键节点,规定各个阶段评审的详细内容、标准和方法,保证产品研发按照正确的步骤进行。

高质量研发流程需要坚持：①以质量为中心，强调把事情一次做好；②突出开发重点和资源聚焦；③强调市场导向，始终以客户为中心；④开发前期准备充分，产品定义清晰；⑤采用并行工程，缩短开发周期；⑥鼓励跨职能部门的合作，形成创新性产品开发文化；⑦强化产品的差异性，创造独特优势；⑧强调产品开发的快速和灵活。

产品研发流程被 60% 以上的发达国家企业普遍采用，有些企业的研发流程融入 ISO9000 质量体系文件之中，但很多国际知名企业都根据医疗器械的特点制定了专门的产品研发手册，用于指导研发工作有序进行。

发达国家医疗器械企业的研发流程都特别关注与产品注册和产品安全相关工作内容，将产品的风险管理、第三方检验、临床验证和产品注册纳入到研发流程之中，产品研发模式成熟。

由于中国企业缺少科学化研发经验，所以绝大多数医疗器械企业对研发流程的作用、内容和使用缺少基本认识，更不可能建立科学、规范、有效的研发流程，只是简单地将研发流程内容写在 ISO9000 质量体系文件之中，可操作性很低。在研发流程方面难以打破产品仿制的思维方式，更谈不上市场创新和技术创新，造成的直接后果是没有产品规划，技术更改频繁，开发效率低，产品竞争力差，只能拼成本和价格。

国内医疗器械企业研发流程的突出问题是对国内国外法规关注不够，没有将法规要求落实到研发流程之中，好容易开发出来的产品无法获得注册证的情况很多，不能推向市场，造成开发浪费。

所以，在国家层面上，借鉴美国 FDA 做法，由政府相关部门组织制定非强制性的、可以指导企业活动的研发工作流程是非常必要的，可以全面提高我国医疗器械产品开发的科学性、严谨性和有效性。

七、知识产权保护是研发管理的重要内容

知识产权是一种无形财产权，是从事智力创造性活动取得成果后依法享有的权利，具有地域性、独占性或专有性、时间性三种特征。地域性是指即除签有国际公约或双力、多边协定外，依一国法律取得的权利只能在该国境内有效，受该国法律保护。独占性是指只有权利人才能享有，他人不经权利人许可不得行使其权利。时间性是指各国法律对知识产权分别规定了一定期限，期满后则权利自动终止。知识产权的具体表现形式是专利、技术秘密、专有技术、技术诀窍、生产工艺、商业秘密、商业经营方法、保密协议、计算机软件、科技文献、产品信息、商品商标、服务商标、商号等。专利权、商标权和著作权是知识产权中最重要的三种产权。

专利权是知识产权法律体系中非常重要的民事权利，是最常见和法律纠纷最多的知识产权，包括发明专利、实用新型专利和外观设计专利三种形式。发明专利是指对产品、方法或者其改进所提出的新的技术方案；实用新型专利是指对产品的形状、构造或者其结合所提出的适于实用的新的技术方案；外观设计专利是指对产品的形状、图案或者其结合以及色彩与形状、图案的结合所做出的富有美感并适于工业应用的新设计。一项发明创造要想取得专利权必须具有新颖性、显著性和实用性。

"不知者不怪"这句话在专利权保护方面是行不通的。侵犯专利权并不一定是一种有意识的侵权行为，也就是说，一个单位或一个人即便不具有侵犯专利权的意识，他的行为也

可能实际上构成侵权。所以,在开发新产品或使用新产品之前,了解专利情况仍是明智之举。

医疗器械属于典型的高技术行业,具有技术涉及面广、法规限制严格、开发周期长、开发成本高、附加值高等特点,专利权利体现在医疗器械领域就更突显其非凡的经济价值和社会价值,更受到国内外的普遍关注。知识产权纠纷层出不穷。据美国专利局官员声称:在专利诉讼中,大约有 30%左右与医疗器械专利有关。这一情况反映了围绕医疗器械新品开发展开的知识产权的纷争正在不断加剧,各专利持有人愿意为其产品支付更多的专利保护费。据报道,2006 年以来美国已有多家医疗器械公司及其零件供应商卷入 50 多起"医用内窥镜专利诉讼案",诉讼标的高达十几亿美元。所以,与其他行业相比,医疗器械产权保护显得更为重要,更值得关注。

(一)发达国家医疗器械知识产权保护

发达国家特别是美国和欧盟一直是医疗器械的知识产权强国,相关的知识产权占到全球知识产权的 95%以上。企业具有强烈的知识产权保护意识,建立了专利保护体系,研发费用越来越集中在几家领先企业,主要知识产权在特定的产品上由几家有实力的厂商共享,企业从知识产权中获益匪浅。

发达国家的知识产权保护具有五个特点:

1. 专利工作贯穿在整个产品研发过程中　美国和欧盟领先医疗器械企业都设有负责专利的部门,60%的企业都指定专门人员或委托专利咨询机构,在产品研发开始阶段制定专利战略和专利申请目标,对研发人员提供专门培训和指导,及时申报专利。

2. 技术领先企业之间建立了专利联盟　以 CT、MR、X 光机、B 超等技术含量高的影响产品为例,这类产品所涉及的主要专利数量从几百个到几千个不等,任何一家企业,无论是 GE、西门子、飞利浦、东芝、日立等国际知名企业,还是众多的中小企业,都不可能拥有相关产品的全部知识产权,需要企业间建立知识产权联盟,通过知识产权的相互许可,避免专利纠纷,降低研发风险。

3. 临床医生参与专利申报　发达国家都很重视临床医生在专利申报中的作用,很多医疗器械产品的知识产权来源于医生的工作经验。

4. 利用专利武器维护权益　以近几年发生的国外企业参股收购、全资收购中国企业为例,收购成功的主要原因之一就是利用知识产权,逼迫中国企业合资或出售。

5. 利用知识产权控制产品国际标准,主导产品技术　现行的国际标准基本上被美国和欧盟国家所掌控,国际电工委员会(IEC)所设的 6 个医疗设备标准化技术委员会的主席和秘书长无一例外都由美国或欧洲国家的医学学者、研究院学者和制造商的工程技术人员担任。

(二)中国医疗器械知识产权保护

我国历史上第一部《专利法》于 1984 年 3 月 12 日在第六届全国人民代表大会常务委员会第四次会议上通过,并于 1985 年 4 月 1 日起实施,但当时的专利法对医药领域产品不予专利保护。

1992 年 9 月 4 日全国人民代表大会常务委员会颁布关于修改《专利法》的决定,1993 年 1 月 1 日实施,修正后的《专利法》开始对包括医药、生物、化学和医疗器械等医疗卫生领域的产品发明进行专利保护。此后对医药、器械和生物技术的专利保护越来越重视,保护力度逐渐加大,保护措施益加具体,具体规定在《专利法》《专利法实施细则》《专利审查指南》以及大量政策法规、部门规章中得到具体体现。

我国医疗器械知识产权保护与发达国家差距甚远,知识产权意识非常薄弱,很少有企业在产品研发中开展专利研究和专利规划。产品仿制思路主导下的产品研发方式对产品创新投入不够,导致产品专利数量很少和专利水平较低,核心技术的知识产权一直受制于人。

另外,国内医疗器械企业之间,企业与离职员工之间发生的侵犯知识产权现象比较突出,围绕知识产权的纠纷不断增加,特别是涉及与产品注册相关的知识产权纠纷,缺少行之有效的解决方法。

值得可喜的是,随着国家对技术创新的重视,随着国家科技部门对所支持项目的知识产权引导,医疗器械行业中的领先企业对知识产权的最重要性认识明显提高,除了大学、科研机构重视专利保护外,沈阳东软数字医疗、深圳迈瑞、北京航天长峰、北京航天中兴、上海微创、山东新华等国内知名企业开始建立知识产权保护体系,参与国内国际竞争。

为了进一步推动我国医疗器械产业的知识产权保护,国家知识产权部门,国家科技部门、国家产业部门、国家卫生部门和国家药监部门需要统筹协调,在研发项目支持、产品注册、政府采购、专利申报方面引导企业技术创新,保护企业知识产权。

第二节　医疗器械市场准入管理

医疗器械是科学发展中各学科与临床医学交叉发展的产物,几乎涉及了当今所有的技术领域。医疗器械又是人类用来诊断、治疗和预防疾病的产品,是对人体具有使用风险的产品,如果不加以严格管理,会在使用中造成对人体的伤害。为了保障医疗器械使用中的安全性和有效性,世界所有发达国家和大部分发展中国家都对医疗器械产品实施上市前和上市后的监督管理,其中,上市前的市场准入审查是医疗器械监督管理中的首要步骤,是一项非常重要的监管设置。

2000年4月1日以后实施的注册管理是以国务院于2000年1月4日颁布的《医疗器械监督管理条例》(以下简称《条例》)为最上层依据。

根据《条例》中规定的医疗器械产品注册制度,为了指导医疗器械注册工作的实施,对医疗器械产品在使用中的安全性和有效性要求进行符合性认定,建立医疗器械生产质量控制和市场监督的依据,在之前我国已实施医疗器械注册管理的基础上,2000年和2004年,主管部门两次颁布了新的《医疗器械注册管理办法》(以下简称《注册办法》)。2000年和2004年两次颁布的《注册办法》,根据当时监督管理的需要以及国家对行政许可事项的有关要求,有些条款内容虽有差别,但总体设置和程序要求是基本一致的。本文介绍的是到目前为止我国实施的医疗器械注册管理的情况。但需指出,根据当前进一步加强和规范医疗器械监督管理工作的需要,包括《条例》和《注册办法》在内的医疗器械监督管理法规、规章目前处于进一步修订的过程中,一些注册要求也在调整。

一、主要设置及意义

（一）应履行注册管理的范围

所有在中国境内销售、使用的医疗器械产品都必须注册。

由于注册审批的目的是保证人们使用医疗器械产品的安全有效，因此注册审批包含所有临床使用的医疗器械产品，只要在中国销售或使用，均需注册。

（二）医疗器械注册的定义

医疗器械注册，是指依照法定程序，对拟上市销售、使用的医疗器械的安全性、有效性进行系统评价，以决定是否同意其销售、使用的过程。

医疗器械产品注册的目的是政府主管部门对产品的安全性和有效性进行符合性审查，履行市场准入审批，建立合法产品的标志。

注册是政府对医疗器械产品进行管理的第一步。没有注册，就不知道有哪些产品合法进入市场，无法对其实施有效的监督。通过注册，对批准的产品给予特定的标志（注册号）并建立技术档案，形成市场监督的依据。

（三）分类分级注册

按照医疗器械类别和生产属性的不同由不同级别的食品药品监督管理部门负责注册：境内第一类医疗器械由所在地设区的市级食品药品监督管理局负责注册，境内第二类医疗器械由所在地省级食品药品监督管理局负责注册，境内第三类医疗器械由国家食品药品监督管理局负责注册；进口医疗器械及港澳台地区的医疗器械全部由国家食品药品监督管理局负责注册。

医疗器械品种门类繁多，如果对所有种类的医疗器械实施同一力度的管理，力度低则不能保证高风险产品的安全性和有效性，力度高则对低风险产品造成不必要的生产成本的增加，最终加重了患者的负担，对社会不利。因此，在产品注册的实施中，根据产品的使用风险进行分类，根据不同的分类施行不同力度的控制和管理，对于使用风险高的产品实施更为严格、具体的管理，是必要的。

对第一类产品的审批，属于备案性质。按《注册办法》中的规定收取文件，审查中主要确认产品符合生产者提出的预期目的，保证生产单位的真实性，使管理部门及用户在查找时能够找到厂家及责任人，能够识别假冒产品。

第二类产品具有中等程度的风险，审批中对安全性必须加以控制。对产品标准需认真审查，按相关规定审查检测报告、临床试验报告，审查质量管理体系，以保证产品的安全性和有效性。

第三类产品是高风险性产品，需要严格审查。除了由国家局统一审批以外，对于检测、临床试验及质量管理体系三个环节要比第二类产品更加严格掌握。

（四）适用标准

申请注册的医疗器械，应当有适用的产品标准，可以采用国家标准、行业标准或者制定注册产品标准,但是注册产品标准中的指标不得低于国家标准或者行业标准。

(五) 质量体系要求

生产医疗器械,应当按照国家食品药品监督管理局的规定建立符合相应产品要求的质量管理体系。申请第二类、第三类医疗器械注册,生产企业需要接受质量体系的现场审查。

(六) 审批时限

境内第一类医疗器械:自受理之日起 30 个工作日。
境内第二类医疗器械:自受理之日起 60 个工作日。
境内第三类医疗器械:自受理之日起 90 个工作日。
境外各类别医疗器械:自受理之日起 90 个工作日。

二、注 册 检 测

(一) 检测机构及其授检范围

承担医疗器械注册检测的机构应当是国家食品药品监督管理局和国家质量监督检验检疫总局认可并确定检测范围的医疗器械检测机构。检测机构在其授检范围内,依据生产企业申报的适用的产品标准(包括国家标准、行业标准或者生产企业制定的注册产品标准)对申报注册的产品进行注册检测,并出具检测报告。

(二) 需要检测的产品类别

第二类和第三类医疗器械注册,需要履行注册检测。

(三) 相同注册单元产品的检测

同一注册单元内所检测的产品应当是能够代表本注册单元内其他产品安全性和有效性的典型产品。

(四) 典型产品的认定

在产品检测与注册时由企业提出,并附带相应的技术说明资料。

三、临 床 试 验

(一) 临床试验资料与临床试验

第二类和第三类医疗器械注册,需按规定提供临床试验资料。某些情形下,可以提供同类产品已有的临床试验资料;某些情形下,必须用申请注册产品在中国进行临床试验,以建立临床试验资料。具体情形、产品对照《注册办法》所附的《医疗器械注册临床试验资料分项规定》执行。

（二）在中国境内进行临床试验

在中国境内进行医疗器械临床试验，应当严格执行《医疗器械临床试验规定》。申请注册时，应当提供临床试验合同、临床试验方案和临床试验报告。注册主管部门认为必要时，可以要求生产企业提交临床试验须知、知情同意书以及临床试验原始记录。

四、注册工作及审查原则

（一）政务公开

（1）将企业的权利和义务明确告知企业，包括具体要求、程序、时限等企业必须掌握的信息。企业在提交注册申请以前会遇到许多法规的解释问题，需要主管部门给以权威的解释。如：医疗器械的范围、申报产品的分类、强制实施的标准要求、指定检测部门范围、临床试验的最低要求、豁免条件、体系审查的要求等等。这些问题会影响整个注册的计划和进程，涉及企业策划新产品投放市场的时间，是企业十分关心的问题。主管部门有义务将有关信息提供给企业。

（2）实施"谁申报谁举证"的原则。企业是注册申请人，就应该根据国家设定的医疗器械安全要求，提供充分的实验数据、证据和资料。申报资料真实性应由企业负责。注册部门对注册资料的审查实施无条件审查方式。

（3）审批过程要求能够追溯。各环节中审查人员提出的所有意见，以及与企业在审查过程中的交流和答复事项都需有详细、具体的书面记录，为后面的追溯提供依据。

（4）根据依法行政和政务公开的要求，注册审查人员在审查过程中必须保持科学、客观、公正、廉洁的工作作风，管理部门内部必须建立审查程序和内部制约和回避制度，设置相应的岗位责任制。

（二）风险控制

任何医疗器械产品都具有一定的使用风险，被批准上市的产品应当是一个"风险可接受"的产品。所谓"风险可接受"是指：对被批准上市产品的使用风险已经采取控制措施，符合现有认识水平下能够安全使用的要求。

产品的固有风险是在产品的设计和制造过程中产生的。注册审查一个产品的风险能否被接受，也需要从产品的设计和生产制造方面入手，并同时考虑运输、储存、使用等环节。

（1）根据产品预期的使用要求和可以预见的使用错误，确认该产品可能发生的危险和相关的风险。

（2）确认生产企业在设计和制造过程中是否已经限制和降低了产品的使用风险，达到可以接受的水平。

（3）对于不能消除的使用风险，确认企业在设计方案中采取了防范措施或根据需要采取了报警或警告措施。

（4）由于风险防范措施的局限性，产品剩余的使用风险应告知使用者。

（三）基本安全要求

一个通过注册审查，能够安全使用的医疗器械产品应该符合以下六项基本安全要求：

（1）医疗器械在规定的条件下使用时，为了达到预期的设计目的，必须考虑使用场合具备的技术知识、经验以及使用者受教育或训练程度等因素，这些都不应该危及临床使用的条件或病人的安全，或使用者以及应用场合的其他人员的安全和健康。

（2）在产品设计和生产制造过程中，所采用的方案应该符合安全的原则以及考虑一般公认的技术状态。若使用中存在风险，则应权衡对病人的利弊以及规定的安全和健康防护要求，设定可以接受的风险水平，在设计和生产方案中对风险采取重新设计、警告或报警措施，或在使用说明中告知风险。

（3）医疗器械应该达到生产者明示的性能要求，在产品应用的每一个权限定义范围内，产品的设计、制造、包装应该与该产品的作用要求一致。

（4）在生产者规定的产品寿命期限内，根据生产者制定的产品使用说明，当器械处于正常使用条件的临界状态时，以上1、2、3条对产品的特性和性能要求不能下降，不能产生危及临床使用条件、病人安全以及使用场合相关人员安全的影响。

（5）产品的设计、生产制造、包装应该做到，按照生产者提供的产品说明，产品的运输和储存过程不会使其使用特性和性能受到不利影响。

（6）由产品预期性能所带来的效益应该大于任何副作用。

五、注 册 程 序

为了保证医疗器械产品的注册审查和结论客观、科学、公正，必须建立一套科学、合理的工作程序。

医疗器械产品的注册过程包括申请企业需做的前期工作、申请受理、技术审评（第一类产品资料核查）、行政审批、证件发放五个环节。根据依法行政和政务公开的要求，以及对不同风险等级的产品施行不同程度的管理的原则，对第二、第三类产品需要实行技术审评与行政审批相对分开的方式，技术审评由相对独立的机构承担，行政审批由注册主管部门负责。

（一）境内第一类医疗器械注册程序（设区的市局负责）

1. 申请企业需做的前期工作

（1）制备适用的产品标准：可使用国家标准、行业标准或编制注册产品标准，按标准审查规定进行。

（2）注册产品性能自测：企业应按照适用的产品标准对产品进行全性能检测，并按可追溯性要求记录检测结果，做出产品性能自测报告。

（3）按医疗器械注册规定准备其他各项申请资料。

2. 申请受理 申请受理是审查时限规定的起点。受理环节主要完成资料形式审查和办理受理手续等工作。

（1）资料形式审查：检查注册要求执行情况（包括产品范围、产品分类、单元划分等），审查资料完整性、齐全性和有效性。申请人需提交的资料如下：①境内医疗器械注册申请表。②医疗器械生产企业资格证明（营业执照副本）。③适用的产品标准及说明：采用国家标准、行业标准作为产品的适用标准的，应当提交所采纳的国家标准、行业标准的文本；注册产品标准应当由生产企业签章。生产企业应当提供所申请产品符合国家标准、行业标准的声明,生产企业承担产品上市后的质量责任的声明以及有关产品型号、规格划分的说明。"签章"是指:企业盖章,或者其法定代表人、负责人签名加企业盖章。④产品全性能检测报告。⑤企业生产产品的现有资源条件及质量管理能力(含检测手段)的说明。⑥医疗器械说明书。⑦所提交材料真实性的自我保证声明:包括所提交材料的清单、生产企业承担法律责任的承诺。

(2)办理受理登记手续。

3. 资料核查

(1)复核产品分类是否正确。

(2)审查企业自测报告中的技术指标是否符合标准中的要求。

(3)审查产品使用说明书的内容是否超出标准范围。

4. 行政审批 由注册主管部门审核批准。

5. 制发注册证 注册批准后,编排注册号,按照审查认定的结论制作注册证,由受理部门向申请人发放。

(二)境内第二类、第三类医疗器械注册程序(省级局、国家局分别负责)

1. 申请企业需做的前期工作

(1)制备适用的产品标准:可使用国家标准、行业标准或编制注册产品标准,按标准审查规定进行。

(2)注册产品检测:依据适用的产品标准,除自检以外,还需按照检测规定在相应的检测机构对产品进行注册检测,取得注册检测报告。

(3)临床试验:按照医疗器械临床试验的规定要求进行。

(4)生产质量体系考核:依据生产质量体系考核办法进行,已取得按规定可以认可的有效质量体系认证证书的可免予考核。

(5)按医疗器械注册规定准备其他各项申请资料。

2. 申请受理

(1)资料形式审查:检查注册要求执行的正确性(包括:产品范围、产品分类、单元划分、检测单位资格等),检查资料的完整性、齐全性和有效性。申请人需提交的资料如下:①境内医疗器械注册申请表。②医疗器械生产企业资格证明:包括生产企业许可证、营业执照副本,并且所申请产品应当在生产企业许可证核定的生产范围之内。③产品技术报告:至少应当包括技术指标或者主要性能要求的确定依据等内容。④安全风险分析报告:按照YY0316《医疗器械风险分析》标准的要求编制。应当有能量危害、生物学危害、环境危害、有关使用的危害和由功能失效、维护不周及老化引起的危害等五个方面的分析以及相应的防范措施。⑤适用的产品标准及说明:采用国家标准、行业标准作为产品的适用标准的,应当提交所采纳的国家标准、行业标准的文本;注册产品标准应当由生产企业签章。生产企业应当提供所申请产品符合国家标准、行业标准的声明,生产企业承担产品上市后的质量责任的声明以及有关产品型号、规格划分的说明。⑥产品性能自测报告:产品性能自测项目为注册产品标准中规定的出厂检测项目,应当有主检人或者主检负责人、审核人签字。执行国家标准、行业标准的,生产企业应当补充自定的出厂检测项目。⑦医疗器械检测机构出具的产品注册检测报告:需要进行临床试验的医疗器械,应当提交临床试验开始前半年内由医疗器械检测机构出具的检测报告。不需要进行临床试验的医疗器械,应当提交注册受理前 1 年内由医疗器械检测机构出具的检测报告。执行《注册办法》第十一条、第十二条、第十三条、第十四条的规定的,应当提供相应的说明文件。⑧医疗器械临床试验资料(具体提交方式见《注册办法》附件 12)。⑨医疗器械说明书。⑩产品生产质量体系考核(认证)的有效证明文件——根据对不同产品的要求,提供相应的质量体系考核报告:a. 省、自治区、直辖市(食品)药品监督管理部门签章的、在有效期之内的体系考核报告;b. 医疗器械生产质量管理规范检查报告或者医疗器械质量体系认证证书;c. 国家已经实施生产实施细则的,提交实施细则检查验收报告。

所提交材料真实性的自我保证声明:包括所提交材料的清单、生产企业承担法律责任的承诺。

(2) 办理登记受理手续。

3. 技术审评　技术审评围绕产品是否达到可接受的风险控制水平进行。技术审评由技术审评机构的专业审查人员进行。审评结束后,技术审评部门出具技术审评报告,做出技术审评合格或不合格的结论。对不合格的,应说明原因。对合格的,应该确认"注册登记表"和产品说明书的内容。

(1) 技术审评基本内容:复核注册申报资料的准确性,复核或审查标准,审查检测报告,审查临床试验报告,审查产品使用说明书,审核生产质量体系考核报告或认证证书。

(2) 补充资料和专家评审:①审评过程中需要企业修改和补充资料由技术审评部门填写书面的通知书,通过受理部门通知企业。自通知书发出之日起,注册审查时限中断,资料补充以后,时限继续计算。②审评中对首次进入市场的、申报资料不能准确全面反应安全性和有效性、技术审评部门认为应进一步论证的产品,召开专家评审会。

4. 行政审批　由注册主管部门审核批准。

(1) 注册主管部门对技术审评后的资料进行审阅,如对审查结论有疑问,可要求技术审评部门解释。必要时可要求技术审评部门重新审查。

(2) 注册主管部门审阅后提出意见,作出是否同意注册的结论。

5. 制发注册证　注册批准后,编排注册号,按照审查认定的结论制作注册证,由受理部门向申请人发放。

(三)境外医疗器械注册程序(国家局负责)

1. 申请企业需做的前期工作

(1) 制备适用的产品标准:可使用中国国家标准、行业标准或编制注册产品标准,按标准审查规定进行。

(2) 注册产品检测:依据适用的产品标准,按照检测规定在相应的检测机构对产品进行注册检测,取得注册检测报告。

(3) 临床试验:按照医疗器械临床试验的规定要求进行。

(4) 确定生产企业在中国境内的代理人、产品售后服务机构,必要时确定在中国境内的注册申报代理机构。

(5) 按医疗器械注册规定准备其他各项申请资料。

2. 申请受理

(1) 资料形式审查:检查注册要求执行的正确性(包括:产品范围、产品分类、单元划分、检测单位资格等),检查资料的完整性、齐全性和有效性。申请人需提交的资料如下:①境外医疗器械注册申请表。②医疗器械生产企业资格证明。③申报者的营业执照副本和生产企业授予的代理注册的委托书。④境外政府医疗器械主管部门批准或者认可的该产品作为医疗器械进入该国(地区)市场的证明文件。⑤适用的产品标准:采用中国国家标准、行业标准作为产品的适用标准的,应当提交所采纳的中国国家标准、行业标准的文本;注册产品标准应当由生产企业或其在中国的代表处签章或者生产企业委托起草标准的单位签章。生产企业委托起草标准的委托书中应当注明"产品质量由生产企业负责"。生产企业应当提供所申请产品符合中国国家标准、行业标准的声明,生产企业承担产品上市后的质量责任的声明以及有关产品型号、规格划分的说明。"签章"是指:组织机构盖章,或者其法定代表人、负责人签名,或者签名加盖章。⑥医疗器械说明书:第二类、第三类医疗器械说明书应当由生产企业或其在中国的代表处签章,第一类医疗器械说明书可以不签章。⑦医疗器械检测机构出具的产品注册检测报告(适用于第二类、第三类医疗器械):需要进行临床试验的医疗器械,应当提交临床试验开始前半年内由医疗器械检测机构出具的检测报告。不需要进行临床试验的医疗器械,应当提交注册受理前1年内由医疗器械检测机构出具的检测报告。执行《注册办法》第十一条、第十二条、第十三条、第十四条的规定的,应当提供相应的说明文件。执行《注册办法》第十五条的,生产企业应当提出暂缓检测申请。申请中应当保证在中国境内首台产品投入使用前必须完成注册检测。⑧医疗器械临床试验资料(具体提交方式见《注册办法》附件12)。⑨生产企业出具的产品质量保证书:应当保证在中国注册销售、使用的产品同境外政府医疗器械主管部门批准上市的相同产品的质量完全一致。⑩生产企业在中国指定代理人的委托书、代理人的承诺书及营业执照或者机构登记证明:代理人的承诺书所承诺的内容应当与生产企业委托书中委托的事宜一致。代理人还应当在承诺书中承诺负责报告医疗器械不良事件,并负责与(食品)药品监督管理部门联系。

在中国指定售后服务机构的委托书、受委托机构的承诺书及资格证明文件:售后服务委托书应当由生产企业出具,委托书应当载明产品的名称,多层委托时,每层委托机构均需提供生产企业的认可文件。售后服务机构的承诺书所承诺的内容应当与委托书中委托的事宜一致。售后服务机构的资格证明文件为营业执照(其经营范围应当有相应的技术服务项目)或者生产企业在华机构的登记证明。

所提交材料真实性的自我保证声明:应当由生产企业或其在中国的代表处出具,声明中应当列出提交材料的清单,并包括对承担法律责任的承诺。

以上各项文件均应当有中文本。第②项、第④项证明文件可以是复印件,但需经原出证机关签章或者经当地公证机构公证;除《注册办法》另有规定外,其他文件应当提交由生产企业或其在中国的办事处或者代表处签章的原件。

(2) 办理登记受理手续。

3. 技术审评 技术审评围绕产品是否达到可接受的风险控制水平进行。技术审评由技术审评机构的专业审评人员进行。审评结束后,技术审评部门出具技术审评报告,作出技术审评合格或不合格的结论。对不合格的,应说明原因。对合格的,应该确认"注册登记表"和产品说明书的内容。

(1) 技术审评基本内容:复核注册申报资料的准确性,复核或审查标准,审查检测报告,审查临床试验报告,审查产品使用说明书。

(2) 补充资料和专家评审:①审评过程中需要企业修改和补充资料由技术审评部门填

写书面的通知书,通过受理部门通知企业。自通知书发出之日起,注册审查时限中断,资料补充以后,时限继续计算。②审评中对首次进入市场的、申报资料不能准确全面反应安全性和有效性、技术审评部门认为应进一步论证的产品,召开专家评审会。

4. 生产质量体系现场审查　依据境外医疗器械生产质量体系审查规定,对需要进行境外生产质量体系现场审查的产品,由注册主管部门安排审查。

(1) 在申报材料技术审评结束后的 20 个工作日内,将进行体系审查的安排通知申请人,一般情况下于三个月内执行体系审查。自申报材料的技术审评结束起至完成生产质量体系现场审查为止的期间,不计入注册审批时限。

(2) 如果因注册主管部门的原因不能在规定时间内安排体系审查,则先依据技术审评过的申报材料及技术审评报告进入下一步审核批准程序,直至批准、发证。审批部门保留进行现场质量体系审查的权力,并尽可能早日安排体系审查。申请单位在接到体系审查通知时,应予以配合,安排行程,尽可能早日实施体系审查。体系审查不合格的,撤销已颁发的注册证。

5. 行政审批　由注册主管部门审核批准。

(1) 注册主管部门对技术审评后的资料进行审阅,如对审查结论有疑问,可要求技术审评部门解释。必要时可要求技术审评部门重新审查。

(2) 注册主管部门审阅后提出意见,做出是否同意注册的结论。

6. 制发注册证　注册批准后,编排注册号,按照审查认定的结论制作注册证,由受理部门向申请人发放。

六、重要事项说明

(一) 注册单元划分

医疗器械产品的注册单元原则上以技术结构、性能指标和预期用途为划分依据。
(1) 产品适用标准相同。
(2) 产品结构、主要部件、关键零件基本一致;如有改变,变化部分不影响安全设计和风险控制要求。

(二) 部件与整机注册

以整机注册的医疗器械,申请注册时应当列出其主要配置。主要配置部件性能规格发生改变,整机应当重新注册。

以整机注册的医疗器械,其医疗器械注册登记表中的"产品性能结构及组成"栏内所列出的部件在不改变组合形式和预期用途的情况下单独销售的,可以免予单独注册。

(三) 到期重新注册

医疗器械注册证有效期届满,需要继续销售医疗器械的,应按规定办理重新注册。重新注册申请应提前 6 个月提交。

(四) 变更重新注册

已注册产品技术内容改变,应办理变更重新注册。需要办理变更重新注册的情形如下：

1. 生产者意图的改变 包括生产场地变化、涉及技术指标变化的产品升级、增加或改变产品规格或型号、改变性能结构及组成、注册产品标准技术内容改变、增加和改变适用范围等。

2. 国家强制性改变 包括产品管理类别发生变化、国家强制性标准的实施或变化等。

（五）注册证变更

已注册产品技术内容不变，但生产者欲对医疗器械注册证载明内容做文字性更改，所更改内容不影响注册时进行过的安全性有效性审查的继续有效的，应当办理医疗器械注册证变更。需要办理注册证变更的情形如下：

生产企业实体不变，企业名称改变；生产企业注册地址改变；生产场地地址的文字性改变；产品名称、商品名称的文字性改变；型号、规格的文字性改变；产品标准的名称或代号的文字性改变；代理人改变；售后服务机构改变。

（六）药械组合产品的审批原则

（1）严格掌握药与器械的界限，药物起主要作用的产品，须按药品审批注册。确实是器械起主要作用的含药产品，方能按医疗器械注册。

（2）药与器械都是特殊管理的产品，因而组合产品中的药、械两部分都不能回避各自作为单独产品所应接受的审查内容。医疗器械注册部门应与药品审查专业人员共同研究、审查该类产品。审查的主要方面：①医疗器械的常规注册审查内容；②药品的常规注册审查内容；③药械结合机制的特殊审查内容——结合会否产生任何未知反应？对人体会否有预期作用之外的任何其他作用发生？

（七）体外诊断试剂的管理划分

（1）2001—2007年间先后以是否"随机联用"和是否属于"生物诊断试剂"为划分依据，分别按药品和医疗器械注册管理。

（2）2007年4月发布新的规定：除国家法定用于血源筛查的体外诊断试剂及采用放射性核素标记的体外诊断试剂产品外，其他体外诊断试剂产品均按医疗器械注册管理。

第三节　生产质量体系管理

医疗器械质量管理体系（以下简称质量体系）法规是医疗器械监督管理体系的重要组成部分，也是医疗器械生产企业持续、稳定地提供符合设计要求和质量合格产品的根本保证。在全球医疗器械监管重点从上市前审批向上市后监督、从最终产品质量控制向生产企业全过程监督转移的大趋势下，加快建立和完善医疗器械生产企业质量体系法规对于保障医疗器械安全、有效具有特别重要的现实意义。本文拟对国内外医疗器械质量体系法规情况进行简要分析，并对我国相关问题进行初步讨论。

一、建立和完善医疗器械质量体系法规的重要意义

质量体系是指在质量方面指挥和控制组织的管理体系,包括为实施质量管理而设置的组织结构、职责、程序、过程和资源等,其目的是帮助组织增强持续提供满足顾客要求的产品的能力。

国际上发达国家的成功实践表明,医疗器械监督管理的措施主要由上市前审查、上市后监测和质量体系监管三部分组成。总体上说,医疗器械质量体系管理是目前我国医疗器械监督管理体系中的薄弱环节。近年来,我国医疗器械产业迅猛发展,高科技产品、学科交叉产品不断面市,越来越多医疗器械产品的风险难以单靠设计审查和最终产品质量检验的方法得到控制。建立和完善医疗器械质量体系法规,可以不断完善整个监督管理体系,提高监督管理水平,进一步统一和提高对医疗器械准入和日常监督检查的标准,从而更好地保障上市医疗器械产品的安全、有效。

对于医疗器械生产企业来讲,医疗器械质量体系是控制医疗器械在各个环节可能发生质量事故及其他安全隐患因素的根本保障。医疗器械产品的源头在生产企业,在合格的质量体系下必然可以向社会提供合格的产品,而在不合格的质量体系下生产出来的产品,即使最终质量检验合格,仍然可能存在安全隐患。完善的质量体系法规,可以指导生产企业加强企业内部规范管理,提高质量管理水平;同时,也可以促进医疗器械生产企业在市场经济条件下优胜劣汰,保障医疗器械产业健康发展。

从我国医疗器械行业发展的现状来看,目前不仅企业数量众多、良莠不齐,某些企业质量体系不能有效运行,导致上市产品质量不合格甚至直接造成人体严重伤害,已经给产品质量和人身安全带来隐患。这些情况,充分显示出加快全面建立和完善医疗器械质量体系管理法规的重要性和迫切性。

二、我国医疗器械生产企业质量体系法规的进展

我国在医疗器械质量体系法规建设方面的进程,是与整个医疗器械监管的发展进程相一致的。自 2000 年国务院颁布实施《医疗器械监督管理条例》以来,国家药品监督管理局(SDA)和国家食品药品监督管理局(SFDA)借鉴国际标准和其他国家经验,并充分考虑我国行业发展实际,先后制定颁布了一系列质量体系方面的要求。

2000 年 5 月,SDA 制定发布了《医疗器械生产企业质量体系考核办法》,用于对申请第二类、第三类医疗器械准产注册企业的审查及对企业的定期审查。该办法从管理职责、设计控制、采购控制、过程控制、产品检验和试验等方面分别提出了一些质量管理的基本要求,并要求企业在通过考核后进行定期自查,同时接受药品监督管理部门的监督检查。生产企业在通过考核后,考核部门向其出具《医疗器械生产企业质量体系考核报告》,作为企业申报准产注册必须提交的材料之一。

2001 年 6 月,SDA 发布了《一次性使用无菌医疗器械产品(注、输器具)生产实施细则(修订)》,用于部分一次性使用无菌医疗器械生产企业申请生产企业许可证和产品注册证及换证复查、监督检查、年检对企业生产条件的检查评定。该细则对生产企业条件的检查评定划分为质量管理方式,生产环境、设施、布局,设备、工装、工位器具,采购与库房管理,

技术文件管理,生产过程管理,质量保证和质量控制,销售服务等 8 个方面、34 个条款,共设置 156 个检查项目,其中记录检查项 11 个、重点检查项 24 个、一般检查项 121 个,并制定了检查程序、工作纪律、评分方法和合格标准。鉴于当时一次性输注器具产品生产秩序的实际情况,细则中还提出了一些企业必须达到的硬件要求,例如 3.3.2 规定"企业生产产品的主要注、挤、吹塑件均应在本厂内生产;重要零、组件应在本厂区 10 万级洁净区内生产,其中与药(血)液直接接触的零、组件和保护套的生产、末道精洗、装配、初包装等工序,必须在本厂区同一建筑体的 10 万级洁净区内进行"。参照该实施细则的做法,在总结经验的基础上,SDA 于 2002 年 12 月又发布了《外科植入物生产实施细则》和《一次性使用麻醉穿刺包生产实施细则》。以上"生产实施细则"的发布实施,对于加强这些产品的质量体系控制,提高产品质量,限制部分小企业的低水平重复和恶性竞争,推动企业扩大生产规模、提高管理水平,规范市场秩序,发挥了重要作用。

随着我国体外诊断试剂管理模式的调整和《体外诊断试剂注册管理办法》等规范性文件的出台,2007 年 4 月 SFDA 发布了《体外诊断试剂质量理是体系考核实施规定(试行)》、《体外诊断试剂生产施细则(试行)》和《体外诊断试剂生产企业质量管理体系考核评定标准(试行)》,要求体外诊断试剂生产企业必须按照"实施细则"的要求建立质量体系并保持有效运行,药品监督管理部门依法对其进行监督检查。其中,第一类产品由企业自行核查并保存记录备查;第二、三类产品在申请首次注册、重新注册时,在企业自查的基础上由药品监管部门组织考核。"实施规定"中明确了生产企业提出考核申请、监管部门进行资料审查、现场审查、产品抽验等具体规定。在"考核评定标准"中,按照"实施细则"中 10 个方面的要求,分解为 156 个考核要点,其中重点项 39 个、一般项 117 个,并分别制定了"通过考核"、"未通过考核"、"整改后复核"的评定标准。

对于在境外生产的进口医疗器械,则根据医疗器械注册管理的规定,按照《境外医疗器械生产企业质量体系审查实施规定》进行质量体系考核。

在总结现有医疗器械质量体系要求及实施经验的基础上,SFDA 于 2004 年 3 月启动了"医疗器械生产企业质量管理体系规范"(QSR/GMP)的起草工作,这是全面完善我国医疗器械监督管理体系,提高我国医疗器械质量体系管理水平的一项长远性、全局性的措施。我国医疗器械 QSR 将紧密结合我国医疗器械监管法规和生产企业现状,借鉴发达国家实施医疗器械质量体系管理和我国实施药品 GMP 管理的经验,体现与国际先进水平接轨的总体思路。具体体现以下原则:①以医疗器械行业标准《医疗器械-质量管理体系-用于法规的要求》(YY/T 0287-2003)作为基本内容和基础性指导文件;②充分融入我国现有医疗器械监管法规(包括有关国家标准和行业标准);③覆盖医疗器械设计开发、生产、安装、销售和服务的全过程。在广泛征求意见的基础上,形成了《医疗器械生产企业质量管理体系规范》、《医疗器械生产企业质量管理体系规范无菌医疗器械实施细则》、《医疗器械生产企业质量管理体系规范植入性医疗器械实施细则》、《医疗器械生产企业质量管理体系规范无菌医疗器械检查指南》和《医疗器械生产企业质量管理体系规范植入性医疗器械检查指南》5 个试点用文本,并在北京、上海、江苏、浙江等 8 个省(市)选择 51 家生产企业开展了试点工作。目前试点工作已经结束,正在根据试点情况组织进一步修改,计划在 2007 年年底前发布并陆续实施。对于其他各类别的医疗器械,按照"深入研究、总体规划、精心部署、分步实施、稳步推进"的原则,将继续组织分类制定相应的"实施指南"和"检查指南",并分阶段实施。

三、关于我国医疗器械质量体系法规的几点思考

（一）质量体系法规的基本构成

医疗器械质量体系法规应由行政性规定和技术性规定两部分组成。"行政性规定"是指《医疗器械质量体系检查管理办法》以及其他程序性规定，明确监管部门及生产企业在贯彻实施质量体系规范中的职责、程序、步骤、时限等内容。"技术性规定"是指在质量体系规范中规定的具体要求。我国正在制定中的"医疗器械质量体系规范"从本质上讲是技术性规范，可由以下层次组成："医疗器械生产企业质量管理体系规范"是医疗器械企业生产医疗器械产品需建立的质量体系的总体要求；各类"医疗器械生产企业质量管理体系规范实施细则"是针对某一类别医疗器械的具体实施要求，可根据质量体系的特点和产品风险程度的不同分类制定；各类"医疗器械生产企业质量管理体系规范检查指南"是按照各项体系要素对质量控制的影响程度，为检查员制定的现场检查和合格评定的基本标准，包括对"实施细则"中特定条款的把握要点、合格评定标准等。国际质量体系管理的基本思想是应允许企业采用不同的"过程"，重要的是看其"结果"及其有效性。因此，在"规范"制定过程中，要注意把握好条款的"粗"与"细"、"刚性"与"弹性"的关系；特别是"检查指南"，其本意是尽可能统一现场检查的评定尺度，保证检查结果的公平、公正，但必须注意避免出现教条化和形式化的僵化倾向。

（二）质量体系法规的法律定位

医疗器械生产企业质量体系法规是保证医疗器械安全、有效的基本措施，是医疗器械产品及生产企业市场准入的强制性要求，同时也是药品监管部门对生产企业进行监督检查的依据。因本法规可能构成对公民及法人从事某种活动的限制，所以应该取得法律或行政法规的授权。在取得授权后，作为对重大事项的规定，其主要原则应以部门规章加以确定。目前，可将其主要定位为医疗器械注册的前置要求和许可条件，并在修订《医疗器械监督管理条例》或制定《医疗器械管理法》时进一步明确后，再全面理顺。

（三）质量体系规范的实施主体

生产企业是保证医疗器械安全、有效的第一责任人。医疗器械质量体系规范的实施主体是生产企业，生产企业负有建立和完善与其所生产医疗器械产品相适应的质量体系并保持有效运行的永久责任。监管部门的职责是为了更好地保障公众健康，基于人类的认识水平拟定保障医疗器械安全的基本要求，并对生产企业执行情况进行监督检查。从某种意义上讲，监管部门对企业质量体系的监督检查永远是抽查性的，其结果只能是对所发现的"不符合项"内容负责，无法确定全部运行情况，特别是在监督检查期间之外的情况。质量体系是根据产品特点由生产企业建立的，相关法律责任由生产企业承担，所以"规范"的名称无论是"医疗器械生产企业质量管理体系规范"，还是"医疗器械质量管理体系规范"，都不会改变其实质和内涵。

（四）质量体系检查与行政许可的关系

目前，在医疗器械监管中存在医疗器械产品注册和医疗器械生产企业许可两项行政许

可,并且均已经将通过"质量体系考核"作为其必要条件,形成事实上的三种许可,应该按照行政审批制度改革的精神予以精简。从国际上多数发达国家的情况看,将这三个方面的功能进行有机组合合并成为一个许可事项应该是可行的,并且符合总体发展方向。然而,从我国医疗器械行业的发展状况,特别是全国医疗器械分级监管的体制来看,笔者认为目前分设为两种许可事项将更加有利于对医疗器械的有效监管,即在生产企业取得《营业执照》后进行生产前准备,经质量体系检查合格后由省级局发给"质量体系合格证"或"生产许可证",然后生产企业再申请产品注册。从申请产品注册到正式生产之后,监管部门依法对其质量体系情况进行监督检查,包括首次检查、监督检查、特别检查和突击检查等类型。如果在获得许可后企业质量体系运行出现严重问题,监管部门依法进行处理。

(五)质量体系规范与其他法规和标准的关系

在医疗器械监管方面,针对研究、生产、流通、使用等环节已经或正在制定许多相应的法规和强制性标准,如《医疗器械标准管理办法》、《医疗器械说明书、标签和包装标识管理规定》、《医疗器械临床试验管理规定》、《医疗器械召回管理办法》、《医疗器械不良事件监测管理办法》等。质量体系规范虽然涵盖了设计开发、生产销售、安装和售后服务等全过程,但与这些法规并不形成交叉和重叠,更无法相互替代。恰恰相反,正是质量体系规范可以使这些规定中与生产企业有关的内容得到充分贯彻和有效实施。以不良事件监测为例,"不良事件监测管理办法"中规定了不良事件的定义、管理职责、上报范围、上报程序、报告时限和法律责任等内容,"质量体系规范"则要求生产企业应当开发、保持和实施书面程序,按照法规要求建立不良事件监测的程序文件,明确不良事件管理人员及其职责,建立具体产品不良事件的收集方法、报告原则和上报程序,同时必须保持开展不良事件监测工作的记录,并建立相关档案。

(六)第一类医疗器械的质量体系问题

第一类医疗器械是通过常规管理可以保证其安全性、有效性的产品,但与其他普通工业产品相比仍然是存在风险并必须得到有效控制的。在现行医疗器械监管法规中,无论医疗器械注册,还是医疗器械生产企业许可审批,都没有提出企业必须提供由监管部门完成的"质量体系考核报告"的要求,但这并不意味着第一类医疗器械生产企业不需要建立质量体系。笔者认为,建立并运行与所生产产品特点相适应的质量体系是生产企业的责任,是保障医疗器械安全的必要措施,企业应通过内部定期自查来保证体系运行的有效性并保持记录,监管部门则依法对其进行监督检查,不符合要求的则依法进行处理。从法规建设角度来说,应在行政性规定中对此进一步做出明确规定,同时在正在制定的"质量体系规范"中提出针对第一类医疗器械的质量体系的技术要求。

(七)质量体系检查员队伍建设问题

利用第三方中介组织开展质量体系现场检查等技术工作,可以有效节省政府资源,并有利于打破行政垄断地位,也已有其他国家的一些成功经验可循。但是,无论从医疗器械质量体系规范本身的发展历程,还是从中国目前中介机构自身的发展状况来看,都还需要一个成长培育期。笔者认为,在目前阶段,质量体系检查工作仍应由药品监管部门牵头,以各级药品监管部门及其事业单位人员为主,吸收其他部门和技术组织的专家统一建立检查员队伍和检查员数据库,承担现场检查工作。对检查员队伍要经过充分培训,考核合格后见习上岗,积累一定经验后方可独立工作。对现场检查的实施效果,监管部门要建立抽查考评制度。检查员要实现各有专长,不同地区做到人员共享。与此同时,要积极培育中介组织,在条件成熟时逐步开放。

(八) 新的质量体系规范与现行质量体系要求的关系

如前文所述,我国医疗器械质量体系法规仍处于发展完善中。目前已经发布实施的《医疗器械生产企业质量体系考核办法》、《一次性使用无菌医疗器械产品(注、输器具)生产实施细则》等均属于相应类别的现行质量体系要求,在新的"规范"发布前应按照规定继续执行。随着新的医疗器械质量体系规范及其实施细则分类制定颁布实施,原有规定陆续废止,并执行新的要求。可以预计,一个经过统筹规划的、与国际基本协调一致的、比较系统的质量体系规范不久即将面世。

(九) 质量体系规范与 YY/T 0287 质量体系标准的关系

质量体系规范是以法规形式发布的强制性要求,也是市场准入的最低门槛;而 YY/T0287 标准是推荐性的行业标准,由企业自愿采用,不是必须达到的要求。在内容方面,质量体系规范虽然以 YY/T0287 为基本参考,但采用了法规所习用的语言和体例格式,并突出了我国有关法规的具体要求,特别是在"实施细则"中又根据各类产品制定了更加详细具体的规定。在 YY/T0287 中的一些条款,例如"顾客财产"、"让步放行"等内容,因为与政府监管目标没有直接联系或不符合我国法规要求,在质量体系规范中没有体现。

(十) 质量体系检查与 YY/T 0287 质量体系认证的关系

医疗器械质量体系检查是法规规定的保证医疗器械安全的监管措施,药品监管部门必须履行其法定职责,生产企业也必须接受检查。质量体系认证则是为证明其对 YY/T0287 等质量体系标准的符合性,由生产企业自愿提出申请并由具备资格的认证机构开展的合格评定活动。因此,它们之间不存在互相替代、互相排斥的关系。质量体系检查在本质上是政府代表公众利益实施的第二方审查,而质量体系认证则是独立的第三方审查。监管部门应支持企业建立更高水平的质量体系,鼓励企业贯彻各类相关标准并通过认证来表明其质量体系的符合性,而认证机构也可以通过自己的工作水准和标准本身的国际性来谋求本机构的品牌及国际认可度。事实上,近年来一些医疗器械生产企业向第三方认证机构自愿申请根据 YY/T 0287 等标准进行的质量体系认证,不仅提高了自身的管理水平,也为我国药品监管部门依法实施监督管理提供了重要参考。

第四节　医疗器械上市后管理

医疗器械在设计和生产过程中,由于受技术条件、认知水平和工艺等限制,加之上市前的研究、验证不足,将不可避免地存在缺陷,同时,由于器械在应用过程中的性能退化、故障损坏、操作不当或错误使用等,进一步增加了器械的临床风险,并导致器械相关医疗事故的发生。为了减少这一风险,国家应该加强上市前的准入管理和上市后的监督,医院应该加强器械的临床准入管理以及操作人员和医学工程保障人员的准入管理,并将医疗器械应用纳入医疗质量管理,构建涵盖医疗器械采购、临床使用和医学工程保障等各相关部门的质量管理体系,从而确保医患安全,促进医院综合效益的提高。

生物医学工程学(Biomedical Engineering,BME)是一门新兴的、多学科交叉型、综合性一级学科,近60年来,由于BME技术的蓬勃发展彻底改变了传统医学的面貌和诊治模式,极大地促进了医学的进步和发展,使疾病的早期诊断、治疗、康复和危重病人救治的成功率大幅度提高,所以,大多数人只看到了其积极的一面,而对其潜在风险和临床应用质量问题缺乏认知。事实上,医疗器械无论是在设计、生产过程中,还是投入市场、进入医院临床使用后,都不可避免地存在风险并导致医疗事故。医疗器械安全性和应用质量是医疗质量管理的重要组成部分,长期以来却一直被忽视。随着一些突发事件和器械相关医疗事故的不断发生,国家卫生部开始重视医疗器械的安全性和质量问题,药品食品监督管理局开始强化器械上市前和上市后的监督,厂家也越来越重视器械在设计、生产和销售过程中的质量和品牌问题,而国内大部分医院在医疗器械风险管理和事故防范方面,尚属空白。

一、医疗器械风险来源分析

(一)设计生产方面存在的缺陷

医疗器械在设计过程中,由于受技术条件、认知水平和工艺等因素限制,不同程度地存在着设计目的单纯、考虑单一、设计与临床实际不匹配、应用定位模糊等问题,造成难以回避的设计缺陷。同时,由于许多材料源于工业,将不可避免地要面临着生物相容性、放射性、微生物污染、化学物质残留、降解等实际问题的考验;并且无论是材料选择,还是临床应用,在技术和使用环境方面的跨度都非常大;而人体自身也承受着多种内、外部环境的影响。而更多的化学材料,其人体安全性的评价,往往不是短时间内能够完成的。在生产过程中,材料、元器件的筛选和老练,生产设备、工艺或装配过程的质量控制,生产与设计要求的一致性保证,环境条件控制,后处理及包装、储运等不可控因素引入的风险等,此外,产品标签和使用说明书中可能存在错误或缺欠带来的风险等。因此,国家要求器械厂家在产品设计和生产过程中,要建立质量管理体系,对生产的各个环节和诸多要素都要加强质量控制和质量保证。

(二)上市前研究验证的局限性

医疗器械和药品一样,在上市前是由国家统一实行注册审批制度,对其安全性、有效性以及质量进行评价,以便尽可能地克服设计和生产缺陷。其安全性评价包括物理评价、化学评价、生物学评价和临床评价。物理评价相对明确、客观、易掌握与操作,化学评价一般体现在对材料中的残留单体、有害金属元素、各种添加剂等进行规范,理化评价存在的局限性需要通过生物和临床评价进行弥补。在生物学评价过程中,由于存在大量不可控制因素,使生物学评价虽然已经能够达到器官、组织、细胞甚至分子水平,但仍然有残留物或降解产物释放等无法确定和控制的现象存在。另外,由于动物实验模型与人体反应的差异,加之人体的个体差异,使生物学评价阶段的动物实验也存在一定的局限性。所以,医疗器械必然要有临床评价阶段。国际标准化组织技术委员会(ISO/TC 210)把医疗器械的生物学评价和临床评价分别定为"设计验证"和"设计确认"两个不同的阶段。但受伦理、道德、法规、社会因素的限制,临床试验仍存在着一些缺陷、不足,主要体现在:时间太短、例数太少、对象太窄、针对性太强,而且与临床应用容易脱节、临床定位也不够准确。

(三)临床应用风险和使用错误

在器械临床应用过程中,一些风险性比较大的Ⅲ类器械和急救医疗设备,如人工心脏瓣膜、血管内支架和呼吸机等在使用过程中的临床风险相对高一些,包括手术操作过程、与其他器械协同、应用人群特性、医生对新器械熟知程度或操作水平等。美国医疗产业促进会(Association for the Advancement of Medical Instrumentation,AAMI)指出,每年器械不良事件报告的 8000 多例中,有 1/3 属于使用问题。此外,一些医院还存在过度装备和设备滥用现象,例如近年来在放疗方面出现了伽马刀、X 刀、诺力刀、赛博刀、中子刀、质子刀和重离子治疗等不少新技术,用于肿瘤常规放疗、三维适形放疗(普遍使用)或立体定向放疗。由于在技术上概念不清及经济利益的驱动,在一些单位和地区出现了伽马刀、X 刀等立体定向放疗技术滥用的情况,不仅浪费了患者大量资金,而且未达到治疗目的甚至是带来了严重后果。所以,放射治疗技术的应用需要医院培养一批技术和临床经验丰富的放射肿瘤学专家来支撑。

(四)器械性能退化、故障或损坏

医疗设备安装或投入临床后,并不能一劳永逸,需要不断投入人力、物力资源,始终维持其运行环境条件,以保证其效能的发挥。前期采购投入只是冰山一角,如后期保障条件不到位,就会引起设备物理性能退化、故障或损坏。设备带病工作是风险的一大来源,尤其是无专职医学工程人员做设备质量控制的医院,设备带病工作即伤害了病人,也影响了医院的效益和品牌,所以,医疗设备的预防性维护、维修、计量与质量控制非常重要,医院需要一批高水平的医学工程人员,但近年来,医院医工部门萎缩,人员青黄不接。而美国医院医工部门的保障活动完全围绕着病人的安全进行,其采购、验收、预防性维护、检测、修理、校准等完全从临床风险的角度分析、计划和组织实施。从人员比例看,美国医院医学工程人员约占其医疗卫生技术人员的 15%～20%(临床工程师、物理师、放射工程师、信息工程师和技师),而国内三甲医院的比例不到 1%～3%,差距明显。所以,先进医疗设备的大量运用和普及同样需要一批高水平的、临床工程经验丰富的医学工程师队伍来支撑。

二、医疗器械不良事件监测

(一)器械不良事件的界定

医疗器械不良事件是指获准上市、合格的医疗器械在正常使用情况下,发生的或可能发生的任何与医疗器械预期使用效果无关的有害事件。"正常使用"是指医疗器械使用者在按照产品技术规范(没有误操作的情况发生)和符合其要求的条件下使用。"符合其要求的条件"是指满足了设备运行所需要的一切条件如电源、气源、环境条件等,且工程人员按说明书的要求对设备进行了维护或检测(证实设备的指标未偏离厂家声明的范畴)。在符合"正常使用"情况下,器械发生或可能发生故障或损坏或不能按照意愿达到所期望的功能(期望的功能是指按照企业在标签、产品说明书中提供的数据或资料所表明的功能)等都属于不良事件。在不良事件中,凡是可能或者已经导致患者死亡或严重伤害的事件都要按国家规定的程序和要求报告,其中严重伤害是指:①危及生命;②导致机体功能的永久性伤害或者机体结构的永久性损伤;③必须采取医疗措施才能避免永久性伤害或损伤。器械不良事件报告制度的实施,对规范国内器械生产、销售和使用管理,提高行业对器械风险的认知和控制能力以及行业整体水平具有重要意义。国家通过法规、制度和监测网络机构的建设形成一个能够系统地、连续地对上市后医疗器械的安全性和有效性进行监控的机制,可以有效弥补上市前医疗器械研究验证的不足。

(二)器械不良事件监测管理制度

国家为了加强对上市后医疗器械的监督管理,确保医疗器械使用的安全性、有效性,根据《医疗器械监督管理条例》国家食品药品监督管理局和卫生部联合制定了《医疗器械不良事件和再评价管理办法(试行)》(2008 年,国食药检械 766)。国家食品药品监督管理局主管全国医疗器械不良事件监测工作,省、自治区、直辖市食品药品监督管理部门主管本辖区内的医疗器械不良事件监测工作,各级卫生行政部门负责医疗、预防、保健机构中与实施医疗器械不良事件监测有关的管理工作。目前,国家三级监测机构网络已构建成型,各地区发生的器械不良事件得以报告,符合召回条件的器械亦被生产厂家召回,从而维护了医院和病人的利益。

(三)国内外器械不良事件监测情况

美国是最早立法管理医疗器械的国家。美国国会 1976 年推出《医疗器械修正案》,1990 年颁布了《医疗器械安全法令》(SMDA90),要求保护公众健康,并正式建立医疗器械不良事件监测报告制度。从 1992 到 2002 的 10 年间,美国食品药品监督管理局(Food and Drug Administration,FDA)共收到 40 多万件报告,其中死亡 6636 人。FDA 十分重视医疗器械上市后的监管,重视器械在临床使用中的安全和质量问题,而医院更加重视,否则,发生医疗事故的赔偿金额不菲。由于种种原因,即便是在法规较健全的美国,器械不良事件主动报告的案例也比较少,如 2000 年 FDA 全年共收到报告 92 000 余份,而主动报告仅 3000 余份,不足 3.3%。

器械不良事件监测程序包括事件的报告、汇集、分析、评价、反馈、处理六个环节。通过对发生模式的分析,获得事件发生涉及的人群、地区和时间分布等资料,判断事件的危害性,找出与器械有关的线索;通过对发生频率的测量,判断此类事件发生是罕见、少见,还是常见;通过对原因的分析,获得事件与制造方、使用方的相关性信息;通过对发生趋势的预测,获得事件随时间变化的发生频度,描述此类事件的发生是上升的趋势、下降的趋势还是持续出现。然后,综合以上 4 个方面的信息,界定事件性质和责任归属,形成处理决策,并反馈信息、责令改进或召回。

第五节　在用器械管理

一、医用材料管理

医用材料的管理包括管理质量体系审核各级质量责任制、质量否决制度、业务管理质量管理制度。首次管理品种的质量审核制度、质量验收-保管-养护-出库复核制度、效期医用材料、特殊管理器械和贵重器械管理制度、不合格医用材料管理及退货医用材料管理制度、质量事故报告-质量查询-质量投诉的管理制度、用户访问制度、质量信息管理制度、有关质量记录的管理制度、质量教育培训及考核管理制度等。

（一）质量方针和目标管理

抓好医疗器械的质量管理，是医院工作的重要环节，是提高医学保障业务和服务质量的关键，必须切实加强保障业务工作和服务的领导，不断提高全体员工的思想和业务素质，确保医用材料质量，提高服务质量。组织全体员工认真学习贯彻执行《医疗器械管理医院监督管理办法》《医疗器械分类细则》及《经济合同法》等法律法规和医院医学工程科规章制度，确保医疗器械医用材料质量，保障人民群众使用医疗器械安全有效。医疗器械管理必须认真贯彻国家的方针政策，满足医疗卫生发展的需求，坚持质量第一，依法管理，讲求实效的管理方针和营销策略；坚持为人民健康服务，为医疗卫生和计划生育服务，为灾情疫情，为工农业生产和科研服务的宗旨，树立"病患至上"的方针。建立完整的质量管理体系，抓好医用材料的质量验收，在库养护和出库复核等质量管理工作，做好在售后服务过程中用户对医用材料质量提出的查询、咨询意见的跟踪了解和分析研究。把医院医学工程科各环节的质量管理工作与部门经济效益挂钩。把责任分解到人头，哪个环节出现问题应追究个人和部门负责人的责任，实行逐级质量管理责任制。

（二）质量体系审核

为认真贯彻国家有关医疗器械质量管理法律、法规，制定医院医疗器械管理质量管理制度，并指导、督促制度的实施，医院实行医学工程科主任负责制，对器械质量管理工作全面负责，主任为第一责任人，分管副主任协助主任工作为第二责任人，医院器材库房主管为第三责任人，具体负责医院医用材料供应各环节的业务和质量工作。医院医学工程科设专门的质量管理机构——医学计量和检测室，行使质量检测职能。在医学工程内部对医疗器械质量具有裁决权，对器材库房的医用材料的质量管理进行指导、监督，对医用材料和设备的质量进行检测、判断、裁决。建立健全完整的质量管理体系，各部门负责人对本部门的医用材料质量、工作质量负责，各职能部门员工对本职岗位工作质量、服务质量和相关的医用材料质量负责，各环节的质量管理工作落实到人头。医学计量和测试室全面负责医院医学工程科各环节的质量管理具体工作，并负责定期对部门的质量管理工作和制度的执行情况进行检查、考核、评比，对达不到要求的部门负责人和责任人应追究责任，严肃处理并限期整改。

（三）各级质量责任制

医院的法定代表人对医院医学工程科所管理医用材料的质量负全面责任，主任为第一责任人，分管副主任为第二责任人，协助主任工作，负责安排、督促、检查、开展和实施。医院医学工程科医学计量和测试室主任为第三责任人，负责医院医学工程科来货，在库和退货医用材料的全面质量工作，按照医疗器械有关标准负责对医用材料质量进行检测、判断、裁决，对有关部门质量管理进行指导、监督，发现问题后及时向医院医学工程科反映，并提出可行的整改报告。

医院医学工程科医学计量和测试室负责医院医学工程科医疗器械医用材料质量验收、

抽检、检测等工作,负责质量监督和器械出入库质量管理工作,并负责医院医学工程科首次管理品种的质量审核。质量检验人员应严格按照法定的产品标准规定进行检验,判断产品的符合性,对检验差错及判断失误负责,对登记工作负责。为开展有针对性的质量把关为上级提供真实质量分析报告。

  质量验收人员负责按法定产品标准和合同规定的质量条款逐批批号进行外观验收;验收中发现的质量变化情况应及时填写信息传递反馈单给有关部门,定期对验收情况进行统计分析,并上报。业务部门主任应认真贯彻执行《医疗器械管理医院监督管理办法》和医疗器械医用材料质量管理有关法律法规。坚持质量第一的原则,从检测手段齐备,质量稳定可靠,具有法定资格的单位购进和补充货源,严禁从证照手续不齐的集贸市场购进。搞好质量跟踪调查,分析总结质量管理工作,确保医院医学工程科医用材料质量和工作质量。销售(业务)员负责医院医学工程科医用材料批发管理环节过程中的全部质量管理工作。熟悉医院医学工程科库存医用材料结构和医用材料质量情况,积极主动向销售对象宣传介绍医院医学工程科医用材料类型。随时了解掌握各自片区范围内的市场变化和质量信息及医患人员对医用材料质量的意见和要求,及时向主任汇报并反馈质检部门提出合理化建议,如医患人员对医用材料质量有不同意见,应配合有关人员进行妥善处理。采购员负责医疗器械医用材料的采购调入,是医院医学工程科医疗器械医用材料质量管理的第一关,必须严格把好,认真贯彻执行医疗器械医用材料质量的法律法规以及质量标准,树立质量第一的观念,按医院医学工程科管理情况有计划地组织货源。严格审查供货单位的法定资格,了解掌握供方的生产规模,检测手段,向质量可靠的单位按需购进,择优采购。营业员要严格执行医院医学工程科公开向社会开展全方位的承诺制度,维护医院医学工程科声誉,树立医院形象,营业人员对顾客应正确按医用材料性能、用途、用法、注意事项进行宣传,实事求是,不夸大解释。主动听取顾客对医用材料质量和服务态度的意见和建议。保管员负责本类在库养护,质量管理,积极配合医学计量和测试室对库存医用材料进行的质量抽查和全面检查,如实提供医用材料的质量变化情况。发现质量发生变化时,应及时向质检部门汇报,防止质量事故的发生。复核员负责医院医学工程科销售医用材料的品名、规格、数量、批号质量等复核和登记的全部工作,做到字迹清楚,项目齐全,内容准确,并按规定保存复核记录备查。养护员在医学计量和测试室的技术指导下,具体负责在库医用材料的养护和质量检查工作。负责对库存医用材料定期进行循环质量检查,并做好养护检查记录。定期进行养护情况的统计分析,摸索规律,提供养护分析报告。

(四) 质量否决制度

  医院医学工程科对全体员工加强法规教育,提高质量意识,认真贯彻执行《产品质量法》、《标准化法》、《计量法》等法律、法规,对本医院医学工程科所管理的医用材料质量负责,对质量存在的问题、不合格产品,质检部门必须坚持予以否决,及时报医院医学工程科领导,通知业务部门,仓储部门执行。对购进、调入、销售和退出、退回的医疗器械等,按照医疗器械医用材料标准的合法性、安全性、有效性,对医用材料认证、验收、检验、养护、验发,在查询中发现医用材料内在质量、外观质量、包装质量等不合格时,采取停止入库、停销、退货和换货,封存或销毁的措施。各科室、部门负责按本部门各环节、各岗位的工作要求,对影响医用材料质量、工作质量、服务质量的行为和问题,应予制止,并视情况给予罚款,降职降薪等处罚。医院医学工程科各级领导和员工必须要树立"质量第一"的思想,认真学习和更新知识,规范服务道德,职业道德,做到懂业务,会管理。医院医学工程科主任要大力支持有关部门提出对工作质量,产品质量实行的否决,做好思想工作和协调工作。主任室、业务部门、质管储运部门要互通医疗器械质量变化的信息,减少因质量造成的损失。

(五)业务管理质量管理制度

组织员工学习和贯彻执行《医疗器械管理监督管理办法》、《经济合同法》、《广告管理办法》等法律法规,确保管理过程中的医用材料质量。业务管理质量管理,必须全员参加,各部门各岗位员工各司其职,各尽其责。严格审查购、销对象的法定资格。购进的医疗器械应是合法医院,具有生产许可证或管理许可证,具有法定的质量标准,应有医疗器械产品注册号,包装和标识符合有关规定和储运要求。广泛收集医用材料质量信息,搞好市场调研和预测,库存结构要求合理,常用品种不能断档。医用材料到库,质检人员必须认真仔细按照规定程序进行外观验收,做好记录,质量合格填写《质量验收合格通知单》方能入库。仓库保管员,应按质量验收合格通知单认真清点、登记、收货、按照规定分类、分库储存、保管养护。销售人员要依据法律、法规,对要货单位及顾客正确介绍医用材料的性能、用途、用法,不得夸大宣传,滥行推销。签订购、销合同时,应明确质量条款,经部门主任审核后交医院医学工程科质检科按月装订,并检查执行情况。财务部在付款时,首先由业务部门负责人审核增值税发票的单位与购货单位是否相符,单价是否准确,要审核发票是否合法、合规,并应查看质检科填写的《质量合格通知单》,财务部方能付款。各种凭证、票据、记录、表册,要按照规范制度,按规定程序流转和保存,分析和利用。

(六)首次管理品种质量审核制度

首次向生产厂和批发管理医院购进的医疗器械,必须索取"一证一照",确认供货单位的法定资格,了解履行合同的能力,签订质量保证协议,索取其批准文号,注册商标,质量标准和质量合格证书。凡首次管理的品种,必须由进货人详细填报"首次管理品种审批表",经业务、质检部门审核后,报医院医学工程科主任审批执行。在完成以上1~2项程序后,方能由进货人员同供货方签订质量条款和购销合同。首次管理品种入库前暂放待验区,除由质检人员检查外观质量外,还应视情况做定性检查检验。确认质量无问题方能正式入库。首次管理品种,应作为试销,试销期一般定为一年,在试销期内,业务部门要做好市场需求调查,了解发展趋势。收集用户评价意见,做好查询处理记录。质检部门要建立首营品种质量档案,定期分析研究医用材料质量的稳定性和可靠性。首次管理品种试销期满后,由业务部门提出试销总结报告。经医学计量和测试室审核后,报主任批准转为正式管理医用材料。每半年由业务科和医学计量和测试室检查一次首营品种的审核管理制度的执行情况,并做好记录备查。

(七)质量验收、保管、养护及出库复核制度

为了保证医疗器械安全、有效,医院医学工程科管理的医用材料必须经过验收签字,保管入库,在库养护及出库复核等管理过程,具体规定如下:①医用材料的质量验收制度:入库验收在待验区内进行,应按规定对医用材料的外包装、来货凭证、品名、规格、厂牌、地址、

批号、数量、注册商标、批准文号详细核对,逐批进行验收并做好验收记录,记录应完整,字迹清楚,结论明确,并保存五年,验收结束后应尽量恢复原状,合格医用材料交分类保管员登记入库。②因进货手续不全,无合格证或无合法依据的来货不得验收。在验收中发现质量可疑,结论为不合格的医用材料应拒绝入库,并填写"医用材料拒收报告单",上报医院医学工程科主任并抄报业务、储运和财务部门。③销售退回医用材料应先查清退货原因后再进行验收。④验收时应先进行外观检验和性能的检验。外观检验包括金属器械的电镀层,仪器设备的油漆涂复层,铝制品的电化学氧化膜等色泽、光洁度的检验;医用材料外形、尺寸、形状的测量检验;零件及附件的清点(随机文件、配件、原理图、说明书、保修卡)等等。并根据使用要求进行连续操作检验;利用测试仪器对产品的性能进行参数测量。

医用材料的保管养护制度:医院医学工程科医用材料保管、养护人员在医学计量和测试室的指导下,全面负责在库医用材料的保管、养护和质量检查工作。医院医学工程科设立养护室,按规定配备专门仪器,设养护员一名,各类保管员为兼职养护员。对一般品种每周检查一次,特殊贵重医用材料每月检查一次,并做好养护记录,发现问题及时与医学计量和测试室联系妥善处理。保管人员应在医学计量和测试室的业务指导下,按规范化的仓库管理规定搞好安全防范和医用材料的分类储存。养护员应坚持每日上、下午记录温湿度并根据其变化,采取相应的调控措施,确保在库医用材料质量安全。实行科学养护,做好养护实验工作,定期检查、总结,为医用材料储存养护提供科学依据。养护员应按质量管理规定建立和健全医院医学工程科医用材料养护工作档案。出库复核制度:医院医学工程科设复核员,负责医用材料的出库复核工作。复核员必须逐一对照销售单上的单位、品名、规格、批号、产地、数量等项目核对(多批号的应注明每个批号的数量),保证准确无误,质量合格,并办好交接手续。认真做好医院医学工程科统一复核记录,出库复核记录应保存。复核完一个品种后复核人员应在发货单上或凭证上签字。

(八) 效期医用材料,特殊管理器械和贵重器械管理制度

业务部门在组织货源时,应特别注意效期医用材料的要货计划,根据市场变化确定数量。签订合同时,注明一般不超过生产期三个月,对效期为三年的医用材料,原则上不应超过三个月,效期为一年及以下的医用材料,原则上不超过二个月。进一批同规格、产地的品种只限于一个批号。效期医用材料的入库验收,必须严格按前款要求查验,不符合规定的不准验收入库,并及时通知医院医学工程科业务部门与供货方联系处理。库房均应设置效期医用材料牌表,效期医用材料应按批号集中堆放。并按效期远近依次堆码,按毒性物品和危险品管理的医疗器械应专库和专柜存放,双人双锁保管,专账记录。医用材料过期失效,必须停止销售,按不合格医用材料制度管理。有使用期和保质期规定的医用材料,视为有效期医用材料进行管理。

(九) 不合格医用材料及退货医用材料管理制度

医疗器械凡不符合国家有关法律、法规、质量标准的,均属不合格医用材料。医院医学工程科严禁不合格医用材料购进和销售。仓库实行色标管理,合格品库(区)与不合格库(区)应有明显标志,并建立专账。入库前验收发现的不合格医用材料,应暂存不合格品库(区),标挂红牌,由医学计量和测试室填写"医疗器械拒收报告单",及时发送有关部门处理;对假冒医用材料就地封存,同时上报上级监督管理部门。对需销毁的不合格医用材料,

由保管人员造表,经医学计量和测试室负责人签字,报医院医学工程科主任审批,并由质检、业务、财务负责人共同到场监督销毁,并做好销毁记录。购进调入退出医用材料的程序和要求:一是退货医用材料依据主要是不执行合同,超期发货,多发货,价格变动等;二是入库验收发现质量、规格、包装等问题;三是其他原因需要退货;四是确定为退货医用材料必须分别存放进入退货库(区)并设明显标记;五是退货医用材料的发票收到应作拒付处理。属退货(退出或退回)按分工由业务、质管等部门具体经办,发争议的由医院医学工程科主任决定,并认真管理好退货手续,以备查验。

(十) 质量查询、质量投诉和不良反应报告制度

在管理过程中,对质量查询、投诉、抽查和销售过程中发现的质量问题要查明原因,分清责任,采取有效的处理措施,并做好记录备查。在管理过程中已售出的医疗器械如发现质量问题,应向有关管理部门报告,并及时追回医疗器械和做好记录。销售记录应保存在产品售出后三年。发生重大质量事故造成人身伤亡或性质恶劣,影响很坏的,发生部门于六小时内报告医院医学工程科主任和质检负责人,医院医学工程科应在 24 小时内报告当地药品监督管理局。其余重大质量事故由发生部门于二日内报医院医学工程科主任和质检负责人,医院医学工程科应在三天内向药监局汇报。发生质量事故,医院医学工程科各有关部门应在主任领导下,及时、慎重、从速处理。及时调查事故发生的时间、地点、相关人员和部门,事故经过,以事故调查经过为依据认真分析,确认事故原因,明确有关人员的责任,提出整改预防措施,并按医院医学工程科有关规章制度严肃处理,坚持"三不放过"原则(即事故原因不查清不放过,事故责任者和群众不受到教育不放过,没有防范措施不放过)。凡发生质量事故不报者,作隐瞒事故论处,哪个环节不报,就追究哪个环节负责人的责任,视情节轻重予以批评教育、通报或行政处分、处罚。

(十一) 用户访问制度

建立健全用户访问制度既是检查监督医院医学工程科医用材料质量和工作服务质量的重要保证,又是搜集了解用户需求,扩大市场占有率的有效措施,必须认真执行。成立用户访问小组,分别由业务部门主任任组长,各业务营销员为组员全面负责用户质量跟踪制度的贯彻执行。每个销售员要确定三个单位为重点访问户,每月一次征询医患人员意见。对一般用户也要不定期访问。各用户访问小组应根据搜集的材料提出处理意见,报医院医学工程科主任责令有关部门采取措施,及时改进。医院医学工程科要热情接待上门医患人员,虚心听取医患人员意见,及时处理有关问题。医院医学工程科主任每个季度对用户访问小组的用户访问工作情况进行检查、考核,并根据检查、考核情况实行奖惩。

(十二) 质量信息管理制度

了解掌握各种信息,加强质量信息的相互交流,对提高医院经济效益和社会效益起着重要作用。在管理过程中,必须了解掌握以下几个方面的质量信息:主任及质量检验人员应了解掌握宏观质量信息和竞争质量信息。即国家和行业的有关质量政策、法令、法规,以及同行质量措施,质量水平和质量效益等。主管采购的业务主任应掌握货源的质量信息,即供货单位人员、设备、工艺、制度等生产质量保证能力情况。部门各环节人员应掌握内部质量信息,即环境质量、服务质量、工作质量等方面的信息。医

学计量和测试室负责人掌握监督质量信息。即上级质量监督检查发现的与医院医学工程科相关的质量信息。业务部门、医学计量和测试室掌握用户反馈信息即指医患人员的质量查询、质量反映和质量投诉等。医学计量和测试室负责收集医疗器械的质量信息。包括医院医学工程科医疗器械的质量验收、检查养护、检测及用户访问、生产厂等反映的质量问题等信息,并进行定期分析和研讨。

(十三) 有关质量记录的管理制度

管理过程中各环节的工作都要做好相应的医用材料质量记录,真实地反映医用材料质量情况,记录要求规范,内容真实,字迹清晰。业务部门应切实做好医用材料销售过程中的售后服务,跟踪调查,用户访问等质量记录,并按要求及时汇总统一管理,报医院医学工程科主任办公室,并送医学计量和测试室。医院医学工程科器材库全面负责医用材料在入库验收,在库养护,出库复核及医用材料检验过程中的质量记录,并负责业务管理中环境质量、服务质量、工作质量的各种数据、资料记录的记载整理工作。由医学计量和测试室会同主任室负责各种质量记录的汇总、装订及建档工作,并将收集整理的有关质量记录、信息及时传递到有关部门。

二、医疗设备管理体系

医疗设备质量管理作为医院医疗质量管理的重要组成部分,在国内一直未受重视,行业缺乏相应的法规和技术规范,医院没有相应的制度和作业标准。对此,本文以解放军总医院医疗设备的质量管理实践为基础,探讨如何从医疗设备的采购、临床应用和医学工程保障三个方面,设计和建立科学有效的医疗设备质量控制体系。

随着生物医学工程产业的蓬勃发展,医疗设备技术突飞猛进,已成为推动医学发展的强大引擎,更是医院综合实力的体现。改革开放以来,随着我国国民经济的持续快速发展,医疗设备在医疗卫生事业总体投入中的比重不断增加,目前我国医院医疗设备保有量已超过 5000 亿元人民币,且仍以每年 15％左右的速度递增。但与此形成鲜明对比的是,我国医疗卫生部门对医疗设备的管理长期停留在资产管理的层面上,而没有上升到全面质量管理的高度;国家对医疗器械监管的重点仍然在医疗设备生产和市场准入方面,而对医疗器械上市后医院环境下的应用质量管理关注不够。进入 21世纪,人民对医疗服务的需求越来越关注安全和品质。在此背景下,以医疗设备安全及应用质量为核心的持续质量保证和质量控制的重要性日益凸现。本文以解放军总医院医学工程保障中心医疗设备质量控制方案和实践经验为基础,探讨如何设计科学有效的医疗设备质量体系。

(一) 医疗设备质量控制概况

1. 医疗设备的质量控制　质量控制的概念最早产生于工业制造领域,其目的在于控制产品和服务质量,包括确定控制对象、制定控制标准、编制具体的控制方法以及明确所采用的检验方法等过程;医疗设备的质量控制是运用管理和医学工程技术手段,确保医疗设备应用质量的一项系统工程,其目的是确保病人安全,确保医疗工作质量,以提高医院综合效益。根据医疗设备在医院环境中不同的寿命阶段,可将医疗设备的质量控制分为设备采购方面的质量控制、临床应用方面的质量控制和医学工程保障方面的质量控制。

2. 开展医疗设备质量控制的现实意义 医疗设备生产和销售经营基本上纳入了法制化管理的轨道,厂家产品的质量和售后服务水平也不断提高。为了弥补上市前医疗器械的研究、生产、抽检和临床验证的不足,国家推行了医疗器械不良事件监测报告制度,进一步完善了医疗器械的立法管理工作。但医疗器械尤其是医疗设备进入医院后,其应用质量管理问题一直是盲区,现阶段国家和医院没有真正管起来,致使器械相关责任事故频发,有些造成了病人的严重伤害甚至死亡。因此,这一盲区需要国家行政主管部门推出相应的法规制度并实行监督或年检,医院需要依据临床准入标准建立相应的质量控制体系并分级实施控制,以不断提高医疗设备的安全性和应用质量,确保病人和医院利益的最大化。

3. 国内外医疗设备质量管理概况 20 世纪 60 年代,欧美发达国家已将医疗设备的质量控制列为医院医疗质量管理的重要内容,建立了严格的质量标准和质量监控体系。以美国为例,1976 年美国国会推出了《医疗器械修正案》,授权 FDA 管理医疗设备电气安全和性能质量,以保护公众健康;后于 1990 年颁布了著名的《医疗器械安全法令》(SMDA90),从法律上强制要求开展医疗设备质量控制;美国医院评审联合会(JCAHO)亦将医疗设备的质量管理列为医院管理的重要考评内容。故美国医院把医疗设备应用质量作为医疗质量的基础性和常规性工作来抓,医院管理部门、临床使用科室和医学工程部门都负有相应的法律责任。例如:FDA 要求手术室设备每天必须由临床工程师或技师事先维护、检查和进行必要的测试,并将结果记录存档;没有经质量检测的设备不允许医师使用,医师本身也会拒绝使用。呼吸机要求每年检测 3～4 次,每次使用前还要规范地完成设备检查或自检程序,由医师开具治疗处方,呼吸治疗师负责操作和使用管理;生化、临检设备要求每日早晨进行质控标定,每月参加一次实验室间的测试数据比对。总体上看,欧美医院已建立了一套完整的医疗设备质量控制体系,可以概括为五句话,即行业有法规、医院有制度、人员有资质、质控有标准、资金有投入。

我国国家食品药品监督管理局先后于 2000 年、2004 年颁布了《医疗器械监督管理条例》和《器械不良事件管理办法》,其重点为监管医疗器械生产和销售医院的行为,但在医院医疗设备的安全和质量控制管理方面还未形成有效约束。近年来,国家卫生部也多次召开专题研讨会,探讨医疗设备质量控制工作的对策,认为目前医院医疗质量管理体系中只有医疗设备应用质量没有受到监控,并计划在部分大型医院进行相关探索。

(二)医疗设备质量控制体系

医疗设备质量控制贯穿于医疗设备的整个寿命周期,是医院管理和医疗质量的重要组成部分,其质量控制体系的设计应涵盖医疗设备采购、临床使用和医学工程保障三部分,各部分的闭环质量控制方法和模式图如下。

采购环节的质量控制方法包括采购计划评估、市场调研(不仅仅是通过比较厂家提供的信息资料,还要看市场反馈信息,尤其是不良事件监测报告信息)、安装管理、验收和质量检测等,贯穿其中的是质量性能、成本效益的综合分析,其模式见图 21-1。

临床使用环节质量控制方法包括建立科室设备使用管理和培训制度,逐步实行操作考核认证与持证上岗,在使用前要进行"用前检查",不使用超过质量检测或计量检定周期的

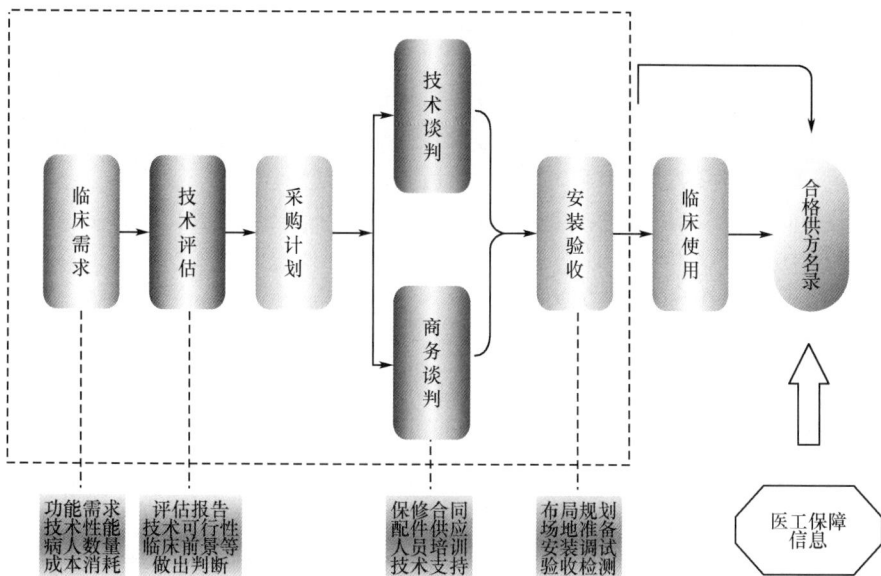

图 21-1 医疗设备采购质量控制

设备,在使用过程中要遵守操作规范,使用后要进行必要的维护,降低医疗设备使用过程中的风险,其模式见图 21-2。使用人员的规范化培训一直为大家忽视,据美国德州大学休斯敦医疗信息科学学校(The University of Texas School of Health Information Sciences Houston)和患者安全研究与实践中心研究显示(Center of Excellence in Patient Safety Research and Practice),医疗设备错误使用对病人造成的风险比设备故障造成的风险高 3 至 10 倍。目前,在我国医生和护士的三基训练中,并未将医疗设备的规范化使用列入其中,特别是急救和生命支持设备,对操作人员的水平要求更高。用前检查是为了确保医疗设备功能正常、参数准确、配置齐全,在医疗设备使用前依据使用说明书或操作规范对设备功能和环境条件进行检查、完成自检或测试等,可以有效规避一部分设备自身的故障风险。

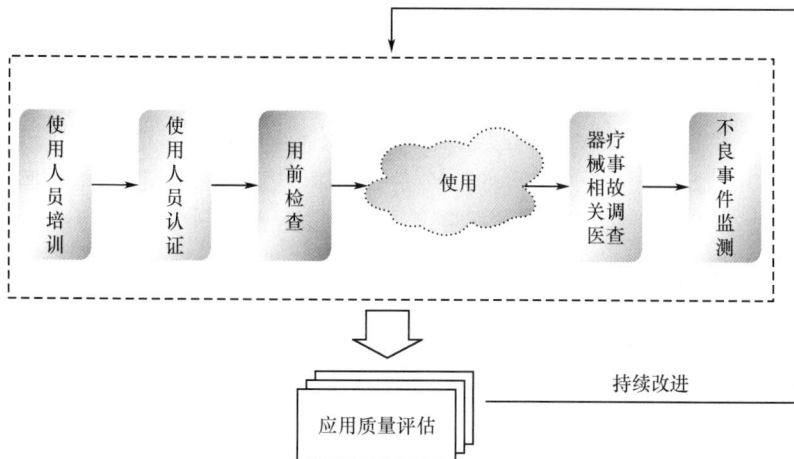

图 21-2 医疗设备临床应用质量控制

（三）医学工程保障的质量控制模型

医学工程保障环节的质量控制方法包括预防性维护、维修、质量检测、计量、运行环境优化、保障成本控制和临床培训等。该模式突出了保障的"闭环"控制，强调用系统的方法、手段控制医学工程保障的过程因素，体现了质量控制的精髓。

其中质量检测是以确认医疗设备质量状态为目的，采用设备生产厂家或权威机构编制的检测方法，对医疗设备的各项功能和参数指标进行检查、测试和功能验证的活动。适用于医疗设备的验收、使用、修后和退役等环节。

为确保质量控制活动质量的监督、评审和分析等记录

质量控制活动过程要产生相应的记录，包括合同、验收报告、用前检查记录、临床使用记录、质量检测记录、维修记录等。记录是检查、评价质量活动和工作绩效的客观依据。

（四）结束语

医院环境下医疗设备的质量控制是提高医疗质量的必然需求，只是长期以来卫生行政政策、制度的顶层设计者们一直未给与其足够的重视，更鲜有个体（医疗机构）将之自觉应用于医疗设备的管理、保障实践中，但是近来这种情况有所转变。2006 年 4 月至 2007 年 1 月，解放军总后卫生部已在解放军总医院、北京军区总医院、南京军区总医院、成都军区昆明总医院等四家军队大型三甲医院率先开展了医疗设备质量控制试点工作，该项工作为军队，乃至全国医疗机构医疗设备的质量管理进行了大胆探索，我们乐观其成，也期望医疗设备的质量控制早日纳入国家的卫生法制体系，全面提高我国医疗设备的应用质量。

第六节　医疗器械流通管理

一、国外医疗器械流通模式介绍

当前西方发达国家的医疗器械流通模式多以直销或代理制为主。在欧盟国家里直销模式较普遍，但代理制也占有相当的份额。在直销流通模式下，生产企业通过自己直接雇佣的销售团队开展市场营销行为并对售出产品提供技术支持和售后服务。而美国则较为流行代理模式，生产厂家本身并不直接参与到销售环节中，而是通过代理商进行销售并由其提供售中和售后服务。为了使代理商能够专一地服务于某一公司品牌，生产商通常要求代理权的排他性。美国的一个代理商通常可以代理该品牌在一个或多个州的代理权。换句话说，代理商的规模都比较大。在美国还有一种叫工业代表的独立销售员，亦即一个人的"代理商"。很多企业在一些相对容量较小的市场就通过这样的个人来进行销售。这些工业代表不从生产企业领取工资，其收入完全来自销售佣金。在欧美发达国家，大部分具有诊断和治疗作用的医疗器械都是由社会医保或商业保险机构来买单的。这样就形成了一个非常不同于其他行业的买方群体：医生、医院、第三方保险机构和病人。在这个买方群体中，医生是直接使用者，医院向医生提供手术或治疗的设施和场所，医院也是医疗器械的直接采购方，第三方保险机构负责向医院或者器械提供者报销付款，病人则是诊断和治疗的最终受益者。面对这样一个复杂的流通过程，供应链的管理是医疗器械流通中最核心的部分。在直销模式下，供应链主要是由生产厂商来经营管理的。通常医院会保持一定数量

的库存,而生产厂家会根据自己的销售预测备货以满足使用者的需求,并定期派员去医院查验库存,适时补货。发达国家的医疗机构一般向会按约定期向器械厂商支付已购买或使用的器械的款项。偶尔也会发生财务纠纷,如20世纪90年代,意大利政府的财务状况恶化,公立医院经常拖欠医疗器械生产商或分销商的货款,以致卫生部长亲自写信给厂商,表示子年的欠款推迟到卯年支付。更有甚者,一家南部大医院多次爽约不还款,迫使几家厂商首先联合拒绝供货,最后告到法院。法院判医院破产清算。在代理模式下,由于多了一层代理商,所以供应链的管理要比前者更有挑战。生产企业除了要自己备货外还要向代理商提供一些库存管理的支持,例如协调订货和备货。很多生产企业把代理商的库存也纳入其库存管理体系中去,以达到更高的库存周转率。由于强调安全性和客户服务应答率,企业在供应链管理中大量使用先进的现代化信息技术,例如,欧美的生产厂商在已有ERP系统的基础上利用RFID技术,来跟踪医疗器械从生产到使用的全过程。该技术除了可以节省人力物力,还可以极大地降低出错率,同时也可以对医疗器械进行实时跟踪。目前在供应链领域所涉及的最先进的技术和管理理念已经全部被应用到医疗器械的物流管理中了。

二、中国医疗器械流通现状与特点

我国目前的医疗器械流通经营模式其实也是从欧美国家学习并按国情转化而来的。由于我国社会正处于从计划经济向市场经济的转型过程中,医疗器械产业是近20年随着改革开放快速发展起来的,总结来看,其流通状况有以下几个特点:

1. 代理分销渠道的专业性较差 很多代理公司或经销企业没有专业基础,只是依靠相对雄厚的资金实力进入到医疗器械领域。在这些公司管理层看来医疗器械不过是与五金工具、冰箱等一样的普通商品。由于代理企业没有充分认识到医疗器械作为商品的特殊性,即它们直接与人的安全和健康相关,这些企业无法提供用户满意的服务与支持。业内人士经常叹息:有技术的公司没钱,有钱的公司没技术。

2. 代理企业数量过多,平均规模较小 据统计,全国共有大小医疗器械销售企业3万多家,而医院总数还不到这个数字的一半。我们经常发现有些销售小企业仅依靠于一个品牌的一两个产品或者通过服务一两家医院来维持生计。其生存力和竞争力都非常薄弱。这种现象不利于规范市场,而且使政府极难进行监管。

3. 代理网络层次复杂,中间环节加价过多 国内的代理网络通常包括一级和二级代理,还有未经生产企业授权的个体经销商通过从二级代理调货参与销售。这些代理商所提供的增值服务相当有限,加价率与提供的服务不成比例。

4. 物流管理水平和效率较低 由于我国正处在一个快速的经济发展期,物流和运输能力还在不断完善,因此这样一个不断成熟中的物流基础必然决定了医疗器械领域的物流水平不会太高。

5. 代理企业的平均寿命短 由于不少代理企业的经营理念是单一的获取利润,在经营过程中采取不被法律认可的手段,为规避风险,每隔2、3年公司歇业、注销和更名是经常发生的现象。

6. 缺乏规模的连锁医院体系 由于缺乏形成规模的大型医院体系,供应链的管理就更加零散。北京、上海等大城市的三甲医院虽然也成立了不少分院,但其供应管理没有整合,仍然各进各的货。

7. 医疗机构拖欠医疗器械货款情况十分严重　据植入性医疗器械厂商反映,其回款周期平均为 6～9 个月,他们背上了沉重的财务负担。部分地方和军队医院坏账率较高,厂商只好通过提价来弥补损失。

8. 流通领域加价率过高而且不透明　我国医疗器械流通过程也同时担负了本不属于它的责任,而这些成本也必然体现在医疗器械的终端价格里。例如,很多代理企业和生产企业也在学术支持,培训及国际学术交流等方面做出了相当大的贡献。

9. 国内生产型企业本身的技术实力较低　其产品科技含量不很高,也限制了其支持和培养优秀代理商的能力。

值得一提的是,上海市卫生局和药监局在上海市委和市政府的支持下,从 2006 年起对植入性医疗器械在上海地区的使用,尝试实施手术室条形码管理制。规定医务人员将三方面信息,即:①接受植入性医疗器械患者的特征信息;②可分解的器械部件主要信息,包括厂商提供的原始信息,如产品名称、规格、制造日期,和医院价格等;③手术信息,如主刀医师姓名等,制成条形码和电子文本,提供给医院当局和政府主管部门,以实现对产品流通从源头到终端的可追溯性。其初衷除了确保医疗器械的安全和有效外,还意在防范和制止医疗器械的商业贿赂,所以,该项工作从一开始,就受到中纪委的密切关注。这一流通管理工程如取得成功,将可获得具有统计价值的宝贵数据。

三、国内外流通模式比较

综上所述,我们不难看出我国的医疗器械产业在流通模式上与国外没有本质区别。然而其各个环节还处在非常初级的状态。其主要差距体现在:

1. 基础及配套流通设施　无论是国内的运输还是物流服务体系都与欧美同行有着明显的差距,这必然影响到医疗器械的流通。

2. 医疗体系　我国医疗机构大多以单一非连锁性质的公立医院为主,这必然限制了医院的规模及销售额,也使得物流服务相对分散,难以协调。

对于使用量大的植入性医疗器械,欧美多数医院建有库房,储存几个生产商的系列产品,供医院日常手术选择使用。而我国鲜有大医院这样做,手术前一天或当天,器械商必须送货上门。这反映了对物质(器械)和人力不同的价值取向,也与社会整体诚信度有关。

3. 生产企业　当前国内同类企业的技术实力总和基本上与一个跨国公司相当,这一差距势必影响到企业对代理商的培训和支持力度。

4. 流通企业　国内缺乏经验丰富、技术上乘的医疗器械代理公司,代理公司数量过多,其质量和规模不够。

四、对策与建议

(1) 继续培育和扶植有自主创新技术的科技含量高的境内生产企业;

(2) 进一步促进医疗体系的整合,使一些有实力的医院可以率先成为连锁医疗机构,早日形成规模。

(3) 紧缩新增流通企业审批权,使总量得到控制,通过政策监管促进流通企业的规模化和规范化。

（4）从政策层面重视和加强第三产业—医疗器械服务业的建设。探索建立医疗器械供应流通服务平台(中心)。鼓励以这种专业和规模化的物流或供应链管理公司来消减代理商的资金压力,使后者更专注于售中和售后服务与技术支持。

第七节　医疗器械价格管理

一、国外医疗器械价格管理体系分析比较

在西方发达国家,大多数具有诊断和治疗作用的医疗器械是被包括在社会医疗保险或商业保险的报销范围内的。所以这些地区医疗器械的价格通常跟所在国的医保政策及相关法律紧密相关。以美国为例,美国的社会医疗保险(Medicare 和 Mediaid)把疾病治疗以分组的方法归纳为不同的治疗/诊断相关组(DRG),而每年美国的医保中心(Center of Medicare Services)都会公布针对每一种 DRG 治疗/诊断的报销额度。医保中心每年会根据前一年的工资指数和其他经济数据,以及历史价格数据核定下一年的报销额度。医院作为绝大部分这些治疗的实施场所,则向病人提供治疗后得到医保中心的赔付款 额度信息。而医院的盈利就来自医保赔付款中扣除必要手术人工(医师、护士、医助、麻醉师等)费,场地费,材料费及医疗器械费用后所剩余的部分。因此从某种角度讲,医疗器械的价格就受到了来自医保和医院的双重限制。除了一些一次性的低值耗材,诊断或治疗性的高值医疗器械在 DRG 报销额度所占比例最高的一项费用自然受到了医院的特别关注。医院通过联合起来组织公开招标,或者通过 GPO(集中采购组织)来降低医疗器械费用。医院也通过与医生协商,在不影响治疗效果的前提下,尽量减少同一种医疗器械的进入品牌数量,以增大采购量达到更大的价格谈判空间。

除了受到来自医保和医院的限制,医疗器械价格还受到其他政府部门的监督,例如 FDA 和国会。美国国会会通过定期听证会的方式了解医疗器械厂商的定价情况。另外在美国还活跃着很多第三方智囊和非营利监督机构,最有名的就是蓝德公司(Rand Corp)。作为美国政府的智库,蓝德公司为政府提供了很多有益的第三方数据,以帮助政府更加客观和有效地监督医疗费用。美国作为一个全球性的成熟的资本市场,也吸引了来自全球各地的医疗器械公司通过在美国上市的方式融资发展。由于很多经营数据可以通过上市公司定期公开发布的季报或年报来获得,医疗器械的价格和成本就相对比较透明。

作为商品的医疗器械,其价格也自然受到各种已有的旨在规范市场竞争行为的法律所制约,例如反垄断法和反商业贿赂法。因为无正当理由向资深医生支付巨额旅游费等行为,去年美国司法部对四个著名的医疗器械公司处予高额罚款。

综上所述,在美国医疗器械的价格受到来自保险、医院的压力,来自政府和国会,社会舆论和第三方机构的监督,其成本和赢利信息也比较透明。应当指出的是,虽然受到了来自多方的价格压力和监督,医疗器械的价格就总体而言还是稳中有升,充分保护了企业研发和经营的积极性。

在西欧和北欧,如英国和瑞典,以及一些发展中国家,国家医保对公民实施基本的医疗保障,公民在公立医院就医可全额报销低值但有效的传统植入性医疗器械,如 Charnley 和 Murry 骨水泥型人工关节。至于高价的新型产品,或者通过商业保险公司解决或者自理。

中国台湾地区实行全民医保。卫生部门和私立医院通过统一招标,将医疗器械的价格

控制在较低的水平。

二、中国医疗器械价格管理体系及其不足

我国的医疗器械价格体系主要由以下几个方面因素决定：

（1）生产及流通企业的成本和营利预期。

（2）国家卫生部和（或）地方卫生局（厅）的公开招标。

（3）医院的加价和公开招标。

（4）国家医药卫生监管机构制定的法律法规。

（5）国家发改委的监督及指导。

（6）国家现有的相关法律的制约，如价格法和反商业贿赂法等。

由于广大民营或合资生产企业都不必像上市公司那样定期披露其具体的财务数据，所以我国的医疗器械价格做不到像西方发达国家那样透明。过多的招标也使得器械价格似乎没有一个可以参照的标准，比如某种器械在北京的价格可能与在其周边地区的价格相差超过20％。由于国家、医院、医生和病人的经济利益都与器械价格相关，因此为器械定价也变成一个异常复杂的事情。从我国近年来不断涌现的医疗器械生产企业数量和其业绩看，目前医疗器械价格还是基本上有利于生产经营企业的，虽然由于原材料和人力成本的急遽上升，对医院和学术机构的培训和服务投入已接近或超过欧美水平，企业的生存发展空间已大为缩小。我国医疗器械价格管理体系是一个基本以市场供需为调节机制的体系，其不足体现如下：

（1）政府部门分工合作不明确。国家发改委和各地物价局管理医疗器械的价格，而卫生部和各地的卫生厅（局）负责招标，招标的具体组织和实施又委托商业招标代理公司。几年来，中央部委间的协调，中央和省市间的沟通显得十分不畅。医疗器械价格管理缺乏一个像美国或其他发达国家的医保中心这样一个权威机构或机制。

（2）过多的甚至是重复的招标使得价格管理出现一定程度的混乱，也增加了企业和医院的成本。对于低值医用耗材和植入性医疗器械，所谓的"招标"远不是常规意义上的招标，招标的结果只是授予某些企业以规定的价格在特定的地区行使销售的权利，而不是达成购销协议，招标成了除企业和产品注册外的二次市场准入。由于商业招标代理公司的唯利取向，权力寻租、官商勾结十分普遍，巧立名目从厂商处收取钱财，更是层出不穷。鉴于几年的不成功实践，从2008年起，介入产品改为集中在卫生部招标，而骨科耗材（植入物）则集中在省级层面进行。这虽然是个进步，但由于缺乏科学的审评标准和真正公开、公平的程序，许多问题远没有得到解决，达到"公正"的愿望尚有不小的距离。

（3）由于单个医院的采购规模比较小，医院的价格谈判空间相对受限。

（4）关于政府采购和招标的法律法规不完善，反垄断法和反商业贿赂法等执行力度不够。理应是集中采购和招标主体之一的国家社保和医保机构，基本在上述活动中缺席。

（5）流通领域加价率过高而且不透明。我国医疗器械流通过程也同时担负了本不属于它的责任，而这些成本也必然体现在医疗器械的终端价格里。例如，很多代理企业和生产企业也在学术支持、培训及国际学术交流等方面做出了相当大的贡献。因此我国的医疗器械价格也在一定程度上反映了诸如医院工作人员或医生的灰色收入，医疗机构的学术活动费用，国际间的学术活动费用，医生的培训费，及重复的行政监管成本等费用。

三、对策与建议

（1）要推进我国的医疗器械价格管理事业,首先应建立一个相对稳定并健康的医疗保障制度。医疗器械作为为病人提供诊断和治疗的手段,其价格也必然会受到医保政策的限制和指导。建议参考国外经验,将效果确切和价格适中的器械列入医保范围,对于那些目前还无法纳入医保范围的新颖诊疗手段及其器械,其价格应当由市场和第三方商业保险公司来决定。

（2）集中采购或招标,应是真正的采购活动,由采购主体和供应厂商签订并履行合同。所有采购主体,即实际上最终出资购买器械的机构,如医保、医院、政府卫生部门等,必须参加上述活动。减少重复的招标,尽量以卫生部、大区或省级、医疗系统为单位进行统一招标。

（3）根据我国入世时的承诺,医疗器械没有列入受政府定价或价格控制的产品目录。以往政府主导的招标活动中对每个公司的每个产品定价的做法,不仅没有科学依据,而且容易伴生腐败,长期为人病诉。按照十七大坚持科学发展观的精神,建议在政府主持下,由产业界和招标方对常规同类产品协商一个最高指导价,对创新产品不定价,实行刚柔并举,具体价格由最终购买方和企业确定。

（4）鼓励和支持第三方、媒体和民间非营利组织监督医疗器械价格管理的活动。

（5）深入研究发达国家和经济状况与我们相似国家和地区的成功经验,结合国情,适当将其改良后应用到本国的实践中。

（6）进一步完善和执行相关的监管法规,尤其是反垄断法和反商业贿赂法。应尽量依靠现有的法律框架来实施依法管理,而不必专门为医疗器械价格管理而单独立法。

（7）为国家健康发展计,我们不能回避中国医生的实际收入是与药品和医疗器械购销相关的事实。因此,政府对医疗器械的价格管理绕不开这个症结。只有医生的收入与其从事劳动的复杂性和风险度相对应,并且制度保证其收入是阳光收入,而非灰色收入或黑色收入,则长期困扰我们的许多问题可迎刃而解。

第五篇　战　略　篇

第二十二章

中国医疗器械科技与产业已处于重要的发展机遇期

　　医疗器械是用于人体健康和疾病状态相关的检测、干预、诊断、治疗、康复等的技术产品，其品种、结构、质量和规模直接或间接影响着人口健康保障与医疗卫生服务的水平。随着经济的快速发展，人民对健康需求增强，而医疗器械技术发展保障医疗服务，涉及国家安全，且医疗器械产业具有成为新经济增长点的潜力。因此，中国医疗器械科技与产业已处于非发展不可的重要机遇期。

第一节　中国医疗器械科技与产业发展需求巨大

一、中国人口健康保障迫切需要医疗器械科技与产业的发展

　　健康是人的基本权利之一，是社会发展与进步的标志，是建设小康社会的核心任务，是经济、社会发展的基础和强大推动力。我国是人口大国，医疗保健需求问题突出，而国家人民健康与国家安全不应该也不能够建立在他国的技术之上，否则将会因此受制于人。在社会经济快速发展的今天，应对人口健康问题、突发公共卫生安全问题、涉及国家安全的重大问题，发展我国自主知识产权的医疗器械具有重大意义。

（一）保障我国人口健康离不开自主医疗器械产业的技术支撑

　　我国是人口大国，人口数量占世界人口总数约 1/4，拥有 13 亿人口，约 3.5 亿个家庭。人民生活改善后，随着大众对了解自身健康状态、改善生活质量需求的日益增长，对家用保健和康复器械的需求越来越大，形成巨大的潜在市场。而占世界人口 1/5 的国家解决人民健康问题不能没有自己的医疗器械产业技术支持。

　　截止 2008 年年底，我国 15～59 岁劳动力人口 9.2 亿，劳动力人口、特别是快速城镇化进程中的广大农民工的健康维护、职业卫生防护、职业病防治，3.6 亿育龄妇女的生殖健康、计划生育技术，占总人口的 34%。4.3 亿 14～35 岁青少年人口的健康促进与疾病预防，不断快速增长的 65 岁以上的，人口数为 1.2 亿的人老龄人口的慢病管理和医治，各类灾害和创伤人群的快速救治与康复，无不显示出对医疗保健器械日益增长的需求。

（二）医疗器械技术是国家安全的重要保障

医疗问题是最基本的民生问题之一，解决好医疗问题是人民安居乐业的基础，医学器械相关技术的发展和医疗成果的应用，有助于改善医疗条件，促进社会稳定、和谐。防御可能出现的烈性病原微生物威胁、疫病、新发传染病、人畜共患病的威胁，无不需要基本医疗技术的自主研究和医疗器械产品的自主生产。发展有利于生态环境和人类健康的医疗器械技术，消除潜在的不利影响，降低对社会、经济、人类健康及生态环境所产生的危害或潜在风险。在应对各类灾害发生及军事活动中，更是提高国家安全保障能力，做好医疗后勤保障的涉及国家安全的重要技术领域。

（三）医学模式转变带来对医疗卫生服务技术保障的新需求

当前全球医学模式正在转变为生理、心理、社会、环境相结合的新医学模式，把影响人的健康的诸要素均纳入其范畴，强调从全方位、多视角、立体化进行医学研究的新理念，与我国中医重视整体，强调"治未病"，是互补相成的。医学模式转变带来两个重要变化，一是对健康重视程度提高，保健问题提上日程；二是对医疗服务需求加大。在经济发展的大背景下，医疗模式的转变加速带动医疗服务需求升级，健康服务需求"量和质"的整体增长。

（四）全面提高公共卫生与医疗保健服务能力亟待发展医疗器械

我国庞大人口的医疗卫生保健服务是不能依赖进口设备解决的。提高公共卫生与医疗卫生机构技术装备水平的需求孕育着巨大需求。到 2008 年年底，我国医疗卫生机构总数已达 30 万家，其中城镇综合性医院 19 701 家。而目前我国大中型医疗机构绝大部分的高端医疗设备和高值医用耗材都依赖进口，国内三级医院的大中型设备 80% 来自进口，即使是二级医院，也有近 50% 的大中型设备是进口产品，这已成为医疗费用过度增长的重要原因之一。

同时，我国医疗资源分布不平衡，东部、沿海地区整体医疗装备水平高于西部欠发达地区；城乡之间医疗资源分布不平衡，绝大多数高质医疗资源集中在大城市和大型医疗机构，而中小型医疗机构，尤其乡镇医院和村卫生站等资源匮乏。医疗资源分布的不平衡，经济结构转型拉动内需具体落实在医疗领域的重点将是在于提高医疗资源相对不足的地区的医疗水平，其中很重要的一点就是提高这些地区和医疗机构的装备水平，这给民族医疗器械企业提供了一个良好的发展契机，将通过启动经济转型迎来另一个充满潜能的发展机遇期。

二、实施深化医药卫生体制改革需要强有力的技术保障

在 2009 年 4 月发布的《中共中央国务院关于深化医药卫生体制改革的意见》（中发[2009]6 号）中已明确，健全基层医疗卫生服务体系是 2009－2011 年重点抓好的五项改革中的一项。改革方案中提出加强基层医疗卫生机构建设。完善农村三级医疗卫生服务网络。发挥县级医院的龙头作用，三年内中央重点支持 2000 所左右县级医院（含中医院）建设，使每个县至少有 1 所县级医院基本达到标准化水平。完善乡镇卫生院、社区卫生服务中心建设标准。2009 年，全面完成中央规划支持的 2.9 万所乡镇卫生院建设任务，再支持改

扩建 5000 所中心乡镇卫生院,每个县 1~3 所。支持边远地区村卫生室建设,三年内实现全国每个行政村都有卫生室。三年内新建、改造 3700 所城市社区卫生服务中心和 1.1 万个社区卫生服务站。中央支持困难地区 2400 所城市社区卫生服务中心建设。

据卫生部统计数据,2008 年,我国乡镇卫生院 39 280 家,诊所 19 万个,社区卫生服务站 2.8 万个。2007 年我国医疗机构万元以上医疗设备为 198.6 万台,设备总值 2946.2 万亿,而乡镇卫生院仅有设备数 19.3 万台,占全国医疗机构设备数的 9.7%,设备总值更是仅有 95.3 万亿,占全国医疗机构设备总值的 3.2%,且在已有的设备中还有不少因操作难度和不适用而没有被实际应用。在各级医疗卫生机构拥有的医疗仪器和设备中,仍有相当一部分是 20 世纪 70 年水平的产品,有 60% 是 80 年代中期水平的产品,医疗装备的配置和更新提出了对产业发展的需求。

2008 年,"新型农村合作医疗"已在全国基本推行,2010 年将实现基本覆盖农村居民的目标,随着医疗保险制度的发展,居民受医疗保险覆盖范围的加大,医药市场规模也将随之扩大。政府加强基层公共卫生与医疗服务机构建设将大幅提升对医疗器械的需求,将会为医疗器械生产、经营单位带来大规模的医疗设备市场需求和容量的增加,这对国产医疗器械科技与产业发展是一个重要的机遇。研发生产智能化程度高、性能可靠的基本医疗器械产业发展的又一巨大需求。

三、促进国家民族产业和经济发展的需求

(一) 高科技产业结构与技术产品结构调整

高技术产业历来是国家的重点关注产业,促进国家技术密集型产业发展,发展高新技术产业、鼓励高新技术产品出口始终受到国家政府的政策支持,国家对高新技术产品的出口退税率大部分都维持在 17% 的最高退税率。

医疗器械产业是典型的高新技术产业,然而目前,我国医疗器械产品生产以中低端产品为主,医疗器械产品出口以低附加值产品为主,持续推动其产业结构的调整与升级,引导产品由传统的低附加值转为高科技、高附加值,由传统的成本优势转化为综合优势,是持续性地推动中国医疗器械产业健康发展的必要途径。

(二) 应对金融危机、拉动内需政策为发展民族产业发展形成重要契机

国际金融危机导致外部需求骤减,产品出口受挫,出口对我国经济增长的贡献率急剧下降,出口导向型产业发展受到重大影响,当前经济结构转型迫在眉睫。我国的经济发展模式将从充满风险的外贸依赖型向大国经济可持续发展的既定途径——内需拉动型转变,而在实现这个转变的同时,重视民生问题,优先解决建立健全包括医疗保障体系在内的社会保障体系,使居民消费需求得以释放,是将国际金融危机转化为保证我国经济持续健康发展机遇的重要举措。

应对金融危机,我国政府积极采取措施,为减少外部需求减少对我国经济造成的冲击,大规模的政府投入以拉动内需成是重要手段之一。政府公布 4 万亿投资方案,据发改委公布的重点投向和资金测算,在医疗卫生、教育文化等社会事业方面投入约 1500 亿元,医疗卫生方面重点用于建设基层医疗卫生服务,具体新增 48 亿元用于安排支持农村卫生服务体系

建设,其中医疗设备的购置占总投资比重较大。

(三)医疗器械产业具有成为新经济增长点的巨大潜力

大力发展高新技术产业,培育新的经济增长点,是上述实现产业结构调整,应对金融危机的重要举措。

据中国医疗器械行业协会及相关专家测算,以国内经济保持每年 8% 以上的持续增长计算,到"十二五"结束时,国内 GDP 总量将达到 51 万亿人民币。按照医疗器械消费总量占国内 GDP 的 2%(2008 年占 GDP 的 0.73%)计算,"十二五"末期医疗器械需求总额将达到 10 000 亿元人民币。国际医疗器械市场将受到金融危机和需求降低的影响,预计 2015 年国外医疗器械市场消费总量在 1 万亿美元以上,我国占全球的份额可以有机会突破 14%,成为继美国和欧盟之后的第三大医疗仪器生产供应和消费国家。

可见,医疗器械产业具有成为新经济增长点的巨大潜力,发展医疗器械在保障人口健康需求的同时,有助于确保当前经济平稳较快增长,又有利于为增强国家经济发展后劲提供有力支撑。

第二节　中国医疗器械当前状况与满足国家需求极不相适应

当前我国医疗器械产业发展尚处于初级阶段,对国民经济贡献尚不突出,但发展快速,市场前景及经济价值巨大,总体规模与发达国家相比仍存在巨大差距,不加快发展速度,差距可能持续加大,如长期投入及建设不足,创新能力薄弱,缺乏自主知识产权,民族企业市场竞争能力不足,中档以上医疗装备中进口产品大量占据国内市场,国际竞争力弱;高新技术人才竞争激烈,跨国公司的高薪金待遇给民族企业带来巨大压力,占一定比率的研发人员流入跨国公司带来严峻挑战;外资引诱侵吞优秀民族企业,中小企业面临兼并收购危险;产业技术对外依存度高,若干关键技术仍然依靠引进,产业关联度低;产学研结合弱,制造工艺技术水平发展滞后,影响科技成果转化,阻碍民族自主品牌发展;监管存在薄弱环节,产品标准体系不完善,国产产品质量提升和走向国际遭遇关卡。

一、长期投入建设不足,创新能力薄弱,高端产品市场被垄断

我国医疗器械研发工作开展主要集中在科研院所和学校,企业参与研发活动及研发投入都偏低;在 2003—2007 年 DERWENT Innovations Index(DII)专利数据库收录的医疗器械专利中,我国专利数量排名第 5 位,仅次于美国、日本、德国、韩国。我国医疗器械领域专利申请总量不少,但专利总被引次数较低,平均被引次数远远低于世界平均水平,提示我国申请专利中基础性专利较少,且创新性相对不足;在统计的 1998—2007 年 SCI 收录的世界医疗器械国际论文第一作者发文量中,我国排名第 7 位,但主要发文机构为学术机构,占到 97% 以上,远高于世界各国学术机构发文为 87% 的平均比例,但被引用频次不高。

整体而言,由于企业自身财力弱,国家补助有限,整体研发资金投入不足,缺乏前瞻性部署,使得创新能力薄弱,技术储备匮乏,产业技术对外依存度高,产业关联度低。许多医疗器械产品关键部件的生产、工艺装备等严重依赖进口,产业与其他产品间的关联薄弱,高新技术应有的产业链条长、带动作用大的效果不明显。从全球范围看,产业规模依然较小,

出口仍以技术含量偏低的中小型产品为主;关键零部件仍主要依赖进口,高端产品仍以仿制、改进为主;生产企业数量不断增加,但技术、规模、品牌的竞争力还相对较弱,尤其是欠缺核心技术。因此,我国医疗器械产业在取得巨大成绩的同时,创新能力的欠缺却成为制约其发展的"瓶颈"。

二、产业总体规模与国家社会经济发展需求相比仍存在巨大差距

目前,我国医疗器械产业发展迅速,但总体规模与美日等发达国家相比还存在巨大差距,发达国家加速发展,投入加大,有可能导致差距继续加大。

医疗器械产业市场巨大且具有很大增长空间。全球医疗器械产业快速发展,数年来平均增长率约为 7%,2007 年全球医疗器械市场容量超过 3000 亿美元,其中美国占约 33% 的份额,欧洲占约 27%,日本占约 9%,我国仅占到不足 5%。发达国家医疗器械产业的发展,带来了巨大的经济效益,拉动了其经济增长。

我国医疗器械产业快速发展,已经具有一定的基础,但与发达国家相比,仍具有较大的差距。高新医疗器械企业自主知识产权少,民族产业发展受阻。国外资本对国内优秀大型新型企业的并购,合资企业的外资控股,导致具有自主知识产权企业流入外资手中。

据行业协会测算,截止 2007 年 10 月份,我国有医疗器械生产企业 12 530 家,生产企业从业人数约为 44 万人,可生产医疗器械近 50 个门类、3000 多个品种、11 000 余个规格的产品。

目前,我国医疗器械产业规模仍较小,医疗器械产业处于快速发展阶段,2007 年我国医疗器械行业总产值 201.7 亿元,增加值 85.9 亿元,分别较上年增长 15.04%、16.27%。从世界范围内看,医疗器械市场主要由美国、日本、法国、英国等发达国家垄断,我国医疗器械产业占世界市场的份额较低。但另一方面,我国已成为全球医疗器械十大新兴市场之一,是除日本以外最具增长潜力的亚洲市场。

但目前我国生产的医疗器械产品主要为常规、普及型产品,在质量、数量、水平等方面与国外同类产品的差距都还比较大,高精尖产品数量少,缺少能拉动产业整体升级发展的核心产品。高档、价高或者附加值较高的大中型数字医疗器械,主要还是依赖进口。医疗器械工业销售额仅占世界医疗器械销售额的 2%~3%(约 400 多亿人民币),不仅远远不能满足我国卫生健康事业的需求,而且与中国经济总量占世界 7% 的经济发展水平也极不相称。

三、高新技术人才竞争激烈,研发队伍建设面临严峻挑战

医疗器械领域是多学科交叉的学科,并且涉及众多前沿技术的应用,拥有优秀的研发人才和复合型人才是保障医疗器械产业发展必不可少的重要因素。而据统计,很大一部分高等院校的生物医学工程或工程学领域的优秀毕业生,首先在毕业时选择到跨国企业就业,我国生物医学工程相关复合型人才及研发人员流入跨国公司的现象屡见不鲜。

我国高新技术人才少,加上部分出国,部分流入外企,发达国家凭借自身强大的经济实力和优厚待遇,吸引世界各地的优秀人才,有实力的大型跨国医疗器械公司在国内设立研发机构,招揽人才,科技人才流失严重。

医院高水平医学工程人才是医疗器械研发的又一支生力军。美国医学工程人员（临床工程师、医学物理师、放射工程师、信息工程师和临床技师）约占其医疗卫生技术人员的 15％～20％，而国内三甲医院的这个比例不到 1％～3％，高水平的医学工程人员更是屈指可数。但据调查，即使是在我国大型三甲医院，临床工程技术人员流失情况也相当严重。许多技术人员在医院工作积累一到两年经验后，跳槽到跨国企业工作，高级工程技术人员的流失，导致医院临床高级工程技术人员严重不足。

四、外资侵吞优秀民族企业，中小企业面临生存危机

中国发展势头较好的医疗器械中小企业面临着被跨国公司兼并和收购的风险，全球医疗器械企业巨头进入中国，从境外的竞争已经转为境内竞争。

世界上科技发达的国家都将医疗器械列入高科技领域，投入大量人力和财力进行研制，医疗器械工业现今已成为明星工业之一。医疗器械产业前景乐观，行业竞争激烈，近年来，跨国大公司纷纷加大在中国的投入，跨国公司为实现削弱竞争对手或弥补产品系列覆盖不全的缺陷，常收购当地生产同类产品的公司，中小医疗器械企业为谋生存，被兼并、收购成为一种矛盾之下的选择。

跨国公司收购民族企业，通常选择具有一定研发基础和研发实力的新兴中小企业，而我国整体民族企业原本研发实力较弱。强化研发能力，加速产品的升级换代，提高产品科技含量是当前我国医疗器械企业的当务之急，业内专家普遍对此感到担忧，这些具有良好研发基础、产品市场前景广阔的中小医疗器械企业是我国医疗器械产业发展的希望，是产业创新力的重要来源，跨国公司对新兴中小企业的收购兼并威胁我国自身民族医疗器械企业的发展。

五、产学研结合弱，制造工艺技术水平相对滞后，影响科技成果转化

好的设计需要相应的工艺技术水平才能实现从研究成果到产品的跨越，整体上看医疗器械国内制造工艺水平发展滞后或牵制高端科研成果转化。医疗器械行业始终处于供应链的中间位置，国家基础工业、医药产业状况等都会对医疗器械行业产生影响。

制造工业水平与高新技术的应用保障了医疗器械发展。医疗器械工业是一个国家综合工业水平的体现，综合了各种高新技术成果，将传统制造工业与生物医学工程、电子信息技术和现代医学影像技术等高新技术结合起来的行业。每一件产品都与其相关的工业水平密不可分，尤其是基础工业，如材料、电子、机械、能源等等，更是直接影响其发展的重要因素。相关基础工业的发展，给医疗器械的发展奠定了重要基础。

医疗器械产业行业是一个多学科交叉、知识密集、资金密集的高技术产业，与医药、机械、电子、塑料等多个产业发展密切相关，通过产品供需医疗器械产业与这些行业形成了互相关联、互为存在前提条件的内在联系。产业之间的关联主要表现在产品的供需方面，和产业的技术供给方面。我国医疗器械产业对其他产业的发展所起到的推动作用有限，其他产业部门的发展对医疗器械产业发展的影响也有限，产业关联度低。

医疗器械科技及产业是人口健康与工程技术领域科研成果的集中体现。医疗器械聚

集着现代信息、精密机械、放射、激光、核、磁、检测传感、宇航、生物医学工程以及生物材料等高新技术,体现出高度的创新性、集成性,是典型的多学科交叉融合的高技术密集型产品,是最迅速应用新技术、新材料和新工艺的工业产品群,其发展水平已成为衡量一个国家科技发展水平的综合标志之一。随着科学技术的发展,电子技术及计算机技术在生物医学广泛应用,更将促进医疗器械产业得到前所未有的发展。

六、监管薄弱,标准体系不健全,产品竞争和走向国际遭遇关卡

目前我国依据 2000 年国务院颁布的《医疗器械管理条例》分类分级对在我国销售的医疗器械实施监管。我国目前的监管层次还停留在行政法规的层面,与国际通用的做法相比,存在一些问题:①重复、多头管理,由于其他条例和《医疗器械管理条例》内容重复,导致管理重叠,如:体外循环与血液净化产品的 3C 认证和医疗器械监管中的上市批准,内容上许多是重复的,结果导致国内、外此类产品的重复管理,引起国外政府对我国医疗器械管理的歧义。②由于对医疗器械实施的国务院条例范围的监管,监管的力度相对较小,和国际上对医疗器械监管的水平,从法律上缺少同等水平的法律依据。不利于出口和发展我国的医疗器械产业。③我国尚未建立较为完善的标准体系,医疗器械质量安全问题已经开始引起社会各界的广泛关注。

在医疗器械国际标准化工作中,欧盟和美国以占领了绝对优势,而日本、加拿大等正在加速国际标准化的进程。而我国在医疗器械国际标准化工作中比较落后,尚未建立完善的产品标准体系,国产产品质量提升和走向国际遭遇关卡。因此,必须加强标准化的实践研究,为我国医疗器械产品开拓国际市场提供有力保障。

在产品审批标准等方面引导企业进行创新,可提高产品水平和质量,逐步摆脱国产设备价廉物次的形象,在产品标准、审批、企业评价等方面,引入适当的反馈机制促进竞争从价格战转向靠技术和质量。

第三节　中国医疗器械科技与产业已具备快速发展基础

一、各级政府高度重视

我国医疗器械领域研发投入主要以政府财政支持为主。大企业用于新产品研发与产品技术升级换代投入仅占企业总销售收入的 2%～3%左右,个别企业研发投入达到销售收入的 10%,如深圳迈瑞公司。

为提升我国医药技术的整体创新水平和国际竞争力,"十一五",在国家科技支撑计划、"863"计划前三年中安排研发经费共计约 2.7 亿元。

数字化医疗设备是现代医疗设备产业的核心,为发展具有自主知识产权的国产化高、精、尖新型数字化医疗设备,缩短与发达国家在质量、数量、水平方面的差距。十一五期间,"重大数字化医疗设备关键技术及产品开发"项目国家投入,主要开展数字化影像设备、治疗设备、分析仪器、医学信息传递处理技术装置的开发,如低成本高性能数字化 X 射线机、高强度超声肿瘤治疗技术装置、多层螺旋 CT、全数字彩色超声诊断系统、新型无创呼吸机、高性价比全自动生化分析仪、电阻抗成像技术装置、放射治疗及与影像定位一体化技术、图

像引导下外科手术导航系统研究、脑-机接口信号处理技术装置、帕金森病脑起搏器、人体状态参数监测分析技术装置等。多种产品填补了国内空白。

为提高农村医疗机构医疗器械配置水平，开发符合农村地区医疗机构的功能定位，与其开展的技术项目、工作量相适应，符合临床基本诊断需要的医疗设备；"十一五"期间，国家科技支撑项目安排了"农村卫生适宜技术及产品研究与应用"。

为全面提升我国医药技术的整体创新水平和国际竞争力，攻克若干重大疾病预防和诊治的关键技术，"十一五"期间，国家在国家高技术研究发展计划（"863"计划）生物和医药技术领域中，安排了"重大疾病的分子分型和个体化诊疗"、"生物芯片仪器和试剂"、"生物医学关键仪器"、"现代医学技术"等项目/专题，重点支持了针对心脑血管病、恶性肿瘤等重大疾病早期预警、诊断和危险因素早期干预的分子诊断技术、分子影像设备等研究。"十一五""863"计划先进制造技术领域也专门设立了"医用外科机器人技术"课题，重点支持微创手术机器人研究和基于功能模块化的医疗外科平台开发。

"十一五"以来，国家发改委实施了生物医学工程高技术产业化专项。通过推进一批重大项目的产业化，加速了我国高技术医疗器械成果的产业化。

二、医疗器械企业已具备意识，产业技术研究初步开展，相关技术取得突破

医疗器械国产化成果初现。"十五"阶段部分成果已实现产业化生产。在产、学、研、医结合的探索和实践中，我国医疗器械创新能力不断增强，国产化成效显著。如立体定位超声聚焦治疗系统、体部旋转伽玛刀、彩色超声诊断仪、低场强开放式永磁 MRI、多参数监护系统、线阵扫描直接数字式 X 射线系统、微创手术内窥镜、血管支架、封堵器、心脏手术导管、手术动力装置等进入产业化阶段。我国研制的 CT、MRI 等高技术医疗设备进入市场，产品价格比同档次进口机型低 20%～50%，迫使进口同类产品不得不降低价格，并实现高技术产品出口。

新产品开发取得突破。自主产品如 16 层螺旋扫描 CT 装置、0.5 开放式永磁磁共振成像系统、数字化彩色超声成像系统、全自动生化分析系统、五分类血液细胞分析系统等成功开发，并相继批量进入市场；帕金森病脑起搏器、影像引导消融治疗肿瘤技术装置、射频消融导管、鼻内镜微创手术导航系统、开放式电阻抗成像装置、放射治疗及与影像定位一体化技术、图像引导下外科手术导航系统研究、人体状态参数监测分析技术装置、病区信号实时分析处理技术装置、微创介入激光治疗成套设备取得阶段性产品成果，已经或将获准进入市场。此外，临床实验室仪器设备已出现新兴生产企业，部分微创介入治疗产品已实现自主生产。

三、医疗器械科技与产业发展增速显著，产业规模正在扩大

我国医疗器械产业已具有一定规模，医疗器械产值保持持续增长。近 10 余年来，我国医疗器械产业以 15%～18% 的年增长率持续增长。据中国医疗器械行业协会口径统计测算，2004、2005、2006、2007 年全国医疗器械工业产值分别为 1015 亿元、1298 亿元、1686 亿元、1980 亿元。平均增长率为 24%，远高于同期 GDP 增长率。考虑到 2008 年受金融危机

和出口下滑影响,按照 12%的增长率保守估计,2008 年全国医疗器械工业产值在 2200 亿元以上。

我国现有医疗器械生产企业 13 000 多家,可生产 47 个大门类、3500 多个品种、12 000余种规格的医疗器械产品。深圳迈瑞、重庆海扶、航天中兴等一批新兴高科技企业成为在中国市场上与国外产品竞争的主力军,已具备进军国际市场能力。其中数字 X 光机、磁共振、超声、CT、血管支架、人工关节等技术含量高的产品已达 100 余亿元;医院信息化、社区医疗保健和远程诊疗系统技术也正在迅速发展,高新技术已不断注入我国医疗器械产业。

初步形成产业集群。在地区分布上,目前已形成珠江三角洲、长江三角洲及环渤海湾三大产业聚集区,其销售额达全国的 78%。此外,成渝地区以生物医学材料、植入器械及组织工程产品为特色,成为新兴的医疗器械产业地区。虽然生产企业以中小型为主,但大型企业正在形成。

近十年来,随着我国经济的快速发展,相当数量海外留学人员回国创业者,用其在国内国外学习或访问所得科学技术知识及实践经验,投身于医疗器械事业,并在国内及国际医疗高端设备领域创立了自己的品牌,像生产 B 型超声诊断仪器的北京天惠华公司、生产心脏瓣膜的北京佰仁思公司等。

出口持续增长,实现高技术产品打入国际市场。改革开放 30 年,我国医疗器械以技术为先导,产品由被动进口突破为以出口为主。1999 年的统计,进口额为 8.5 亿元,出口额为4.3 亿元。尽管面临经济危机,2008 年我国医疗器械产品出口仍然保持了较高的增速。据海关统计,2008 年,我国医疗器械进出口总额达 162.8 亿美元,同比增长 28.21%,其中出口额为 110.67 亿美元,同比增长了 31.46%,进口额为 52.16 美元,同比增长了 21.81%。

第二十三章

战略目标与发展思路

我国医疗器械科技与产业发展指导思想是,结合当前中国国情,以满足深化医药卫生体制改革、保障人民健康需求为目标,以解决国家医疗器械科技与产业中的具体问题为发展依据,以自主创新为突破口,夯实发展基础,强化技术储备,以人才队伍和基地建设为核心,强化学科和技术交叉融合,强化研发与制造能力;以区域规划为依托,引导企业做强做大,发展优势产业集群,全面推进医疗器械创新体系建设。

第一节　总体目标

中国医疗器械科技与产业发展应结合《国家中长期科学和技术发展规划纲要(2006—2020年)》和"健康中国2020"战略发展目标,坚持以满足国家需求为主,提高自主创新医疗器械研发和生产能力,提高医疗器械研究成果转化整合能力,发展适宜的防诊治技术和产品,提升产业竞争力,使我国医疗器械科技研究的整体水平和创新能力在2020年达到中等发达国家当时水平,努力促进人人享有基本医疗卫生服务。

(一)创新研发能力增强

建立医疗器械知识与技术研究重点实验室、基地和技术平台一体的创新体系,培养和组建一批优秀技术人才队伍,实现健康维护与疾病防诊治技术的重大突破。

(二)产品产业化能力增强

重点解决关键技术和核心部件问题,提高常规医疗设备产品可靠性和稳定性,突破高端医疗设备关键技术,全面实现医疗器械国产化,降低对国外技术依存度和对进口产品的依赖,扩大产业规模,增加产业产值。

(三)医疗卫生服务技术装备水平提高

实现常规医疗器械产品满足国内需求,扭转高端医疗器械被进口产品垄断的局面,提高公共卫生和疾病防诊治技术装备水平,为提高常见病准确诊断和治疗水平提供技术支撑。

(四)政策保障环境改善

通过国家政策引导具有规模生产的企业进行高额投入研发和技术创新,完善产业保障政策和措施,扶持中小企业,培育大型企业,提高我国医疗器械产业集中度和在国际医疗器械市场上的竞争力。

（五）监管技术能力加强

形成促进医疗器械创新的政策环境,医疗器械监管法规得到完善;不良反应上报体系建立;医疗器械产品标准体系形成;医疗器械检测制度建立、检测能力提高。

从"十二五"开始,强调打造与服务人民健康的市场需求相适应的医疗器械产业大国,建设和完善医疗器械科技创新体系和产业体系,掌握涉及市场竞争力和国家安全的核心技术,具有不断取得产业化意义重大的自主专利技术的科技创新能力,完成产业结构调整和技术升级,在部分重大疾病的医疗防诊治方面达到国际领先水平;在面取得突破性进展,推动我国医疗器械技术的国际领先水平。

第二节　阶　段　目　标

为实现总的战略目标,各阶段的发展重点如下:

（一）加速发展阶段—— —2015 年

自主创新能力建设加强,部分医疗器械关键技术和核心部件取得突破,工艺制造能力显著增强,常规医疗器械的稳定性和可靠性显著提高,重点解决影像设备及急救设备国产化中的关键技术和核心部件问题,实现真正的国产化生产;提高常规医疗设备产品可靠性;开展家用健康自测及康复医疗设备的研发;保证被扶持企业资本的民族性,保证我国核心技术的竞争力。

开发 150 套面向中小型医院和基层县医院、县中医院、中心乡镇卫生院、村卫生室和社区卫生服务中心 5 个基层医疗卫生机构需求的适宜设备。

（二）跨越发展阶段——2016—2020 年

突破高端医疗设备关键技术,对国外技术依存度于 30％,对进口产品的依赖通过国家政策引导具有规模生产的企业进行高额投入研发和技术创新,提高医疗器械产业集中度。

力争使我国医疗器械研发的创新能力接近发达国家水平,全面推进医疗器械核心部件和关键技术研发水平、整机产品质量和安全性,并努力开发出科技含量高、技术集成度强、诊断水平精确的新型医疗器械,高端医疗设备研发水平有所突破,在部分领域进入国际先进行列。实现我国医疗器械生产走向国际,医疗器械产品进出口基本平衡,在国际医疗器械市场上占有一席之地,医疗器械产业的发展能为推动我国经济发展和社会进步贡献一份力量。

发展的具体目标是:

(1) 医疗器械科技的投入增加 10 倍。到 2020 年,国家对医疗器械科研的投入大幅增加,力争每年各级政府和社会投入总经费超过 100 亿元,加快中国医疗器械科技创新步伐。

(2) 培养和引进医疗器械领域各学科带头人 1000 人。建成一支富有自主创新精神,学术研究及应用水平高,知识结构及年龄构成合理的人才队伍,为医疗器械科技创新提供人才保障。

(3) 研发 100 种重大疾病的诊断、治疗设备。通过医疗器械科技创新,研究预防和早期诊断关键技术,显著提高重大疾病诊断和防治技术装备水平。

(4)针对严重传染病,如艾滋病、肝炎、结核、流感、血吸虫、SARS、人高致病性禽流感等,研制100种快速检测医疗器械和诊断试剂等,为控制重大传染病和常见传染病提供技术手段。

(5)通过医疗器械科技创新,研制大型医疗器械关键技术,加快建立并完善国家医疗器械创制技术平台,建成10个左右大型的、具有世界领先水平的医疗器械科技研发中心和3~5个具有国际先进水平的多学科、交叉合作研发中心,推进医疗器械的自主创新,显著增强中国医疗器械科技自主创新能力和国际竞争能力,加快现代医学及相关学科成果的产业化速度,加快健康产业的发展速度,并使中国成为医疗器械科技强国和产业大国。

到2020年,中国的医疗器械产业占国家GDP的比例增长成为国家经济发展的新增长点,成为中国经济可持续发展、国民经济建设和构建和谐社会贡献重要的力量。

培育5家大规模医疗器械自主产品生产企业,扶持科技型医疗器械中小企业200家,全力加速国产化,同步发展国际化,向国际进军,形成1万亿贸易额。

中低端产品基本自主研发产业化能力大大提升,高端产品部分实现自主研发和生产。社区医院医疗设备基本国产化(95%以上),三级甲等以下医院医疗设备半数国产化(50%以上),三级甲等医院医疗设备部分国产化(20%以上),国产家用保健设备覆盖70%以上家庭。

提高医疗器械的临床应用能力和水平,使适宜医疗技术在农村与社区惠及90%以上的人群,充分发挥医疗器械在维护全民健康中的作用。

第三节　发　展　原　则

坚持"注重需求,自主创新,突出重点,滚动发展"的发展方针,在研发重点部署上保住低端、抢占中端、发展高端,不盲目跟从,为服务于国家医改,为保障我国人口健康提供不可替代的科技支撑。

在近中期我国医疗器械科技与产业发展战略中,重点体现"五个重大转变":

1. 从多关注疾病诊治转向多关注健康状态　在健康状态监测和疾病早期干预等医疗器械方面寻求创新发展,健康人群的健康需求设备在检测和亚健康状态方面的应用。不盲目跟从西方,从发展疾病诊断治疗设备向健康状态检测和亚健康康复辅助设备模式转变,重视中医医疗设备的发展,如穴位刺激设备等,面向社区和家庭健康人群的健康需求,重视设备在检测和调整亚健康状态方面的应用。

2. 从多关注大城市需求转向多关注基层医疗卫生需求　从关注大城市医疗设备需求,转向适用于基层医疗,研发注重开发低成本、高性能、易操作的,适合在乡镇及社区基层环境使用的医疗设备。

3. 从关注最终产品前移到关注关键技术和核心部件研发及生产工艺创新改进　从关注最终产品的生产拓展到重视核心部件研发,从根本上解决医疗器械创新"瓶颈",注重生产工艺的创新和改进,发展精密加工业。

4. 从高端产品绝大多数依赖进口转向实现部分自主供应　从高端产品依赖进口,转变为提升国产产品的有效性和安全性实现自主供应。从追踪国外先进技术延伸到发展自主创新技术,不盲目跟从国外技术研发思路和发展方向,重视自主创新技术的发展。

5. 从加工制造转向研发与生产系统发展　从世界医疗器械的加工厂,转变为具有自主研发生产医疗器械的完整体系;从为世界培养人才,转变为吸引世界人才为我国所用。

医疗器械科技创新工作要以科技发展和行业发展战略为统领,围绕需要处理好的一些重大关系,坚持"五个结合"的基本原则。

6. 近期发展与远期发展相结合　近期以常规设备的国产化为目标,远期以研究可发展为自主创新产品的核心技术为主。近期发展与远期发展相结合重视自主开发常规设备,结合高端设备研发和生产部署。

7. 自主创新与技术集成相结合　重视具有自主知识产权的具有创造性的新技术研发,同时重视对于现有技术的引进和改进,充分发挥集成创新的作用。

8. 产品开发与关键部件、关键技术突破相结合　重视设备整机开发,同时强调突破产品关键部件和关键技术的研发,从根本上创新产品和自主生产。

9. 高端设备与常规器械发展相结合　重视自主开发常规设备,结合高端设备研发和生产部署。

10. 诊断治疗与保健康复器械同步发展相结合　重视诊断和治疗设备研发和生产,同时着力开发具有我国特色的保健和康复设备,加强研发投入和产业化生产。

第二十四章

战 略 对 策

一、实施创新发展战略

在当前的医疗器械市场竞争中,为加速我国的医疗器械科技与产业产生强大的挤出效应和替代效应,推动国内医疗器械企业的生产能力和生产技术水平,应引导民族企业注重培育自身的技术基础和技术能力,注重形成促进自身技术发展的制度、机制、条件和环境,对技术引进要更好地消化、吸收,提高对自主创新的重视。通过获取国外先进技术,并通过消化吸收,最终形成我国独立自主的研发能力,提高我国的技术创新水平。

(一)设立国家"医疗器械创新"重大专项

国家的投入应重点支持应用基础层面的研究,同时可以通过专项工程的形式组织攻关少量具有重要应用前景和较好研究基础的产品,而大多数实际产品的开发和市场化应由企业来完成。

当一种医疗器械产品被开发出来时,其基础理论和原理应该已经比较成熟,而如何恰当地应用这些基础理论和原理往往是决定一个产品开发是否成功的关键,比如,尽管个体化手术计算机辅助设计、导航和评价系统的原理与方法众所周知,基本算法的论文随处可见,但如何把这些算法与临床结合开发出产实际产品,有大量的关键技术值得研究。

为实现利用现代科学技术,提升传统医疗器械产业技术水平,建立参与国际竞争的创新医疗器械研究、开发和生产体系及标准平台,研发一批安全有效,性能稳定的医疗器械新产品,提高医疗器械产品的现代科技含量和市场竞争能力,促进形成知名品牌,新的经济增长点,推动生物医学工程产业向支柱性产业方向发展等,有必要启动医疗器械重大专项给予支持。

建立专门的生物医学工程产品(产业)孵化基金:对有苗头的项目给予资助。同时,对经过认证的高技术医疗仪器生产性企业给予税收上的优惠,但要求企业必须将利润中的一定比例投入到新技术研制与开发中,鼓励甚至要求此类企业在高校中建立研发中心,以推动科学技术迅速转化为生产力。

作为国内企业而言,由于受成本效益制约,且对基础研究领域的认识深度不够,很难有意愿和能力开展应用基础研究。因此国家应主要在这一层面加强投入,通过立项使一些关键技术得到突破,然后通过特定的方式转让给企业,使企业能够在较小投入情况下,尽快开发出新产品并推向市场。关键技术的立项应该尽量分解为较小题目,自由申请、充分竞争。为保障企业的积极性,则应该在产品的审批标准等方面进行引导,同时加强使用情况的统计分析作为企业评价的依据。

对于技术成熟度较高、有重大应用需求和前景的，则应该由国家和企业共同投入，以专项工程的形式进行攻关。但这种项目不宜过多，其切入点和重点领域应该是各个环节应用基础研究已经比较充分，成果较多的领域，如个体化手术计算机辅助设计、导航和评价系统、呼吸机、人工关节与植入物等等，以确保项目的成功。项目的时限应该2～3年内，以保证产品的时效性。

（二）建立创新人才基地

实施人才兴医战略，把引进和培养高层次优秀生物医学工程研发人才作为提升医药科技创新能力的关键和突破口，为医疗器械技术发展提供人才与智力保障。

全球金融危机爆发，高端专业从业人员面临着下岗和重新择业的压力，高层人才成本有所降低，实施海外高层次人才引进计划，引进外籍高等技术人才和我国出国高层人才，通过讲学、担任顾问、项目合作等各种柔性流动方式为我们工作或提供服务，也可鼓励有条件的企业借机在国（境）外建立分支机构或研发中心，充分利用国外人才资源。借此改善我国医疗器械高层创新人才的结构性矛盾，并提升我国医疗器械产业自主创新能力，推动经济转型升级。

高层次人才的引进应注重有战略眼光、领军型的人才，能独当一面，包括战略科学家、科技领军人才和创业人才等。采取多种渠道、多种形式引进高层次优秀人才。把"引得进、用得好、留得住"作为引进人才的政策导向，制定引进优秀人才的规章制度。

重视高层次优秀人才的培养工作。采取得力措施加大培养力度。要在学术活动、专业深造、科研经费和实验室建设等方面对优秀人才，特别是学科带头人给予倾斜，帮助他们在工作上、生活上排忧解难，使他们能专心致志地投入科研工作，早出成果，多出成果。在引进和培养优秀人才过程中，应重视创新团队建设工作，注重围绕学科带头人组建创新团队，围绕重大项目和科研平台打造创新团队，充分发挥创新团队的作用。

重视生物医学工程人才培养，加强本科学习及研究生学习阶段的应用方面的教学，提高生物医学工程人才整体素质水平。临床工作人员中，以提高现有人员素质为主，配合引入少数高级临床工程技术人员，逐渐进行现有人员知识的更新和引进新的高级人才，最终实现组建高素质临床工程团队的目标。

组建海外高层人才引进基地，建立回国优秀人才的创业基地、科研启动基金和科技平台，为引进人才营造和提供制度环境、创业环境和发展平台。

（三）建立创新研发体系和研发中心

国家发改委、科技部成立了一批研究和产业化中心（生物材料、组织工程、数字化诊断和治疗设备等），如何使其真正发挥作用，将对医疗器械产业化发展有十分重要的影响。

制订医疗器械创新体系建设规划，推进医疗器械自主创新体系的建设，提高持续创新能力。通过建立系列平台、工程中心和基地等，全面构建医疗器械创新体系的建设。

（四）建立以企业为主体的技术创新体系

鼓励技术及资金力量相对雄厚，具有产品持续发展优势的大型企业进行跨地区联合兼并，形成若干个拥有国内市场有较高占有率的产品线，避免已有产品进入国外市场的多元化经营或非多元化经营的大型民族医疗器械企业集团流入外资手中。

培育大型医疗器械生产企业集团,有利于行业标准的统一实行,统一生产提高工厂生产工艺水平,有利于提升整个医疗器械行业的产品质量水平。

基于此金融危机扩大内需及中小企业创新能力不足的情况,从医疗器械产业发展角度,应利用拉动内需机遇,推动中小企业技术创新能力建设。

为利用拉动内需机遇,推动中小企业技术创新,政府应制定有利于医疗器械创新的政策,创造良好的市场环境,充分利用政府作用和市场机制加速企业成为研发和技术创新主体。

中小企业是创新的重要力量,但由于企业所处的发展阶段,在资金投入方面存在明显不足,要弥补此方面缺陷,需各个方面共同努力,除了国家有关部门(如科技部、发改委)和地方政府相关部门在新产品开发方面进行必要投入与补助外,同时需要在企业融资方面进行优先支持(如银行贷款、资本市场融资方面),制定优先支持符合国家优先发展的医疗器械产品的税收和产品出口补助政策。

有相当一部分中小企业,具有一定的资金实力、较强的市场运作魅力,但研发力量不强、技术储备匮乏、产品技术含量和档次偏低、提升困难。积极寻求技术研发型企业进行合作,能实现优势互补。拥有新的及独特的技术或业务的新兴小企业,往往资金不足,而且市场渗透率不高;规模较小的公司可以对大型公司进行评估,研究和选择合适的合作伙伴。通过合作,不仅可解决资金的问题,还可以得到技术上及市场上的专业知识,从而得以在竞争激烈的医疗设备市场上生存和实现发展。鼓励中小企业进入技术密集型高新医疗器械的开发生产行列,积极加入产业核心企业群。

二、实施整合战略

医疗器械产业发展技术"瓶颈"及产品转化问题的关键都指向了一个共同的问题,那就是研发合作开展和产业生产系统整合的不足。

(一)研究开发系统整合

整合技术创新研发,促进产品技术和工艺技术整合发展。"医产学研"结合是发展医疗器械产业的必经之路,与国外大公司研究基础雄厚、运作模式成熟、自身就可组织和实现产学研医结合相比,在中国,真正实现"医产学研"的真正结合,需要国家相关机构从投入、规范、政策,特别是评价体系等多方面进行引导和组织,也只有国家相关机构才能承担这样的责任。值得注意的是,医疗器械处理的对象是人体,是疾病,需要诊疗专业知识,其是否符合或满足临床需要,过程是否十分精确,医学研究人员的参与更为重要。

在政策和资金引导科研单位和企业共同建立较为紧密的产学研相结合的研发体系,促使产学研相结合创新技术平台的建设,从国家层面创造条件。政府通过运用科技计划手段对产学研合作给予直接支持、推动产学研合作组织的形成发展、以获取产业关键技术和共性技术作为产学研合作创新的主要目标、以立法形式奠定产学研合作的制度基础、建立和完善支持产学研合作的政策体系、加强产学研合作宏观协调机制等手段创造条件,全面推动产学研结合。

（二）专用技术与民用技术整合

改革开放以来，一大批军用技术向民用领域的转移，以及军民两用技术的开发与创新，促进了国民经济相关产业的发展和我国科技水平的提高。军转民已经成为国防军工经济发展的重要组成部分和国民经济建设的一支重要力量。

军用技术为国民经济服务的大政策为军工技术找到了新的用武之地，在医疗器械产业中的应用将使得技术具有更广泛的生命力，医疗器械产业的发展要依托军民结合的技术平台，利用其提供的技术支持，大大缩短和减少前期投入的时间和成本，更快促进产业技术的成长和成熟。

（三）技术与产品的广度整合

应用现代信息技术等将仪器整体功能联合起来的解决方案，如监护病房、数字手术室、移动医院等。

（四）产业区域整合

发展特色产业集群。在产业发展方面也应全面实施整合发展战略，发展产业集群是整合战略的重要手段，发展中国医疗器械行业的产业集群，应重视集群经济的体系构建、生计、协作战略，制定集群经济从低成本型向创新型发展的升级战略，实施集群品牌的建设和区域集群中企业自主品牌的建设，为将来制定和实施中国医疗器械行业国际品牌整合战略奠定基础。

医疗器械产业国际竞争力的提升，有赖于区域产业群及群内企业全球竞争力的提升，政府要积极搭建企业发展和集群发展所需的各种平台，帮助企业提高国际化品牌意识，做到企业自有品牌与集群品牌相结合。同时，应积极发挥集群优势，吸纳全球优秀自有品牌企业的加入。促进产业群从低成本型向创新型转变，核心在于鼓励区域产业群内企业自主创新，可通过加强建设三大产业区域群中自主创新力强的优秀民营企业的培养，将优秀民营企业作为区域产业群发展的核心，集群为优秀民营企业的国际化发展带来更多的成本优势同时，优秀民营企业起到带动区域产业群技术水平的发展的作用。

（五）产品流通整合

建立医疗器械物流信息平台和配送平台。

三、实施标准战略

在国际贸易当中通过在技术标准中设置苛刻的技术指标，达到技术壁垒的目的，这在发达国家的标准战略中很常见，产品技术标准可以起到保护本国企业市场份额的作用。

通过建立标准化制度，制定标准战略，通过标准限定市场准入，构建技术壁垒以保护民族企业在本国与跨国公司竞争过程中的生存和发展。具体对策包括：一是建立适合我国国情的标准化体制；二是完善标准化法律法规及政策环境；三是制定并发布医疗器械标准战略；四是改革医疗器械标准类型，完善相应管理部门；五是建立和完善标准化运行管理体制；六是建立和完善医疗器械标准化实施与监督机制；七是建立稳定的财政保障制度。

第二十五章

战略重点

一、开发一批先进实用的医疗器械

优先发展适宜技术。一是要发展适宜技术,研发和生产智能化程度高、成本较低的适用于乡镇和社区医疗机构使用的设备;二是要引导民族企业致力于提高产品质量和安全性,发挥现有市场优势,进一步占稳国内农村市场。

建设农村和社区医疗卫生服务体系是国家医改的重中之重。我国医疗器械产业的发展重点之一,是要围绕农村医疗需求,鼓励企业投入研发适宜技术。重心下移,基层医疗卫生体系建设激发中低端医疗器械需求,基层医疗机构建设和医保扩大,社区医疗卫生机构建设、基层卫生机构设备配置需要进一步升级,无不需要加大对中低端医疗器械研发和生产的投入。这之中必须转变认识,基层应用的不仅是低技术产品,更需要智能化程度高、容错率高的高技术产品。参照四部委联合发布的《农村卫生发展规划》关于各级医院医疗设备配置标准,着重提高所需常规设备的可靠性和稳定性,提供配得下去、用得起来的医疗器械产品。如低成本 X 光机、快速简便的半自动生化分析仪,满足当前基层医疗需求。

未来十余年,城乡社区基本医疗服务机构的建立和完善,各级医疗卫生机构设备的更新换代,医疗卫生机构的数字化、信息化发展等,形成了对医疗器械产品的巨大需求,我国应优先发展适宜技术,提高我国医疗器械自主生产能力,保障当前基层医疗需求的满足。

医疗器械的技术集成度高,涉及学科较多,力争在先进的关键技术上有所突破,根据我国实际情况,研制出技术含量高、精确度高、生产及使用成本低、操作及维护方便的大型常规医疗器械,缓解我国对于大型医疗器械长期依赖进口的被动局面。让大量的自主创新医疗器械走向大、中、小型医院及社区卫生院、乡村医疗机构,满足医疗机构基本需求,全面提高疾病的诊断和治疗水平。

二、突破一批关键技术及开发核心零部件

重点解决关键技术和核心部件研发。医疗器械更新换代离不开关键技术升级,离不开核心部件的更新换代。

加强大型检查用医疗器械、中医用电子仪器基础技术和医用新材料开发的研究,加强心血管产品、整形外科产品(如重建性的植入物、脊椎关节等)、医用电子内窥镜等医疗器械热点产品的核心技术和关键部件的开发具有重要的现实意义。

当前迫切需要着重加强医学成像设备关键部件,CT 球管、高性能带传感器各种参数检测的 X 线球管、如非晶硅的,类似非晶硅高性能微碳管等探测器;亟须加强急救设备关键部

件,如呼吸机的流量控制阀、涡轮风机、空氧混合器等,麻醉机的电子流量计、机械流量计、高精度麻药蒸发器等的研发。

三、部署和推进一批医疗器械制造工艺技术创新和升级改造

医疗器械工业是一个国家综合工业水平的体现,综合了各种高新技术成果,将传统制造工业与生物医学工程、电子信息技术和现代医学影像技术等高新技术结合起来的行业。相关基础工业的发展,给医疗器械的发展奠定了重要基础,制造工业水平与应用基础研究技术的突破将保障医疗器械产业的发展。针对医疗器械产业相关基础性、关键性、前沿性、交叉性的重大基础科学问题和制造工艺进行研究,可以大大促进医疗器械技术的发展,推进相关技术及产品研究及产业化进程,可产生多学科辐射效应。应用基础技术研究是高新技术的源头,创新人才的摇篮,是医疗器械产业可持续发展的保障。

相关基础工业的发展,给医疗器械的发展奠定了重要基础,制造工业水平与应用基础研究技术的突破保障了医疗器械产业的发展。医疗器械工业是一个国家综合工业水平的体现,综合了各种高新技术成果,将传统制造工业与生物医学工程、电子信息技术和现代医学影像技术等高新技术结合起来的行业。每一件产品都与其相关的工业水平密不可分,尤其是基础工业,如材料、电子、机械、能源等等,更是直接影响其发展的重要因素。

针对医疗器械产业相关基础性、关键性、前沿性、交叉性的重大科学的基础问题进行研究,可以大大促进医疗器械技术的发展,带动相关技术及产品研究及产业化进程,可产生多学科辐射效应。

四、建立一套国家医疗器械技术创新体系和监管体系

技术创新平台和基地建设,通过医疗器械技术创新平台和创新基地筹建,联合产业促进方面产学研技术创新建设的推进,加强区域医疗器械技术创新平台和基地建设,重视人才、物流信息服务平台建设工作,全面推进医疗器械领域的原始技术创新力,促进资源共享和产学研结合,提升我国医疗器械领域的自主创新和产业化能力。

安全监管方面,致力于打造一流医疗器械公共技术服务平台,建立和完善医疗器械安全监管制度,提高我国医疗器械产品使用安全性,包括:建立完善医疗器械监管法规;建立促进医疗器械创新的政策环境;建立不良反应上报体系;完善医疗器械产品标准体系建设;完善医疗器械检测制度等。

医疗器械不良事件监测平台建设,以保障人民医疗保健安全为目标,按国家标准要求以及国际认证标准要求来进行规划和建设,实现一流的实验室、一流的仪器设备、一流的检测水平,为我国的医疗器械安全监管提供强有力的技术支撑,从而更好地保障公众用械安全,更加适应我国人们健康和经济发展的需要。

五、培育一批国家医疗器械旗舰企业

医疗器械产业发展前景乐观,我国医疗器械工业总体上有了重大发展,但能在国内市场处于优势地位,占有较大市场份额,代表行业水平,具有国际竞争力的大型企业和企业集

团未能形成,现有企业未能形成一批有特色并按规模经营组织生产的专业化协作配套厂,著名的大型医疗器械厂商相对较少。

为保持中国医疗器械产业较快的发展速度,把常用的量大面广的医疗器械企业作为发展重点,鼓励其生产企业联合兼并,实现经济上规模、上水平,以提高生产集中度和市场占有率。调整行业结构,通过资本运作、股份制改制、联合兼并、进一步优化资源配置等方式,培育一批大型医疗器械企业,增强其国际竞争力。

六、形成一批具有自主创新能力的产业集群区域

中国医疗器械产业生产格局以中小企业为主,目前已形成三大区域医疗器械产业群,分别是以上海为中心,包括江苏、浙江两省的长江三角洲产业集群;以深圳为中心,包括珠海、广州等地的珠江三角洲产业集群,以北京为中心包括天津、辽宁、山东的京津环渤海湾产业集群。

产业集群的出现给医疗器械产业发展带来的益处显而易见,然而目前医疗器械三大产业区域群总体上仍缺乏自主创新能力,主要原因在于创新意识和合作意识弱、研发投入不足、缺乏良好的创新环境、创新人才不足、知识产权保护和品牌意识不足等,同时受到跨国公司全球战略的影响核心部件和关键技术的掌握受制约。

医疗器械产业国际竞争力的提升,有赖于区域产业群及群内企业全球竞争力的提升,为避免优秀企业外迁,并不断帮助企业提高创新精神,政府要积极搭建企业发展和集群发展所需的各种平台,帮助企业提高国际化品牌意识,做到企业自有品牌与集群品牌相结合,同时,应积极发挥集群优势,吸纳全球优秀自有品牌企业的加入。

促进产业群从低成本型向创新型转变,核心在于鼓励区域产业群内企业自主创新,可通过加强建设三大产业区域群中自主创新力强的优秀民营企业的培养,将优秀民营企业作为区域产业群发展的核心,集群为优秀民营企业的国际化发展带来更多的成本优势同时,优秀民营企业起到带动区域产业群技术水平的发展的作用。

第二十六章

关 键 措 施

一、制定国家医疗器械科技与产业发展规划

制定医疗器械科技与产业发展规划,全面统筹布局,将创新发展战略、整合发展战略及标准战略落实到发展规划中。制定科技和产业发展规划,有利于国家医疗器械产业整体协调发展,布局重点是做好创新链、产品链、产业链、人才链的布局。一是做好创新链的布局。与医疗器械领域的特点相关,医疗器械领域创新资源高度分散,集中度不高,创新链条的衔接不够,制约着领域的整体创新发展。创新链布局的主要思路整合、优化、重组,促进行业创新资源的集成优化。二是做好产品链的布局。过去我们开发了一些单个产品,但很难形成产业上的整体竞争力,其主要原因是缺乏产品链上的整体竞争力,很容易被竞争对手甩开,形成研发一代、落后一代的局面。拟在产品链上进行更好的规划,不只要做今天的产品,同时要做明天的产品、后天的产品,更好地结合现实和未来发展需求,做好产品开发的系统布局工作。三是做好产业链布局。目前医疗器械产业链条还不完整,缺乏上中下游企业的系统配合和研产销用的紧密对接,拟通过医疗器械产业技术创新联盟的建立,以加强、创建、培育等手段促进产业链的优化布局。四是做好人才链布局。医疗器械科技产业的发展需要多学科人才的聚集和组合。金融危机对我们来讲也是一个引进人才的机会。拟通过培养,引进和促进人员的优化组合等手段做好人才链的布局,尤其是战略专家、领域技术专家的培养。

二、制定促进技术转化政策

产学研医结合是发展医疗器械产业的必经之路,与国外大公司研究基础雄厚、运作模式成熟、自身就可组织和实现产学研医结合相比,在我国实现产学研医的真正结合,需要国家相关机构从投入、规范、政策等多方面进行组织、引导,也只有国家相关机构才能承担这样的责任。在政策和资金引导科研单位与企业共同建立较为紧密的产学研相结合的研发体系,促使产学研相结合创新技术平台的建设,从国家层面创造条件。政府通过运用科技计划手段对产学研合作给予直接支持、推动产学研合作组织的形成发展、以获取产业关键技术和共性技术作为产学研合作创新的主要目标、以立法形式奠定产学研合作的制度基础、建立和完善支持产学研合作的政策体系、加强产学研合作宏观协调机制等手段创造条件,全面推动产学研结合。

三、完善国家医疗器械产业政策

制定医疗器械产业调整振兴规划。医疗器械产业是促进国民经济增长的新型产业,涉

及面广、关联度高、消费拉动大。目前的产业政策,对国内医疗器械行业的发还存在着很多制约,主要表现在医疗器械审批周期较长、招标采购中对本土产品的歧视、技术标准体系的不完备以及信贷政策的不对称等方面。制订实施医疗器械产业调整振兴计划,对于推进医疗器械产业结构优化升级,增强企业素质和国际竞争力,促进国民经济较快发展都具有重要意义。加快医疗器械产业调整和振兴,必须实施积极的产业政策,满足国内医疗需求,同时以结构调整为主线,推进国内中小企业发展,以适宜技术为突破口,重点支持企业技术创新、技术改造,加强自主创新,形成新的竞争优势。

四、加快医疗器械产业结构调整

加强医疗器械行业研发、技术平台建设。加大政府医疗器械科技创新投入,引导企业和社会资金积极参与医疗器械研发,建立以政府为主导,市场为导向,企业为主体,大学科研院所为依托,官、产、学、研结合紧密的医疗器械创新体系。从国内企业的发展现状和产品、技术需求出发,大力发展、建设一批技术创新平台,解决一批制约我国医疗器械产业向高技术、高附加值下游深加工产品领域延伸发展的关键性工艺技术,以及绿色清洁生产、污染治理技术、循环经济等共性技术。

坚持政府引导和市场调节相结合原则,制定高风险和产能过剩产品的行业准入标准,推动医疗器械行业的优胜劣汰。加快产业组织结构调整。继续推进和完善产权制度改革,加快医疗器械行业组织结构调整,加大产业资源整合,培育具有国际竞争力的大型医疗器械企业集团。

五、优化产业布局

突出重点、特色发展。积极推动企业实施技术改造,加快与欧美发达国家生产质控体系的接轨。支持一批优势企业,加快技术改造和产品升级换代,发挥示范作用,带动我国整体原料药和制剂生产技术水平与管理水平的提高,提升我国医疗器械产业的国际竞争能力。继续实施《医疗器械国产化》专项,面向国内广大的基层医疗机构,研制开发我国卫生事业发展中急需的医疗器械。攻克产业发展中的重点技术"瓶颈"难题,在重点领域实现重大医疗装备的本地化和关键技术的突破。

六、大力推动医疗器械行业信息化建设

坚持以信息化带动工业化,充分利用信息技术与网络技术,改造传统医疗器械产业。以推进公共卫生、医疗、医保、监管信息化建设为着力点,整合资源,加强信息标准化和公共服务信息平台建设,大力推进医疗器械信息化建设,建立实用共享的医疗器械信息系统。建立医疗器械行业运行监测网络体系,完善医疗器械行业统计、监测和信息发布制度建设,密切关注行业生产、投资和市场供求形势的变化趋势,做好医疗器械行业运行动态的跟踪分析。加强国际医疗器械市场、政策信息研究,建立医疗器械产品出口信息平台,主动为国内医疗器械企业"走出去"提供信息服务,提高我国医疗器械产品和医疗器械企业的国际竞争力。

后　　记

　　为了配合国家高技术研究发展计划（863计划）和国家科技支撑计划等国家科技计划中医疗器械方向科技项目的实施，中国生物技术发展中心提议并组织专家编写了本书。为全面了解国内外医疗器械研究开发的发展现状和趋势，掌握我国在医疗器械领域的优势和实力，为我国医疗器械研发和产业发展提供决策依据与方案。

　　为什么我国是世界医疗设备市场的大国，而我国医疗器械产品大多缺乏自主知识产权？为什么现代医疗设备领域是典型的高科技领域，具有高投入、高风险、高收益的特点，而我国在相关科研计划中研发投入严重不足？为什么目前发达国家医疗器械公司用于研发的经费为其年销售额的 10% 左右，而我国医疗器械行业多数企业的研发费用投入约为销售额的 1% 左右？为什么国外医疗器械的研发主体在企业，而我国企业尚未完全成为技术创新的主体？中国医疗器械科技创新能力与世界主要国家相比所处位置如何？中国医疗器械研发和生产发展趋势如何？如何更到地促进我国医疗器械的发展？带着这些问题，作者们查阅了大量资料、召开了多次编写会。

　　第一次编写会（北京铁道大厦），提出了从医疗器械的综合、研发、产业、监管和战略五大部分、二十六个方面进行编写提纲。2008 年 4 月 16 日，在北京铁道大厦召开了第一次编写会议，中国生物技术发展中心王宏广主任提出了编写本书总体设想和框架，并组织了空军航空医学研究所、复旦大学、医科院信息所和药监局等 17 位专家进行讨论，会议确定了编写方案，决定从医疗器械相关的产品、市场、销售、产业、研发、技术、人才、专利、论文与监管等方面对中国与美国、欧盟及日本进行系统比较研究。

　　第二次编审会（北京铁道大厦），完成了初稿，结合我国医疗器械行业所面临的机遇与挑战，提出了"加速医疗器械国产化，降低医疗成本"等观点。2008 年 6 月 18 日，在北京铁道大厦召开了第二次编审会，中国生物技术发展中心王宏广主任进一步细化了本书总体设想和框架，并组织了空军航空医学研究所、医科院信息所、中检所、华中科技大学、浙江大学、清华大学、四川大学和药监局等 12 位专家进行讨论、编写初稿。

　　此次会议提出了如下观点：

　　——中国医疗器械科技与产业发展目标建议为：坚持以满足国家需求为主，提高自主创新医疗器械研发和生产能力，提高医疗器械研究成果转化整合能力，发展适宜的防诊治技术和产品。

　　——中国医疗器械产业发展原则建议为：坚持"注重需求，自主创新，突出重点，滚动发展"的发展方针，在研发重点部署上保住低端、抢占中端、发展高端。

　　——中国医疗器械产业发展战略重点建议为：开发一批先进实用的医疗器械，突破一批关键技术及开发核心零部件，部署和推进一批医疗器械制造工艺技术创新和升级改造。

　　——中国医疗器械科技与产业发展应采取三大战略，包括创新战略、整合战略、标准战略。

　　第三次编审会（北京铁道大厦），提出"中国医疗器械科技与产业已处于非发展不可的重要机遇期"等观点。2009 年 1 月 16 日，在北京铁道大厦召开了第三次编审会，又提出了一些新的观点。中国生物技术发展中心王宏广主任提出了中国医疗器械科技与产业发展已经迫在眉睫等重要观点,并组织了空军航空医学研究所、医科院信息所、中国药品生物制品检定所、中国医疗器械行业协会、东南大学、华中科技大学、浙江大学、清华大学、四川大学、深圳大学、解放军总医院以及部分医疗器械公司的代表等19位专家进行讨论。与会专家就下述观点达成一致:中国医疗器械科技与产业发展需求巨大;中国医疗器械当前状况与满足国家需求极不相适应;中国医疗器械科技与产业已具备快速发展基础。

第四次编审会(中国生物技术发展中心),2009年2月17日,在中国生物技术发展中心召开了第四次编审会,会议主要进行审稿工作。中国生物技术发展中心王宏广主任、贾丰副主任、空军航空医学研究所俞梦孙院士、中国医疗器械行业协会姜峰会长和华中科技大学骆清铭副校长等有关科研院所的专家教授以及部分医疗器械公司负责人参加了此次会议。与会代表在前几次医疗器械战略研究研讨会的基础上,重点讨论如何在已有《中国医疗器械科技创新与产业竞争力国际比较》战略研究报告素材的基础上,进一步优化结构、提炼观点。专家们从医疗器械领域的研究发展重点方向、产业与市场、监管与管理体制、发展战略等不同角度展开了热烈的讨论,并进一步梳理了我国医疗器械发展的战略目标、重点和方向。

第五次编审会(中国生物技术发展中心),2009年5月7日,在中国生物技术发展中心召开了第五次编审会,进行了最后一次审稿。与会专家重点对我国研发重点领域和方向、基础研究、共性技术和关键技术等内容进行了补充和完善。

我们希望此书的出版,旨在能起到抛砖引玉作用,能为从事医疗器械的专家、学者、学生、职工、销售人员、应用人员和管理部门提供一些参考。

我们力求做到论点鲜明、论据充分、数据翔实、文笔简洁,但由于时间仓促,水平有限,不妥与错误之处在所难免,恳请广大读者批评指正。

2009 年 8 月 7 日